中华人民共和国国家统计局贸易外经统计司
中华人民共和国商务部市场运行和消费促进司 编
中 国 商 业 联 合 会 信 息 部

Compiled by
Department of Trade and External Economic Relations Statistics, National Bureau of Statistics of China
Department of Market Operation and Consumption Promotion, Ministry of Commerce of China
China General Chamber of Commerce Information Department

2013

中国零售和餐饮连锁企业统计年鉴

STATISTICAL YEARBOOK OF CHINA CHAIN STORES OF RETAIL TRADES AND CATERING SERVICES

中国统计出版社
China Statistics Press

图书在版编目 (CIP) 数据

中国零售和餐饮连锁企业统计年鉴．2013 / 中华人民共和国国家统计局贸易外经统计司，中华人民共和国商务部市场运行和消费促进司，中国商业联合会信息部编．-- 北京：中国统计出版社，2013.10
ISBN 978-7-5037-6867-5

Ⅰ．①中…　Ⅱ．①中…　②中…　③中…　Ⅲ．①零售企业－连锁企业－统计资料－中国－2013－年鉴　②饮食业－连锁企业－统计资料－中国－2013－年鉴　Ⅳ．①F721.7-66　②F719.3-66

中国版本图书馆 CIP 数据核字 (2013) 第 162281 号

中国零售和餐饮连锁企业统计年鉴 -2013

作　　者／中华人民共和国国家统计局贸易外经统计司
　　　　　中华人民共和国商务部市场运行和消费促进司
　　　　　中国商业联合会信息部
责任编辑／马　平
封面设计／李雪燕
出版发行／中国统计出版社
通信地址／北京市丰台区西三环南路甲 6 号　邮政编码／100073
电　　话／邮购（010）63376909　书店（010）68783171
网　　址／http://csp.stats.gov.cn
印　　刷／河北天普润印刷厂
经　　销／新华书店
开　　本／880mm × 1230mm　1/16
字　　数／1574 千字
印　　张／50
版　　别／2013 年 10 月第 1 版
版　　次／2013 年 10 月第 1 次印刷
定　　价／460.00 元

如有印装差错，由本社发行部调换。

《中国零售和餐饮连锁企业统计年鉴—2013》
编辑委员会

编辑说明 PREFACE

一、《中国零售和餐饮连锁企业统计年鉴-2013》是反映我国零售和餐饮连锁企业情况的资料性工具书。旨在通过大量、丰富、详实、具体和权威的统计数据，全面系统和多角度地反映我国零售和餐饮业连锁企业发展的规模、水平。

二、本年鉴正文内容分为五部分：第一部分，零售企业综合篇；第二部分，零售企业地区篇；第三部分，餐饮企业综合篇；第四部分，餐饮企业地区篇；第五部分，连锁企业情况。同时，还附有主要统计指标解释。

三、本年鉴中涉及的全国性统计资料，均未包括台湾省、香港特别行政区和澳门特别行政区数据。

四、本年鉴中资料来源于2012年零售和餐饮连锁企业统计年报，时期数据为2012年年度数据，时点数据为2012年年末数据。

五、本年鉴中各表中的“空格”表示该项统计指标数据不足本表最小单位数、不详或无该项数据。

目录

CONTENTS

第一部分　零售企业综合篇

第二部分　零售企业地区篇

第一部分

零售企业综合篇

1-1 连锁零售企业总体情况

项 目	单位	总 计		直营店		加盟店	
		2012年	2011年	2012年	2011年	2012年	2011年
连锁总店数	个	2524					
连锁门店总数	个	192870	197248	117138	113751	75732	83497
年末从业人员	人	2563484	2523769	2203171	2180016	360313	343753
年末零售营业面积	平方米	147658548	142811427	138619877	133374677	9038671	9436750
连锁门店商品购进总额	万元	308255424	293753954	294100219	280677250	14155205	13076704
其中：统一配送商品购进额	万元	239758385	225111503	226984313	213293586	12774072	11817918
其中：自有配送中心	万元	139328763	130987968	132857479	124628079	6471284	6359889
非自有配送中心	万元	35228423	33084173	33595863	31619342	1632560	1464832
商品销售总额	万元	354620766	337009252	338191901	320785547	16428865	16223705
其中：零售额	万元	246053257	227801694	234684134	216606170	11369124	11195524

1-2 连锁零售企业基本情况

项 目	连锁总店数（个）	门店数（个）		年末从业人员（人）		年末零售营业面积（平方米）	
	2012年	2012年	2011年	2012年	2011年	2012年	2011年
总 计	**2524**	**192870**	**197248**	**2563484**	**2523769**	**147658548**	**142811427**
一、按登记注册类型分							
内资企业	2296	174933	170946	2070679	2016066	123413954	119113617
国有企业	186	17433	16936	158153	147015	12707881	12151533
集体企业	33	2476	2932	10628	11008	406507	405354
股份合作企业	8	391	395	4856	4685	134188	265262
联营企业	6	376	398	2893	2482	106765	51470
国有联营企业	3	330	348	2359	2010	97961	42760
集体联营企业							
国有与集体联营企业	1	5	5	37	41	928	928
其他联营企业	2	41	45	497	431	7876	7782
有限责任公司	935	58278	57008	689794	628173	28199100	26340414
国有独资公司	10	1144	990	5473	4792	96438	70972
其他有限责任公司	925	57134	56018	684321	623381	28102662	26269442
股份有限公司	270	50420	50028	842543	875223	70423719	68793952
私营企业	830	43325	41073	343026	328441	10948459	10539312
私营独资企业	38	1858	1703	8664	7713	376697	343446
私营合伙企业	6	291	339	3691	4822	249148	311847
私营有限责任公司	748	37961	35693	299605	286856	9220758	8848686
私营股份有限公司	38	3215	3338	31066	29050	1101856	1035333
其他企业	28	2234	2176	18786	19039	487335	566320
港、澳、台商投资企业	93	6673	6469	215621	207873	10748353	10591747
合资经营企业	31	2504	2382	36644	31785	1640407	1472396
合作经营企业	3	191	179	45554	47413	2027505	1805757
独资经营企业	55	3445	3450	91691	89448	3604092	4761910
投资股份有限公司	2	211	185	2509	2296	37040	35557
其他港澳台商投资企业	2	322	273	39223	36931	3439309	2516127
外商投资企业	135	11264	19833	277184	299830	13496241	13106063
中外合资经营企业	59	4556	4359	176396	174985	9630309	9087466
中外合作经营企业	10	1419	1936	24086	29456	540450	536195
外资企业	64	5271	13516	76338	94770	3281106	3431633
外商投资股份有限公司	2	18	22	364	619	44376	50769
其他外商投资企业							
二、按行业分							
批发业	317	53637	52915	355653	347171	40470472	39453718
农、林、牧产品批发	5	3004	2920	9031	8670	18556	18556
食品、饮料及烟草制品批发	60	4830	4186	31152	29002	432652	488981
纺织、服装及家庭用品批发	19	7941	7918	54603	45597	1925562	1467029
文化、体育用品及器材批发	9	646	615	16608	14258	763060	751257
医药及医疗器材批发	33	2724	2769	9355	9009	219302	214422
矿产品、建材及化工产品批发	159	32653	32600	221194	226533	35901231	35363741
机械设备、五金产品及电子产品批发	16	443	546	5392	6609	105732	117447
贸易经纪与代理							
其他批发业	16	1396	1361	8318	7493	1104377	1032285
零售业	2207	139233	144333	2207831	2176598	107188076	103357709
综合零售	790	62948	61180	1382943	1339594	65929987	62013263
食品、饮料及烟草制品专门零售	139	9047	8398	49213	42306	586686	519527
纺织、服装及日用品专门零售	148	10507	18950	67407	87679	1476895	1625709
文化、体育用品及器材专门零售	83	1732	1759	36135	33186	1042059	1011676
医药及医疗器材专门零售	632	35835	35022	255201	202861	4366151	4050174

1-2 续表 1

项　目	连锁总店数(个)	门店数(个)		年末从业人员(人)		年末零售营业面积(平方米)	
	2012年	2012年	2011年	2012年	2011年	2012年	2011年
汽车、摩托车、燃料及零配件专门零售	179	11999	11944	136871	135406	18491686	18732347
家用电器及电子产品专门零售	214	6886	6810	272687	326971	14919215	15025470
五金、家具及室内装饰材料专门零售	16	147	140	6515	7819	354994	360918
货摊、无店铺及其他零售业	6	132	130	859	776	20403	18625
三、按业态分							
便利店	84	13277	13382	69518	70379	1111722	1112337
折扣店	3	432	412	4403	4084	185354	162192
超市	388	31016	30216	486530	470880	17712543	16466423
大型超市	180	11947	11395	531595	509911	27448581	24500514
仓储会员店	5	351	270	13981	12076	904401	837114
百货店	101	4377	3972	255129	250204	16967286	17414663
专业店	1383	89227	87984	937905	931911	64803842	64082794
其中：加油站	230	25300	24885	259782	264566	36662551	36235594
专卖店	305	28939	36603	174316	186046	4712117	4989077
家居建材商店	13	49	55	3853	4391	324119	354594
厂家直销中心	3	14	14	349	344	5776	5776
其他	59	13241	12945	85905	83543	13482807	12885943
直营门店合计		**117138**	**113751**	**2203171**	**2180016**	**138619877**	**133374677**
一、按登记注册类型分							
内资企业		106820	104263	1802049	1791408	117335936	112718553
国有企业		12407	11873	142591	131559	11643758	11086009
集体企业		499	514	4619	4782	276917	254014
股份合作企业		391	395	4856	4685	134188	265262
联营企业		319	323	2568	2056	98395	40219
国有联营企业		273	273	2034	1584	89591	31509
集体联营企业							
国有与集体联营企业		5	5	37	41	928	928
其他联营企业		41	45	497	431	7876	7782
有限责任公司		34975	34512	590000	570527	26336706	24519522
国有独资公司		688	529	4384	3327	79048	52361
其他有限责任公司		34287	33983	585616	567200	26257658	24467161
股份有限公司		36913	36315	775972	803126	69087135	67042619
私营企业		20418	19472	267704	260362	9346244	9017865
私营独资企业		951	869	7140	6295	324281	291291
私营合伙企业		291	339	3691	4822	249148	311847
私营有限责任公司		16845	15870	228864	223425	7797906	7510905
私营股份有限公司		2331	2394	28009	25820	974909	903822
其他企业		898	859	13739	14311	412593	493043
港、澳、台商投资企业		4958	4502	165397	154397	8486894	8547501
合资经营企业		2213	2044	36001	31167	1604183	1433206
合作经营企业		92	82	1004	1671	43505	42095
独资经营企业		2120	1918	86660	82332	3362857	4520516
投资股份有限公司		211	185	2509	2296	37040	35557
其他港澳台商投资企业		322	273	39223	36931	3439309	2516127
外商投资企业		5360	4986	235725	234211	12797047	12108623
中外合资经营企业		3455	3189	154945	149309	9276642	8638226
中外合作经营企业		120	138	12272	14975	324529	317246
外资企业		1767	1637	68144	69308	3151500	3102382
外商投资股份有限公司		18	22	364	619	44376	50769
其他外商投资企业							

1-2 续表 2

项 目	连锁总店数(个)	门店数(个)		年末从业人员(人)		年末零售营业面积(平方米)	
	2012年	2012年	2011年	2012年	2011年	2012年	2011年
二、按行业分							
批发业		29829	29289	283361	279256	38553763	37568671
农、林、牧产品批发		88	86	1508	1377	6020	6020
食品、饮料及烟草制品批发		1614	1410	25277	23767	286928	376049
纺织、服装及家庭用品批发		910	707	21069	15729	1423955	989960
文化、体育用品及器材批发		532	607	16496	14248	756850	750857
医药及医疗器材批发		957	1036	6418	6175	155679	153360
矿产品、建材及化工产品批发		24295	23939	200311	205459	34752183	34182757
机械设备、五金产品及电子产品批发		424	525	4780	5809	90502	99827
贸易经纪与代理							
其他批发业		1009	979	7502	6692	1081646	1009841
零售业		87309	84462	1919810	1900760	100066114	95806006
综合零售		32758	31578	1201787	1148998	60209640	56057296
食品、饮料及烟草制品专门零售		5533	5277	40278	34924	438544	394531
纺织、服装及日用品专门零售		4177	4001	47338	49160	1203921	1167814
文化、体育用品及器材专门零售		1536	1561	35379	32439	1018438	1004293
医药及医疗器材专门零售		24519	23408	182138	168223	3658890	3300280
汽车、摩托车、燃料及零配件专门零售		11830	11760	134775	133377	18295033	18531214
家用电器及电子产品专门零售		6683	6608	270755	325046	14866751	14971335
五金、家具及室内装饰材料专门零售		147	140	6515	7819	354994	360918
货摊、无店铺及其他零售业		126	129	845	774	19903	18325
三、按业态分							
便利店		8327	8761	51646	53485	809302	834975
折扣店		262	284	3693	3201	152012	139524
超市		15228	14368	429771	407531	16218115	14581715
大型超市		5367	4960	447377	421154	24318206	21495109
仓储会员店		79	69	13431	11728	886721	829249
百货店		2565	2283	236049	232136	16293083	16729789
专业店		67450	66025	838883	872048	63325493	62554845
其中：加油站		25197	24793	258564	263469	36620801	36197474
专卖店		13255	12599	115947	114441	3890458	4057653
家居建材商店		49	55	3853	4391	324119	354594
厂家直销中心		14	8	349	316	5776	5196
其他		4542	4339	62172	59585	12396592	11792028
加盟门店总计		**75732**	**83497**	**360313**	**343753**	**9038671**	**9436750**
一、按登记注册类型分							
内资企业		68113	66683	268630	224658	6078018	6395064
国有企业		5026	5063	15562	15456	1064123	1065524
集体企业		1977	2418	6009	6226	129590	151340
股份合作企业							
联营企业		57	75	325	426	8370	11251
国有联营企业		57	75	325	426	8370	11251
集体联营企业							
国有与集体联营企业							
其他联营企业							
有限责任公司		23303	22496	99794	57646	1862394	1820892
国有独资公司		456	461	1089	1465	17390	18611
其他有限责任公司		22847	22035	98705	56181	1845004	1802281
股份有限公司		13507	13713	66571	72097	1336584	1751333
私营企业		22907	21601	75322	68079	1602215	1521447
私营独资企业		907	834	1524	1418	52416	52155
私营合伙企业							
私营有限责任公司		21116	19823	70741	63431	1422852	1337781
私营股份有限公司		884	944	3057	3230	126947	131511

1-2 续表 3

项　　目	连锁总店数（个）	门店数（个）		年末从业人员（人）		年末零售营业面积（平方米）	
	2012年	2012年	2011年	2012年	2011年	2012年	2011年
其他企业		1336	1317	5047	4728	74742	73277
港、澳、台商投资企业		1715	1967	50224	53476	2261459	2044246
合资经营企业		291	338	643	618	36224	39190
合作经营企业		99	97	44550	45742	1984000	1763662
独资经营企业		1325	1532	5031	7116	241235	241394
投资股份有限公司							
其他港澳台商投资企业							
外商投资企业		5904	14847	41459	65619	699194	997440
中外合资经营企业		1101	1170	21451	25676	353667	449240
中外合作经营企业		1299	1798	11814	14481	215921	218949
外资企业		3504	11879	8194	25462	129606	329251
外商投资股份有限公司							
其他外商投资企业							
二、按行业分							
批发业		23808	23626	72292	67915	1916709	1885047
农、林、牧产品批发		2916	2834	7523	7293	12536	12536
食品、饮料及烟草制品批发		3216	2776	5875	5235	145724	112932
纺织、服装及家庭用品批发		7031	7211	33534	29868	501607	477069
文化、体育用品及器材批发		114	8	112	10	6210	400
医药及医疗器材批发		1767	1733	2937	2834	63623	61062
矿产品、建材及化工产品批发		8358	8661	20883	21074	1149048	1180984
机械设备、五金产品及电子产品批发		19	21	612	800	15230	17620
贸易经纪与代理							
其他批发业		387	382	816	801	22731	22444
零售业		51924	59871	288021	275838	7121962	7551703
综合零售		30190	29602	181156	190596	5720347	5955967
食品、饮料及烟草制品专门零售		3514	3121	8935	7382	148142	124996
纺织、服装及日用品专门零售		6330	14949	20069	38519	272974	457895
文化、体育用品及器材专门零售		196	198	756	747	23621	7383
医药及医疗器材专门零售		11316	11614	73063	34638	707261	749894
汽车、摩托车、燃料及零配件专门零售		169	184	2096	2029	196653	201133
家用电器及电子产品专门零售		203	202	1932	1925	52464	54135
五金、家具及室内装饰材料专门零售							
货摊、无店铺及其他零售业		6	1	14	2	500	300
三、按业态分							
便利店		4950	4621	17872	16894	302420	277362
折扣店		170	128	710	883	33342	22668
超市		15788	15848	56759	63349	1494428	1884708
大型超市		6580	6435	84218	88757	3130375	3005405
仓储会员店		272	201	550	348	17680	7865
百货店		1812	1689	19080	18068	674203	684874
专业店		21777	21959	99022	59863	1478349	1527949
其中：加油站		103	92	1218	1097	41750	38120
专卖店		15684	24004	58369	71605	821659	931424
家居建材商店							
厂家直销中心			6		28		580
其他		8699	8606	23733	23958	1086215	1093915

1-3 连锁零售

项目	商品购进总额		统一配送商品购进额	
	2012年	2011年	2012年	2011年
总计	**308255424**	**293753954**	**239758386**	**225111503**
一、按登记注册类型分				
内资企业	261599209	249608791	204335316	192016358
国有企业	44637990	39391973	40019759	35342016
集体企业	442972	493141	259302	293704
股份合作企业	1150472	1160737	1135174	1141487
联营企业	118202	113121	118202	113121
国有联营企业	80794	80059	80794	80059
集体联营企业				
国有与集体联营企业	623	609	623	609
其他联营企业	36785	32453	36785	32453
有限责任公司	46013524	42848697	35831794	32133910
国有独资公司	439845	337550	435146	328425
其他有限责任公司	45573679	42511147	35396647	31805485
股份有限公司	153496418	148834158	113237700	108012483
私营企业	15149177	16166635	13296158	14570433
私营独资企业	263973	183903	184342	163890
私营合伙企业	198565	261098	197077	259558
私营有限责任公司	13345563	14663651	11645333	13170172
私营股份有限公司	1341076	1057984	1269406	976814
其他企业	590454	600329	437227	409204
港、澳、台商投资企业	21615145	18726652	18142749	15281958
合资经营企业	2848297	2931998	2558121	2583427
合作经营企业	7529397	6118717	7526467	6112323
独资经营企业	7047490	5949202	4601119	3813080
投资股份有限公司	79776	63562	79776	63562
其他港澳台商投资企业	4110185	3663173	3377267	2709566
外商投资企业	25041070	25418512	17280321	17813188
中外合资经营企业	16711058	15667855	11199441	10604663
中外合作经营企业	1989507	1893195	984329	1011658
外资企业	6286604	7792562	5042651	6131968
外商投资股份有限公司	53900	64900	53900	64900
其他外商投资企业				
二、按行业分				
批发业	110873295	103147154	98834000	90013913
农、林、牧产品批发	1555379	1636615	1547416	1628653
食品、饮料及烟草制品批发	5646904	4741226	4874856	4062764
纺织、服装及家庭用品批发	2092773	2074004	1416769	1382848
文化、体育用品及器材批发	2783964	2374045	2774873	2363695
医药及医疗器材批发	585414	499120	406092	333323
矿产品、建材及化工产品批发	94775474	88789721	84488353	77323491
机械设备、五金产品及电子产品批发	766347	628295	731811	571173
贸易经纪与代理				
其他批发业	2667040	2404129	2593830	2347966
零售业	197382129	190606801	140924386	135097590
综合零售	100503226	95201555	68963080	65689915
食品、饮料及烟草制品专门零售	2170700	1773082	2015265	1597663
纺织、服装及日用品专门零售	3031939	3014331	2053230	1958193
文化、体育用品及器材专门零售	2424590	2599274	2402847	2582338
医药及医疗器材专门零售	5596135	4638657	5010352	4174916

企业经营情况

单位：万元

自有配送中心配送商品购进额		非自有配送中心配送商品购进额		商品销售总额		零售额	
2012年	2011年	2012年	2011年	2012年	2011年	2012年	2011年
139328763	**130987968**	**35228423**	**33084173**	**354620766**	**337009252**	**246053257**	**227801695**
121068203	113396311	30752821	28501749	301077272	287437462	202127538	186255418
17864921	15050357	6087037	5162898	48498043	43970423	24283967	21051000
168248	231276	45382	8973	657849	503133	531749	317459
1042676	1067331			1229603	1207868	1003334	1011650
28971	25822			130092	92021	119328	78704
				84605	54061	84605	54061
				833	796	833	796
28971	25822			44654	37164	33890	23846
17572053	15971961	4082373	4465720	51139125	48134496	38991290	37299074
374394	267043	16580	13549	574910	357332	253523	90186
17197658	15704919	4065793	4452171	50564215	47777163	38737767	37208889
77050230	74859124	19087042	17401832	182323682	177507611	122247056	112828870
7180161	6034582	1312130	1347185	16459748	15411510	14322317	13068252
120725	85869	2809	3224	268742	200213	241759	166055
174029	236484			213607	290379	213607	290379
6182162	5232055	1295617	1320367	14611306	13745706	12617504	11547520
703245	480173	13704	23594	1366094	1175212	1249447	1064299
160943	155859	138857	115140	639130	610401	628496	600410
8193938	6892967	1316619	1232621	23764891	21219980	18692123	17067658
2101241	2100963	186075	225159	3774730	3844239	3414879	3621417
12884	11646			6916109	5982565	3299085	3058155
3492126	2737728	273109	284839	9196917	7883316	8134643	6906408
67857	55687			77772	68024	72543	62215
2519832	1986943	857435	722623	3799364	3441837	3770974	3419463
10066621	10698691	3158983	3349804	29778603	28351809	25233596	24478619
5668259	5549046	2129038	1956567	20387160	19060047	17263645	16190217
809978	830740	130632	99796	2252297	2210579	1372856	1345983
3568481	4281855	899313	1293442	7085420	7016216	6543369	6877451
19903	37050			53726	64968	53726	64968
61890362	57127079	13683747	12040722	127692688	118770650	64482241	56290897
1544362	1576504		48084	1660284	1556423	28225	24147
3163959	2717134	129269	58055	7375683	6237879	467499	300145
1322460	1298251	9645	9589	3392813	3164952	1413357	1447532
2692102	2282874	82772	80821	2724272	2202836	1067022	942051
356066	294980	9018	7890	655231	528277	281416	256718
50212231	46687021	13152602	11561821	108375195	101912836	58895675	51049236
287253	189074	296638	257039	787668	605750	251380	231209
2311929	2081241	3804	17425	2721542	2561698	2077668	2039859
77438401	73860889	21544676	21043451	226928078	218238602	181571016	171510798
39337591	35909843	8365934	8714339	114467576	105561023	94648704	87970645
1297653	1074114	257303	112811	2556248	2172082	2303470	1954486
1035326	1010394	454323	478783	3694827	3670227	3154173	3111687
1700513	1954232	102916	96532	2668755	2652508	2137508	2092217
3100033	2595588	670553	511405	6383857	5310389	6092589	5048571

1-3 续表 1

项　目	商品购进总额		统一配送商品购进额	
	2012年	2011年	2012年	2011年
汽车、摩托车、燃料及零配件专门零售	51791593	47695104	37314420	34223134
家用电器及电子产品专门零售	31351235	35190041	22764073	24481820
五金、家具及室内装饰材料专门零售	388097	399742	276504	294596
货摊、无店铺及其他零售业	124614	95015	124614	95015
三、按业态分				
便利店	2158662	1990720	1458051	1297028
折扣店	312314	293384	183221	168682
超市	25777733	26279093	21824106	22801404
大型超市	38299196	35204496	29789471	26942895
仓储会员店	2105119	2114754	335983	394072
百货店	27533025	24910102	12397186	11203014
专业店	166992953	158466464	133996991	124044134
其中：加油站	101975910	91492508	82425373	73482410
专卖店	20551220	20523968	18798865	18652677
家居建材商店	341877	343645	231085	239249
厂家直销中心	36890	31018	35298	29662
其他	24146435	23596309	20708128	19338687
直营门店合计	**294100219**	**280677250**	**226984313**	**213293586**
一、按登记注册类型分				
内资企业	252901018	241471280	196796351	184953460
国有企业	43415299	38358921	38832309	34350786
集体企业	351993	334364	200330	197317
股份合作企业	1150472	1160737	1135174	1141487
联营企业	108106	95272	108106	95272
国有联营企业	70697	62210	70697	62210
集体联营企业				
国有与集体联营企业	623	609	623	609
其他联营企业	36785	32453	36785	32453
有限责任公司	44674680	41595980	34755657	31106825
国有独资公司	419028	318722	414331	309596
其他有限责任公司	44255652	41277258	34341327	30797228
股份有限公司	148943654	144468517	109241985	104150492
私营企业	13700453	14888502	12119566	13532877
私营独资企业	251268	170811	172948	151926
私营合伙企业	198565	261098	197077	259558
私营有限责任公司	11962216	13462093	10496447	12159846
私营股份有限公司	1288405	994501	1253093	961547
其他企业	556362	568989	403224	378405
港、澳、台商投资企业	17660176	15514207	14367745	12217241
合资经营企业	2801186	2877653	2513720	2531593
合作经营企业	3930812	3193529	3927882	3187135
独资经营企业	6738217	5716290	4469101	3725386
投资股份有限公司	79776	63562	79776	63562
其他港澳台商投资企业	4110185	3663173	3377267	2709566
外商投资企业	23539025	23691763	15820217	16122885
中外合资经营企业	15874676	14640435	10395616	9603615
中外合作经营企业	1454642	1327711	458847	456246
外资企业	6155807	7658718	4911854	5998124
外商投资股份有限公司	53900	64900	53900	64900
其他外商投资企业				

单位：万元

自有配送中心配送商品购进额		非自有配送中心配送商品购进额		商品销售总额		零售额	
2012年	2011年	2012年	2011年	2012年	2011年	2012年	2011年
16028582	15000437	9586844	8571600	62312348	58521732	44954077	40164791
14787388	16143315	2068732	2518177	34077073	39598077	27643661	30537528
120321	143808	32573	33397	639793	646096	590123	586758
30995	29160	5498	6406	127602	106469	46712	44116
511734	445878	337729	296558	2639231	2377252	2418823	2208121
183221	168682			342574	325488	311299	296872
12667755	10942743	3168699	3734543	29158859	27285370	24075422	22314686
14945715	14415858	3103130	2999623	42219469	38425232	34386128	31886543
7901	6291	317070	375183	2162979	1994306	2162979	1994306
9647134	8531908	1329939	1202508	32517782	29933942	28494986	26314268
83254336	78492842	15335162	13879861	196289641	187837280	123240095	114939129
48956264	44270539	10329269	8914045	124135533	113725544	75421680	65844575
15172689	15237334	1004391	884502	22604022	22723480	17429905	14936837
62578	76232	48212	49601	472878	473987	423208	414649
35298	29662			38054	32823	29520	23475
2840402	2640538	10584091	9661795	26175279	25600092	13080892	12472809
132857479	**124628079**	**33595863**	**31619342**	**338191901**	**320785547**	**234684134**	**216606170**
116073382	108750819	29209698	27112121	289766957	276395220	195687465	180062960
17402550	14821073	5651291	4787579	45208175	40855959	23740693	20620828
146519	136569	9890	8973	570190	345345	483775	275470
1042676	1067331			1229603	1207868	1003334	1011650
28971	25822			117827	80080	107063	66762
				72341	42120	72341	42120
				833	796	833	796
28971	25822			44654	37164	33890	23846
16699467	15157273	3947120	4323217	49248557	46508613	37317831	35914592
356938	250190	13221	11574	547602	338194	248909	87200
16342530	14907083	3933899	4311643	48700954	46170419	37068922	35827392
74225585	72090655	18356418	16710421	178140919	172921699	119142510	109378749
6376137	5300544	1129768	1190029	14655573	13905999	13303258	12231726
114136	78956	2809	3224	257556	186578	230573	152420
174029	236484			213607	290379	213607	290379
5392741	4513377	1113255	1163211	12884273	12326431	11675586	10797201
695232	471727	13704	23594	1300138	1102612	1183491	991726
151479	151552	115211	91902	596113	569657	589002	563183
8127784	6818938	1275406	1206353	20279869	18002342	15252964	13870980
2082933	2075397	159981	198891	3700952	3763104	3341101	3540282
12884	10868			3799314	3057646	182290	133235
3444279	2690043	257990	284839	8902467	7671732	7886056	6715785
67857	55687			77772	68024	72543	62215
2519832	1986943	857435	722623	3799364	3441837	3770974	3419463
8656313	9058323	3110759	3300868	28145076	26387985	23743705	22672231
4913111	4596406	2080814	1908159	19487085	17956187	16401121	15118393
284495	275328	130632	99796	1690056	1548788	916701	809592
3438803	4149539	899313	1292914	6914208	6818042	6372156	6679278
19903	37050			53726	64968	53726	64968

1-3 续表 2

项　　目	商品购进总额		统一配送商品购进额	
	2012年	2011年	2012年	2011年
二、按行业分				
批发业	107416898	99621042	95654955	86827832
农、林、牧产品批发	1322896	1390164	1314934	1382202
食品、饮料及烟草制品批发	5589636	4695247	4819369	4018842
纺织、服装及家庭用品批发	1450796	1405304	948005	914246
文化、体育用品及器材批发	2782091	2372513	2773755	2363695
医药及医疗器材批发	552549	465355	394847	320547
矿产品、建材及化工产品批发	92411488	86374222	82178524	75002343
机械设备、五金产品及电子产品批发	674409	542239	639873	485117
贸易经纪与代理				
其他批发业	2633033	2375998	2585649	2340840
零售业	186683321	181056208	131329359	126465754
综合零售	91776770	87364885	61259314	58708548
食品、饮料及烟草制品专门零售	1837214	1490507	1685299	1317663
纺织、服装及日用品专门零售	2766382	2736584	1807609	1689665
文化、体育用品及器材专门零售	2421232	2566639	2399489	2549704
医药及医疗器材专门零售	5173949	4282490	4645801	3867299
汽车、摩托车、燃料及零配件专门零售	51086413	47153611	36609240	33682998
家用电器及电子产品专门零售	31109600	34966802	22522438	24260334
五金、家具及室内装饰材料专门零售	388097	399742	276504	294596
货摊、无店铺及其他零售业	123663	94947	123663	94947
三、按业态分				
便利店	1691703	1586461	1163780	1038660
折扣店	277634	265886	148542	141184
超市	23461122	24156408	19930225	21064666
大型超市	33356290	30771703	24881635	22547827
仓储会员店	2098793	2110996	329725	390519
百货店	26629160	24117188	11885134	10695352
专业店	164524020	156090398	131675247	121833127
其中：加油站	101184834	90743695	81634297	72733597
专卖店	18991924	18920358	17251086	17059219
家居建材商店	341877	343645	231085	239249
厂家直销中心	36890	29662	35298	29662
其他	22690806	22284546	19452558	18254124
加盟门店总计	**14155205**	**13076704**	**12774072**	**11817918**
一、按登记注册类型分				
内资企业	8698191	8137510	7538965	7062898
国有企业	1222692	1033053	1187450	991230
集体企业	90980	158777	58972	96387
股份合作企业				
联营企业	10096	17849	10096	17849
国有联营企业	10096	17849	10096	17849
集体联营企业				
国有与集体联营企业				
其他联营企业				
有限责任公司	1338844	1252717	1076137	1027085
国有独资公司	20818	18828	20816	18828
其他有限责任公司	1318027	1233889	1055321	1008257
股份有限公司	4552763	4365642	3995715	3861991
私营企业	1448724	1278133	1176592	1037556
私营独资企业	12705	13092	11394	11964
私营合伙企业				
私营有限责任公司	1383347	1201558	1148886	1010325
私营股份有限公司	52671	63483	16313	15267

单位：万元

自有配送中心配送商品购进额		非自有配送中心配送商品购进额		商品销售总额		零售额	
2012年	2011年	2012年	2011年	2012年	2011年	2012年	2011年
59350427	54617726	13353749	11769298	122105529	113030467	63556097	55153598
1314934	1341331		40871	1544008	1337394	25887	20261
3120550	2682361	117405	48906	7315046	6188093	408130	251329
878379	852467	4060	7179	2659787	2358245	1302132	1156099
2690983	2282874	82772	80821	2722534	2202667	1065905	942051
349173	287652	8284	7192	612466	492805	267171	247645
48408441	44911250	12929478	11392344	103871736	97400397	58171576	50276679
284005	185496	207948	174561	695752	521243	238755	219676
2303964	2074295	3804	17425	2684199	2529622	2076541	2039859
73507052	70010353	20242113	19850043	216086372	207755080	171128037	161452573
36337874	32848362	7576899	7975195	106001600	97195396	86308447	79713754
991420	802919	253206	110487	2187076	1826258	1943333	1619752
803200	753132	451627	476423	3242830	3176701	2876859	2813992
1697691	1922343	102380	95786	2665844	2620611	2134597	2065655
2946670	2462082	555982	432161	5794414	4894296	5517938	4646298
15838837	14946560	9387298	8376129	61590865	57929726	44307091	39662249
14740112	16102055	1877534	2344059	33837247	39359596	27403835	30300067
120321	143808	32573	33397	639793	646096	590123	586758
30927	29093	4615	6406	126703	106401	45813	44049
412218	351361	243160	208011	2126131	1916946	1912590	1754497
148542	141184			311719	296449	280445	267832
11480693	9838430	2600139	3203686	27061546	25118445	22012195	20177692
13726258	13028761	3013336	2916062	37556667	33782385	29726470	27245644
1642	2738	317070	375183	2151384	1987263	2151384	1987263
9239161	8129973	1303846	1176240	31467728	28981645	27476630	25382931
81720323	77005609	14977209	13557737	193696546	185239158	121371417	113337843
48165189	43521726	10329269	8914045	123384649	112983597	74969341	65447939
14236347	14317456	713371	617859	20557241	20722623	16622572	14124247
62578	76232	48212	49601	472878	473987	423208	414649
35298	29662			38054	31228	29520	21880
1794420	1706673	10379522	9514963	22752008	22235419	12677703	11891692
6471284	**6359889**	**1632560**	**1464832**	**16428865**	**16223705**	**11369124**	**11195524**
4994821	4645492	1543124	1389628	11310314	11042243	6440073	6192458
462372	229284	435745	375319	3289868	3114464	543275	430173
21730	94707	35492		87659	157788	47974	41988
				12264	11941	12264	11941
				12264	11941	12264	11941
872585	814689	135254	142503	1890568	1625883	1673459	1384482
17457	16853	3359	1975	27307	19138	4614	2986
855129	797836	131894	140528	1863261	1606744	1668845	1381496
2824645	2768468	730624	691411	4182764	4585913	3104546	3450121
804024	734037	182362	157156	1804175	1505510	1019060	836526
6590	6913			11186	13635	11186	13635
789421	718678	182362	157156	1727033	1419275	941918	750318
8013	8446			65956	72600	65956	72572

1-3 续表 3

项　目	商品购进总额		统一配送商品购进额	
	2012年	2011年	2012年	2011年
其他企业	34092	31340	34003	30800
港、澳、台商投资企业	3954969	3212445	3775004	3064716
合资经营企业	47111	54345	44401	51834
合作经营企业	3598585	2925188	3598585	2925188
独资经营企业	309274	232912	132018	87695
投资股份有限公司				
其他港澳台商投资企业				
外商投资企业	1502045	1726749	1460104	1690303
中外合资经营企业	836382	1027421	803824	1001048
中外合作经营企业	534865	565485	525482	555412
外资企业	130797	133843	130797	133843
外商投资股份有限公司				
其他外商投资企业				
二、按行业分				
批发业	3456397	3526112	3179045	3186081
农、林、牧产品批发	232483	246451	232483	246451
食品、饮料及烟草制品批发	57268	45980	55487	43922
纺织、服装及家庭用品批发	641977	668700	468764	468602
文化、体育用品及器材批发	1873	1532	1119	
医药及医疗器材批发	32865	33765	11245	12776
矿产品、建材及化工产品批发	2363986	2415499	2309830	2321148
机械设备、五金产品及电子产品批发	91938	86056	91938	86056
贸易经纪与代理				
其他批发业	34007	28131	8181	7126
零售业	10698808	9550592	9595027	8631837
综合零售	8726456	7836670	7703765	6981367
食品、饮料及烟草制品专门零售	333487	282575	329966	280001
纺织、服装及日用品专门零售	265557	277748	245621	268528
文化、体育用品及器材专门零售	3358	32635	3358	32635
医药及医疗器材专门零售	422185	356167	364551	307617
汽车、摩托车、燃料及零配件专门零售	705180	541492	705180	540136
家用电器及电子产品专门零售	241635	223239	241635	221486
五金、家具及室内装饰材料专门零售				
货摊、无店铺及其他零售业	951	67	951	67
三、按业态分				
便利店	466959	404259	294271	258369
折扣店	34680	27499	34680	27499
超市	2316611	2122685	1893881	1736739
大型超市	4942906	4432793	4907837	4395069
仓储会员店	6326	3758	6259	3553
百货店	903866	792914	512052	507662
专业店	2468933	2376066	2321745	2211007
其中：加油站	791075	748813	791075	748813
专卖店	1559295	1603610	1547779	1593458
家居建材商店				
厂家直销中心		1356		
其他	1455629	1311764	1255571	1084563

单位：万元

自有配送中心配送商品购进额		非自有配送中心配送商品购进额		商品销售总额		零售额	
2012年	2011年	2012年	2011年	2012年	2011年	2012年	2011年
9465	4307	23646	23238	43017	40744	39495	37227
66154	74029	41213	26268	3485023	3217638	3439159	3196678
18308	25566	26093	26268	73778	81135	73778	81135
	778			3116795	2924920	3116795	2924920
47846	47685	15120		294450	211584	248587	190624
1410308	1640368	48224	48936	1633528	1963824	1489892	1806388
755149	952640	48224	48408	900075	1103860	862525	1071823
525482	555412			562241	661791	456155	536391
129678	132316		528	171212	198173	171212	198173
2539934	2509353	329998	271424	5587159	5740183	926144	1137299
229429	235173		7213	116276	219029	2338	3886
43410	34773	11864	9149	60637	49785	59368	48815
444081	445784	5585	2410	733026	806707	111225	291433
1119				1738	169	1117	
6893	7327	734	698	42764	35472	14245	9074
1803790	1775772	223124	169477	4503459	4512439	724099	772558
3247	3578	88690	82478	91916	84506	12626	11533
7965	6946			37343	32075	1127	
3931349	3850536	1302562	1193408	10841706	10483522	10442980	10058225
2999716	3061481	789035	739144	8465976	8365627	8340256	8256891
306233	271195	4097	2324	369172	345824	360137	334735
232126	257262	2696	2360	451996	493526	277314	297695
2822	31889	536	745	2911	31898	2911	26562
153364	133506	114571	79245	589442	416093	574651	402273
189745	53877	199546	195471	721484	592006	646986	502542
47276	41260	191197	174118	239826	238481	239826	237461
68	67	883		899	67	899	67
99516	94517	94569	88547	513100	460306	506233	453624
34680	27499			30855	29039	30855	29039
1187062	1104313	568561	530858	2097313	2166925	2063227	2136994
1219457	1387098	89795	83561	4662803	4642848	4659659	4640900
6259	3553			11595	7043	11595	7043
407973	401936	26093	26268	1050054	952297	1018357	931337
1534013	1487233	357953	322124	2593095	2598122	1868677	1601286
791075	748813			750885	741947	452339	396635
936342	919877	291020	266643	2046781	2000857	807334	812590
					1595		1595
1045982	933864	204570	146832	3423271	3364673	403188	581116

1-4 按行业与登记注册类型分连锁零售企业基本情况

内资企业

项　目	连锁总店数(个)	门店数(个)		年末从业人员(人)		年末零售营业面积(平方米)	
	2012年	2012年	2011年	2012年	2011年	2012年	2011年
总　计	**2296**	**174933**	**170946**	**2070679**	**2016066**	**123413954**	**119113617**
批发业	**306**	**52950**	**52171**	**349022**	**341046**	**40423037**	**39400481**
农、林、牧产品批发	5	3004	2920	9031	8670	18556	18556
食品、饮料及烟草制品批发	55	4552	3889	27571	25920	420671	476481
纺织、服装及家庭用品批发	18	7719	7669	53683	44667	1904032	1443015
文化、体育用品及器材批发	9	646	615	16608	14258	763060	751257
医药及医疗器材批发	33	2724	2769	9355	9009	219302	214422
矿产品、建材及化工产品批发	157	32589	32528	219702	225029	35895231	35355441
机械设备、五金产品及电子产品批发	15	440	543	5273	6486	104099	115814
贸易经纪与代理							
其他批发业	14	1276	1238	7799	7007	1098086	1025495
零售业	**1990**	**121983**	**118775**	**1721657**	**1675020**	**82990917**	**79713136**
综合零售	665	55219	54317	972673	939803	45938216	42873841
食品、饮料及烟草制品专门零售	128	8472	7854	45275	39045	551544	487963
纺织、服装及日用品专门零售	108	4246	3799	31789	29745	701918	633455
文化、体育用品及器材专门零售	82	1724	1752	35761	33029	1005459	982365
医药及医疗器材专门零售	626	34605	33458	250006	195677	4231060	3900861
汽车、摩托车、燃料及零配件专门零售	160	10784	10758	118303	116781	16113511	16348281
家用电器及电子产品专门零售	207	6671	6585	262487	314855	14228809	14267128
五金、家具及室内装饰材料专门零售	8	130	122	4504	5309	199997	200617
货摊、无店铺及其他零售业	6	132	130	859	776	20403	18625
直营门店合计		**106820**	**104263**	**1802049**	**1791408**	**117335936**	**112718553**
批发业		**29341**	**28773**	**277889**	**274326**	**38526490**	**37538278**
农、林、牧产品批发		88	86	1508	1377	6020	6020
食品、饮料及烟草制品批发		1361	1141	21773	20778	276779	365596
纺织、服装及家庭用品批发		833	628	20519	15189	1414755	980743
文化、体育用品及器材批发		532	607	16496	14248	756850	750857
医药及医疗器材批发		957	1036	6418	6175	155679	153360
矿产品、建材及化工产品批发		24260	23897	199531	204667	34752183	34180457
机械设备、五金产品及电子产品批发		421	522	4661	5686	88869	98194
贸易经纪与代理							
其他批发业		889	856	6983	6206	1075355	1003051

1-4　续表 1

内资企业

项　目	连锁总店数(个)	门店数(个)		年末从业人员(人)		年末零售营业面积(平方米)	
	2012年	2012年	2011年	2012年	2011年	2012年	2011年
零售业		**77479**	**75490**	**1524160**	**1517082**	**78809446**	**75180275**
综合零售		26772	26335	865321	828243	42920447	39470102
食品、饮料及烟草制品专门零售		5068	4847	36682	32046	407312	367127
纺织、服装及日用品专门零售		2648	2504	26840	26117	608672	567414
文化、体育用品及器材专门零售		1528	1554	35005	32282	981838	974982
医药及医疗器材专门零售		24124	23042	178201	164629	3578074	3221567
汽车、摩托车、燃料及零配件专门零售		10615	10574	116207	114752	15916858	16147148
家用电器及电子产品专门零售		6468	6383	260555	312930	14176345	14212993
五金、家具及室内装饰材料专门零售		130	122	4504	5309	199997	200617
货摊、无店铺及其他零售业		126	129	845	774	19903	18325
加盟门店合计		**68113**	**66683**	**268630**	**224658**	**6078018**	**6395064**
批发业		**23609**	**23398**	**71133**	**66720**	**1896547**	**1862203**
农、林、牧产品批发		2916	2834	7523	7293	12536	12536
食品、饮料及烟草制品批发		3191	2748	5798	5142	143892	110885
纺织、服装及家庭用品批发		6886	7041	33164	29478	489277	462272
文化、体育用品及器材批发		114	8	112	10	6210	400
医药及医疗器材批发		1767	1733	2937	2834	63623	61062
矿产品、建材及化工产品批发		8329	8631	20171	20362	1143048	1174984
机械设备、五金产品及电子产品批发		19	21	612	800	15230	17620
贸易经纪与代理							
其他批发业		387	382	816	801	22731	22444
零售业		**44504**	**43285**	**197497**	**157938**	**4181471**	**4532861**
综合零售		28447	27982	107352	111560	3017769	3403739
食品、饮料及烟草制品专门零售		3404	3007	8593	6999	144232	120836
纺织、服装及日用品专门零售		1598	1295	4949	3628	93246	66041
文化、体育用品及器材专门零售		196	198	756	747	23621	7383
医药及医疗器材专门零售		10481	10416	71805	31048	652986	679294
汽车、摩托车、燃料及零配件专门零售		169	184	2096	2029	196653	201133
家用电器及电子产品专门零售		203	202	1932	1925	52464	54135
五金、家具及室内装饰材料专门零售							
货摊、无店铺及其他零售业		6	1	14	2	500	300

1-4 续表 2

国有企业

项 目	连锁总店数(个)	门店数(个)		年末从业人员(人)		年末零售营业面积(平方米)	
	2012年	2012年	2011年	2012年	2011年	2012年	2011年
总　计	**186**	**17433**	**16936**	**158153**	**147015**	**12707881**	**12151533**
批发业	**62**	**8825**	**8456**	**70720**	**67873**	**6162300**	**5760619**
农、林、牧产品批发	1	3	3	38	38	296	296
食品、饮料及烟草制品批发	21	195	193	13242	13126	82348	164258
纺织、服装及家庭用品批发	1	54	57	1600	1538	3750	3950
文化、体育用品及器材批发	3	344	339	9769	7400	374895	362179
医药及医疗器材批发	3	112	114	428	417	8155	8593
矿产品、建材及化工产品批发	31	8073	7705	45100	44827	5677660	5205752
机械设备、五金产品及电子产品批发							
贸易经纪与代理							
其他批发业	2	44	45	543	527	15196	15591
零售业	**124**	**8608**	**8480**	**87433**	**79142**	**6545581**	**6390914**
综合零售	16	3395	3316	19232	18293	507109	333954
食品、饮料及烟草制品专门零售	10	256	263	1430	1798	19212	21229
纺织、服装及日用品专门零售	3	34	33	3258	2640	58334	46773
文化、体育用品及器材专门零售	25	304	316	6311	6337	247118	250871
医药及医疗器材专门零售	24	1568	1558	13729	9701	305040	179514
汽车、摩托车、燃料及零配件专门零售	46	3051	2994	43473	40373	5408768	5558573
家用电器及电子产品专门零售							
五金、家具及室内装饰材料专门零售							
货摊、无店铺及其他零售业							
直营门店合计		**12407**	**11873**	**142591**	**131559**	**11643758**	**11086009**
批发业		**5948**	**5590**	**62720**	**60210**	**5334897**	**4933816**
农、林、牧产品批发		3	3	38	38	296	296
食品、饮料及烟草制品批发		195	193	13242	13126	82348	164258
纺织、服装及家庭用品批发		54	57	1600	1538	3750	3950
文化、体育用品及器材批发		344	339	9769	7400	374895	362179
医药及医疗器材批发		10	12	122	111	2035	2473
矿产品、建材及化工产品批发		5298	4941	37406	37470	4856377	4385069
机械设备、五金产品及电子产品批发							
贸易经纪与代理							
其他批发业		44	45	543	527	15196	15591

1-4 续表 3

国有企业

项目	连锁总店数(个)	门店数(个)		年末从业人员(人)		年末零售营业面积(平方米)	
	2012年	2012年	2011年	2012年	2011年	2012年	2011年
零售业		**6459**	**6283**	**79871**	**71349**	**6308861**	**6152193**
综合零售		1780	1658	14494	13273	433531	258333
食品、饮料及烟草制品专门零售		143	149	948	1336	15066	17194
纺织、服装及日用品专门零售		33	32	3208	2580	57614	46053
文化、体育用品及器材专门零售		303	315	6308	6334	247088	250841
医药及医疗器材专门零售		1182	1169	12616	8561	280297	154602
汽车、摩托车、燃料及零配件专门零售		3018	2960	42297	39265	5275265	5425170
家用电器及电子产品专门零售							
五金、家具及室内装饰材料专门零售							
货摊、无店铺及其他零售业							
加盟门店合计		**5026**	**5063**	**15562**	**15456**	**1064123**	**1065524**
批发业		**2877**	**2866**	**8000**	**7663**	**827403**	**826803**
农、林、牧产品批发							
食品、饮料及烟草制品批发							
纺织、服装及家庭用品批发							
文化、体育用品及器材批发							
医药及医疗器材批发		102	102	306	306	6120	6120
矿产品、建材及化工产品批发		2775	2764	7694	7357	821283	820683
机械设备、五金产品及电子产品批发							
贸易经纪与代理							
其他批发业							
零售业		**2149**	**2197**	**7562**	**7793**	**236720**	**238721**
综合零售		1615	1658	4738	5020	73578	75621
食品、饮料及烟草制品专门零售		113	114	482	462	4146	4035
纺织、服装及日用品专门零售		1	1	50	60	720	720
文化、体育用品及器材专门零售		1	1	3	3	30	30
医药及医疗器材专门零售		386	389	1113	1140	24743	24912
汽车、摩托车、燃料及零配件专门零售		33	34	1176	1108	133503	133403
家用电器及电子产品专门零售							
五金、家具及室内装饰材料专门零售							
货摊、无店铺及其他零售业							

1-4 续表 4

集体企业

项 目	连锁总店数(个)	门店数(个)		年末从业人员(人)		年末零售营业面积(平方米)	
	2012年	2012年	2011年	2012年	2011年	2012年	2011年
总 计	**33**	**2476**	**2932**	**10628**	**11008**	**406507**	**405354**
批发业	**7**	**1623**	**2087**	**3879**	**4134**	**84895**	**159594**
农、林、牧产品批发							
食品、饮料及烟草制品批发	1	616	630	993	1035	10730	11150
纺织、服装及家庭用品批发	1	104	113	280	320	8526	9426
文化、体育用品及器材批发							
医药及医疗器材批发							
矿产品、建材及化工产品批发	4	900	1341	2581	2753	65059	138438
机械设备、五金产品及电子产品批发							
贸易经纪与代理							
其他批发业	1	3	3	25	26	580	580
零售业	**26**	**853**	**845**	**6749**	**6874**	**321612**	**245760**
综合零售	16	663	645	5756	5794	307133	229705
食品、饮料及烟草制品专门零售	1	22	24	56	58	670	750
纺织、服装及日用品专门零售	1	7	8	145	146	1041	1078
文化、体育用品及器材专门零售	2	12	12	155	162	2396	2396
医药及医疗器材专门零售	5	125	132	607	684	10012	11471
汽车、摩托车、燃料及零配件专门零售	1	24	24	30	30	360	360
家用电器及电子产品专门零售							
五金、家具及室内装饰材料专门零售							
货摊、无店铺及其他零售业							
直营门店合计		**499**	**514**	**4619**	**4782**	**276917**	**254014**
批发业		**142**	**146**	**636**	**661**	**15775**	**63344**
农、林、牧产品批发							
食品、饮料及烟草制品批发		36	33	253	247	6880	6880
纺织、服装及家庭用品批发		9	12	95	125	3506	3806
文化、体育用品及器材批发							
医药及医疗器材批发							
矿产品、建材及化工产品批发		94	98	263	263	4809	52078
机械设备、五金产品及电子产品批发							
贸易经纪与代理							
其他批发业		3	3	25	26	580	580

1-4 续表 5

集体企业

项目	连锁总店数(个)	门店数(个)		年末从业人员(人)		年末零售营业面积(平方米)	
	2012年	2012年	2011年	2012年	2011年	2012年	2011年
零售业		**357**	**368**	**3983**	**4121**	**261142**	**190670**
综合零售		181	182	3069	3123	247518	175470
食品、饮料及烟草制品专门零售		22	24	56	58	670	750
纺织、服装及日用品专门零售		6	7	133	134	891	928
文化、体育用品及器材专门零售		12	12	155	162	2396	2396
医药及医疗器材专门零售		112	119	540	614	9307	10766
汽车、摩托车、燃料及零配件专门零售		24	24	30	30	360	360
家用电器及电子产品专门零售							
五金、家具及室内装饰材料专门零售							
货摊、无店铺及其他零售业							
加盟门店合计		**1977**	**2418**	**6009**	**6226**	**129590**	**151340**
批发业		**1481**	**1941**	**3243**	**3473**	**69120**	**96250**
农、林、牧产品批发							
食品、饮料及烟草制品批发		580	597	740	788	3850	4270
纺织、服装及家庭用品批发		95	101	185	195	5020	5620
文化、体育用品及器材批发							
医药及医疗器材批发							
矿产品、建材及化工产品批发		806	1243	2318	2490	60250	86360
机械设备、五金产品及电子产品批发							
贸易经纪与代理							
其他批发业							
零售业		**496**	**477**	**2766**	**2753**	**60470**	**55090**
综合零售		482	463	2687	2671	59615	54235
食品、饮料及烟草制品专门零售							
纺织、服装及日用品专门零售		1	1	12	12	150	150
文化、体育用品及器材专门零售							
医药及医疗器材专门零售		13	13	67	70	705	705
汽车、摩托车、燃料及零配件专门零售							
家用电器及电子产品专门零售							
五金、家具及室内装饰材料专门零售							
货摊、无店铺及其他零售业							

1-4 续表 6

股份合作企业

项　目	连锁总店数（个）	门店数（个）		年末从业人员（人）		年末零售营业面积（平方米）	
	2012年	2012年	2011年	2012年	2011年	2012年	2011年
总　计	**8**	**391**	**395**	**4856**	**4685**	**134188**	**265262**
批发业	**2**	**18**	**18**	**429**	**422**	**13831**	**14775**
农、林、牧产品批发							
食品、饮料及烟草制品批发	2	18	18	429	422	13831	14775
纺织、服装及家庭用品批发							
文化、体育用品及器材批发							
医药及医疗器材批发							
矿产品、建材及化工产品批发							
机械设备、五金产品及电子产品批发							
贸易经纪与代理							
其他批发业							
零售业	**6**	**373**	**377**	**4427**	**4263**	**120357**	**250487**
综合零售	3	47	39	771	757	91733	89163
食品、饮料及烟草制品专门零售							
纺织、服装及日用品专门零售							
文化、体育用品及器材专门零售							
医药及医疗器材专门零售	1	43	39	298	300	4500	4200
汽车、摩托车、燃料及零配件专门零售	1	254	270	3222	3050	17000	150000
家用电器及电子产品专门零售							
五金、家具及室内装饰材料专门零售							
货摊、无店铺及其他零售业	1	29	29	136	156	7124	7124
直营门店合计		**391**	**395**	**4856**	**4685**	**134188**	**265262**
批发业		**18**	**18**	**429**	**422**	**13831**	**14775**
农、林、牧产品批发							
食品、饮料及烟草制品批发		18	18	429	422	13831	14775
纺织、服装及家庭用品批发							
文化、体育用品及器材批发							
医药及医疗器材批发							
矿产品、建材及化工产品批发							
机械设备、五金产品及电子产品批发							
贸易经纪与代理							
其他批发业							

1-4 续表 7

股份合作企业

项　　目	连锁总店数(个)	门店数(个)		年末从业人员(人)		年末零售营业面积(平方米)	
	2012年	2012年	2011年	2012年	2011年	2012年	2011年
零售业		**373**	**377**	**4427**	**4263**	**120357**	**250487**
综合零售		47	39	771	757	91733	89163
食品、饮料及烟草制品专门零售							
纺织、服装及日用品专门零售							
文化、体育用品及器材专门零售							
医药及医疗器材专门零售		43	39	298	300	4500	4200
汽车、摩托车、燃料及零配件专门零售		254	270	3222	3050	17000	150000
家用电器及电子产品专门零售							
五金、家具及室内装饰材料专门零售							
货摊、无店铺及其他零售业		29	29	136	156	7124	7124
加盟门店合计							
批发业							
农、林、牧产品批发							
食品、饮料及烟草制品批发							
纺织、服装及家庭用品批发							
文化、体育用品及器材批发							
医药及医疗器材批发							
矿产品、建材及化工产品批发							
机械设备、五金产品及电子产品批发							
贸易经纪与代理							
其他批发业							
零售业							
综合零售							
食品、饮料及烟草制品专门零售							
纺织、服装及日用品专门零售							
文化、体育用品及器材专门零售							
医药及医疗器材专门零售							
汽车、摩托车、燃料及零配件专门零售							
家用电器及电子产品专门零售							
五金、家具及室内装饰材料专门零售							
货摊、无店铺及其他零售业							

1-4 续表 8

联营企业

项 目	连锁总店数(个)	门店数(个)		年末从业人员(人)		年末零售营业面积(平方米)	
	2012年	2012年	2011年	2012年	2011年	2012年	2011年
总 计	**6**	**376**	**398**	**2893**	**2482**	**106765**	**51470**
批发业							
农、林、牧产品批发							
食品、饮料及烟草制品批发							
纺织、服装及家庭用品批发							
文化、体育用品及器材批发							
医药及医疗器材批发							
矿产品、建材及化工产品批发							
机械设备、五金产品及电子产品批发							
贸易经纪与代理							
其他批发业							
零售业	**6**	**376**	**398**	**2893**	**2482**	**106765**	**51470**
综合零售	2	28	19	906	221	70310	5514
食品、饮料及烟草制品专门零售							
纺织、服装及日用品专门零售							
文化、体育用品及器材专门零售							
医药及医疗器材专门零售	4	348	379	1987	2261	36455	45956
汽车、摩托车、燃料及零配件专门零售							
家用电器及电子产品专门零售							
五金、家具及室内装饰材料专门零售							
货摊、无店铺及其他零售业							
直营门店合计		**319**	**323**	**2568**	**2056**	**98395**	**40219**
批发业							
农、林、牧产品批发							
食品、饮料及烟草制品批发							
纺织、服装及家庭用品批发							
文化、体育用品及器材批发							
医药及医疗器材批发							
矿产品、建材及化工产品批发							
机械设备、五金产品及电子产品批发							
贸易经纪与代理							
其他批发业							

1-4 续表 9

联营企业

项 目	连锁总店数（个）	门店数（个）		年末从业人员（人）		年末零售营业面积（平方米）	
	2012年	2012年	2011年	2012年	2011年	2012年	2011年
零售业		**319**	**323**	**2568**	**2056**	**98395**	**40219**
综合零售		28	19	906	221	70310	5514
食品、饮料及烟草制品专门零售							
纺织、服装及日用品专门零售							
文化、体育用品及器材专门零售							
医药及医疗器材专门零售		291	304	1662	1835	28085	34705
汽车、摩托车、燃料及零配件专门零售							
家用电器及电子产品专门零售							
五金、家具及室内装饰材料专门零售							
货摊、无店铺及其他零售业							
加盟门店合计		**57**	**75**	**325**	**426**	**8370**	**11251**
批发业							
农、林、牧产品批发							
食品、饮料及烟草制品批发							
纺织、服装及家庭用品批发							
文化、体育用品及器材批发							
医药及医疗器材批发							
矿产品、建材及化工产品批发							
机械设备、五金产品及电子产品批发							
贸易经纪与代理							
其他批发业							
零售业		**57**	**75**	**325**	**426**	**8370**	**11251**
综合零售							
食品、饮料及烟草制品专门零售							
纺织、服装及日用品专门零售							
文化、体育用品及器材专门零售							
医药及医疗器材专门零售		57	75	325	426	8370	11251
汽车、摩托车、燃料及零配件专门零售							
家用电器及电子产品专门零售							
五金、家具及室内装饰材料专门零售							
货摊、无店铺及其他零售业							

1-4 续表 10

有限责任公司

项　目	连锁总店数(个)	门店数(个)		年末从业人员(人)		年末零售营业面积(平方米)	
	2012年	2012年	2011年	2012年	2011年	2012年	2011年
总　计	**935**	**58278**	**57008**	**689794**	**628173**	**28199100**	**26340414**
批发业	**73**	**6554**	**6053**	**24458**	**22754**	**1012821**	**985090**
农、林、牧产品批发	1	4	4	250	250	5000	5000
食品、饮料及烟草制品批发	19	1533	1139	6849	5459	130549	117404
纺织、服装及家庭用品批发	4	112	93	1246	1007	18789	17434
文化、体育用品及器材批发	2	9	7	627	624	10341	9731
医药及医疗器材批发	15	999	948	4783	3967	96091	85318
矿产品、建材及化工产品批发	25	3417	3387	9397	10077	696872	696080
机械设备、五金产品及电子产品批发	3	12	12	345	419	10673	10617
贸易经纪与代理							
其他批发业	4	468	463	961	951	44506	43506
零售业	**862**	**51724**	**50955**	**665336**	**605419**	**27186279**	**25355324**
综合零售	294	23534	23518	394551	369763	18153709	16630586
食品、饮料及烟草制品专门零售	57	3485	3090	21117	15635	257781	200842
纺织、服装及日用品专门零售	44	2563	2564	17030	17232	379237	372977
文化、体育用品及器材专门零售	27	807	820	14660	12887	450695	398207
医药及医疗器材专门零售	309	19105	18743	146708	101564	2175477	2024573
汽车、摩托车、燃料及零配件专门零售	19	257	249	3276	3339	280851	286679
家用电器及电子产品专门零售	103	1799	1806	63537	79733	5296326	5250116
五金、家具及室内装饰材料专门零售	5	101	92	3877	4783	180344	181063
货摊、无店铺及其他零售业	4	73	73	580	483	11859	10281
直营门店合计		**34975**	**34512**	**590000**	**570527**	**26336706**	**24519522**
批发业		**2976**	**2807**	**17215**	**15364**	**709945**	**689688**
农、林、牧产品批发		4	4	250	250	5000	5000
食品、饮料及烟草制品批发		971	764	5731	4657	100291	102234
纺织、服装及家庭用品批发		102	86	1066	847	18429	17224
文化、体育用品及器材批发		7	7	617	624	9731	9731
医药及医疗器材批发		485	471	3526	2816	70402	61291
矿产品、建材及化工产品批发		1137	1209	5011	5091	468987	458059
机械设备、五金产品及电子产品批发		12	12	345	419	10673	10617
贸易经纪与代理							
其他批发业		258	254	669	660	26432	25532

1-4 续表 11

有限责任公司

项　目	连锁总店数(个)	门店数(个)		年末从业人员(人)		年末零售营业面积(平方米)	
	2012年	2012年	2011年	2012年	2011年	2012年	2011年
零售业		**31999**	**31705**	**572785**	**555163**	**25626761**	**23829834**
综合零售		12944	13324	367272	342977	17088866	15564301
食品、饮料及烟草制品专门零售		2332	2080	16835	12357	196324	151472
纺织、服装及日用品专门零售		1450	1481	13991	14356	328259	324070
文化、体育用品及器材专门零售		641	649	14494	12700	427105	390855
医药及医疗器材专门零售		12420	11974	89096	84670	1830363	1686784
汽车、摩托车、燃料及零配件专门零售		257	243	3276	3311	280851	286099
家用电器及电子产品专门零售		1782	1790	63366	79528	5283090	5235209
五金、家具及室内装饰材料专门零售		101	92	3877	4783	180344	181063
货摊、无店铺及其他零售业		72	72	578	481	11559	9981
加盟门店合计		**23303**	**22496**	**99794**	**57646**	**1862394**	**1820892**
批发业		**3578**	**3246**	**7243**	**7390**	**302876**	**295402**
农、林、牧产品批发							
食品、饮料及烟草制品批发		562	375	1118	802	30258	15170
纺织、服装及家庭用品批发		10	7	180	160	360	210
文化、体育用品及器材批发		2		10		610	
医药及医疗器材批发		514	477	1257	1151	25689	24027
矿产品、建材及化工产品批发		2280	2178	4386	4986	227885	238021
机械设备、五金产品及电子产品批发							
贸易经纪与代理							
其他批发业		210	209	292	291	18074	17974
零售业		**19725**	**19250**	**92551**	**50256**	**1559518**	**1525490**
综合零售		10590	10194	27279	26786	1064843	1066285
食品、饮料及烟草制品专门零售		1153	1010	4282	3278	61457	49370
纺织、服装及日用品专门零售		1113	1083	3039	2876	50978	48907
文化、体育用品及器材专门零售		166	171	166	187	23590	7352
医药及医疗器材专门零售		6685	6769	57612	16894	345114	337789
汽车、摩托车、燃料及零配件专门零售			6		28		580
家用电器及电子产品专门零售		17	16	171	205	13236	14907
五金、家具及室内装饰材料专门零售							
货摊、无店铺及其他零售业		1	1	2	2	300	300

1-4 续表 12

股份有限公司

项　目	连锁总店数(个)	门店数(个)		年末从业人员(人)		年末零售营业面积(平方米)	
	2012年	2012年	2011年	2012年	2011年	2012年	2011年
总　计	**270**	**50420**	**50028**	**842543**	**875223**	**70423719**	**68793952**
批发业	**96**	**24010**	**24005**	**201557**	**205003**	**32340518**	**31782989**
农、林、牧产品批发	1	2942	2858	8356	8020		
食品、饮料及烟草制品批发	1	4	4	71	66	196	196
纺织、服装及家庭用品批发	2	766	867	17849	15470	1446899	1061965
文化、体育用品及器材批发	1	82	82	5866	5905	359304	360766
医药及医疗器材批发	1	172	184	1293	1856	55000	58500
矿产品、建材及化工产品批发	88	19343	19241	160941	165747	29438620	29298196
机械设备、五金产品及电子产品批发	1	235	323	2453	3511	37450	43366
贸易经纪与代理							
其他批发业	1	466	446	4728	4428	1003049	960000
零售业	**174**	**26410**	**26023**	**640986**	**670220**	**38083201**	**37010963**
综合零售	60	12076	12058	381860	379881	20357635	19370742
食品、饮料及烟草制品专门零售	4	1706	1497	4112	2837	54849	48375
纺织、服装及日用品专门零售	3	60	64	818	834	12703	10250
文化、体育用品及器材专门零售	6	388	387	11750	10425	147819	163630
医药及医疗器材专门零售	16	1456	1366	6678	6683	178248	183652
汽车、摩托车、燃料及零配件专门零售	71	7064	7086	66938	68647	10307313	10254144
家用电器及电子产品专门零售	14	3660	3565	168830	200913	7024634	6980170
五金、家具及室内装饰材料专门零售							
货摊、无店铺及其他零售业							
直营门店合计		**36913**	**36315**	**775972**	**803126**	**69087135**	**67042619**
批发业		**18444**	**18423**	**184413**	**187475**	**32186116**	**31613660**
农、林、牧产品批发		80	78	1201	1070		
食品、饮料及烟草制品批发		4	4	71	66	196	196
纺织、服装及家庭用品批发		70	62	12798	9649	1323247	919756
文化、体育用品及器材批发		82	82	5866	5905	359304	360766
医药及医疗器材批发		172	184	1293	1856	55000	58500
矿产品、建材及化工产品批发		17335	17244	156003	160990	29407870	29271076
机械设备、五金产品及电子产品批发		235	323	2453	3511	37450	43366
贸易经纪与代理							
其他批发业		466	446	4728	4428	1003049	960000

1-4 续表 13

股份有限公司

项　目	连锁总店数（个）	门店数（个）		年末从业人员（人）		年末零售营业面积（平方米）	
	2012年	2012年	2011年	2012年	2011年	2012年	2011年
零售业		**18469**	**17892**	**591559**	**615651**	**36901019**	**35428959**
综合零售		6297	5930	338617	331138	19345155	17950615
食品、饮料及烟草制品专门零售		107	68	1667	727	6021	6118
纺织、服装及日用品专门零售		60	64	818	834	12703	10250
文化、体育用品及器材专门零售		359	361	11163	9868	147818	163629
医药及医疗器材专门零售		1184	1088	6005	5941	154903	165561
汽车、摩托车、燃料及零配件专门零售		6943	6957	66057	67786	10246813	10189644
家用电器及电子产品专门零售		3519	3424	167232	199357	6987606	6943142
五金、家具及室内装饰材料专门零售							
货摊、无店铺及其他零售业							
加盟门店合计		**13507**	**13713**	**66571**	**72097**	**1336584**	**1751333**
批发业		**5566**	**5582**	**17144**	**17528**	**154402**	**169329**
农、林、牧产品批发		2862	2780	7155	6950		
食品、饮料及烟草制品批发							
纺织、服装及家庭用品批发		696	805	5051	5821	123652	142209
文化、体育用品及器材批发							
医药及医疗器材批发							
矿产品、建材及化工产品批发		2008	1997	4938	4757	30750	27120
机械设备、五金产品及电子产品批发							
贸易经纪与代理							
其他批发业							
零售业		**7941**	**8131**	**49427**	**54569**	**1182182**	**1582004**
综合零售		5779	6128	43243	48743	1012480	1420127
食品、饮料及烟草制品专门零售		1599	1429	2445	2110	48828	42257
纺织、服装及日用品专门零售							
文化、体育用品及器材专门零售		29	26	587	557	1	1
医药及医疗器材专门零售		272	278	673	742	23345	18091
汽车、摩托车、燃料及零配件专门零售		121	129	881	861	60500	64500
家用电器及电子产品专门零售		141	141	1598	1556	37028	37028
五金、家具及室内装饰材料专门零售							
货摊、无店铺及其他零售业							

1-4 续表 14

私营企业

项　　目	连锁总店数(个)	门店数(个)		年末从业人员(人)		年末零售营业面积(平方米)	
	2012年	2012年	2011年	2012年	2011年	2012年	2011年
总　计	**830**	**43325**	**41073**	**343026**	**328441**	**10948459**	**10539312**
批发业	**63**	**11448**	**11081**	**46896**	**39806**	**782824**	**669504**
农、林、牧产品批发	2	55	55	387	362	13260	13260
食品、饮料及烟草制品批发	11	2186	1905	5987	5812	183017	168698
纺织、服装及家庭用品批发	10	6683	6539	32708	26332	426068	350240
文化、体育用品及器材批发	3	211	187	346	329	18520	18581
医药及医疗器材批发	11	969	1052	1768	1715	34208	34101
矿产品、建材及化工产品批发	9	856	854	1683	1625	17020	16975
机械设备、五金产品及电子产品批发	11	193	208	2475	2556	55976	61831
贸易经纪与代理							
其他批发业	6	295	281	1542	1075	34755	5818
零售业	**767**	**31877**	**29992**	**296130**	**288635**	**10165635**	**9869808**
综合零售	266	14938	14143	160232	155697	6128386	5810363
食品、饮料及烟草制品专门零售	52	2708	2737	16450	16787	199982	200797
纺织、服装及日用品专门零售	57	1582	1130	10538	8893	250603	202377
文化、体育用品及器材专门零售	20	194	199	2523	2581	152585	158508
医药及医疗器材专门零售	257	11061	10387	74563	69222	1431228	1366912
汽车、摩托车、燃料及零配件专门零售	22	134	135	1364	1342	99219	98525
家用电器及电子产品专门零售	89	1201	1203	29690	33450	1882559	2011552
五金、家具及室内装饰材料专门零售	3	29	30	627	526	19653	19554
货摊、无店铺及其他零售业	1	30	28	143	137	1420	1220
直营门店合计		**20418**	**19472**	**267704**	**260362**	**9346244**	**9017865**
批发业		**1801**	**1778**	**12314**	**10044**	**260894**	**216325**
农、林、牧产品批发		1	1	19	19	724	724
食品、饮料及烟草制品批发		137	129	2047	2260	73233	77253
纺织、服装及家庭用品批发		598	411	4960	3030	65823	36007
文化、体育用品及器材批发		99	179	244	319	12920	18181
医药及医疗器材批发		278	358	1315	1242	23210	24426
矿产品、建材及化工产品批发		396	405	848	853	14140	14175
机械设备、五金产品及电子产品批发		174	187	1863	1756	40746	44211
贸易经纪与代理							
其他批发业		118	108	1018	565	30098	1348

1-4 续表 15

私营企业

项 目	连锁总店数(个)	门店数(个)		年末从业人员(人)		年末零售营业面积(平方米)	
	2012年	2012年	2011年	2012年	2011年	2012年	2011年
零售业		**18617**	**17694**	**255390**	**250318**	**9085350**	**8801540**
综合零售		5279	4923	132191	128585	5336738	5038996
食品、饮料及烟草制品专门零售		2199	2303	15266	15768	172011	176423
纺织、服装及日用品专门零售		1099	920	8690	8213	209205	186113
文化、体育用品及器材专门零售		194	199	2523	2581	152585	158508
医药及医疗器材专门零售		8517	8013	65110	59912	1217010	1115499
汽车、摩托车、燃料及零配件专门零售		119	120	1325	1310	96569	95875
家用电器及电子产品专门零售		1156	1158	29527	33286	1880359	2009352
五金、家具及室内装饰材料专门零售		29	30	627	526	19653	19554
货摊、无店铺及其他零售业		25	28	131	137	1220	1220
加盟门店合计		**22907**	**21601**	**75322**	**68079**	**1602215**	**1521447**
批发业		**9647**	**9303**	**34582**	**29762**	**521930**	**453179**
农、林、牧产品批发		54	54	368	343	12536	12536
食品、饮料及烟草制品批发		2049	1776	3940	3552	109784	91445
纺织、服装及家庭用品批发		6085	6128	27748	23302	360245	314233
文化、体育用品及器材批发		112	8	102	10	5600	400
医药及医疗器材批发		691	694	453	473	10998	9675
矿产品、建材及化工产品批发		460	449	835	772	2880	2800
机械设备、五金产品及电子产品批发		19	21	612	800	15230	17620
贸易经纪与代理							
其他批发业		177	173	524	510	4657	4470
零售业		**13260**	**12298**	**40740**	**38317**	**1080285**	**1068268**
综合零售		9659	9220	28041	27112	791648	771367
食品、饮料及烟草制品专门零售		509	434	1184	1019	27971	24374
纺织、服装及日用品专门零售		483	210	1848	680	41398	16264
文化、体育用品及器材专门零售							
医药及医疗器材专门零售		2544	2374	9453	9310	214218	251413
汽车、摩托车、燃料及零配件专门零售		15	15	39	32	2650	2650
家用电器及电子产品专门零售		45	45	163	164	2200	2200
五金、家具及室内装饰材料专门零售							
货摊、无店铺及其他零售业		5		12		200	

1-4 续表 16

其他企业

项 目	连锁总店数(个)	门店数(个)		年末从业人员(人)		年末零售营业面积(平方米)	
	2012年	2012年	2011年	2012年	2011年	2012年	2011年
总　计	**28**	**2234**	**2176**	**18786**	**19039**	**487335**	**566320**
批发业	**3**	**472**	**471**	**1083**	**1054**	**25848**	**27910**
农、林、牧产品批发							
食品、饮料及烟草制品批发							
纺织、服装及家庭用品批发							
文化、体育用品及器材批发							
医药及医疗器材批发	3	472	471	1083	1054	25848	27910
矿产品、建材及化工产品批发							
机械设备、五金产品及电子产品批发							
贸易经纪与代理							
其他批发业							
零售业	**25**	**1762**	**1705**	**17703**	**17985**	**461487**	**538410**
综合零售	8	538	579	9365	9397	322201	403814
食品、饮料及烟草制品专门零售	4	295	243	2110	1930	19050	15970
纺织、服装及日用品专门零售							
文化、体育用品及器材专门零售	2	19	18	362	637	4846	8753
医药及医疗器材专门零售	10	899	854	5436	5262	90100	84583
汽车、摩托车、燃料及零配件专门零售							
家用电器及电子产品专门零售	1	11	11	430	759	25290	25290
五金、家具及室内装饰材料专门零售							
货摊、无店铺及其他零售业							
直营门店合计		**898**	**859**	**13739**	**14311**	**412593**	**493043**
批发业		**12**	**11**	**162**	**150**	**5032**	**6670**
农、林、牧产品批发							
食品、饮料及烟草制品批发							
纺织、服装及家庭用品批发							
文化、体育用品及器材批发							
医药及医疗器材批发		12	11	162	150	5032	6670
矿产品、建材及化工产品批发							
机械设备、五金产品及电子产品批发							
贸易经纪与代理							
其他批发业							

1-4 续表 17

其他企业

项　目	连锁总店数(个)	门店数(个)		年末从业人员(人)		年末零售营业面积(平方米)	
	2012年	2012年	2011年	2012年	2011年	2012年	2011年
零售业		**886**	**848**	**13577**	**14161**	**407561**	**486373**
综合零售		216	260	8001	8169	306596	387710
食品、饮料及烟草制品专门零售		265	223	1910	1800	17220	15170
纺织、服装及日用品专门零售							
文化、体育用品及器材专门零售		19	18	362	637	4846	8753
医药及医疗器材专门零售		375	336	2874	2796	53609	49450
汽车、摩托车、燃料及零配件专门零售							
家用电器及电子产品专门零售		11	11	430	759	25290	25290
五金、家具及室内装饰材料专门零售							
货摊、无店铺及其他零售业							
加盟门店合计		**1336**	**1317**	**5047**	**4728**	**74742**	**73277**
批发业		**460**	**460**	**921**	**904**	**20816**	**21240**
农、林、牧产品批发							
食品、饮料及烟草制品批发							
纺织、服装及家庭用品批发							
文化、体育用品及器材批发							
医药及医疗器材批发		460	460	921	904	20816	21240
矿产品、建材及化工产品批发							
机械设备、五金产品及电子产品批发							
贸易经纪与代理							
其他批发业							
零售业		**876**	**857**	**4126**	**3824**	**53926**	**52037**
综合零售		322	319	1364	1228	15605	16104
食品、饮料及烟草制品专门零售		30	20	200	130	1830	800
纺织、服装及日用品专门零售							
文化、体育用品及器材专门零售							
医药及医疗器材专门零售		524	518	2562	2466	36491	35133
汽车、摩托车、燃料及零配件专门零售							
家用电器及电子产品专门零售							
五金、家具及室内装饰材料专门零售							
货摊、无店铺及其他零售业							

1-4 续表 18

港澳台商投资企业

项　目	连锁总店数(个)	门店数(个)		年末从业人员(人)		年末零售营业面积(平方米)	
	2012年	2012年	2011年	2012年	2011年	2012年	2011年
总　计	**93**	**6673**	**6469**	**215621**	**207873**	**10748353**	**10591747**
批发业	**4**	**404**	**446**	**2155**	**1693**	**26995**	**30108**
农、林、牧产品批发							
食品、饮料及烟草制品批发	2	128	140	988	545	3134	3264
纺织、服装及家庭用品批发	1	222	249	920	930	21530	24014
文化、体育用品及器材批发							
医药及医疗器材批发							
矿产品、建材及化工产品批发							
机械设备、五金产品及电子产品批发							
贸易经纪与代理							
其他批发业	1	54	57	247	218	2331	2830
零售业	**89**	**6269**	**6023**	**213466**	**206180**	**10721358**	**10561639**
综合零售	51	3708	3107	192773	184101	10080947	9913188
食品、饮料及烟草制品专门零售	9	454	436	2952	2410	21195	19073
纺织、服装及日用品专门零售	25	996	995	13800	13561	520035	507430
文化、体育用品及器材专门零售							
医药及医疗器材专门零售	4	1111	1485	3941	6108	99181	121948
汽车、摩托车、燃料及零配件专门零售							
家用电器及电子产品专门零售							
五金、家具及室内装饰材料专门零售							
货摊、无店铺及其他零售业							
直营门店合计		**4958**	**4502**	**165397**	**154397**	**8486894**	**8547501**
批发业		**259**	**276**	**1785**	**1303**	**14665**	**15311**
农、林、牧产品批发							
食品、饮料及烟草制品批发		128	140	988	545	3134	3264
纺织、服装及家庭用品批发		77	79	550	540	9200	9217
文化、体育用品及器材批发							
医药及医疗器材批发							
矿产品、建材及化工产品批发							
机械设备、五金产品及电子产品批发							
贸易经纪与代理							
其他批发业		54	57	247	218	2331	2830

1-4 续表 19

港澳台商投资企业

项目	连锁总店数(个)	门店数(个)		年末从业人员(人)		年末零售营业面积(平方米)	
	2012年	2012年	2011年	2012年	2011年	2012年	2011年
零售业		**4699**	**4226**	**163612**	**153094**	**8472229**	**8532190**
综合零售		3225	2776	144863	135247	7904366	7971280
食品、饮料及烟草制品专门零售		367	346	2749	2172	19585	17313
纺织、服装及日用品专门零售		831	817	13317	13157	503372	492249
文化、体育用品及器材专门零售							
医药及医疗器材专门零售		276	287	2683	2518	44906	51348
汽车、摩托车、燃料及零配件专门零售							
家用电器及电子产品专门零售							
五金、家具及室内装饰材料专门零售							
货摊、无店铺及其他零售业							
加盟门店合计		**1715**	**1967**	**50224**	**53476**	**2261459**	**2044246**
批发业		**145**	**170**	**370**	**390**	**12330**	**14797**
农、林、牧产品批发							
食品、饮料及烟草制品批发							
纺织、服装及家庭用品批发		145	170	370	390	12330	14797
文化、体育用品及器材批发							
医药及医疗器材批发							
矿产品、建材及化工产品批发							
机械设备、五金产品及电子产品批发							
贸易经纪与代理							
其他批发业							
零售业		**1570**	**1797**	**49854**	**53086**	**2249129**	**2029449**
综合零售		483	331	47910	48854	2176581	1941908
食品、饮料及烟草制品专门零售		87	90	203	238	1610	1760
纺织、服装及日用品专门零售		165	178	483	404	16663	15181
文化、体育用品及器材专门零售							
医药及医疗器材专门零售		835	1198	1258	3590	54275	70600
汽车、摩托车、燃料及零配件专门零售							
家用电器及电子产品专门零售							
五金、家具及室内装饰材料专门零售							
货摊、无店铺及其他零售业							

1-4 续表 20

外商投资企业

项 目	连锁总店数(个)	门店数(个)		年末从业人员(人)		年末零售营业面积(平方米)	
	2012年	2012年	2011年	2012年	2011年	2012年	2011年
总 计	**135**	**11264**	**19833**	**277184**	**299830**	**13496241**	**13106063**
批发业	**7**	**283**	**298**	**4476**	**4432**	**20440**	**23129**
农、林、牧产品批发							
食品、饮料及烟草制品批发	3	150	157	2593	2537	8847	9236
纺织、服装及家庭用品批发							
文化、体育用品及器材批发							
医药及医疗器材批发							
矿产品、建材及化工产品批发	2	64	72	1492	1504	6000	8300
机械设备、五金产品及电子产品批发	1	3	3	119	123	1633	1633
贸易经纪与代理							
其他批发业	1	66	66	272	268	3960	3960
零售业	**128**	**10981**	**19535**	**272708**	**295398**	**13475801**	**13082934**
综合零售	74	4021	3756	217497	215690	9910824	9226234
食品、饮料及烟草制品专门零售	2	121	108	986	851	13947	12491
纺织、服装及日用品专门零售	15	5265	14156	21818	44373	254942	484824
文化、体育用品及器材专门零售	1	8	7	374	157	36600	29311
医药及医疗器材专门零售	2	119	79	1254	1076	35910	27365
汽车、摩托车、燃料及零配件专门零售	19	1215	1186	18568	18625	2378175	2384066
家用电器及电子产品专门零售	7	215	225	10200	12116	690406	758342
五金、家具及室内装饰材料专门零售	8	17	18	2011	2510	154997	160301
货摊、无店铺及其他零售业							
直营门店合计		**5360**	**4986**	**235725**	**234211**	**12797047**	**12108623**
批发业		**229**	**240**	**3687**	**3627**	**12608**	**15082**
农、林、牧产品批发							
食品、饮料及烟草制品批发		125	129	2516	2444	7015	7189
纺织、服装及家庭用品批发							
文化、体育用品及器材批发							
医药及医疗器材批发							
矿产品、建材及化工产品批发		35	42	780	792		2300
机械设备、五金产品及电子产品批发		3	3	119	123	1633	1633
贸易经纪与代理							
其他批发业		66	66	272	268	3960	3960

1-4 续表 21

外商投资企业

项　目	连锁总店数(个)	门店数(个)		年末从业人员(人)		年末零售营业面积(平方米)	
	2012年	2012年	2011年	2012年	2011年	2012年	2011年
零售业		**5131**	**4746**	**232038**	**230584**	**12784439**	**12093541**
综合零售		2761	2467	191603	185508	9384827	8615914
食品、饮料及烟草制品专门零售		98	84	847	706	11647	10091
纺织、服装及日用品专门零售		698	680	7181	9886	91877	108151
文化、体育用品及器材专门零售		8	7	374	157	36600	29311
医药及医疗器材专门零售		119	79	1254	1076	35910	27365
汽车、摩托车、燃料及零配件专门零售		1215	1186	18568	18625	2378175	2384066
家用电器及电子产品专门零售		215	225	10200	12116	690406	758342
五金、家具及室内装饰材料专门零售		17	18	2011	2510	154997	160301
货摊、无店铺及其他零售业							
加盟门店合计		**5904**	**14847**	**41459**	**65619**	**699194**	**997440**
批发业		**54**	**58**	**789**	**805**	**7832**	**8047**
农、林、牧产品批发							
食品、饮料及烟草制品批发		25	28	77	93	1832	2047
纺织、服装及家庭用品批发							
文化、体育用品及器材批发							
医药及医疗器材批发							
矿产品、建材及化工产品批发		29	30	712	712	6000	6000
机械设备、五金产品及电子产品批发							
贸易经纪与代理							
其他批发业							
零售业		**5850**	**14789**	**40670**	**64814**	**691362**	**989393**
综合零售		1260	1289	25894	30182	525997	610320
食品、饮料及烟草制品专门零售		23	24	139	145	2300	2400
纺织、服装及日用品专门零售		4567	13476	14637	34487	163065	376673
文化、体育用品及器材专门零售							
医药及医疗器材专门零售							
汽车、摩托车、燃料及零配件专门零售							
家用电器及电子产品专门零售							
五金、家具及室内装饰材料专门零售							
货摊、无店铺及其他零售业							

1-5 按行业与登记注册类型分

内资企业

项　目	商品购进总额		统一配送商品购进额	
	2012年	2011年	2012年	2011年
总　计	**261599209**	**249608791**	**204335316**	**192016358**
批发业	**109474664**	**101933122**	**97436716**	**88799881**
农、林、牧产品批发	1555379	1636615	1547416	1628653
食品、饮料及烟草制品批发	4746031	4026819	3973983	3348357
纺织、服装及家庭用品批发	2060201	2031384	1385544	1340229
文化、体育用品及器材批发	2783964	2374045	2774873	2363695
医药及医疗器材批发	585414	499120	406092	333323
矿产品、建材及化工产品批发	94392690	88409397	84105569	76943168
机械设备、五金产品及电子产品批发	727808	592051	693271	534929
贸易经纪与代理				
其他批发业	2623178	2363691	2549968	2307527
零售业	**152124545**	**147675668**	**106898600**	**103216476**
综合零售	63335138	60482576	41063550	40031906
食品、饮料及烟草制品专门零售	2074369	1687631	1918934	1512212
纺织、服装及日用品专门零售	1413840	1433713	1096876	994154
文化、体育用品及器材专门零售	2368359	2564934	2346616	2547998
医药及医疗器材专门零售	5406771	4498372	4847295	4043967
汽车、摩托车、燃料及零配件专门零售	47444632	43709253	33986143	31155145
家用电器及电子产品专门零售	29797033	33013165	21355584	22645818
五金、家具及室内装饰材料专门零售	159788	191009	158987	190260
货摊、无店铺及其他零售业	124614	95015	124614	95015
直营门店合计	**252901018**	**241471280**	**196796351**	**184953460**
批发业	**106274730**	**98679970**	**94514133**	**85886760**
农、林、牧产品批发	1322896	1390164	1314934	1382202
食品、饮料及烟草制品批发	4689299	3982260	3919033	3305855
纺织、服装及家庭用品批发	1427561	1379069	926117	888011
文化、体育用品及器材批发	2782091	2372513	2773755	2363695
医药及医疗器材批发	552549	465355	394847	320547
矿产品、建材及化工产品批发	92275293	86249054	82042328	74877175
机械设备、五金产品及电子产品批发	635870	505995	601333	448873
贸易经纪与代理				
其他批发业	2589171	2335560	2541787	2300402

连锁零售企业经营情况

单位：万元

自有配送中心配送商品购进额		非自有配送中心配送商品购进额		商品销售总额		零售额	
2012年	2011年	2012年	2011年	2012年	2011年	2012年	2011年
121068203	**113396311**	**30752821**	**28501749**	**301077272**	**287437462**	**202127538**	**186255418**
61236967	**56466369**	**13683747**	**12027168**	**126090912**	**117329789**	**64111820**	**55894021**
1544362	1576504		48084	1660284	1556423	28225	24147
2963113	2515611	129269	58055	6327445	5344230	442686	274495
1291236	1255631	9645	9589	3353847	3122333	1382132	1404913
2692102	2282874	82772	80821	2724272	2202836	1067022	942051
356066	294980	9018	7890	655230	528277	281416	256718
49829447	46306698	13152602	11561821	107961192	101507863	58626792	50769065
248713	152830	296638	257039	745664	569597	236222	214914
2311929	2081241	3804	3871	2662976	2498231	2047327	2007717
59831237	**56929941**	**17069074**	**16474580**	**174986359**	**170107673**	**138015718**	**130361397**
24413065	21553709	5712804	6199118	74056173	68470246	61052291	56380147
1222874	997321	257277	112785	2416775	2051048	2180983	1848674
399627	386655	445993	444038	1637182	1550724	1406131	1306639
1700513	1954232	102916	96532	2602752	2597629	2071506	2037338
2952567	2464639	654962	511405	6181823	5166155	5902220	4921065
15268514	14293361	8164755	7385863	55321332	52369618	39097810	35116906
13722762	15107057	1724869	1718433	32315834	37427083	25980585	28396908
120321	143808			326887	368702	277480	309605
30995	29160	5498	6406	127602	106468	46712	44116
116073382	**108750819**	**29209698**	**27112121**	**289766957**	**276395220**	**195687465**	**180062960**
58953495	**54229975**	**13353749**	**11755744**	**120791906**	**111887698**	**63464575**	**55054814**
1314934	1341331		40871	1544008	1337394	25887	20261
2920240	2482257	117405	48906	6267488	5295980	383997	227216
856491	826231	4060	7179	2630157	2332009	1280244	1129864
2690983	2282874	82772	80821	2722534	2202667	1065905	942051
349173	287652	8284	7192	612466	492805	267171	247645
48272246	44786082	12929478	11392344	103735870	97275595	58171576	50276679
245466	149252	207948	174561	653748	485091	223596	203381
2303964	2074295	3804	3871	2625633	2466155	2046200	2007717

1-5 续表 1

内资企业

项　目	商品购进总额		统一配送商品购进额	
	2012年	2011年	2012年	2011年
零售业	**146626288**	**142791311**	**102282218**	**99066700**
综合零售	59593891	57074771	38125797	37297740
食品、饮料及烟草制品专门零售	1750280	1415176	1598365	1242332
纺织、服装及日用品专门零售	1328924	1382853	1029185	950003
文化、体育用品及器材专门零售	2365001	2532300	2343258	2515364
医药及医疗器材专门零售	5009891	4142567	4508049	3736713
汽车、摩托车、燃料及零配件专门零售	46739452	43167761	33280963	30615009
家用电器及电子产品专门零售	29555399	32789926	21113949	22424332
五金、家具及室内装饰材料专门零售	159788	191009	158987	190260
货摊、无店铺及其他零售业	123663	94947	123663	94947
加盟门店合计	**8698191**	**8137510**	**7538965**	**7062898**
批发业	**3199935**	**3253153**	**2922583**	**2913122**
农、林、牧产品批发	232483	246451	232483	246451
食品、饮料及烟草制品批发	56732	44560	54950	42502
纺织、服装及家庭用品批发	632640	652316	459428	452218
文化、体育用品及器材批发	1873	1532	1119	
医药及医疗器材批发	32865	33765	11245	12776
矿产品、建材及化工产品批发	2117397	2160344	2063241	2065993
机械设备、五金产品及电子产品批发	91938	86056	91938	86056
贸易经纪与代理				
其他批发业	34007	28131	8181	7126
零售业	**5498256**	**4884358**	**4616382**	**4149776**
综合零售	3741247	3407806	2937753	2734166
食品、饮料及烟草制品专门零售	324089	272455	320569	269881
纺织、服装及日用品专门零售	84917	50860	67691	44152
文化、体育用品及器材专门零售	3358	32635	3358	32635
医药及医疗器材专门零售	396880	355804	339246	307255
汽车、摩托车、燃料及零配件专门零售	705180	541492	705180	540136
家用电器及电子产品专门零售	241635	223239	241635	221486
五金、家具及室内装饰材料专门零售				
货摊、无店铺及其他零售业	951	67	951	67

单位：万元

自有配送中心配送商品购进额		非自有配送中心配送商品购进额		商品销售总额		零售额	
2012年	2011年	2012年	2011年	2012年	2011年	2012年	2011年
57119888	**54520843**	**15855948**	**15356376**	**168975051**	**164507522**	**132222889**	**125008146**
22443464	19705640	4998086	5535178	70078484	64598790	57131074	52564431
925587	736246	253180	110461	2056746	1714810	1829990	1523525
338254	346937	443297	441677	1489415	1436384	1322047	1262730
1697691	1922343	102380	95786	2599841	2565731	2068595	2010776
2809389	2331496	555511	432161	5621120	4750490	5356309	4519220
15078769	14239484	7965209	7190392	54599848	51777612	38450824	34614364
13675485	15065797	1533672	1544315	32076008	37188602	25740759	28159447
120321	143808			326887	368702	277480	309605
30927	29093	4615	6406	126703	106401	45813	44049
4994821	**4645492**	**1543124**	**1389628**	**11310314**	**11042243**	**6440073**	**6192458**
2283472	**2236394**	**329998**	**271424**	**5299006**	**5442091**	**647244**	**839207**
229429	235173		7213	116276	219029	2338	3886
42873	33353	11864	9149	59957	48249	58689	47279
434745	429400	5585	2410	723690	790323	101888	275049
1119				1738	169	1117	
6893	7327	734	698	42764	35472	14245	9074
1557202	1520616	223124	169477	4225322	4232268	455216	492386
3247	3578	88690	82478	91916	84506	12626	11533
7965	6946			37343	32075	1127	
2711349	**2409098**	**1213126**	**1118204**	**6011308**	**5600151**	**5792828**	**5353251**
1969601	1848069	714718	663940	3977689	3871456	3921217	3815716
297287	261075	4097	2324	360029	336239	350994	325149
61372	39718	2696	2360	147768	114340	84084	43909
2822	31889	536	745	2911	31898	2911	26562
143178	133143	99451	79245	560703	415665	545911	401845
189745	53877	199546	195471	721484	592006	646986	502542
47276	41260	191197	174118	239826	238481	239826	237461
68	67	883		899	67	899	67

1-5 续表 2

国有企业

项　目	商品购进总额		统一配送商品购进额	
	2012年	2011年	2012年	2011年
总　计	**44637990**	**39391973**	**40019759**	**35342016**
批发业	**23347246**	**20441742**	**22028836**	**19413223**
农、林、牧产品批发	7962	7962		
食品、饮料及烟草制品批发	3866607	3306847	3253054	2775010
纺织、服装及家庭用品批发	81119	83853	81119	83853
文化、体育用品及器材批发	1478122	1021238	1478122	1021238
医药及医疗器材批发	28700	21308	11748	8099
矿产品、建材及化工产品批发	17663694	15790181	16983751	15314671
机械设备、五金产品及电子产品批发				
贸易经纪与代理				
其他批发业	221042	210353	221042	210353
零售业	**21290744**	**18950232**	**17990923**	**15928793**
综合零售	488893	425499	321828	274509
食品、饮料及烟草制品专门零售	114427	130114	101283	115395
纺织、服装及日用品专门零售	378138	383901	378138	383901
文化、体育用品及器材专门零售	338368	328844	319608	317840
医药及医疗器材专门零售	344390	252029	270446	214102
汽车、摩托车、燃料及零配件专门零售	19626528	17429845	16599620	14623045
家用电器及电子产品专门零售				
五金、家具及室内装饰材料专门零售				
货摊、无店铺及其他零售业				
直营门店合计	**43415299**	**38358921**	**38832309**	**34350786**
批发业	**22709668**	**19857505**	**21391992**	**18829685**
农、林、牧产品批发	7962	7962		
食品、饮料及烟草制品批发	3866607	3306847	3253054	2775010
纺织、服装及家庭用品批发	81119	83853	81119	83853
文化、体育用品及器材批发	1478122	1021238	1478122	1021238
医药及医疗器材批发	27231	19913	11013	7401
矿产品、建材及化工产品批发	17027584	15207340	16347641	14731830
机械设备、五金产品及电子产品批发				
贸易经纪与代理				
其他批发业	221042	210353	221042	210353

单位：万元

自有配送中心配送商品购进额		非自有配送中心配送商品购进额		商品销售总额		零售额	
2012年	2011年	2012年	2011年	2012年	2011年	2012年	2011年
17864921	**15050357**	**6087037**	**5162898**	**48498043**	**43970423**	**24283967**	**21051000**
8063177	**6296687**	**1147934**	**787418**	**25448104**	**22189024**	**8130224**	**6460753**
				8503	6850	221	248
2540232	2131644	8214	10660	5235919	4479389	20411	42842
81119	83853			109545	107817	28321	29824
1395350	940417	82772	80821	1336672	939038	519869	423507
3528	3244	734	698	31182	23912	4100	3574
4042949	3137529	1056214	695239	18505240	16417379	7372295	5786004
				221042	214641	185007	174755
9801744	**8753670**	**4939103**	**4375480**	**23049939**	**21781399**	**16153743**	**14590247**
156824	103690	138803	113190	913975	811501	871694	777951
63849	83503	5891		133397	138846	133346	138805
6038	5079	372100	378822	261497	237994	260989	237994
166269	152780	23010	19947	336371	325454	315578	307345
165554	107558	22256	18577	326041	295491	308144	284056
9243211	8301060	4377044	3844945	21078658	19972111	14263994	12844096
17402550	**14821073**	**5651291**	**4787579**	**45208175**	**40855959**	**23740693**	**20620828**
7879088	**6210726**	**960813**	**652145**	**22716403**	**19534411**	**8128184**	**6458815**
				8503	6850	221	248
2540232	2131644	8214	10660	5235919	4479389	20411	42842
81119	83853			109545	107817	28321	29824
1395350	940417	82772	80821	1336672	939038	519869	423507
3528	3244			29142	21974	2060	1636
3858859	3051568	869827	560664	15775579	13764703	7372294	5786003
				221042	214641	185007	174755

1-5 续表 3

国有企业

项 目	商品购进总额		统一配送商品购进额	
	2012年	2011年	2012年	2011年
零售业	**20705631**	**18501416**	**17440317**	**15521101**
综合零售	356406	293910	223239	183545
食品、饮料及烟草制品专门零售	82820	93014	69676	78295
纺织、服装及日用品专门零售	377541	383389	377541	383389
文化、体育用品及器材专门零售	338270	328745	319510	317741
医药及医疗器材专门零售	321197	230583	247863	193156
汽车、摩托车、燃料及零配件专门零售	19229396	17171775	16202488	14364975
家用电器及电子产品专门零售				
五金、家具及室内装饰材料专门零售				
货摊、无店铺及其他零售业				
加盟门店合计	**1222692**	**1033053**	**1187450**	**991230**
批发业	**637578**	**584236**	**636844**	**583539**
农、林、牧产品批发				
食品、饮料及烟草制品批发				
纺织、服装及家庭用品批发				
文化、体育用品及器材批发				
医药及医疗器材批发	1469	1395	734	698
矿产品、建材及化工产品批发	636110	582841	636110	582841
机械设备、五金产品及电子产品批发				
贸易经纪与代理				
其他批发业				
零售业	**585114**	**448816**	**550606**	**407691**
综合零售	132487	131589	98589	90964
食品、饮料及烟草制品专门零售	31607	37100	31607	37100
纺织、服装及日用品专门零售	597	512	597	512
文化、体育用品及器材专门零售	98	99	98	99
医药及医疗器材专门零售	23193	21447	22583	20947
汽车、摩托车、燃料及零配件专门零售	397132	258070	397132	258070
家用电器及电子产品专门零售				
五金、家具及室内装饰材料专门零售				
货摊、无店铺及其他零售业				

单位：万元

自有配送中心配送商品购进额		非自有配送中心配送商品购进额		商品销售总额		零售额	
2012年	2011年	2012年	2011年	2012年	2011年	2012年	2011年
9523462	**8610346**	**4690479**	**4135434**	**22491773**	**21321549**	**15612509**	**14162013**
100244	51550	96793	74367	776584	673413	734303	639862
32241	46403	5891		98283	97828	98231	97786
5441	4567	372100	378822	260936	237512	260428	237512
166171	152681	23010	19947	336277	325358	315484	307249
165554	107486	15187	12825	296679	265167	278965	255606
9053811	8247660	4177498	3649474	20723013	19722271	13925099	12623997
462372	**229284**	**435745**	**375319**	**3289868**	**3114464**	**543275**	**430173**
184090	**85961**	**187121**	**135273**	**2731701**	**2654614**	**2040**	**1938**
		734	698	2040	1938	2040	1938
184090	85961	186387	134575	2729661	2652676		
278282	**143323**	**248624**	**240046**	**558167**	**459850**	**541235**	**428234**
56580	52141	42009	38823	137391	138089	137391	138089
31607	37100			35115	41018	35115	41018
597	512			560	482	560	482
98	99			94	96	94	96
	71	7069	5752	29362	30324	29180	28450
189400	53400	199546	195471	355645	249840	338895	220099

1-5 续表 4

集体企业

项　目	商品购进总额		统一配送商品购进额	
	2012年	2011年	2012年	2011年
总　计	**442972**	**493141**	**259302**	**293704**
批发业	**120775**	**191023**	**106055**	**137628**
农、林、牧产品批发				
食品、饮料及烟草制品批发	3283	4199	3283	4199
纺织、服装及家庭用品批发	46095	41945	45281	41285
文化、体育用品及器材批发				
医药及医疗器材批发				
矿产品、建材及化工产品批发	69377	142562	57491	92144
机械设备、五金产品及电子产品批发				
贸易经纪与代理				
其他批发业	2021	2316		
零售业	**322197**	**302119**	**153247**	**156076**
综合零售	285692	267807	117505	122557
食品、饮料及烟草制品专门零售	8083	6576	8083	6576
纺织、服装及日用品专门零售	4635	3696	4635	3696
文化、体育用品及器材专门零售	2506	2715	1993	2133
医药及医疗器材专门零售	20310	20482	20060	20270
汽车、摩托车、燃料及零配件专门零售	971	844	971	844
家用电器及电子产品专门零售				
五金、家具及室内装饰材料专门零售				
货摊、无店铺及其他零售业				
直营门店合计	**351993**	**334364**	**200330**	**197317**
批发业	**76533**	**70885**	**62628**	**57652**
农、林、牧产品批发				
食品、饮料及烟草制品批发	1983	2765	1983	2765
纺织、服装及家庭用品批发	42838	38642	42838	38642
文化、体育用品及器材批发				
医药及医疗器材批发				
矿产品、建材及化工产品批发	29692	27162	17807	16244
机械设备、五金产品及电子产品批发				
贸易经纪与代理				
其他批发业	2021	2316		

单位：万元

自有配送中心配送商品购进额		非自有配送中心配送商品购进额		商品销售总额		零售额	
2012年	2011年	2012年	2011年	2012年	2011年	2012年	2011年
168248	**231276**	**45382**	**8973**	**657849**	**503133**	**531749**	**317458**
70563	**137628**	**35492**		**126748**	**200050**	**18656**	**31263**
3283	4199			7295	8221	4633	4890
45281	41285			46262	43956	5939	7213
21999	92144	35492		70591	144874	5768	16365
				2600	3000	2315	2795
97686	**93648**	**9890**	**8973**	**531101**	**303083**	**513093**	**286195**
75248	72407			481490	258621	463483	241733
8083	6576			8636	7083	8636	7083
4635	3696			12616	10411	12616	10411
1993	2133			3737	3646	3737	3646
6755	7993	9890	8973	23186	22097	23186	22097
971	844			1435	1227	1435	1227
146519	**136569**	**9890**	**8973**	**570190**	**345345**	**483775**	**275470**
62628	**57652**			**80847**	**77783**	**12439**	**24796**
1983	2765			4955	5640	2293	2309
42838	38642			42385	40070	2062	3327
17807	16244			30906	29074	5768	16365
				2600	3000	2315	2795

1-5 续表 5

集体企业

项目	商品购进总额		统一配送商品购进额	
	2012年	2011年	2012年	2011年
零售业	**275459**	**263479**	**137703**	**139665**
综合零售	241001	231101	103857	107960
食品、饮料及烟草制品专门零售	8083	6576	8083	6576
纺织、服装及日用品专门零售	4489	3563	4489	3563
文化、体育用品及器材专门零售	2506	2715	1993	2133
医药及医疗器材专门零售	18410	18681	18310	18591
汽车、摩托车、燃料及零配件专门零售	971	844	971	844
家用电器及电子产品专门零售				
五金、家具及室内装饰材料专门零售				
货摊、无店铺及其他零售业				
加盟门店合计	**90980**	**158777**	**58972**	**96387**
批发业	**44242**	**120137**	**43427**	**79977**
农、林、牧产品批发				
食品、饮料及烟草制品批发	1300	1434	1300	1434
纺织、服装及家庭用品批发	3257	3303	2443	2643
文化、体育用品及器材批发				
医药及医疗器材批发				
矿产品、建材及化工产品批发	39685	115400	39685	75900
机械设备、五金产品及电子产品批发				
贸易经纪与代理				
其他批发业				
零售业	**46738**	**38640**	**15545**	**16411**
综合零售	44692	36706	13648	14598
食品、饮料及烟草制品专门零售				
纺织、服装及日用品专门零售	146	133	146	133
文化、体育用品及器材专门零售				
医药及医疗器材专门零售	1900	1801	1750	1680
汽车、摩托车、燃料及零配件专门零售				
家用电器及电子产品专门零售				
五金、家具及室内装饰材料专门零售				
货摊、无店铺及其他零售业				

单位：万元

自有配送中心配送商品购进额		非自有配送中心配送商品购进额		商品销售总额		零售额	
2012年	2011年	2012年	2011年	2012年	2011年	2012年	2011年
83891	**78917**	**9890**	**8973**	**489344**	**267562**	**471336**	**250674**
61599	57809			441705	225132	423698	208245
8083	6576			8636	7083	8636	7083
4489	3563			12231	10061	12231	10061
1993	2133			3737	3646	3737	3646
6755	7993	9890	8973	21599	20414	21599	20414
971	844			1435	1227	1435	1227
21730	**94707**	**35492**		**87659**	**157788**	**47974**	**41988**
7935	**79977**	**35492**		**45902**	**122267**	**6217**	**6467**
1300	1434			2340	2581	2340	2581
2443	2643			3877	3886	3877	3886
4193	75900	35492		39685	115800		
13795	**14731**			**41757**	**35521**	**41757**	**35521**
13648	14598			39785	33488	39785	33488
146	133			385	350	385	350
				1587	1683	1587	1683

1-5 续表 6

股份合作企业

项目	商品购进总额		统一配送商品购进额	
	2012年	2011年	2012年	2011年
总　计	**1150472**	**1160737**	**1135174**	**1141487**
批发业	**15881**	**20275**	**2030**	**1889**
农、林、牧产品批发				
食品、饮料及烟草制品批发	15881	20275	2030	1889
纺织、服装及家庭用品批发				
文化、体育用品及器材批发				
医药及医疗器材批发				
矿产品、建材及化工产品批发				
机械设备、五金产品及电子产品批发				
贸易经纪与代理				
其他批发业				
零售业	**1134591**	**1140462**	**1133144**	**1139598**
综合零售	100560	172892	99113	172028
食品、饮料及烟草制品专门零售				
纺织、服装及日用品专门零售				
文化、体育用品及器材专门零售				
医药及医疗器材专门零售	9566	10319	9566	10319
汽车、摩托车、燃料及零配件专门零售	941561	901858	941561	901858
家用电器及电子产品专门零售				
五金、家具及室内装饰材料专门零售				
货摊、无店铺及其他零售业	82904	55393	82904	55393
直营门店合计	**1150472**	**1160737**	**1135174**	**1141487**
批发业	**15881**	**20275**	**2030**	**1889**
农、林、牧产品批发				
食品、饮料及烟草制品批发	15881	20275	2030	1889
纺织、服装及家庭用品批发				
文化、体育用品及器材批发				
医药及医疗器材批发				
矿产品、建材及化工产品批发				
机械设备、五金产品及电子产品批发				
贸易经纪与代理				
其他批发业				

单位：万元

自有配送中心配送商品购进额		非自有配送中心配送商品购进额		商品销售总额		零售额	
2012年	2011年	2012年	2011年	2012年	2011年	2012年	2011年
1042676	**1067331**			**1229603**	**1207868**	**1003334**	**1011650**
				20493	**23689**	**6728**	**7408**
				20493	23689	6728	7408
1042676	**1067331**			**1209110**	**1184179**	**996606**	**1004242**
91549	165473			102880	160258	102880	160258
9566				14027	10269	14027	10269
941561	901858			1009029	949326	876858	831741
				83175	64326	2842	1974
1042676	**1067331**			**1229603**	**1207868**	**1003334**	**1011650**
				20493	**23689**	**6728**	**7408**
				20493	23689	6728	7408

1-5 续表 7

股份合作企业

项 目	商品购进总额		统一配送商品购进额	
	2012年	2011年	2012年	2011年
零售业	**1134591**	**1140462**	**1133144**	**1139598**
综合零售	100560	172892	99113	172028
食品、饮料及烟草制品专门零售				
纺织、服装及日用品专门零售				
文化、体育用品及器材专门零售				
医药及医疗器材专门零售	9566	10319	9566	10319
汽车、摩托车、燃料及零配件专门零售	941561	901858	941561	901858
家用电器及电子产品专门零售				
五金、家具及室内装饰材料专门零售				
货摊、无店铺及其他零售业	82904	55393	82904	55393
加盟门店合计				
批发业				
农、林、牧产品批发				
食品、饮料及烟草制品批发				
纺织、服装及家庭用品批发				
文化、体育用品及器材批发				
医药及医疗器材批发				
矿产品、建材及化工产品批发				
机械设备、五金产品及电子产品批发				
贸易经纪与代理				
其他批发业				
零售业				
综合零售				
食品、饮料及烟草制品专门零售				
纺织、服装及日用品专门零售				
文化、体育用品及器材专门零售				
医药及医疗器材专门零售				
汽车、摩托车、燃料及零配件专门零售				
家用电器及电子产品专门零售				
五金、家具及室内装饰材料专门零售				
货摊、无店铺及其他零售业				

单位：万元

自有配送中心配送商品购进额		非自有配送中心配送商品购进额		商品销售总额		零售额	
2012年	2011年	2012年	2011年	2012年	2011年	2012年	2011年
1042676	**1067331**			**1209110**	**1184179**	**996606**	**1004242**
91549	165473			102880	160258	102880	160258
9566				14027	10269	14027	10269
941561	901858			1009029	949326	876858	831741
				83175	64326	2842	1974

1-5 续表 8

联营企业

项　　目	商品购进总额		统一配送商品购进额	
	2012年	2011年	2012年	2011年
总　计	**118202**	**113121**	**118202**	**113121**
批发业				
农、林、牧产品批发				
食品、饮料及烟草制品批发				
纺织、服装及家庭用品批发				
文化、体育用品及器材批发				
医药及医疗器材批发				
矿产品、建材及化工产品批发				
机械设备、五金产品及电子产品批发				
贸易经纪与代理				
其他批发业				
零售业	**118202**	**113121**	**118202**	**113121**
综合零售	54002	25822	54002	25822
食品、饮料及烟草制品专门零售				
纺织、服装及日用品专门零售				
文化、体育用品及器材专门零售				
医药及医疗器材专门零售	64200	87299	64200	87299
汽车、摩托车、燃料及零配件专门零售				
家用电器及电子产品专门零售				
五金、家具及室内装饰材料专门零售				
货摊、无店铺及其他零售业				
直营门店合计	**108106**	**95272**	**108106**	**95272**
批发业				
农、林、牧产品批发				
食品、饮料及烟草制品批发				
纺织、服装及家庭用品批发				
文化、体育用品及器材批发				
医药及医疗器材批发				
矿产品、建材及化工产品批发				
机械设备、五金产品及电子产品批发				
贸易经纪与代理				
其他批发业				

单位：万元

自有配送中心配送商品购进额		非自有配送中心配送商品购进额		商品销售总额		零售额	
2012年	2011年	2012年	2011年	2012年	2011年	2012年	2011年
28971	**25822**			**130092**	**92021**	**119328**	**78704**
28971	**25822**			**130092**	**92021**	**119328**	**78704**
28971	25822			60109	30821	49345	17503
				69983	61200	69983	61200
28971	**25822**			**117827**	**80080**	**107063**	**66762**

1-5 续表 9

联营企业

项　目	商品购进总额		统一配送商品购进额	
	2012年	2011年	2012年	2011年
零售业	**108106**	**95272**	**108106**	**95272**
综合零售	54002	25822	54002	25822
食品、饮料及烟草制品专门零售				
纺织、服装及日用品专门零售				
文化、体育用品及器材专门零售				
医药及医疗器材专门零售	54103	69450	54103	69450
汽车、摩托车、燃料及零配件专门零售				
家用电器及电子产品专门零售				
五金、家具及室内装饰材料专门零售				
货摊、无店铺及其他零售业				
加盟门店合计	**10096**	**17849**	**10096**	**17849**
批发业				
农、林、牧产品批发				
食品、饮料及烟草制品批发				
纺织、服装及家庭用品批发				
文化、体育用品及器材批发				
医药及医疗器材批发				
矿产品、建材及化工产品批发				
机械设备、五金产品及电子产品批发				
贸易经纪与代理				
其他批发业				
零售业	**10096**	**17849**	**10096**	**17849**
综合零售				
食品、饮料及烟草制品专门零售				
纺织、服装及日用品专门零售				
文化、体育用品及器材专门零售				
医药及医疗器材专门零售	10096	17849	10096	17849
汽车、摩托车、燃料及零配件专门零售				
家用电器及电子产品专门零售				
五金、家具及室内装饰材料专门零售				
货摊、无店铺及其他零售业				

单位：万元

自有配送中心配送商品购进额		非自有配送中心配送商品购进额		商品销售总额		零售额	
2012年	2011年	2012年	2011年	2012年	2011年	2012年	2011年
28971	**25822**			**117827**	**80080**	**107063**	**66762**
28971	25822			60109	30821	49345	17503
				57719	49259	57719	49259
				12264	**11941**	**12264**	**11941**
				12264	**11941**	**12264**	**11941**
				12264	11941	12264	11941

1-5 续表 10

有限责任公司

项 目	商品购进总额		统一配送商品购进额	
	2012年	2011年	2012年	2011年
总 计	**46013524**	**42848697**	**35831794**	**32133910**
批发业	**5581922**	**4386602**	**4714211**	**3501347**
农、林、牧产品批发	25866	19650	25866	19650
食品、饮料及烟草制品批发	699487	559512	610398	470822
纺织、服装及家庭用品批发	116249	124397	104879	114142
文化、体育用品及器材批发	263109	210571	263109	210571
医药及医疗器材批发	379015	345639	241765	214416
矿产品、建材及化工产品批发	3979772	3009095	3441322	2448850
机械设备、五金产品及电子产品批发	44143	61541	13511	10365
贸易经纪与代理				
其他批发业	74281	56197	13360	12530
零售业	**40431602**	**38462095**	**31117583**	**28632563**
综合零售	23559078	21299713	17572121	15343552
食品、饮料及烟草制品专门零售	976442	830925	879966	728601
纺织、服装及日用品专门零售	586788	684810	441856	404030
文化、体育用品及器材专门零售	1381061	1389276	1378590	1386536
医药及医疗器材专门零售	2781761	2346733	2438504	2038471
汽车、摩托车、燃料及零配件专门零售	1684468	1727210	562014	515487
家用电器及电子产品专门零售	9300058	9985631	7683386	8018838
五金、家具及室内装饰材料专门零售	124377	162193	123576	161444
货摊、无店铺及其他零售业	37570	35606	37570	35606
直营门店合计	**44674680**	**41595980**	**34755657**	**31106825**
批发业	**5325721**	**4123033**	**4543789**	**3319363**
农、林、牧产品批发	25866	19650	25866	19650
食品、饮料及烟草制品批发	693594	556260	604505	467570
纺织、服装及家庭用品批发	103742	113936	96168	109321
文化、体育用品及器材批发	261991	210571	261991	210571
医药及医疗器材批发	365227	333086	238835	212049
矿产品、建材及化工产品批发	3776857	2786994	3289554	2277307
机械设备、五金产品及电子产品批发	44143	61541	13511	10365
贸易经纪与代理				
其他批发业	54302	40995	13360	12530

单位：万元

自有配送中心配送商品购进额		非自有配送中心配送商品购进额		商品销售总额		零售额	
2012年	2011年	2012年	2011年	2012年	2011年	2012年	2011年
17572053	**15971961**	**4082373**	**4465720**	**51139125**	**48134496**	**38991290**	**37299074**
1530426	**1344447**	**141795**	**101023**	**5975206**	**5093743**	**1976557**	**1692093**
25866	19650			25667	20013	25667	20013
352730	318658	101237	35053	871359	660802	329994	146348
99194	109759	5685	4383	138311	131612	52989	44548
263109	210571			264150	226116	4281	4510
231617	195333	8283	7191	412840	354194	171914	169834
557911	487033	16064	50525	4133351	3592389	1373526	1291403
	3443	6722		51923	47402	4855	5106
		3804	3871	77606	61215	13331	10331
16041626	**14627514**	**3940578**	**4364698**	**45163919**	**43040753**	**37014734**	**35606981**
7836975	6207684	2151867	2856646	26388253	24087171	20048762	18527046
499626	408288	219242	75317	1172516	964221	1085719	895705
260891	291513	17745	17499	794339	809098	589592	593516
1061245	1132306	77733	76585	1483095	1481230	1094229	1061533
1316004	1164715	434465	338555	3309782	2802154	3159075	2666671
108633	138063	152363	118854	1784295	1772580	1402528	1259313
4815050	5115307	885806	878852	9908035	10753644	9352527	10288332
112206	140478			283259	333305	242513	277515
30995	29160	1358	2390	40346	37349	39790	37349
16699467	**15157273**	**3947120**	**4323217**	**49248557**	**46508613**	**37317831**	**35914592**
1385647	**1213711**	**134048**	**63711**	**5693975**	**4823156**	**1796553**	**1530653**
25866	19650			25667	20013	25667	20013
347966	315406	100320	35053	860587	655363	319483	140908
96067	107349	100	1972	125095	120491	39774	33428
261991	210571			263033	226116	3164	4510
229088	193306	8283	7191	395727	339201	168622	167073
424670	363986	14819	15623	3916673	3370375	1221657	1149284
	3443	6722		51923	47402	4855	5106
		3804	3871	55271	44195	13331	10331

1-5 续表 11

有限责任公司

项 目	商品购进总额		统一配送商品购进额	
	2012年	2011年	2012年	2011年
零售业	**39348959**	**37472947**	**30211868**	**27787461**
综合零售	22850636	20672779	17001509	14830201
食品、饮料及烟草制品专门零售	841611	719197	746838	617452
纺织、服装及日用品专门零售	544593	648839	407827	368059
文化、体育用品及器材专门零售	1380316	1358926	1377845	1356186
医药及医疗器材专门零售	2602587	2187791	2288561	1906304
汽车、摩托车、燃料及零配件专门零售	1684468	1725853	562014	515487
家用电器及电子产品专门零售	9282868	9961830	7666196	7996791
五金、家具及室内装饰材料专门零售	124377	162193	123576	161444
货摊、无店铺及其他零售业	37502	35538	37502	35538
加盟门店合计	**1338844**	**1252717**	**1076137**	**1027085**
批发业	**256201**	**263568**	**170422**	**181984**
农、林、牧产品批发				
食品、饮料及烟草制品批发	5893	3252	5893	3252
纺织、服装及家庭用品批发	12507	10461	8712	4821
文化、体育用品及器材批发	1119		1119	
医药及医疗器材批发	13788	12553	2930	2368
矿产品、建材及化工产品批发	202915	222100	151769	171543
机械设备、五金产品及电子产品批发				
贸易经纪与代理				
其他批发业	19979	15202		
零售业	**1082643**	**989149**	**905715**	**845102**
综合零售	708442	626934	570612	513351
食品、饮料及烟草制品专门零售	134830	111728	133129	111149
纺织、服装及日用品专门零售	42194	35971	34029	35971
文化、体育用品及器材专门零售	744	30350	744	30350
医药及医疗器材专门零售	179174	158942	149943	132166
汽车、摩托车、燃料及零配件专门零售		1356		
家用电器及电子产品专门零售	17190	23800	17190	22047
五金、家具及室内装饰材料专门零售				
货摊、无店铺及其他零售业	68	67	68	67

单位：万元

自有配送中心配送商品购进额		非自有配送中心配送商品购进额		商品销售总额		零售额	
2012年	2011年	2012年	2011年	2012年	2011年	2012年	2011年
15313820	**13943562**	**3813072**	**4259506**	**43554582**	**41685457**	**35521278**	**34383939**
7366319	5784923	2081145	2795526	25360296	23231061	19066847	17723735
369639	299152	216122	73304	1008918	830282	924649	762920
229526	257862	15272	15273	686070	714711	544988	569560
1061037	1102701	77197	75839	1482793	1451614	1093927	1037253
1234511	1091922	383809	299469	3024550	2609538	2877490	2475569
108633	138063	152363	118854	1784295	1770985	1402528	1257718
4801021	5099368	885806	878852	9884122	10706679	9328614	10242387
112206	140478			283259	333305	242513	277515
30927	29093	1358	2390	40278	37282	39722	37282
872585	**814689**	**135254**	**142503**	**1890568**	**1625883**	**1673459**	**1384482**
144779	**130736**	**7747**	**37312**	**281231**	**270587**	**180004**	**161440**
4763	3252	917		10772	5439	10511	5439
3127	2410	5585	2410	13216	11120	13216	11120
1119				1117		1117	
2529	2027			17113	14994	3291	2762
133241	123047	1246	34901	216679	222013	151869	142119
				22335	17021		
727807	**683952**	**127507**	**105192**	**1609337**	**1355296**	**1493456**	**1223042**
470656	422761	70723	61121	1027957	856110	981915	803311
129988	109136	3120	2013	163597	133939	161070	132784
31365	33651	2473	2226	108269	94388	44604	23957
208	29605	536	745	301	29616	301	24281
81493	72793	50655	39086	285232	192615	281585	191102
					1595		1595
14029	15939			23913	46965	23913	45945
68	67			68	67	68	67

1-5 续表 12

股份有限公司

项　　目	商品购进总额		统一配送商品购进额	
	2012年	2011年	2012年	2011年
总　计	**153496418**	**148834158**	**113237700**	**108012483**
批发业	**78837963**	**75568725**	**69135578**	**64529425**
农、林、牧产品批发	1516341	1602794	1516341	1602794
食品、饮料及烟草制品批发	9432	10012	9432	10012
纺织、服装及家庭用品批发	1217901	1236574	567794	566134
文化、体育用品及器材批发	1030526	1128349	1030526	1128349
医药及医疗器材批发	45567	28298	45567	28298
矿产品、建材及化工产品批发	72583954	69360387	63531675	58991527
机械设备、五金产品及电子产品批发	175873	146093	175873	146093
贸易经纪与代理				
其他批发业	2258370	2056219	2258370	2056219
零售业	**74658454**	**73265433**	**44102122**	**43483058**
综合零售	32578582	30022106	17939395	16965801
食品、饮料及烟草制品专门零售	123516	111927	123516	111927
纺织、服装及日用品专门零售	8927	8306	8927	8306
文化、体育用品及器材专门零售	517349	688052	517349	688052
医药及医疗器材专门零售	158979	170695	147687	162844
汽车、摩托车、燃料及零配件专门零售	25033335	23480866	15784382	14997813
家用电器及电子产品专门零售	16237766	18783482	9580867	10548315
五金、家具及室内装饰材料专门零售				
货摊、无店铺及其他零售业				
直营门店合计	**148943654**	**144468517**	**109241985**	**104150492**
批发业	**77207875**	**73887092**	**67674093**	**63041589**
农、林、牧产品批发	1288890	1362375	1288890	1362375
食品、饮料及烟草制品批发	9432	10012	9432	10012
纺织、服装及家庭用品批发	1016951	1004997	535447	528354
文化、体育用品及器材批发	1030526	1128349	1030526	1128349
医药及医疗器材批发	45567	28298	45567	28298
矿产品、建材及化工产品批发	71382266	68150750	62329988	57781890
机械设备、五金产品及电子产品批发	175873	146093	175873	146093
贸易经纪与代理				
其他批发业	2258370	2056219	2258370	2056219

单位：万元

自有配送中心配送商品购进额		非自有配送中心配送商品购进额		商品销售总额		零售额	
2012年	2011年	2012年	2011年	2012年	2011年	2012年	2011年
77050230	**74859124**	**19087042**	**17401832**	**182323682**	**177507611**	**122247056**	**112828870**
50578997	**47877731**	**12220705**	**11010213**	**92595387**	**88279773**	**53530182**	**47322627**
1516341	1554710		48084	1621748	1523652		
9432	10012			10646	11215	2113	1867
567794	566134			2144553	2119655	1144000	1232830
1030526	1128349			1101384	1005135	524089	486764
45567	28298			64268	43007	64268	43007
45150967	42534010	12044833	10816036	85152916	81236515	49857747	43658987
		175873	146093	191360	158073	99397	84048
2258370	2056219			2308512	2182520	1838569	1815124
26471232	**26981393**	**6866337**	**6391620**	**89728296**	**89227839**	**68716875**	**65506243**
13520855	12688778	2838149	2667367	39525880	36730222	33132668	30989224
121519	111927	1997		149967	150923	149967	150923
7295	6921			18657	17496	17397	17257
422018	584796			619984	612319	508485	502153
141246	156415			216045	205212	211592	201834
4952931	4933692	3625982	3411746	31291453	29499948	22409219	20018764
7305370	8498864	400209	312506	17906309	22011719	12287547	13626087
74225585	**72090655**	**18356418**	**16710421**	**178140919**	**172921699**	**119142510**	**109378749**
49117512	**46397107**	**12220705**	**11003000**	**91221604**	**86617204**	**53167052**	**46733126**
1288890	1321504		40871	1509652	1310341		
9432	10012			10646	11215	2113	1867
535447	528354			2084553	1880034	1084000	993430
1030526	1128349			1101384	1005135	524089	486764
45567	28298			64268	43007	64268	43007
43949280	41324373	12044833	10816036	83951229	80026879	49554617	43308886
		175873	146093	191360	158073	99397	84048
2258370	2056219			2308512	2182520	1838569	1815124

1-5 续表 13

股份有限公司

项　目	商品购进总额		统一配送商品购进额	
	2012年	2011年	2012年	2011年
零售业	**71735780**	**70581424**	**41567892**	**41108904**
综合零售	30266105	27890511	16011363	15141160
食品、饮料及烟草制品专门零售	23462	23173	23462	23173
纺织、服装及日用品专门零售	8927	8306	8927	8306
文化、体育用品及器材专门零售	514833	685867	514833	685867
医药及医疗器材专门零售	148224	161267	140932	156317
汽车、摩托车、燃料及零配件专门零售	24727658	23202937	15478705	14719884
家用电器及电子产品专门零售	16046569	18609364	9389670	10374197
五金、家具及室内装饰材料专门零售				
货摊、无店铺及其他零售业				
加盟门店合计	**4552763**	**4365642**	**3995715**	**3861991**
批发业	**1630088**	**1681633**	**1461485**	**1487836**
农、林、牧产品批发	227451	240419	227451	240419
食品、饮料及烟草制品批发				
纺织、服装及家庭用品批发	200950	231577	32347	37780
文化、体育用品及器材批发				
医药及医疗器材批发				
矿产品、建材及化工产品批发	1201687	1209637	1201687	1209637
机械设备、五金产品及电子产品批发				
贸易经纪与代理				
其他批发业				
零售业	**2922675**	**2684009**	**2534229**	**2374155**
综合零售	2312477	2131595	1928031	1824641
食品、饮料及烟草制品专门零售	100054	88754	100054	88754
纺织、服装及日用品专门零售				
文化、体育用品及器材专门零售	2516	2185	2516	2185
医药及医疗器材专门零售	10755	9428	6755	6528
汽车、摩托车、燃料及零配件专门零售	305677	277929	305677	277929
家用电器及电子产品专门零售	191197	174118	191197	174118
五金、家具及室内装饰材料专门零售				
货摊、无店铺及其他零售业				

单位：万元

自有配送中心配送商品购进额		非自有配送中心配送商品购进额		商品销售总额		零售额	
2012年	2011年	2012年	2011年	2012年	2011年	2012年	2011年
25108072	**25693548**	**6135713**	**5707421**	**86919315**	**86304495**	**65975458**	**62645623**
12265767	11498135	2299699	2157287	37403671	34442107	31016275	28701109
22442	23173	1020		25998	29979	25998	29979
7295	6921			18657	17496	17397	17257
419502	582611			617469	610133	505970	499968
134766	150152			200820	196178	200366	195800
4952931	4933692	3625982	3411746	30928028	29162296	22103542	19740835
7305370	8498864	209012	138388	17724672	21846307	12105910	13460675
2824645	**2768468**	**730624**	**691411**	**4182764**	**4585913**	**3104546**	**3450121**
1461485	**1480624**		**7213**	**1373783**	**1662569**	**363129**	**589501**
227451	233207		7213	112096	213311		
32347	37780			60000	239621	60000	239400
1201687	1209637			1201687	1209637	303129	350101
1363160	**1287845**	**730624**	**684198**	**2808981**	**2923343**	**2741417**	**2860620**
1255088	1190642	538450	510081	2122209	2288116	2116393	2288116
99076	88754	977		123969	120945	123969	120945
2516	2185			2516	2185	2516	2185
6480	6263			15225	9034	11225	6034
				363425	337652	305677	277929
		191197	174118	181637	165412	181637	165412

1-5 续表 14

私营企业

项　目	商品购进总额		统一配送商品购进额	
	2012年	2011年	2012年	2011年
总　计	**15149177**	**16166635**	**13296158**	**14570433**
批发业	**1565539**	**1318819**	**1444758**	**1210505**
农、林、牧产品批发	5210	6209	5210	6209
食品、饮料及烟草制品批发	151342	125974	95785	86424
纺织、服装及家庭用品批发	598838	544615	586472	534815
文化、体育用品及器材批发	12206	13887	3116	3537
医药及医疗器材批发	126793	97938	101762	76647
矿产品、建材及化工产品批发	95894	107174	91330	95976
机械设备、五金产品及电子产品批发	507792	384417	503887	378471
贸易经纪与代理				
其他批发业	67464	38605	57196	28425
零售业	**13583638**	**14847815**	**11851400**	**13359928**
综合零售	5925265	7900263	4768784	6949778
食品、饮料及烟草制品专门零售	829041	584519	783225	526143
纺织、服装及日用品专门零售	435353	353002	263320	194223
文化、体育用品及器材专门零售	93502	123789	93502	121179
医药及医疗器材专门零售	1940979	1547628	1811122	1447910
汽车、摩托车、燃料及零配件专门零售	157769	168632	97595	116098
家用电器及电子产品专门零售	4162177	4137150	3994299	3971764
五金、家具及室内装饰材料专门零售	35412	28817	35412	28817
货摊、无店铺及其他零售业	4140	4016	4140	4016
直营门店合计	**13700453**	**14888502**	**12119566**	**13532877**
批发业	**935145**	**717166**	**835695**	**632570**
农、林、牧产品批发	178	177	178	177
食品、饮料及烟草制品批发	101803	86100	48028	48608
纺织、服装及家庭用品批发	182911	137641	170545	127841
文化、体育用品及器材批发	11452	12355	3116	3537
医药及医疗器材批发	110616	80047	95524	68788
矿产品、建材及化工产品批发	58893	76808	57339	69904
机械设备、五金产品及电子产品批发	415855	298361	411949	292415
贸易经纪与代理				
其他批发业	53436	25677	49015	21300

单位：万元

自有配送中心配送商品购进额		非自有配送中心配送商品购进额		商品销售总额		零售额	
2012年	2011年	2012年	2011年	2012年	2011年	2012年	2011年
7180161	**6034582**	**1312130**	**1347185**	**16459748**	**15411510**	**14322317**	**13068252**
988799	**804014**	**137821**	**128515**	**1914321**	**1533335**	**447528**	**377971**
2156	2144			4366	5908	2338	3886
57437	51097	19818	12341	181734	160914	78808	71141
497848	454600	3960	5207	915175	719294	150883	90498
3116	3537			22066	32548	18783	27271
70349	62243			136288	96989	39188	38398
55621	55983		21	99093	116706	17456	16306
248713	149388	114043	110946	502382	364123	131969	125760
53559	25022			53216	36854	8104	4712
6191363	**5230567**	**1174309**	**1218671**	**14545427**	**13878174**	**13874789**	**12690281**
2605144	2191473	490682	485129	6209948	6034284	6009823	5309063
510950	368322	26133	32603	925907	765295	778834	633200
120768	79447	56149	47717	550074	475725	525538	447460
44277	72442	2173		114597	136405	104509	124085
1278560	1004824	146812	111813	2128682	1688527	2022195	1593733
21207	17845	9366	10318	156462	174425	143776	161765
1602342	1492886	438855	527075	4412047	4563322	4251068	4384091
8115	3329			43629	35397	34967	32091
		4140	4016	4081	4794	4081	4794
6376137	**5300544**	**1129768**	**1190029**	**14655573**	**13905999**	**13303258**	**12231726**
504713	**346769**	**38183**	**36888**	**1052440**	**805771**	**352659**	**299083**
178	177			186	191		
20627	22430	8870	3193	134889	120685	32969	31882
101020	68033	3960	5207	268579	183598	126088	69855
3116	3537			21445	32379	18783	27271
67083	58795			117184	82939	31259	34997
21630	29910		21	61483	84564	17239	16141
245466	145810	25353	28468	410466	279616	119343	114227
45594	18077			38208	21800	6977	4712

1-5 续表 15

私营企业

项　目	商品购进总额		统一配送商品购进额	
	2012年	2011年	2012年	2011年
零售业	**12765308**	**14171335**	**11283871**	**12900306**
综合零售	5389120	7424879	4448917	6664295
食品、饮料及烟草制品专门零售	772015	549647	728018	493267
纺织、服装及日用品专门零售	393374	338757	230401	186687
文化、体育用品及器材专门零售	93502	123789	93502	121179
医药及医疗器材专门零售	1794302	1425106	1688089	1343642
汽车、摩托车、燃料及零配件专门零售	155397	164495	95224	111961
家用电器及电子产品专门零售	4128930	4111830	3961052	3946443
五金、家具及室内装饰材料专门零售	35412	28817	35412	28817
货摊、无店铺及其他零售业	3257	4016	3257	4016
加盟门店合计	**1448724**	**1278133**	**1176592**	**1037556**
批发业	**630394**	**601653**	**609063**	**577935**
农、林、牧产品批发	5032	6032	5032	6032
食品、饮料及烟草制品批发	49539	39874	47757	37816
纺织、服装及家庭用品批发	415927	406974	415927	406974
文化、体育用品及器材批发	754	1532		
医药及医疗器材批发	16178	17891	6239	7859
矿产品、建材及化工产品批发	37000	30366	33991	26072
机械设备、五金产品及电子产品批发	91938	86056	91938	86056
贸易经纪与代理				
其他批发业	14028	12929	8181	7126
零售业	**818329**	**676480**	**567529**	**459621**
综合零售	536146	475385	319868	285483
食品、饮料及烟草制品专门零售	57026	34872	55207	32876
纺织、服装及日用品专门零售	41979	14245	32919	7536
文化、体育用品及器材专门零售				
医药及医疗器材专门零售	146677	122521	123033	104268
汽车、摩托车、燃料及零配件专门零售	2371	4137	2371	4137
家用电器及电子产品专门零售	33247	25321	33247	25321
五金、家具及室内装饰材料专门零售				
货摊、无店铺及其他零售业	883		883	

单位：万元

自有配送中心配送商品购进额		非自有配送中心配送商品购进额		商品销售总额		零售额	
2012年	2011年	2012年	2011年	2012年	2011年	2012年	2011年
5871424	**4953775**	**1091585**	**1153141**	**13603134**	**13100228**	**12950599**	**11932643**
2438008	2025529	427658	431670	5566323	5484007	5370812	4761727
474906	342238	26133	32292	889072	725120	748506	602960
91504	74025	55925	47583	511521	456605	487003	428340
44277	72442	2173		114597	136405	104509	124085
1224659	951279	128218	100188	1942924	1549175	1843399	1461813
20862	17368	9366	10318	154047	171507	141362	158846
1569094	1467566	438855	527075	4377771	4537218	4216792	4357987
8115	3329			43629	35397	34967	32091
		3257	4016	3250	4794	3250	4794
804024	**734037**	**182362**	**157156**	**1804175**	**1505510**	**1019060**	**836526**
484085	**457245**	**99638**	**91627**	**861882**	**727564**	**94869**	**78887**
1978	1967			4180	5717	2338	3886
36810	28667	10948	9149	46845	40229	45838	39259
396828	386567			646597	535696	24795	20643
				621	169		
3267	3449			19104	14050	7929	3401
33991	26072			37610	32142	217	166
3247	3578	88690	82478	91916	84506	12626	11533
7965	6946			15008	15055	1127	
319939	**276792**	**82724**	**65530**	**942293**	**777946**	**924190**	**757638**
167136	165944	63024	53459	643625	550277	639011	547336
36044	26084		311	36835	40175	30327	30240
29265	5422	223	134	38553	19120	38535	19120
53902	53545	18594	11625	185758	139352	178796	131920
345	477			2414	2919	2414	2919
33247	25321			34276	26104	34276	26104
		883		831		831	

1-5 续表 16

其他企业

项　目	商品购进总额		统一配送商品购进额	
	2012年	2011年	2012年	2011年
总　计	**590454**	**600329**	**437227**	**409204**
批发业	**5338**	**5937**	**5249**	**5864**
农、林、牧产品批发				
食品、饮料及烟草制品批发				
纺织、服装及家庭用品批发				
文化、体育用品及器材批发				
医药及医疗器材批发	5338	5937	5249	5864
矿产品、建材及化工产品批发				
机械设备、五金产品及电子产品批发				
贸易经纪与代理				
其他批发业				
零售业	**585116**	**594392**	**431978**	**403340**
综合零售	343065	368474	190803	177859
食品、饮料及烟草制品专门零售	22860	23570	22860	23570
纺织、服装及日用品专门零售				
文化、体育用品及器材专门零售	35573	32258	35573	32258
医药及医疗器材专门零售	86586	63188	85710	62752
汽车、摩托车、燃料及零配件专门零售				
家用电器及电子产品专门零售	97031	106902	97031	106902
五金、家具及室内装饰材料专门零售				
货摊、无店铺及其他零售业				
直营门店合计	**556362**	**568989**	**403224**	**378405**
批发业	**3907**	**4012**	**3907**	**4012**
农、林、牧产品批发				
食品、饮料及烟草制品批发				
纺织、服装及家庭用品批发				
文化、体育用品及器材批发				
医药及医疗器材批发	3907	4012	3907	4012
矿产品、建材及化工产品批发				
机械设备、五金产品及电子产品批发				
贸易经纪与代理				
其他批发业				

单位：万元

自有配送中心配送商品购进额		非自有配送中心配送商品购进额		商品销售总额		零售额	
2012年	2011年	2012年	2011年	2012年	2011年	2012年	2011年
160943	**155859**	**138857**	**115140**	**639130**	**610401**	**628496**	**600410**
5005	**5862**	**1**	**1**	**10653**	**10175**	**1946**	**1905**
5005	5862	1	1	10653	10175	1946	1905
155939	**149997**	**138856**	**115139**	**628477**	**600226**	**626550**	**598505**
97500	98383	93303	76786	373638	357368	373638	357368
18847	18705	4013	4865	26352	24680	24482	22959
4711	9775			44968	38575	44968	38575
34882	23134	41540	33488	94077	81205	94019	81205
				89443	98398	89443	98398
151479	**151552**	**115211**	**91902**	**596113**	**569657**	**589002**	**563183**
3907	**4010**	**1**	**1**	**6146**	**5684**	**961**	**932**
3907	4010	1	1	6146	5684	961	932

1-5 续表 17

其他企业

项　　目	商品购进总额		统一配送商品购进额	
	2012年	2011年	2012年	2011年
零售业	**552455**	**564977**	**399317**	**374392**
综合零售	336061	362877	183799	172729
食品、饮料及烟草制品专门零售	22288	23570	22288	23570
纺织、服装及日用品专门零售				
文化、体育用品及器材专门零售	35573	32258	35573	32258
医药及医疗器材专门零售	61501	39370	60625	38934
汽车、摩托车、燃料及零配件专门零售				
家用电器及电子产品专门零售	97031	106902	97031	106902
五金、家具及室内装饰材料专门零售				
货摊、无店铺及其他零售业				
加盟门店合计	**34092**	**31340**	**34003**	**30800**
批发业	**1431**	**1925**	**1342**	**1852**
农、林、牧产品批发				
食品、饮料及烟草制品批发				
纺织、服装及家庭用品批发				
文化、体育用品及器材批发				
医药及医疗器材批发	1431	1925	1342	1852
矿产品、建材及化工产品批发				
机械设备、五金产品及电子产品批发				
贸易经纪与代理				
其他批发业				
零售业	**32661**	**29415**	**32661**	**28948**
综合零售	7004	5597	7004	5130
食品、饮料及烟草制品专门零售	572		572	
纺织、服装及日用品专门零售				
文化、体育用品及器材专门零售				
医药及医疗器材专门零售	25085	23818	25085	23818
汽车、摩托车、燃料及零配件专门零售				
家用电器及电子产品专门零售				
五金、家具及室内装饰材料专门零售				
货摊、无店铺及其他零售业				

单位：万元

自有配送中心配送商品购进额		非自有配送中心配送商品购进额		商品销售总额		零售额	
2012年	2011年	2012年	2011年	2012年	2011年	2012年	2011年
147572	**147542**	**115210**	**91901**	**589967**	**563973**	**588040**	**562251**
91008	96399	92791	76330	366916	351991	366916	351991
18275	18705	4013	4865	25838	24518	23969	22797
4711	9775			44968	38575	44968	38575
33579	22663	18406	10707	62802	50490	62745	50490
				89443	98398	89443	98398
9465	**4307**	**23646**	**23238**	**43017**	**40744**	**39495**	**37227**
1098	**1852**			**4507**	**4491**	**985**	**974**
1098	1852			4507	4491	985	974
8367	**2455**	**23646**	**23238**	**38510**	**36254**	**38510**	**36254**
6492	1984	512	457	6722	5377	6722	5377
572				513	162	513	162
1303	471	23134	22781	31274	30715	31274	30715

1-5 续表 18

港澳台商投资企业

项 目	商品购进总额		统一配送商品购进额	
	2012年	2011年	2012年	2011年
总 计	**21615145**	**18726652**	**18142749**	**15281958**
批发业	**259315**	**259468**	**257968**	**259468**
农、林、牧产品批发				
食品、饮料及烟草制品批发	192733	189965	192733	189965
纺织、服装及家庭用品批发	32572	42619	31225	42619
文化、体育用品及器材批发				
医药及医疗器材批发				
矿产品、建材及化工产品批发				
机械设备、五金产品及电子产品批发				
贸易经纪与代理				
其他批发业	34011	26884	34011	26884
零售业	**21355830**	**18467183**	**17884781**	**15022490**
综合零售	20093765	17362066	17302125	14537932
食品、饮料及烟草制品专门零售	66309	60973	66309	60973
纺织、服装及日用品专门零售	1052188	956471	399085	345248
文化、体育用品及器材专门零售				
医药及医疗器材专门零售	143569	87673	117262	78336
汽车、摩托车、燃料及零配件专门零售				
家用电器及电子产品专门零售				
五金、家具及室内装饰材料专门零售				
货摊、无店铺及其他零售业				
直营门店合计	**17660176**	**15514207**	**14367745**	**12217241**
批发业	**249978**	**243084**	**248631**	**243084**
农、林、牧产品批发				
食品、饮料及烟草制品批发	192733	189965	192733	189965
纺织、服装及家庭用品批发	23235	26235	21888	26235
文化、体育用品及器材批发				
医药及医疗器材批发				
矿产品、建材及化工产品批发				
机械设备、五金产品及电子产品批发				
贸易经纪与代理				
其他批发业	34011	26884	34011	26884

单位：万元

自有配送中心配送商品购进额		非自有配送中心配送商品购进额		商品销售总额		零售额	
2012年	2011年	2012年	2011年	2012年	2011年	2012年	2011年
8193938	**6892967**	**1316619**	**1232621**	**23764891**	**21219980**	**18692123**	**17067658**
223957	**232584**			**296069**	**311519**	**64596**	**78157**
192733	189965			211816	220163	12325	13708
31225	42619			38966	42619	31225	42619
				45287	48736	21046	21830
7969981	**6660383**	**1316619**	**1232621**	**23468822**	**20908461**	**18627527**	**16989501**
7636833	6390358	1297565	1228172	21903609	19451071	17249067	15700158
53509	52315	26	26	96096	87128	87632	77073
177968	139374	3437	4422	1328320	1278397	1161042	1135999
101671	78336	15591		140797	91865	129786	76271
8127784	**6818938**	**1275406**	**1206353**	**20279869**	**18002342**	**15252964**	**13870980**
214621	**216200**			**286732**	**295135**	**55259**	**61773**
192733	189965			211816	220163	12325	13708
21888	26235			29629	26235	21888	26235
				45287	48736	21046	21830

1-5 续表 19

港澳台商投资企业

项目	商品购进总额		统一配送商品购进额	
	2012年	2011年	2012年	2011年
零售业	**17410198**	**15271123**	**14119114**	**11974157**
综合零售	16193210	14197444	13578827	11518527
食品、饮料及烟草制品专门零售	61476	55408	61476	55408
纺织、服装及日用品专门零售	1037248	930960	386855	322248
文化、体育用品及器材专门零售				
医药及医疗器材专门零售	118263	87311	91956	77974
汽车、摩托车、燃料及零配件专门零售				
家用电器及电子产品专门零售				
五金、家具及室内装饰材料专门零售				
货摊、无店铺及其他零售业				
加盟门店合计	**3954969**	**3212445**	**3775004**	**3064716**
批发业	**9337**	**16384**	**9337**	**16384**
农、林、牧产品批发				
食品、饮料及烟草制品批发				
纺织、服装及家庭用品批发	9337	16384	9337	16384
文化、体育用品及器材批发				
医药及医疗器材批发				
矿产品、建材及化工产品批发				
机械设备、五金产品及电子产品批发				
贸易经纪与代理				
其他批发业				
零售业	**3945633**	**3196061**	**3765667**	**3048332**
综合零售	3900554	3164622	3723299	3019405
食品、饮料及烟草制品专门零售	4833	5565	4833	5565
纺织、服装及日用品专门零售	14939	25511	12229	23000
文化、体育用品及器材专门零售				
医药及医疗器材专门零售	25306	362	25306	362
汽车、摩托车、燃料及零配件专门零售				
家用电器及电子产品专门零售				
五金、家具及室内装饰材料专门零售				
货摊、无店铺及其他零售业				

单位：万元

自有配送中心配送商品购进额		非自有配送中心配送商品购进额		商品销售总额		零售额	
2012年	2011年	2012年	2011年	2012年	2011年	2012年	2011年
7913164	**6602738**	**1275406**	**1206353**	**19993136**	**17707208**	**15197705**	**13809207**
7601048	6355807	1271472	1201904	18490403	16287334	13867558	12557381
48676	46750	26	26	91333	81862	82869	71806
171955	122207	3437	4422	1299344	1246575	1146232	1104177
91485	77974	471		112057	91437	101046	75843
66154	**74029**	**41213**	**26268**	**3485023**	**3217638**	**3439159**	**3196678**
9337	**16384**			**9337**	**16384**	**9337**	**16384**
9337	16384			9337	16384	9337	16384
56817	**57645**	**41213**	**26268**	**3475686**	**3201254**	**3429823**	**3180294**
35785	34551	26093	26268	3413206	3163737	3381509	3142777
4833	5565			4764	5267	4764	5267
6013	17167			28977	31823	14810	31823
10186	362	15120		28740	428	28740	428

1-5 续表 20

外商投资企业

项　目	商品购进总额		统一配送商品购进额	
	2012年	2011年	2012年	2011年
总　计	**25041070**	**25418512**	**17280321**	**17813188**
批发业	**1139315**	**954563**	**1139315**	**954563**
农、林、牧产品批发				
食品、饮料及烟草制品批发	708141	524442	708141	524442
纺织、服装及家庭用品批发				
文化、体育用品及器材批发				
医药及医疗器材批发				
矿产品、建材及化工产品批发	382784	380323	382784	380323
机械设备、五金产品及电子产品批发	38540	36244	38540	36244
贸易经纪与代理				
其他批发业	9851	13554	9851	13554
零售业	**23901754**	**24463949**	**16141005**	**16858624**
综合零售	17074324	17356912	10597404	11120077
食品、饮料及烟草制品专门零售	30022	24478	30022	24478
纺织、服装及日用品专门零售	565911	624147	557269	618791
文化、体育用品及器材专门零售	56231	34340	56231	34340
医药及医疗器材专门零售	45795	52612	45795	52612
汽车、摩托车、燃料及零配件专门零售	4346961	3985850	3328277	3067989
家用电器及电子产品专门零售	1554201	2176877	1408489	1836002
五金、家具及室内装饰材料专门零售	228309	208733	117517	104336
货摊、无店铺及其他零售业				
直营门店合计	**23539025**	**23691763**	**15820217**	**16122885**
批发业	**892190**	**697988**	**892190**	**697988**
农、林、牧产品批发				
食品、饮料及烟草制品批发	707604	523022	707604	523022
纺织、服装及家庭用品批发				
文化、体育用品及器材批发				
医药及医疗器材批发				
矿产品、建材及化工产品批发	136195	125168	136195	125168
机械设备、五金产品及电子产品批发	38540	36244	38540	36244
贸易经纪与代理				
其他批发业	9851	13554	9851	13554

单位：万元

自有配送中心配送商品购进额		非自有配送中心配送商品购进额		商品销售总额		零售额	
2012年	2011年	2012年	2011年	2012年	2011年	2012年	2011年
10066621	**10698691**	**3158983**	**3349804**	**29778603**	**28351809**	**25233596**	**24478619**
429437	**428126**		**13554**	**1305707**	**1129342**	**305825**	**318719**
8114	11559			836422	673486	12488	11941
382784	380323			414002	404973	268883	280171
38540	36244			42004	36152	15159	16295
			13554	13278	14731	9295	10312
9637184	**10270565**	**3158983**	**3336250**	**28472897**	**27222467**	**24927771**	**24159900**
7287692	7965776	1355566	1287048	18507794	17639707	16347345	15890340
21270	24478			43377	33905	34855	28739
457732	484366	4893	30324	729324	841105	586999	669048
				66002	54880	66002	54880
45795	52612			61237	52369	60583	51235
760068	707076	1422089	1185738	6991016	6152114	5856267	5047885
1064626	1036258	343863	799744	1761239	2170993	1663076	2140620
		32573	33397	312906	277394	312643	277153
8656313	**9058323**	**3110759**	**3300868**	**28145076**	**26387985**	**23743705**	**22672231**
182312	**171551**		**13554**	**1026891**	**847635**	**36262**	**37012**
7577	10139			835742	671950	11809	10405
136195	125168			135866	124802		
38540	36244			42004	36152	15159	16295
			13554	13278	14731	9295	10312

1-5 续表 21

外商投资企业

项 目	商品购进总额		统一配送商品购进额	
	2012年	2011年	2012年	2011年
零售业	**22646835**	**22993775**	**14928027**	**15424896**
综合零售	15989669	16092670	9554690	9892281
食品、饮料及烟草制品专门零售	25458	19923	25458	19923
纺织、服装及日用品专门零售	400211	422770	391569	417414
文化、体育用品及器材专门零售	56231	34340	56231	34340
医药及医疗器材专门零售	45795	52612	45795	52612
汽车、摩托车、燃料及零配件专门零售	4346961	3985850	3328277	3067989
家用电器及电子产品专门零售	1554201	2176877	1408489	1836002
五金、家具及室内装饰材料专门零售	228309	208733	117517	104336
货摊、无店铺及其他零售业				
加盟门店合计	**1502045**	**1726749**	**1460104**	**1690303**
批发业	**247125**	**256575**	**247125**	**256575**
农、林、牧产品批发				
食品、饮料及烟草制品批发	536	1420	536	1420
纺织、服装及家庭用品批发				
文化、体育用品及器材批发				
医药及医疗器材批发				
矿产品、建材及化工产品批发	246589	255155	246589	255155
机械设备、五金产品及电子产品批发				
贸易经纪与代理				
其他批发业				
零售业	**1254920**	**1470174**	**1212979**	**1433728**
综合零售	1084655	1264242	1042714	1227796
食品、饮料及烟草制品专门零售	4564	4555	4564	4555
纺织、服装及日用品专门零售	165701	201377	165701	201377
文化、体育用品及器材专门零售				
医药及医疗器材专门零售				
汽车、摩托车、燃料及零配件专门零售				
家用电器及电子产品专门零售				
五金、家具及室内装饰材料专门零售				
货摊、无店铺及其他零售业				

单位：万元

自有配送中心配送商品购进额		非自有配送中心配送商品购进额		商品销售总额		零售额	
2012年	2011年	2012年	2011年	2012年	2011年	2012年	2011年
8474000	**8886772**	**3110759**	**3287314**	**27118185**	**25540351**	**23707442**	**22635219**
6293362	6786915	1307342	1238112	17432713	16309272	15309815	14591942
17158	19923			38998	29587	30475	24420
292991	283989	4893	30324	454072	493742	408580	447085
				66002	54880	66002	54880
45795	52612			61237	52369	60583	51235
760068	707076	1422089	1185738	6991016	6152114	5856267	5047885
1064626	1036258	343863	799744	1761239	2170993	1663076	2140620
		32573	33397	312906	277394	312643	277153
1410308	**1640368**	**48224**	**48936**	**1633528**	**1963824**	**1489892**	**1806388**
247125	**256575**			**278816**	**281707**	**269563**	**281707**
536	1420			679	1536	679	1536
246589	255155			278137	280171	268883	280171
1163183	**1383793**	**48224**	**48936**	**1354712**	**1682117**	**1220329**	**1524681**
994330	1178860	48224	48936	1075080	1330435	1037530	1298398
4112	4555			4379	4319	4379	4319
164741	200377			275252	347363	178419	221964

1-6 按行业与业态分连锁零售企业基本情况

便利店

项　　目	连锁总店数（个）	门店数（个）		年末从业人员（人）		年末零售营业面积（平方米）	
	2012年	2012年	2011年	2012年	2011年	2012年	2011年
总　　计	**84**	**13277**	**13382**	**69518**	**70379**	**1111722**	**1112337**
批发业							
农、林、牧产品批发							
食品、饮料及烟草制品批发							
纺织、服装及家庭用品批发							
文化、体育用品及器材批发							
医药及医疗器材批发							
矿产品、建材及化工产品批发							
机械设备、五金产品及电子产品批发							
贸易经纪与代理							
其他批发业							
零售业	**84**	**13277**	**13382**	**69518**	**70379**	**1111722**	**1112337**
综合零售	84	13277	13382	69518	70379	1111722	1112337
食品、饮料及烟草制品专门零售							
纺织、服装及日用品专门零售							
文化、体育用品及器材专门零售							
医药及医疗器材专门零售							
汽车、摩托车、燃料及零配件专门零售							
家用电器及电子产品专门零售							
五金、家具及室内装饰材料专门零售							
货摊、无店铺及其他零售业							
直营门店合计		**8327**	**8761**	**51646**	**53485**	**809302**	**834975**
批发业							
农、林、牧产品批发							
食品、饮料及烟草制品批发							
纺织、服装及家庭用品批发							
文化、体育用品及器材批发							
医药及医疗器材批发							
矿产品、建材及化工产品批发							
机械设备、五金产品及电子产品批发							
贸易经纪与代理							
其他批发业							

1-6 续表 1

便利店

项　　目	连锁总店数(个)	门店数(个)		年末从业人员(人)		年末零售营业面积(平方米)	
	2012年	2012年	2011年	2012年	2011年	2012年	2011年
零售业		**8327**	**8761**	**51646**	**53485**	**809302**	**834975**
综合零售		8327	8761	51646	53485	809302	834975
食品、饮料及烟草制品专门零售							
纺织、服装及日用品专门零售							
文化、体育用品及器材专门零售							
医药及医疗器材专门零售							
汽车、摩托车、燃料及零配件专门零售							
家用电器及电子产品专门零售							
五金、家具及室内装饰材料专门零售							
货摊、无店铺及其他零售业							
加盟门店合计		**4950**	**4621**	**17872**	**16894**	**302420**	**277362**
批发业							
农、林、牧产品批发							
食品、饮料及烟草制品批发							
纺织、服装及家庭用品批发							
文化、体育用品及器材批发							
医药及医疗器材批发							
矿产品、建材及化工产品批发							
机械设备、五金产品及电子产品批发							
贸易经纪与代理							
其他批发业							
零售业		**4950**	**4621**	**17872**	**16894**	**302420**	**277362**
综合零售		4950	4621	17872	16894	302420	277362
食品、饮料及烟草制品专门零售							
纺织、服装及日用品专门零售							
文化、体育用品及器材专门零售							
医药及医疗器材专门零售							
汽车、摩托车、燃料及零配件专门零售							
家用电器及电子产品专门零售							
五金、家具及室内装饰材料专门零售							
货摊、无店铺及其他零售业							

1-6 续表 2

折扣店

项　目	连锁总店数（个）	门店数（个）		年末从业人员（人）		年末零售营业面积（平方米）	
	2012年	2012年	2011年	2012年	2011年	2012年	2011年
总　计	**3**	**432**	**412**	**4403**	**4084**	**185354**	**162192**
批发业							
农、林、牧产品批发							
食品、饮料及烟草制品批发							
纺织、服装及家庭用品批发							
文化、体育用品及器材批发							
医药及医疗器材批发							
矿产品、建材及化工产品批发							
机械设备、五金产品及电子产品批发							
贸易经纪与代理							
其他批发业							
零售业	**3**	**432**	**412**	**4403**	**4084**	**185354**	**162192**
综合零售	2	425	405	3763	3469	136419	111257
食品、饮料及烟草制品专门零售							
纺织、服装及日用品专门零售	1	7	7	640	615	48935	50935
文化、体育用品及器材专门零售							
医药及医疗器材专门零售							
汽车、摩托车、燃料及零配件专门零售							
家用电器及电子产品专门零售							
五金、家具及室内装饰材料专门零售							
货摊、无店铺及其他零售业							
直营门店合计		**262**	**284**	**3693**	**3201**	**152012**	**139524**
批发业							
农、林、牧产品批发							
食品、饮料及烟草制品批发							
纺织、服装及家庭用品批发							
文化、体育用品及器材批发							
医药及医疗器材批发							
矿产品、建材及化工产品批发							
机械设备、五金产品及电子产品批发							
贸易经纪与代理							
其他批发业							

1-6 续表 3

折扣店

项目	连锁总店数（个）	门店数（个）		年末从业人员（人）		年末零售营业面积（平方米）	
	2012年	2012年	2011年	2012年	2011年	2012年	2011年
零售业		**262**	**284**	**3693**	**3201**	**152012**	**139524**
综合零售		255	277	3053	2586	103077	88589
食品、饮料及烟草制品专门零售							
纺织、服装及日用品专门零售		7	7	640	615	48935	50935
文化、体育用品及器材专门零售							
医药及医疗器材专门零售							
汽车、摩托车、燃料及零配件专门零售							
家用电器及电子产品专门零售							
五金、家具及室内装饰材料专门零售							
货摊、无店铺及其他零售业							
加盟门店合计		**170**	**128**	**710**	**883**	**33342**	**22668**
批发业							
农、林、牧产品批发							
食品、饮料及烟草制品批发							
纺织、服装及家庭用品批发							
文化、体育用品及器材批发							
医药及医疗器材批发							
矿产品、建材及化工产品批发							
机械设备、五金产品及电子产品批发							
贸易经纪与代理							
其他批发业							
零售业		**170**	**128**	**710**	**883**	**33342**	**22668**
综合零售		170	128	710	883	33342	22668
食品、饮料及烟草制品专门零售							
纺织、服装及日用品专门零售							
文化、体育用品及器材专门零售							
医药及医疗器材专门零售							
汽车、摩托车、燃料及零配件专门零售							
家用电器及电子产品专门零售							
五金、家具及室内装饰材料专门零售							
货摊、无店铺及其他零售业							

1-6 续表 4

超市

项目	连锁总店数（个）	门店数（个）		年末从业人员（人）		年末零售营业面积（平方米）	
	2012年	2012年	2011年	2012年	2011年	2012年	2011年
总　计	**388**	**31016**	**30216**	**486530**	**470880**	**17712543**	**16466423**
批发业							
农、林、牧产品批发							
食品、饮料及烟草制品批发							
纺织、服装及家庭用品批发							
文化、体育用品及器材批发							
医药及医疗器材批发							
矿产品、建材及化工产品批发							
机械设备、五金产品及电子产品批发							
贸易经纪与代理							
其他批发业							
零售业	**388**	**31016**	**30216**	**486530**	**470880**	**17712543**	**16466423**
综合零售	388	31016	30216	486530	470880	17712543	16466423
食品、饮料及烟草制品专门零售							
纺织、服装及日用品专门零售							
文化、体育用品及器材专门零售							
医药及医疗器材专门零售							
汽车、摩托车、燃料及零配件专门零售							
家用电器及电子产品专门零售							
五金、家具及室内装饰材料专门零售							
货摊、无店铺及其他零售业							
直营门店合计		**15228**	**14368**	**429771**	**407531**	**16218115**	**14581715**
批发业							
农、林、牧产品批发							
食品、饮料及烟草制品批发							
纺织、服装及家庭用品批发							
文化、体育用品及器材批发							
医药及医疗器材批发							
矿产品、建材及化工产品批发							
机械设备、五金产品及电子产品批发							
贸易经纪与代理							
其他批发业							

1-6 续表 5

超市

项目	连锁总店数(个)	门店数(个)		年末从业人员(人)		年末零售营业面积(平方米)	
	2012年	2012年	2011年	2012年	2011年	2012年	2011年
零售业		**15228**	**14368**	**429771**	**407531**	**16218115**	**14581715**
综合零售		15228	14368	429771	407531	16218115	14581715
食品、饮料及烟草制品专门零售							
纺织、服装及日用品专门零售							
文化、体育用品及器材专门零售							
医药及医疗器材专门零售							
汽车、摩托车、燃料及零配件专门零售							
家用电器及电子产品专门零售							
五金、家具及室内装饰材料专门零售							
货摊、无店铺及其他零售业							
加盟门店合计		**15788**	**15848**	**56759**	**63349**	**1494428**	**1884708**
批发业							
农、林、牧产品批发							
食品、饮料及烟草制品批发							
纺织、服装及家庭用品批发							
文化、体育用品及器材批发							
医药及医疗器材批发							
矿产品、建材及化工产品批发							
机械设备、五金产品及电子产品批发							
贸易经纪与代理							
其他批发业							
零售业		**15788**	**15848**	**56759**	**63349**	**1494428**	**1884708**
综合零售		15788	15848	56759	63349	1494428	1884708
食品、饮料及烟草制品专门零售							
纺织、服装及日用品专门零售							
文化、体育用品及器材专门零售							
医药及医疗器材专门零售							
汽车、摩托车、燃料及零配件专门零售							
家用电器及电子产品专门零售							
五金、家具及室内装饰材料专门零售							
货摊、无店铺及其他零售业							

1-6 续表 6

大型超市

项目	连锁总店数（个）	门店数（个）		年末从业人员（人）		年末零售营业面积（平方米）	
	2012年	2012年	2011年	2012年	2011年	2012年	2011年
总　计	**180**	**11947**	**11395**	**531595**	**509911**	**27448581**	**24500514**
批发业							
农、林、牧产品批发							
食品、饮料及烟草制品批发							
纺织、服装及家庭用品批发							
文化、体育用品及器材批发							
医药及医疗器材批发							
矿产品、建材及化工产品批发							
机械设备、五金产品及电子产品批发							
贸易经纪与代理							
其他批发业							
零售业	**180**	**11947**	**11395**	**531595**	**509911**	**27448581**	**24500514**
综合零售	180	11947	11395	531595	509911	27448581	24500514
食品、饮料及烟草制品专门零售							
纺织、服装及日用品专门零售							
文化、体育用品及器材专门零售							
医药及医疗器材专门零售							
汽车、摩托车、燃料及零配件专门零售							
家用电器及电子产品专门零售							
五金、家具及室内装饰材料专门零售							
货摊、无店铺及其他零售业							
直营门店合计		**5367**	**4960**	**447377**	**421154**	**24318206**	**21495109**
批发业							
农、林、牧产品批发							
食品、饮料及烟草制品批发							
纺织、服装及家庭用品批发							
文化、体育用品及器材批发							
医药及医疗器材批发							
矿产品、建材及化工产品批发							
机械设备、五金产品及电子产品批发							
贸易经纪与代理							
其他批发业							

1-6 续表 7

大型超市

项 目	连锁总店数(个)	门店数(个)		年末从业人员(人)		年末零售营业面积(平方米)	
	2012年	2012年	2011年	2012年	2011年	2012年	2011年
零售业		**5367**	**4960**	**447377**	**421154**	**24318206**	**21495109**
综合零售		5367	4960	447377	421154	24318206	21495109
食品、饮料及烟草制品专门零售							
纺织、服装及日用品专门零售							
文化、体育用品及器材专门零售							
医药及医疗器材专门零售							
汽车、摩托车、燃料及零配件专门零售							
家用电器及电子产品专门零售							
五金、家具及室内装饰材料专门零售							
货摊、无店铺及其他零售业							
加盟门店合计		**6580**	**6435**	**84218**	**88757**	**3130375**	**3005405**
批发业							
农、林、牧产品批发							
食品、饮料及烟草制品批发							
纺织、服装及家庭用品批发							
文化、体育用品及器材批发							
医药及医疗器材批发							
矿产品、建材及化工产品批发							
机械设备、五金产品及电子产品批发							
贸易经纪与代理							
其他批发业							
零售业		**6580**	**6435**	**84218**	**88757**	**3130375**	**3005405**
综合零售		6580	6435	84218	88757	3130375	3005405
食品、饮料及烟草制品专门零售							
纺织、服装及日用品专门零售							
文化、体育用品及器材专门零售							
医药及医疗器材专门零售							
汽车、摩托车、燃料及零配件专门零售							
家用电器及电子产品专门零售							
五金、家具及室内装饰材料专门零售							
货摊、无店铺及其他零售业							

1-6 续表 8

仓储会员店

项　　目	连锁总店数（个）	门店数（个）		年末从业人员（人）		年末零售营业面积（平方米）	
	2012年	2012年	2011年	2012年	2011年	2012年	2011年
总　计	**5**	**351**	**270**	**13981**	**12076**	**904401**	**837114**
批发业	**1**	**272**	**203**	**550**	**385**	**17680**	**9945**
农、林、牧产品批发							
食品、饮料及烟草制品批发	1	272	203	550	385	17680	9945
纺织、服装及家庭用品批发							
文化、体育用品及器材批发							
医药及医疗器材批发							
矿产品、建材及化工产品批发							
机械设备、五金产品及电子产品批发							
贸易经纪与代理							
其他批发业							
零售业	**4**	**79**	**67**	**13431**	**11691**	**886721**	**827169**
综合零售	4	79	67	13431	11691	886721	827169
食品、饮料及烟草制品专门零售							
纺织、服装及日用品专门零售							
文化、体育用品及器材专门零售							
医药及医疗器材专门零售							
汽车、摩托车、燃料及零配件专门零售							
家用电器及电子产品专门零售							
五金、家具及室内装饰材料专门零售							
货摊、无店铺及其他零售业							
直营门店合计		**79**	**69**	**13431**	**11728**	**886721**	**829249**
批发业			**2**		**37**		**2080**
农、林、牧产品批发							
食品、饮料及烟草制品批发			2		37		2080
纺织、服装及家庭用品批发							
文化、体育用品及器材批发							
医药及医疗器材批发							
矿产品、建材及化工产品批发							
机械设备、五金产品及电子产品批发							
贸易经纪与代理							
其他批发业							

1-6 续表 9

仓储会员店

项　目	连锁总店数(个)	门店数(个)		年末从业人员(人)		年末零售营业面积(平方米)	
	2012年	2012年	2011年	2012年	2011年	2012年	2011年
零售业		**79**	**67**	**13431**	**11691**	**886721**	**827169**
综合零售		79	67	13431	11691	886721	827169
食品、饮料及烟草制品专门零售							
纺织、服装及日用品专门零售							
文化、体育用品及器材专门零售							
医药及医疗器材专门零售							
汽车、摩托车、燃料及零配件专门零售							
家用电器及电子产品专门零售							
五金、家具及室内装饰材料专门零售							
货摊、无店铺及其他零售业							
加盟门店合计		**272**	**201**	**550**	**348**	**17680**	**7865**
批发业		**272**	**201**	**550**	**348**	**17680**	**7865**
农、林、牧产品批发							
食品、饮料及烟草制品批发		272	201	550	348	17680	7865
纺织、服装及家庭用品批发							
文化、体育用品及器材批发							
医药及医疗器材批发							
矿产品、建材及化工产品批发							
机械设备、五金产品及电子产品批发							
贸易经纪与代理							
其他批发业							
零售业							
综合零售							
食品、饮料及烟草制品专门零售							
纺织、服装及日用品专门零售							
文化、体育用品及器材专门零售							
医药及医疗器材专门零售							
汽车、摩托车、燃料及零配件专门零售							
家用电器及电子产品专门零售							
五金、家具及室内装饰材料专门零售							
货摊、无店铺及其他零售业							

1-6 续表 10

百货店

项目	连锁总店数（个）	门店数（个）		年末从业人员（人）		年末零售营业面积（平方米）	
	2012年	2012年	2011年	2012年	2011年	2012年	2011年
总　计	**101**	**4377**	**3972**	**255129**	**250204**	**16967286**	**17414663**
批发业							
农、林、牧产品批发							
食品、饮料及烟草制品批发							
纺织、服装及家庭用品批发							
文化、体育用品及器材批发							
医药及医疗器材批发							
矿产品、建材及化工产品批发							
机械设备、五金产品及电子产品批发							
贸易经纪与代理							
其他批发业							
零售业	**101**	**4377**	**3972**	**255129**	**250204**	**16967286**	**17414663**
综合零售	101	4377	3972	255129	250204	16967286	17414663
食品、饮料及烟草制品专门零售							
纺织、服装及日用品专门零售							
文化、体育用品及器材专门零售							
医药及医疗器材专门零售							
汽车、摩托车、燃料及零配件专门零售							
家用电器及电子产品专门零售							
五金、家具及室内装饰材料专门零售							
货摊、无店铺及其他零售业							
直营门店合计		**2565**	**2283**	**236049**	**232136**	**16293083**	**16729789**
批发业							
农、林、牧产品批发							
食品、饮料及烟草制品批发							
纺织、服装及家庭用品批发							
文化、体育用品及器材批发							
医药及医疗器材批发							
矿产品、建材及化工产品批发							
机械设备、五金产品及电子产品批发							
贸易经纪与代理							
其他批发业							

1-6 续表 11

百货店

项　目	连锁总店数（个）	门店数（个）		年末从业人员（人）		年末零售营业面积（平方米）	
	2012年	2012年	2011年	2012年	2011年	2012年	2011年
零售业		**2565**	**2283**	**236049**	**232136**	**16293083**	**16729789**
综合零售		2565	2283	236049	232136	16293083	16729789
食品、饮料及烟草制品专门零售							
纺织、服装及日用品专门零售							
文化、体育用品及器材专门零售							
医药及医疗器材专门零售							
汽车、摩托车、燃料及零配件专门零售							
家用电器及电子产品专门零售							
五金、家具及室内装饰材料专门零售							
货摊、无店铺及其他零售业							
加盟门店合计		**1812**	**1689**	**19080**	**18068**	**674203**	**684874**
批发业							
农、林、牧产品批发							
食品、饮料及烟草制品批发							
纺织、服装及家庭用品批发							
文化、体育用品及器材批发							
医药及医疗器材批发							
矿产品、建材及化工产品批发							
机械设备、五金产品及电子产品批发							
贸易经纪与代理							
其他批发业							
零售业		**1812**	**1689**	**19080**	**18068**	**674203**	**684874**
综合零售		1812	1689	19080	18068	674203	684874
食品、饮料及烟草制品专门零售							
纺织、服装及日用品专门零售							
文化、体育用品及器材专门零售							
医药及医疗器材专门零售							
汽车、摩托车、燃料及零配件专门零售							
家用电器及电子产品专门零售							
五金、家具及室内装饰材料专门零售							
货摊、无店铺及其他零售业							

1-6 续表 12

专业店(含加油站)

项 目	连锁总店数(个)	门店数(个)		年末从业人员(人)		年末零售营业面积(平方米)	
	2012年	2012年	2011年	2012年	2011年	2012年	2011年
总 计	**1383**	**89227**	**87984**	**937905**	**931911**	**64803842**	**64082794**
批发业	**225**	**29933**	**29738**	**229394**	**229726**	**26466236**	**25689481**
农、林、牧产品批发	3	2960	2876	8675	8339	10696	10696
食品、饮料及烟草制品批发	29	925	691	16127	14625	113896	107846
纺织、服装及家庭用品批发	2	109	118	313	355	10426	11226
文化、体育用品及器材批发	6	434	429	16004	13669	752140	741637
医药及医疗器材批发	26	2130	2142	7867	7414	193015	187355
矿产品、建材及化工产品批发	141	21819	21835	168576	172611	24242635	23518982
机械设备、五金产品及电子产品批发	11	426	530	4941	6093	85861	97776
贸易经纪与代理							
其他批发业	7	1130	1117	6891	6620	1057567	1013963
零售业	**1158**	**59294**	**58246**	**708511**	**702185**	**38337606**	**38393313**
综合零售	22	1190	1217	15348	16112	1334147	1238858
食品、饮料及烟草制品专门零售	64	3516	3360	17578	13897	221536	181024
纺织、服装及日用品专门零售	62	1133	1105	15622	15061	278372	259772
文化、体育用品及器材专门零售	69	1144	1171	21566	19556	775189	750329
医药及医疗器材专门零售	587	34347	33570	245146	193403	4118275	3874421
汽车、摩托车、燃料及零配件专门零售	160	11363	11304	128219	126905	17247949	17601592
家用电器及电子产品专门零售	190	6534	6451	264661	316880	14352995	14478847
五金、家具及室内装饰材料专门零售	1	10	9	38	47	3003	2530
货摊、无店铺及其他零售业	3	57	59	333	324	6140	5940
直营门店合计		**67450**	**66025**	**838883**	**872048**	**63325493**	**62554845**
批发业		**21488**	**21267**	**209739**	**209963**	**26032328**	**25229253**
农、林、牧产品批发		84	82	1258	1127	1020	1020
食品、饮料及烟草制品批发		577	526	15406	14211	101088	102126
纺织、服装及家庭用品批发		14	17	128	160	5406	5606
文化、体育用品及器材批发		432	429	15994	13669	751530	741637
医药及医疗器材批发		878	923	5894	5571	145143	140921
矿产品、建材及化工产品批发		18295	17992	160439	163873	23917917	23161698
机械设备、五金产品及电子产品批发		408	510	4441	5443	72631	82156
贸易经纪与代理							
其他批发业		800	788	6179	5909	1037593	994089

1-6 续表 13

专业店(含加油站)

项目	连锁总店数(个)	门店数(个)		年末从业人员(人)		年末零售营业面积(平方米)	
	2012年	2012年	2011年	2012年	2011年	2012年	2011年
零售业		**45962**	**44758**	**629144**	**662085**	**37293165**	**37325592**
综合零售		585	599	13846	14451	1267156	1174166
食品、饮料及烟草制品专门零售		2375	2330	15630	12568	183456	149730
纺织、服装及日用品专门零售		960	970	14567	14335	260526	245875
文化、体育用品及器材专门零售		977	999	21397	19366	751569	742947
医药及医疗器材专门零售		23338	22277	172897	159581	3432960	3141925
汽车、摩托车、燃料及零配件专门零售		11194	11126	126123	124904	17051296	17401039
家用电器及电子产品专门零售		6472	6390	264327	316511	14337559	14461740
五金、家具及室内装饰材料专门零售		10	9	38	47	3003	2530
货摊、无店铺及其他零售业		51	58	319	322	5640	5640
加盟门店合计		**21777**	**21959**	**99022**	**59863**	**1478349**	**1527949**
批发业		**8445**	**8471**	**19655**	**19763**	**433908**	**460228**
农、林、牧产品批发		2876	2794	7417	7212	9676	9676
食品、饮料及烟草制品批发		348	165	721	414	12808	5720
纺织、服装及家庭用品批发		95	101	185	195	5020	5620
文化、体育用品及器材批发		2		10		610	
医药及医疗器材批发		1252	1219	1973	1843	47872	46434
矿产品、建材及化工产品批发		3524	3843	8137	8738	324718	357284
机械设备、五金产品及电子产品批发		18	20	500	650	13230	15620
贸易经纪与代理							
其他批发业		330	329	712	711	19974	19874
零售业		**13332**	**13488**	**79367**	**40100**	**1044441**	**1067721**
综合零售		605	618	1502	1661	66991	64692
食品、饮料及烟草制品专门零售		1141	1030	1948	1329	38080	31294
纺织、服装及日用品专门零售		173	135	1055	726	17846	13897
文化、体育用品及器材专门零售		167	172	169	190	23620	7382
医药及医疗器材专门零售		11009	11293	72249	33822	685315	732496
汽车、摩托车、燃料及零配件专门零售		169	178	2096	2001	196653	200553
家用电器及电子产品专门零售		62	61	334	369	15436	17107
五金、家具及室内装饰材料专门零售							
货摊、无店铺及其他零售业		6	1	14	2	500	300

1-6 续表 14

加油站

项　目	连锁总店数(个)	门店数(个)		年末从业人员(人)		年末零售营业面积(平方米)	
	2012年	2012年	2011年	2012年	2011年	2012年	2011年
总　计	**230**	**25300**	**24885**	**259782**	**264566**	**36662551**	**36235594**
批发业	**108**	**15628**	**15230**	**154331**	**157595**	**22743376**	**21982228**
农、林、牧产品批发							
食品、饮料及烟草制品批发							
纺织、服装及家庭用品批发							
文化、体育用品及器材批发							
医药及医疗器材批发							
矿产品、建材及化工产品批发	108	15628	15230	154331	157595	22743376	21982228
机械设备、五金产品及电子产品批发							
贸易经纪与代理							
其他批发业							
零售业	**122**	**9672**	**9655**	**105451**	**106971**	**13919175**	**14253366**
综合零售							
食品、饮料及烟草制品专门零售							
纺织、服装及日用品专门零售							
文化、体育用品及器材专门零售							
医药及医疗器材专门零售							
汽车、摩托车、燃料及零配件专门零售	122	9672	9655	105451	106971	13919175	14253366
家用电器及电子产品专门零售							
五金、家具及室内装饰材料专门零售							
货摊、无店铺及其他零售业							
直营门店合计		**25197**	**24793**	**258564**	**263469**	**36620801**	**36197474**
批发业		**15536**	**15149**	**153243**	**156628**	**22712626**	**21955108**
农、林、牧产品批发							
食品、饮料及烟草制品批发							
纺织、服装及家庭用品批发							
文化、体育用品及器材批发							
医药及医疗器材批发							
矿产品、建材及化工产品批发		15536	15149	153243	156628	22712626	21955108
机械设备、五金产品及电子产品批发							
贸易经纪与代理							
其他批发业							

1-6 续表 15

加油站

项　目	连锁总店数(个)	门店数(个)		年末从业人员(人)		年末零售营业面积(平方米)	
	2012年	2012年	2011年	2012年	2011年	2012年	2011年
零售业		**9661**	**9644**	**105321**	**106841**	**13908175**	**14242366**
综合零售							
食品、饮料及烟草制品专门零售							
纺织、服装及日用品专门零售							
文化、体育用品及器材专门零售							
医药及医疗器材专门零售							
汽车、摩托车、燃料及零配件专门零售		9661	9644	105321	106841	13908175	14242366
家用电器及电子产品专门零售							
五金、家具及室内装饰材料专门零售							
货摊、无店铺及其他零售业							
加盟门店合计		**103**	**92**	**1218**	**1097**	**41750**	**38120**
批发业		**92**	**81**	**1088**	**967**	**30750**	**27120**
农、林、牧产品批发							
食品、饮料及烟草制品批发							
纺织、服装及家庭用品批发							
文化、体育用品及器材批发							
医药及医疗器材批发							
矿产品、建材及化工产品批发		92	81	1088	967	30750	27120
机械设备、五金产品及电子产品批发							
贸易经纪与代理							
其他批发业							
零售业		**11**	**11**	**130**	**130**	**11000**	**11000**
综合零售							
食品、饮料及烟草制品专门零售							
纺织、服装及日用品专门零售							
文化、体育用品及器材专门零售							
医药及医疗器材专门零售							
汽车、摩托车、燃料及零配件专门零售		11	11	130	130	11000	11000
家用电器及电子产品专门零售							
五金、家具及室内装饰材料专门零售							
货摊、无店铺及其他零售业							

1-6 续表 16

专卖店

项　目	连锁总店数(个)	门店数(个)		年末从业人员(人)		年末零售营业面积(平方米)	
	2012年	2012年	2011年	2012年	2011年	2012年	2011年
总　计	**305**	**28939**	**36603**	**174316**	**186046**	**4712117**	**4989077**
批发业	**35**	**10348**	**10177**	**45070**	**38868**	**720142**	**1108849**
农、林、牧产品批发	1	40	40	106	81	2860	2860
食品、饮料及烟草制品批发	15	224	224	4539	4836	39203	113677
纺织、服装及家庭用品批发	8	6694	6608	34505	28080	431119	358903
文化、体育用品及器材批发	1	206	180	185	170	10300	9000
医药及医疗器材批发	1	10	16	279	279	7079	7079
矿产品、建材及化工产品批发	4	3035	2987	4790	4755	215750	603000
机械设备、五金产品及电子产品批发	2	4	4	178	246	8500	8500
贸易经纪与代理							
其他批发业	3	135	118	488	421	5331	5830
零售业	**270**	**18591**	**26426**	**129246**	**147178**	**3991975**	**3880228**
综合零售	6	596	492	3133	2490	48173	35698
食品、饮料及烟草制品专门零售	73	5501	5010	30554	27244	354177	326940
纺织、服装及日用品专门零售	85	9367	17838	51145	72003	1149588	1315002
文化、体育用品及器材专门零售	14	588	588	14569	13630	266870	261347
医药及医疗器材专门零售	44	1392	1356	9835	9198	245067	171376
汽车、摩托车、燃料及零配件专门零售	18	630	634	8624	8473	1243157	1130175
家用电器及电子产品专门零售	24	352	359	8026	10091	566220	546623
五金、家具及室内装饰材料专门零售	3	90	78	2834	3597	104460	80382
货摊、无店铺及其他零售业	3	75	71	526	452	14263	12685
直营门店合计		**13255**	**12599**	**115947**	**114441**	**3890458**	**4057653**
批发业		**3861**	**3736**	**16514**	**14819**	**339196**	**783750**
农、林、牧产品批发							
食品、饮料及烟草制品批发		220	224	4522	4836	31203	113677
纺织、服装及家庭用品批发		685	508	6839	4794	69363	39764
文化、体育用品及器材批发		94	172	83	160	4700	8600
医药及医疗器材批发		10	16	279	279	7079	7079
矿产品、建材及化工产品批发		2754	2733	4307	4293	215020	602300
机械设备、五金产品及电子产品批发		3	3	66	96	6500	6500
贸易经纪与代理							
其他批发业		95	80	418	361	5331	5830

1-6 续表 17

专卖店

项　目	连锁总店数(个)	门店数(个)		年末从业人员(人)		年末零售营业面积(平方米)	
	2012年	2012年	2011年	2012年	2011年	2012年	2011年
零售业		**9394**	**8863**	**99433**	**99622**	**3551262**	**3273903**
综合零售		311	229	2118	1506	29585	19440
食品、饮料及烟草制品专门零售		3128	2919	23567	21191	244115	233238
纺织、服装及日用品专门零售		3210	3024	32131	34210	894460	871004
文化、体育用品及器材专门零售		559	562	13982	13073	266869	261346
医药及医疗器材专门零售		1180	1128	9223	8585	225161	156038
汽车、摩托车、燃料及零配件专门零售		630	634	8624	8473	1243157	1130175
家用电器及电子产品专门零售		211	218	6428	8535	529192	509595
五金、家具及室内装饰材料专门零售		90	78	2834	3597	104460	80382
货摊、无店铺及其他零售业		75	71	526	452	14263	12685
加盟门店合计		**15684**	**24004**	**58369**	**71605**	**821659**	**931424**
批发业		**6487**	**6441**	**28556**	**24049**	**380946**	**325099**
农、林、牧产品批发		40	40	106	81	2860	2860
食品、饮料及烟草制品批发		4		17		8000	
纺织、服装及家庭用品批发		6009	6100	27666	23286	361756	319139
文化、体育用品及器材批发		112	8	102	10	5600	400
医药及医疗器材批发							
矿产品、建材及化工产品批发		281	254	483	462	730	700
机械设备、五金产品及电子产品批发		1	1	112	150	2000	2000
贸易经纪与代理							
其他批发业		40	38	70	60		
零售业		**9197**	**17563**	**29813**	**47556**	**440713**	**606325**
综合零售		285	263	1015	984	18588	16258
食品、饮料及烟草制品专门零售		2373	2091	6987	6053	110062	93702
纺织、服装及日用品专门零售		6157	14814	19014	37793	255128	443998
文化、体育用品及器材专门零售		29	26	587	557	1	1
医药及医疗器材专门零售		212	228	612	613	19906	15338
汽车、摩托车、燃料及零配件专门零售							
家用电器及电子产品专门零售		141	141	1598	1556	37028	37028
五金、家具及室内装饰材料专门零售							
货摊、无店铺及其他零售业							

1-6 续表 18

家居建材商店

项　目	连锁总店数(个)	门店数(个)		年末从业人员(人)		年末零售营业面积(平方米)	
	2012年	2012年	2011年	2012年	2011年	2012年	2011年
总　计	**13**	**49**	**55**	**3853**	**4391**	**324119**	**354594**
批发业							
农、林、牧产品批发							
食品、饮料及烟草制品批发							
纺织、服装及家庭用品批发							
文化、体育用品及器材批发							
医药及医疗器材批发							
矿产品、建材及化工产品批发							
机械设备、五金产品及电子产品批发							
贸易经纪与代理							
其他批发业							
零售业	**13**	**49**	**55**	**3853**	**4391**	**324119**	**354594**
综合零售	1	2	2	210	216	76588	76588
食品、饮料及烟草制品专门零售							
纺织、服装及日用品专门零售							
文化、体育用品及器材专门零售							
医药及医疗器材专门零售							
汽车、摩托车、燃料及零配件专门零售							
家用电器及电子产品专门零售							
五金、家具及室内装饰材料专门零售	12	47	53	3643	4175	247531	278006
货摊、无店铺及其他零售业							
直营门店合计		**49**	**55**	**3853**	**4391**	**324119**	**354594**
批发业							
农、林、牧产品批发							
食品、饮料及烟草制品批发							
纺织、服装及家庭用品批发							
文化、体育用品及器材批发							
医药及医疗器材批发							
矿产品、建材及化工产品批发							
机械设备、五金产品及电子产品批发							
贸易经纪与代理							
其他批发业							

1-6 续表 19

家居建材商店

项目	连锁总店数(个)	门店数(个)		年末从业人员(人)		年末零售营业面积(平方米)	
	2012年	2012年	2011年	2012年	2011年	2012年	2011年
零售业	**49**	**55**	**3853**	**4391**	**324119**	**354594**	
综合零售	2	2	210	216	76588	76588	
食品、饮料及烟草制品专门零售							
纺织、服装及日用品专门零售							
文化、体育用品及器材专门零售							
医药及医疗器材专门零售							
汽车、摩托车、燃料及零配件专门零售							
家用电器及电子产品专门零售							
五金、家具及室内装饰材料专门零售	47	53	3643	4175	247531	278006	
货摊、无店铺及其他零售业							
加盟门店合计							
批发业							
农、林、牧产品批发							
食品、饮料及烟草制品批发							
纺织、服装及家庭用品批发							
文化、体育用品及器材批发							
医药及医疗器材批发							
矿产品、建材及化工产品批发							
机械设备、五金产品及电子产品批发							
贸易经纪与代理							
其他批发业							
零售业							
综合零售							
食品、饮料及烟草制品专门零售							
纺织、服装及日用品专门零售							
文化、体育用品及器材专门零售							
医药及医疗器材专门零售							
汽车、摩托车、燃料及零配件专门零售							
家用电器及电子产品专门零售							
五金、家具及室内装饰材料专门零售							
货摊、无店铺及其他零售业							

1-6 续表 20

厂家直销中心

项　目	连锁总店数（个）	门店数（个）		年末从业人员（人）		年末零售营业面积（平方米）	
	2012年	2012年	2011年	2012年	2011年	2012年	2011年
总　计	**3**	**14**	**14**	**349**	**344**	**5776**	**5776**
批发业	**2**	**8**	**8**	**321**	**316**	**5196**	**5196**
农、林、牧产品批发	1	4	4	250	250	5000	5000
食品、饮料及烟草制品批发	1	4	4	71	66	196	196
纺织、服装及家庭用品批发							
文化、体育用品及器材批发							
医药及医疗器材批发							
矿产品、建材及化工产品批发							
机械设备、五金产品及电子产品批发							
贸易经纪与代理							
其他批发业							
零售业	**1**	**6**	**6**	**28**	**28**	**580**	**580**
综合零售							
食品、饮料及烟草制品专门零售							
纺织、服装及日用品专门零售							
文化、体育用品及器材专门零售							
医药及医疗器材专门零售							
汽车、摩托车、燃料及零配件专门零售	1	6	6	28	28	580	580
家用电器及电子产品专门零售							
五金、家具及室内装饰材料专门零售							
货摊、无店铺及其他零售业							
直营门店合计		**14**	**8**	**349**	**316**	**5776**	**5196**
批发业		**8**	**8**	**321**	**316**	**5196**	**5196**
农、林、牧产品批发		4	4	250	250	5000	5000
食品、饮料及烟草制品批发		4	4	71	66	196	196
纺织、服装及家庭用品批发							
文化、体育用品及器材批发							
医药及医疗器材批发							
矿产品、建材及化工产品批发							
机械设备、五金产品及电子产品批发							
贸易经纪与代理							
其他批发业							

1-6 续表 21

厂家直销中心

项　　目	连锁总店数(个)	门店数(个)		年末从业人员(人)		年末零售营业面积(平方米)	
	2012年	2012年	2011年	2012年	2011年	2012年	2011年
零售业		**6**		**28**		**580**	
综合零售							
食品、饮料及烟草制品专门零售							
纺织、服装及日用品专门零售							
文化、体育用品及器材专门零售							
医药及医疗器材专门零售							
汽车、摩托车、燃料及零配件专门零售		6		28		580	
家用电器及电子产品专门零售							
五金、家具及室内装饰材料专门零售							
货摊、无店铺及其他零售业							
加盟门店合计			**6**		**28**		**580**
批发业							
农、林、牧产品批发							
食品、饮料及烟草制品批发							
纺织、服装及家庭用品批发							
文化、体育用品及器材批发							
医药及医疗器材批发							
矿产品、建材及化工产品批发							
机械设备、五金产品及电子产品批发							
贸易经纪与代理							
其他批发业							
零售业			**6**		**28**		**580**
综合零售							
食品、饮料及烟草制品专门零售							
纺织、服装及日用品专门零售							
文化、体育用品及器材专门零售							
医药及医疗器材专门零售							
汽车、摩托车、燃料及零配件专门零售			6		28		580
家用电器及电子产品专门零售							
五金、家具及室内装饰材料专门零售							
货摊、无店铺及其他零售业							

1-6 续表 22

其他

项目	连锁总店数(个)	门店数(个)		年末从业人员(人)		年末零售营业面积(平方米)	
	2012年	2012年	2011年	2012年	2011年	2012年	2011年
总　计	**59**	**13241**	**12945**	**85905**	**83543**	**13482807**	**12885943**
批发业	**54**	**13076**	**12789**	**80318**	**77876**	**13261218**	**12640247**
农、林、牧产品批发							
食品、饮料及烟草制品批发	14	3405	3064	9865	9090	261677	257317
纺织、服装及家庭用品批发	9	1138	1192	19785	17162	1484017	1096900
文化、体育用品及器材批发	2	6	6	419	419	620	620
医药及医疗器材批发	6	584	611	1209	1316	19208	19988
矿产品、建材及化工产品批发	14	7799	7778	47828	49167	11442846	11241759
机械设备、五金产品及电子产品批发	3	13	12	273	270	11371	11171
贸易经纪与代理							
其他批发业	6	131	126	939	452	41479	12492
零售业	**5**	**165**	**156**	**5587**	**5667**	**221589**	**245696**
综合零售	2	39	32	4286	4242	207807	229756
食品、饮料及烟草制品专门零售	2	30	28	1081	1165	10973	11563
纺织、服装及日用品专门零售							
文化、体育用品及器材专门零售							
医药及医疗器材专门零售	1	96	96	220	260	2809	4377
汽车、摩托车、燃料及零配件专门零售							
家用电器及电子产品专门零售							
五金、家具及室内装饰材料专门零售							
货摊、无店铺及其他零售业							
直营门店合计		**4542**	**4339**	**62172**	**59585**	**12396592**	**11792028**
批发业		**4472**	**4276**	**56787**	**54121**	**12177043**	**11548392**
农、林、牧产品批发							
食品、饮料及烟草制品批发		813	654	5278	4617	154441	157970
纺织、服装及家庭用品批发		211	182	14102	10775	1349186	944590
文化、体育用品及器材批发		6	6	419	419	620	620
医药及医疗器材批发		69	97	245	325	3457	5360
矿产品、建材及化工产品批发		3246	3214	35565	37293	10619246	10418759
机械设备、五金产品及电子产品批发		13	12	273	270	11371	11171
贸易经纪与代理							
其他批发业		114	111	905	422	38722	9922

1-6 续表 23

其他

项目	连锁总店数(个)	门店数(个)		年末从业人员(人)		年末零售营业面积(平方米)	
	2012年	2012年	2011年	2012年	2011年	2012年	2011年
零售业		**70**	**63**	**5385**	**5464**	**219549**	**243636**
综合零售		39	32	4286	4242	207807	229756
食品、饮料及烟草制品专门零售		30	28	1081	1165	10973	11563
纺织、服装及日用品专门零售							
文化、体育用品及器材专门零售							
医药及医疗器材专门零售		1	3	18	57	769	2317
汽车、摩托车、燃料及零配件专门零售							
家用电器及电子产品专门零售							
五金、家具及室内装饰材料专门零售							
货摊、无店铺及其他零售业							
加盟门店合计		**8699**	**8606**	**23733**	**23958**	**1086215**	**1093915**
批发业		**8604**	**8513**	**23531**	**23755**	**1084175**	**1091855**
农、林、牧产品批发							
食品、饮料及烟草制品批发		2592	2410	4587	4473	107236	99347
纺织、服装及家庭用品批发		927	1010	5683	6387	134831	152310
文化、体育用品及器材批发							
医药及医疗器材批发		515	514	964	991	15751	14628
矿产品、建材及化工产品批发		4553	4564	12263	11874	823600	823000
机械设备、五金产品及电子产品批发							
贸易经纪与代理							
其他批发业		17	15	34	30	2757	2570
零售业		**95**	**93**	**202**	**203**	**2040**	**2060**
综合零售							
食品、饮料及烟草制品专门零售							
纺织、服装及日用品专门零售							
文化、体育用品及器材专门零售							
医药及医疗器材专门零售		95	93	202	203	2040	2060
汽车、摩托车、燃料及零配件专门零售							
家用电器及电子产品专门零售							
五金、家具及室内装饰材料专门零售							
货摊、无店铺及其他零售业							

1-7 按行业与业态分连锁

便利店

项目	商品购进总额		统一配送商品购进额	
	2012年	2011年	2012年	2011年
总　计	**2158662**	**1990720**	**1458051**	**1297028**
批发业				
农、林、牧产品批发				
食品、饮料及烟草制品批发				
纺织、服装及家庭用品批发				
文化、体育用品及器材批发				
医药及医疗器材批发				
矿产品、建材及化工产品批发				
机械设备、五金产品及电子产品批发				
贸易经纪与代理				
其他批发业				
零售业	**2158662**	**1990720**	**1458051**	**1297028**
综合零售	2158662	1990720	1458051	1297028
食品、饮料及烟草制品专门零售				
纺织、服装及日用品专门零售				
文化、体育用品及器材专门零售				
医药及医疗器材专门零售				
汽车、摩托车、燃料及零配件专门零售				
家用电器及电子产品专门零售				
五金、家具及室内装饰材料专门零售				
货摊、无店铺及其他零售业				
直营门店合计	**1691703**	**1586461**	**1163780**	**1038660**
批发业				
农、林、牧产品批发				
食品、饮料及烟草制品批发				
纺织、服装及家庭用品批发				
文化、体育用品及器材批发				
医药及医疗器材批发				
矿产品、建材及化工产品批发				
机械设备、五金产品及电子产品批发				
贸易经纪与代理				
其他批发业				

零售企业经营情况

单位：万元

自有配送中心配送商品购进额		非自有配送中心配送商品购进额		商品销售总额		零售额	
2012年	2011年	2012年	2011年	2012年	2011年	2012年	2011年
511734	**445878**	**337729**	**296558**	**2639231**	**2377252**	**2418823**	**2208121**
511734	**445878**	**337729**	**296558**	**2639231**	**2377252**	**2418823**	**2208121**
511734	445878	337729	296558	2639231	2377252	2418823	2208121
412218	**351361**	**243160**	**208011**	**2126131**	**1916946**	**1912590**	**1754497**

1-7 续表 1

便利店

项　目	商品购进总额		统一配送商品购进额	
	2012年	2011年	2012年	2011年
零售业	**1691703**	**1586461**	**1163780**	**1038660**
综合零售	1691703	1586461	1163780	1038660
食品、饮料及烟草制品专门零售				
纺织、服装及日用品专门零售				
文化、体育用品及器材专门零售				
医药及医疗器材专门零售				
汽车、摩托车、燃料及零配件专门零售				
家用电器及电子产品专门零售				
五金、家具及室内装饰材料专门零售				
货摊、无店铺及其他零售业				
加盟门店合计	**466959**	**404259**	**294271**	**258369**
批发业				
农、林、牧产品批发				
食品、饮料及烟草制品批发				
纺织、服装及家庭用品批发				
文化、体育用品及器材批发				
医药及医疗器材批发				
矿产品、建材及化工产品批发				
机械设备、五金产品及电子产品批发				
贸易经纪与代理				
其他批发业				
零售业	**466959**	**404259**	**294271**	**258369**
综合零售	466959	404259	294271	258369
食品、饮料及烟草制品专门零售				
纺织、服装及日用品专门零售				
文化、体育用品及器材专门零售				
医药及医疗器材专门零售				
汽车、摩托车、燃料及零配件专门零售				
家用电器及电子产品专门零售				
五金、家具及室内装饰材料专门零售				
货摊、无店铺及其他零售业				

单位：万元

自有配送中心配送商品购进额		非自有配送中心配送商品购进额		商品销售总额		零售额	
2012年	2011年	2012年	2011年	2012年	2011年	2012年	2011年
412218	**351361**	**243160**	**208011**	**2126131**	**1916946**	**1912590**	**1754497**
412218	351361	243160	208011	2126131	1916946	1912590	1754497
99516	**94517**	**94569**	**88547**	**513100**	**460306**	**506233**	**453624**
99516	**94517**	**94569**	**88547**	**513100**	**460306**	**506233**	**453624**
99516	94517	94569	88547	513100	460306	506233	453624

1-7 续表 2

折扣店

项　目	商品购进总额		统一配送商品购进额	
	2012年	2011年	2012年	2011年
总　计	**312314**	**293384**	**183221**	**168682**
批发业				
农、林、牧产品批发				
食品、饮料及烟草制品批发				
纺织、服装及家庭用品批发				
文化、体育用品及器材批发				
医药及医疗器材批发				
矿产品、建材及化工产品批发				
机械设备、五金产品及电子产品批发				
贸易经纪与代理				
其他批发业				
零售业	**312314**	**293384**	**183221**	**168682**
综合零售	183221	168682	183221	168682
食品、饮料及烟草制品专门零售				
纺织、服装及日用品专门零售	129093	124702		
文化、体育用品及器材专门零售				
医药及医疗器材专门零售				
汽车、摩托车、燃料及零配件专门零售				
家用电器及电子产品专门零售				
五金、家具及室内装饰材料专门零售				
货摊、无店铺及其他零售业				
直营门店合计	**277634**	**265886**	**148542**	**141184**
批发业				
农、林、牧产品批发				
食品、饮料及烟草制品批发				
纺织、服装及家庭用品批发				
文化、体育用品及器材批发				
医药及医疗器材批发				
矿产品、建材及化工产品批发				
机械设备、五金产品及电子产品批发				
贸易经纪与代理				
其他批发业				

单位：万元

自有配送中心配送商品购进额		非自有配送中心配送商品购进额		商品销售总额		零售额	
2012年	2011年	2012年	2011年	2012年	2011年	2012年	2011年
183221	**168682**			**342574**	**325488**	**311299**	**296872**
183221	**168682**			**342574**	**325488**	**311299**	**296872**
183221	168682			183418	171061	159651	153529
				159155	154428	151649	143343
148542	**141184**			**311719**	**296449**	**280445**	**267832**

1-7 续表 3

折扣店

项　目	商品购进总额		统一配送商品购进额	
	2012年	2011年	2012年	2011年
零售业	**277634**	**265886**	**148542**	**141184**
综合零售	148542	141184	148542	141184
食品、饮料及烟草制品专门零售				
纺织、服装及日用品专门零售	129093	124702		
文化、体育用品及器材专门零售				
医药及医疗器材专门零售				
汽车、摩托车、燃料及零配件专门零售				
家用电器及电子产品专门零售				
五金、家具及室内装饰材料专门零售				
货摊、无店铺及其他零售业				
加盟门店合计	**34680**	**27499**	**34680**	**27499**
批发业				
农、林、牧产品批发				
食品、饮料及烟草制品批发				
纺织、服装及家庭用品批发				
文化、体育用品及器材批发				
医药及医疗器材批发				
矿产品、建材及化工产品批发				
机械设备、五金产品及电子产品批发				
贸易经纪与代理				
其他批发业				
零售业	**34680**	**27499**	**34680**	**27499**
综合零售	34680	27499	34680	27499
食品、饮料及烟草制品专门零售				
纺织、服装及日用品专门零售				
文化、体育用品及器材专门零售				
医药及医疗器材专门零售				
汽车、摩托车、燃料及零配件专门零售				
家用电器及电子产品专门零售				
五金、家具及室内装饰材料专门零售				
货摊、无店铺及其他零售业				

单位：万元

自有配送中心配送商品购进额		非自有配送中心配送商品购进额		商品销售总额		零售额	
2012年	2011年	2012年	2011年	2012年	2011年	2012年	2011年
148542	**141184**			**311719**	**296449**	**280445**	**267832**
148542	141184			152564	142021	128796	124489
				159155	154428	151649	143343
34680	**27499**			**30855**	**29039**	**30855**	**29039**
34680	**27499**			**30855**	**29039**	**30855**	**29039**
34680	27499			30855	29039	30855	29039

1-7 续表 4

超市

项 目	商品购进总额		统一配送商品购进额	
	2012年	2011年	2012年	2011年
总 计	**25777733**	**26279093**	**21824106**	**22801404**
批发业				
农、林、牧产品批发				
食品、饮料及烟草制品批发				
纺织、服装及家庭用品批发				
文化、体育用品及器材批发				
医药及医疗器材批发				
矿产品、建材及化工产品批发				
机械设备、五金产品及电子产品批发				
贸易经纪与代理				
其他批发业				
零售业	**25777733**	**26279093**	**21824106**	**22801404**
综合零售	25777733	26279093	21824106	22801404
食品、饮料及烟草制品专门零售				
纺织、服装及日用品专门零售				
文化、体育用品及器材专门零售				
医药及医疗器材专门零售				
汽车、摩托车、燃料及零配件专门零售				
家用电器及电子产品专门零售				
五金、家具及室内装饰材料专门零售				
货摊、无店铺及其他零售业				
直营门店合计	**23461122**	**24156408**	**19930225**	**21064666**
批发业				
农、林、牧产品批发				
食品、饮料及烟草制品批发				
纺织、服装及家庭用品批发				
文化、体育用品及器材批发				
医药及医疗器材批发				
矿产品、建材及化工产品批发				
机械设备、五金产品及电子产品批发				
贸易经纪与代理				
其他批发业				

单位：万元

自有配送中心配送商品购进额		非自有配送中心配送商品购进额		商品销售总额		零售额	
2012年	2011年	2012年	2011年	2012年	2011年	2012年	2011年
12667755	**10942743**	**3168699**	**3734543**	**29158859**	**27285370**	**24075422**	**22314686**
12667755	**10942743**	**3168699**	**3734543**	**29158859**	**27285370**	**24075422**	**22314686**
12667755	10942743	3168699	3734543	29158859	27285370	24075422	22314686
11480693	**9838430**	**2600139**	**3203686**	**27061546**	**25118445**	**22012195**	**20177692**

1-7 续表 5

超市

项　目	商品购进总额		统一配送商品购进额	
	2012年	2011年	2012年	2011年
零售业	**23461122**	**24156408**	**19930225**	**21064666**
综合零售	23461122	24156408	19930225	21064666
食品、饮料及烟草制品专门零售				
纺织、服装及日用品专门零售				
文化、体育用品及器材专门零售				
医药及医疗器材专门零售				
汽车、摩托车、燃料及零配件专门零售				
家用电器及电子产品专门零售				
五金、家具及室内装饰材料专门零售				
货摊、无店铺及其他零售业				
加盟门店合计	**2316611**	**2122685**	**1893881**	**1736739**
批发业				
农、林、牧产品批发				
食品、饮料及烟草制品批发				
纺织、服装及家庭用品批发				
文化、体育用品及器材批发				
医药及医疗器材批发				
矿产品、建材及化工产品批发				
机械设备、五金产品及电子产品批发				
贸易经纪与代理				
其他批发业				
零售业	**2316611**	**2122685**	**1893881**	**1736739**
综合零售	2316611	2122685	1893881	1736739
食品、饮料及烟草制品专门零售				
纺织、服装及日用品专门零售				
文化、体育用品及器材专门零售				
医药及医疗器材专门零售				
汽车、摩托车、燃料及零配件专门零售				
家用电器及电子产品专门零售				
五金、家具及室内装饰材料专门零售				
货摊、无店铺及其他零售业				

单位：万元

自有配送中心配送商品购进额		非自有配送中心配送商品购进额		商品销售总额		零售额	
2012年	2011年	2012年	2011年	2012年	2011年	2012年	2011年
11480693	**9838430**	**2600139**	**3203686**	**27061546**	**25118445**	**22012195**	**20177692**
11480693	9838430	2600139	3203686	27061546	25118445	22012195	20177692
1187062	**1104313**	**568561**	**530858**	**2097313**	**2166925**	**2063227**	**2136994**
1187062	**1104313**	**568561**	**530858**	**2097313**	**2166925**	**2063227**	**2136994**
1187062	1104313	568561	530858	2097313	2166925	2063227	2136994

1-7 续表 6

大型超市

项 目	商品购进总额		统一配送商品购进额	
	2012年	2011年	2012年	2011年
总 计	**38299196**	**35204496**	**29789471**	**26942895**
批发业				
农、林、牧产品批发				
食品、饮料及烟草制品批发				
纺织、服装及家庭用品批发				
文化、体育用品及器材批发				
医药及医疗器材批发				
矿产品、建材及化工产品批发				
机械设备、五金产品及电子产品批发				
贸易经纪与代理				
其他批发业				
零售业	**38299196**	**35204496**	**29789471**	**26942895**
综合零售	38299196	35204496	29789471	26942895
食品、饮料及烟草制品专门零售				
纺织、服装及日用品专门零售				
文化、体育用品及器材专门零售				
医药及医疗器材专门零售				
汽车、摩托车、燃料及零配件专门零售				
家用电器及电子产品专门零售				
五金、家具及室内装饰材料专门零售				
货摊、无店铺及其他零售业				
直营门店合计	**33356290**	**30771703**	**24881635**	**22547827**
批发业				
农、林、牧产品批发				
食品、饮料及烟草制品批发				
纺织、服装及家庭用品批发				
文化、体育用品及器材批发				
医药及医疗器材批发				
矿产品、建材及化工产品批发				
机械设备、五金产品及电子产品批发				
贸易经纪与代理				
其他批发业				

单位：万元

自有配送中心配送商品购进额		非自有配送中心配送商品购进额		商品销售总额		零售额	
2012年	2011年	2012年	2011年	2012年	2011年	2012年	2011年
14945715	**14415858**	**3103130**	**2999623**	**42219469**	**38425232**	**34386128**	**31886543**
14945715	**14415858**	**3103130**	**2999623**	**42219469**	**38425232**	**34386128**	**31886543**
14945715	14415858	3103130	2999623	42219469	38425232	34386128	31886543
13726258	**13028761**	**3013336**	**2916062**	**37556667**	**33782385**	**29726470**	**27245644**

1-7 续表 7

大型超市

项　目	商品购进总额		统一配送商品购进额	
	2012年	2011年	2012年	2011年
零售业	**33356290**	**30771703**	**24881635**	**22547827**
综合零售	33356290	30771703	24881635	22547827
食品、饮料及烟草制品专门零售				
纺织、服装及日用品专门零售				
文化、体育用品及器材专门零售				
医药及医疗器材专门零售				
汽车、摩托车、燃料及零配件专门零售				
家用电器及电子产品专门零售				
五金、家具及室内装饰材料专门零售				
货摊、无店铺及其他零售业				
加盟门店合计	**4942906**	**4432793**	**4907837**	**4395069**
批发业				
农、林、牧产品批发				
食品、饮料及烟草制品批发				
纺织、服装及家庭用品批发				
文化、体育用品及器材批发				
医药及医疗器材批发				
矿产品、建材及化工产品批发				
机械设备、五金产品及电子产品批发				
贸易经纪与代理				
其他批发业				
零售业	**4942906**	**4432793**	**4907837**	**4395069**
综合零售	4942906	4432793	4907837	4395069
食品、饮料及烟草制品专门零售				
纺织、服装及日用品专门零售				
文化、体育用品及器材专门零售				
医药及医疗器材专门零售				
汽车、摩托车、燃料及零配件专门零售				
家用电器及电子产品专门零售				
五金、家具及室内装饰材料专门零售				
货摊、无店铺及其他零售业				

单位：万元

自有配送中心配送商品购进额		非自有配送中心配送商品购进额		商品销售总额		零售额	
2012年	2011年	2012年	2011年	2012年	2011年	2012年	2011年
13726258	**13028761**	**3013336**	**2916062**	**37556667**	**33782385**	**29726470**	**27245644**
13726258	13028761	3013336	2916062	37556667	33782385	29726470	27245644
1219457	**1387098**	**89795**	**83561**	**4662803**	**4642848**	**4659659**	**4640900**
1219457	**1387098**	**89795**	**83561**	**4662803**	**4642848**	**4659659**	**4640900**
1219457	1387098	89795	83561	4662803	4642848	4659659	4640900

1-7 续表 8

仓储会员店

项　目	商品购进总额		统一配送商品购进额	
	2012年	2011年	2012年	2011年
总　计	**2105119**	**2114754**	**335983**	**394072**
批发业	**6326**	**4902**	**6259**	**4608**
农、林、牧产品批发				
食品、饮料及烟草制品批发	6326	4902	6259	4608
纺织、服装及家庭用品批发				
文化、体育用品及器材批发				
医药及医疗器材批发				
矿产品、建材及化工产品批发				
机械设备、五金产品及电子产品批发				
贸易经纪与代理				
其他批发业				
零售业	**2098793**	**2109853**	**329725**	**389464**
综合零售	2098793	2109853	329725	389464
食品、饮料及烟草制品专门零售				
纺织、服装及日用品专门零售				
文化、体育用品及器材专门零售				
医药及医疗器材专门零售				
汽车、摩托车、燃料及零配件专门零售				
家用电器及电子产品专门零售				
五金、家具及室内装饰材料专门零售				
货摊、无店铺及其他零售业				
直营门店合计	**2098793**	**2110996**	**329725**	**390519**
批发业		**1144**		**1055**
农、林、牧产品批发				
食品、饮料及烟草制品批发		1144		1055
纺织、服装及家庭用品批发				
文化、体育用品及器材批发				
医药及医疗器材批发				
矿产品、建材及化工产品批发				
机械设备、五金产品及电子产品批发				
贸易经纪与代理				
其他批发业				

单位：万元

自有配送中心配送商品购进额		非自有配送中心配送商品购进额		商品销售总额		零售额	
2012年	2011年	2012年	2011年	2012年	2011年	2012年	2011年
7901	**6291**	**317070**	**375183**	**2162979**	**1994306**	**2162979**	**1994306**
6259	**4608**			**11595**	**8673**	**11595**	**8673**
6259	4608			11595	8673	11595	8673
1642	**1684**	**317070**	**375183**	**2151384**	**1985633**	**2151384**	**1985633**
1642	1684	317070	375183	2151384	1985633	2151384	1985633
1642	**2738**	**317070**	**375183**	**2151384**	**1987263**	**2151384**	**1987263**
	1055				**1630**		**1630**
	1055				1630		1630

1-7 续表 9

仓储会员店

项目	商品购进总额		统一配送商品购进额	
	2012年	2011年	2012年	2011年
零售业	**2098793**	**2109853**	**329725**	**389464**
综合零售	2098793	2109853	329725	389464
食品、饮料及烟草制品专门零售				
纺织、服装及日用品专门零售				
文化、体育用品及器材专门零售				
医药及医疗器材专门零售				
汽车、摩托车、燃料及零配件专门零售				
家用电器及电子产品专门零售				
五金、家具及室内装饰材料专门零售				
货摊、无店铺及其他零售业				
加盟门店合计	**6326**	**3758**	**6259**	**3553**
批发业	**6326**	**3758**	**6259**	**3553**
农、林、牧产品批发				
食品、饮料及烟草制品批发	6326	3758	6259	3553
纺织、服装及家庭用品批发				
文化、体育用品及器材批发				
医药及医疗器材批发				
矿产品、建材及化工产品批发				
机械设备、五金产品及电子产品批发				
贸易经纪与代理				
其他批发业				
零售业				
综合零售				
食品、饮料及烟草制品专门零售				
纺织、服装及日用品专门零售				
文化、体育用品及器材专门零售				
医药及医疗器材专门零售				
汽车、摩托车、燃料及零配件专门零售				
家用电器及电子产品专门零售				
五金、家具及室内装饰材料专门零售				
货摊、无店铺及其他零售业				

单位：万元

自有配送中心配送商品购进额		非自有配送中心配送商品购进额		商品销售总额		零售额	
2012年	2011年	2012年	2011年	2012年	2011年	2012年	2011年
1642	**1684**	**317070**	**375183**	**2151384**	**1985633**	**2151384**	**1985633**
1642	1684	317070	375183	2151384	1985633	2151384	1985633
6259	**3553**			**11595**	**7043**	**11595**	**7043**
6259	**3553**			**11595**	**7043**	**11595**	**7043**
6259	3553			11595	7043	11595	7043

1-7 续表 10

百货店

项 目	商品购进总额		统一配送商品购进额	
	2012年	2011年	2012年	2011年
总 计	**27533025**	**24910102**	**12397186**	**11203014**
批发业				
农、林、牧产品批发				
食品、饮料及烟草制品批发				
纺织、服装及家庭用品批发				
文化、体育用品及器材批发				
医药及医疗器材批发				
矿产品、建材及化工产品批发				
机械设备、五金产品及电子产品批发				
贸易经纪与代理				
其他批发业				
零售业	**27533025**	**24910102**	**12397186**	**11203014**
综合零售	27533025	24910102	12397186	11203014
食品、饮料及烟草制品专门零售				
纺织、服装及日用品专门零售				
文化、体育用品及器材专门零售				
医药及医疗器材专门零售				
汽车、摩托车、燃料及零配件专门零售				
家用电器及电子产品专门零售				
五金、家具及室内装饰材料专门零售				
货摊、无店铺及其他零售业				
直营门店合计	**26629160**	**24117188**	**11885134**	**10695352**
批发业				
农、林、牧产品批发				
食品、饮料及烟草制品批发				
纺织、服装及家庭用品批发				
文化、体育用品及器材批发				
医药及医疗器材批发				
矿产品、建材及化工产品批发				
机械设备、五金产品及电子产品批发				
贸易经纪与代理				
其他批发业				

单位：万元

自有配送中心配送商品购进额		非自有配送中心配送商品购进额		商品销售总额		零售额	
2012年	2011年	2012年	2011年	2012年	2011年	2012年	2011年
9647134	**8531908**	**1329939**	**1202508**	**32517782**	**29933942**	**28494986**	**26314268**
9647134	**8531908**	**1329939**	**1202508**	**32517782**	**29933942**	**28494986**	**26314268**
9647134	8531908	1329939	1202508	32517782	29933942	28494986	26314268
9239161	**8129973**	**1303846**	**1176240**	**31467728**	**28981645**	**27476630**	**25382931**

1-7 续表 11

百货店

项 目	商品购进总额		统一配送商品购进额	
	2012年	2011年	2012年	2011年
零售业	**26629160**	**24117188**	**11885134**	**10695352**
综合零售	26629160	24117188	11885134	10695352
食品、饮料及烟草制品专门零售				
纺织、服装及日用品专门零售				
文化、体育用品及器材专门零售				
医药及医疗器材专门零售				
汽车、摩托车、燃料及零配件专门零售				
家用电器及电子产品专门零售				
五金、家具及室内装饰材料专门零售				
货摊、无店铺及其他零售业				
加盟门店合计	**903866**	**792914**	**512052**	**507662**
批发业				
农、林、牧产品批发				
食品、饮料及烟草制品批发				
纺织、服装及家庭用品批发				
文化、体育用品及器材批发				
医药及医疗器材批发				
矿产品、建材及化工产品批发				
机械设备、五金产品及电子产品批发				
贸易经纪与代理				
其他批发业				
零售业	**903866**	**792914**	**512052**	**507662**
综合零售	903866	792914	512052	507662
食品、饮料及烟草制品专门零售				
纺织、服装及日用品专门零售				
文化、体育用品及器材专门零售				
医药及医疗器材专门零售				
汽车、摩托车、燃料及零配件专门零售				
家用电器及电子产品专门零售				
五金、家具及室内装饰材料专门零售				
货摊、无店铺及其他零售业				

单位：万元

自有配送中心配送商品购进额		非自有配送中心配送商品购进额		商品销售总额		零售额	
2012年	2011年	2012年	2011年	2012年	2011年	2012年	2011年
9239161	**8129973**	**1303846**	**1176240**	**31467728**	**28981645**	**27476630**	**25382931**
9239161	8129973	1303846	1176240	31467728	28981645	27476630	25382931
407973	**401936**	**26093**	**26268**	**1050054**	**952297**	**1018357**	**931337**
407973	**401936**	**26093**	**26268**	**1050054**	**952297**	**1018357**	**931337**
407973	401936	26093	26268	1050054	952297	1018357	931337

1-7 续表 12

专业店(含加油站)

项 目	商品购进总额		统一配送商品购进额	
	2012年	2011年	2012年	2011年
总　计	**166992953**	**158466464**	**133996991**	**124044134**
批发业	**77008111**	**69778391**	**68652688**	**61072830**
农、林、牧产品批发	1526459	1612900	1518497	1604938
食品、饮料及烟草制品批发	4013184	3383687	3704822	3115627
纺织、服装及家庭用品批发	48378	45308	47563	44648
文化、体育用品及器材批发	2696366	2286521	2688985	2279337
医药及医疗器材批发	546278	444092	394541	316146
矿产品、建材及化工产品批发	65060893	59248678	57262784	51046593
机械设备、五金产品及电子产品批发	610492	474723	575956	418576
贸易经纪与代理				
其他批发业	2506061	2282483	2459540	2246966
零售业	**89984843**	**88688073**	**65344303**	**62971303**
综合零售	4137711	4220584	2840555	2759433
食品、饮料及烟草制品专门零售	706787	572280	627093	494912
纺织、服装及日用品专门零售	537493	524551	438634	419505
文化、体育用品及器材专门零售	1652214	1648540	1632404	1633812
医药及医疗器材专门零售	5309692	4415305	4793784	4000878
汽车、摩托车、燃料及零配件专门零售	47537082	43345010	33356861	30276015
家用电器及电子产品专门零售	30091331	33950797	21643241	23376491
五金、家具及室内装饰材料专门零售	801	749		
货摊、无店铺及其他零售业	11732	10258	11732	10258
直营门店合计	**164524020**	**156090398**	**131675247**	**121833127**
批发业	**75809745**	**68450473**	**67530793**	**59856100**
农、林、牧产品批发	1297030	1370514	1289068	1362552
食品、饮料及烟草制品批发	4008420	3380547	3700058	3112487
纺织、服装及家庭用品批发	45121	42005	45121	42005
文化、体育用品及器材批发	2695247	2286521	2687867	2279337
医药及医疗器材批发	535285	432171	385069	305200
矿产品、建材及化工产品批发	64135530	58200469	56391577	50092735
机械设备、五金产品及电子产品批发	607245	471145	572709	414998
贸易经纪与代理				
其他批发业	2485866	2267101	2459324	2246786

单位：万元

自有配送中心配送商品购进额		非自有配送中心配送商品购进额		商品销售总额		零售额	
2012年	2011年	2012年	2011年	2012年	2011年	2012年	2011年
83254336	**78492842**	**15335162**	**13879861**	**196289641**	**187837280**	**123240095**	**114939129**
50309726	**45646154**	**2924130**	**2278460**	**91160936**	**82525914**	**43849207**	**37922656**
1518497	1556854		48084	1632280	1532524	221	248
2118987	1819145	35682	40577	5303356	4603412	122312	110388
47563	44648			49373	48225	5981	7312
2688985	2279337			2631130	2105341	1064062	940822
354600	293521	8284	7192	601421	472109	262051	242931
41049061	37415578	2693766	2032644	77754570	70904617	40152512	34439702
264941	172134	182595	146093	631816	451129	204273	180758
2267092	2064937	3804	3871	2556990	2408558	2037796	2000495
32944610	**32846688**	**12411031**	**11601400**	**105128705**	**105311366**	**79390888**	**77016473**
1358026	1384128	6001	6903	5199598	5029046	2633349	2826663
306122	255035	224980	76091	829811	689045	729335	616576
170361	131991	8547	33575	763290	721435	505044	452079
1096709	1180545	102916	96532	1775469	1749366	1319928	1270390
2959722	2480270	657145	501219	6043016	5051054	5778147	4816552
12535364	11490663	9586844	8571600	57690209	53768225	41996608	37754317
14512073	15920205	1819100	2309075	32812172	38287592	26413893	29264293
				1276	1216	1276	1216
6234	3851	5498	6406	13866	14387	13309	14387
81720323	**77005609**	**14977209**	**13557737**	**193696546**	**185239158**	**121371417**	**113337843**
49240665	**44486197**	**2887393**	**2236347**	**90054008**	**81141172**	**43373064**	**37414423**
1289068	1321681		40871	1518342	1317381	221	248
2114224	1816005	35682	40577	5293841	4598131	112798	105108
45121	42005			45496	44339	2104	3426
2687867	2279337			2630014	2105341	1062945	940822
348345	286985	8284	7192	587441	459212	255151	236328
40227255	36506691	2657028	1997743	76816502	69777778	39701592	33950663
261694	168556	182595	146093	628001	447704	200458	177333
2267092	2064937	3804	3871	2534374	2391286	2037796	2000495

1-7 续表 13

专业店(含加油站)

项　目	商品购进总额		统一配送商品购进额	
	2012年	2011年	2012年	2011年
零售业	**88714276**	**87639926**	**64144454**	**61977027**
综合零售	4084324	4171851	2787559	2711188
食品、饮料及烟草制品专门零售	681790	549227	604488	474371
纺织、服装及日用品专门零售	505305	504833	420820	403646
文化、体育用品及器材专门零售	1651372	1618091	1631562	1603363
医药及医疗器材专门零售	4907109	4078436	4444761	3709266
汽车、摩托车、燃料及零配件专门零售	46831902	42804874	32651681	29735880
家用电器及电子产品专门零售	30040893	33901676	21592803	23329123
五金、家具及室内装饰材料专门零售	801	749		
货摊、无店铺及其他零售业	10781	10190	10781	10190
加盟门店合计	**2468933**	**2376066**	**2321745**	**2211007**
批发业	**1198366**	**1327918**	**1121895**	**1216731**
农、林、牧产品批发	229429	242386	229429	242386
食品、饮料及烟草制品批发	4763	3140	4763	3140
纺织、服装及家庭用品批发	3257	3303	2443	2643
文化、体育用品及器材批发	1119		1119	
医药及医疗器材批发	10993	11921	9472	10946
矿产品、建材及化工产品批发	925363	1048208	871207	953858
机械设备、五金产品及电子产品批发	3247	3578	3247	3578
贸易经纪与代理				
其他批发业	20195	15382	216	180
零售业	**1270567**	**1048148**	**1199850**	**994276**
综合零售	53387	48733	52997	48244
食品、饮料及烟草制品专门零售	24997	23053	22605	20541
纺织、服装及日用品专门零售	32188	19719	17814	15859
文化、体育用品及器材专门零售	842	30449	842	30449
医药及医疗器材专门零售	402584	336870	349023	291612
汽车、摩托车、燃料及零配件专门零售	705180	540136	705180	540136
家用电器及电子产品专门零售	50437	49121	50437	47368
五金、家具及室内装饰材料专门零售				
货摊、无店铺及其他零售业	951	67	951	67

单位：万元

自有配送中心配送商品购进额		非自有配送中心配送商品购进额		商品销售总额		零售额	
2012年	2011年	2012年	2011年	2012年	2011年	2012年	2011年
32479659	**32519412**	**12089816**	**11321390**	**103642538**	**104097986**	**77998354**	**75923420**
1307054	1338103	3976	4684	5131957	4964163	2571524	2761781
284967	234494	224003	76091	800731	662059	702782	590744
156552	119688	5850	31215	714383	687889	456137	431067
1096403	1150842	102380	95786	1775073	1719653	1319532	1246013
2818102	2356771	542594	422004	5483444	4656349	5229367	4432666
12345619	11436786	9387298	8376129	56968725	53177813	41349622	37253370
14464797	15878945	1819100	2309075	32753983	38214523	26355704	29192244
				1276	1216	1276	1216
6166	3784	4615	6406	12967	14319	12410	14319
1534013	**1487233**	**357953**	**322124**	**2593095**	**2598122**	**1868677**	**1601286**
1069062	**1159957**	**36738**	**42114**	**1106927**	**1384742**	**476143**	**508233**
229429	235173		7213	113938	215143		
4763	3140			9515	5281	9515	5281
2443	2643			3877	3886	3877	3886
1119				1117		1117	
6255	6536			13981	12897	6900	6603
821806	908887	36738	34901	938068	1126839	450919	489039
3247	3578			3816	3425	3816	3425
				22616	17272		
464951	**327276**	**321215**	**280010**	**1486167**	**1213379**	**1392534**	**1093053**
50972	46026	2025	2219	67642	64883	61825	64883
21155	20541	977		29080	26986	26553	25832
13808	12302	2696	2360	48907	33545	48907	21012
306	29704	536	745	395	29712	395	24377
141621	123500	114551	79215	559572	394705	548780	383886
189745	53877	199546	195471	721484	590411	646986	500947
47276	41260			58189	73069	58189	72049
68	67	883		899	67	899	67

1-7 续表 14

加油站

项　　目	商品购进总额		统一配送商品购进额	
	2012年	2011年	2012年	2011年
总　计	**101975910**	**91492508**	**82425373**	**73482410**
批发业	**62166844**	**56333380**	**54795124**	**48565631**
农、林、牧产品批发				
食品、饮料及烟草制品批发				
纺织、服装及家庭用品批发				
文化、体育用品及器材批发				
医药及医疗器材批发				
矿产品、建材及化工产品批发	62166844	56333380	54795124	48565631
机械设备、五金产品及电子产品批发				
贸易经纪与代理				
其他批发业				
零售业	**39809066**	**35159128**	**27630249**	**24916779**
综合零售				
食品、饮料及烟草制品专门零售				
纺织、服装及日用品专门零售				
文化、体育用品及器材专门零售				
医药及医疗器材专门零售				
汽车、摩托车、燃料及零配件专门零售	39809066	35159128	27630249	24916779
家用电器及电子产品专门零售				
五金、家具及室内装饰材料专门零售				
货摊、无店铺及其他零售业				
直营门店合计	**101184834**	**90743695**	**81634297**	**72733597**
批发业	**61565169**	**55637967**	**54193449**	**47870218**
农、林、牧产品批发				
食品、饮料及烟草制品批发				
纺织、服装及家庭用品批发				
文化、体育用品及器材批发				
医药及医疗器材批发				
矿产品、建材及化工产品批发	61565169	55637967	54193449	47870218
机械设备、五金产品及电子产品批发				
贸易经纪与代理				
其他批发业				

单位：万元

自有配送中心配送商品购进额		非自有配送中心配送商品购进额		商品销售总额		零售额	
2012年	2011年	2012年	2011年	2012年	2011年	2012年	2011年
48956264	**44270539**	**10329269**	**8914045**	**124135533**	**113725544**	**75421680**	**65844575**
39231523	**35591470**	**2642210**	**1982099**	**74752956**	**68152252**	**39045144**	**33530326**
39231523	35591470	2642210	1982099	74752956	68152252	39045144	33530326
9724741	**8679069**	**7687060**	**6931946**	**49382577**	**45573292**	**36376535**	**32314249**
9724741	8679069	7687060	6931946	49382577	45573292	36376535	32314249
48165189	**43521726**	**10329269**	**8914045**	**123384649**	**112983597**	**74969341**	**65447939**
38629847	**34896057**	**2642210**	**1982099**	**74151281**	**67456839**	**38742015**	**33180225**
38629847	34896057	2642210	1982099	74151281	67456839	38742015	33180225

1-7 续表 15

加油站

项　目	商品购进总额		统一配送商品购进额	
	2012年	2011年	2012年	2011年
零售业	**39619666**	**35105728**	**27440849**	**24863379**
综合零售				
食品、饮料及烟草制品专门零售				
纺织、服装及日用品专门零售				
文化、体育用品及器材专门零售				
医药及医疗器材专门零售				
汽车、摩托车、燃料及零配件专门零售	39619666	35105728	27440849	24863379
家用电器及电子产品专门零售				
五金、家具及室内装饰材料专门零售				
货摊、无店铺及其他零售业				
加盟门店合计	**791075**	**748813**	**791075**	**748813**
批发业	**601675**	**695413**	**601675**	**695413**
农、林、牧产品批发				
食品、饮料及烟草制品批发				
纺织、服装及家庭用品批发				
文化、体育用品及器材批发				
医药及医疗器材批发				
矿产品、建材及化工产品批发	601675	695413	601675	695413
机械设备、五金产品及电子产品批发				
贸易经纪与代理				
其他批发业				
零售业	**189400**	**53400**	**189400**	**53400**
综合零售				
食品、饮料及烟草制品专门零售				
纺织、服装及日用品专门零售				
文化、体育用品及器材专门零售				
医药及医疗器材专门零售				
汽车、摩托车、燃料及零配件专门零售	189400	53400	189400	53400
家用电器及电子产品专门零售				
五金、家具及室内装饰材料专门零售				
货摊、无店铺及其他零售业				

单位：万元

自有配送中心配送商品购进额		非自有配送中心配送商品购进额		商品销售总额		零售额	
2012年	2011年	2012年	2011年	2012年	2011年	2012年	2011年
9535341	**8625669**	**7687060**	**6931946**	**49233368**	**45526758**	**36227326**	**32267715**
9535341	8625669	7687060	6931946	49233368	45526758	36227326	32267715
791075	**748813**			**750885**	**741947**	**452339**	**396635**
601675	**695413**			**601675**	**695413**	**303129**	**350101**
601675	695413			601675	695413	303129	350101
189400	**53400**			**149210**	**46534**	**149210**	**46534**
189400	53400			149210	46534	149210	46534

1-7 续表 16

专卖店

项　目	商品购进总额		统一配送商品购进额	
	2012年	2011年	2012年	2011年
总　计	**20551220**	**20523968**	**18798865**	**18652677**
批发业	**9873553**	**9974928**	**9475793**	**9615039**
农、林、牧产品批发	3054	4065	3054	4065
食品、饮料及烟草制品批发	1123163	983311	740827	636388
纺织、服装及家庭用品批发	638133	606590	624420	596790
文化、体育用品及器材批发	1710	3166		
医药及医疗器材批发	708	9640	708	9640
矿产品、建材及化工产品批发	7887735	8157613	7887735	8157613
机械设备、五金产品及电子产品批发	132690	131757	132690	131757
贸易经纪与代理				
其他批发业	86360	78786	86360	78786
零售业	**10677667**	**10549040**	**9323071**	**9037637**
综合零售	135144	102795	113285	102795
食品、饮料及烟草制品专门零售	1432752	1165188	1357011	1067138
纺织、服装及日用品专门零售	2365354	2365078	1614596	1538688
文化、体育用品及器材专门零售	772376	950734	770443	948526
医药及医疗器材专门零售	285279	220953	215405	171733
汽车、摩托车、燃料及零配件专门零售	4252919	4348738	3957560	3947119
家用电器及电子产品专门零售	1259904	1239244	1120832	1105329
五金、家具及室内装饰材料专门零售	61058	71552	61058	71552
货摊、无店铺及其他零售业	112883	84757	112883	84757
直营门店合计	**18991924**	**18920358**	**17251086**	**17059219**
批发业	**9076989**	**9091880**	**8679983**	**8733523**
农、林、牧产品批发				
食品、饮料及烟草制品批发	1122950	983311	740614	636388
纺织、服装及家庭用品批发	221058	190084	207345	180284
文化、体育用品及器材批发	956	1634		
医药及医疗器材批发	708	9640	708	9640
矿产品、建材及化工产品批发	7608921	7786092	7608921	7786092
机械设备、五金产品及电子产品批发	44000	49279	44000	49279
贸易经纪与代理				
其他批发业	78395	71841	78395	71841

单位：万元

自有配送中心配送商品购进额		非自有配送中心配送商品购进额		商品销售总额		零售额	
2012年	2011年	2012年	2011年	2012年	2011年	2012年	2011年
15172689	**15237334**	**1004391**	**884502**	**22604022**	**22723480**	**17429905**	**14936837**
8711682	**8817417**	**178746**	**109971**	**10529612**	**10817848**	**7731613**	**6070113**
				2338	3886	2338	3886
649410	613717	65555		1385189	1163948	52435	79722
600945	573241			983929	799848	188547	143833
				2570	2411	1858	
				3764	3764	3764	3764
7445013	7614155			7922439	8608329	7428282	5780803
		113190	109971	131878	130952	33344	36276
16314	16304			97506	104711	21046	21830
6461007	**6419917**	**825646**	**774531**	**12074410**	**11905632**	**9698292**	**8866725**
10522	9967	87727	82817	189403	156420	122244	84134
991531	819079	29103	27217	1696756	1450878	1544940	1313622
864965	878404	445776	445209	2772382	2794364	2497480	2516264
603804	773686			893286	903143	817581	821828
139147	113012	13408	10186	339715	257233	313316	229917
3493218	3509774			4620399	4751912	2955728	2408879
275315	223110	249631	209102	1264901	1310484	1229768	1273235
57743	67575			183833	189117	183833	189117
24761	25309			113736	92082	33403	29730
14236347	**14317456**	**713371**	**617859**	**20557241**	**20722623**	**16622572**	**14124247**
8292560	**8405156**	**90055**	**27493**	**9483776**	**9833991**	**7695925**	**6029074**
649410	613717	65555		1384916	1163948	52424	79722
202968	177142			337598	255750	164019	114788
				1949	2242	1858	
				3764	3764	3764	3764
7431833	7604939			7621408	8260597	7428282	5780803
		24500	27493	43778	49871	24534	28168
8349	9358			90364	97820	21046	21830

1-7 续表 17

专卖店

项目	商品购进总额		统一配送商品购进额	
	2012年	2011年	2012年	2011年
零售业	**9914936**	**9828478**	**8571103**	**8325695**
综合零售	127095	95009	105236	95009
食品、饮料及烟草制品专门零售	1124263	905666	1049650	807678
纺织、服装及日用品专门零售	2131985	2107049	1386789	1286019
文化、体育用品及器材专门零售	769860	948549	767928	946341
医药及医疗器材专门零售	266167	202032	200365	156010
汽车、摩托车、燃料及零配件专门零售	4252919	4348738	3957560	3947119
家用电器及电子产品专门零售	1068707	1065127	929635	931211
五金、家具及室内装饰材料专门零售	61058	71552	61058	71552
货摊、无店铺及其他零售业	112883	84757	112883	84757
加盟门店合计	**1559295**	**1603610**	**1547779**	**1593458**
批发业	**796564**	**883048**	**795810**	**881516**
农、林、牧产品批发	3054	4065	3054	4065
食品、饮料及烟草制品批发	213		213	
纺织、服装及家庭用品批发	417075	416507	417075	416507
文化、体育用品及器材批发	754	1532		
医药及医疗器材批发				
矿产品、建材及化工产品批发	278814	371521	278814	371521
机械设备、五金产品及电子产品批发	88690	82478	88690	82478
贸易经纪与代理				
其他批发业	7965	6946	7965	6946
零售业	**762731**	**720562**	**751968**	**711942**
综合零售	8049	7786	8049	7786
食品、饮料及烟草制品专门零售	308489	259522	307361	259460
纺织、服装及日用品专门零售	233368	258029	227807	252670
文化、体育用品及器材专门零售	2516	2185	2516	2185
医药及医疗器材专门零售	19112	18921	15039	15723
汽车、摩托车、燃料及零配件专门零售				
家用电器及电子产品专门零售	191197	174118	191197	174118
五金、家具及室内装饰材料专门零售				
货摊、无店铺及其他零售业				

单位：万元

自有配送中心配送商品购进额		非自有配送中心配送商品购进额		商品销售总额		零售额	
2012年	2011年	2012年	2011年	2012年	2011年	2012年	2011年
5943786	**5912300**	**623316**	**590366**	**11073464**	**10888632**	**8926646**	**8095173**
10466	9873	79735	75125	145192	107090	122143	84020
706453	568425	25983	24892	1356664	1132040	1211356	1004720
646648	633444	445776	445209	2369292	2334384	2269073	2239582
601288	771501			890771	900957	815065	819642
127894	103288	13388	10156	310314	235978	287915	211662
3493218	3509774			4620399	4751912	2955728	2408879
275315	223110	58434	34984	1083264	1145072	1048131	1107823
57743	67575			183833	189117	183833	189117
24761	25309			113736	92082	33403	29730
936342	**919877**	**291020**	**266643**	**2046781**	**2000857**	**807334**	**812590**
419122	**412261**	**88690**	**82478**	**1045836**	**983857**	**35688**	**41039**
				2338	3886	2338	3886
				273		11	
397976	396099			646331	544098	24529	29045
				621	169		
13181	9216			301031	347732		
		88690	82478	88101	81081	8810	8108
7965	6946			7142	6891		
517220	**507617**	**202330**	**184165**	**1000945**	**1017000**	**771646**	**771552**
56	94	7992	7693	44211	49330	102	114
285078	250654	3120	2324	340092	318838	333584	308903
218317	244959			403090	459981	228407	276683
2516	2185			2516	2185	2516	2185
11253	9724	20	30	29400	21255	25400	18255
		191197	174118	181637	165412	181637	165412

1-7 续表 18

家居建材商店

项　目	商品购进总额		统一配送商品购进额	
	2012年	2011年	2012年	2011年
总　计	**341877**	**343645**	**231085**	**239249**
批发业				
农、林、牧产品批发				
食品、饮料及烟草制品批发				
纺织、服装及家庭用品批发				
文化、体育用品及器材批发				
医药及医疗器材批发				
矿产品、建材及化工产品批发				
机械设备、五金产品及电子产品批发				
贸易经纪与代理				
其他批发业				
零售业	**341877**	**343645**	**231085**	**239249**
综合零售	15639	16205	15639	16205
食品、饮料及烟草制品专门零售				
纺织、服装及日用品专门零售				
文化、体育用品及器材专门零售				
医药及医疗器材专门零售				
汽车、摩托车、燃料及零配件专门零售				
家用电器及电子产品专门零售				
五金、家具及室内装饰材料专门零售	326238	327441	215447	223044
货摊、无店铺及其他零售业				
直营门店合计	**341877**	**343645**	**231085**	**239249**
批发业				
农、林、牧产品批发				
食品、饮料及烟草制品批发				
纺织、服装及家庭用品批发				
文化、体育用品及器材批发				
医药及医疗器材批发				
矿产品、建材及化工产品批发				
机械设备、五金产品及电子产品批发				
贸易经纪与代理				
其他批发业				

单位：万元

自有配送中心配送商品购进额		非自有配送中心配送商品购进额		商品销售总额		零售额	
2012年	2011年	2012年	2011年	2012年	2011年	2012年	2011年
62578	**76232**	**48212**	**49601**	**472878**	**473987**	**423208**	**414649**
62578	**76232**	**48212**	**49601**	**472878**	**473987**	**423208**	**414649**
		15639	16205	18194	18224	18194	18224
62578	76232	32573	33397	454684	455763	405014	396425
62578	**76232**	**48212**	**49601**	**472878**	**473987**	**423208**	**414649**

1-7 续表 19

家居建材商店

项　目	商品购进总额		统一配送商品购进额	
	2012年	2011年	2012年	2011年
零售业	**341877**	**343645**	**231085**	**239249**
综合零售	15639	16205	15639	16205
食品、饮料及烟草制品专门零售				
纺织、服装及日用品专门零售				
文化、体育用品及器材专门零售				
医药及医疗器材专门零售				
汽车、摩托车、燃料及零配件专门零售				
家用电器及电子产品专门零售				
五金、家具及室内装饰材料专门零售	326238	327441	215447	223044
货摊、无店铺及其他零售业				
加盟门店合计				
批发业				
农、林、牧产品批发				
食品、饮料及烟草制品批发				
纺织、服装及家庭用品批发				
文化、体育用品及器材批发				
医药及医疗器材批发				
矿产品、建材及化工产品批发				
机械设备、五金产品及电子产品批发				
贸易经纪与代理				
其他批发业				
零售业				
综合零售				
食品、饮料及烟草制品专门零售				
纺织、服装及日用品专门零售				
文化、体育用品及器材专门零售				
医药及医疗器材专门零售				
汽车、摩托车、燃料及零配件专门零售				
家用电器及电子产品专门零售				
五金、家具及室内装饰材料专门零售				
货摊、无店铺及其他零售业				

单位：万元

自有配送中心配送商品购进额		非自有配送中心配送商品购进额		商品销售总额		零售额	
2012年	2011年	2012年	2011年	2012年	2011年	2012年	2011年
62578	**76232**	**48212**	**49601**	**472878**	**473987**	**423208**	**414649**
		15639	16205	18194	18224	18194	18224
62578	76232	32573	33397	454684	455763	405014	396425

1-7 续表 20

厂家直销中心

项　目	商品购进总额		统一配送商品购进额	
	2012年	2011年	2012年	2011年
总　计	**36890**	**31018**	**35298**	**29662**
批发业	**35298**	**29662**	**35298**	**29662**
农、林、牧产品批发	25866	19650	25866	19650
食品、饮料及烟草制品批发	9432	10012	9432	10012
纺织、服装及家庭用品批发				
文化、体育用品及器材批发				
医药及医疗器材批发				
矿产品、建材及化工产品批发				
机械设备、五金产品及电子产品批发				
贸易经纪与代理				
其他批发业				
零售业	**1593**	**1356**		
综合零售				
食品、饮料及烟草制品专门零售				
纺织、服装及日用品专门零售				
文化、体育用品及器材专门零售				
医药及医疗器材专门零售				
汽车、摩托车、燃料及零配件专门零售	1593	1356		
家用电器及电子产品专门零售				
五金、家具及室内装饰材料专门零售				
货摊、无店铺及其他零售业				
直营门店合计	**36890**	**29662**	**35298**	**29662**
批发业	**35298**	**29662**	**35298**	**29662**
农、林、牧产品批发	25866	19650	25866	19650
食品、饮料及烟草制品批发	9432	10012	9432	10012
纺织、服装及家庭用品批发				
文化、体育用品及器材批发				
医药及医疗器材批发				
矿产品、建材及化工产品批发				
机械设备、五金产品及电子产品批发				
贸易经纪与代理				
其他批发业				

单位：万元

自有配送中心配送商品购进额		非自有配送中心配送商品购进额		商品销售总额		零售额	
2012年	2011年	2012年	2011年	2012年	2011年	2012年	2011年
35298	**29662**			**38054**	**32823**	**29520**	**23475**
35298	**29662**			**36313**	**31228**	**27779**	**21880**
25866	19650			25667	20013	25667	20013
9432	10012			10646	11215	2113	1867
				1741	**1595**	**1741**	**1595**
				1741	1595	1741	1595
35298	**29662**			**38054**	**31228**	**29520**	**21880**
35298	**29662**			**36313**	**31228**	**27779**	**21880**
25866	19650			25667	20013	25667	20013
9432	10012			10646	11215	2113	1867

1-7 续表 21

厂家直销中心

项　目	商品购进总额		统一配送商品购进额	
	2012年	2011年	2012年	2011年
零售业	**1593**			
综合零售				
食品、饮料及烟草制品专门零售				
纺织、服装及日用品专门零售				
文化、体育用品及器材专门零售				
医药及医疗器材专门零售				
汽车、摩托车、燃料及零配件专门零售	1593			
家用电器及电子产品专门零售				
五金、家具及室内装饰材料专门零售				
货摊、无店铺及其他零售业				
加盟门店合计		**1356**		
批发业				
农、林、牧产品批发				
食品、饮料及烟草制品批发				
纺织、服装及家庭用品批发				
文化、体育用品及器材批发				
医药及医疗器材批发				
矿产品、建材及化工产品批发				
机械设备、五金产品及电子产品批发				
贸易经纪与代理				
其他批发业				
零售业		**1356**		
综合零售				
食品、饮料及烟草制品专门零售				
纺织、服装及日用品专门零售				
文化、体育用品及器材专门零售				
医药及医疗器材专门零售				
汽车、摩托车、燃料及零配件专门零售		1356		
家用电器及电子产品专门零售				
五金、家具及室内装饰材料专门零售				
货摊、无店铺及其他零售业				

单位：万元

自有配送中心配送商品购进额		非自有配送中心配送商品购进额		商品销售总额		零售额	
2012年	2011年	2012年	2011年	2012年	2011年	2012年	2011年
				1741		**1741**	
				1741		1741	
					1595		**1595**
					1595		**1595**
					1595		1595

1-7 续表 22

其他

项　目	商品购进总额		统一配送商品购进额	
	2012年	2011年	2012年	2011年
总　计	**24146435**	**23596309**	**20708128**	**19338687**
批发业	**23950008**	**23359271**	**20663963**	**19291774**
农、林、牧产品批发				
食品、饮料及烟草制品批发	494799	359314	413517	296129
纺织、服装及家庭用品批发	1406263	1422106	744786	741410
文化、体育用品及器材批发	85888	84358	85888	84358
医药及医疗器材批发	38428	45388	10843	7537
矿产品、建材及化工产品批发	21826846	21383430	19337834	18119286
机械设备、五金产品及电子产品批发	23164	21815	23164	20840
贸易经纪与代理				
其他批发业	74619	42860	47930	22213
零售业	**196428**	**237038**	**44166**	**46913**
综合零售	164103	199025	11841	8994
食品、饮料及烟草制品专门零售	31161	35614	31161	35614
纺织、服装及日用品专门零售				
文化、体育用品及器材专门零售				
医药及医疗器材专门零售	1164	2399	1164	2305
汽车、摩托车、燃料及零配件专门零售				
家用电器及电子产品专门零售				
五金、家具及室内装饰材料专门零售				
货摊、无店铺及其他零售业				
直营门店合计	**22690806**	**22284546**	**19452558**	**18254124**
批发业	**22494868**	**22047884**	**19408882**	**18207493**
农、林、牧产品批发				
食品、饮料及烟草制品批发	448834	320233	369265	258900
纺织、服装及家庭用品批发	1184617	1173215	695539	691957
文化、体育用品及器材批发	85888	84358	85888	84358
医药及医疗器材批发	16556	23544	9070	5707
矿产品、建材及化工产品批发	20667037	20387661	18178025	17123516
机械设备、五金产品及电子产品批发	23164	21815	23164	20840
贸易经纪与代理				
其他批发业	68772	37057	47930	22213

单位：万元

自有配送中心配送商品购进额		非自有配送中心配送商品购进额		商品销售总额		零售额	
2012年	2011年	2012年	2011年	2012年	2011年	2012年	2011年
2840402	**2640538**	**10584091**	**9661795**	**26175279**	**25600092**	**13080892**	**12472809**
2827397	**2629239**	**10580872**	**9652291**	**25954233**	**25386987**	**12862047**	**12267574**
379872	269653	28031	17478	664897	450631	279044	99494
673952	680362	9645	9589	2359512	2316879	1218829	1296387
3116	3537	82772	80821	90572	95084	1102	1229
1466	1459	734	698	50045	52405	15601	10024
1718157	1657288	10458837	9529176	22698186	22399891	11314882	10828731
22312	16941	853	975	23974	23669	13763	14176
28522			13554	67047	48428	18826	17534
13004	**11299**	**3220**	**9504**	**221046**	**213105**	**218844**	**205234**
11841	8994			190238	178844	188522	178844
		3220	9504	29682	32159	29196	24288
1164	2305			1126	2102	1126	2102
1794420	**1706673**	**10379522**	**9514963**	**22752008**	**22235419**	**12677703**	**11891692**
1781905	**1695656**	**10376302**	**9505459**	**22531432**	**22022446**	**12459329**	**11686591**
347484	241573	16167	8330	625643	413170	240797	63003
630290	633319	4060	7179	2276693	2058156	1136010	1037885
3116	3537	82772	80821	90572	95084	1102	1229
828	667			21262	29830	8256	7553
749353	799619	10272450	9394601	19433827	19362022	11041702	10545213
22312	16941	853	975	23974	23669	13763	14176
28522			13554	59461	40516	17699	17534

1-7 续表 23

其他

项　目	商品购进总额		统一配送商品购进额	
	2012年	2011年	2012年	2011年
零售业	**195938**	**236662**	**43676**	**46631**
综合零售	164103	199025	11841	8994
食品、饮料及烟草制品专门零售	31161	35614	31161	35614
纺织、服装及日用品专门零售				
文化、体育用品及器材专门零售				
医药及医疗器材专门零售	674	2023	674	2023
汽车、摩托车、燃料及零配件专门零售				
家用电器及电子产品专门零售				
五金、家具及室内装饰材料专门零售				
货摊、无店铺及其他零售业				
加盟门店合计	**1455629**	**1311764**	**1255571**	**1084563**
批发业	**1455140**	**1311387**	**1255081**	**1084281**
农、林、牧产品批发				
食品、饮料及烟草制品批发	45965	39081	44251	37229
纺织、服装及家庭用品批发	221646	248890	49247	49453
文化、体育用品及器材批发				
医药及医疗器材批发	21872	21844	1773	1830
矿产品、建材及化工产品批发	1159809	995770	1159809	995770
机械设备、五金产品及电子产品批发				
贸易经纪与代理				
其他批发业	5847	5803		
零售业	**490**	**376**	**490**	**282**
综合零售				
食品、饮料及烟草制品专门零售				
纺织、服装及日用品专门零售				
文化、体育用品及器材专门零售				
医药及医疗器材专门零售	490	376	490	282
汽车、摩托车、燃料及零配件专门零售				
家用电器及电子产品专门零售				
五金、家具及室内装饰材料专门零售				
货摊、无店铺及其他零售业				

单位：万元

	自有配送中心配送商品购进额		非自有配送中心配送商品购进额		商品销售总额		零售额	
	2012年	2011年	2012年	2011年	2012年	2011年	2012年	2011年
	12515	**11017**	**3220**	**9504**	**220576**	**212972**	**218374**	**205102**
	11841	8994			190238	178844	188522	178844
			3220	9504	29682	32159	29196	24288
	674	2023			656	1970	656	1970
	1045982	**933864**	**204570**	**146832**	**3423271**	**3364673**	**403188**	**581116**
	1045492	**933582**	**204570**	**146832**	**3422801**	**3364541**	**402718**	**580984**
	32387	28080	11864	9149	39255	37462	38248	36492
	43663	47043	5585	2410	82819	258724	82819	258503
	638	792	734	698	28783	22575	7345	2471
	968804	857668	186387	134575	3264359	3037869	273179	283519
					7586	7912	1127	
	490	**282**			**470**	**133**	**470**	**133**
	490	282			470	133	470	133

1-8 按登记注册类型与业态分连锁零售企业基本情况

便利店

项目	连锁总店数（个）	门店数（个）		年末从业人员（人）		年末零售营业面积（平方米）	
	2012年	2012年	2011年	2012年	2011年	2012年	2011年
总　计	**84**	**13277**	**13382**	**69518**	**70379**	**1111722**	**1112337**
内资企业	73	10868	11283	53387	56139	859185	882126
国有企业	6	3093	3101	13604	13849	165977	163885
集体企业	1	282	282	628	632	31685	31685
股份合作企业							
联营企业							
有限责任公司	35	4645	5273	25809	28619	366505	410814
股份有限公司	3	314	333	1543	1547	63390	65945
私营企业	25	2362	2108	10469	10091	186000	162249
其他企业	3	172	186	1334	1401	45628	47548
港、澳、台商投资企业	6	1745	1518	8992	8170	184749	174116
外商投资企业	5	664	581	7139	6070	67788	56095
直营门店合计		**8327**	**8761**	**51646**	**53485**	**809302**	**834975**
内资企业		6581	7208	39467	42981	611375	645434
国有企业		1544	1509	8945	8908	94567	90432
集体企业		6	6	21	29	8500	8500
股份合作企业							
联营企业							
有限责任公司		3832	4493	23463	26325	318109	363458
股份有限公司		314	333	1543	1547	63390	65945
私营企业		736	696	4341	4783	81871	70451
其他企业		149	171	1154	1389	44938	46648
港、澳、台商投资企业		1379	1292	8381	7755	149128	152608
外商投资企业		367	261	3798	2749	48799	36933
加盟门店合计		**4950**	**4621**	**17872**	**16894**	**302420**	**277362**
内资企业		4287	4075	13920	13158	247810	236692
国有企业		1549	1592	4659	4941	71410	73453
集体企业		276	276	607	603	23185	23185
股份合作企业							
联营企业							
有限责任公司		813	780	2346	2294	48396	47356
股份有限公司							
私营企业		1626	1412	6128	5308	104129	91798
其他企业		23	15	180	12	690	900
港、澳、台商投资企业		366	226	611	415	35621	21508
外商投资企业		297	320	3341	3321	18989	19162

1-8 续表 1

折扣店

项　　目	连锁总店数（个）	门店数（个）		年末从业人员（人）		年末零售营业面积（平方米）	
	2012年	2012年	2011年	2012年	2011年	2012年	2011年
总　　计	**3**	**432**	**412**	**4403**	**4084**	**185354**	**162192**
内资企业	1	7	7	640	615	48935	50935
国有企业							
集体企业							
股份合作企业							
联营企业							
有限责任公司							
股份有限公司							
私营企业	1	7	7	640	615	48935	50935
其他企业							
港、澳、台商投资企业							
外商投资企业	2	425	405	3763	3469	136419	111257
直营门店合计		**262**	**284**	**3693**	**3201**	**152012**	**139524**
内资企业		7	7	640	615	48935	50935
国有企业							
集体企业							
股份合作企业							
联营企业							
有限责任公司							
股份有限公司							
私营企业		7	7	640	615	48935	50935
其他企业							
港、澳、台商投资企业							
外商投资企业		255	277	3053	2586	103077	88589
加盟门店合计		**170**	**128**	**710**	**883**	**33342**	**22668**
内资企业							
国有企业							
集体企业							
股份合作企业							
联营企业							
有限责任公司							
股份有限公司							
私营企业							
其他企业							
港、澳、台商投资企业							
外商投资企业		170	128	710	883	33342	22668

1-8 续表 2

超市

项目	连锁总店数（个）	门店数（个）		年末从业人员（人）		年末零售营业面积（平方米）	
	2012年	2012年	2011年	2012年	2011年	2012年	2011年
总　计	**388**	**31016**	**30216**	**486530**	**470880**	**17712543**	**16466423**
内资企业	375	30449	29670	470421	453639	17167735	15946866
国有企业	5	149	83	3709	3256	89447	65381
集体企业	7	66	71	2191	2445	36176	32393
股份合作企业	3	47	39	771	757	91733	89163
联营企业	2	28	19	906	221	70310	5514
有限责任公司	146	11720	11376	193027	180497	8356981	7562978
股份有限公司	22	8547	8642	162016	163765	5031339	4894864
私营企业	187	9561	9091	106207	101058	3459765	3260443
其他企业	3	331	349	1594	1640	31984	36130
港、澳、台商投资企业	8	475	419	10211	10393	308491	275508
外商投资企业	5	92	127	5898	6848	236317	244049
直营门店合计		**15228**	**14368**	**429771**	**407531**	**16218115**	**14581715**
内资企业		14675	13868	413818	390779	15689497	14093989
国有企业		149	83	3709	3256	89447	65381
集体企业		45	50	745	899	19116	18893
股份合作企业		47	39	771	757	91733	89163
联营企业		28	19	906	221	70310	5514
有限责任公司		6513	6406	182074	169847	8058148	7275910
股份有限公司		4489	4134	134176	129526	4379154	3842800
私营企业		3372	3092	91027	85849	2964520	2775402
其他企业		32	45	410	424	17069	20926
港、澳、台商投资企业		475	419	10211	10393	308491	275508
外商投资企业		78	81	5742	6359	220127	212218
加盟门店合计		**15788**	**15848**	**56759**	**63349**	**1494428**	**1884708**
内资企业		15774	15802	56603	62860	1478238	1852877
国有企业							
集体企业		21	21	1446	1546	17060	13500
股份合作企业							
联营企业							
有限责任公司		5207	4970	10953	10650	298833	287068
股份有限公司		4058	4508	27840	34239	652185	1052064
私营企业		6189	5999	15180	15209	495245	485041
其他企业		299	304	1184	1216	14915	15204
港、澳、台商投资企业							
外商投资企业		14	46	156	489	16190	31831

1-8 续表 3

大型超市

项目	连锁总店数(个)	门店数(个)		年末从业人员(人)		年末零售营业面积(平方米)	
	2012年	2012年	2011年	2012年	2011年	2012年	2011年
总计	**180**	**11947**	**11395**	**531595**	**509911**	**27448581**	**24500514**
内资企业	102	8549	8277	216816	195042	11880518	10740835
国有企业	2	12	5	1098	263	132580	30150
集体企业							
股份合作企业							
联营企业							
有限责任公司	58	5664	5351	123931	109912	6312465	5690517
股份有限公司	10	461	470	54405	47193	3343588	2988512
私营企业	31	2407	2433	34675	35076	2019296	1916306
其他企业	1	5	18	2707	2598	72589	115350
港、澳、台商投资企业	22	643	548	132434	132507	7465580	6250355
外商投资企业	56	2755	2570	182345	182362	8102483	7509324
直营门店合计		**5367**	**4960**	**447377**	**421154**	**24318206**	**21495109**
内资企业		2847	2725	198835	177480	11191619	10035589
国有企业		12	5	1098	263	132580	30150
集体企业							
股份合作企业							
联营企业							
有限责任公司		1643	1449	112256	98493	5790541	5152769
股份有限公司		461	470	54405	47193	3343588	2988512
私营企业		726	783	28369	28933	1852321	1748808
其他企业		5	18	2707	2598	72589	115350
港、澳、台商投资企业		544	460	87884	86801	5481580	4486855
外商投资企业		1976	1775	160658	156873	7645007	6972665
加盟门店合计		**6580**	**6435**	**84218**	**88757**	**3130375**	**3005405**
内资企业		5702	5552	17981	17562	688899	705246
国有企业							
集体企业							
股份合作企业							
联营企业							
有限责任公司		4021	3902	11675	11419	521924	537748
股份有限公司							
私营企业		1681	1650	6306	6143	166975	167498
其他企业							
港、澳、台商投资企业		99	88	44550	45706	1984000	1763500
外商投资企业		779	795	21687	25489	457476	536659

1-8 续表 4

仓储会员店

项目	连锁总店数(个)	门店数(个)		年末从业人员(人)		年末零售营业面积(平方米)	
	2012年	2012年	2011年	2012年	2011年	2012年	2011年
总计	**5**	**351**	**270**	**13981**	**12076**	**904401**	**837114**
内资企业	3	280	211	1040	774	50780	41945
国有企业							
集体企业							
股份合作企业							
联营企业							
有限责任公司	1	6	6	468	367	27100	26000
股份有限公司							
私营企业	2	274	205	572	407	23680	15945
其他企业							
港、澳、台商投资企业							
外商投资企业	2	71	59	12941	11302	853621	795169
直营门店合计		**79**	**69**	**13431**	**11728**	**886721**	**829249**
内资企业		8	10	490	426	33100	34080
国有企业							
集体企业							
股份合作企业							
联营企业							
有限责任公司		6	6	468	367	27100	26000
股份有限公司							
私营企业		2	4	22	59	6000	8080
其他企业							
港、澳、台商投资企业							
外商投资企业		71	59	12941	11302	853621	795169
加盟门店合计		**272**	**201**	**550**	**348**	**17680**	**7865**
内资企业		272	201	550	348	17680	7865
国有企业							
集体企业							
股份合作企业							
联营企业							
有限责任公司							
股份有限公司							
私营企业		272	201	550	348	17680	7865
其他企业							
港、澳、台商投资企业							
外商投资企业							

1-8 续表 5

百货店

项　目	连锁总店数（个）	门店数（个）		年末从业人员（人）		年末零售营业面积（平方米）	
	2012年	2012年	2011年	2012年	2011年	2012年	2011年
总　计	**101**	**4377**	**3972**	**255129**	**250204**	**16967286**	**17414663**
内资企业	84	3532	3350	208872	211833	14407963	13768114
国有企业	2	87	87	125	125	3875	3875
集体企业	8	315	292	2937	2717	239272	165627
股份合作企业							
联营企业							
有限责任公司	40	636	641	39942	38248	2518357	2400119
股份有限公司	22	2274	2152	159781	163344	11269516	10797464
私营企业	12	220	178	6087	7399	376943	401029
其他企业							
港、澳、台商投资企业	14	833	610	41056	32948	2121715	3212797
外商投资企业	3	12	12	5201	5423	437608	433752
直营门店合计		**2565**	**2283**	**236049**	**232136**	**16293083**	**16729789**
内资企业		1738	1678	192541	196498	13890720	13240140
国有企业		21	21	46	46	1707	1707
集体企业		130	126	2303	2195	219902	148077
股份合作企业							
联营企业							
有限责任公司		478	483	38839	37143	2350937	2232699
股份有限公司		937	899	145368	149806	10950221	10465618
私营企业		172	149	5985	7308	367953	392039
其他企业							
港、澳、台商投资企业		815	593	38307	30215	1964755	3055897
外商投资企业		12	12	5201	5423	437608	433752
加盟门店合计		**1812**	**1689**	**19080**	**18068**	**674203**	**684874**
内资企业		1794	1672	16331	15335	517243	527974
国有企业		66	66	79	79	2168	2168
集体企业		185	166	634	522	19370	17550
股份合作企业							
联营企业							
有限责任公司		158	158	1103	1105	167420	167420
股份有限公司		1337	1253	14413	13538	319295	331846
私营企业		48	29	102	91	8990	8990
其他企业							
港、澳、台商投资企业		18	17	2749	2733	156960	156900
外商投资企业							

1-8 续表 6

专业店(含加油站)

项　目	连锁总店数(个)	门店数(个)		年末从业人员(人)		年末零售营业面积(平方米)	
	2012年	2012年	2011年	2012年	2011年	2012年	2011年
总　计	**1383**	**89227**	**87984**	**937905**	**931911**	**64803842**	**64082794**
内资企业	1336	85903	84411	893510	884763	61513855	60712757
国有企业	141	9918	9493	106997	97891	9812370	9311133
集体企业	13	1140	1602	3452	3754	83044	159285
股份合作企业	2	297	309	3520	3350	21500	154200
联营企业	4	348	379	1987	2261	36455	45956
有限责任公司	531	29178	28447	260260	224432	9412250	9109370
股份有限公司	194	28385	28158	392004	428990	38366113	38007732
私营企业	438	15344	14774	120031	118938	3687992	3833874
其他企业	13	1293	1249	5259	5147	94131	91207
港、澳、台商投资企业	13	1550	1876	10715	12128	155477	166637
外商投资企业	34	1774	1697	33680	35020	3134510	3203400
直营门店合计		**67450**	**66025**	**838883**	**872048**	**63325493**	**62554845**
内资企业		65066	63749	796035	828778	60093051	59258590
国有企业		9277	8848	104655	95590	9651111	9149805
集体企业		225	244	870	987	16919	66450
股份合作企业		297	309	3520	3350	21500	154200
联营企业		291	304	1662	1835	28085	34705
有限责任公司		18281	17860	194563	199923	8714091	8440548
股份有限公司		24686	24573	381358	418670	38219273	37865504
私营企业		11697	11337	107628	106643	3404648	3511944
其他企业		312	274	1779	1780	37424	35434
港、澳、台商投资企业		628	597	9254	8336	99592	94439
外商投资企业		1756	1679	33594	34934	3132850	3201816
加盟门店合计		**21777**	**21959**	**99022**	**59863**	**1478349**	**1527949**
内资企业		20837	20662	97475	55985	1420804	1454167
国有企业		641	645	2342	2301	161259	161328
集体企业		915	1358	2582	2767	66125	92835
股份合作企业							
联营企业		57	75	325	426	8370	11251
有限责任公司		10897	10587	65697	24509	698159	668822
股份有限公司		3699	3585	10646	10320	146840	142228
私营企业		3647	3437	12403	12295	283344	321930
其他企业		981	975	3480	3367	56707	55773
港、澳、台商投资企业		922	1279	1461	3792	55885	72198
外商投资企业		18	18	86	86	1660	1584

1-8 续表 7

加油站

项　目	连锁总店数(个)	门店数(个)		年末从业人员(人)		年末零售营业面积(平方米)	
	2012年	2012年	2011年	2012年	2011年	2012年	2011年
总　计	**230**	**25300**	**24885**	**259782**	**264566**	**36662551**	**36235594**
内资企业	214	24222	23833	242668	247401	34421432	33968745
国有企业	56	5591	5214	51506	51548	6880100	6657557
集体企业							
股份合作企业	1	254	270	3222	3050	17000	150000
联营企业							
有限责任公司	14	459	461	5684	5781	454264	440780
股份有限公司	140	17897	17868	182034	186772	27051611	26702455
私营企业	3	21	20	222	250	18457	17953
其他企业							
港、澳、台商投资企业							
外商投资企业	16	1078	1052	17114	17165	2241119	2266849
直营门店合计		**25197**	**24793**	**258564**	**263469**	**36620801**	**36197474**
内资企业		24119	23741	241450	246304	34379682	33930625
国有企业		5580	5203	51376	51418	6869100	6646557
集体企业							
股份合作企业		254	270	3222	3050	17000	150000
联营企业							
有限责任公司		459	461	5684	5781	454264	440780
股份有限公司		17805	17787	180946	185805	27020861	26675335
私营企业		21	20	222	250	18457	17953
其他企业							
港、澳、台商投资企业							
外商投资企业		1078	1052	17114	17165	2241119	2266849
加盟门店合计		**103**	**92**	**1218**	**1097**	**41750**	**38120**
内资企业		103	92	1218	1097	41750	38120
国有企业		11	11	130	130	11000	11000
集体企业							
股份合作企业							
联营企业							
有限责任公司							
股份有限公司		92	81	1088	967	30750	27120
私营企业							
其他企业							
港、澳、台商投资企业							
外商投资企业							

1-8 续表 8

专卖店

项　目	连锁总店数（个）	门店数（个）		年末从业人员（人）		年末零售营业面积（平方米）	
	2012年	2012年	2011年	2012年	2011年	2012年	2011年
总　计	**305**	**28939**	**36603**	**174316**	**186046**	**4712117**	**4989077**
内资企业	260	22232	20934	140054	129682	3916848	3976722
国有企业	25	1118	1115	17320	16900	930537	1004176
集体企业	1	46	44	330	327	4500	4114
股份合作企业	2	32	32	210	230	7284	7284
联营企业							
有限责任公司	104	4978	4655	39153	39780	1019866	928494
股份有限公司	13	5183	4967	23642	21715	1033678	1312274
私营企业	108	10472	9773	55237	46235	849980	649081
其他企业	7	403	348	4162	4495	71003	71299
港、澳、台商投资企业	30	1427	1498	12213	11727	512341	512334
外商投资企业	15	5280	14171	22049	44637	282928	500021
直营门店合计		**13255**	**12599**	**115947**	**114441**	**3890458**	**4057653**
内资企业		11430	10769	97228	93453	3287887	3452927
国有企业		889	891	16677	16260	924971	998721
集体企业		46	44	330	327	4500	4114
股份合作企业		32	32	210	230	7284	7284
联营企业							
有限责任公司		3330	3097	32481	33476	911082	835344
股份有限公司		3382	3321	18871	17326	939066	1229288
私营企业		3381	3059	24700	21472	432411	308277
其他企业		370	325	3959	4362	68573	69899
港、澳、台商投资企业		1117	1141	11360	10897	483348	482194
外商投资企业		708	689	7359	10091	119223	122532
加盟门店合计		**15684**	**24004**	**58369**	**71605**	**821659**	**931424**
内资企业		10802	10165	42826	36229	628961	523795
国有企业		229	224	643	640	5566	5455
集体企业							
股份合作企业							
联营企业							
有限责任公司		1648	1558	6672	6304	108784	93150
股份有限公司		1801	1646	4771	4389	94612	82986
私营企业		7091	6714	30537	24763	417569	340804
其他企业		33	23	203	133	2430	1400
港、澳、台商投资企业		310	357	853	830	28993	30140
外商投资企业		4572	13482	14690	34546	163705	377489

1-8 续表 9

家居建材商店

项　目	连锁总店数(个)	门店数(个)		年末从业人员(人)		年末零售营业面积(平方米)	
	2012年	2012年	2011年	2012年	2011年	2012年	2011年
总　计	**13**	**49**	**55**	**3853**	**4391**	**324119**	**354594**
内资企业	4	30	35	1632	1665	92534	117705
国有企业							
集体企业							
股份合作企业							
联营企业							
有限责任公司	2	11	14	1031	1165	73800	99000
股份有限公司							
私营企业	2	19	21	601	500	18734	18705
其他企业							
港、澳、台商投资企业							
外商投资企业	9	19	20	2221	2726	231585	236889
直营门店合计		**49**	**55**	**3853**	**4391**	**324119**	**354594**
内资企业		30	35	1632	1665	92534	117705
国有企业							
集体企业							
股份合作企业							
联营企业							
有限责任公司		11	14	1031	1165	73800	99000
股份有限公司							
私营企业		19	21	601	500	18734	18705
其他企业							
港、澳、台商投资企业							
外商投资企业		19	20	2221	2726	231585	236889
加盟门店合计							
内资企业							
国有企业							
集体企业							
股份合作企业							
联营企业							
有限责任公司							
股份有限公司							
私营企业							
其他企业							
港、澳、台商投资企业							
外商投资企业							

1-8 续表 10

厂家直销中心

项目	连锁总店数（个）	门店数（个）		年末从业人员（人）		年末零售营业面积（平方米）	
	2012年	2012年	2011年	2012年	2011年	2012年	2011年
总　计	**3**	**14**	**14**	**349**	**344**	**5776**	**5776**
内资企业	3	14	14	349	344	5776	5776
国有企业							
集体企业							
股份合作企业							
联营企业							
有限责任公司	2	10	10	278	278	5580	5580
股份有限公司	1	4	4	71	66	196	196
私营企业							
其他企业							
港、澳、台商投资企业							
外商投资企业							
直营门店合计		**14**	**8**	**349**	**316**	**5776**	**5196**
内资企业		14	8	349	316	5776	5196
国有企业							
集体企业							
股份合作企业							
联营企业							
有限责任公司		10	4	278	250	5580	5000
股份有限公司		4	4	71	66	196	196
私营企业							
其他企业							
港、澳、台商投资企业							
外商投资企业							
加盟门店合计			**6**		**28**		**580**
内资企业			6		28		580
国有企业							
集体企业							
股份合作企业							
联营企业							
有限责任公司			6		28		580
股份有限公司							
私营企业							
其他企业							
港、澳、台商投资企业							
外商投资企业							

1-8 续表 11

其他

项　目	连锁总店数(个)	门店数(个)		年末从业人员(人)		年末零售营业面积(平方米)	
	2012年	2012年	2011年	2012年	2011年	2012年	2011年
总　计	**59**	**13241**	**12945**	**85905**	**83543**	**13482807**	**12885943**
内资企业	55	13069	12754	83958	81570	13469825	12869836
国有企业	5	3056	3052	15300	14731	1573095	1572933
集体企业	3	627	641	1090	1133	11830	12250
股份合作企业	1	15	15	355	348	13671	14615
联营企业							
有限责任公司	16	1430	1235	5895	4875	106196	107542
股份有限公司	5	5252	5302	49081	48603	11315899	10726965
私营企业	24	2659	2483	8507	8122	277134	230745
其他企业	1	30	26	3730	3758	172000	204786
港、澳、台商投资企业							
外商投资企业	4	172	191	1947	1973	12982	16107
直营门店合计		**4542**	**4339**	**62172**	**59585**	**12396592**	**11792028**
内资企业		4424	4206	61014	58417	12391442	11783968
国有企业		515	516	7461	7236	749375	749813
集体企业		47	44	350	345	7980	7980
股份合作企业		15	15	355	348	13671	14615
联营企业							
有限责任公司		871	700	4547	3538	87318	88794
股份有限公司		2640	2581	40180	38992	11192247	10584756
私营企业		306	324	4391	4200	168851	133224
其他企业		30	26	3730	3758	172000	204786
港、澳、台商投资企业							
外商投资企业		118	133	1158	1168	5150	8060
加盟门店合计		**8699**	**8606**	**23733**	**23958**	**1086215**	**1093915**
内资企业		8645	8548	22944	23153	1078383	1085868
国有企业		2541	2536	7839	7495	823720	823120
集体企业		580	597	740	788	3850	4270
股份合作企业							
联营企业							
有限责任公司		559	535	1348	1337	18878	18748
股份有限公司		2612	2721	8901	9611	123652	142209
私营企业		2353	2159	4116	3922	108283	97521
其他企业							
港、澳、台商投资企业							
外商投资企业		54	58	789	805	7832	8047

1-9 按登记注册类型与业态分

便利店

项 目	商品购进总额		统一配送商品购进额	
	2012年	2011年	2012年	2011年
总 计	**2158662**	**1990720**	**1458051**	**1297028**
内资企业	1647767	1529340	1089327	1009425
国有企业	349544	342571	235935	219453
集体企业	23803	22709	23803	22709
股份合作企业				
联营企业				
有限责任公司	750561	732510	552625	536033
股份有限公司	134468	102705	54445	41682
私营企业	340790	285212	173919	145916
其他企业	48601	43633	48601	43633
港、澳、台商投资企业	354076	341228	284529	218002
外商投资企业	156819	120152	84195	69602
直营门店合计	**1691703**	**1586461**	**1163780**	**1038660**
内资企业	1297742	1212908	910901	838540
国有企业	218070	211948	138359	129455
集体企业	20162	19372	20162	19372
股份合作企业				
联营企业				
有限责任公司	707608	688390	510903	496093
股份有限公司	134468	102705	54445	41682
私营企业	170516	147677	140114	109123
其他企业	46918	42816	46918	42816
港、澳、台商投资企业	286615	302496	217068	179269
外商投资企业	107346	71057	35811	20850
加盟门店合计	**466959**	**404259**	**294271**	**258369**
内资企业	350025	316432	178427	170885
国有企业	131474	130624	97576	89999
集体企业	3641	3337	3641	3337
股份合作企业				
联营企业				
有限责任公司	42953	44120	41722	39939
股份有限公司				
私营企业	170274	137535	33805	36793
其他企业	1683	816	1683	816
港、澳、台商投资企业	67461	38732	67461	38732
外商投资企业	49473	49095	48384	48752

连锁零售企业经营情况

单位：万元

自有配送中心配送商品购进额		非自有配送中心配送商品购进额		商品销售总额		零售额	
2012年	2011年	2012年	2011年	2012年	2011年	2012年	2011年
511734	**445878**	**337729**	**296558**	**2639231**	**2377252**	**2418823**	**2208121**
416075	371131	272994	230631	1919187	1747844	1774268	1626506
105593	99249	105659	97058	473636	447224	431607	413674
23803	22709			24177	22868	22664	21580
184241	156142	76251	63662	871280	824004	833613	777033
54445	41682			153691	117696	104018	80826
45872	49003	44605	28626	353539	286621	339501	283961
2122	2347	46479	41286	42865	49431	42865	49431
95659	74748			456156	420094	429719	420094
		64735	65927	263888	209314	214837	161522
412218	**351361**	**243160**	**208011**	**2126131**	**1916946**	**1912590**	**1754497**
321184	281170	226649	190837	1551880	1423024	1407746	1302286
50026	48073	63650	58235	337065	309916	295036	276366
20162	19372			19854	19681	18342	18393
152784	130147	76251	63662	822194	779882	785313	733512
54445	41682			153691	117696	104018	80826
43328	40367	40269	27654	178059	147233	164020	144574
439	1530	46479	41286	41017	48615	41017	48615
91034	70191			390644	363739	364206	363739
		16511	17175	183607	130183	140638	88472
99516	**94517**	**94569**	**88547**	**513100**	**460306**	**506233**	**453624**
94891	89961	46345	39795	367307	324820	366522	324220
55567	51176	42009	38823	136571	137308	136571	137308
3641	3337			4323	3187	4323	3187
31456	25996			49085	44121	48300	43521
2544	8636	4336	972	175480	139388	175480	139388
1683	816			1848	816	1848	816
4626	4556			65512	56355	65512	56355
		48224	48752	80281	79131	74199	73049

1-9 续表 1

折扣店

项 目	商品购进总额		统一配送商品购进额	
	2012年	2011年	2012年	2011年
总 计	**312314**	**293384**	**183221**	**168682**
内资企业	129093	124702		
国有企业				
集体企业				
股份合作企业				
联营企业				
有限责任公司				
股份有限公司				
私营企业	129093	124702		
其他企业				
港、澳、台商投资企业				
外商投资企业	183221	168682	183221	168682
直营门店合计	**277634**	**265886**	**148542**	**141184**
内资企业	129093	124702		
国有企业				
集体企业				
股份合作企业				
联营企业				
有限责任公司				
股份有限公司				
私营企业	129093	124702		
其他企业				
港、澳、台商投资企业				
外商投资企业	148542	141184	148542	141184
加盟门店合计	**34680**	**27499**	**34680**	**27499**
内资企业				
国有企业				
集体企业				
股份合作企业				
联营企业				
有限责任公司				
股份有限公司				
私营企业				
其他企业				
港、澳、台商投资企业				
外商投资企业	34680	27499	34680	27499

单位：万元

自有配送中心配送商品购进额		非自有配送中心配送商品购进额		商品销售总额		零售额	
2012年	2011年	2012年	2011年	2012年	2011年	2012年	2011年
183221	**168682**			**342574**	**325488**	**311299**	**296872**
				159155	154428	151649	143343
				159155	154428	151649	143343
183221	168682			183418	171061	159651	153529
148542	**141184**			**311719**	**296449**	**280445**	**267832**
				159155	154428	151649	143343
				159155	154428	151649	143343
148542	141184			152564	142021	128796	124489
34680	**27499**			**30855**	**29039**	**30855**	**29039**
34680	27499			30855	29039	30855	29039

1-9 续表 2

超市

项　目	商品购进总额		统一配送商品购进额	
	2012年	2011年	2012年	2011年
总　计	**25777733**	**26279093**	**21824106**	**22801404**
内资企业	24577184	25088118	20999490	22065237
国有企业	86922	56610	80709	51317
集体企业	72874	70927	11539	12261
股份合作企业	100560	172892	99113	172028
联营企业	54002	25822	54002	25822
有限责任公司	11198812	9837708	9436142	8374636
股份有限公司	9879007	9406579	8786219	8434276
私营企业	3167260	5502055	2514018	4979955
其他企业	17748	15526	17748	14942
港、澳、台商投资企业	732753	736008	618330	526444
外商投资企业	467795	454968	206286	209723
直营门店合计	**23461122**	**24156408**	**19930225**	**21064666**
内资企业	22305701	23001182	19119269	20338218
国有企业	86922	56610	80709	51317
集体企业	41831	48819	11539	12261
股份合作企业	100560	172892	99113	172028
联营企业	54002	25822	54002	25822
有限责任公司	10947026	9615257	9204896	8173529
股份有限公司	8140411	7791729	7315107	7053540
私营企业	2922525	5279308	2341476	4839092
其他企业	12426	10745	12426	10628
港、澳、台商投资企业	732753	736008	618330	526444
外商投资企业	422667	419218	192626	200003
加盟门店合计	**2316611**	**2122685**	**1893881**	**1736739**
内资企业	2271483	2086935	1880221	1727019
国有企业				
集体企业	31043	22109		
股份合作企业				
联营企业				
有限责任公司	251786	222451	231246	201107
股份有限公司	1738596	1614849	1471111	1380736
私营企业	244735	222747	172542	140863
其他企业	5322	4780	5322	4313
港、澳、台商投资企业				
外商投资企业	45128	35750	13660	9720

单位：万元

自有配送中心配送商品购进额		非自有配送中心配送商品购进额		商品销售总额		零售额	
2012年	2011年	2012年	2011年	2012年	2011年	2012年	2011年
12667755	**10942743**	**3168699**	**3734543**	**29158859**	**27285370**	**24075422**	**22314686**
12101910	10491266	2920114	3449853	27819438	25977359	22800930	21049904
46047	703	33143	16132	89804	74043	89552	74043
8462	7066			74377	67304	62488	54665
91549	165473			102880	160258	102880	160258
28971	25822			60109	30821	49345	17503
4621621	3491081	370611	1118684	11839756	10598835	9507913	8524007
6066862	5774731	2214969	2053923	12340158	11682950	9807119	9527719
1226462	1018625	295581	256627	3294378	3346620	3163657	2675181
11937	7766	5810	4486	17978	16528	17978	16528
376096	260290	242234	266154	882651	870893	849191	853619
189749	191187	6351	18536	456770	437118	425301	411163
11480693	**9838430**	**2600139**	**3203686**	**27061546**	**25118445**	**22012195**	**20177692**
10928508	9396489	2351554	2919179	25767254	23854502	20751363	18931024
46047	703	33143	16132	89804	74043	89552	74043
8462	7066			48993	47516	37104	34877
91549	165473			102880	160258	102880	160258
28971	25822			60109	30821	49345	17503
4419419	3309045	360534	1115139	11551153	10357829	9220458	8285984
5190709	4948535	1676519	1543842	10891972	10062265	8358933	7907034
1136223	933247	276059	240037	3009239	3109802	2879989	2439356
7128	6599	5298	4030	13104	11968	13104	11968
376096	260290	242234	266154	882651	870893	849191	853619
176089	181651	6351	18352	411641	393050	411641	393050
1187062	**1104313**	**568561**	**530858**	**2097313**	**2166925**	**2063227**	**2136994**
1173402	1094777	568561	530674	2052184	2122857	2049567	2118881
				25383	19788	25383	19788
202202	182036	10077	3546	288602	241006	287455	238023
876153	826196	538450	510081	1448186	1620685	1448186	1620685
90238	85377	19522	16591	285139	236818	283668	235825
4809	1167	512	457	4874	4560	4874	4560
13660	9536		184	45128	44068	13660	18113

1-9 续表 3

大型超市

项　目	商品购进总额		统一配送商品购进额	
	2012年	2011年	2012年	2011年
总　计	**38299196**	**35204496**	**29789471**	**26942895**
内资企业	11028162	9732053	8155866	6941735
国有企业	46504	21801		
集体企业				
股份合作企业				
联营企业				
有限责任公司	5987316	5236067	4440963	3580124
股份有限公司	3044288	2760867	1944122	1811666
私营企业	1825600	1594033	1646327	1430660
其他企业	124454	119284	124454	119284
港、澳、台商投资企业	13980367	11764725	11842612	9720479
外商投资企业	13290667	13707719	9790994	10280682
直营门店合计	**33356290**	**30771703**	**24881635**	**22547827**
内资企业	10639215	9375569	7792605	6612903
国有企业	46504	21801		
集体企业				
股份合作企业				
联营企业				
有限责任公司	5680569	4952234	4152287	3316667
股份有限公司	3044288	2760867	1944122	1811666
私营企业	1743399	1521382	1571742	1365285
其他企业	124454	119284	124454	119284
港、澳、台商投资企业	10381782	8840314	8244027	6796068
外商投资企业	12335293	12555820	8845003	9138856
加盟门店合计	**4942906**	**4432793**	**4907837**	**4395069**
内资企业	388948	356484	363261	328832
国有企业				
集体企业				
股份合作企业				
联营企业				
有限责任公司	306747	283834	288676	263457
股份有限公司				
私营企业	82201	72651	74585	65375
其他企业				
港、澳、台商投资企业	3598585	2924410	3598585	2924410
外商投资企业	955374	1151899	945991	1141826

单位：万元

自有配送中心配送商品购进额		非自有配送中心配送商品购进额		商品销售总额		零售额	
2012年	2011年	2012年	2011年	2012年	2011年	2012年	2011年
14945715	**14415858**	**3103130**	**2999623**	**42219469**	**38425232**	**34386128**	**31886543**
4684498	3954250	1825372	1934434	12969556	11530530	11531402	10234662
				56315	27034	56315	27034
2262403	1797449	1118821	1199111	6943141	6218723	5656796	5072899
1357095	1256222	533712	524486	3952686	3354508	3842706	3248222
981560	812309	131826	179823	1884547	1811612	1842719	1767853
83440	88271	41014	31014	132866	118653	132866	118653
3346494	2855702	325987	253991	14790731	13038264	10451706	9453531
6914723	7605906	951771	811198	14459183	13856438	12403021	12198351
13726258	**13028761**	**3013336**	**2916062**	**37556667**	**33782385**	**29726470**	**27245644**
4411032	3708979	1735578	1850873	12342364	10990290	10907354	9696369
				56315	27034	56315	27034
2026380	1583874	1066168	1149229	6448823	5800028	5162477	4654204
1357095	1256222	533712	524486	3952686	3354508	3842706	3248222
944117	780613	94684	146145	1751674	1690066	1712990	1648255
83440	88271	41014	31014	132866	118653	132866	118653
3346494	2855702	325987	253991	11673936	10113854	7334911	6529120
5968732	6464080	951771	811198	13540366	12678242	11484204	11020155
1219457	**1387098**	**89795**	**83561**	**4662803**	**4642848**	**4659659**	**4640900**
273466	245271	89795	83561	627191	540241	624047	538293
236023	213575	52654	49883	494318	418695	494318	418695
37444	31697	37141	33678	132873	121546	129729	119598
				3116795	2924410	3116795	2924410
945991	1141826			918817	1178197	918817	1178197

1-9 续表 4

仓储会员店

项 目	商品购进总额		统一配送商品购进额	
	2012年	2011年	2012年	2011年
总 计	**2105119**	**2114754**	**335983**	**394072**
内资企业	18982	19183	18914	18889
国有企业				
集体企业				
股份合作企业				
联营企业				
有限责任公司	11013	12597	11013	12597
股份有限公司				
私营企业	7969	6586	7901	6291
其他企业				
港、澳、台商投资企业				
外商投资企业	2086138	2095572	317070	375183
直营门店合计	**2098793**	**2110996**	**329725**	**390519**
内资企业	12655	15425	12655	15336
国有企业				
集体企业				
股份合作企业				
联营企业				
有限责任公司	11013	12597	11013	12597
股份有限公司				
私营企业	1642	2827	1642	2738
其他企业				
港、澳、台商投资企业				
外商投资企业	2086138	2095572	317070	375183
加盟门店合计	**6326**	**3758**	**6259**	**3553**
内资企业	6326	3758	6259	3553
国有企业				
集体企业				
股份合作企业				
联营企业				
有限责任公司				
股份有限公司				
私营企业	6326	3758	6259	3553
其他企业				
港、澳、台商投资企业				
外商投资企业				

单位：万元

自有配送中心配送商品购进额		非自有配送中心配送商品购进额		商品销售总额		零售额	
2012年	2011年	2012年	2011年	2012年	2011年	2012年	2011年
7901	**6291**	**317070**	**375183**	**2162979**	**1994306**	**2162979**	**1994306**
7901	6291			24185	20205	24185	20205
				10928	9863	10928	9863
7901	6291			13257	10342	13257	10342
		317070	375183	2138794	1974101	2138794	1974101
1642	**2738**	**317070**	**375183**	**2151384**	**1987263**	**2151384**	**1987263**
1642	2738			12590	13162	12590	13162
				10928	9863	10928	9863
1642	2738			1662	3298	1662	3298
		317070	375183	2138794	1974101	2138794	1974101
6259	**3553**			**11595**	**7043**	**11595**	**7043**
6259	3553			11595	7043	11595	7043
6259	3553			11595	7043	11595	7043

1-9 续表 5

百货店

项 目	商品购进总额		统一配送商品购进额	
	2012年	2011年	2012年	2011年
总 计	**27533025**	**24910102**	**12397186**	**11203014**
内资企业	21634651	19599851	7840531	7130007
国有企业	2381	2341	1641	1563
集体企业	189016	174171	82163	87587
股份合作企业				
联营企业				
有限责任公司	2636225	2461200	1451144	1269533
股份有限公司	18282469	16504925	5916259	5439826
私营企业	524560	457214	389324	331497
其他企业				
港、澳、台商投资企业	5024330	4516636	4556654	4073008
外商投资企业	874045	793615		
直营门店合计	**26629160**	**24117188**	**11885134**	**10695352**
内资企业	20965294	19008417	7385733	6678607
国有企业	1367	1376	628	598
集体企业	179008	162910	72155	76326
股份合作企业				
联营企业				
有限责任公司	2538627	2394006	1451144	1269533
股份有限公司	17757255	16030961	5508005	5038702
私营企业	489037	419163	353801	293447
其他企业				
港、澳、台商投资企业	4789821	4315157	4499401	4016746
外商投资企业	874045	793615		
加盟门店合计	**903866**	**792914**	**512052**	**507662**
内资企业	669357	591434	454799	451400
国有企业	1013	965	1013	965
集体企业	10007	11261	10007	11261
股份合作企业				
联营企业				
有限责任公司	97598	67193		
股份有限公司	525215	473965	408255	401124
私营企业	35523	38050	35523	38050
其他企业				
港、澳、台商投资企业	234509	201480	57253	56262
外商投资企业				

单位：万元

自有配送中心配送商品购进额		非自有配送中心配送商品购进额		商品销售总额		零售额	
2012年	2011年	2012年	2011年	2012年	2011年	2012年	2011年
9647134	**8531908**	**1329939**	**1202508**	**32517782**	**29933942**	**28494986**	**26314268**
5828551	5332290	600595	494481	25759537	23842103	21991989	20370801
1641	1563			2278	2251	2278	2251
42983	42632			382937	168449	378331	165487
638341	634079	498457	392372	3388565	3077017	3161433	2969119
4826384	4389481	89469	88959	21402873	20078380	17872355	16721245
319202	264535	12669	13150	582884	516007	577591	512700
3818583	3199619	729344	708027	5770697	5118388	5515450	4970015
				987548	973452	987548	973452
9239161	**8129973**	**1303846**	**1176240**	**31467728**	**28981645**	**27476630**	**25382931**
5451737	4960348	600595	494481	24940382	23072777	21172834	19601475
628	598			1458	1470	1458	1470
32975	31371			372858	157936	368252	154974
638341	634079	498457	392372	3238502	2976056	3011370	2868158
4496114	4067816	89469	88959	20788681	19466618	17258163	16109483
283678	226485	12669	13150	538884	470698	533591	467391
3787424	3169624	703251	681759	5539798	4935417	5316248	4808004
				987548	973452	987548	973452
407973	**401936**	**26093**	**26268**	**1050054**	**952297**	**1018357**	**931337**
376814	371941			819155	769326	819155	769326
1013	965			820	781	820	781
10007	11261			10079	10513	10079	10513
				150064	100961	150064	100961
330270	321665			614192	611762	614192	611762
35523	38050			44000	45309	44000	45309
31160	29994	26093	26268	230899	182971	199202	162011

1-9 续表 6

专业店(含加油站)

项 目	商品购进总额		统一配送商品购进额	
	2012年	2011年	2012年	2011年
总 计	**166992953**	**158466464**	**133996991**	**124044134**
内资企业	159868239	151373364	128047554	118218595
国有企业	32163645	27336879	28065285	23728781
集体企业	130201	198928	128624	157975
股份合作企业	951127	912177	951127	912177
联营企业	64200	87299	64200	87299
有限责任公司	22424184	21439492	17658448	16183211
股份有限公司	97119327	94917997	74601528	71059416
私营企业	6947411	6424295	6511161	6033951
其他企业	68146	56297	67181	55787
港、澳、台商投资企业	402702	336937	400464	333467
外商投资企业	6722012	6756164	5548974	5492072
直营门店合计	**164524020**	**156090398**	**131675247**	**121833127**
内资企业	157430857	149003901	125757360	116014191
国有企业	31677640	27056867	27579890	23449270
集体企业	85213	78291	84601	77620
股份合作企业	951127	912177	951127	912177
联营企业	54103	69450	54103	69450
有限责任公司	21967373	20964313	17312483	15803834
股份有限公司	95928170	93654962	73410370	69796380
私营企业	6725592	6237277	6324023	5875334
其他企业	41640	30563	40764	30127
港、澳、台商投资企业	372564	331787	370325	328317
外商投资企业	6720600	6754710	5547562	5490618
加盟门店合计	**2468933**	**2376066**	**2321745**	**2211007**
内资企业	2437382	2369463	2290194	2204404
国有企业	486005	280011	485395	279511
集体企业	44988	120637	44024	80355
股份合作企业				
联营企业	10096	17849	10096	17849
有限责任公司	456811	475179	345965	379377
股份有限公司	1191158	1263036	1191158	1263036
私营企业	221819	187018	187139	158616
其他企业	26506	25733	26417	25660
港、澳、台商投资企业	30139	5150	30139	5150
外商投资企业	1412	1453	1412	1453

单位：万元

自有配送中心配送商品购进额		非自有配送中心配送商品购进额		商品销售总额		零售额	
2012年	2011年	2012年	2011年	2012年	2011年	2012年	2011年
83254336	**78492842**	**15335162**	**13879861**	**196289641**	**187837280**	**123240095**	**114939129**
81095957	76478222	13553619	11869583	186081304	178335667	115294437	107406637
13495884	10888562	5305748	4454149	35691629	31631143	21069574	18477383
89718	154670	35492		140943	209708	46497	54384
951127	901858			1023056	959595	890884	842010
				69983	61200	69983	61200
8312507	8296273	1833003	1585286	24328547	23720261	17041208	17292704
54897359	53336291	5736235	5140622	117302901	114634091	69395792	64127632
3334268	2886267	600588	654173	7448021	7044209	6714910	6485856
15094	14302	42554	35354	76224	75460	65590	65469
222500	178780	15591		468928	413820	238751	186520
1935879	1835840	1765951	2010277	9739409	9087794	7706907	7345972
81720323	**77005609**	**14977209**	**13557737**	**193696546**	**185239158**	**121371417**	**113337843**
79576963	74996593	13210786	11547459	183522979	175743986	113460529	105811792
13240804	10834596	5099133	4252926	35240947	31272867	20701405	18228738
82936	75995			95409	87989	40648	48464
951127	901858			1023056	959595	890884	842010
				57719	49259	57719	49259
8051541	8024447	1778113	1508357	23723475	23167986	16528568	16859880
54013087	52358628	5735257	5133410	116153833	113326073	68720929	63437960
3224765	2789080	578862	640195	7188088	6839953	6487034	6311689
12703	11989	19420	12572	40453	40265	33342	33791
207481	173630	471		435425	408634	205248	181335
1935879	1835386	1765951	2010277	9738143	9086538	7705640	7344717
1534013	**1487233**	**357953**	**322124**	**2593095**	**2598122**	**1868677**	**1601286**
1518994	1481629	342833	322124	2558325	2591681	1833908	1594845
255080	53966	206615	201223	450682	358277	368168	248645
6782	78676	35492		45534	121719	5849	5919
				12264	11941	12264	11941
260966	271825	54890	76929	605073	552276	512640	432824
884272	977663	977	7213	1149068	1308018	674862	689672
109503	97187	21725	13978	259933	204256	227876	174167
2391	2313	23134	22781	35771	35195	32248	31678
15019	5150	15120		33503	5185	33503	5185
	454			1266	1255	1266	1255

1-9 续表 7

加油站

项　目	商品购进总额		统一配送商品购进额	
	2012年	2011年	2012年	2011年
总　计	**101975910**	**91492508**	**82425373**	**73482410**
内资企业	97693433	87992991	79161579	70494314
国有企业	20854719	17024706	18718941	15732393
集体企业				
股份合作企业	941561	901858	941561	901858
联营企业				
有限责任公司	4350517	3322993	3313703	2284297
股份有限公司	71506731	66694711	56173645	51547904
私营企业	39905	48724	13729	27863
其他企业				
港、澳、台商投资企业				
外商投资企业	4282477	3499517	3263793	2988096
直营门店合计	**101184834**	**90743695**	**81634297**	**72733597**
内资企业	96902357	87244179	78370504	69745501
国有企业	20665319	16971306	18529541	15678993
集体企业				
股份合作企业	941561	901858	941561	901858
联营企业				
有限责任公司	4350517	3322993	3313703	2284297
股份有限公司	70905056	65999298	55571970	50852491
私营企业	39905	48724	13729	27863
其他企业				
港、澳、台商投资企业				
外商投资企业	4282477	3499517	3263793	2988096
加盟门店合计	**791075**	**748813**	**791075**	**748813**
内资企业	791075	748813	791075	748813
国有企业	189400	53400	189400	53400
集体企业				
股份合作企业				
联营企业				
有限责任公司				
股份有限公司	601675	695413	601675	695413
私营企业				
其他企业				
港、澳、台商投资企业				
外商投资企业				

单位：万元

自有配送中心配送商品购进额		非自有配送中心配送商品购进额		商品销售总额		零售额	
2012年	2011年	2012年	2011年	2012年	2011年	2012年	2011年
48956264	**44270539**	**10329269**	**8914045**	**124135533**	**113725544**	**75421680**	**65844575**
48196196	43563463	8907180	7728307	117641790	108059177	69915886	61120244
7782300	6092446	3356453	2776273	22974113	20162242	15909078	13478496
941561	901858			1009029	949326	876858	831741
104649	84042	152363	118854	4596253	3928603	2264748	1991048
39359495	36478840	5398365	4833181	89021989	82962762	50824796	44763977
8190	6278			40407	56245	40407	54983
760068	707076	1422089	1185738	6493743	5666367	5505793	4724331
48165189	**43521726**	**10329269**	**8914045**	**123384649**	**112983597**	**74969341**	**65447939**
47405120	42814650	8907180	7728307	116890905	107317230	69463548	60723609
7592900	6039046	3356453	2776273	22824904	20115708	15759869	13431961
941561	901858			1009029	949326	876858	831741
104649	84042	152363	118854	4596253	3928603	2264748	1991048
38757820	35783427	5398365	4833181	88420313	82267349	50521667	44413876
8190	6278			40407	56245	40407	54983
760068	707076	1422089	1185738	6493743	5666367	5505793	4724331
791075	**748813**			**750885**	**741947**	**452339**	**396635**
791075	748813			750885	741947	452339	396635
189400	53400			149210	46534	149210	46534
601675	695413			601675	695413	303129	350101

1-9 续表 8

专卖店

项 目	商品购进总额		统一配送商品购进额	
	2012年	2011年	2012年	2011年
总 计	**20551220**	**20523968**	**18798865**	**18652677**
内资企业	18814626	18801582	17743028	17550851
国有企业	5440897	5397131	5114882	5115971
集体企业	9890	8973	9890	8973
股份合作企业	84935	57282	84935	57282
联营企业				
有限责任公司	2394675	2624085	1739906	1721340
股份有限公司	8876747	9096808	8872193	9093608
私营企业	1828240	1441744	1741979	1378118
其他企业	179243	175559	179243	175559
港、澳、台商投资企业	1120917	1031119	440160	410559
外商投资企业	615677	691267	615677	691267
直营门店合计	**18991924**	**18920358**	**17251086**	**17059219**
内资企业	17448460	17445123	16385669	16202033
国有企业	5143060	4997214	4817045	4716054
集体企业	9890	8973	9890	8973
股份合作企业	84935	57282	84935	57282
联营企业				
有限责任公司	2240083	2489601	1586516	1587216
股份有限公司	8579914	8828817	8579361	8828517
私营企业	1211917	887688	1129262	828443
其他企业	178661	175549	178661	175549
港、澳、台商投资企业	1096641	988446	418594	370397
外商投资企业	446824	486789	446824	486789
加盟门店合计	**1559295**	**1603610**	**1547779**	**1593458**
内资企业	1366166	1356458	1357360	1348818
国有企业	297837	399917	297837	399917
集体企业				
股份合作企业				
联营企业				
有限责任公司	154592	134484	153390	134124
股份有限公司	296832	267991	292832	265091
私营企业	616323	554056	612718	549675
其他企业	582	10	582	10
港、澳、台商投资企业	24276	42673	21566	40162
外商投资企业	168853	204479	168853	204479

单位：万元

自有配送中心配送商品购进额		非自有配送中心配送商品购进额		商品销售总额		零售额	
2012年	2011年	2012年	2011年	2012年	2011年	2012年	2011年
15172689	**15237334**	**1004391**	**884502**	**22604022**	**22723480**	**17429905**	**14936837**
14385932	14408311	996036	874526	20428601	20452388	15645596	13088876
4097248	3974715	372593	379466	5632911	5416085	2621094	2052531
		9890	8973	12645	11454	12645	11454
				85948	67000	4185	3240
1056068	1186132	169523	97086	2950514	3060957	2415826	2448711
8065343	8304343	240209	199242	9243084	9851317	9053879	7350459
1118923	899947	200821	186760	2314231	1868002	1348699	1044907
48350	43173	3000	3000	189268	177574	189268	177574
334605	323829	3463	4449	1395727	1358522	1207307	1183879
452152	505194	4893	5528	779693	912569	577002	664082
14236347	**14317456**	**713371**	**617859**	**20557241**	**20722623**	**16622572**	**14124247**
13633793	13727240	705016	607883	18698499	18850674	15043942	12550029
4065044	3937103	372593	379466	5311375	5037458	2585418	2011031
		9890	8973	12645	11454	12645	11454
				85948	67000	4185	3240
917746	1067679	158391	87350	2678099	2819666	2254618	2315139
7963752	8213404	49012	25124	8931779	9559714	8746574	7061857
639484	465892	112130	103971	1489910	1177982	1251758	969909
47768	43163	3000	3000	188744	177401	188744	177401
319255	289501	3463	4449	1357414	1309806	1183160	1135163
283299	300715	4893	5528	501328	562143	395470	439055
936342	**919877**	**291020**	**266643**	**2046781**	**2000857**	**807334**	**812590**
752139	681070	291020	266643	1730102	1601715	601654	538847
32204	37612			321536	378627	35675	41501
138322	118453	11132	9736	272415	241292	161209	133573
101592	90940	191197	174118	311305	291603	307305	288603
479439	434055	88690	82789	824322	690020	96941	74998
582	10			524	173	524	173
15350	34328			38314	48716	24147	48716
168853	204479			278365	350427	181532	225027

1-9 续表 9

家居建材商店

项　目	商品购进总额		统一配送商品购进额	
	2012年	2011年	2012年	2011年
总　计	**341877**	**343645**	**231085**	**239249**
内资企业	97930	118708	97930	118708
国有企业				
集体企业				
股份合作企业				
联营企业				
有限责任公司	65832	93868	65832	93868
股份有限公司				
私营企业	32097	24840	32097	24840
其他企业				
港、澳、台商投资企业				
外商投资企业	243947	224937	133156	120541
直营门店合计	**341877**	**343645**	**231085**	**239249**
内资企业	97930	118708	97930	118708
国有企业				
集体企业				
股份合作企业				
联营企业				
有限责任公司	65832	93868	65832	93868
股份有限公司				
私营企业	32097	24840	32097	24840
其他企业				
港、澳、台商投资企业				
外商投资企业	243947	224937	133156	120541
加盟门店合计				
内资企业				
国有企业				
集体企业				
股份合作企业				
联营企业				
有限责任公司				
股份有限公司				
私营企业				
其他企业				
港、澳、台商投资企业				
外商投资企业				

单位：万元

自有配送中心配送商品购进额		非自有配送中心配送商品购进额		商品销售总额		零售额	
2012年	2011年	2012年	2011年	2012年	2011年	2012年	2011年
62578	**76232**	**48212**	**49601**	**472878**	**473987**	**423208**	**414649**
62578	76232			141778	178369	92371	119272
54463	72903			103482	148410	62737	92620
8115	3329			38296	29960	29634	26653
		48212	49601	331101	295618	330838	295376
62578	**76232**	**48212**	**49601**	**472878**	**473987**	**423208**	**414649**
62578	76232			141778	178369	92371	119272
54463	72903			103482	148410	62737	92620
8115	3329			38296	29960	29634	26653
		48212	49601	331101	295618	330838	295376

1-9 续表 10

厂家直销中心

项目	商品购进总额		统一配送商品购进额	
	2012年	2011年	2012年	2011年
总计	**36890**	**31018**	**35298**	**29662**
内资企业	36890	31018	35298	29662
国有企业				
集体企业				
股份合作企业				
联营企业				
有限责任公司	27458	21006	25866	19650
股份有限公司	9432	10012	9432	10012
私营企业				
其他企业				
港、澳、台商投资企业				
外商投资企业				
直营门店合计	**36890**	**29662**	**35298**	**29662**
内资企业	36890	29662	35298	29662
国有企业				
集体企业				
股份合作企业				
联营企业				
有限责任公司	27458	19650	25866	19650
股份有限公司	9432	10012	9432	10012
私营企业				
其他企业				
港、澳、台商投资企业				
外商投资企业				
加盟门店合计		**1356**		
内资企业		1356		
国有企业				
集体企业				
股份合作企业				
联营企业				
有限责任公司		1356		
股份有限公司				
私营企业				
其他企业				
港、澳、台商投资企业				
外商投资企业				

单位：万元

自有配送中心配送商品购进额		非自有配送中心配送商品购进额		商品销售总额		零售额	
2012年	2011年	2012年	2011年	2012年	2011年	2012年	2011年
35298	**29662**			**38054**	**32823**	**29520**	**23475**
35298	29662			38054	32823	29520	23475
25866	19650			27408	21608	27408	21608
9432	10012			10646	11215	2113	1867
35298	**29662**			**38054**	**31228**	**29520**	**21880**
35298	29662			38054	31228	29520	21880
25866	19650			27408	20013	27408	20013
9432	10012			10646	11215	2113	1867
					1595		**1595**
					1595		1595
					1595		1595

1-9 续表 11

其他

项　目	商品购进总额		统一配送商品购进额	
	2012年	2011年	2012年	2011年
总　计	**24146435**	**23596309**	**20708128**	**19338687**
内资企业	23745686	23190873	20307379	18933251
国有企业	6548099	6234641	6521307	6224930
集体企业	17189	17433	3283	4199
股份合作企业	13851	18385		
联营企业				
有限责任公司	517449	390164	449856	342918
股份有限公司	16150680	16034265	13053503	12121998
私营企业	346158	305955	279431	239205
其他企业	152262	190031		
港、澳、台商投资企业				
外商投资企业	400749	405436	400749	405436
直营门店合计	**22690806**	**22284546**	**19452558**	**18254124**
内资企业	22537182	22135685	19298934	18105263
国有企业	6241736	6013105	6215678	6004092
集体企业	15889	15999	1983	2765
股份合作企业	13851	18385		
联营企业				
有限责任公司	489091	366064	434719	333837
股份有限公司	15349718	15288464	12421144	11569993
私营企业	274636	243637	225409	194575
其他企业	152262	190031		
港、澳、台商投资企业				
外商投资企业	153624	148861	153624	148861
加盟门店合计	**1455629**	**1311764**	**1255571**	**1084563**
内资企业	1208504	1055189	1008446	827988
国有企业	306363	221536	305629	220838
集体企业	1300	1434	1300	1434
股份合作企业				
联营企业				
有限责任公司	28358	24100	15137	9081
股份有限公司	800962	745801	632359	552004
私营企业	71521	62318	54021	44631
其他企业				
港、澳、台商投资企业				
外商投资企业	247125	256575	247125	256575

单位：万元

自有配送中心配送商品购进额		非自有配送中心配送商品购进额		商品销售总额		零售额	
2012年	2011年	2012年	2011年	2012年	2011年	2012年	2011年
2840402	**2640538**	**10584091**	**9661795**	**26175279**	**25600092**	**13080892**	**12472809**
2449504	2248656	10584091	9648241	25736478	25165746	12791193	12171736
118508	85565	269893	216094	6551470	6372642	13548	4084
3283	4199			22770	23351	9123	9888
				17719	21015	5385	6142
416543	318254	15707	9519	675505	454818	273430	90511
1773311	1746363	10272450	9394601	17917643	17777455	12169076	11770900
137860	94275	26041	28027	371441	343710	140702	117456
				179929	172755	179929	172755
390898	391882		13554	438801	434346	289699	301072
1794420	**1706673**	**10379522**	**9514963**	**22752008**	**22235419**	**12677703**	**11891692**
1650647	1571367	10379522	9501409	22592022	22082780	12657567	11872328
		82772	80821	4171212	4133171	11508	2146
1983	2765			20430	20770	6783	7307
				17719	21015	5385	6142
412926	315450	9206	7109	644494	428880	253955	75220
1140952	1194359	10272450	9394601	17257631	17023610	12109076	11531500
94786	58793	15094	18878	300607	282579	90931	77258
				179929	172755	179929	172755
143773	135307		13554	159985	152638	20136	19365
1045982	**933864**	**204570**	**146832**	**3423271**	**3364673**	**403188**	**581116**
798857	677289	204570	146832	3144455	3082966	133626	299409
118508	85565	187121	135273	2380258	2239471	2040	1938
1300	1434			2340	2581	2340	2581
3616	2804	6501	2410	31011	25938	19475	15292
632359	552004			660012	753845	60000	239400
43074	35482	10948	9149	70834	61131	49771	40198
247125	256575			278816	281707	269563	281707

1-10　连锁零售企业门店分布情况

单位：个

地　区	门店数		直营门店		加盟门店	
	2012年	2011年	2012年	2011年	2012年	2011年
全　国	**192870**	**197248**	**117138**	**113751**	**75732**	**83497**
北　京	7255	7552	4985	4951	2270	2601
天　津	2363	2524	2100	2070	263	454
河　北	4926	5736	4107	4034	819	1702
山　西	2760	2774	1361	1244	1399	1530
内蒙古	483	631	218	208	265	423
辽　宁	7119	6946	4821	4497	2298	2449
吉　林	1256	1640	1011	981	245	659
黑龙江	2082	2251	1859	1711	223	540
上　海	14526	15006	8553	8707	5973	6299
江　苏	18230	18705	11358	11189	6872	7516
浙　江	24924	24738	10873	11091	14051	13647
安　徽	10652	10374	4564	4038	6088	6336
福　建	4658	4502	3471	3323	1187	1179
江　西	4026	3720	2396	2186	1630	1534
山　东	10983	11145	7914	7606	3069	3539
河　南	6135	6725	4294	4369	1841	2356
湖　北	5861	6013	4999	4749	862	1264
湖　南	5875	6148	3447	3355	2428	2793
广　东	18200	18434	13901	13308	4299	5126
广　西	4258	4008	2722	2604	1536	1404
海　南	712	758	539	580	173	178
重　庆	12076	11941	3547	3464	8529	8477
四　川	10015	10574	4885	4672	5130	5902
贵　州	1284	1154	808	655	476	499
云　南	4057	4388	3195	3235	862	1153
西　藏	123	83	15	15	108	68
陕　西	1104	1266	672	689	432	577
甘　肃	909	978	715	613	194	365
青　海	293	234	108	76	185	158
宁　夏	1775	2190	620	485	1155	1705
新　疆	3906	4069	3047	3015	859	1054
港澳台及国外	44	41	33	31	11	10

1-11 连锁零售企业配送中心分布情况

单位：个

地区	配送中心数		自有配送中心数	
	2012年	2011年	2012年	2011年
全国	**2765**	**2761**	**2302**	**2273**
北京	76	82	58	57
天津	21	21	14	14
河北	87	86	76	75
山西	62	65	61	64
内蒙古	26	27	25	26
辽宁	55	58	44	47
吉林	23	24	21	21
黑龙江	39	37	34	33
上海	60	63	44	46
江苏	385	385	272	276
浙江	289	284	234	223
安徽	162	161	132	128
福建	93	96	82	86
江西	89	86	74	73
山东	166	156	159	149
河南	124	115	104	99
湖北	142	123	137	119
湖南	79	86	71	74
广东	269	271	224	229
广西	44	46	42	44
海南	4	4	4	4
重庆	92	89	89	85
四川	81	93	69	80
贵州	15	14	12	12
云南	46	43	37	33
西藏				
陕西	25	24	25	24
甘肃	19	18	17	16
青海	3	2	3	2
宁夏	47	56	32	32
新疆	141	145	105	101
港澳台及国外	1	1	1	1

1-12 连锁零售企业门店在36城市分布情况

单位：个

地区	门店数		直营门店		加盟门店	
	2012年	2011年	2012年	2011年	2012年	2011年
合计	**93686**	**95698**	**58057**	**56263**	**35629**	**39435**
北京	7255	7552	4985	4951	2270	2601
天津	2363	2524	2100	2070	263	454
石家庄	1175	1350	744	741	431	609
太原	2004	1955	751	673	1253	1282
呼和浩特	135	163	17	14	118	149
沈阳	1548	1378	1372	1216	176	162
大连	3000	3120	1697	1684	1303	1436
长春	781	882	689	710	92	172
哈尔滨	1603	1517	1490	1317	113	200
上海	14526	15006	8553	8707	5973	6299
南京	2730	2702	2045	1852	685	850
杭州	4809	4721	2804	2704	2005	2017
宁波	2471	2645	1619	1719	852	926
合肥	3615	3738	1108	986	2507	2752
福州	733	737	539	500	194	237
厦门	1279	1441	872	831	407	610
南昌	996	964	540	452	456	512
济南	883	968	688	651	195	317
青岛	3298	3354	2048	1905	1250	1449
郑州	1440	1515	1181	1130	259	385
武汉	3472	3556	2958	2852	514	704
长沙	1770	1998	753	794	1017	1204
广州	5195	4926	4074	4034	1121	892
深圳	3985	3419	2806	2640	1179	779
南宁	997	983	494	484	503	499
海口	390	434	277	333	113	101
重庆	12076	11941	3547	3464	8529	8477
成都	3842	3882	3528	3251	314	631
贵阳	663	651	371	325	292	326
昆明	1642	1950	1440	1474	202	476
拉萨	45	44	15	15	30	29
西安	700	868	473	464	227	404
兰州	570	640	440	356	130	284
西宁	169	189	78	72	91	117
银川	519	799	284	236	235	563
乌鲁木齐	1007	1186	677	656	330	530

1-13　连锁零售企业配送中心在36城市分布情况

单位：个

地　区	配送中心数		自有配送中心数	
	2012年	2011年	2012年	2011年
合　计	**1132**	**1148**	**915**	**905**
北　京	76	82	58	57
天　津	21	21	14	14
石家庄	12	11	12	11
太　原	41	41	40	40
呼和浩特	1	1	1	1
沈　阳	14	13	10	9
大　连	23	23	16	16
长　春	8	7	6	4
哈尔滨	20	19	16	15
上　海	60	63	44	46
南　京	45	41	29	26
杭　州	67	65	59	57
宁　波	35	36	32	33
合　肥	49	54	23	27
福　州	16	24	9	18
厦　门	35	34	34	33
南　昌	42	39	31	30
济　南	8	7	8	7
青　岛	45	43	40	38
郑　州	23	20	19	18
武　汉	67	64	65	62
长　沙	23	30	20	24
广　州	107	109	82	85
深　圳	41	40	39	38
南　宁	15	15	14	14
海　口	1	1	1	1
重　庆	92	89	89	85
成　都	33	34	27	27
贵　阳	3	2	2	2
昆　明	22	26	19	16
拉　萨				
西　安	10	9	10	9
兰　州	12	11	11	10
西　宁	2	2	2	2
银　川	16	18	12	12
乌鲁木齐	47	54	21	18

第二部分

零售企业地区篇

2-1 各地区连锁零售企业基本情况

地区	连锁总店数（个）	门店数（个）		年末从业人员（人）		年末零售营业面积（平方米）	
	2012年	2012年	2011年	2012年	2011年	2012年	2011年
全　国	**2524**	**192870**	**197248**	**2563484**	**2523769**	**147658548**	**142811427**
北　京	134	6810	6824	149657	146310	6680540	6496793
天　津	38	1915	1892	37555	37476	2627026	2480228
河　北	88	4299	4262	51577	48838	5897182	5704029
山　西	44	2388	2150	40711	33269	1584753	1381182
内蒙古	17	236	246	5022	5215	213629	220531
辽　宁	92	5836	5513	68621	62495	4448786	4319515
吉　林	28	898	904	11586	11948	501217	595614
黑龙江	36	1761	1628	22966	21324	657350	632462
上　海	87	19310	20032	293880	307872	10277091	9920020
江　苏	177	18300	17682	388179	422961	18730831	18504172
浙　江	228	29496	28076	177084	170152	10828701	10581030
安　徽	69	9533	8925	97743	93689	5331907	4824807
福　建	140	3922	3700	77103	75811	6177368	5226171
江　西	74	3389	3032	51855	45952	2794733	2521900
山　东	139	10327	9760	166660	164309	12097268	11644809
河　南	150	5370	5390	73363	67683	6565854	6187504
湖　北	117	5330	5051	145636	136991	5919604	5519727
湖　南	90	5326	5617	62179	61272	5133877	5037753
广　东	273	22216	30410	275022	295283	24066048	24621162
广　西	62	3465	3326	39225	37802	3308874	3127607
海　南	6	506	561	5717	5405	319630	298511
重　庆	91	11517	11329	90936	86171	3882447	3334887
四　川	104	9355	9536	111481	71387	2477034	2283747
贵　州	24	951	797	6653	4834	113147	94944
云　南	43	3652	3651	36022	35272	1874834	1960833
西　藏	2	15	15	700	623	24354	24730
陕　西	26	659	679	19293	18762	689339	713271
甘　肃	18	671	598	7268	7282	656468	508383
青　海	11	98	93	6566	6504	239674	231428
宁　夏	21	1608	1940	12241	10526	619310	566330
新　疆	95	3711	3629	30983	30351	2919672	3247347

2-2 各地区连锁零售企业直营门店基本情况

地 区	门店数（个）		年末从业人员（人）		年末零售营业面积（平方米）	
	2012年	2011年	2012年	2011年	2012年	2011年
全 国	**117138**	**113751**	**2203171**	**2180016**	**138619877**	**133374677**
北 京	4934	4749	137613	134291	6419065	6216189
天 津	1872	1842	37414	37347	2622321	2475523
河 北	3924	3891	50982	48332	5869632	5677229
山 西	1277	1199	35636	28882	1531742	1338390
内蒙古	180	178	4919	5091	209790	216454
辽 宁	4107	3811	61532	55419	4261183	4134970
吉 林	898	904	11586	11948	501217	595614
黑龙江	1761	1628	22966	21324	657350	632462
上 海	11148	11618	210050	215699	7570857	7056578
江 苏	12290	11999	351087	383364	17856692	17543804
浙 江	10552	10546	124060	123778	9546566	9422898
安 徽	4029	3536	76298	73338	4936047	4413512
福 建	3366	3186	73994	72980	6125090	5174034
江 西	2291	2084	47541	41737	2603097	2336521
山 东	7822	7464	156081	153414	11802975	11347321
河 南	4187	4278	70210	64914	6427910	6061037
湖 北	4904	4623	141653	133254	5851198	5451638
湖 南	3279	3197	58603	57530	4962980	4858837
广 东	14528	13753	239887	239848	22763539	23101650
广 西	2554	2442	34823	33674	3183108	3013072
海 南	506	561	5717	5405	319630	298511
重 庆	3319	3278	76906	72419	3568916	3036746
四 川	4637	4492	62470	60807	2278983	2076563
贵 州	728	597	6021	4192	100211	83585
云 南	3119	3157	35132	34330	1848636	1890922
西 藏	15	15	700	623	24354	24730
陕 西	513	543	17268	16557	518519	543001
甘 肃	658	584	7249	7255	655368	507383
青 海	76	70	6544	6481	239674	231428
宁 夏	601	510	9403	7544	550760	471512
新 疆	3063	3016	28826	28239	2812467	3142563

2-3 各地区连锁零售企业加盟门店基本情况

地 区	门店数（个）		年末从业人员（人）		年末零售营业面积（平方米）	
	2012年	2011年	2012年	2011年	2012年	2011年
全 国	**75732**	**83497**	**360313**	**343753**	**9038671**	**9436750**
北 京	1876	2075	12044	12019	261475	280604
天 津	43	50	141	129	4705	4705
河 北	375	371	595	506	27550	26800
山 西	1111	951	5075	4387	53011	42792
内蒙古	56	68	103	124	3839	4077
辽 宁	1729	1702	7089	7076	187603	184545
吉 林						
黑龙江						
上 海	8162	8414	83830	92173	2706234	2863442
江 苏	6010	5683	37092	39597	874139	960368
浙 江	18944	17530	53024	46374	1282135	1158132
安 徽	5504	5389	21445	20351	395860	411295
福 建	556	514	3109	2831	52278	52137
江 西	1098	948	4314	4215	191636	185379
山 东	2505	2296	10579	10895	294293	297488
河 南	1183	1112	3153	2769	137944	126467
湖 北	426	428	3983	3737	68406	68089
湖 南	2047	2420	3576	3742	170897	178916
广 东	7688	16657	35135	55435	1302509	1519512
广 西	911	884	4402	4128	125766	114535
海 南						
重 庆	8198	8051	14030	13752	313531	298141
四 川	4718	5044	49011	10580	198051	207184
贵 州	223	200	632	642	12936	11359
云 南	533	494	890	942	26198	69911
西 藏						
陕 西	146	136	2025	2205	170820	170270
甘 肃	13	14	19	27	1100	1000
青 海	22	23	22	23		
宁 夏	1007	1430	2838	2982	68550	94818
新 疆	648	613	2157	2112	107205	104784

2-4 各地区连锁零售

地区	商品购进总额		统一配送商品购进额		自有配送中心配送商品购进额	
	2012年	2011年	2012年	2011年	2012年	2011年
全国	**308255424**	**293753954**	**239758386**	**225111503**	**139328763**	**130987968**
北京	20748640	20577701	9951243	9712571	3219481	3059626
天津	7210856	6994362	5703836	5585493	3722505	3777653
河北	10288970	9833206	7414285	7247985	4546609	4470980
山西	2622905	1905401	1286114	784479	252873	245368
内蒙古	270834	242247	233695	207732	141760	119510
辽宁	8766294	8574034	5578592	5366648	1821923	2037100
吉林	1480797	1378503	1370390	1311785	1234240	1073132
黑龙江	2335235	2254814	2190453	2114833	1735031	1665239
上海	31705443	30351363	25580866	23804066	8670676	8467904
江苏	44018413	44264716	37066528	35503625	34226559	32959945
浙江	21384053	19991916	19150889	17868940	17551215	16565015
安徽	14446783	13120509	11317726	10344548	5553724	4805277
福建	8772049	7955690	5783224	5109020	2197108	1751040
江西	5487255	4574024	4837973	3873328	3126544	2359402
山东	21837929	20537044	15399940	14493114	11099269	10829289
河南	7442020	6658494	4905048	4443329	2895571	2648176
湖北	13625132	10613676	10370498	7918716	7923508	6144318
湖南	8976941	10407630	6315475	8452310	3522206	3043341
广东	42834083	43054146	38044053	36624398	11904896	12378642
广西	3779966	3335307	3513001	3134772	1470234	1434714
海南	1695362	1369067	1695362	1369067	5250	4682
重庆	8891889	8328794	5333031	5055349	3470942	3076813
四川	4329763	4115597	3635096	3556909	1266533	1448352
贵州	143728	114408	141745	114408	53010	50172
云南	2897031	2921117	2871885	2814185	1087208	840198
西藏	21653	21741	21653	21741		
陕西	2170841	1915829	1299642	1116649	1104552	959803
甘肃	1745999	1372248	1373385	1188016	335120	267324
青海	199249	162917	66327	57984	6988	6912
宁夏	1531867	1338476	1529425	1296485	1458687	1260409
新疆	6593448	5468981	5777005	4619018	3724544	3237638

企业经营情况

单位：万元

非自有配送中心配送商品购进额		商品销售总额		零售额	
2012年	2011年	2012年	2011年	2012年	2011年
35228423	**33084173**	**354620766**	**337009252**	**246053257**	**227801695**
1216201	2542637	24209887	23314814	17697346	17192734
1851381	1660147	7312976	6872261	5023272	4241158
152239	184467	11005087	10505963	6517509	6020528
18905	22923	3795252	3278671	3176594	2537442
4111	5221	289799	319720	289799	301363
1389794	1130789	9862819	9278403	5983246	5466468
4036	3724	1562370	1466748	1406503	1323172
191503	231048	2275900	2464335	1960299	1983440
3314765	3212409	36055579	35248167	21850949	22246187
2324006	2013668	48515225	51022604	30365417	30378079
539208	458295	23024088	21222551	16367405	14936222
344400	328201	15014831	13732063	10616869	8697397
680679	566537	11964183	10860254	10325773	9391142
502094	397411	10107401	8873373	6261914	5210406
1181532	1088763	24597127	24017465	19991717	17632279
53788	57654	8061731	7330039	6268396	5545319
637823	565470	15553815	12350777	12735437	10354573
66445	67126	9099160	8704414	7825972	7025291
17430341	16142260	49086189	48364817	35158633	34292552
28420	26461	8410513	7200683	3982947	3483146
302082	262291	1797414	1526173	1593421	1224894
751843	616760	9754702	8644276	7236936	6429244
315038	217505	4906889	4568741	4047010	3896724
4442	447	172337	121985	168137	118872
205107	98603	4720323	4429098	2906581	2458290
		19786	18505	19786	18505
19765	25014	2795666	2468331	972495	883835
2470	23	2030363	1384980	1555919	1123074
19952	13584	247211	210711	243606	207602
47354	17080	1233281	1126418	668378	524497
1628702	1127658	7138861	6081912	2834992	2657259

2-5 各地区连锁零售企业

地 区	商品购进总额		统一配送商品购进额		自有配送中心配送商品购进额	
	2012年	2011年	2012年	2011年	2012年	2011年
全 国	**294100219**	**280677250**	**226984313**	**213293586**	**132857479**	**124628079**
北 京	20464029	20275040	9725043	9480597	3036427	2893481
天 津	7206951	6989723	5700015	5580916	3719329	3773713
河 北	10263824	9810144	7389138	7224923	4521463	4447917
山 西	2493477	1804419	1279898	778646	252873	245368
内蒙古	269224	240558	232085	206053	140898	118539
辽 宁	8670139	8500046	5482437	5292660	1821874	2037055
吉 林	1480797	1378503	1370390	1311785	1234240	1073132
黑龙江	2335235	2254814	2190453	2114833	1735031	1665239
上 海	25986642	25288899	19915963	18805913	7295449	7036571
江 苏	42093753	42270066	35153019	33528780	32412831	31075656
浙 江	20233145	18929756	18099952	16898001	16616617	15692712
安 徽	13174009	12026044	10336863	9483500	4982113	4288910
福 建	8531813	7728878	5545699	4887244	2158151	1704271
江 西	5152059	4308463	4743352	3788524	3035043	2276611
山 东	21378385	20080130	15151520	14272613	10870917	10618229
河 南	7101506	6355828	4586283	4154917	2889795	2643572
湖 北	13584021	10571028	10331689	7879553	7889642	6108990
湖 南	8871670	10312926	6236301	8377958	3487841	3012643
广 东	41711777	42057307	36954738	35658433	11075156	11661200
广 西	3746008	3301471	3493094	3115187	1452845	1417564
海 南	1695362	1369067	1695362	1369067	5250	4682
重 庆	8711111	8144223	5215769	4920316	3379844	2962562
四 川	4253512	4039402	3563062	3486097	1215205	1393242
贵 州	130301	101743	128318	101743	53010	50172
云 南	2618257	2549179	2594544	2443147	1082977	838635
西 藏	21653	21741	21653	21741		
陕 西	2048644	1826979	1279827	1097937	1091014	947745
甘 肃	1737813	1363049	1365200	1178817	335120	267324
青 海	198777	162657	65855	57725	6516	6652
宁 夏	1482399	1213096	1481776	1212601	1446529	1176903
新 疆	6453929	5402075	5655014	4563361	3613481	3188791

直营门店经营情况

单位：万元

非自有配送中心配送商品购进额		商品销售总额		零售额	
2012年	2011年	2012年	2011年	2012年	2011年
33595863	**31619342**	**338191901**	**320785547**	**234684134**	**216606170**
1177824	2480167	23813020	22949710	17304343	16860572
1850736	1659510	7309500	6866266	5019817	4235380
152239	184467	10973005	10477046	6485427	5991612
18905	22923	3659100	3172989	3040443	2431761
3364	4513	288256	318060	288256	299703
1356552	1100846	9711748	9157118	5832175	5345183
4036	3724	1562370	1466748	1406503	1323172
191503	231048	2275900	2464335	1960299	1983440
2732460	2656152	30585838	29602151	16793610	17058678
2226384	1925479	46301961	48745905	28862872	28715429
464508	393044	21580234	19990434	15615608	14273880
68014	106413	14302441	13078815	10318548	8477654
484783	391906	11723731	10635777	10085940	9167333
498974	395398	9797558	8636117	5983767	4994110
1178664	1086210	24236574	23514881	19642100	17139695
53788	57654	7661500	6965479	5932802	5245931
633375	561669	15499286	12282155	12680907	10286971
55071	59395	8979465	8601692	7730973	6946723
17183436	15915105	45796633	45203173	34054573	33291724
28420	26461	8364435	7159884	3939366	3445525
302082	262291	1797414	1526173	1593421	1224894
735573	604004	9528020	8440944	7070965	6282200
314525	217048	4803194	4472167	3962846	3805949
4442	447	157608	109604	153408	106491
204387	97298	4419952	4079014	2898828	2450566
		19786	18505	19786	18505
19765	25014	2615588	2341821	792416	769858
2470	23	2013613	1371397	1555919	1123074
19952	13584	246808	210451	243203	207342
11862	16702	1184667	1000782	666591	521551
1617774	1120848	6982697	5925956	2748425	2581266

2-6 各地区连锁零售企业

地区	商品购进总额		统一配送商品购进额		自有配送中心配送商品购进额	
	2012年	2011年	2012年	2011年	2012年	2011年
全 国	**14155205**	**13076704**	**12774072**	**11817918**	**6471284**	**6359889**
北 京	284611	302661	226200	231975	183054	166145
天 津	3905	4639	3821	4577	3176	3940
河 北	25147	23062	25147	23062	25147	23062
山 西	129428	100982	6217	5833		
内蒙古	1610	1689	1610	1679	862	971
辽 宁	96155	73988	96155	73988	50	45
吉 林						
黑龙江						
上 海	5718801	5062464	5664903	4998154	1375227	1431333
江 苏	1924659	1994650	1913509	1974844	1813727	1884289
浙 江	1150908	1062161	1050937	970939	934598	872303
安 徽	1272774	1094465	980862	861047	571612	516367
福 建	240235	226812	237525	221776	38957	46769
江 西	335196	265560	94621	84804	91501	82791
山 东	459545	456914	248420	220502	228352	211060
河 南	340514	302665	318765	288413	5776	4603
湖 北	41111	42648	38809	39163	33865	35328
湖 南	105271	94704	79174	74352	34365	30697
广 东	1122306	996838	1089315	965966	829740	717442
广 西	33958	33836	19907	19585	17389	17150
海 南						
重 庆	180778	184572	117261	135033	91099	114251
四 川	76251	76196	72035	70812	51328	55109
贵 州	13427	12665	13427	12665		
云 南	278774	371939	277341	371037	4231	1563
西 藏						
陕 西	122197	88850	19815	18712	13538	12058
甘 肃	8186	9199	8186	9199		
青 海	472	260	472	260	472	260
宁 夏	49468	125380	47650	83884	12157	83506
新 疆	139519	66907	121991	55657	111063	48847

加盟门店经营情况

单位：万元

非自有配送中心配送商品购进额		商品销售总额		零售额	
2012年	2011年	2012年	2011年	2012年	2011年
1632560	**1464832**	**16428865**	**16223705**	**11369124**	**11195524**
38377	62470	396868	365104	393004	332162
645	637	3476	5996	3455	5779
		32082	28917	32082	28917
		136151	105682	136151	105682
748	708	1543	1660	1543	1660
33242	29943	151071	121285	151071	121285
582305	556257	5469741	5646016	5057339	5187509
97622	88189	2213264	2276699	1502545	1662650
74701	65251	1443854	1232117	751798	662342
276387	221788	712391	653248	298322	219743
195896	174631	240452	224477	239833	223810
3120	2013	309844	237257	278147	216297
2868	2553	360553	502585	349617	492584
		400232	364560	335594	299388
4448	3801	54530	68621	54530	67601
11374	7731	119695	102722	94998	78568
246905	227155	3289556	3161644	1104061	1000828
		46077	40799	43581	37622
16270	12756	226682	203332	165971	147044
512	457	103695	96574	84164	90775
		14729	12381	14729	12381
720	1305	300372	350085	7753	7724
		180079	126510	180079	113977
		16750	13583		
		404	260	404	260
35492	378	48614	125637	1787	2946
10928	6810	156164	155956	86568	75992

2-7 按登记注册类型分各地区连锁零售企业基本情况

内资企业

地区	连锁总店数（个）	门店数（个）		年末从业人员（人）		年末零售营业面积（平方米）	
	2012年	2012年	2011年	2012年	2011年	2012年	2011年
全国	**2296**	**174933**	**170946**	**2070679**	**2016066**	**123413954**	**119113617**
北京	107	5867	5934	114626	111069	5490581	5285424
天津	32	1572	1629	25048	25454	2144133	1989893
河北	85	4281	4242	49204	45738	5762382	5569436
山西	42	2377	2141	40101	33159	1532905	1380066
内蒙古	17	236	246	5022	5215	213629	220531
辽宁	83	5762	5441	58283	52091	3773228	3659002
吉林	25	877	883	11209	11356	482190	572744
黑龙江	34	1735	1611	20552	19616	559089	554233
上海	64	16795	17728	204879	219029	6467901	6515183
江苏	156	15456	14915	263655	294557	13337846	13508554
浙江	217	29064	27637	162632	157514	10233819	9979719
安徽	66	9501	8898	94267	90375	5086884	4606579
福建	125	2672	2517	38935	39026	2296499	2133444
江西	71	3364	3011	46284	40955	2549141	2294708
山东	129	9915	9405	154709	153167	11597266	11171357
河南	146	5201	5256	66243	61198	5875022	5539387
湖北	107	5011	4757	134979	127279	5682785	5295087
湖南	84	5131	5446	58087	57551	5001486	4912970
广东	223	14619	13732	187288	186991	19737912	18902161
广西	62	3465	3326	39225	37802	3308874	3127607
海南	6	506	561	5717	5405	319630	298511
重庆	86	11319	11142	75840	72342	3204223	2727004
四川	98	9133	9385	102311	63019	1908176	1897726
贵州	23	866	738	5777	4131	90337	75653
云南	37	3495	3456	29954	29279	1638591	1634105
西藏	2	15	15	700	623	24354	24730
陕西	26	659	679	19293	18762	689339	713271
甘肃	18	671	598	7268	7282	656468	508383
青海	11	98	93	6566	6504	239674	231428
宁夏	20	1562	1898	11890	10154	618660	566116
新疆	94	3708	3626	30135	29423	2890930	3218605

2-7 续表 1

国有企业

地区	连锁总店数(个)	门店数(个)		年末从业人员(人)		年末零售营业面积(平方米)	
	2012年	2012年	2011年	2012年	2011年	2012年	2011年
全　国	**186**	**17433**	**16936**	**158153**	**147015**	**12707881**	**12151533**
北　京	2	39	41	516	505	10035	10834
天　津	4	610	628	8819	8810	1354282	1359668
河　北	9	1098	1108	6447	6439	2258449	2255688
山　西	5	332	297	4221	4034	238261	201694
内蒙古							
辽　宁	6	509	494	9959	6570	740718	588589
吉　林							
黑龙江	3	160	133	2751	2676	21732	20029
上　海	9	3278	3254	19384	19073	273240	270449
江　苏	3	96	109	793	754	9418	9178
浙　江	3	385	386	6257	6130	314115	301724
安　徽	4	3767	3454	11468	11823	757803	640805
福　建	12	407	382	3231	3014	124187	119696
江　西	17	564	554	11066	10596	509238	499423
山　东	5	126	120	630	632	34385	48805
河　南	10	256	260	1833	1837	113590	147161
湖　北	12	643	651	11467	10619	312603	354291
湖　南	9	423	398	4064	3443	557664	487358
广　东	16	1573	1560	29996	25227	2499753	2230527
广　西							
海　南	1	90	82	993	1025	211973	202173
重　庆	6	472	428	5437	5225	575726	271637
四　川	1	61	75	763	797	20278	20278
贵　州							
云　南	2	238	239	1475	1534	65000	65000
西　藏	1	13	13	65	75	3754	4130
陕　西	4	34	34	4100	4197	11620	11620
甘　肃	5	250	249	2597	2635	376832	404649
青　海							
宁　夏	2	13	13	439	435	10609	10609
新　疆	35	1996	1974	9382	8910	1302616	1615518

2-7 续表 2

集体企业

地 区	连锁总店数（个）	门店数（个）		年末从业人员（人）		年末零售营业面积（平方米）	
	2012年	2012年	2011年	2012年	2011年	2012年	2011年
全 国	**33**	**2476**	**2932**	**10628**	**11008**	**406507**	**405354**
北 京	5	306	305	1406	1464	93195	91345
天 津							
河 北	1	4	3	168	188	6300	4500
山 西							
内蒙古							
辽 宁							
吉 林							
黑龙江	1	24	24	30	30	360	360
上 海	2	62	62	396	460	5222	4886
江 苏	3	214	197	951	879	28930	27190
浙 江	1	104	113	280	320	8526	9426
安 徽	1	21	21	112	116	2990	2990
福 建	1	5	5	80	82	1196	1196
江 西							
山 东	3	33	33	210	212	2450	2447
河 南	2	14	14	254	295	12100	8500
湖 北	1	60	57	1225	1020	150000	80000
湖 南	1	11	17	125	242	5236	6853
广 东	4	674	695	2699	2830	23111	25366
广 西							
海 南							
重 庆	4	125	129	258	264	6166	8635
四 川							
贵 州							
云 南	1	5	6	60	66	275	300
西 藏							
陕 西							
甘 肃							
青 海							
宁 夏	1	806	1243	2318	2490	60250	86360
新 疆	1	8	8	56	50	200	45000

2-7 续表 3

股份合作企业

地区	连锁总店数(个)	门店数(个)		年末从业人员(人)		年末零售营业面积(平方米)	
	2012年	2012年	2011年	2012年	2011年	2012年	2011年
全国	**8**	**391**	**395**	**4856**	**4685**	**134188**	**265262**
北京							
天津	1	3	3	74	74	160	160
河北	1	14	14	421	449	79000	79000
山西							
内蒙古							
辽宁							
吉林	1	254	270	3222	3050	17000	150000
黑龙江							
上海							
江苏							
浙江	1	13	12	110	102	2933	2863
安徽							
福建							
江西							
山东	1	15	15	355	348	13671	14615
河南							
湖北	1	43	39	298	300	4500	4200
湖南							
广东	1	29	29	136	156	7124	7124
广西							
海南							
重庆							
四川							
贵州							
云南							
西藏							
陕西							
甘肃							
青海							
宁夏	1	20	13	240	206	9800	7300
新疆							

2-7 续表 4

联营企业

地区	连锁总店数(个)	门店数(个)		年末从业人员(人)		年末零售营业面积(平方米)	
	2012年	2012年	2011年	2012年	2011年	2012年	2011年
全　国	**6**	**376**	**398**	**2893**	**2482**	**106765**	**51470**
北　京	1	5	5	37	41	928	928
天　津							
河　北							
山　西							
内蒙古							
辽　宁							
吉　林							
黑龙江							
上　海	1	25	26	199	210	2866	2268
江　苏	1	16	19	298	221	5010	5514
浙　江							
安　徽							
福　建							
江　西							
山　东							
河　南							
湖　北	1	12		608		65300	
湖　南							
广　东	2	318	348	1751	2010	32661	42760
广　西							
海　南							
重　庆							
四　川							
贵　州							
云　南							
西　藏							
陕　西							
甘　肃							
青　海							
宁　夏							
新　疆							

2-7 续表 5

有限责任公司

地区	连锁总店数(个)	门店数(个)		年末从业人员(人)		年末零售营业面积(平方米)	
	2012年	2012年	2011年	2012年	2011年	2012年	2011年
全　国	**935**	**58278**	**57008**	**689794**	**628173**	**28199100**	**26340414**
北　京	59	2477	2629	63952	60852	2798182	2742846
天　津	16	660	707	11907	12399	725732	576184
河　北	37	857	791	12624	12042	603617	551356
山　西	9	135	133	11308	8555	122595	109873
内蒙古	10	118	116	4245	4376	198118	204605
辽　宁	28	1788	1607	18225	15311	679788	530568
吉　林	13	242	253	3680	4216	307752	291596
黑龙江	15	445	367	4474	4011	154984	138221
上　海	32	6317	6827	81327	86876	2648565	2694196
江　苏	61	4297	4109	31677	30375	925168	936264
浙　江	88	11860	11510	45013	45156	2090012	2006142
安　徽	28	694	629	22935	20172	1160926	961560
福　建	42	597	567	12453	12872	580716	544858
江　西	23	507	424	13245	9935	468417	346335
山　东	53	3211	2820	46788	41683	3427552	3126869
河　南	64	1362	1268	36169	32022	1494261	1186675
湖　北	53	1680	1728	30445	30320	1261304	1130067
湖　南	23	1800	1712	16298	16829	1044486	1152193
广　东	97	4531	3943	68076	68491	3311078	3193967
广　西	19	1297	1253	11201	11245	375464	355083
海　南	3	120	195	904	567	44657	28338
重　庆	32	5480	5327	36864	33205	987831	895194
四　川	52	5304	5600	68242	30635	1044585	1024737
贵　州	13	372	388	3022	2627	44450	44035
云　南	16	992	983	9631	10143	509391	455155
西　藏							
陕　西	13	331	348	8267	7749	407991	441803
甘　肃	2	20	20	90	265	5200	5200
青　海	9	84	83	5797	5641	217105	211983
宁　夏	7	324	264	6070	4131	280590	198297
新　疆	18	376	407	4865	5472	278583	256214

2-7 续表 6

股份有限公司

地 区	连锁总店数(个)	门店数(个)		年末从业人员(人)		年末零售营业面积(平方米)	
	2012年	2012年	2011年	2012年	2011年	2012年	2011年
全 国	**270**	**50420**	**50028**	**842543**	**875223**	**70423719**	**68793952**
北 京	10	1346	1286	39550	37286	2293972	2154762
天 津							
河 北	20	1888	1917	21204	18158	2449367	2392076
山 西	3	370	347	10444	7089	724228	605070
内蒙古	1	45	57	80	69	2420	2420
辽 宁	10	1033	1033	15064	15127	1759860	1987665
吉 林	2	178	190	1394	1984	58010	61510
黑龙江	4	834	838	3523	3409	134429	137982
上 海	6	5673	6132	92409	100026	3000337	2943734
江 苏	8	7764	7865	208617	240407	11748931	11932038
浙 江	10	3370	3428	42618	45178	5971648	5903593
安 徽	11	4452	4285	52279	50829	2894753	2769500
福 建	15	763	738	8476	8412	908748	843527
江 西	17	2014	1813	15143	14411	1231364	1163313
山 东	17	5235	5193	96598	100745	7748569	7609660
河 南	24	2022	2148	15461	15159	3780564	3671142
湖 北	9	1389	1202	63550	59853	3441750	3283819
湖 南	19	1926	1893	22701	22233	2881938	2728193
广 东	28	5400	5164	54159	59265	12856067	12420900
广 西	31	1686	1635	24004	22862	2831627	2680987
海 南	1	246	245	2951	2950	60000	60000
重 庆	4	673	638	17513	18308	1080495	1015239
四 川	5	1406	1271	21411	18918	397547	353141
贵 州							
云 南	1	178	186	2165	1980	722616	717939
西 藏							
陕 西	2	16	19	2663	2571	182071	172796
甘 肃	1	54	54	603	615	119153	22000
青 海							
宁 夏	2	65	65	1146	1136	207708	215945
新 疆	9	394	386	6817	6243	935547	945001

2-7 续表 7

私营企业

地区	连锁总店数（个）	门店数（个）		年末从业人员（人）		年末零售营业面积（平方米）	
	2012年	2012年	2011年	2012年	2011年	2012年	2011年
全国	**830**	**43325**	**41073**	**343026**	**328441**	**10948459**	**10539312**
北京	30	1694	1668	9165	10921	294269	284709
天津	11	299	291	4248	4171	63959	53881
河北	17	420	409	8340	8462	365649	286816
山西	25	1540	1364	14128	13481	447821	463429
内蒙古	5	58	58	578	637	11249	10834
辽宁	38	2422	2296	14950	14983	591490	550735
吉林	9	203	170	2913	2106	99428	69638
黑龙江	11	272	249	9774	9490	247584	257641
上海	13	965	979	8330	9657	497953	563799
江苏	77	2877	2418	20298	20773	607802	584933
浙江	114	13332	12188	68354	60628	1846585	1755971
安徽	21	402	389	6453	6655	261332	224924
福建	53	860	784	13969	13737	655492	597077
江西	14	279	220	6830	6013	340122	285637
山东	45	1211	1141	9574	8858	323371	318690
河南	45	1542	1548	9819	9287	401918	410559
湖北	27	1098	994	26336	23956	441378	437520
湖南	29	888	1330	10707	10472	332426	320014
广东	75	2094	1993	30471	29012	1008118	981517
广西	12	482	438	4020	3695	101783	91537
海南	1	50	39	869	863	3000	8000
重庆	39	4209	4270	15058	14660	541755	524109
四川	38	1943	1994	10160	10916	406771	458540
贵州	8	338	243	2330	1151	35402	23975
云南	17	2082	2042	16623	15556	341309	395711
西藏	1	2	2	635	548	20600	20600
陕西	7	278	278	4263	4245	87657	87052
甘肃	9	227	162	2493	2313	130266	51788
青海	2	14	10	769	863	22569	19445
宁夏	7	334	300	1677	1756	49703	47605
新疆	30	910	806	8892	8576	369698	352626

2-7 续表 8

其他企业

地区	连锁总店数(个)	门店数(个)		年末从业人员(人)		年末零售营业面积(平方米)	
	2012年	2012年	2011年	2012年	2011年	2012年	2011年
全　国	**28**	**2234**	**2176**	**18786**	**19039**	**487335**	**566320**
北　京							
天　津							
河　北							
山　西							
内蒙古	1	15	15	119	133	1842	2672
辽　宁	1	10	11	85	100	1372	1445
吉　林							
黑龙江							
上　海	1	475	448	2834	2727	39718	35851
江　苏	3	192	198	1021	1148	12587	13437
浙　江							
安　徽	1	165	120	1020	780	9080	6800
福　建	2	40	41	726	909	26160	27090
江　西							
山　东	5	84	83	554	689	47268	50271
河　南	1	5	18	2707	2598	72589	115350
湖　北	3	86	86	1050	1211	5950	5190
湖　南	3	83	96	4192	4332	179736	218359
广　东							
广　西							
海　南							
重　庆	1	360	350	710	680	12250	12190
四　川	2	419	445	1735	1753	38995	41030
贵　州	2	156	107	425	353	10485	7643
云　南							
西　藏							
陕　西							
甘　肃	1	120	113	1485	1454	25017	24746
青　海							
宁　夏							
新　疆	1	24	45	123	172	4286	4246

2-7 续表 9

港、澳、台商投资企业

地区	连锁总店数(个)	门店数(个)		年末从业人员(人)		年末零售营业面积(平方米)	
	2012年	2012年	2011年	2012年	2011年	2012年	2011年
全　国	**93**	**6673**	**6469**	**215621**	**207873**	**10748353**	**10591747**
北　京	8	318	315	9288	9224	182683	158911
天　津	3	278	198	8135	8515	355922	363364
河　北							
山　西	2	11	9	610	110	51848	1116
内蒙古							
辽　宁	3	31	32	2247	2885	386002	385271
吉　林	2	19	18	256	249	4048	4870
黑龙江	1	16	9	142	112	3600	2500
上　海	9	1149	999	54640	55767	2325605	2063982
江　苏	9	371	379	37096	36804	1140045	957158
浙　江	5	262	270	4240	2778	108413	84152
安　徽	1	3	2	451	486	24007	16298
福　建	5	529	502	28496	27871	2857271	2012519
江　西	1	20	18	5305	4858	235592	222592
山　东	3	285	249	3475	3231	106349	90721
河　南	3	157	123	6863	6250	660832	622197
湖　北	4	184	160	4776	3503	58326	47695
湖　南	5	192	168	3275	2940	85043	77435
广　东	20	2408	2571	31566	28918	1487068	2850117
广　西							
海　南							
重　庆	4	191	180	13096	11829	608224	537883
四　川	2	115	93	922	677	33620	30090
贵　州							
云　南	3	134	174	742	866	33855	62876
西　藏							
陕　西							
甘　肃							
青　海							
宁　夏							
新　疆							

2-7 续表 10

外商投资企业

地 区	连锁总店数(个)	门店数(个)		年末从业人员(人)		年末零售营业面积(平方米)	
	2012年	2012年	2011年	2012年	2011年	2012年	2011年
全 国	**135**	**11264**	**19833**	**277184**	**299830**	**13496241**	**13106063**
北 京	19	625	575	25743	26017	1007276	1052458
天 津	3	65	65	4372	3507	126971	126971
河 北	3	18	20	2373	3100	134800	134593
山 西							
内蒙古							
辽 宁	6	43	40	8091	7519	289556	275242
吉 林	1	2	3	121	343	14979	18000
黑龙江	1	10	8	2272	1596	94661	75729
上 海	14	1366	1305	34361	33076	1483585	1340855
江 苏	12	2473	2388	87428	91600	4252940	4038460
浙 江	6	170	169	10212	9860	486469	517159
安 徽	2	29	25	3025	2828	221016	201930
福 建	10	721	681	9672	8914	1023598	1080208
江 西	2	5	3	266	139	10000	4600
山 东	7	127	106	8476	7911	393653	382731
河 南	1	12	11	257	235	30000	25920
湖 北	6	135	134	5881	6209	178493	176945
湖 南	1	3	3	817	781	47348	47348
广 东	30	5189	14107	56168	79374	2841068	2868884
广 西							
海 南							
重 庆	1	7	7	2000	2000	70000	70000
四 川	4	107	58	8248	7691	535238	355931
贵 州	1	85	59	876	703	22810	19291
云 南	3	23	21	5326	5127	202388	263852
西 藏							
陕 西							
甘 肃							
青 海							
宁 夏	1	46	42	351	372	650	214
新 疆	1	3	3	848	928	28742	28742

2-8 按登记注册类型分各地区连锁零售企业直营门店基本情况

内资企业

地 区	门店数(个)		年末从业人员(人)		年末零售营业面积(平方米)	
	2012年	2011年	2012年	2011年	2012年	2011年
全 国	**106820**	**104263**	**1802049**	**1791408**	**117335936**	**112718553**
北 京	4041	3910	102776	99458	5237644	5013474
天 津	1529	1579	24907	25325	2139428	1985188
河 北	3906	3871	48609	45232	5734832	5542636
山 西	1274	1198	35120	28866	1481534	1338230
内蒙古	180	178	4919	5091	209790	216454
辽 宁	4033	3739	51194	45015	3585625	3474457
吉 林	877	883	11209	11356	482190	572744
黑龙江	1735	1611	20552	19616	559089	554233
上 海	9767	10273	171192	178078	5837996	5481835
江 苏	10357	10193	244933	277376	12796037	12963623
浙 江	10228	10240	109896	111469	8973447	8853312
安 徽	3997	3509	72822	70024	4691024	4195284
福 建	2247	2135	36205	36601	2248031	2085200
江 西	2276	2073	44685	39443	2497505	2249329
山 东	7410	7109	144130	142272	11302973	10873869
河 南	4018	4144	63090	58429	5737078	5412920
湖 北	4587	4331	131009	123555	5614579	5227198
湖 南	3084	3026	54511	53809	4830589	4734054
广 东	12151	11596	171479	172964	18803312	17986536
广 西	2554	2442	34823	33674	3183108	3013072
海 南	506	561	5717	5405	319630	298511
重 庆	3121	3091	61810	58590	2890692	2428863
四 川	4460	4378	53461	52535	1718259	1697382
贵 州	643	538	5145	3489	77401	64294
云 南	2962	2962	29064	28337	1612393	1564194
西 藏	15	15	700	623	24354	24730
陕 西	513	543	17268	16557	518519	543001
甘 肃	658	584	7249	7255	655368	507383
青 海	76	70	6544	6481	239674	231428
宁 夏	555	468	9052	7172	550110	471298
新 疆	3060	3013	27978	27311	2783725	3113821

2-8 续表 1

国有企业

地 区	门店数（个）		年末从业人员（人）		年末零售营业面积（平方米）	
	2012年	2011年	2012年	2011年	2012年	2011年
全 国	**12407**	**11873**	**142591**	**131559**	**11643758**	**11086009**
北 京	39	41	516	505	10035	10834
天 津	610	628	8819	8810	1354282	1359668
河 北	827	832	6176	6218	2239479	2236888
山 西	332	297	4221	4034	238261	201694
内蒙古						
辽 宁	509	494	9959	6570	740718	588589
吉 林						
黑龙江	160	133	2751	2676	21732	20029
上 海	1717	1666	14147	13537	200990	196756
江 苏	96	109	793	754	9418	9178
浙 江	379	378	6237	6105	313732	301302
安 徽	1792	1484	11161	11520	636203	519805
福 建	294	268	2749	2552	120041	115661
江 西	564	554	11066	10596	509238	499423
山 东	126	120	630	632	34385	48805
河 南	248	251	1808	1814	113140	146711
湖 北	642	650	11417	10559	311883	353571
湖 南	423	398	4064	3443	557664	487358
广 东	960	943	21220	16819	1664500	1395074
广 西						
海 南	90	82	993	1025	211973	202173
重 庆	397	346	5302	5081	572326	267537
四 川	61	75	763	797	20278	20278
贵 州						
云 南	123	130	1364	1416	64300	64300
西 藏	13	13	65	75	3754	4130
陕 西	34	34	4100	4197	11620	11620
甘 肃	249	247	2578	2608	375732	403649
青 海						
宁 夏	13	13	439	435	10609	10609
新 疆	1709	1687	9253	8781	1297465	1610367

2-8 续表 2

集体企业

地　区	门店数（个）		年末从业人员（人）		年末零售营业面积（平方米）	
	2012年	2011年	2012年	2011年	2012年	2011年
全　国	**499**	**514**	**4619**	**4782**	**276917**	**254014**
北　京	30	29	799	861	70010	68160
天　津						
河　北	4	3	168	188	6300	4500
山　西						
内蒙古						
辽　宁						
吉　林						
黑龙江	24	24	30	30	360	360
上　海	62	62	396	460	5222	4886
江　苏	29	31	317	357	9560	9640
浙　江	9	12	95	125	3506	3806
安　徽	21	21	112	116	2990	2990
福　建	5	5	80	82	1196	1196
江　西						
山　东	20	20	143	142	1745	1742
河　南	5	5	196	237	2840	2800
湖　北	60	57	1225	1020	150000	80000
湖　南	11	17	125	242	5236	6853
广　东	81	85	559	542	11311	13146
广　西						
海　南						
重　庆	125	129	258	264	6166	8635
四　川						
贵　州						
云　南	5	6	60	66	275	300
西　藏						
陕　西						
甘　肃						
青　海						
宁　夏						
新　疆	8	8	56	50	200	45000

2-8 续表 3

股份合作企业

地区	门店数（个）		年末从业人员（人）		年末零售营业面积（平方米）	
	2012年	2011年	2012年	2011年	2012年	2011年
全国	**391**	**395**	**4856**	**4685**	**134188**	**265262**
北京						
天津	3	3	74	74	160	160
河北	14	14	421	449	79000	79000
山西						
内蒙古						
辽宁						
吉林	254	270	3222	3050	17000	150000
黑龙江						
上海						
江苏						
浙江	13	12	110	102	2933	2863
安徽						
福建						
江西						
山东	15	15	355	348	13671	14615
河南						
湖北	43	39	298	300	4500	4200
湖南						
广东	29	29	136	156	7124	7124
广西						
海南						
重庆						
四川						
贵州						
云南						
西藏						
陕西						
甘肃						
青海						
宁夏	20	13	240	206	9800	7300
新疆						

2-8 续表 4

联营企业

地区	门店数(个)		年末从业人员(人)		年末零售营业面积(平方米)	
	2012年	2011年	2012年	2011年	2012年	2011年
全国	**319**	**323**	**2568**	**2056**	**98395**	**40219**
北京	5	5	37	41	928	928
天津						
河北						
山西						
内蒙古						
辽宁						
吉林						
黑龙江						
上海	25	26	199	210	2866	2268
江苏	16	19	298	221	5010	5514
浙江						
安徽						
福建						
江西						
山东						
河南						
湖北	12		608		65300	
湖南						
广东	261	273	1426	1584	24291	31509
广西						
海南						
重庆						
四川						
贵州						
云南						
西藏						
陕西						
甘肃						
青海						
宁夏						
新疆						

2-8 续表 5

有限责任公司

地区	门店数（个）		年末从业人员（人）		年末零售营业面积（平方米）	
	2012年	2011年	2012年	2011年	2012年	2011年
全国	**34975**	**34512**	**590000**	**570527**	**26336706**	**24519522**
北京	1884	1933	59473	56390	2709356	2645719
天津	645	692	11889	12380	724717	575169
河北	753	696	12300	11757	595037	543356
山西	135	133	11308	8555	122595	109873
内蒙古	118	116	4245	4376	198118	204605
辽宁	1568	1385	17171	14225	649603	500550
吉林	242	253	3680	4216	307752	291596
黑龙江	445	367	4474	4011	154984	138221
上海	4764	5330	76342	81713	2554582	2601578
江苏	3461	3251	26454	25100	673778	655788
浙江	3047	3194	27730	28808	1422401	1373094
安徽	648	583	22391	19633	1152413	951732
福建	591	561	12440	12859	580570	544712
江西	460	398	12957	9749	465977	344995
山东	2281	2118	44185	39413	3344444	3050611
河南	1205	1120	35447	31593	1473976	1176708
湖北	1523	1581	29565	29917	1242024	1114116
湖南	951	883	15999	16531	1022282	1131127
广东	3693	3403	64460	66600	3255881	3158666
广西	638	596	8064	8172	302047	282683
海南	120	195	904	567	44657	28338
重庆	1281	1246	28827	25398	845996	766291
四川	2298	2231	23311	23942	921822	888246
贵州	304	324	2605	2238	37342	38055
云南	892	892	9488	9927	499003	445466
西藏						
陕西	295	317	7565	7075	256471	290833
甘肃	20	20	90	265	5200	5200
青海	62	60	5775	5618	217105	211983
宁夏	324	264	6070	4131	280590	198297
新疆	327	370	4791	5368	275983	251914

2-8 续表 6

股份有限公司

地　区	门店数(个)		年末从业人员(人)		年末零售营业面积(平方米)	
	2012年	2011年	2012年	2011年	2012年	2011年
全　国	**36913**	**36315**	**775972**	**803126**	**69087135**	**67042619**
北　京	949	918	34914	33181	2228626	2090321
天　津						
河　北	1888	1917	21204	18158	2449367	2392076
山　西	370	347	10444	7089	724228	605070
内蒙古	11	11	47	30	750	592
辽　宁	1033	1033	15064	15127	1759860	1987665
吉　林	178	190	1394	1984	58010	61510
黑龙江	834	838	3523	3409	134429	137982
上　海	2678	2670	73475	74159	2604116	2141821
江　苏	4918	5022	200267	232117	11590931	11777038
浙　江	3034	3092	42078	44638	5946066	5878011
安　徽	1048	983	32444	32099	2639146	2496993
福　建	622	597	6878	6856	871720	806499
江　西	1100	996	14088	13318	1193124	1127730
山　东	3790	3738	88924	92465	7545229	7396975
河　南	1862	1980	14450	14168	3712064	3604442
湖　北	1339	1142	63150	59425	3425715	3266044
湖　南	1317	1332	21801	21450	2854978	2702638
广　东	5400	5159	54159	59250	12856067	12420820
广　西	1551	1512	23013	22039	2787818	2646332
海　南	246	245	2951	2950	60000	60000
重　庆	661	638	17486	18308	1080250	1015239
四　川	1377	1245	20824	18361	397546	353140
贵　州						
云　南	178	186	2165	1980	722616	717939
西　藏						
陕　西	16	19	2663	2571	182071	172796
甘　肃	54	54	603	615	119153	22000
青　海						
宁　夏	65	65	1146	1136	207708	215945
新　疆	394	386	6817	6243	935547	945001

2-8 续表 7

私营企业

地 区	门店数（个）		年末从业人员（人）		年末零售营业面积（平方米）	
	2012年	2011年	2012年	2011年	2012年	2011年
全 国	**20418**	**19472**	**267704**	**260362**	**9346244**	**9017865**
北 京	1134	984	7037	8480	218689	197512
天 津	271	256	4125	4061	60269	50191
河 北	420	409	8340	8462	365649	286816
山 西	437	421	9147	9188	396450	421593
内蒙古	40	40	529	580	9500	9085
辽 宁	913	816	8915	8993	434072	396208
吉 林	203	170	2913	2106	99428	69638
黑龙江	272	249	9774	9490	247584	257641
上 海	449	449	6015	7351	458693	523245
江 苏	1655	1573	15803	17699	495403	493678
浙 江	3746	3552	33646	31691	1284809	1294236
安 徽	353	338	5894	6006	253022	217764
福 建	718	678	13512	13355	649034	590942
江 西	152	125	6574	5780	329166	277181
山 东	1097	1018	9342	8586	316831	311450
河 南	693	770	8482	8019	362469	366909
湖 北	882	776	23696	21123	409207	404077
湖 南	337	356	8587	8033	214773	193414
广 东	1727	1704	29519	28013	984138	960197
广 西	365	334	3746	3463	93243	84057
海 南	50	39	869	863	3000	8000
重 庆	657	732	9937	9539	385954	371161
四 川	700	792	8202	9094	362679	418442
贵 州	253	167	2181	1018	32544	21482
云 南	1764	1748	15987	14948	326199	336189
西 藏	2	2	635	548	20600	20600
陕 西	168	173	2940	2714	68357	67752
甘 肃	215	150	2493	2313	130266	51788
青 海	14	10	769	863	22569	19445
宁 夏	133	113	1157	1264	41403	39147
新 疆	598	528	6938	6719	270244	258025

2-8 续表 8

其他企业

地区	门店数（个）		年末从业人员（人）		年末零售营业面积（平方米）	
	2012年	2011年	2012年	2011年	2012年	2011年
全国	**898**	**859**	**13739**	**14311**	**412593**	**493043**
北京						
天津						
河北						
山西						
内蒙古	11	11	98	105	1422	2172
辽宁	10	11	85	100	1372	1445
吉林						
黑龙江						
上海	72	70	618	648	11527	11281
江苏	182	188	1001	1128	11937	12787
浙江						
安徽	135	100	820	650	7250	6000
福建	17	26	546	897	25470	26190
江西						
山东	81	80	551	686	46668	49671
河南	5	18	2707	2598	72589	115350
湖北	86	86	1050	1211	5950	5190
湖南	45	40	3935	4110	175656	212664
广东						
广西						
海南						
重庆						
四川	24	35	361	341	15934	17276
贵州	86	47	359	233	7515	4757
云南						
西藏						
陕西						
甘肃	120	113	1485	1454	25017	24746
青海						
宁夏						
新疆	24	34	123	150	4286	3514

2-8 续表 9

港、澳、台商投资企业

地 区	门店数(个)		年末从业人员(人)		年末零售营业面积(平方米)	
	2012年	2011年	2012年	2011年	2012年	2011年
全 国	**4958**	**4502**	**165397**	**154397**	**8486894**	**8547501**
北 京	318	315	9288	9224	182683	158911
天 津	278	198	8135	8515	355922	363364
河 北						
山 西	3	1	516	16	50208	160
内蒙古						
辽 宁	31	32	2247	2885	386002	385271
吉 林	19	18	256	249	4048	4870
黑龙江	16	9	142	112	3600	2500
上 海	712	716	9490	9656	307805	280982
江 苏	226	209	36726	36414	1127715	942361
浙 江	188	185	4128	2742	101580	77162
安 徽	3	2	451	486	24007	16298
福 建	398	370	28117	27465	2853461	2008626
江 西	10	8	2590	2155	95592	82592
山 东	285	249	3475	3231	106349	90721
河 南	157	123	6863	6250	660832	622197
湖 北	184	160	4776	3503	58326	47695
湖 南	192	168	3275	2940	85043	77435
广 东	1541	1329	30293	25278	1415972	2762347
广 西						
海 南						
重 庆	191	180	13096	11829	608224	537883
四 川	72	56	791	581	25670	23250
贵 州						
云 南	134	174	742	866	33855	62876
西 藏						
陕 西						
甘 肃						
青 海						
宁 夏						
新 疆						

2-8 续表 10

外商投资企业

地　区	门店数（个）		年末从业人员（人）		年末零售营业面积（平方米）	
	2012年	2011年	2012年	2011年	2012年	2011年
全　国	**5360**	**4986**	**235725**	**234211**	**12797047**	**12108623**
北　京	575	524	25549	25609	998738	1043804
天　津	65	65	4372	3507	126971	126971
河　北	18	20	2373	3100	134800	134593
山　西						
内蒙古						
辽　宁	43	40	8091	7519	289556	275242
吉　林	2	3	121	343	14979	18000
黑龙江	10	8	2272	1596	94661	75729
上　海	669	629	29368	27965	1425056	1293761
江　苏	1707	1597	69428	69574	3932940	3637820
浙　江	136	121	10036	9567	471539	492424
安　徽	29	25	3025	2828	221016	201930
福　建	721	681	9672	8914	1023598	1080208
江　西	5	3	266	139	10000	4600
山　东	127	106	8476	7911	393653	382731
河　南	12	11	257	235	30000	25920
湖　北	133	132	5868	6196	178293	176745
湖　南	3	3	817	781	17348	17348
广　东	836	828	38115	41606	2544255	2352767
广　西						
海　南						
重　庆	7	7	2000	2000	70000	70000
四　川	105	58	8218	7691	535054	355931
贵　州	85	59	876	703	22810	19291
云　南	23	21	5326	5127	202388	263852
西　藏						
陕　西						
甘　肃						
青　海						
宁　夏	46	42	351	372	650	214
新　疆	3	3	848	928	28742	28742

2-9 按登记注册类型分各地区连锁零售企业加盟门店基本情况

内资企业

地　区	门店数（个）		年末从业人员（人）		年末零售营业面积（平方米）	
	2012年	2011年	2012年	2011年	2012年	2011年
全　国	**68113**	**66683**	**268630**	**224658**	**6078018**	**6395064**
北　京	1826	2024	11850	11611	252937	271950
天　津	43	50	141	129	4705	4705
河　北	375	371	595	506	27550	26800
山　西	1103	943	4981	4293	51371	41836
内蒙古	56	68	103	124	3839	4077
辽　宁	1729	1702	7089	7076	187603	184545
吉　林						
黑龙江						
上　海	7028	7455	33687	40951	629905	1033348
江　苏	5099	4722	18722	17181	541809	544931
浙　江	18836	17397	52736	46045	1260372	1126407
安　徽	5504	5389	21445	20351	395860	411295
福　建	425	382	2730	2425	48468	48244
江　西	1088	938	1599	1512	51636	45379
山　东	2505	2296	10579	10895	294293	297488
河　南	1183	1112	3153	2769	137944	126467
湖　北	424	426	3970	3724	68206	67889
湖　南	2047	2420	3576	3742	170897	178916
广　东	2468	2136	15809	14027	934600	915625
广　西	911	884	4402	4128	125766	114535
海　南						
重　庆	8198	8051	14030	13752	313531	298141
四　川	4673	5007	48850	10484	189917	200344
贵　州	223	200	632	642	12936	11359
云　南	533	494	890	942	26198	69911
西　藏						
陕　西	146	136	2025	2205	170820	170270
甘　肃	13	14	19	27	1100	1000
青　海	22	23	22	23		
宁　夏	1007	1430	2838	2982	68550	94818
新　疆	648	613	2157	2112	107205	104784

2-9 续表 1

国有企业

地　区	门店数(个)		年末从业人员(人)		年末零售营业面积(平方米)	
	2012年	2011年	2012年	2011年	2012年	2011年
全　国	**5026**	**5063**	**15562**	**15456**	**1064123**	**1065524**
北　京						
天　津						
河　北	271	276	271	221	18970	18800
山　西						
内蒙古						
辽　宁						
吉　林						
黑龙江						
上　海	1561	1588	5237	5536	72250	73693
江　苏						
浙　江	6	8	20	25	383	422
安　徽	1975	1970	307	303	121600	121000
福　建	113	114	482	462	4146	4035
江　西						
山　东						
河　南	8	9	25	23	450	450
湖　北	1	1	50	60	720	720
湖　南						
广　东	613	617	8776	8408	835253	835453
广　西						
海　南						
重　庆	75	82	135	144	3400	4100
四　川						
贵　州						
云　南	115	109	111	118	700	700
西　藏						
陕　西						
甘　肃	1	2	19	27	1100	1000
青　海						
宁　夏						
新　疆	287	287	129	129	5151	5151

2-9 续表 2

集体企业

地区	门店数(个)		年末从业人员(人)		年末零售营业面积(平方米)	
	2012年	2011年	2012年	2011年	2012年	2011年
全国	**1977**	**2418**	**6009**	**6226**	**129590**	**151340**
北京	276	276	607	603	23185	23185
天津						
河北						
山西						
内蒙古						
辽宁						
吉林						
黑龙江						
上海						
江苏	185	166	634	522	19370	17550
浙江	95	101	185	195	5020	5620
安徽						
福建						
江西						
山东	13	13	67	70	705	705
河南	9	9	58	58	9260	5700
湖北						
湖南						
广东	593	610	2140	2288	11800	12220
广西						
海南						
重庆						
四川						
贵州						
云南						
西藏						
陕西						
甘肃						
青海						
宁夏	806	1243	2318	2490	60250	86360
新疆						

2-9 续表 3

联营企业

地区	门店数（个）		年末从业人员（人）		年末零售营业面积（平方米）	
	2012年	2011年	2012年	2011年	2012年	2011年
全国	**57**	**75**	**325**	**426**	**8370**	**11251**
北京						
天津						
河北						
山西						
内蒙古						
辽宁						
吉林						
黑龙江						
上海						
江苏						
浙江						
安徽						
福建						
江西						
山东						
河南						
湖北						
湖南						
广东	57	75	325	426	8370	11251
广西						
海南						
重庆						
四川						
贵州						
云南						
西藏						
陕西						
甘肃						
青海						
宁夏						
新疆						

2-9 续表 4

有限责任公司

地　区	门店数(个)		年末从业人员(人)		年末零售营业面积(平方米)	
	2012年	2011年	2012年	2011年	2012年	2011年
全　国	**23303**	**22496**	**99794**	**57646**	**1862394**	**1820892**
北　京	593	696	4479	4462	88826	97127
天　津	15	15	18	19	1015	1015
河　北	104	95	324	285	8580	8000
山　西						
内蒙古						
辽　宁	220	222	1054	1086	30185	30018
吉　林						
黑龙江						
上　海	1553	1497	4985	5163	93983	92618
江　苏	836	858	5223	5275	251390	280476
浙　江	8813	8316	17283	16348	667611	633048
安　徽	46	46	544	539	8513	9828
福　建	6	6	13	13	146	146
江　西	47	26	288	186	2440	1340
山　东	930	702	2603	2270	83108	76258
河　南	157	148	722	429	20285	9967
湖　北	157	147	880	403	19280	15951
湖　南	849	829	299	298	22204	21066
广　东	838	540	3616	1891	55197	35301
广　西	659	657	3137	3073	73417	72400
海　南						
重　庆	4199	4081	8037	7807	141835	128903
四　川	3006	3369	44931	6693	122763	136491
贵　州	68	64	417	389	7108	5980
云　南	100	91	143	216	10388	9689
西　藏						
陕　西	36	31	702	674	151520	150970
甘　肃						
青　海	22	23	22	23		
宁　夏						
新　疆	49	37	74	104	2600	4300

2-9 续表 5

股份有限公司

地区	门店数(个) 2012年	门店数(个) 2011年	年末从业人员(人) 2012年	年末从业人员(人) 2011年	年末零售营业面积(平方米) 2012年	年末零售营业面积(平方米) 2011年
全　国	**13507**	**13713**	**66571**	**72097**	**1336584**	**1751333**
北　京	397	368	4636	4105	65346	64441
天　津						
河　北						
山　西						
内蒙古	34	46	33	39	1670	1828
辽　宁						
吉　林						
黑龙江						
上　海	2995	3462	18934	25867	396221	801913
江　苏	2846	2843	8350	8290	158000	155000
浙　江	336	336	540	540	25582	25582
安　徽	3404	3302	19835	18730	255607	272507
福　建	141	141	1598	1556	37028	37028
江　西	914	817	1055	1093	38240	35583
山　东	1445	1455	7674	8280	203340	212685
河　南	160	168	1011	991	68500	66700
湖　北	50	60	400	428	16035	17775
湖　南	609	561	900	783	26960	25555
广　东		5		15		80
广　西	135	123	991	823	43809	34655
海　南						
重　庆	12		27		245	
四　川	29	26	587	557	1	1
贵　州						
云　南						
西　藏						
陕　西						
甘　肃						
青　海						
宁　夏						
新　疆						

2-9 续表 6

私营企业

地 区	门店数(个)		年末从业人员(人)		年末零售营业面积(平方米)	
	2012年	2011年	2012年	2011年	2012年	2011年
全 国	**22907**	**21601**	**75322**	**68079**	**1602215**	**1521447**
北 京	560	684	2128	2441	75580	87197
天 津	28	35	123	110	3690	3690
河 北						
山 西	1103	943	4981	4293	51371	41836
内蒙古	18	18	49	57	1749	1749
辽 宁	1509	1480	6035	5990	157418	154527
吉 林						
黑龙江						
上 海	516	530	2315	2306	39260	40554
江 苏	1222	845	4495	3074	112399	91255
浙 江	9586	8636	34708	28937	561776	461735
安 徽	49	51	559	649	8310	7160
福 建	142	106	457	382	6458	6135
江 西	127	95	256	233	10956	8456
山 东	114	123	232	272	6540	7240
河 南	849	778	1337	1268	39449	43650
湖 北	216	218	2640	2833	32171	33443
湖 南	551	974	2120	2439	117653	126600
广 东	367	289	952	999	23980	21320
广 西	117	104	274	232	8540	7480
海 南						
重 庆	3552	3538	5121	5121	155801	152948
四 川	1243	1202	1958	1822	44092	40098
贵 州	85	76	149	133	2858	2493
云 南	318	294	636	608	15110	59522
西 藏						
陕 西	110	105	1323	1531	19300	19300
甘 肃	12	12				
青 海						
宁 夏	201	187	520	492	8300	8458
新 疆	312	278	1954	1857	99454	94601

2-9 续表 7

其他企业

地区	门店数(个)		年末从业人员(人)		年末零售营业面积(平方米)	
	2012年	2011年	2012年	2011年	2012年	2011年
全国	**1336**	**1317**	**5047**	**4728**	**74742**	**73277**
北京						
天津						
河北						
山西						
内蒙古	4	4	21	28	420	500
辽宁						
吉林						
黑龙江						
上海	403	378	2216	2079	28191	24570
江苏	10	10	20	20	650	650
浙江						
安徽	30	20	200	130	1830	800
福建	23	15	180	12	690	900
江西						
山东	3	3	3	3	600	600
河南						
湖北						
湖南	38	56	257	222	4080	5695
广东						
广西						
海南						
重庆	360	350	710	680	12250	12190
四川	395	410	1374	1412	23061	23754
贵州	70	60	66	120	2970	2886
云南						
西藏						
陕西						
甘肃						
青海						
宁夏						
新疆		11		22		732

2-9 续表 8

港、澳、台商投资企业

地区	门店数（个）		年末从业人员（人）		年末零售营业面积（平方米）	
	2012年	2011年	2012年	2011年	2012年	2011年
全国	**1715**	**1967**	**50224**	**53476**	**2261459**	**2044246**
北京						
天津						
河北						
山西	8	8	94	94	1640	956
内蒙古						
辽宁						
吉林						
黑龙江						
上海	437	283	45150	46111	2017800	1783000
江苏	145	170	370	390	12330	14797
浙江	74	85	112	36	6833	6990
安徽						
福建	131	132	379	406	3810	3893
江西	10	10	2715	2703	140000	140000
山东						
河南						
湖北						
湖南						
广东	867	1242	1273	3640	71096	87770
广西						
海南						
重庆						
四川	43	37	131	96	7950	6840
贵州						
云南						
西藏						
陕西						
甘肃						
青海						
宁夏						
新疆						

2-9 续表 9

外商投资企业

地区	门店数(个)		年末从业人员(人)		年末零售营业面积(平方米)	
	2012年	2011年	2012年	2011年	2012年	2011年
全国	**5904**	**14847**	**41459**	**65619**	**699194**	**997440**
北京	50	51	194	408	8538	8654
天津						
河北						
山西						
内蒙古						
辽宁						
吉林						
黑龙江						
上海	697	676	4993	5111	58529	47094
江苏	766	791	18000	22026	320000	400640
浙江	34	48	176	293	14930	24735
安徽						
福建						
江西						
山东						
河南						
湖北	2	2	13	13	200	200
湖南						
广东	4353	13279	18053	37768	296813	516117
广西						
海南						
重庆						
四川	2		30		184	
贵州						
云南						
西藏						
陕西						
甘肃						
青海						
宁夏						
新疆						

2-10 按登记注册类型分

内资企业

地区	商品购进总额		统一配送商品购进额		自有配送中心配送商品购进额	
	2012年	2011年	2012年	2011年	2012年	2011年
全国	**261599209**	**249608791**	**204335316**	**192016358**	**121068203**	**113396311**
北京	17953017	17314854	8613356	7866366	2965222	2812306
天津	6418697	6239219	5701161	5459909	3722505	3654436
河北	10199875	9728858	7325190	7143637	4521737	4433930
山西	2575792	1898668	1279088	777746	252873	245368
内蒙古	270834	242247	233695	207732	141760	119510
辽宁	8090423	7997725	5218094	5078079	1821923	2037100
吉林	1466347	1362658	1362117	1300344	1234240	1073132
黑龙江	2195210	2125325	2050429	1985344	1729698	1663488
上海	19708235	19764228	16535230	16184590	8423124	8246615
江苏	34922115	35508339	28073662	27080558	27095327	26107597
浙江	20164831	18936660	18452701	17299394	16948519	16037212
安徽	14125554	12936734	11291610	10320912	5553724	4805277
福建	4738636	4274992	3276049	3060810	854735	786167
江西	5022185	4151379	4639646	3815050	2971568	2314278
山东	20009272	18918020	14340789	13590515	11049967	10771556
河南	6654217	6036665	4732306	4287544	2722829	2492390
湖北	12656973	10004677	9423747	7324986	7258993	5812728
湖南	8825479	10267505	6215524	8363633	3443263	2974636
广东	35157564	34547690	31365362	29204782	6176599	5848321
广西	3779966	3335307	3513001	3134772	1470234	1434714
海南	1695362	1369067	1695362	1369067	5250	4682
重庆	6927076	6620458	3371257	3350572	2185745	1932271
四川	3508047	3420225	3315183	3289954	1224773	1425323
贵州	110399	73797	108416	73797	19681	9561
云南	2237695	2324317	2212549	2217384	649279	628242
西藏	21653	21741	21653	21741		
陕西	2170841	1915829	1299642	1116649	1104552	959803
甘肃	1745999	1372248	1373385	1188016	335120	267324
青海	199249	162917	66327	57984	6988	6912
宁夏	1516046	1326035	1513604	1284044	1458687	1260409
新疆	6531622	5410412	5715179	4560449	3719290	3231026

各地区连锁零售企业经营情况

单位：万元

非自有配送中心配送商品购进额		商品销售总额		零售额	
2012年	2011年	2012年	2011年	2012年	2011年
30752821	**28501749**	**301077272**	**287437462**	**202127538**	**186255418**
315376	1109820	20701111	19709723	14467254	13801132
1848706	1657780	6452882	6044204	4227424	3440154
152239	184467	10911160	10392453	6423581	5907018
18905	22923	3745964	3271937	3127306	2530709
4111	5221	289799	319720	289799	301363
1383443	1124095	9183191	8576002	5303618	4764068
4036	3724	1547106	1449235	1391239	1305659
191503	231048	2133508	2317720	1817907	1836824
3106732	2965159	24160972	24396801	13649937	14390577
769126	680926	38090759	41122926	21556794	22010028
539208	458295	21661975	19970438	15150668	13820178
344400	328201	14693983	13427343	10296021	8392678
337153	300234	5585976	5238344	5153668	4737040
458743	384257	9670016	8549887	5882474	4936184
923775	807227	22415045	22201840	19283166	17003318
53788	57654	6915764	6264876	5122429	4480156
544541	511880	14461703	11643120	11679996	9675635
45436	47154	8926618	8548370	7653802	6869781
17119576	15834325	39921104	39506662	26920899	26215448
28420	26461	8410512	7200683	3982947	3483146
302082	262291	1797414	1526173	1593421	1224894
75267	56525	7848388	6968301	5359013	4775643
315038	211631	4082878	3791917	3252849	3136384
4442	447	127982	84981	123782	81868
205107	98603	3966163	3708155	2185172	1780276
		19786	18505	19786	18505
19765	25014	2795666	2468331	972495	883835
2470	23	2030363	1384980	1555919	1123074
19952	13584	247211	210711	243606	207602
47354	17080	1205245	1099372	667411	523144
1572131	1075701	7077024	6023750	2773155	2599096

2-10 续表 1

国有企业

地区	商品购进总额		统一配送商品购进额		自有配送中心配送商品购进额	
	2012年	2011年	2012年	2011年	2012年	2011年
全国	**44637990**	**39391973**	**40019759**	**35342016**	**17864921**	**15050357**
北京	12145	13656	6588	6990	6588	6990
天津	5236105	5038988	5235708	5038586	3385025	3372378
河北	2440523	2293241	2420802	2277097	1601430	1466447
山西	1034532	563539	789685	350007	29344	22532
内蒙古						
辽宁	1808379	1798095	77405	70450	31322	25162
吉林						
黑龙江	997228	1006801	997228	1006801	997228	1006801
上海	643271	616589	498933	472155	234914	195593
江苏	23381	14878	23381	14878	22887	14234
浙江	1040712	916719	1008398	911180	1007282	910002
安徽	3921768	3651997	3919058	3650336	119918	85565
福建	246468	235118	147255	129123	40044	52574
江西	3123430	2370613	3030366	2286131	1750167	1078841
山东	575500	520948	25747	23130	5934	4590
河南	123294	111823	91525	85166	10025	7920
湖北	2923139	2127966	2923139	2127966	2482509	1770496
湖南	2187931	1455286	1341407	1208361	1108025	990366
广东	9657140	9406023	9583036	8936690	904749	738255
广西						
海南	289537	256134	289537	256134		
重庆	864748	752988	804181	708904	797412	669411
四川	280696	266790	280696	266790		
贵州						
云南	1196646	1326021	1196646	1326021		
西藏	6689	6543	6689	6543		
陕西	1379801	1131799	1099816	898141	993883	818847
甘肃	1321472	1023693	967462	847167	247860	211124
青海						
宁夏	55453	46971	55453	46971	55453	46971
新疆	3248005	2438753	3199620	2390299	2032920	1555261

单位：万元

非自有配送中心配送商品购进额		商品销售总额		零售额	
2012年	2011年	2012年	2011年	2012年	2011年
6087037	**5162898**	**48498043**	**43970423**	**24283967**	**21051000**
		23700	21510	23700	21510
1835396	1646364	5192626	4826733	3044212	2279292
		2457723	2324610	1049247	1000757
		1404711	1339087	991574	820528
		1945101	1769524	752403	593806
		818379	1090613	659295	734924
113873	107718	764500	743649	623790	613762
493	644	21457	18369	21201	18356
		922689	840962	473751	416420
186387	134575	4222981	3835442	3921008	2568369
39034	16132	782062	697344	684214	567566
221215	209252	4451916	3851194	1310770	1056251
		575122	522277	228946	361777
		148896	119915	137731	101111
140479	103859	3474684	2745403	2132532	1857946
		1963888	1829659	1703615	1656439
2360374	2100409	9560033	9406046	2454157	2537802
289537	256134	304723	277839	304723	277839
6769	5766	972209	849881	914339	831758
		329028	268569	145540	245502
		1272672	1343290	675181	743873
		5601	5917	5601	5917
		1818850	1562114		
		1579641	1012762	1168336	815390
		69984	58501	9365	9278
893481	582045	3414867	2609215	848736	914829

2-10 续表 2

集体企业

地区	商品购进总额		统一配送商品购进额		自有配送中心配送商品购进额	
	2012年	2011年	2012年	2011年	2012年	2011年
全国	**442972**	**493141**	**259302**	**293704**	**168248**	**231276**
北京	132289	112578	33036	32448	32821	32246
天津						
河北	3077	5196	3077	5196		
山西						
内蒙古						
辽宁						
吉林						
黑龙江	971	844	971	844	971	844
上海	12724	11985	12724	11985	2833	3012
江苏	44592	52228	44592	52228	44592	42273
浙江	46095	41945	45281	41285	45281	41285
安徽	13373	10647	6686	5324	6686	5324
福建	1225	1273	1225	1273	1225	1273
江西						
山东	17356	16547	3200	3102		
河南	26588	29975				
湖北	39180	35000	39180	35000		
湖南	4995	3813				
广东	34906	32430	11840	12876	11840	12876
广西						
海南						
重庆	21124	17590	15956	13462	15956	13462
四川						
贵州						
云南	2944	2909				
西藏						
陕西						
甘肃						
青海						
宁夏	39685	115400	39685	75900	4193	75900
新疆	1851	2782	1851	2782	1851	2782

单位：万元

非自有配送中心配送商品购进额		商品销售总额		零售额	
2012年	2011年	2012年	2011年	2012年	2011年
45382	**8973**	**657849**	**503133**	**531749**	**317458**
		124818	110152	123306	108864
		5176	5793	5176	5793
		1435	1227	1435	1227
9890	8973	15268	14098	15268	14098
		45418	51658	42197	49068
		46262	43956	5939	7213
		17185	13678	13221	9608
		1782	1822	1782	1822
		18306	18058	7321	7926
		27181	26526	21584	19633
		241141	34000	241141	34000
		5200	4201	2873	2526
		42341	38622	39679	35292
		21738	17969	7999	17597
		2831	2792	2831	2792
35492		39685	115800		
		2083	2782		

2-10 续表 3

股份合作企业

地区	商品购进总额		统一配送商品购进额		自有配送中心配送商品购进额	
	2012年	2011年	2012年	2011年	2012年	2011年
全国	**1150472**	**1160737**	**1135174**	**1141487**	**1042676**	**1067331**
北京						
天津	2030	1889	2030	1889		
河北	90016	164136	90016	164136	90016	164136
山西						
内蒙古						
辽宁						
吉林	941561	901858	941561	901858	941561	901858
黑龙江						
上海						
江苏						
浙江	2980	2202	1532	1338	1532	1338
安徽						
福建						
江西						
山东	13851	18385				
河南						
湖北	9566	10319	9566	10319	9566	
湖南						
广东	82904	55393	82904	55393		
广西						
海南						
重庆						
四川						
贵州						
云南						
西藏						
陕西						
甘肃						
青海						
宁夏	7564	6555	7564	6555		
新疆						

单位：万元

非自有配送中心配送商品购进额		商品销售总额		零售额	
2012年	2011年	2012年	2011年	2012年	2011年
		1229603	**1207868**	**1003334**	**1011650**
		2774	2674	1343	1266
		89972	148766	89972	148766
		1009029	949326	876858	831741
		2730	2581	2730	2581
		17719	21015	5385	6142
		14027	10269	14027	10269
		83175	64326	2842	1974
		10178	8911	10178	8911

2-10 续表 4

联营企业

地 区	商品购进总额		统一配送商品购进额		自有配送中心配送商品购进额	
	2012年	2011年	2012年	2011年	2012年	2011年
全 国	**118202**	**113121**	**118202**	**113121**	**28971**	**25822**
北 京	623	609	623	609		
天 津						
河 北						
山 西						
内蒙古						
辽 宁						
吉 林						
黑龙江						
上 海	7814	6632	7814	6632		
江 苏	28971	25822	28971	25822	28971	25822
浙 江						
安 徽						
福 建						
江 西						
山 东						
河 南						
湖 北	25031		25031			
湖 南						
广 东	55763	80059	55763	80059		
广 西						
海 南						
重 庆						
四 川						
贵 州						
云 南						
西 藏						
陕 西						
甘 肃						
青 海						
宁 夏						
新 疆						

单位：万元

非自有配送中心配送商品购进额		商品销售总额		零售额	
2012年	2011年	2012年	2011年	2012年	2011年
		130092	**92021**	**119328**	**78704**
		833	796	833	796
		9476	6343	9476	6343
		35178	30821	24414	17503
		24931		24931	
		59674	54061	59674	54061

2-10 续表 5

有限责任公司

地 区	商品购进总额		统一配送商品购进额		自有配送中心配送商品购进额	
	2012年	2011年	2012年	2011年	2012年	2011年
全 国	**46013524**	**42848697**	**35831794**	**32133910**	**17572053**	**15971961**
北 京	8395113	7922790	6637989	5787330	1412611	1239584
天 津	1041774	1076549	370173	341119	310017	265013
河 北	682835	690619	569058	577190	384061	398659
山 西	133154	78202	119172	63085	27851	23377
内蒙古	250901	222838	213762	188450	127366	106595
辽 宁	675288	598512	550878	449792	206778	196058
吉 林	304971	318547	300846	303110	230889	139677
黑龙江	328847	260081	328847	239427	199645	176231
上 海	5985397	6105908	3140492	3142274	419923	526210
江 苏	1772715	1629428	1644028	1494607	1231571	1120779
浙 江	2856152	2698069	2572792	2320973	1945598	1808934
安 徽	1389016	883605	1175376	739684	600878	183034
福 建	934133	958123	730119	761774	257386	216599
江 西	1067626	1069239	1057845	1057431	840998	919070
山 东	3331394	3123606	2870126	2525773	1961644	1817003
河 南	1495819	1179731	1233484	999213	770081	672091
湖 北	2943237	2226153	2306031	1626468	1137549	963210
湖 南	1599040	1340873	1423261	1187691	677679	562265
广 东	4495028	4621496	3583253	3699625	2116155	2289996
广 西	595270	547088	331960	349888	204005	215160
海 南	20070	13899	20070	13899	5250	4682
重 庆	1871926	1780135	1681007	1720076	791481	681955
四 川	1342745	1186983	1243646	1125326	424644	423304
贵 州	62338	53146	62338	53146	5939	5212
云 南	508291	624807	497353	548577	248575	343515
西 藏						
陕 西	530789	547631	161241	190121	99179	127497
甘 肃	2020	10025	2020	10025	102	340
青 海	193964	158911	64928	56110	6988	6912
宁 夏	709347	356023	709347	356023	697486	342013
新 疆	494324	565681	230351	205703	229728	196987

单位：万元

非自有配送中心配送商品购进额		商品销售总额		零售额	
2012年	2011年	2012年	2011年	2012年	2011年
4082373	**4465720**	**51139125**	**48134496**	**38991290**	**37299074**
261238	1090005	9033173	8621544	6112906	5955023
6842	4739	1106569	1070640	1030956	1016448
98892	80535	826728	825513	749945	754325
		168715	109500	168715	109500
		266051	302932	266051	284575
27220	27220	747733	642230	662914	587452
4036	3724	305512	324730	298231	320081
1301		396525	358089	369712	356030
984466	941429	8024909	8085904	3922256	4267082
296416	182681	2135489	1830585	1727610	1487197
253750	242159	3100082	2809653	2421393	2246537
47502	43852	1202004	915299	1186561	888096
20986	14540	1035224	1091058	995957	1051233
215896	137228	1201934	1111966	977124	838736
12666	26849	3643107	3351903	3095781	2806536
9836	20102	1397841	1203000	1296133	1137974
399252	405019	3134494	2468152	2350387	2088845
24665	15468	1638126	1466279	1201924	1138078
877135	876155	4889023	5251177	4203600	4671985
28420	26461	703237	642041	514841	487830
12545	6157	20870	15630	18839	13010
53894	41027	1940373	1601228	1676736	1342936
191921	123176	1451641	1388238	1342804	1270794
475	447	76023	62575	75535	62080
202219	97298	689243	675932	625089	584277
19765	25014	699562	665111	695241	642729
		2433	11208	2433	2646
18552	11710	238880	204834	235275	201725
11862	14010	430124	331891	408623	317997
623	8716	633502	695653	357721	367319

2-10 续表 6

股份有限公司

地　区	商品购进总额		统一配送商品购进额		自有配送中心配送商品购进额	
	2012年	2011年	2012年	2011年	2012年	2011年
全　国	**153496418**	**148834158**	**113237700**	**108012483**	**77050230**	**74859124**
北　京	8996680	8865619	1705910	1824447	1353356	1381532
天　津						
河　北	6678625	6318427	3960891	3885549	2218230	2274150
山　西	746672	634053				
内蒙古	1658	1838	1658	1838	1658	1838
辽　宁	4462950	4640363	3480479	3623424	1370919	1597781
吉　林	48870	32546	45567	28298	45567	28298
黑龙江	344799	328036	265429	267444	265429	267444
上　海	12328744	12193284	12173298	11748773	7761367	7518063
江　苏	31843858	32670062	25186959	24450230	25186959	24409083
浙　江	13965535	13299175	12794133	12223707	12527854	11981173
安　徽	8583561	8195767	6042302	5801641	4736023	4450876
福　建	2558826	2184719	1481097	1346419	374221	378310
江　西	554471	536293	337171	345767	248371	261973
山　东	15311727	14659018	10755655	10519237	8782549	8711206
河　南	4536170	4303541	3000476	2849652	1789265	1674143
湖　北	6258009	5266814	3680342	3205692	3248475	2818927
湖　南	4497216	4047471	3160928	2807217	1507919	1281523
广　东	19300751	18991970	16580785	15106316	1993793	1821797
广　西	3036492	2668395	3035839	2667963	1225336	1183211
海　南	1358434	1074888	1358434	1074888		
重　庆	3481167	3408284	254218	315878		929
四　川	1159628	1341737	1159628	1341737	684351	908463
贵　州						
云　南						
西　藏						
陕　西	198443	179754	3822	3517	3822	3517
甘　肃	314277	274941	314277	274941		
青　海						
宁　夏	642652	743750	642652	743750	642652	743750
新　疆	2286203	1973415	1815752	1554159	1082116	1161138

单位：万元

非自有配送中心配送商品购进额		商品销售总额		零售额	
2012年	2011年	2012年	2011年	2012年	2011年
19087042	**17401832**	**182323682**	**177507611**	**122247056**	**112828870**
32089		10961342	10433171	7674391	7245352
		7180270	6782010	4201042	3698959
		1264040	1011964	1062126	797164
		1496	1413	1496	1413
1313515	1065171	5330599	5190464	2738699	2614507
		67199	46565	67199	46565
		383498	350529	253794	227380
1943283	1863682	14612320	14574313	8350171	8527417
	41148	34611220	38000389	18721363	19448442
175873	146093	14936853	14016937	10425181	9570108
100000	142784	9025530	8462759	4959987	4731175
240209	199242	2787218	2508459	2543792	2240594
		3707417	3320678	3297453	2787903
834500	718535	17438682	17663672	15358710	13325423
	3292	4861085	4476168	3247505	2837979
		7062463	5986285	6431848	5313081
		4688738	4115079	4206529	3552599
13743647	12741455	23646928	23217928	18870475	17659755
		7554968	6438730	3370987	2907172
		1446940	1211419	1244977	912760
1997		4119138	3757736	2024634	1910176
118108	87411	1476528	1387087	981091	912796
		1554448	1346629	501625	161596
		200900	179639	200900	179639
		302745	275586	239606	219615
		592409	526662	196008	148567
583822	393021	2508710	2225340	1075466	850734

2-10 续表 7

私营企业

地区	商品购进总额		统一配送商品购进额		自有配送中心配送商品购进额	
	2012年	2011年	2012年	2011年	2012年	2011年
全国	**15149177**	**16166635**	**13296158**	**14570433**	**7180161**	**6034582**
北京	416167	399603	229210	214542	159845	151955
天津	138787	121792	93251	78315	27463	17046
河北	304798	257239	281345	234469	227999	130538
山西	661434	622874	370231	364654	195678	199458
内蒙古	16776	15744	16776	15744	11237	9376
辽宁	1142107	959150	1107634	932809	212904	218099
吉林	170945	109708	74142	67078	16222	3299
黑龙江	523364	529564	457953	470828	266424	212168
上海	689619	798343	661305	771285	4087	3737
江苏	1178759	1087940	1115892	1014812	573566	488202
浙江	2253359	1978550	2030565	1800912	1420972	1294482
安徽	211227	188484	141577	117693	83610	74246
福建	898831	786511	817200	712972	179738	135063
江西	276657	175234	214264	125722	132032	54394
山东	728726	552845	656218	493039	299082	238361
河南	347892	292310	282366	234229	70018	49967
湖北	416752	304640	398396	285755	372696	251795
湖南	377370	3218256	283264	3148590	143850	130707
广东	1531073	1360319	1467782	1313823	1150062	985398
广西	148204	119824	145202	116921	40893	36343
海南	27322	24146	27322	24146		
重庆	687623	661002	615496	591866	580742	566129
四川	710251	610833	616487	542676	102213	83843
贵州	40471	16126	38488	16126	13743	4349
云南	529814	370580	518550	342786	400705	284726
西藏	14964	15197	14964	15197		
陕西	61808	56645	34764	24871	7668	9942
甘肃	78436	43292	59833	35586	57363	35563
青海	5285	4006	1400	1874		
宁夏	61345	57336	58903	54845	58903	51775
新疆	499010	428545	465377	406270	370446	313623

单位：万元

非自有配送中心配送商品购进额		商品销售总额		零售额	
2012年	2011年	2012年	2011年	2012年	2011年
1312130	**1347185**	**16459748**	**15411510**	**14322317**	**13068252**
22048	19815	557246	522549	532119	469587
6468	6677	150913	144158	150913	143148
53346	103932	351291	305760	328199	298417
18905	22923	908498	811387	904892	803516
4111	5221	20636	13611	20636	13611
42709	31704	1157998	972020	1147842	966539
		165367	128614	148950	107272
190203	231048	533670	517263	533670	517263
14554	11869	694814	929452	689289	918833
449158	435677	1213528	1158466	993409	958545
109585	70043	2653359	2256350	1821675	1577319
10511	6990	219520	193789	208481	189053
36925	70321	887917	838513	836150	774678
21632	37777	308748	266049	297128	253295
47524	36007	693768	595964	558681	466562
2938	3246	347894	320614	286611	264806
1810	1	460044	361072	436877	335291
19898	29686	439255	944749	347449	331735
138421	116305	1639932	1474502	1290473	1254580
		152308	119912	97119	88144
		24882	21285	24882	21285
12607	9732	793945	740513	734320	672203
3848	21	806686	730252	771460	696054
3967		43319	17591	39607	14973
2888	1305	446969	339512	380447	287739
		14185	12588	14185	12588
		76355	61467	76355	61467
2470	23	109397	61177	109397	61177
1400	1874	8331	5877	8331	5877
	3070	62865	57607	43237	38391
94205	91919	516107	488848	489535	464303

2-10 续表 8

其他企业

地区	商品购进总额		统一配送商品购进额		自有配送中心配送商品购进额	
	2012年	2011年	2012年	2011年	2012年	2011年
全　国	**590454**	**600329**	**437227**	**409204**	**160943**	**155859**
北　京						
天　津						
河　北						
山　西						
内蒙古	1499	1827	1499	1700	1499	1700
辽　宁	1699	1604	1699	1604		
吉　林						
黑龙江						
上　海	40666	31488	40666	31488		
江　苏	29840	27981	29840	27981	6782	7204
浙　江						
安　徽	6610	6234	6610	6234	6610	6234
福　建	99153	109248	99153	109248	2122	2347
江　西						
山　东	30719	26671	29843	26234	759	397
河　南	124454	119284	124454	119284	83440	88271
湖　北	42061	33786	42061	33786	8198	8300
湖　南	158927	201805	6665	11775	5791	9775
广　东						
广　西						
海　南						
重　庆	488	460	399	386	155	386
四　川	14726	13882	14726	13425	13566	9713
贵　州	7591	4525	7591	4525		
云　南						
西　藏						
陕　西						
甘　肃	29795	20297	29795	20297	29795	20297
青　海						
宁　夏						
新　疆	2228	1236	2228	1236	2228	1236

单位：万元

非自有配送中心配送商品购进额		商品销售总额		零售额	
2012年	2011年	2012年	2011年	2012年	2011年
138857	**115140**	**639130**	**610401**	**628496**	**600410**
		1617	1763	1617	1763
		1760	1764	1760	1764
40666	31488	39686	43042	39686	43042
23059	20777	28470	32639	26601	30918
		6763	6377	6763	6377
		91773	101148	91773	101148
29084	25837	28341	28952	28341	28952
41014	31014	132866	118653	132866	118653
3001	3001	49921	37941	48253	36203
874	2000	191411	188404	191411	188404
		985	974	985	974
1160	1024	18994	17771	11955	11239
		8640	4816	8640	4816
		36147	24247	36147	24247
		1755	1911	1698	1911

2-10 续表 9

港、澳、台商投资企业

地区	商品购进总额		统一配送商品购进额		自有配送中心配送商品购进额	
	2012年	2011年	2012年	2011年	2012年	2011年
全国	**21615145**	**18726652**	**18142749**	**15281958**	**8193938**	**6892967**
北京	484735	491967	262125	267411	24098	26396
天津	413189	446871	2675	125583		123217
河北						
山西	47114	6733	7027	6733		
内蒙古						
辽宁	139134	105887	40881	32836		
吉林	6176	4403				
黑龙江	5333	1752	5333	1752	5333	1752
上海	8701467	7257562	8109308	6698821		
江苏	2367612	2090949	2264182	1954657	1893199	1707913
浙江	318479	239028	282081	195883	186589	154139
安徽	26116	23636	26116	23636		
福建	2427746	2177340	1653864	1202261	1342373	964872
江西	421719	409491	154975	45124	154975	45124
山东	161260	161381	77143	122893	49302	57733
河南	716830	558141	101770	92097	101770	92097
湖北	657082	325424	644893	321051	594415	277153
湖南	102209	92168	99951	88678	78943	68705
广东	2473585	2446808	2284123	2235526	2216592	2184331
广西						
海南						
重庆	1834181	1633336	1831141	1629777	1285197	1144542
四川	57776	39564	41760	23029	41760	23029
贵州						
云南	253404	214210	253404	214210	219393	21964
西藏						
陕西						
甘肃						
青海						
宁夏						
新疆						

单位：万元

非自有配送中心配送商品购进额		商品销售总额		零售额	
2012年	2011年	2012年	2011年	2012年	2011年
1316619	**1232621**	**23764891**	**21219980**	**18692123**	**17067658**
127775	125176	620818	585223	511469	471096
2675	2367	465480	435554	401234	408502
		49288	6733	49288	6733
		134129	137492	134129	137492
		6968	6352	6968	6352
		7567	2533	7567	2533
157307	196525	8367337	7399874	4745085	4469654
107947	89890	3486589	3009169	2829347	2387475
		354114	325644	245220	219073
		27079	25957	27079	25957
311490	237388	2209088	2050232	2107572	1940621
		392411	305827	339348	261139
	47719	225271	217152	224066	216833
		1078684	1003861	1078684	1003861
26	26	712184	363567	681025	336472
21008	19972	116034	102669	115662	102136
42446	28324	3424351	3370752	3191875	3281699
545944	485235	1775682	1569438	1747291	1547064
		51163	51938	21313	35454
		260654	250013	227902	207513

2-10 续表 10

外商投资企业

地区	商品购进总额		统一配送商品购进额		自有配送中心配送商品购进额	
	2012年	2011年	2012年	2011年	2012年	2011年
全国	**25041070**	**25418512**	**17280321**	**17813188**	**10066621**	**10698691**
北京	2310888	2770879	1075761	1578795	230162	220924
天津	378970	308272				
河北	89095	104348	89095	104348	24872	37050
山西						
内蒙古						
辽宁	536737	470422	319618	255733		
吉林	8273	11442	8273	11442		
黑龙江	134692	127737	134692	127737		
上海	3295741	3329573	936327	920655	247552	221289
江苏	6728685	6665428	6728685	6468409	5238033	5144434
浙江	900743	816228	416107	373664	416107	373664
安徽	295113	160139				
福建	1605668	1503358	853312	845949		
江西	43351	13154	43351	13154		
山东	1667397	1457643	982008	779706		
河南	70973	63688	70973	63688	70973	63688
湖北	311077	283575	301859	272680	70101	54437
湖南	49253	47957				
广东	5202934	6059648	4394568	5184090	3511704	4345990
广西						
海南						
重庆	130632	75000	130632	75000		
四川	763940	655808	278153	243926		
贵州	33329	40612	33329	40612	33329	40612
云南	405932	382591	405932	382591	218535	189992
西藏						
陕西						
甘肃						
青海						
宁夏	15821	12441	15821	12441		
新疆	61826	58569	61826	58569	5254	6612

单位：万元

非自有配送中心配送商品购进额		商品销售总额		零售额	
2012年	2011年	2012年	2011年	2012年	2011年
3158983	**3349804**	**29778603**	**28351809**	**25233596**	**24478619**
773050	1307640	2887958	3019868	2718623	2920506
		394614	392503	394614	392503
		93928	113510	93928	113510
6351	6694	545499	564909	545499	564909
		8297	11161	8297	11161
		134825	144083	134825	144083
50726	50726	3527269	3451492	3455928	3385956
1446934	1242853	6937877	6890509	5979276	5980577
		1007999	926469	971517	896972
		293769	278762	293769	278762
32035	28915	4169118	3571677	3064533	2713481
43351	13154	44975	17659	40092	13084
257757	233817	1956811	1598473	484485	412128
		67283	61301	67283	61301
93256	53564	379929	344090	374415	342466
		56508	53374	56508	53374
268319	279611	5740734	5487403	5045859	4795405
130632	75000	130632	106537	130632	106537
	5874	772849	724886	772849	724886
		44354	37003	44354	37003
		493506	470930	493506	470501
		28036	27047	968	1352
56571	51957	61837	58163	61837	58163

2-11 按登记注册类型分各地区

内资企业

地　区	商品购进总额		统一配送商品购进额		自有配送中心配送商品购进额	
	2012年	2011年	2012年	2011年	2012年	2011年
全　国	**252901018**	**241471280**	**196796351**	**184953460**	**116073382**	**108750819**
北　京	17680766	17022816	8398427	7644670	2792478	2655441
天　津	6414792	6234580	5697340	5455333	3719329	3650496
河　北	10174729	9705795	7300043	7120575	4496590	4410867
山　西	2452580	1803519	1279088	777746	252873	245368
内蒙古	269224	240558	232085	206053	140898	118539
辽　宁	7994268	7923736	5121939	5004090	1821874	2037055
吉　林	1466347	1362658	1362117	1300344	1234240	1073132
黑龙江	2195210	2125325	2050429	1985344	1729698	1663488
上　海	17755625	17759161	14636520	14243834	7104445	6865869
江　苏	33761405	34481049	26924102	26073074	26045549	25190140
浙　江	19054178	17909530	17410550	16337531	16022708	15173985
安　徽	12852780	11842269	10310748	9459865	4982113	4288910
福　建	4505944	4055479	3043357	2843821	820612	744186
江　西	4895076	4060681	4575857	3759891	2910899	2261132
山　东	19549727	18461105	14092369	13370014	10821615	10560497
河　南	6313703	5734000	4413541	3999132	2717053	2487787
湖　北	12616315	9962483	9385390	7286277	7225127	5777854
湖　南	8720208	10172801	6136350	8289281	3408898	2943938
广　东	34685390	34218645	30916797	28896463	5946396	5762074
广　西	3746008	3301471	3493094	3115187	1452845	1417564
海　南	1695362	1369067	1695362	1369067	5250	4682
重　庆	6746297	6435886	3253996	3215539	2094647	1818020
四　川	3433623	3356571	3244976	3231683	1175113	1382755
贵　州	96972	61132	94989	61132	19681	9561
云　南	1958921	1952378	1935208	1846347	645049	626678
西　藏	21653	21741	21653	21741		
陕　西	2048644	1826979	1279827	1097937	1091014	947745
甘　肃	1737813	1363049	1365200	1178817	335120	267324
青　海	198777	162657	65855	57725	6516	6652
宁　夏	1466578	1200655	1465955	1200160	1446529	1176903
新　疆	6392103	5343505	5593189	4504791	3608227	3182179

连锁零售企业直营门店经营情况

单位：万元

非自有配送中心配送商品购进额		商品销售总额		零售额	
2012年	2011年	2012年	2011年	2012年	2011年
29209698	**27112121**	**289766957**	**276395220**	**195687465**	**180062960**
276999	1047350	20314875	19355437	14084882	13479788
1848061	1657144	6449406	6038209	4223969	3434375
152239	184467	10879078	10363536	6391499	5878102
18905	22923	3616029	3172089	2997372	2430861
3364	4513	288256	318060	288256	299703
1350201	1094152	9032120	8454718	5152547	4642783
4036	3724	1547106	1449235	1391239	1305659
191503	231048	2133508	2317720	1817907	1836824
2572651	2457125	21998631	21854010	11893915	12300211
671504	593265	36674832	39855651	20851586	21356802
464508	393044	20259887	18774317	14409168	13167877
68014	106413	13981593	12774095	9997700	8172934
141257	125603	5353088	5022048	4921399	4521412
455623	382244	9541494	8446943	5753952	4833240
920907	804674	22054492	21699256	18933548	16510734
53788	57654	6515533	5900316	4786835	4180768
540093	508079	14407440	11574716	11625734	9608251
34063	39423	8806923	8445649	7558803	6791213
16913884	15633622	37382810	37201445	26462013	25945648
28420	26461	8364435	7159884	3939366	3445525
302082	262291	1797414	1526173	1593421	1224894
58996	43769	7621706	6764969	5193042	4628599
314525	211175	3993970	3712371	3169306	3062636
4442	447	113253	72601	109053	69488
204387	97298	3665792	3358070	2177420	1772552
		19786	18505	19786	18505
19765	25014	2615588	2341821	792416	769858
2470	23	2013613	1371397	1555919	1123074
19952	13584	246808	210451	243203	207342
11862	16702	1156632	973735	665624	520199
1561203	1068891	6920860	5867794	2686587	2523104

2-11 续表 1

国有企业

地区	商品购进总额		统一配送商品购进额		自有配送中心配送商品购进额	
	2012年	2011年	2012年	2011年	2012年	2011年
全国	**43415299**	**38358921**	**38832309**	**34350786**	**17402550**	**14821073**
北京	12145	13656	6588	6990	6588	6990
天津	5236105	5038988	5235708	5038586	3385025	3372378
河北	2415377	2270179	2395656	2254035	1576284	1443385
山西	1034532	563539	789685	350007	29344	22532
内蒙古						
辽宁	1808379	1798095	77405	70450	31322	25162
吉林						
黑龙江	997228	1006801	997228	1006801	997228	1006801
上海	521430	493905	410989	390095	204494	167479
江苏	23381	14878	23381	14878	22887	14234
浙江	1040562	916599	1008398	911180	1007282	910002
安徽	3616873	3431856	3614164	3430196	1410	
福建	214860	198018	115648	92023	8437	15474
江西	3123430	2370613	3030366	2286131	1750167	1078841
山东	575500	520948	25747	23130	5934	4590
河南	122834	111443	91525	85166	10025	7920
湖北	2922542	2127454	2922542	2127454	2481913	1769984
湖南	2187931	1455286	1341407	1208361	1108025	990366
广东	9266326	9155272	9192957	8686636	715251	684756
广西						
海南	289537	256134	289537	256134		
重庆	857979	747550	797412	703467	797412	669339
四川	280696	266790	280696	266790		
贵州						
云南	931013	963716	931013	963716		
西藏	6689	6543	6689	6543		
陕西	1379801	1131799	1099816	898141	993883	818847
甘肃	1313286	1014494	959276	837968	247860	211124
青海						
宁夏	55453	46971	55453	46971	55453	46971
新疆	3181410	2437393	3133025	2388939	1966325	1553900

单位：万元

非自有配送中心配送商品购进额		商品销售总额		零售额	
2012年	2011年	2012年	2011年	2012年	2011年
5651291	**4787579**	**45208175**	**40855959**	**23740693**	**20620828**
		23700	21510	23700	21510
1835396	1646364	5192626	4826733	3044212	2279292
		2432576	2301548	1024101	977695
		1404711	1339087	991574	820528
		1945101	1769524	752403	593806
		818379	1090613	659295	734924
71864	68895	634863	611148	494154	481261
493	644	21457	18369	21201	18356
		922183	840321	473245	415779
		3921008	3615249	3921008	2568369
39034	16132	746947	656326	649099	526548
221215	209252	4451916	3851194	1310770	1056251
		575122	522277	228946	361777
		148298	119383	137314	100728
140479	103859	3474123	2744920	2131972	1857464
		1963888	1829659	1703615	1656439
2159793	1903855	7142384	7149933	2112753	2315186
289537	256134	304723	277839	304723	277839
	400	962540	839467	904669	823068
		329028	268569	145540	245502
		986811	1006163	675181	743873
		5601	5917	5601	5917
		1818850	1562114		
		1562891	999179	1168336	815390
		69984	58501	9365	9278
893481	582045	3348465	2530419	847917	914048

2-11 续表 2

集体企业

地区	商品购进总额		统一配送商品购进额		自有配送中心配送商品购进额	
	2012年	2011年	2012年	2011年	2012年	2011年
全国	**351993**	**334364**	**200330**	**197317**	**146519**	**136569**
北京	128648	109241	29395	29112	29181	28909
天津						
河北	3077	5196	3077	5196		
山西						
内蒙古						
辽宁						
吉林						
黑龙江	971	844	971	844	971	844
上海	12724	11985	12724	11985	2833	3012
江苏	34584	40967	34584	40967	34584	31012
浙江	42838	38642	42838	38642	42838	38642
安徽	13373	10647	6686	5324	6686	5324
福建	1225	1273	1225	1273	1225	1273
江西						
山东	15456	14746	1450	1422		
河南	17226	25835				
湖北	39180	35000	39180	35000		
湖南	4995	3813				
广东	11778	12894	10394	11309	10394	11309
广西						
海南						
重庆	21124	17590	15956	13462	15956	13462
四川						
贵州						
云南	2944	2909				
西藏						
陕西						
甘肃						
青海						
宁夏						
新疆	1851	2782	1851	2782	1851	2782

单位：万元

非自有配送中心配送商品购进额		商品销售总额		零售额	
2012年	2011年	2012年	2011年	2012年	2011年
9890	**8973**	**570190**	**345345**	**483775**	**275470**
		120495	106965	118983	105677
		5176	5793	5176	5793
		1435	1227	1435	1227
9890	8973	15268	14098	15268	14098
		35339	41145	32118	38555
		42385	40070	2062	3327
		17185	13678	13221	9608
		1782	1822	1782	1822
		16719	16375	5734	6243
		18090	20417	12493	13524
		241141	34000	241141	34000
		5200	4201	2873	2526
		23323	22012	20661	18682
		21738	17969	7999	17597
		2831	2792	2831	2792
		2083	2782		

2-11 续表 3

股份合作企业

地区	商品购进总额		统一配送商品购进额		自有配送中心配送商品购进额	
	2012年	2011年	2012年	2011年	2012年	2011年
全国	**1150472**	**1160737**	**1135174**	**1141487**	**1042676**	**1067331**
北京						
天津	2030	1889	2030	1889		
河北	90016	164136	90016	164136	90016	164136
山西						
内蒙古						
辽宁						
吉林	941561	901858	941561	901858	941561	901858
黑龙江						
上海						
江苏						
浙江	2980	2202	1532	1338	1532	1338
安徽						
福建						
江西						
山东	13851	18385				
河南						
湖北	9566	10319	9566	10319	9566	
湖南						
广东	82904	55393	82904	55393		
广西						
海南						
重庆						
四川						
贵州						
云南						
西藏						
陕西						
甘肃						
青海						
宁夏	7564	6555	7564	6555		
新疆						

单位：万元

非自有配送中心配送商品购进额		商品销售总额		零售额	
2012年	2011年	2012年	2011年	2012年	2011年
		1229603	**1207868**	**1003334**	**1011650**
		2774	2674	1343	1266
		89972	148766	89972	148766
		1009029	949326	876858	831741
		2730	2581	2730	2581
		17719	21015	5385	6142
		14027	10269	14027	10269
		83175	64326	2842	1974
		10178	8911	10178	8911

2-11 续表 4

联营企业

地 区	商品购进总额		统一配送商品购进额		自有配送中心配送商品购进额	
	2012年	2011年	2012年	2011年	2012年	2011年
全 国	**108106**	**95272**	**108106**	**95272**	**28971**	**25822**
北 京	623	609	623	609		
天 津						
河 北						
山 西						
内 蒙 古						
辽 宁						
吉 林						
黑 龙 江						
上 海	7814	6632	7814	6632		
江 苏	28971	25822	28971	25822	28971	25822
浙 江						
安 徽						
福 建						
江 西						
山 东						
河 南						
湖 北	25031		25031			
湖 南						
广 东	45666	62210	45666	62210		
广 西						
海 南						
重 庆						
四 川						
贵 州						
云 南						
西 藏						
陕 西						
甘 肃						
青 海						
宁 夏						
新 疆						

单位：万元

非自有配送中心配送商品购进额		商品销售总额		零售额	
2012年	2011年	2012年	2011年	2012年	2011年
		117827	**80080**	**107063**	**66762**
		833	796	833	796
		9476	6343	9476	6343
		35178	30821	24414	17503
		24931		24931	
		47410	42120	47410	42120

2-11 续表 5

有限责任公司

地区	商品购进总额		统一配送商品购进额		自有配送中心配送商品购进额	
	2012年	2011年	2012年	2011年	2012年	2011年
全国	**44674680**	**41595980**	**34755657**	**31106825**	**16699467**	**15157273**
北京	8220696	7733751	6470108	5609223	1283297	1124040
天津	1041045	1075850	369527	340482	310017	265013
河北	682835	690619	569058	577190	384061	398659
山西	133154	78202	119172	63085	27851	23377
内蒙古	250901	222838	213762	188450	127366	106595
辽宁	673758	595751	549347	447031	206728	196013
吉林	304971	318547	300846	303110	230889	139677
黑龙江	328847	260081	328847	239427	199645	176231
上海	5930470	6046539	3105126	3106134	402460	510342
江苏	1717080	1580000	1592768	1451339	1186768	1081867
浙江	2297785	2184445	2078552	1869302	1526605	1428575
安徽	1376827	871601	1164813	728477	591193	173260
福建	934133	958123	730119	761774	257386	216599
江西	1064506	1067225	1054725	1055418	840998	919070
山东	3213969	3013841	2752701	2416008	1844620	1707578
河南	1487145	1173181	1228815	995493	769520	671503
湖北	2923909	2207678	2286703	1609747	1122669	950290
湖南	1570073	1321801	1414274	1183821	677166	561940
广东	4455884	4591575	3544548	3670231	2081700	2264750
广西	571015	522991	319196	337198	191241	202799
海南	20070	13899	20070	13899	5250	4682
重庆	1785694	1680437	1625460	1642121	744695	610309
四川	1313850	1164381	1218967	1107291	414590	416333
贵州	49951	41145	49951	41145	5939	5212
云南	504612	620491	495107	545163	248124	342822
西藏						
陕西	423970	472304	147703	178063	85641	115439
甘肃	2020	10025	2020	10025	102	340
青海	193492	158652	64455	55850	6516	6652
宁夏	709347	356023	709347	356023	697486	342013
新疆	492671	563985	229567	204007	228945	195291

单位：万元

非自有配送中心配送商品购进额		商品销售总额		零售额	
2012年	2011年	2012年	2011年	2012年	2011年
3947120	**4323217**	**49248557**	**46508613**	**37317831**	**35914592**
222861	1027535	8820998	8406728	5904595	5773120
6197	4103	1106374	1069844	1030782	1015869
98892	80535	819793	819659	743010	748471
		168715	109500	168715	109500
		266051	302932	266051	284575
27220	27220	729341	626879	644521	572101
4036	3724	305512	324730	298231	320081
1301		396525	358089	369712	356030
976474	933737	7875870	7931414	3880992	4219706
290129	178733	1912330	1654294	1504452	1310906
194970	188682	2493004	2274178	1851885	1743956
47502	43852	1187925	903068	1172482	875865
20986	14540	1035224	1091058	995957	1051233
212776	135214	1196813	1109308	972003	836078
12666	26849	3502127	3230515	2955046	2685968
9836	20102	1387538	1196371	1286090	1131346
394803	401217	3107893	2425149	2323786	2046861
16191	11922	1607972	1444931	1194105	1133750
872906	872007	4810783	5238554	4126217	4659962
28420	26461	667119	611292	478723	457727
12545	6157	20870	15630	18839	13010
50993	40256	1823393	1488453	1600784	1264196
191921	123176	1419793	1362405	1310956	1244961
475	447	63231	50554	62743	50058
202219	97298	684647	670374	622777	580304
19765	25014	536042	550978	531721	541129
		2433	11208	2433	2646
18552	11710	238477	204574	234872	201465
11862	14010	430124	331891	408623	317997
623	8716	631641	694056	356730	365722

2-11 续表 6

股份有限公司

地 区	商品购进总额		统一配送商品购进额		自有配送中心配送商品购进额	
	2012年	2011年	2012年	2011年	2012年	2011年
全 国	**148943654**	**144468517**	**109241985**	**104150492**	**74225585**	**72090655**
北 京	8947001	8820861	1672014	1792071	1319805	1349547
天 津						
河 北	6678625	6318427	3960891	3885549	2218230	2274150
山 西	746672	634053				
内 蒙 古	994	1067	994	1067	994	1067
辽 宁	4462950	4640363	3480479	3623424	1370919	1597781
吉 林	48870	32546	45567	28298	45567	28298
黑 龙 江	344799	328036	265429	267444	265429	267444
上 海	10610528	10427459	10455082	9982948	6491600	6182319
江 苏	30948846	31863838	24291947	23644006	24291947	23602859
浙 江	13963825	13297621	12792423	12222154	12526145	11979619
安 徽	7649895	7346224	5377597	5172098	4293302	4030004
福 建	2367629	2010601	1289900	1172301	374221	378310
江 西	439375	452989	277703	293406	188903	209613
山 东	15019740	14343362	10674642	10439276	8701536	8631244
河 南	4226493	4022712	2694800	2571723	1789265	1674143
湖 北	6249455	5258120	3673491	3198730	3241667	2811999
湖 南	4470382	4022978	3134094	2782723	1481085	1257029
广 东	19300751	18991370	16580785	15105716	1993793	1821197
广 西	3029513	2661305	3028860	2660873	1220752	1178422
海 南	1358434	1074888	1358434	1074888		
重 庆	3480190	3408284	253241	315878		929
四 川	1157113	1339551	1157113	1339551	681835	906277
贵 州						
云 南						
西 藏						
陕 西	198443	179754	3822	3517	3822	3517
甘 肃	314277	274941	314277	274941		
青 海						
宁 夏	642652	743750	642652	743750	642652	743750
新 疆	2286203	1973415	1815752	1554159	1082116	1161138

单位：万元

非自有配送中心配送商品购进额		商品销售总额		零售额	
2012年	2011年	2012年	2011年	2012年	2011年
18356418	**16710421**	**178140919**	**172921699**	**119142510**	**109378749**
32089		10851798	10361971	7564848	7174151
		7180270	6782010	4201042	3698959
		1264040	1011964	1062126	797164
		1210	820	1210	820
1313515	1065171	5330599	5190464	2738699	2614507
		67199	46565	67199	46565
		383498	350529	253794	227380
1494833	1433602	12795522	12384489	6831918	6682904
	41148	33633320	37086165	18343475	19048442
175873	146093	14934332	14014646	10422660	9567817
10000	55571	8649798	8053375	4696351	4535103
49012	25124	2605581	2343047	2362155	2075182
		3592321	3225503	3182357	2692727
834500	718535	17261171	17316151	15187017	12977902
	3292	4493661	4135516	2941828	2560050
		7052490	5976174	6421875	5302970
		4650886	4085197	4168677	3522717
13743647	12741455	23646928	23217707	18870475	17659755
		7547998	6431493	3364017	2899935
		1446940	1211419	1244977	912760
1020		4118133	3757736	2023630	1910176
118108	87411	1474013	1384901	978576	910610
		1554448	1346629	501625	161596
		200900	179639	200900	179639
		302745	275586	239606	219615
		592409	526662	196008	148567
583822	393021	2508710	2225340	1075466	850734

2-11 续表 7

私营企业

地 区	商品购进总额		统一配送商品购进额		自有配送中心配送商品购进额	
	2012年	2011年	2012年	2011年	2012年	2011年
全 国	**13700453**	**14888502**	**12119566**	**13532877**	**6376137**	**5300544**
北 京	371652	344698	219698	206666	153607	145956
天 津	135612	117852	90075	74375	24287	13106
河 北	304798	257239	281345	234469	227999	130538
山 西	538223	527726	370231	364654	195678	199458
内蒙古	16029	15036	16029	15036	11237	9376
辽 宁	1047482	887923	1013009	861581	212904	218099
吉 林	170945	109708	74142	67078	16222	3299
黑龙江	523364	529564	457953	470828	266424	212168
上 海	654255	761980	626381	735378	3057	2717
江 苏	978933	927792	922841	868310	473840	427371
浙 江	1706189	1470022	1486807	1294916	918305	815810
安 徽	189775	175707	141450	117537	83483	74089
福 建	890626	779032	808995	708018	178905	130998
江 西	267765	169853	213063	124937	130831	53609
山 东	680503	523163	607995	463954	268776	216697
河 南	335551	281544	273947	227465	64803	45951
湖 北	404571	290126	386816	271242	361115	237281
湖 南	329834	3169072	241846	3104557	137895	124828
广 东	1522081	1349930	1459543	1304967	1145258	980062
广 西	145480	117175	145038	116816	40852	36342
海 南	27322	24146	27322	24146		
重 庆	601310	582025	561928	540612	536584	523981
四 川	673304	578002	579540	510204	70676	52864
贵 州	40079	16027	38096	16027	13743	4349
云 南	520353	365262	509088	337468	396925	283856
西 藏	14964	15197	14964	15197		
陕 西	46431	43123	28487	18217	7668	9942
甘 肃	78436	43292	59833	35586	57363	35563
青 海	5285	4006	1400	1874		
宁 夏	51561	47356	50938	46861	50938	44169
新 疆	427740	364927	410765	353901	326762	268064

单位：万元

非自有配送中心配送商品购进额		商品销售总额		零售额	
2012年	2011年	2012年	2011年	2012年	2011年
1129768	**1190029**	**14655573**	**13905999**	**13303258**	**12231726**
22048	19815	497050	457467	471923	404532
6468	6677	147633	138958	147633	137948
53346	103932	351291	305760	328199	298417
18905	22923	778564	711539	774957	703668
3364	4513	19741	12734	19741	12734
9466	1761	1025319	866086	1015163	860605
		165367	128614	148950	107272
190203	231048	533670	517263	533670	517263
1185	1258	654751	890550	649226	879931
357823	351964	1009088	992564	899676	892468
93665	58269	1865252	1602522	1656587	1434417
10511	6990	199426	182511	188388	177776
32226	69808	873630	829464	822481	766297
21632	37777	300443	260939	288823	248185
44656	33454	653303	563983	523090	443761
2938	3246	335080	309975	276243	256467
1810	1	442915	346263	419749	320483
17871	27455	390273	896046	300829	290165
137538	116305	1628808	1466793	1281656	1247969
		149318	117099	96626	87862
		24882	21285	24882	21285
6983	3113	695902	661345	655960	613562
3848	21	760176	686612	726792	654695
3967		42784	17486	39072	14868
2168		437055	332113	375006	283988
		14185	12588	14185	12588
		59796	49090	59796	49090
2470	23	109397	61177	109397	61177
1400	1874	8331	5877	8331	5877
	2692	53936	47771	41450	35446
83277	85109	428206	413528	404778	390931

2-11 续表 8

其他企业

地区	商品购进总额		统一配送商品购进额		自有配送中心配送商品购进额	
	2012年	2011年	2012年	2011年	2012年	2011年
全国	**556362**	**568989**	**403224**	**378405**	**151479**	**151552**
北京						
天津						
河北						
山西						
内蒙古	1301	1617	1301	1500	1301	1500
辽宁	1699	1604	1699	1604		
吉林						
黑龙江						
上海	18405	10662	18405	10662		
江苏	29610	27751	29610	27751	6552	6974
浙江						
安徽	6038	6234	6038	6234	6038	6234
福建	97470	108432	97470	108432	439	1530
江西						
山东	30709	26661	29833	26224	749	387
河南	124454	119284	124454	119284	83440	88271
湖北	42061	33786	42061	33786	8198	8300
湖南	156992	199850	4729	9820	4728	9775
广东						
广西						
海南						
重庆						
四川	8660	7847	8660	7847	8012	7280
贵州	6942	3960	6942	3960		
云南						
西藏						
陕西						
甘肃	29795	20297	29795	20297	29795	20297
青海						
宁夏						
新疆	2228	1005	2228	1005	2228	1005

单位：万元

非自有配送中心配送商品购进额		商品销售总额		零售额	
2012年	2011年	2012年	2011年	2012年	2011年
115211	**91902**	**596113**	**569657**	**589002**	**563183**
		1255	1573	1255	1573
		1760	1764	1760	1764
18405	10662	12881	15967	12881	15967
23059	20777	28120	32294	26251	30573
		6250	6215	6250	6215
		89925	100332	89925	100332
29084	25837	28330	28941	28330	28941
41014	31014	132866	118653	132866	118653
3001	3001	49921	37941	48253	36203
2	45	188705	185616	188705	185616
648	567	10960	9884	7443	6869
		7238	4562	7238	4562
		36147	24247	36147	24247
		1755	1668	1698	1668

2-11 续表 9

港、澳、台商投资企业

地区	商品购进总额		统一配送商品购进额		自有配送中心配送商品购进额	
	2012年	2011年	2012年	2011年	2012年	2011年
全国	**17660176**	**15514207**	**14367745**	**12217241**	**8127784**	**6818938**
北京	484735	491967	262125	267411	24098	26396
天津	413189	446871	2675	125583		123217
河北						
山西	40897	900	810	900		
内蒙古						
辽宁	139134	105887	40881	32836		
吉林	6176	4403				
黑龙江	5333	1752	5333	1752	5333	1752
上海	5040047	4298976	4447888	3740235		
江苏	2358276	2074565	2254845	1938273	1883863	1691529
浙江	313804	234053	277406	190908	181914	149164
安徽	26116	23636	26116	23636		
福建	2420202	2170042	1649030	1197473	1337540	960085
江西	213632	234628	124144	15479	124144	15479
山东	161260	161381	77143	122893	49302	57733
河南	716830	558141	101770	92097	101770	92097
湖北	657082	325424	644893	321051	594415	277153
湖南	102209	92168	99951	88678	78943	68705
广东	2417561	2414844	2228099	2203562	2201781	2178635
广西						
海南						
重庆	1834181	1633336	1831141	1629777	1285197	1144542
四川	56108	27023	40092	10488	40092	10488
贵州						
云南	253404	214210	253404	214210	219393	21964
西藏						
陕西						
甘肃						
青海						
宁夏						
新疆						

单位：万元

非自有配送中心配送商品购进额		商品销售总额		零售额	
2012年	2011年	2012年	2011年	2012年	2011年
1275406	**1206353**	**20279869**	**18002342**	**15252964**	**13870980**
127775	125176	620818	585223	511469	471096
2675	2367	465480	435554	401234	408502
		43071	900	43071	900
		134129	137492	134129	137492
		6968	6352	6968	6352
		7567	2533	7567	2533
157307	196525	5191692	4426640	1569439	1496421
107947	89890	3477253	2992784	2820010	2371091
		347930	319704	239035	213133
		27079	25957	27079	25957
311490	237388	2201525	2042051	2100009	1932439
		211089	171515	189722	147786
	47719	225271	217152	224066	216833
		1078684	1003861	1078684	1003861
26	26	712184	363567	681025	336472
21008	19972	116034	102669	115662	102136
1233	2056	3339764	3314027	3107288	3224973
545944	485235	1775682	1569438	1747291	1547064
		36996	34911	21313	18427
		260654	250013	227902	207513

2-11 续表 10

外商投资企业

地区	商品购进总额		统一配送商品购进额		自有配送中心配送商品购进额	
	2012年	2011年	2012年	2011年	2012年	2011年
全国	**23539025**	**23691763**	**15820217**	**16122885**	**8656313**	**9058323**
北京	2298528	2760258	1064491	1568515	219851	211645
天津	378970	308272				
河北	89095	104348	89095	104348	24872	37050
山西						
内蒙古						
辽宁	536737	470422	319618	255733		
吉林	8273	11442	8273	11442		
黑龙江	134692	127737	134692	127737		
上海	3190970	3230762	831556	821843	191004	170701
江苏	5974073	5714452	5974073	5517434	4483420	4193987
浙江	865163	786172	411995	369562	411995	369562
安徽	295113	160139				
福建	1605668	1503358	853312	845949		
江西	43351	13154	43351	13154		
山东	1667397	1457643	982008	779706		
河南	70973	63688	70973	63688	70973	63688
湖北	310624	283121	301406	272226	70101	53983
湖南	49253	47957				
广东	4608826	5423818	3809843	4558408	2926979	3720491
广西						
海南						
重庆	130632	75000	130632	75000		
四川	763781	655808	277994	243926		
贵州	33329	40612	33329	40612	33329	40612
云南	405932	382591	405932	382591	218535	189992
西藏						
陕西						
甘肃						
青海						
宁夏	15821	12441	15821	12441		
新疆	61826	58569	61826	58569	5254	6612

单位：万元

非自有配送中心配送商品购进额		商品销售总额		零售额	
2012年	2011年	2012年	2011年	2012年	2011年
3110759	**3300868**	**28145076**	**26387985**	**23743705**	**22672231**
773050	1307640	2877327	3009050	2707992	2909688
		394614	392503	394614	392503
		93928	113510	93928	113510
6351	6694	545499	564909	545499	564909
		8297	11161	8297	11161
		134825	144083	134825	144083
2502	2502	3395515	3321501	3330256	3262047
1446934	1242325	6149877	5897469	5191276	4987536
		972418	896413	967405	892870
		293769	278762	293769	278762
32035	28915	4169118	3571677	3064533	2713481
43351	13154	44975	17659	40092	13084
257757	233817	1956811	1598473	484485	412128
		67283	61301	67283	61301
93256	53564	379661	343872	374148	342248
		56508	53374	56508	53374
268319	279427	5074059	4687702	4485271	4121103
130632	75000	130632	106537	130632	106537
	5874	772228	724886	772228	724886
		44354	37003	44354	37003
		493506	470930	493506	470501
		28036	27047	968	1352
56571	51957	61837	58163	61837	58163

2-12 按登记注册类型分各地区

内资企业

地区	商品购进总额		统一配送商品购进额		自有配送中心配送商品购进额	
	2012年	2011年	2012年	2011年	2012年	2011年
全国	**8698191**	**8137510**	**7538965**	**7062898**	**4994821**	**4645492**
北京	272251	292039	214930	221695	172744	156865
天津	3905	4639	3821	4577	3176	3940
河北	25147	23062	25147	23062	25147	23062
山西	123212	95148				
内蒙古	1610	1689	1610	1679	862	971
辽宁	96155	73988	96155	73988	50	45
吉林						
黑龙江						
上海	1952610	2005066	1898711	1940756	1318679	1380746
江苏	1160711	1027291	1149560	1007485	1049778	917458
浙江	1110653	1027129	1042151	961863	925811	863227
安徽	1272774	1094465	980862	861047	571612	516367
福建	232692	219513	232692	216989	34123	41982
江西	127109	90697	63790	55159	60670	53146
山东	459545	456914	248420	220502	228352	211060
河南	340514	302665	318765	288413	5776	4603
湖北	40659	42194	38357	38709	33865	34874
湖南	105271	94704	79174	74352	34365	30697
广东	472174	329045	448565	308320	230203	86247
广西	33958	33836	19907	19585	17389	17130
海南						
重庆	180778	184572	117261	135033	91099	114251
四川	74424	63654	70208	58271	49660	42568
贵州	13427	12665	13427	12665		
云南	278774	371939	277341	371037	4231	1563
西藏						
陕西	122197	88850	19815	18712	13538	12058
甘肃	8186	9199	8186	9199		
青海	472	260	472	260	472	260
宁夏	49468	125380	47650	83884	12157	83506
新疆	139519	66907	121991	55657	111063	48847

连锁零售企业加盟门店经营情况

单位：万元

非自有配送中心配送商品购进额		商品销售总额		零售额	
2012年	2011年	2012年	2011年	2012年	2011年
1543124	**1389628**	**11310314**	**11042243**	**6440073**	**6192458**
38377	62470	386237	354286	382373	321345
645	637	3476	5996	3455	5779
		32082	28917	32082	28917
		129935	99848	129935	99848
748	708	1543	1660	1543	1660
33242	29943	151071	121285	151071	121285
534081	508034	2162341	2542792	1756022	2090366
97622	87661	1415927	1267275	705209	653226
74701	65251	1402088	1196121	741501	652301
276387	221788	712391	653248	298322	219743
195896	174631	232888	216295	232269	215628
3120	2013	128522	102944	128522	102944
2868	2553	360553	502585	349617	492584
		400232	364560	335594	299388
4448	3801	54263	68404	54263	67384
11374	7731	119695	102722	94998	78568
205692	200703	2538294	2305217	458885	269800
		46077	40799	43581	37622
16270	12756	226682	203332	165971	147044
512	457	88908	79547	83543	73748
		14729	12381	14729	12381
720	1305	300372	350085	7753	7724
		180079	126510	180079	113977
		16750	13583		
		404	260	404	260
35492	378	48614	125637	1787	2946
10928	6810	156164	155956	86568	75992

2-12 续表 1

国有企业

地区	商品购进总额		统一配送商品购进额		自有配送中心配送商品购进额	
	2012年	2011年	2012年	2011年	2012年	2011年
全国	**1222692**	**1033053**	**1187450**	**991230**	**462372**	**229284**
北京						
天津						
河北	25147	23062	25147	23062	25147	23062
山西						
内蒙古						
辽宁						
吉林						
黑龙江						
上海	121841	122684	87944	82060	30420	28113
江苏						
浙江	150	120				
安徽	304894	220140	304894	220140	118508	85565
福建	31607	37100	31607	37100	31607	37100
江西						
山东						
河南	460	380				
湖北	597	512	597	512	597	512
湖南						
广东	390813	250751	390079	250054	189498	53499
广西						
海南						
重庆	6769	5438	6769	5438		71
四川						
贵州						
云南	265633	362305	265633	362305		
西藏						
陕西						
甘肃	8186	9199	8186	9199		
青海						
宁夏						
新疆	66595	1361	66595	1361	66595	1361

单位：万元

非自有配送中心配送商品购进额		商品销售总额		零售额	
2012年	2011年	2012年	2011年	2012年	2011年
435745	**375319**	**3289868**	**3114464**	**543275**	**430173**
		25147	23062	25147	23062
42009	38823	129637	132501	129637	132501
		506	641	506	641
186387	134575	301973	220193		
		35115	41018	35115	41018
		599	532	417	383
		560	482	560	482
200581	196554	2417649	2256113	341404	222615
6769	5366	9670	10414	9670	8689
		285861	337127		
		16750	13583		
		66402	78797	820	781

2-12 续表 2

集体企业

地 区	商品购进总额		统一配送商品购进额		自有配送中心配送商品购进额	
	2012年	2011年	2012年	2011年	2012年	2011年
全 国	**90980**	**158777**	**58972**	**96387**	**21730**	**94707**
北 京	3641	3337	3641	3337	3641	3337
天 津						
河 北						
山 西						
内蒙古						
辽 宁						
吉 林						
黑龙江						
上 海						
江 苏	10007	11261	10007	11261	10007	11261
浙 江	3257	3303	2443	2643	2443	2643
安 徽						
福 建						
江 西						
山 东	1900	1801	1750	1680		
河 南	9362	4140				
湖 北						
湖 南						
广 东	23128	19536	1446	1567	1446	1567
广 西						
海 南						
重 庆						
四 川						
贵 州						
云 南						
西 藏						
陕 西						
甘 肃						
青 海						
宁 夏	39685	115400	39685	75900	4193	75900
新 疆						

单位：万元

非自有配送中心配送商品购进额		商品销售总额		零售额	
2012年	2011年	2012年	2011年	2012年	2011年
35492		**87659**	**157788**	**47974**	**41988**
		4323	3187	4323	3187
		10079	10513	10079	10513
		3877	3886	3877	3886
		1587	1683	1587	1683
		9091	6109	9091	6109
		19018	16610	19018	16610
35492		39685	115800		

2-12 续表 3

联营企业

地区	商品购进总额		统一配送商品购进额		自有配送中心配送商品购进额	
	2012年	2011年	2012年	2011年	2012年	2011年
全国	**10096**	**17849**	**10096**	**17849**		
北京						
天津						
河北						
山西						
内蒙古						
辽宁						
吉林						
黑龙江						
上海						
江苏						
浙江						
安徽						
福建						
江西						
山东						
河南						
湖北						
湖南						
广东	10096	17849	10096	17849		
广西						
海南						
重庆						
四川						
贵州						
云南						
西藏						
陕西						
甘肃						
青海						
宁夏						
新疆						

单位：万元

非自有配送中心配送商品购进额		商品销售总额		零售额	
2012年	2011年	2012年	2011年	2012年	2011年
		12264	**11941**	**12264**	**11941**
		12264	11941	12264	11941

2-12 续表 4

有限责任公司

地 区	商品购进总额		统一配送商品购进额		自有配送中心配送商品购进额	
	2012年	2011年	2012年	2011年	2012年	2011年
全 国	**1338844**	**1252717**	**1076137**	**1027085**	**872585**	**814689**
北 京	174417	189039	167881	178107	129313	115544
天 津	729	699	645	637		
河 北						
山 西						
内 蒙 古						
辽 宁	1530	2761	1530	2761	50	45
吉 林						
黑 龙 江						
上 海	54927	59368	35366	36140	17462	15868
江 苏	55635	49428	51259	43268	44803	38912
浙 江	558366	513624	494241	451671	418992	380359
安 徽	12190	12005	10563	11207	9684	9773
福 建						
江 西	3120	2013	3120	2013		
山 东	117425	109765	117425	109765	117024	109425
河 南	8674	6550	4669	3720	561	588
湖 北	19328	18475	19328	16722	14880	12920
湖 南	28966	19072	8987	3870	513	325
广 东	39144	29921	38705	29394	34455	25246
广 西	24256	24098	12764	12391	12764	12360
海 南						
重 庆	86232	99697	55548	77955	46786	71646
四 川	28895	22602	24679	18036	10053	6971
贵 州	12387	12001	12387	12001		
云 南	3679	4316	2246	3415	451	693
西 藏						
陕 西	106820	75328	13538	12058	13538	12058
甘 肃						
青 海	472	260	472	260	472	260
宁 夏						
新 疆	1653	1696	783	1696	783	1696

单位：万元

非自有配送中心配送商品购进额		商品销售总额		零售额	
2012年	2011年	2012年	2011年	2012年	2011年
135254	**142503**	**1890568**	**1625883**	**1673459**	**1384482**
38377	62470	212175	214817	208311	181903
645	637	195	796	175	579
		6935	5854	6935	5854
		18392	15351	18392	15351
7992	7693	149038	154490	41264	47376
6287	3948	223158	176291	223158	176291
58781	53477	607078	535475	569508	502581
		14079	12231	14079	12231
3120	2013	5121	2659	5121	2659
		140980	121389	140734	120568
		10304	6629	10042	6629
4448	3801	26601	43003	26601	41983
8474	3546	30154	21349	7819	4328
4229	4148	78240	12623	77383	12022
		36118	30749	36118	30102
2900	771	116980	112776	75953	78740
		31848	25834	31848	25834
		12792	12021	12792	12021
		4596	5559	2312	3973
		163520	114132	163520	101600
		404	260	404	260
		1861	1597	991	1597

2-12 续表 5

股份有限公司

地区	商品购进总额		统一配送商品购进额		自有配送中心配送商品购进额	
	2012年	2011年	2012年	2011年	2012年	2011年
全国	**4552763**	**4365642**	**3995715**	**3861991**	**2824645**	**2768468**
北京	49679	44757	33896	32376	33551	31986
天津						
河北						
山西						
内蒙古	664	771	664	771	664	771
辽宁						
吉林						
黑龙江						
上海	1718216	1765825	1718216	1765825	1269766	1335744
江苏	895012	806224	895012	806224	895012	806224
浙江	1710	1554	1710	1554	1710	1554
安徽	933666	849543	664706	629543	442721	420872
福建	191197	174118	191197	174118		
江西	115096	83303	59468	52360	59468	52360
山东	291987	315656	81012	79962	81012	79962
河南	309677	280829	305677	277929		
湖北	8553	8694	6851	6962	6808	6928
湖南	26834	24494	26834	24494	26834	24494
广东		600		600		600
广西	6979	7090	6979	7090	4584	4789
海南						
重庆	977		977			
四川	2516	2185	2516	2185	2516	2185
贵州						
云南						
西藏						
陕西						
甘肃						
青海						
宁夏						
新疆						

单位：万元

非自有配送中心配送商品购进额		商品销售总额		零售额	
2012年	2011年	2012年	2011年	2012年	2011年
730624	**691411**	**4182764**	**4585913**	**3104546**	**3450121**
		109544	71201	109544	71201
		286	593	286	593
448450	430081	1816799	2189824	1518253	1844513
		977900	914224	377888	400000
		2521	2291	2521	2291
90000	87213	375732	409384	263636	196072
191197	174118	181637	165412	181637	165412
		115096	95175	115096	95175
		177510	347520	171694	347520
		367425	340652	305677	277929
		9973	10111	9973	10111
		37852	29882	37852	29882
			221		
		6970	7237	6970	7237
977		1004		1004	
		2516	2185	2516	2185

2-12 续表 6

私营企业

地 区	商品购进总额		统一配送商品购进额		自有配送中心配送商品购进额	
	2012年	2011年	2012年	2011年	2012年	2011年
全 国	**1448724**	**1278133**	**1176592**	**1037556**	**804024**	**734037**
北 京	44515	54905	9512	7876	6239	5999
天 津	3176	3940	3176	3940	3176	3940
河 北						
山 西	123212	95148				
内蒙古	748	708	748	708		
辽 宁	94624	71227	94624	71227		
吉 林						
黑龙江						
上 海	35364	36363	34924	35906	1030	1020
江 苏	199826	160148	193051	146502	99726	60830
浙 江	547171	508529	543758	505996	502667	478672
安 徽	21452	12777	127	157	127	157
福 建	8205	7479	8205	4955	833	4065
江 西	8893	5381	1202	785	1202	785
山 东	48223	29682	48223	29085	30306	21664
河 南	12341	10766	8420	6763	5215	4016
湖 北	12181	14514	11581	14514	11581	14514
湖 南	47535	49184	41418	44033	5955	5879
广 东	8993	10388	8239	8856	4804	5335
广 西	2723	2649	164	105	42	
海 南						
重 庆	86313	78977	53568	51254	44157	42147
四 川	36947	32831	36947	32471	31537	30979
贵 州	392	99	392	99		
云 南	9462	5318	9462	5318	3780	870
西 藏						
陕 西	15377	13522	6277	6654		
甘 肃						
青 海						
宁 夏	9784	9980	7965	7984	7965	7606
新 疆	71270	63619	54612	52369	43684	45559

单位：万元

非自有配送中心配送商品购进额		商品销售总额		零售额	
2012年	2011年	2012年	2011年	2012年	2011年
182362	**157156**	**1804175**	**1505510**	**1019060**	**836526**
		60196	65082	60196	65054
		3280	5200	3280	5200
		129935	99848	129935	99848
748	708	895	877	895	877
33242	29943	132679	105934	132679	105934
13369	10611	40063	38902	40063	38902
91335	83713	204440	165902	93733	66077
15920	11774	788107	653828	165088	142902
		20094	11278	20094	11278
4699	513	14288	9049	13669	8381
		8305	5110	8305	5110
2868	2553	40465	31982	35591	22801
		12814	10639	10368	8339
		17128	14808	17128	14808
2027	2231	48982	48704	46620	41570
883		11124	7709	8817	6611
		2990	2813	494	282
5624	6619	98043	79169	78359	58641
		46510	43640	44668	41359
		535	105	535	105
720	1305	9915	7399	5441	3751
		16559	12378	16559	12378
	378	8929	9837	1787	2946
10928	6810	87901	75319	84757	73371

2-12 续表 7

其他企业

地 区	商品购进总额		统一配送商品购进额		自有配送中心配送商品购进额	
	2012年	2011年	2012年	2011年	2012年	2011年
全 国	**34092**	**31340**	**34003**	**30800**	**9465**	**4307**
北 京						
天 津						
河 北						
山 西						
内 蒙 古	198	210	198	200	198	200
辽 宁						
吉 林						
黑 龙 江						
上 海	22261	20826	22261	20826		
江 苏	230	230	230	230	230	230
浙 江						
安 徽	572		572		572	
福 建	1683	816	1683	816	1683	816
江 西						
山 东	10	10	10	10	10	10
河 南						
湖 北						
湖 南	1936	1955	1936	1955	1063	
广 东						
广 西						
海 南						
重 庆	488	460	399	386	155	386
四 川	6066	6036	6066	5579	5554	2433
贵 州	649	565	649	565		
云 南						
西 藏						
陕 西						
甘 肃						
青 海						
宁 夏						
新 疆		231		231		231

单位：万元

非自有配送中心配送商品购进额		商品销售总额		零售额	
2012年	2011年	2012年	2011年	2012年	2011年
23646	**23238**	**43017**	**40744**	**39495**	**37227**
		362	190	362	190
22261	20826	26805	27074	26805	27074
		350	345	350	345
		513	162	513	162
		1848	816	1848	816
		11	11	11	11
873	1955	2707	2788	2707	2788
		985	974	985	974
512	457	8034	7887	4512	4370
		1402	254	1402	254
			243		243

2-12 续表 8

港、澳、台商投资企业

地 区	商品购进总额		统一配送商品购进额		自有配送中心配送商品购进额	
	2012年	2011年	2012年	2011年	2012年	2011年
全 国	**3954969**	**3212445**	**3775004**	**3064716**	**66154**	**74029**
北 京						
天 津						
河 北						
山 西	6217	5833	6217	5833		
内蒙古						
辽 宁						
吉 林						
黑龙江						
上 海	3661420	2958586	3661420	2958586		
江 苏	9337	16384	9337	16384	9337	16384
浙 江	4674	4975	4674	4975	4674	4975
安 徽						
福 建	7543	7298	4833	4787	4833	4787
江 西	208087	174863	30831	29645	30831	29645
山 东						
河 南						
湖 北						
湖 南						
广 东	56024	31964	56024	31964	14812	5696
广 西						
海 南						
重 庆						
四 川	1667	12541	1667	12541	1667	12541
贵 州						
云 南						
西 藏						
陕 西						
甘 肃						
青 海						
宁 夏						
新 疆						

单位：万元

非自有配送中心配送商品购进额		商品销售总额		零售额	
2012年	2011年	2012年	2011年	2012年	2011年
41213	**26268**	**3485023**	**3217638**	**3439159**	**3196678**
		6217	5833	6217	5833
		3175646	2973233	3175646	2973233
		9337	16384	9337	16384
		6185	5940	6185	5940
		7564	8182	7564	8182
		181322	134313	149625	113352
41213	26268	84587	56726	84587	56726
		14166	17027		17027

2-12 续表 9

外商投资企业

地区	商品购进总额		统一配送商品购进额		自有配送中心配送商品购进额	
	2012年	2011年	2012年	2011年	2012年	2011年
全国	**1502045**	**1726749**	**1460104**	**1690303**	**1410308**	**1640368**
北京	12360	10622	11271	10279	10311	9280
天津						
河北						
山西						
内蒙古						
辽宁						
吉林						
黑龙江						
上海	104772	98811	104772	98811	56548	50588
江苏	754612	950975	754612	950975	754612	950447
浙江	35581	30057	4112	4101	4112	4101
安徽						
福建						
江西						
山东						
河南						
湖北	452	454	452	454		454
湖南						
广东	594108	635830	584725	625682	584725	625498
广西						
海南						
重庆						
四川	160		160			
贵州						
云南						
西藏						
陕西						
甘肃						
青海						
宁夏						
新疆						

单位：万元

非自有配送中心配送商品购进额		商品销售总额		零售额	
2012年	2011年	2012年	2011年	2012年	2011年
48224	**48936**	**1633528**	**1963824**	**1489892**	**1806388**
		10631	10818	10631	10818
48224	48224	131753	129991	125672	123910
	528	788000	993040	788000	993040
		35581	30057	4112	4101
		267	217	267	217
	184	666675	799701	560588	674302
		621		621	

2-13 按行业分各地区连锁零售企业基本情况

批发业

地 区	连锁总店数(个)	门店数(个)		年末从业人员(人)		年末零售营业面积(平方米)	
	2012年	2012年	2011年	2012年	2011年	2012年	2011年
全 国	**317**	**53637**	**52915**	**355653**	**347171**	**40470472**	**39453718**
北 京	4	256	380	2721	3382	173566	168850
天 津	2	9	9	292	394	8533	8533
河 北	17	1466	1472	11998	12071	2432002	2342537
山 西	1	13	12	777	724	28881	28881
内蒙古							
辽 宁	7	470	443	5512	5392	361725	342286
吉 林	2	175	189	1413	1974	62600	67461
黑龙江	1	34	33	420	444	1003	960
上 海	6	864	853	13271	13027	303088	296843
江 苏	18	6655	6578	43513	45838	4979032	5063306
浙 江	28	14152	13171	79148	71692	6791445	6588119
安 徽	6	7302	6862	25159	24926	2152158	1968606
福 建	7	103	99	1327	1697	35262	34719
江 西	18	899	876	13659	13457	755774	743961
山 东	18	4673	4455	29969	26360	2654880	2641098
河 南	18	1214	1245	7107	7068	2072632	2066242
湖 北	10	291	295	7310	5556	132436	175331
湖 南	7	627	1077	2613	2739	65607	81557
广 东	35	5180	5149	52264	53106	10948482	10653048
广 西	28	1496	1464	14879	15176	2367654	2240287
海 南							
重 庆	18	2910	2902	14279	14886	749421	446933
四 川	13	912	1023	3343	3437	103207	110418
贵 州							
云 南	8	519	525	3054	2820	738519	733529
西 藏							
陕 西	5	66	66	4190	4287	14457	13742
甘 肃	2	130	132	716	771	278089	200880
青 海	1	6	6	620	593	57700	57700
宁 夏	7	1023	1436	4196	4347	275808	309719
新 疆	30	2192	2163	11903	11007	1926511	2068172

2-13 续表 1

农、林、牧产品批发

地区	连锁总店数（个）	门店数（个）		年末从业人员（人）		年末零售营业面积（平方米）	
	2012年	2012年	2011年	2012年	2011年	2012年	2011年
全国	**5**	**3004**	**2920**	**9031**	**8670**	**18556**	**18556**
北京							
天津							
河北							
山西							
内蒙古							
辽宁	1	40	40	106	81	2860	2860
吉林							
黑龙江							
上海							
江苏							
浙江							
安徽	1	2942	2858	8356	8020		
福建							
江西							
山东							
河南							
湖北	1	4	4	250	250	5000	5000
湖南							
广东	1	3	3	38	38	296	296
广西							
海南							
重庆							
四川	1	15	15	281	281	10400	10400
贵州							
云南							
西藏							
陕西							
甘肃							
青海							
宁夏							
新疆							

2-13 续表 2

食品、饮料及烟草制品批发

地 区	连锁总店数(个)	门店数(个)		年末从业人员(人)		年末零售营业面积(平方米)	
	2012年	2012年	2011年	2012年	2011年	2012年	2011年
全 国	**60**	**4830**	**4186**	**31152**	**29002**	**432652**	**488981**
北 京	1	14	14	174	144	450	436
天 津	1	3	3	74	74	160	160
河 北	1	5	5	26	26	200	200
山 西	1	13	12	777	724	28881	28881
内蒙古							
辽 宁							
吉 林							
黑龙江							
上 海	3	75	79	809	852	11089	11074
江 苏	3	650	523	2558	1812	5527	5805
浙 江	6	1819	1561	4504	3560	100430	86842
安 徽							
福 建	3	37	36	1000	1387	27321	27300
江 西	8	93	91	7033	6774	30632	30570
山 东	4	531	261	3565	2981	64824	57270
河 南	2	74	69	296	276	19100	11000
湖 北	3	22	19	951	803	805	760
湖 南	1	22	20	89	89	12540	12540
广 东	8	735	756	1891	1901	17744	19179
广 西							
海 南							
重 庆	3	615	618	1368	1444	35378	37483
四 川	1	7	7	98	98	1200	1200
贵 州							
云 南							
西 藏							
陕 西	4	34	34	4100	4197	11620	11620
甘 肃							
青 海	1	6	6	620	593	57700	57700
宁 夏	2	51	47	591	608	650	214
新 疆	4	24	25	628	659	6401	88747

2-13 续表 3

纺织、服装及家庭用品批发

地区	连锁总店数（个）	门店数（个）		年末从业人员（人）		年末零售营业面积（平方米）	
	2012年	2012年	2011年	2012年	2011年	2012年	2011年
全　国	**19**	**7941**	**7918**	**54603**	**45597**	**1925562**	**1467029**
北　京							
天　津							
河　北							
山　西							
内蒙古							
辽　宁							
吉　林							
黑龙江							
上　海	1	54	57	1600	1538	3750	3950
江　苏	2	235	259	1143	1130	22130	24464
浙　江	7	6600	6005	31286	24535	420869	327566
安　徽							
福　建							
江　西							
山　东	2	756	857	17715	15331	1453599	1068665
河　南							
湖　北							
湖　南	2	151	618	1088	1379	8175	26280
广　东	5	145	122	1771	1684	17039	16104
广　西							
海　南							
重　庆							
四　川							
贵　州							
云　南							
西　藏							
陕　西							
甘　肃							
青　海							
宁　夏							
新　疆							

2-13 续表 4

文化、体育用品及器材批发

地　区	连锁总店数（个）	门店数（个）		年末从业人员（人）		年末零售营业面积（平方米）	
	2012年	2012年	2011年	2012年	2011年	2012年	2011年
全　国	**9**	**646**	**615**	**16608**	**14258**	**763060**	**751257**
北　京							
天　津							
河　北							
山　西							
内蒙古							
辽　宁							
吉　林	1	3	5	120	118	7600	8961
黑龙江							
上　海							
江　苏	1	82	82	5866	5905	359304	360766
浙　江	1	333	328	6008	5832	310895	297379
安　徽							
福　建							
江　西							
山　东							
河　南							
湖　北	1	7	7	3383	1190	64000	64800
湖　南	1	3	3	554	527	3731	3731
广　东	4	218	190	677	686	17530	15620
广　西							
海　南							
重　庆							
四　川							
贵　州							
云　南							
西　藏							
陕　西							
甘　肃							
青　海							
宁　夏							
新　疆							

2-13 续表 5

医药及医疗器材批发

地区	连锁总店数(个)	门店数(个)		年末从业人员(人)		年末零售营业面积(平方米)	
	2012年	2012年	2011年	2012年	2011年	2012年	2011年
全　国	**33**	**2724**	**2769**	**9355**	**9009**	**219302**	**214422**
北　京							
天　津							
河　北	1	3	4	56	41	1000	1000
山　西							
内蒙古							
辽　宁							
吉　林	1	172	184	1293	1856	55000	58500
黑龙江							
上　海							
江　苏	2	207	200	1129	1138	26000	25200
浙　江	2	195	168	890	687	11006	10133
安　徽							
福　建	1	10	7	100	102	6971	6440
江　西							
山　东	5	281	251	1449	912	23847	16283
河　南							
湖　北	1	7	7	90	90	670	670
湖　南	1	13		150		1955	
广　东	3	291	329	554	556	9075	9753
广　西							
海　南							
重　庆	4	677	668	1724	1740	30341	29453
四　川	5	713	796	1280	1257	37187	42872
贵　州							
云　南	4	116	116	437	423	12452	11035
西　藏							
陕　西	1	32	32	90	90	2837	2122
甘　肃							
青　海							
宁　夏							
新　疆	2	7	7	113	117	961	961

2-13 续表 6

矿产品、建材及化工产品批发

地 区	连锁总店数（个）	门店数（个）		年末从业人员（人）		年末零售营业面积（平方米）	
	2012年	2012年	2011年	2012年	2011年	2012年	2011年
全 国	**159**	**32653**	**32600**	**221194**	**226533**	**35901231**	**35363741**
北 京	2	239	363	2428	3115	171483	166781
天 津							
河 北	15	1458	1463	11916	12004	2430802	2341337
山 西							
内蒙古							
辽 宁	5	380	348	5210	5115	358865	339426
吉 林							
黑龙江	1	34	33	420	444	1003	960
上 海	2	735	717	10862	10637	288249	281819
江 苏	8	5474	5507	32605	35566	4562000	4643000
浙 江	10	4967	4781	33978	33539	5910495	5822533
安 徽	4	3894	3558	12075	12478	1149109	1008606
福 建	2	54	54	140	150	670	735
江 西	10	806	785	6626	6683	725142	713391
山 东	4	3095	3077	7021	6932	1107630	1494100
河 南	14	1134	1170	6725	6705	2045532	2047242
湖 北	4	251	258	2636	3223	61961	104101
湖 南							
广 东	7	3501	3447	44038	45515	10801676	10530679
广 西	27	1485	1454	14659	14834	2362787	2235420
海 南							
重 庆	8	1454	1454	10660	11179	676463	372945
四 川	5	167	195	1603	1719	54352	55878
贵 州							
云 南	2	343	345	2350	2157	723616	718939
西 藏							
陕 西							
甘 肃	2	130	132	716	771	278089	200880
青 海							
宁 夏	4	894	1331	3505	3651	275158	309505
新 疆	23	2158	2128	11021	10116	1916149	1975464

2-13 续表 7

机械设备、五金产品及电子产品批发

地区	连锁总店数（个）	门店数（个）		年末从业人员（人）		年末零售营业面积（平方米）	
	2012年	2012年	2011年	2012年	2011年	2012年	2011年
全　国	**16**	**443**	**546**	**5392**	**6609**	**105732**	**117447**
北　京	1	3	3	119	123	1633	1633
天　津	1	6	6	218	320	8373	8373
河　北							
山　西							
内蒙古							
辽　宁							
吉　林							
黑龙江							
上　海							
江　苏	2	7	7	212	287	4071	4071
浙　江	2	238	328	2482	3539	37750	43666
安　徽							
福　建	1	2	2	87	58	300	244
江　西							
山　东	2	7	6	194	178	4400	4200
河　南	2	6	6	86	87	8000	8000
湖　北							
湖　南							
广　东	2	147	161	1673	1571	36150	41600
广　西	1	11	10	220	342	4867	4867
海　南							
重　庆							
四　川	1	10	10	81	82	68	68
贵　州							
云　南	1	6	7	20	22	120	725
西　藏							
陕　西							
甘　肃							
青　海							
宁　夏							
新　疆							

2-13 续表 8

其他批发业

地区	连锁总店数(个)	门店数(个)		年末从业人员(人)		年末零售营业面积(平方米)	
	2012年	2012年	2011年	2012年	2011年	2012年	2011年
全　国	**16**	**1396**	**1361**	**8318**	**7493**	**1104377**	**1032285**
北　京							
天　津							
河　北							
山　西							
内蒙古							
辽　宁	1	50	55	196	196		
吉　林							
黑龙江							
上　海							
江　苏							
浙　江							
安　徽	1	466	446	4728	4428	1003049	960000
福　建							
江　西							
山　东	1	3	3	25	26	580	580
河　南							
湖　北							
湖　南	2	438	436	732	744	39206	39006
广　东	5	140	141	1622	1155	48972	19817
广　西							
海　南							
重　庆	3	164	162	527	523	7239	7052
四　川							
贵　州							
云　南	1	54	57	247	218	2331	2830
西　藏							
陕　西							
甘　肃							
青　海							
宁　夏	1	78	58	100	88		
新　疆	1	3	3	141	115	3000	3000

2-13 续表 9

零售业

地区	连锁总店数(个)	门店数(个)		年末从业人员(人)		年末零售营业面积(平方米)	
	2012年	2012年	2011年	2012年	2011年	2012年	2011年
全　国	**2207**	**139233**	**144333**	**2207831**	**2176598**	**107188076**	**103357709**
北　京	130	6554	6444	146936	142928	6506974	6327943
天　津	36	1906	1883	37263	37082	2618493	2471695
河　北	71	2833	2790	39579	36767	3465180	3361492
山　西	43	2375	2138	39934	32545	1555872	1352301
内蒙古	17	236	246	5022	5215	213629	220531
辽　宁	85	5366	5070	63109	57103	4087061	3977229
吉　林	26	723	715	10173	9974	438617	528153
黑龙江	35	1727	1595	22546	20880	656347	631502
上　海	81	18446	19179	280609	294845	9974003	9623177
江　苏	159	11645	11104	344666	377123	13751799	13440866
浙　江	200	15344	14905	97936	98460	4037256	3992911
安　徽	63	2231	2063	72584	68763	3179749	2856201
福　建	133	3819	3601	75776	74114	6142106	5191452
江　西	56	2490	2156	38196	32495	2038959	1777939
山　东	121	5654	5305	136691	137949	9442388	9003711
河　南	132	4156	4145	66256	60615	4493222	4121262
湖　北	107	5039	4756	138326	131435	5787168	5344396
湖　南	83	4699	4540	59566	58533	5068270	4956196
广　东	238	17036	25261	222758	242177	13117566	13968114
广　西	34	1969	1862	24346	22626	941220	887320
海　南	6	506	561	5717	5405	319630	298511
重　庆	73	8607	8427	76657	71285	3133026	2887954
四　川	91	8443	8513	108138	67950	2373827	2173329
贵　州	24	951	797	6653	4834	113147	94944
云　南	35	3133	3126	32968	32452	1136315	1227304
西　藏	2	15	15	700	623	24354	24730
陕　西	21	593	613	15103	14475	674882	699529
甘　肃	16	541	466	6552	6511	378379	307503
青　海	10	92	87	5946	5911	181974	173728
宁　夏	14	585	504	8045	6179	343502	256611
新　疆	65	1519	1466	19080	19344	993161	1179175

2-13 续表 10

综合零售

地区	连锁总店数(个)	门店数(个)		年末从业人员(人)		年末零售营业面积(平方米)	
	2012年	2012年	2011年	2012年	2011年	2012年	2011年
全　国	**790**	**62948**	**61180**	**1382943**	**1339594**	**65929987**	**62013263**
北　京	47	2703	2718	101148	91292	4844724	4563813
天　津	13	798	783	16128	17030	729752	622306
河　北	27	756	750	22923	20078	1395836	1237802
山　西	17	1415	1218	29268	22241	928072	710634
内蒙古	6	88	88	3151	3081	92665	107695
辽　宁	26	2070	2024	24486	22914	937915	817346
吉　林	7	140	119	3060	2965	270351	242096
黑龙江	7	332	340	10893	9919	309683	290451
上　海	39	13533	14419	241264	254482	8431477	8087001
江　苏	62	6048	5811	164415	166055	6140307	5771701
浙　江	81	9819	9405	71614	71538	3446721	3412188
安　徽	42	1718	1616	65769	62280	2886604	2564058
福　建	37	675	602	43009	40438	3594458	2682416
江　西	16	287	228	17139	16023	1022740	867785
山　东	43	3170	2933	118512	119487	8587365	8256852
河　南	50	1424	1318	47121	39079	2213369	1897168
湖　北	27	2090	1899	100435	96898	4540743	4178772
湖　南	34	1248	1201	32928	32439	2463848	2343378
广　东	81	3068	2682	115098	110380	6675352	7473742
广　西	11	470	429	13749	12691	621330	586836
海　南	1	13	12	317	214	22140	18140
重　庆	27	3854	3779	56081	50894	2389686	2190589
四　川	39	5679	5386	44693	42447	1655114	1400308
贵　州	6	212	146	2498	1144	42149	29775
云　南	10	570	585	10008	10193	400922	470236
西　藏	1	2	2	635	548	20600	20600
陕　西	11	134	136	9924	8933	586014	611569
甘　肃	1	22	20	512	495	22240	16990
青　海	4	37	36	4190	4054	124703	122181
宁　夏	5	171	139	5554	3691	238756	155781
新　疆	12	402	356	6421	5671	294351	263054

2-13 续表 11

食品、饮料及烟草制品专门零售

地　区	连锁总店数（个）	门店数（个）		年末从业人员（人）		年末零售营业面积（平方米）	
	2012年	2012年	2011年	2012年	2011年	2012年	2011年
全　国	**139**	**9047**	**8398**	**49213**	**42306**	**586686**	**519527**
北　京	15	1259	1163	10263	11466	136819	121503
天　津	5	121	112	2995	2451	25421	22440
河　北	2	25	23	177	166	3150	3030
山　西	3	51	51	635	633	5633	6293
内蒙古							
辽　宁	3	73	54	855	703	7280	5098
吉　林	3	64	65	637	497	6923	6900
黑龙江							
上　海	2	141	142	988	994	7725	8065
江　苏	23	1042	1037	4124	3959	48304	46241
浙　江	15	1608	1643	4703	4605	72311	72258
安　徽	2	189	144	1153	911	26280	24000
福　建	14	659	604	3057	2930	28160	26948
江　西	4	1097	928	4633	2082	71179	35464
山　东	2	331	321	1696	1444	22300	21300
河　南	9	361	473	1544	1471	30341	38811
湖　北	11	704	647	7022	4857	32640	29087
湖　南	2	484	433	683	431	17780	15357
广　东	13	527	252	2940	1423	22800	12831
广　西							
海　南							
重　庆	5	71	74	280	369	4128	7409
四　川							
贵　州							
云　南	2	50	57	242	266	2563	3207
西　藏	1	13	13	65	75	3754	4130
陕　西							
甘　肃							
青　海							
宁　夏	2	171	156	500	550	10750	8710
新　疆	1	6	6	21	23	445	445

2-13 续表 12

纺织、服装及日用品专门零售

地区	连锁总店数(个)	门店数(个)		年末从业人员(人)		年末零售营业面积(平方米)	
	2012年	2012年	2011年	2012年	2011年	2012年	2011年
全 国	**148**	**10507**	**18950**	**67407**	**87679**	**1476895**	**1625709**
北 京	26	850	726	9563	9717	193524	177078
天 津	4	50	56	811	761	12162	28820
河 北	4	84	90	591	578	9324	11267
山 西	2	12	12	144	142	2150	1466
内蒙古							
辽 宁	5	79	86	629	1007	302351	303038
吉 林	2	19	18	256	249	4048	4870
黑龙江	1	16	9	142	112	3600	2500
上 海	9	2391	2261	10047	9357	163853	163262
江 苏	4	448	110	1932	618	35519	9004
浙 江	11	534	616	4695	5278	84728	78922
安 徽	1	4	4	24	24	800	800
福 建	6	206	226	1426	1664	24107	27483
江 西	2	17	15	418	447	11434	11484
山 东	4	24	24	300	283	4100	4890
河 南	8	70	67	557	499	14850	14022
湖 北	13	311	330	6169	6003	142684	146239
湖 南	1	21	23	362	384	9750	9865
广 东	25	4933	13907	23577	45045	266718	478917
广 西							
海 南							
重 庆	10	165	154	2436	2263	67296	51209
四 川	3	167	130	1436	1101	50710	37208
贵 州							
云 南	1	18	8	306	428	12153	9200
西 藏							
陕 西	2	66	61	669	669	10807	9662
甘 肃							
青 海	3	19	14	910	1041	50077	44353
宁 夏							
新 疆	1	3	3	7	9	150	150

2-13 续表 13

文化、体育用品及器材专门零售

地　区	连锁总店数(个)	门店数(个)		年末从业人员(人)		年末零售营业面积(平方米)	
	2012年	2012年	2011年	2012年	2011年	2012年	2011年
全　国	**83**	**1732**	**1759**	**36135**	**33186**	**1042059**	**1011676**
北　京	5	79	101	1049	892	72082	68830
天　津							
河　北	1	4	5	48	60	1390	1740
山　西							
内蒙古							
辽　宁	2	42	45	729	776	43348	41491
吉　林							
黑龙江	3	43	31	1321	772	30032	22029
上　海	3	148	149	2795	2831	96800	95771
江　苏	5	47	45	468	451	31104	30714
浙　江	3	29	27	838	776	5420	4759
安　徽	1	11	11	403	411	15432	15432
福　建	3	12	12	334	361	5556	5556
江　西	3	131	131	4748	3402	93529	83646
山　东	3	23	23	684	671	40869	38529
河　南	3	17	27	606	611	7580	12600
湖　北	6	59	60	1662	1672	34153	57138
湖　南	3	28	27	1144	1211	16640	15065
广　东	14	228	229	2682	3104	133532	128123
广　西	1	4	4	320	320	15000	15000
海　南							
重　庆	2	272	271	2479	2297	84500	60433
四　川	4	373	371	10239	8955	126449	123722
贵　州							
云　南	3	60	68	1629	1592	78685	79858
西　藏							
陕　西							
甘　肃							
青　海							
宁　夏	1	8	8	199	199	10609	10609
新　疆	14	114	114	1758	1822	99349	100631

2-13 续表 14

医药及医疗器材专门零售

地区	连锁总店数（个）	门店数（个）		年末从业人员（人）		年末零售营业面积（平方米）	
	2012年	2012年	2011年	2012年	2011年	2012年	2011年
全国	**632**	**35835**	**35022**	**255201**	**202861**	**4366151**	**4050174**
北京	24	716	748	5345	5296	133596	133334
天津	6	255	246	2368	2111	55125	52092
河北	22	670	597	4800	4470	74977	71181
山西	11	389	349	4907	4254	71901	72075
内蒙古	8	127	137	1144	1112	16127	16472
辽宁	37	2288	2052	20459	15837	512341	320721
吉林	7	188	189	1452	1061	17770	19115
黑龙江	17	1100	1003	5781	5561	149441	150041
上海	19	1904	1854	12021	11427	173781	164550
江苏	44	1899	1890	10506	10315	229499	225287
浙江	78	3264	3114	14299	14260	348251	331775
安徽	12	232	215	2792	2566	55686	62567
福建	19	401	392	2798	2715	54225	64569
江西	9	439	370	3995	3830	69457	65666
山东	46	1698	1597	9634	8942	204319	190644
河南	37	1322	1261	7492	7005	126231	120874
湖北	33	1091	994	8015	6608	157178	134306
湖南	14	1302	1254	10399	10063	203854	200221
广东	41	4132	4198	23174	23058	388228	383572
广西	17	1420	1360	7945	7542	157305	143945
海南	3	157	222	1456	1216	25517	18198
重庆	20	4105	4014	11388	10705	232674	219632
四川	33	2111	2490	47788	9704	177627	197775
贵州	18	739	651	4155	3690	70998	65169
云南	9	2253	2221	17277	15751	336178	389749
西藏							
陕西	6	386	409	4246	4649	53611	53858
甘肃	10	321	267	3448	3457	136243	63544
青海	3	36	37	846	816	7194	7194
宁夏	5	158	157	904	926	25862	25122
新疆	24	732	734	4367	3914	100955	86926

2-13 续表 15

汽车、摩托车、燃料及零配件专门零售

地区	连锁总店数（个）	门店数（个）		年末从业人员（人）		年末零售营业面积（平方米）	
	2012年	2012年	2011年	2012年	2011年	2012年	2011年
全　国	**179**	**11999**	**11944**	**136871**	**135406**	**18491686**	**18732347**
北　京	3	540	540	7098	7430	183935	182515
天　津	3	596	599	11411	10552	1436201	1439200
河　北	8	1207	1232	8465	8608	1805155	1844438
山　西	4	447	448	3731	3765	417230	420325
内蒙古							
辽　宁	7	727	736	12610	12799	1940816	2178209
吉　林	1	254	270	3222	3050	17000	150000
黑龙江	2	171	144	2260	2265	15060	12360
上　海							
江　苏	3	207	213	2921	4492	557350	557350
浙　江	4	12	12	95	88	2966	3296
安　徽							
福　建	32	1466	1386	16173	15508	1922522	1875259
江　西	13	460	441	5198	4904	671345	633650
山　东	12	333	328	2749	3177	357546	323740
河　南	6	741	773	3888	3760	1606214	1569015
湖　北	7	591	613	7551	7622	275587	249330
湖　南	25	1557	1549	11898	11267	2170209	2128899
广　东	31	1913	1886	27261	25711	4210708	4015536
广　西	2	37	36	308	322	71500	70480
海　南	2	336	327	3944	3975	271973	262173
重　庆	5	31	31	139	128	2835	2835
四　川							
贵　州							
云　南	1	73	80	1290	1357	64000	64000
西　藏							
陕　西	1	5	5	70	76	20000	20000
甘　肃	4	174	171	2484	2479	217896	225769
青　海							
宁　夏							
新　疆	3	121	124	2105	2071	253638	503968

2-13 续表 16

家用电器及电子产品专门零售

地区	连锁总店数(个)	门店数(个)		年末从业人员(人)		年末零售营业面积(平方米)	
	2012年	2012年	2011年	2012年	2011年	2012年	2011年
全国	**214**	**6886**	**6810**	**272687**	**326971**	**14919215**	**15025470**
北京	7	395	436	11641	16039	887291	1021036
天津	4	79	78	3318	3909	355803	302837
河北	7	87	93	2575	2807	175348	192034
山西	6	61	60	1249	1510	130886	141508
内蒙古	3	21	21	727	1022	104837	96364
辽宁	5	87	73	3341	3067	343010	311326
吉林	5	53	50	1508	2125	122360	105012
黑龙江	5	65	68	2149	2251	148531	154121
上海	4	269	294	11407	13144	991646	972180
江苏	16	1931	1975	160055	190962	6697366	6788219
浙江	7	52	60	1506	1601	73059	85213
安徽	5	77	73	2443	2571	194947	189344
福建	22	400	379	8979	10498	513078	509221
江西	9	59	43	2065	1807	99275	80244
山东	10	73	77	3055	3875	219189	161056
河南	19	221	226	5048	8190	494637	468772
湖北	10	193	213	7472	7775	604183	549524
湖南	4	59	53	2152	2738	186189	243411
广东	27	2147	2018	27098	32631	1362340	1417775
广西	3	38	33	2024	1751	76085	71059
海南							
重庆	4	109	104	3854	4629	351907	355847
四川	11	111	134	3836	5586	336927	387316
贵州							
云南	9	109	107	2216	2865	241814	211054
西藏							
陕西	1	2	2	194	148	4450	4440
甘肃	1	24	8	108	80	2000	1200
青海							
宁夏	1	77	44	888	813	57525	56389
新疆	9	87	88	1779	2577	144532	148968

2-13 续表 17

五金、家具及室内装饰材料专门零售

地区	连锁总店数(个)	门店数(个)		年末从业人员(人)		年末零售营业面积(平方米)	
	2012年	2012年	2011年	2012年	2011年	2012年	2011年
全国	**16**	**147**	**140**	**6515**	**7819**	**354994**	**360918**
北京	3	12	12	829	796	55003	59834
天津	1	7	9	232	268	4029	4000
河北							
山西							
内蒙古							
辽宁							
吉林							
黑龙江							
上海	4	19	22	1735	2341	101747	126947
江苏	1	1	1	93	119	8850	8850
浙江	1	26	28	186	314	3800	4500
安徽							
福建							
江西							
山东	1	2	2	61	70	6700	6700
河南							
湖北							
湖南							
广东	3	24	23	611	497	48124	48054
广西							
海南							
重庆							
四川	1	2	2	146	157	27000	27000
贵州							
云南							
西藏							
陕西							
甘肃							
青海							
宁夏							
新疆	1	54	41	2622	3257	99741	75033

2-13 续表 18

货摊、无店铺及其他零售业

地区	连锁总店数(个)	门店数(个)		年末从业人员(人)		年末零售营业面积(平方米)	
	2012年	2012年	2011年	2012年	2011年	2012年	2011年
全国	**6**	**132**	**130**	**859**	**776**	**20403**	**18625**
北京							
天津							
河北							
山西							
内蒙古							
辽宁							
吉林	1	5	4	38	27	165	160
黑龙江							
上海	1	41	38	352	269	6974	5401
江苏	1	22	22	152	152	3500	3500
浙江							
安徽							
福建							
江西							
山东							
河南							
湖北							
湖南							
广东	3	64	66	317	328	9764	9564
广西							
海南							
重庆							
四川							
贵州							
云南							
西藏							
陕西							
甘肃							
青海							
宁夏							
新疆							

2-14 按行业分各地区连锁零售企业直营门店基本情况

批发业

地区	门店数(个)		年末从业人员(人)		年末零售营业面积(平方米)	
	2012年	2011年	2012年	2011年	2012年	2011年
全国	**29829**	**29289**	**283361**	**279256**	**38553763**	**37568671**
北京	163	174	2448	2557	168586	150532
天津	9	9	292	394	8533	8533
河北	1466	1472	11998	12071	2432002	2342537
山西	13	12	777	724	28881	28881
内蒙古						
辽宁	430	403	5406	5311	358865	339426
吉林	175	189	1413	1974	62600	67461
黑龙江	34	33	420	444	1003	960
上海	773	773	12194	12071	272418	269803
江苏	4312	4217	38448	40810	4964342	5045879
浙江	4661	4567	44771	42838	6131373	6013927
安徽	2465	2112	17697	17673	2030558	1847606
福建	103	99	1327	1697	35262	34719
江西	899	876	13659	13457	755774	743961
山东	3539	3440	24136	20124	2518420	2493669
河南	1210	1245	7090	7068	2064632	2066242
湖北	291	295	7310	5556	132436	175331
湖南	278	255	2151	1801	36063	33163
广东	3663	3673	42370	43427	10212720	9919751
广西	1449	1418	14729	15044	2364694	2237407
海南						
重庆	976	988	10322	10637	680040	380171
四川	211	338	2363	2509	70425	77642
贵州						
云南	388	400	2897	2664	734804	730200
西藏						
陕西	66	66	4190	4287	14457	13742
甘肃	130	132	716	771	278089	200880
青海	6	6	620	593	57700	57700
宁夏	177	155	1808	1797	215558	223359
新疆	1942	1942	11809	10957	1923528	2065189

2-14 续表 1

农、林、牧产品批发

地 区	门店数(个)		年末从业人员(人)		年末零售营业面积(平方米)	
	2012年	2011年	2012年	2011年	2012年	2011年
全 国	**88**	**86**	**1508**	**1377**	**6020**	**6020**
北 京						
天 津						
河 北						
山 西						
内蒙古						
辽 宁						
吉 林						
黑龙江						
上 海						
江 苏						
浙 江						
安 徽	80	78	1201	1070		
福 建						
江 西						
山 东						
河 南						
湖 北	4	4	250	250	5000	5000
湖 南						
广 东	3	3	38	38	296	296
广 西						
海 南						
重 庆						
四 川	1	1	19	19	724	724
贵 州						
云 南						
西 藏						
陕 西						
甘 肃						
青 海						
宁 夏						
新 疆						

2-14　续表 2

食品、饮料及烟草制品批发

地　区	门店数（个）		年末从业人员（人）		年末零售营业面积（平方米）	
	2012年	2011年	2012年	2011年	2012年	2011年
全　国	**1614**	**1410**	**25277**	**23767**	**286928**	**376049**
北　京	14	14	174	144	450	436
天　津	3	3	74	74	160	160
河　北	5	5	26	26	200	200
山　西	13	12	777	724	28881	28881
内蒙古						
辽　宁						
吉　林						
黑龙江						
上　海	75	79	809	852	11089	11074
江　苏	650	502	2558	1767	5527	5385
浙　江	136	151	1083	527	10829	15580
安　徽						
福　建	37	36	1000	1387	27321	27300
江　西	93	91	7033	6774	30632	30570
山　东	183	117	2844	2612	52016	51970
河　南	70	69	279	276	11100	11000
湖　北	22	19	951	803	805	760
湖　南	12	10	45	45	6240	6240
广　东	130	131	1074	1020	12062	12862
广　西						
海　南						
重　庆	49	52	513	581	12045	14150
四　川	7	7	98	98	1200	1200
贵　州						
云　南						
西　藏						
陕　西	34	34	4100	4197	11620	11620
甘　肃						
青　海	6	6	620	593	57700	57700
宁　夏	51	47	591	608	650	214
新　疆	24	25	628	659	6401	88747

2-14 续表 3

纺织、服装及家庭用品批发

地　区	门店数（个）		年末从业人员（人）		年末零售营业面积（平方米）	
	2012年	2011年	2012年	2011年	2012年	2011年
全　国	**910**	**707**	**21069**	**15729**	**1423955**	**989960**
北　京						
天　津						
河　北						
山　西						
内蒙古						
辽　宁						
吉　林						
黑龙江						
上　海	54	57	1600	1538	3750	3950
江　苏	80	82	593	580	9440	9457
浙　江	549	379	3479	1641	60774	31833
安　徽						
福　建						
江　西						
山　东	60	57	12664	9525	1329947	926536
河　南						
湖　北						
湖　南	22	15	962	776	3005	2160
广　东	145	117	1771	1669	17039	16024
广　西						
海　南						
重　庆						
四　川						
贵　州						
云　南						
西　藏						
陕　西						
甘　肃						
青　海						
宁　夏						
新　疆						

2-14 续表 4

文化、体育用品及器材批发

地区	门店数(个)		年末从业人员(人)		年末零售营业面积(平方米)	
	2012年	2011年	2012年	2011年	2012年	2011年
全国	**532**	**607**	**16496**	**14248**	**756850**	**750857**
北京						
天津						
河北						
山西						
内蒙古						
辽宁						
吉林	3	5	120	118	7600	8961
黑龙江						
上海						
江苏	82	82	5866	5905	359304	360766
浙江	333	328	6008	5832	310895	297379
安徽						
福建						
江西						
山东						
河南						
湖北	7	7	3383	1190	64000	64800
湖南	3	3	554	527	3731	3731
广东	104	182	565	676	11320	15220
广西						
海南						
重庆						
四川						
贵州						
云南						
西藏						
陕西						
甘肃						
青海						
宁夏						
新疆						

2-14 续表 5

医药及医疗器材批发

地　区	门店数(个)		年末从业人员(人)		年末零售营业面积(平方米)	
	2012年	2011年	2012年	2011年	2012年	2011年
全　国	**957**	**1036**	**6418**	**6175**	**155679**	**153360**
北　京						
天　津						
河　北	3	4	56	41	1000	1000
山　西						
内蒙古						
辽　宁						
吉　林	172	184	1293	1856	55000	58500
黑龙江						
上　海						
江　苏	207	200	1129	1138	26000	25200
浙　江	147	120	804	582	9145	8328
安　徽						
福　建	10	7	100	102	6971	6440
江　西						
山　东	191	180	1388	851	23847	16283
河　南						
湖　北	7	7	90	90	670	670
湖　南	13		150		1955	
广　东	4	5	27	31	435	873
广　西						
海　南						
重　庆	38	65	225	301	3340	4805
四　川	26	125	562	591	14081	19772
贵　州						
云　南	100	100	391	385	9437	8406
西　藏						
陕　西	32	32	90	90	2837	2122
甘　肃						
青　海						
宁　夏						
新　疆	7	7	113	117	961	961

2-14 续表 6

矿产品、建材及化工产品批发

地区	门店数(个)		年末从业人员(人)		年末零售营业面积(平方米)	
	2012年	2011年	2012年	2011年	2012年	2011年
全国	**24295**	**23939**	**200311**	**205459**	**34752183**	**34182757**
北京	146	157	2155	2290	166503	148463
天津						
河北	1458	1463	11916	12004	2430802	2341337
山西						
内蒙古						
辽宁	380	348	5210	5115	358865	339426
吉林						
黑龙江	34	33	420	444	1003	960
上海	644	637	9785	9681	257579	254779
江苏	3287	3345	28202	31283	4562000	4643000
浙江	3258	3261	30915	30717	5701980	5617141
安徽	1919	1588	11768	12175	1027509	887606
福建	54	54	140	150	670	735
江西	806	785	6626	6683	725142	713391
山东	3095	3077	7021	6932	1107630	1494100
河南	1134	1170	6725	6705	2045532	2047242
湖北	251	258	2636	3223	61961	104101
湖南						
广东	3008	2953	36100	37917	10099676	9828679
广西	1438	1408	14509	14702	2359827	2232540
海南						
重庆	862	844	9511	9682	662073	358634
四川	167	195	1603	1719	54352	55878
贵州						
云南	228	236	2239	2039	722916	718239
西藏						
陕西						
甘肃	130	132	716	771	278089	200880
青海						
宁夏	88	88	1187	1161	214908	223145
新疆	1908	1907	10927	10066	1913166	1972481

2-14 续表 7

机械设备、五金产品及电子产品批发

地区	门店数（个）		年末从业人员（人）		年末零售营业面积（平方米）	
	2012年	2011年	2012年	2011年	2012年	2011年
全国	**424**	**525**	**4780**	**5809**	**90502**	**99827**
北京	3	3	119	123	1633	1633
天津	6	6	218	320	8373	8373
河北						
山西						
内蒙古						
辽宁						
吉林						
黑龙江						
上海						
江苏	6	6	100	137	2071	2071
浙江	238	328	2482	3539	37750	43666
安徽						
福建	2	2	87	58	300	244
江西						
山东	7	6	194	178	4400	4200
河南	6	6	86	87	8000	8000
湖北						
湖南						
广东	129	141	1173	921	22920	25980
广西	11	10	220	342	4867	4867
海南						
重庆						
四川	10	10	81	82	68	68
贵州						
云南	6	7	20	22	120	725
西藏						
陕西						
甘肃						
青海						
宁夏						
新疆						

2-14 续表 8

其他批发业

地区	门店数(个)		年末从业人员(人)		年末零售营业面积(平方米)	
	2012年	2011年	2012年	2011年	2012年	2011年
全国	**1009**	**979**	**7502**	**6692**	**1081646**	**1009841**
北京						
天津						
河北						
山西						
内蒙古						
辽宁	50	55	196	196		
吉林						
黑龙江						
上海						
江苏						
浙江						
安徽	466	446	4728	4428	1003049	960000
福建						
江西						
山东	3	3	25	26	580	580
河南						
湖北						
湖南	228	227	440	453	21132	21032
广东	140	141	1622	1155	48972	19817
广西						
海南						
重庆	27	27	73	73	2582	2582
四川						
贵州						
云南	54	57	247	218	2331	2830
西藏						
陕西						
甘肃						
青海						
宁夏	38	20	30	28		
新疆	3	3	141	115	3000	3000

2-14 续表 9

零售业

地区	门店数（个）		年末从业人员（人）		年末零售营业面积（平方米）	
	2012年	2011年	2012年	2011年	2012年	2011年
全国	**87309**	**84462**	**1919810**	**1900760**	**100066114**	**95806006**
北京	4771	4575	135165	131734	6250479	6065657
天津	1863	1833	37122	36953	2613788	2466990
河北	2458	2419	38984	36261	3437630	3334692
山西	1264	1187	34859	28158	1502861	1309509
内蒙古	180	178	4919	5091	209790	216454
辽宁	3677	3408	56126	50108	3902318	3795544
吉林	723	715	10173	9974	438617	528153
黑龙江	1727	1595	22546	20880	656347	631502
上海	10375	10845	197856	203628	7298439	6786775
江苏	7978	7782	312639	342554	12892350	12497925
浙江	5891	5979	79289	80940	3415193	3408971
安徽	1564	1424	58601	55665	2905489	2565906
福建	3263	3087	72667	71283	6089828	5139315
江西	1392	1208	33882	28280	1847323	1592560
山东	4283	4024	131945	133290	9284555	8853652
河南	2977	3033	63120	57846	4363278	3994795
湖北	4613	4328	134343	127698	5718762	5276307
湖南	3001	2942	56452	55729	4926917	4825674
广东	10865	10080	197517	196421	12550819	13181899
广西	1105	1024	20094	18630	818414	775665
海南	506	561	5717	5405	319630	298511
重庆	2343	2290	66584	61782	2888876	2656575
四川	4426	4154	60107	58298	2208558	1998921
贵州	728	597	6021	4192	100211	83585
云南	2731	2757	32235	31666	1113832	1160722
西藏	15	15	700	623	24354	24730
陕西	447	477	13078	12270	504062	529259
甘肃	528	452	6533	6484	377279	306503
青海	70	64	5924	5888	181974	173728
宁夏	424	355	7595	5747	335202	248153
新疆	1121	1074	17017	17282	888939	1077374

2-14 续表 10

综合零售

地 区	门店数(个)		年末从业人员(人)		年末零售营业面积(平方米)	
	2012年	2011年	2012年	2011年	2012年	2011年
全 国	**32758**	**31578**	**1201787**	**1148998**	**60209640**	**56057296**
北 京	1669	1533	94421	84432	4681753	4382733
天 津	798	783	16128	17030	729752	622306
河 北	381	379	22328	19572	1368286	1211002
山 西	312	275	24287	17948	876701	668798
内蒙古	66	66	3081	2996	90496	105446
辽 宁	601	584	18557	17005	783357	665679
吉 林	140	119	3060	2965	270351	242096
黑龙江	332	340	10893	9919	309683	290451
上 海	7873	8411	167473	172174	5892349	5379972
江 苏	2988	2857	134451	132555	5330486	4859440
浙 江	2530	2607	57530	58454	2936274	2938635
安 徽	1084	1000	52001	49327	2614174	2276363
福 建	617	554	42738	40356	3591925	2680096
江 西	162	135	14099	12968	852840	700385
山 东	1883	1749	113966	115107	8433577	8112096
河 南	793	761	46069	38220	2176613	1863918
湖 北	2007	1807	97945	94184	4504470	4138465
湖 南	520	498	32511	32019	2413918	2300990
广 东	2855	2447	109604	104703	6500381	7293118
广 西	291	265	11988	11151	548820	523093
海 南	13	12	317	214	22140	18140
重 庆	873	804	52450	47023	2252311	2043746
四 川	2979	2703	38993	36823	1556215	1304653
贵 州	212	146	2498	1144	42149	29775
云 南	225	249	9391	9494	383569	453196
西 藏	2	2	635	548	20600	20600
陕 西	130	132	9414	8421	438014	463569
甘 肃	10	8	512	495	22240	16990
青 海	37	36	4190	4054	124703	122181
宁 夏	171	136	5554	3679	238756	154523
新 疆	204	180	4703	4018	202737	174841

2-14 续表 11

食品、饮料及烟草制品专门零售

地　区	门店数（个）		年末从业人员（人）		年末零售营业面积（平方米）	
	2012年	2011年	2012年	2011年	2012年	2011年
全　国	**5533**	**5277**	**40278**	**34924**	**438544**	**394531**
北　京	723	700	6472	8085	83662	77487
天　津	120	111	2990	2447	25351	22370
河　北	25	23	177	166	3150	3030
山　西	51	51	635	633	5633	6293
内蒙古						
辽　宁	73	54	855	703	7280	5098
吉　林	64	65	637	497	6923	6900
黑龙江						
上　海	141	142	988	994	7725	8065
江　苏	1027	1022	4049	3884	46754	44691
浙　江	748	843	3879	3891	47466	50313
安　徽	159	124	953	781	24450	23200
福　建	360	356	2031	2054	18859	18400
江　西	124	73	3359	922	49443	17485
山　东	286	276	1596	1314	20300	19300
河　南	230	344	1271	1296	23168	31920
湖　北	678	645	6589	4844	29640	28887
湖　南	61	46	235	168	2975	1852
广　东	525	242	2931	1382	22670	12539
广　西						
海　南						
重　庆	59	74	253	369	3883	7409
四　川						
贵　州						
云　南	50	57	242	266	2563	3207
西　藏	13	13	65	75	3754	4130
陕　西						
甘　肃						
青　海						
宁　夏	10	10	50	130	2450	1510
新　疆	6	6	21	23	445	445

2-14 续表 12

纺织、服装及日用品专门零售

地区	门店数(个)		年末从业人员(人)		年末零售营业面积(平方米)	
	2012年	2011年	2012年	2011年	2012年	2011年
全国	**4177**	**4001**	**47338**	**49160**	**1203921**	**1167814**
北京	797	684	9281	9489	187097	173228
天津	50	56	811	761	12162	28820
河北	84	90	591	578	9324	11267
山西	4	4	50	48	510	510
内蒙古						
辽宁	78	85	626	1004	302251	302938
吉林	19	18	256	249	4048	4870
黑龙江	16	9	142	112	3600	2500
上海	1174	1086	6826	5957	115988	117613
江苏	87	15	516	246	7885	2100
浙江	344	365	4320	4927	69170	61525
安徽	4	4	24	24	800	800
福建	156	169	1237	1447	21761	25042
江西	17	15	418	447	11434	11484
山东	24	24	300	283	4100	4890
河南	66	63	539	480	14050	13222
湖北	310	329	6119	5943	141964	145519
湖南	21	23	362	384	9750	9865
广东	599	674	9891	11671	114524	112169
广西						
海南						
重庆	129	136	2024	2120	61076	48689
四川	124	93	1305	1005	42760	30368
贵州						
云南	18	8	306	428	12153	9200
西藏						
陕西	34	34	477	507	7287	6692
甘肃						
青海	19	14	910	1041	50077	44353
宁夏						
新疆	3	3	7	9	150	150

2-14 续表 13

文化、体育用品及器材专门零售

地区	门店数（个）		年末从业人员（人）		年末零售营业面积（平方米）	
	2012年	2011年	2012年	2011年	2012年	2011年
全国	**1536**	**1561**	**35379**	**32439**	**1018438**	**1004293**
北京	76	97	1046	888	71882	68559
天津						
河北	4	5	48	60	1390	1740
山西						
内蒙古						
辽宁	42	45	729	776	43348	41491
吉林						
黑龙江	43	31	1321	772	30032	22029
上海	148	149	2795	2831	96800	95771
江苏	47	45	468	451	31104	30714
浙江	29	27	838	776	5420	4759
安徽	11	11	403	411	15432	15432
福建	12	12	334	361	5556	5556
江西	131	131	4748	3402	93529	83646
山东	23	23	684	671	40869	38529
河南	17	27	606	611	7580	12600
湖北	59	60	1662	1672	34153	57138
湖南	28	27	1144	1211	16640	15065
广东	227	224	2679	3081	133502	127532
广西	4	4	320	320	15000	15000
海南						
重庆	109	108	2316	2134	61110	53913
四川	344	345	9652	8398	126448	123721
贵州						
云南	60	68	1629	1592	78685	79858
西藏						
陕西						
甘肃						
青海						
宁夏	8	8	199	199	10609	10609
新疆	114	114	1758	1822	99349	100631

2-14 续表 14

医药及医疗器材专门零售

地区	门店数(个)		年末从业人员(人)		年末零售营业面积(平方米)	
	2012年	2011年	2012年	2011年	2012年	2011年
全国	**24519**	**23408**	**182138**	**168223**	**3658890**	**3300280**
北京	559	573	4377	4575	99856	100265
天津	213	197	2232	1986	50490	47457
河北	670	597	4800	4470	74977	71181
山西	389	349	4907	4254	71901	72075
内蒙古	93	91	1111	1073	14457	14644
辽宁	2069	1831	19408	14754	482256	290803
吉林	188	189	1452	1061	17770	19115
黑龙江	1100	1003	5781	5561	149441	150041
上海	710	703	6280	5918	85210	80826
江苏	1725	1689	10108	9861	212205	206211
浙江	2151	2039	10981	10960	281538	265230
安徽	232	215	2792	2566	55686	62567
福建	393	372	2773	2615	53155	62769
江西	439	370	3995	3830	69457	65666
山东	1659	1545	9534	8793	202274	187341
河南	1034	972	6586	6156	101696	100028
湖北	777	663	7085	5758	134765	113315
湖南	755	746	8150	7942	127236	125592
广东	2548	2532	18294	17498	281409	278015
广西	742	691	5478	5099	109565	98589
海南	157	222	1456	1216	25517	18198
重庆	1033	1039	5548	5407	155754	144716
四川	866	877	6175	6329	119208	125863
贵州	516	451	3523	3048	58062	53810
云南	2196	2188	17161	15664	331048	340207
西藏						
陕西	280	308	2953	3148	36311	36558
甘肃	321	267	3448	3457	136243	63544
青海	14	14	824	793	7194	7194
宁夏	158	157	904	926	25862	25122
新疆	532	518	4022	3505	88347	73338

2-14 续表 15

汽车、摩托车、燃料及零配件专门零售

地　区	门店数（个）		年末从业人员（人）		年末零售营业面积（平方米）	
	2012年	2011年	2012年	2011年	2012年	2011年
全　国	**11830**	**11760**	**134775**	**133377**	**18295033**	**18531214**
北　京	540	540	7098	7430	183935	182515
天　津	596	599	11411	10552	1436201	1439200
河　北	1207	1232	8465	8608	1805155	1844438
山　西	447	448	3731	3765	417230	420325
内蒙古						
辽　宁	727	736	12610	12799	1940816	2178209
吉　林	254	270	3222	3050	17000	150000
黑龙江	171	144	2260	2265	15060	12360
上　海						
江　苏	196	202	2912	4490	556700	556700
浙　江	12	12	95	88	2966	3296
安　徽						
福　建	1466	1386	16173	15508	1922522	1875259
江　西	460	441	5198	4904	671345	633650
山　东	333	328	2749	3177	357546	323740
河　南	620	644	3007	2899	1545714	1504515
湖　北	591	613	7551	7622	275587	249330
湖　南	1557	1549	11898	11267	2170209	2128899
广　东	1881	1854	26104	24630	4078305	3883133
广　西	37	36	308	322	71500	70480
海　南	336	327	3944	3975	271973	262173
重　庆	31	25	139	100	2835	2255
四　川						
贵　州						
云　南	73	80	1290	1357	64000	64000
西　藏						
陕　西	1	1	40	46	18000	18000
甘　肃	173	169	2465	2452	216796	224769
青　海						
宁　夏						
新　疆	121	124	2105	2071	253638	503968

2-14 续表 16

家用电器及电子产品专门零售

地 区	门店数（个）		年末从业人员（人）		年末零售营业面积（平方米）	
	2012年	2011年	2012年	2011年	2012年	2011年
全 国	**6683**	**6608**	**270755**	**325046**	**14866751**	**14971335**
北 京	395	436	11641	16039	887291	1021036
天 津	79	78	3318	3909	355803	302837
河 北	87	93	2575	2807	175348	192034
山 西	61	60	1249	1510	130886	141508
内蒙古	21	21	727	1022	104837	96364
辽 宁	87	73	3341	3067	343010	311326
吉 林	53	50	1508	2125	122360	105012
黑龙江	65	68	2149	2251	148531	154121
上 海	269	294	11407	13144	991646	972180
江 苏	1886	1930	159892	190798	6695166	6786019
浙 江	51	58	1460	1530	68559	80713
安 徽	74	70	2428	2556	194947	187544
福 建	259	238	7381	8942	476050	472193
江 西	59	43	2065	1807	99275	80244
山 东	73	77	3055	3875	219189	161056
河 南	217	222	5042	8184	494457	468592
湖 北	191	211	7392	7675	598183	543653
湖 南	59	53	2152	2738	186189	243411
广 东	2147	2018	27098	32631	1362340	1417775
广 西	31	28	2000	1738	73529	68503
海 南						
重 庆	109	104	3854	4629	351907	355847
四 川	111	134	3836	5586	336927	387316
贵 州						
云 南	109	107	2216	2865	241814	211054
西 藏						
陕 西	2	2	194	148	4450	4440
甘 肃	24	8	108	80	2000	1200
青 海						
宁 夏	77	44	888	813	57525	56389
新 疆	87	88	1779	2577	144532	148968

2-14 续表 17

五金、家具及室内装饰材料专门零售

地 区	门店数(个)		年末从业人员(人)		年末零售营业面积(平方米)	
	2012年	2011年	2012年	2011年	2012年	2011年
全 国	**147**	**140**	**6515**	**7819**	**354994**	**360918**
北 京	12	12	829	796	55003	59834
天 津	7	9	232	268	4029	4000
河 北						
山 西						
内蒙古						
辽 宁						
吉 林						
黑龙江						
上 海	19	22	1735	2341	101747	126947
江 苏	1	1	93	119	8850	8850
浙 江	26	28	186	314	3800	4500
安 徽						
福 建						
江 西						
山 东	2	2	61	70	6700	6700
河 南						
湖 北						
湖 南						
广 东	24	23	611	497	48124	48054
广 西						
海 南						
重 庆						
四 川	2	2	146	157	27000	27000
贵 州						
云 南						
西 藏						
陕 西						
甘 肃						
青 海						
宁 夏						
新 疆	54	41	2622	3257	99741	75033

2-14 续表 18

货摊、无店铺及其他零售业

地区	门店数（个）		年末从业人员（人）		年末零售营业面积（平方米）	
	2012年	2011年	2012年	2011年	2012年	2011年
全国	**126**	**129**	**845**	**774**	**19903**	**18325**
北京						
天津						
河北						
山西						
内蒙古						
辽宁						
吉林	5	4	38	27	165	160
黑龙江						
上海	41	38	352	269	6974	5401
江苏	21	21	150	150	3200	3200
浙江						
安徽						
福建						
江西						
山东						
河南						
湖北						
湖南						
广东	59	66	305	328	9564	9564
广西						
海南						
重庆						
四川						
贵州						
云南						
西藏						
陕西						
甘肃						
青海						
宁夏						
新疆						

2-15 按行业分各地区连锁零售企业加盟门店基本情况

批发业

地 区	门店数(个)		年末从业人员(人)		年末零售营业面积(平方米)	
	2012年	2011年	2012年	2011年	2012年	2011年
全 国	**23808**	**23626**	**72292**	**67915**	**1916709**	**1885047**
北 京	93	206	273	825	4980	18318
天 津						
河 北						
山 西						
内蒙古						
辽 宁	40	40	106	81	2860	2860
吉 林						
黑龙江						
上 海	91	80	1077	956	30670	27040
江 苏	2343	2361	5065	5028	14690	17427
浙 江	9491	8604	34377	28854	660072	574192
安 徽	4837	4750	7462	7253	121600	121000
福 建						
江 西						
山 东	1134	1015	5833	6236	136460	147429
河 南	4		17		8000	
湖 北						
湖 南	349	822	462	938	29544	48394
广 东	1517	1476	9894	9679	735762	733297
广 西	47	46	150	132	2960	2880
海 南						
重 庆	1934	1914	3957	4249	69381	66762
四 川	701	685	980	928	32782	32776
贵 州						
云 南	131	125	157	156	3715	3329
西 藏						
陕 西						
甘 肃						
青 海						
宁 夏	846	1281	2388	2550	60250	86360
新 疆	250	221	94	50	2983	2983

2-15 续表 1

农、林、牧产品批发

地区	门店数（个）		年末从业人员（人）		年末零售营业面积（平方米）	
	2012年	2011年	2012年	2011年	2012年	2011年
全国	**2916**	**2834**	**7523**	**7293**	**12536**	**12536**
北京						
天津						
河北						
山西						
内蒙古						
辽宁	40	40	106	81	2860	2860
吉林						
黑龙江						
上海						
江苏						
浙江						
安徽	2862	2780	7155	6950		
福建						
江西						
山东						
河南						
湖北						
湖南						
广东						
广西						
海南						
重庆						
四川	14	14	262	262	9676	9676
贵州						
云南						
西藏						
陕西						
甘肃						
青海						
宁夏						
新疆						

2-15 续表 2

食品、饮料及烟草制品批发

地　区	门店数(个)		年末从业人员(人)		年末零售营业面积(平方米)	
	2012年	2011年	2012年	2011年	2012年	2011年
全　国	**3216**	**2776**	**5875**	**5235**	**145724**	**112932**
北　京						
天　津						
河　北						
山　西						
内蒙古						
辽　宁						
吉　林						
黑龙江						
上　海						
江　苏		21		45		420
浙　江	1683	1410	3421	3033	89601	71262
安　徽						
福　建						
江　西						
山　东	348	144	721	369	12808	5300
河　南	4		17		8000	
湖　北						
湖　南	10	10	44	44	6300	6300
广　东	605	625	817	881	5682	6317
广　西						
海　南						
重　庆	566	566	855	863	23333	23333
四　川						
贵　州						
云　南						
西　藏						
陕　西						
甘　肃						
青　海						
宁　夏						
新　疆						

2-15 续表 3

纺织、服装及家庭用品批发

地区	门店数（个）		年末从业人员（人）		年末零售营业面积（平方米）	
	2012年	2011年	2012年	2011年	2012年	2011年
全国	**7031**	**7211**	**33534**	**29868**	**501607**	**477069**
北京						
天津						
河北						
山西						
内蒙古						
辽宁						
吉林						
黑龙江						
上海						
江苏	155	177	550	550	12690	15007
浙江	6051	5626	27807	22894	360095	295733
安徽						
福建						
江西						
山东	696	800	5051	5806	123652	142129
河南						
湖北						
湖南	129	603	126	603	5170	24120
广东		5		15		80
广西						
海南						
重庆						
四川						
贵州						
云南						
西藏						
陕西						
甘肃						
青海						
宁夏						
新疆						

2-15 续表 4

文化、体育用品及器材批发

地区	门店数（个）		年末从业人员（人）		年末零售营业面积（平方米）	
	2012年	2011年	2012年	2011年	2012年	2011年
全　国	**114**	**8**	**112**	**10**	**6210**	**400**
北　京						
天　津						
河　北						
山　西						
内蒙古						
辽　宁						
吉　林						
黑龙江						
上　海						
江　苏						
浙　江						
安　徽						
福　建						
江　西						
山　东						
河　南						
湖　北						
湖　南						
广　东	114	8	112	10	6210	400
广　西						
海　南						
重　庆						
四　川						
贵　州						
云　南						
西　藏						
陕　西						
甘　肃						
青　海						
宁　夏						
新　疆						

2-15 续表 5

医药及医疗器材批发

地区	门店数(个)		年末从业人员(人)		年末零售营业面积(平方米)	
	2012年	2011年	2012年	2011年	2012年	2011年
全国	**1767**	**1733**	**2937**	**2834**	**63623**	**61062**
北京						
天津						
河北						
山西						
内蒙古						
辽宁						
吉林						
黑龙江						
上海						
江苏						
浙江	48	48	86	105	1861	1805
安徽						
福建						
江西						
山东	90	71	61	61		
河南						
湖北						
湖南						
广东	287	324	527	525	8640	8880
广西						
海南						
重庆	639	603	1499	1439	27001	24648
四川	687	671	718	666	23106	23100
贵州						
云南	16	16	46	38	3015	2629
西藏						
陕西						
甘肃						
青海						
宁夏						
新疆						

2-15 续表 6

矿产品、建材及化工产品批发

地区	门店数（个）		年末从业人员（人）		年末零售营业面积（平方米）	
	2012年	2011年	2012年	2011年	2012年	2011年
全　国	**8358**	**8661**	**20883**	**21074**	**1149048**	**1180984**
北　京	93	206	273	825	4980	18318
天　津						
河　北						
山　西						
内蒙古						
辽　宁						
吉　林						
黑龙江						
上　海	91	80	1077	956	30670	27040
江　苏	2187	2162	4403	4283		
浙　江	1709	1520	3063	2822	208515	205392
安　徽	1975	1970	307	303	121600	121000
福　建						
江　西						
山　东						
河　南						
湖　北						
湖　南						
广　东	493	494	7938	7598	702000	702000
广　西	47	46	150	132	2960	2880
海　南						
重　庆	592	610	1149	1497	14390	14311
四　川						
贵　州						
云　南	115	109	111	118	700	700
西　藏						
陕　西						
甘　肃						
青　海						
宁　夏	806	1243	2318	2490	60250	86360
新　疆	250	221	94	50	2983	2983

2-15 续表 7

机械设备、五金产品及电子产品批发

地　区	门店数（个）		年末从业人员（人）		年末零售营业面积（平方米）	
	2012年	2011年	2012年	2011年	2012年	2011年
全　国	**19**	**21**	**612**	**800**	**15230**	**17620**
北　京						
天　津						
河　北						
山　西						
内蒙古						
辽　宁						
吉　林						
黑龙江						
上　海						
江　苏	1	1	112	150	2000	2000
浙　江						
安　徽						
福　建						
江　西						
山　东						
河　南						
湖　北						
湖　南						
广　东	18	20	500	650	13230	15620
广　西						
海　南						
重　庆						
四　川						
贵　州						
云　南						
西　藏						
陕　西						
甘　肃						
青　海						
宁　夏						
新　疆						

2-15 续表 8

其他批发业

地　区	门店数（个）		年末从业人员（人）		年末零售营业面积（平方米）	
	2012年	2011年	2012年	2011年	2012年	2011年
全　国	**387**	**382**	**816**	**801**	**22731**	**22444**
北　京						
天　津						
河　北						
山　西						
内蒙古						
辽　宁						
吉　林						
黑龙江						
上　海						
江　苏						
浙　江						
安　徽						
福　建						
江　西						
山　东						
河　南						
湖　北						
湖　南	210	209	292	291	18074	17974
广　东						
广　西						
海　南						
重　庆	137	135	454	450	4657	4470
四　川						
贵　州						
云　南						
西　藏						
陕　西						
甘　肃						
青　海						
宁　夏	40	38	70	60		
新　疆						

2-15 续表 9

零售业

地区	门店数(个)		年末从业人员(人)		年末零售营业面积(平方米)	
	2012年	2011年	2012年	2011年	2012年	2011年
全 国	**51924**	**59871**	**288021**	**275838**	**7121962**	**7551703**
北 京	1783	1869	11771	11194	256495	262286
天 津	43	50	141	129	4705	4705
河 北	375	371	595	506	27550	26800
山 西	1111	951	5075	4387	53011	42792
内蒙古	56	68	103	124	3839	4077
辽 宁	1689	1662	6983	6995	184743	181685
吉 林						
黑龙江						
上 海	8071	8334	82753	91217	2675564	2836402
江 苏	3667	3322	32027	34569	859449	942941
浙 江	9453	8926	18647	17520	622063	583940
安 徽	667	639	13983	13098	274260	290295
福 建	556	514	3109	2831	52278	52137
江 西	1098	948	4314	4215	191636	185379
山 东	1371	1281	4746	4659	157833	150059
河 南	1179	1112	3136	2769	129944	126467
湖 北	426	428	3983	3737	68406	68089
湖 南	1698	1598	3114	2804	141353	130522
广 东	6171	15181	25241	45756	566747	786215
广 西	864	838	4252	3996	122806	111655
海 南						
重 庆	6264	6137	10073	9503	244150	231379
四 川	4017	4359	48031	9652	165269	174408
贵 州	223	200	632	642	12936	11359
云 南	402	369	733	786	22483	66582
西 藏						
陕 西	146	136	2025	2205	170820	170270
甘 肃	13	14	19	27	1100	1000
青 海	22	23	22	23		
宁 夏	161	149	450	432	8300	8458
新 疆	398	392	2063	2062	104222	101801

2-15 续表 10

综合零售

地 区	门店数(个)		年末从业人员(人)		年末零售营业面积(平方米)	
	2012年	2011年	2012年	2011年	2012年	2011年
全 国	**30190**	**29602**	**181156**	**190596**	**5720347**	**5955967**
北 京	1034	1185	6727	6860	162971	181080
天 津						
河 北	375	371	595	506	27550	26800
山 西	1103	943	4981	4293	51371	41836
内蒙古	22	22	70	85	2169	2249
辽 宁	1469	1440	5929	5909	154558	151667
吉 林						
黑龙江						
上 海	5660	6008	73791	82308	2539128	2707029
江 苏	3060	2954	29964	33500	809821	912261
浙 江	7289	6798	14084	13084	510447	473553
安 徽	634	616	13768	12953	272430	287695
福 建	58	48	271	82	2533	2320
江 西	125	93	3040	3055	169900	167400
山 东	1287	1184	4546	4380	153788	144756
河 南	631	557	1052	859	36756	33250
湖 北	83	92	2490	2714	36273	40307
湖 南	728	703	417	420	49930	42388
广 东	213	235	5494	5677	174971	180624
广 西	179	164	1761	1540	72510	63743
海 南						
重 庆	2981	2975	3631	3871	137375	146843
四 川	2700	2683	5700	5624	98899	95655
贵 州						
云 南	345	336	617	699	17353	17040
西 藏						
陕 西	4	4	510	512	148000	148000
甘 肃	12	12				
青 海						
宁 夏		3		12		1258
新 疆	198	176	1718	1653	91614	88213

2-15 续表 11

食品、饮料及烟草制品专门零售

地区	门店数（个）		年末从业人员（人）		年末零售营业面积（平方米）	
	2012年	2011年	2012年	2011年	2012年	2011年
全国	**3514**	**3121**	**8935**	**7382**	**148142**	**124996**
北京	536	463	3791	3381	53157	44016
天津	1	1	5	4	70	70
河北						
山西						
内蒙古						
辽宁						
吉林						
黑龙江						
上海						
江苏	15	15	75	75	1550	1550
浙江	860	800	824	714	24845	21945
安徽	30	20	200	130	1830	800
福建	299	248	1026	876	9301	8548
江西	973	855	1274	1160	21736	17979
山东	45	45	100	130	2000	2000
河南	131	129	273	175	7173	6891
湖北	26	2	433	13	3000	200
湖南	423	387	448	263	14805	13505
广东	2	10	9	41	130	292
广西						
海南						
重庆	12		27		245	
四川						
贵州						
云南						
西藏						
陕西						
甘肃						
青海						
宁夏	161	146	450	420	8300	7200
新疆						

2-15 续表 12

纺织、服装及日用品专门零售

地区	门店数(个)		年末从业人员(人)		年末零售营业面积(平方米)	
	2012年	2011年	2012年	2011年	2012年	2011年
全　国	**6330**	**14949**	**20069**	**38519**	**272974**	**457895**
北　京	53	42	282	228	6427	3850
天　津						
河　北						
山　西	8	8	94	94	1640	956
内蒙古						
辽　宁	1	1	3	3	100	100
吉　林						
黑龙江						
上　海	1217	1175	3221	3400	47865	45649
江　苏	361	95	1416	372	27634	6904
浙　江	190	251	375	351	15558	17397
安　徽						
福　建	50	57	189	217	2346	2441
江　西						
山　东						
河　南	4	4	18	19	800	800
湖　北	1	1	50	60	720	720
湖　南						
广　东	4334	13233	13686	33374	152194	366748
广　西						
海　南						
重　庆	36	18	412	143	6220	2520
四　川	43	37	131	96	7950	6840
贵　州						
云　南						
西　藏						
陕　西	32	27	192	162	3520	2970
甘　肃						
青　海						
宁　夏						
新　疆						

2-15 续表 13

文化、体育用品及器材专门零售

地区	门店数(个)		年末从业人员(人)		年末零售营业面积(平方米)	
	2012年	2011年	2012年	2011年	2012年	2011年
全国	**196**	**198**	**756**	**747**	**23621**	**7383**
北京	3	4	3	4	200	271
天津						
河北						
山西						
内蒙古						
辽宁						
吉林						
黑龙江						
上海						
江苏						
浙江						
安徽						
福建						
江西						
山东						
河南						
湖北						
湖南						
广东	1	5	3	23	30	591
广西						
海南						
重庆	163	163	163	163	23390	6520
四川	29	26	587	557	1	1
贵州						
云南						
西藏						
陕西						
甘肃						
青海						
宁夏						
新疆						

2-15 续表 14

医药及医疗器材专门零售

地区	门店数(个)		年末从业人员(人)		年末零售营业面积(平方米)	
	2012年	2011年	2012年	2011年	2012年	2011年
全国	**11316**	**11614**	**73063**	**34638**	**707261**	**749894**
北京	157	175	968	721	33740	33069
天津	42	49	136	125	4635	4635
河北						
山西						
内蒙古	34	46	33	39	1670	1828
辽宁	219	221	1051	1083	30085	29918
吉林						
黑龙江						
上海	1194	1151	5741	5509	88571	83724
江苏	174	201	398	454	17294	19076
浙江	1113	1075	3318	3300	66713	66545
安徽						
福建	8	20	25	100	1070	1800
江西						
山东	39	52	100	149	2045	3303
河南	288	289	906	849	24535	20846
湖北	314	331	930	850	22413	20991
湖南	547	508	2249	2121	76618	74629
广东	1584	1666	4880	5560	106819	105557
广西	678	669	2467	2443	47740	45356
海南						
重庆	3072	2975	5840	5298	76920	74916
四川	1245	1613	41613	3375	58419	71912
贵州	223	200	632	642	12936	11359
云南	57	33	116	87	5130	49542
西藏						
陕西	106	101	1293	1501	17300	17300
甘肃						
青海	22	23	22	23		
宁夏						
新疆	200	216	345	409	12608	13588

2-15 续表 15

汽车、摩托车、燃料及零配件专门零售

地　区	门店数（个）		年末从业人员（人）		年末零售营业面积（平方米）	
	2012年	2011年	2012年	2011年	2012年	2011年
全　国	**169**	**184**	**2096**	**2029**	**196653**	**201133**
北　京						
天　津						
河　北						
山　西						
内蒙古						
辽　宁						
吉　林						
黑龙江						
上　海						
江　苏	11	11	9	2	650	650
浙　江						
安　徽						
福　建						
江　西						
山　东						
河　南	121	129	881	861	60500	64500
湖　北						
湖　南						
广　东	32	32	1157	1081	132403	132403
广　西						
海　南						
重　庆		6		28		580
四　川						
贵　州						
云　南						
西　藏						
陕　西	4	4	30	30	2000	2000
甘　肃	1	2	19	27	1100	1000
青　海						
宁　夏						
新　疆						

2-15 续表 16

家用电器及电子产品专门零售

地区	门店数（个）		年末从业人员（人）		年末零售营业面积（平方米）	
	2012年	2011年	2012年	2011年	2012年	2011年
全国	**203**	**202**	**1932**	**1925**	**52464**	**54135**
北京						
天津						
河北						
山西						
内蒙古						
辽宁						
吉林						
黑龙江						
上海						
江苏	45	45	163	164	2200	2200
浙江	1	2	46	71	4500	4500
安徽	3	3	15	15		1800
福建	141	141	1598	1556	37028	37028
江西						
山东						
河南	4	4	6	6	180	180
湖北	2	2	80	100	6000	5871
湖南						
广东						
广西	7	5	24	13	2556	2556
海南						
重庆						
四川						
贵州						
云南						
西藏						
陕西						
甘肃						
青海						
宁夏						
新疆						

2-15 续表 17

货摊、无店铺及其他零售业

地 区	门店数（个）		年末从业人员（人）		年末零售营业面积（平方米）	
	2012年	2011年	2012年	2011年	2012年	2011年
全 国	**6**	**1**	**14**	**2**	**500**	**300**
北 京						
天 津						
河 北						
山 西						
内 蒙 古						
辽 宁						
吉 林						
黑 龙 江						
上 海						
江 苏	1	1	2	2	300	300
浙 江						
安 徽						
福 建						
江 西						
山 东						
河 南						
湖 北						
湖 南						
广 东	5		12		200	
广 西						
海 南						
重 庆						
四 川						
贵 州						
云 南						
西 藏						
陕 西						
甘 肃						
青 海						
宁 夏						
新 疆						

2-16 按行业分各地区

批发业

地　区	商品购进总额		统一配送商品购进额		自有配送中心配送商品购进额	
	2012年	2011年	2012年	2011年	2012年	2011年
全　国	**110873295**	**103147154**	**98834000**	**90013913**	**61890362**	**57127079**
北　京	2344777	1919334	2344777	1915833	44870	57396
天　津	32661	53065	2030	1889		
河　北	3502836	3446900	2746720	2716382	1649841	1709720
山　西	244847	213532				
内蒙古						
辽　宁	1627115	1745348	618660	701695	308315	342109
吉　林	52948	35482	45567	28298	45567	28298
黑龙江	132136	123239	132136	123239	132136	123239
上　海	6811370	6801289	6588732	6287873	4930556	4884163
江　苏	17585803	15368324	17567225	15346382	17440800	15224516
浙　江	15646182	14717807	14619270	13723467	14257497	13414519
安　徽	8131342	7736376	8131342	7736376	4094669	3836241
福　建	138664	143609	110207	123394	97870	114396
江　西	2772255	2146988	2764805	2140856	1647120	1089900
山　东	10576328	10538165	9795132	9737430	8005186	8166630
河　南	2935868	2847418	1696105	1646643	982328	967101
湖　北	1716377	886059	1711777	881709	783430	503955
湖　南	378947	290488	315529	253029	304206	236341
广　东	21222320	20978407	18699273	17323225	788125	680460
广　西	2942496	2402261	2705137	2230060	1021111	890601
海　南						
重　庆	3211786	3113700	830769	747809	814638	737690
四　川	602849	592939	573622	563444	8816	8351
贵　州						
云　南	520851	594207	514258	588813	8578	7740
西　藏						
陕　西	1385680	1133430	1099816	899169	993883	818847
甘　肃	601871	387650	247860	211124	247860	211124
青　海	30353	14751	9106	4425		
宁　夏	771988	939057	771988	899557	708813	873106
新　疆	4952646	3977327	4192156	3181791	2574146	2200638

连锁零售企业经营情况

单位：万元

非自有配送中心配送商品购进额		商品销售总额		零售额	
2012年	2011年	2012年	2011年	2012年	2011年
13683747	**12040722**	**127692688**	**118770650**	**64482241**	**56290897**
	33674	2434286	2345651	984601	924249
		40454	36196	1343	1266
641	622	3971101	3803606	2001821	1712656
		333128	287404		
		1979006	1919786	715247	643428
		80091	69049	80091	69049
		125526	124158	44706	37609
73769	10660	7247591	7170919	2541810	2376352
122685	116941	18376374	17266062	7666215	6837514
212283	184992	16774417	15503900	10673096	9713861
186387	182659	8681260	8022386	6147018	4690394
6722		158206	168703	19536	18129
		5351140	4623398	2246480	1814995
8283	7191	11882782	12243154	9705404	7863426
		3136644	2930514	1657812	1454238
1810	1	1770399	696345	518068	408739
		408854	332459	8826	11168
11573769	10535295	22549363	22152634	12422448	11775190
		7358898	6233158	2971990	2557614
8778	4676	3704865	3264741	1468366	1320169
	21	712386	627268	317927	395998
		2121463	1922503	529590	189153
		1823739	1563694	2733	1581
		649304	377229	522150	307852
9106	4425	30497	21968	30497	21968
47354	14010	749515	748715	196975	149920
1432160	945555	5241400	4315052	1007490	994381

2-16 续表 1

农、林、牧产品批发

地区	商品购进总额		统一配送商品购进额		自有配送中心配送商品购进额	
	2012年	2011年	2012年	2011年	2012年	2011年
全国	**1555379**	**1636615**	**1547416**	**1628653**	**1544362**	**1576504**
北京						
天津						
河北						
山西						
内蒙古						
辽宁	3054	4065	3054	4065		
吉林						
黑龙江						
上海						
江苏						
浙江						
安徽	1516341	1602794	1516341	1602794	1516341	1554710
福建						
江西						
山东						
河南						
湖北	25866	19650	25866	19650	25866	19650
湖南						
广东	7962	7962				
广西						
海南						
重庆						
四川	2156	2144	2156	2144	2156	2144
贵州						
云南						
西藏						
陕西						
甘肃						
青海						
宁夏						
新疆						

单位：万元

非自有配送中心配送商品购进额		商品销售总额		零售额	
2012年	2011年	2012年	2011年	2012年	2011年
	48084	**1660284**	**1556423**	**28225**	**24147**
		2338	3886	2338	3886
	48084	1621748	1523652		
		25667	20013	25667	20013
		8503	6850	221	248
		2029	2022		

2-16 续表 2

食品、饮料及烟草制品批发

地区	商品购进总额		统一配送商品购进额		自有配送中心配送商品购进额	
	2012年	2011年	2012年	2011年	2012年	2011年
全国	**5646904**	**4741226**	**4874856**	**4062764**	**3163959**	**2717134**
北京	1350	3076	1350	3076		
天津	2030	1889	2030	1889		
河北	641	622	641	622		
山西	244847	213532				
内蒙古						
辽宁						
吉林						
黑龙江						
上海	143955	166014	76763	88430	2994	77770
江苏	316168	206048	316168	206048	316168	206048
浙江	200514	180294	200447	180000	165281	142329
安徽						
福建	125132	133250	98285	114728	92671	105731
江西	1804253	1598383	1796803	1592252	1198127	1038841
山东	715072	530685	690037	502423	5831	1981
河南	8523	9696	8523	9696	6316	7746
湖北	157018	115306	152418	110956	343	1480
湖南	2140	1942				
广东	34098	36878	33448	36098	26387	30175
广西						
海南						
重庆	65256	63344	24733	24309	15955	19632
四川	13168	11275	8464	10674		
贵州						
云南						
西藏						
陕西	1379801	1131799	1099816	898141	993883	818847
甘肃						
青海	30353	14751	9106	4425		
宁夏	61476	49593	61476	49593	45655	37152
新疆	341110	272848	294349	229403	294349	229403

单位：万元

非自有配送中心配送商品购进额		商品销售总额		零售额	
2012年	2011年	2012年	2011年	2012年	2011年
129269	**58055**	**7375683**	**6237879**	**467499**	**300145**
		2769	2976	1299	1002
		2774	2674	1343	1266
641	622	621	578	202	140
		333128	287404		
73769	10660	179819	182926	38004	42533
		446548	247618	167678	9542
35165	37671	240681	233951	71890	70527
		143322	153690	15953	14628
		2619417	2276252	9639	10390
		838326	667323	22200	13086
		8183	9602	597	3754
1809		154729	139153	59142	40003
		2015	1842		
		44714	46545	18359	17570
8778	4676	64274	59904	19159	38617
		8464	10674	8464	10674
		1818850	1562114		
9106	4425	30497	21968	30497	21968
		88655	76270	968	1352
		347898	254415	2107	3093

2-16 续表 3

纺织、服装及家庭用品批发

地区	商品购进总额		统一配送商品购进额		自有配送中心配送商品购进额	
	2012年	2011年	2012年	2011年	2012年	2011年
全国	**2092773**	**2074004**	**1416769**	**1382848**	**1322460**	**1298251**
北京						
天津						
河北						
山西						
内蒙古						
辽宁						
吉林						
黑龙江						
上海	81119	83853	81119	83853	81119	83853
江苏	55312	61640	42595	51384	36910	47002
浙江	545856	494043	545041	493382	497827	462592
安徽						
福建						
江西						
山东	1248308	1268629	598202	598189	562518	562000
河南						
湖北						
湖南	49351	44685	49351	44685	47584	36656
广东	112828	121154	100462	111354	96502	106148
广西						
海南						
重庆						
四川						
贵州						
云南						
西藏						
陕西						
甘肃						
青海						
宁夏						
新疆						

单位：万元

非自有配送中心配送商品购进额		商品销售总额		零售额	
2012年	2011年	2012年	2011年	2012年	2011年
9645	**9589**	**3392813**	**3164952**	**1413357**	**1447532**
		109545	107817	28321	29824
5685	4383	62995	62838	55254	62838
		828010	643133	138170	77646
		2174961	2151376	1153258	1239853
		80922	69473	7589	10141
3960	5207	136380	130316	30765	27230

2-16 续表 4

文化、体育用品及器材批发

地区	商品购进总额		统一配送商品购进额		自有配送中心配送商品购进额	
	2012年	2011年	2012年	2011年	2012年	2011年
全国	**2783964**	**2374045**	**2774873**	**2363695**	**2692102**	**2282874**
北京						
天津						
河北						
山西						
内蒙古						
辽宁						
吉林	7380	7184				
黑龙江						
上海						
江苏	1030526	1128349	1030526	1128349	1030526	1128349
浙江	1007282	910002	1007282	910002	1007282	910002
安徽						
福建						
江西						
山东						
河南						
湖北	388068	30416	388068	30416	388068	30416
湖南	256622	199685	256622	199685	256622	199685
广东	94085	98410	92375	95244	9603	14423
广西						
海南						
重庆						
四川						
贵州						
云南						
西藏						
陕西						
甘肃						
青海						
宁夏						
新疆						

单位：万元

非自有配送中心配送商品购进额		商品销售总额		零售额	
2012年	2011年	2012年	2011年	2012年	2011年
82772	**80821**	**2724272**	**2202836**	**1067022**	**942051**
		15823	26042	15823	26042
		1101384	1005135	524089	486764
		917036	832556	468098	408014
		332737	15493	51771	15493
		256122	214635		
82772	80821	101170	108976	7240	5739

2-16 续表 5

医药及医疗器材批发

地区	商品购进总额		统一配送商品购进额		自有配送中心配送商品购进额	
	2012年	2011年	2012年	2011年	2012年	2011年
全国	**585414**	**499120**	**406092**	**333323**	**356066**	**294980**
北京						
天津						
河北	16218	12512				
山西						
内蒙古						
辽宁						
吉林	45567	28298	45567	28298	45567	28298
黑龙江						
上海						
江苏	137931	122603	137931	122603	137931	122603
浙江	113097	91264	113097	91264	113097	91264
安徽						
福建	2906	2788	2906	2788	2906	2788
江西						
山东	104067	99081	11919	10281	828	667
河南						
湖北	1723	1831	1723	1831	1723	1829
湖南	14757					
广东	12144	9865	11410	9167	638	792
广西						
海南						
重庆	37948	46607	11008	9380	10764	9380
四川	24019	37509	7966	16945	6598	5927
贵州						
云南	41722	21440	35129	16046	8578	7740
西藏						
陕西	5879	1631		1028		
甘肃						
青海						
宁夏						
新疆	27435	23692	27435	23692	27435	23692

单位：万元

非自有配送中心配送商品购进额		商品销售总额		零售额	
2012年	2011年	2012年	2011年	2012年	2011年
9018	**7890**	**655231**	**528277**	**281416**	**256718**
		16749	12512		
		64268	43007	64268	43007
		154907	128629	64154	64051
		115797	99732	87122	97064
		3740	3618	1733	1428
8283	7191	115151	96955	28206	23909
1	1	2629	2669	961	932
		14356			
734	698	12717	10511	4554	4606
		46339	49611	12936	7004
		33148	35366	7176	6660
		41211	18342	5653	4855
		4889	1581	2733	1581
		29331	25746	1919	1623

2-16 续表 6

矿产品、建材及化工产品批发

地 区	商品购进总额		统一配送商品购进额		自有配送中心配送商品购进额	
	2012年	2011年	2012年	2011年	2012年	2011年
全 国	**94775474**	**88789721**	**84488353**	**77323491**	**50212231**	**46687021**
北 京	2304887	1880014	2304887	1876514	6331	21152
天 津						
河 北	3485976	3433766	2746079	2715760	1649841	1709720
山 西						
内蒙古						
辽 宁	1620641	1738060	612185	694407	308315	342109
吉 林						
黑龙江	132136	123239	132136	123239	132136	123239
上 海	6586297	6551422	6430850	6115590	4846443	4722540
江 苏	15928411	13734840	15922551	13724128	15915854	13720515
浙 江	13600952	12892373	12574922	11898987	12471401	11804593
安 徽	4356631	4077363	4356631	4077363	319958	225312
福 建	3903	4128	2293	2434	2293	2434
江 西	968002	548605	968002	548605	448993	51059
山 东	8447909	8588166	8436024	8577248	7428282	7596214
河 南	2901056	2809013	1661293	1608238	976012	959356
湖 北	1143703	718857	1143703	718857	367431	450580
湖 南						
广 东	20490329	20363358	17990705	16730582	382784	380323
广 西	2874486	2354784	2637127	2182580	1021111	890601
海 南						
重 庆	3083698	2985238	794812	713940	787919	708677
四 川	559601	537040	555037	533681	62	280
贵 州						
云 南	442722	543457	442722	543457		
西 藏						
陕 西						
甘 肃	601871	387650	247860	211124	247860	211124
青 海						
宁 夏	694198	873161	694198	833661	646845	819650
新 疆	4548066	3645188	3834337	2893098	2252362	1947543

单位：万元

非自有配送中心配送商品购进额		商品销售总额		零售额	
2012年	2011年	2012年	2011年	2012年	2011年
13152602	**11561821**	**108375195**	**101912836**	**58895675**	**51049236**
	33674	2389513	2306523	968142	906953
		3953731	3790516	2001619	1712516
		1973278	1912636	712910	639542
		125526	124158	44706	37609
		6958227	6880177	2475485	2303994
2957	1613	16493220	15707269	6819994	6175945
1246	1228	14478874	13532644	9808150	8976115
186387	134575	4750999	4316213	4308449	2875269
		4499	5108	1195	1220
		2731723	2347146	2236842	1804605
		8694176	9276091	8449087	6541642
		3101563	2891543	1652958	1446159
		1254638	519016	380528	332298
11482500	10431145	21790948	21527254	12125739	11498351
		7289823	6188110	2953480	2540241
		3567074	3133634	1430856	1271149
	21	664385	573890	302287	377949
		2030882	1852319	501625	161596
		649304	377229	522150	307852
47354	14010	644677	656356	196008	148567
1432160	945555	4828136	3995005	1003464	989666

2-16 续表 7

机械设备、五金产品及电子产品批发

地区	商品购进总额		统一配送商品购进额		自有配送中心配送商品购进额	
	2012年	2011年	2012年	2011年	2012年	2011年
全国	**766347**	**628295**	**731811**	**571173**	**287253**	**189074**
北京	38540	36244	38540	36244	38540	36244
天津	30631	51175				
河北						
山西						
内蒙古						
辽宁						
吉林						
黑龙江						
上海						
江苏	117455	114846	117455	113871	3411	
浙江	178481	149832	178481	149832	2608	3739
安徽						
福建	6722	3443	6722	3443		3443
江西						
山东	58952	49289	58952	49289	7727	5768
河南	26289	28709	26289	28709		
湖北						
湖南						
广东	234966	139881	234966	139881	234966	139881
广西	68010	47480	68010	47480		
海南						
重庆						
四川	3905	4971				
贵州						
云南	2397	2425	2397	2425		
西藏						
陕西						
甘肃						
青海						
宁夏						
新疆						

单位：万元

非自有配送中心配送商品购进额		商品销售总额		零售额	
2012年	2011年	2012年	2011年	2012年	2011年
296638	**257039**	**787668**	**605750**	**251380**	**231209**
		42004	36152	15159	16295
		37680	33522		
114043	110946	117319	114574	35047	38374
175873	146093	194019	161884	99664	84495
6722		6644	6287	655	853
		57569	48409	50339	42141
		26898	29369	4256	4326
		228017	122081	26484	25763
		69075	45049	18511	17373
		4361	5316		716
		4082	3106	1265	873

2-16 续表 8

其他批发业

地区	商品购进总额		统一配送商品购进额		自有配送中心配送商品购进额	
	2012年	2011年	2012年	2011年	2012年	2011年
全国	**2667040**	**2404129**	**2593830**	**2347966**	**2311929**	**2081241**
北京						
天津						
河北						
山西						
内蒙古						
辽宁	3421	3223	3421	3223		
吉林						
黑龙江						
上海						
江苏						
浙江						
安徽	2258370	2056219	2258370	2056219	2258370	2056219
福建						
江西						
山东	2021	2316				
河南						
湖北						
湖南	56078	44176	9556	8659		
广东	235907	200898	235907	200898	37245	8718
广西						
海南						
重庆	24884	18510	216	180		
四川						
贵州						
云南	34011	26884	34011	26884		
西藏						
陕西						
甘肃						
青海						
宁夏	16314	16304	16314	16304	16314	16304
新疆	36035	35598	36035	35598		

单位：万元

非自有配送中心配送商品购进额		商品销售总额		零售额	
2012年	2011年	2012年	2011年	2012年	2011年
3804	**17425**	**2721542**	**2561698**	**2077668**	**2039859**
		3391	3264		
		2308512	2182520	1838569	1815124
		2600	3000	2315	2795
		55440	46509	1237	1027
3804	17425	226914	200102	209085	195683
		27179	21592	5415	3400
		45287	48736	21046	21830
		16183	16089		
		36035	39886		

2-16 续表 9

零售业

地区	商品购进总额		统一配送商品购进额		自有配送中心配送商品购进额	
	2012年	2011年	2012年	2011年	2012年	2011年
全　国	**197382129**	**190606801**	**140924386**	**135097590**	**77438401**	**73860889**
北　京	18403863	18658367	7606466	7796738	3174611	3002230
天　津	7178194	6941297	5701806	5583603	3722505	3777653
河　北	6786134	6386307	4667565	4531603	2896768	2761260
山　西	2378058	1691869	1286114	784479	252873	245368
内蒙古	270834	242247	233695	207732	141760	119510
辽　宁	7139178	6828686	4959932	4664953	1513609	1694991
吉　林	1427849	1343020	1324823	1283488	1188672	1044834
黑龙江	2203098	2131575	2058317	1991594	1602894	1542000
上　海	24894073	23550074	18992134	17516193	3740120	3583741
江　苏	26432610	28896391	19499303	20157242	16785759	17735428
浙　江	5737872	5274109	4531619	4145474	3293718	3150496
安　徽	6315441	5384133	3186383	2608172	1459056	969036
福　建	8633385	7812082	5673017	4985626	2099238	1636644
江　西	2715000	2427036	2073167	1732472	1479424	1269502
山　东	11261601	9998879	5604808	4755684	3094083	2662659
河　南	4506151	3811075	3208943	2796686	1913243	1681074
湖　北	11908755	9727617	8658721	7037007	7140078	5640363
湖　南	8597993	10117142	5999947	8199281	3218000	2807000
广　东	21611763	22075739	19344779	19301173	11116771	11698182
广　西	837470	933043	807864	904712	449123	544113
海　南	1695362	1369067	1695362	1369067	5250	4682
重　庆	5680103	5215094	4502262	4307540	2656304	2339123
四　川	3726914	3522658	3061474	2993465	1257717	1440001
贵　州	143728	114408	141745	114408	53010	50172
云　南	2376180	2326911	2357627	2225372	1078629	832457
西　藏	21653	21741	21653	21741		
陕　西	785161	782399	199827	217481	110669	140956
甘　肃	1144128	984598	1125525	976892	87260	56200
青　海	168896	148166	57221	53559	6988	6912
宁　夏	759879	399419	757437	396928	749873	387303
新　疆	1640802	1491654	1584849	1437227	1150398	1037000

单位：万元

非自有配送中心配送商品购进额		商品销售总额		零售额	
2012年	2011年	2012年	2011年	2012年	2011年
21544676	**21043451**	**226928078**	**218238602**	**181571016**	**171510798**
1216201	2508963	21775601	20969163	16712746	16268484
1851381	1660147	7272522	6836065	5021929	4239892
151597	183845	7033986	6702356	4515688	4307873
18905	22923	3462123	2991267	3176594	2537442
4111	5221	289799	319720	289799	301363
1389794	1130789	7883813	7358617	5267999	4823040
4036	3724	1482279	1397699	1326412	1254123
191503	231048	2150374	2340178	1915593	1945831
3240995	3201749	28807988	28077248	19309139	19869835
2201321	1896727	30138852	33756542	22699202	23540565
326925	273303	6249671	5718651	5694309	5222360
158014	145542	6333572	5709677	4469851	4007004
673957	566537	11805977	10691551	10306236	9373013
502094	397411	4756262	4249975	4015434	3395411
1173249	1081572	12714344	11774312	10286313	9768853
53788	57654	4925087	4399525	4610584	4091080
636014	565470	13783416	11654432	12217368	9945834
66445	67126	8690306	8371955	7817145	7014124
5856572	5606965	26536826	26212183	22736186	22517362
28420	26461	1051615	967525	1010957	925532
302082	262291	1797414	1526173	1593421	1224894
743065	612084	6049837	5379535	5768570	5109075
315038	217484	4194504	3941473	3729084	3500727
4442	447	172337	121985	168137	118872
205107	98603	2598860	2506595	2376991	2269137
		19786	18505	19786	18505
19765	25014	971927	904637	969762	882255
2470	23	1381059	1007752	1033769	815223
10846	9159	216714	188743	213109	185634
	3070	483765	377704	471403	374577
196542	182103	1897461	1766860	1827502	1662877

2-16 续表 10

综合零售

地区	商品购进总额		统一配送商品购进额		自有配送中心配送商品购进额	
	2012年	2011年	2012年	2011年	2012年	2011年
全国	**100503226**	**95201555**	**68963080**	**65689915**	**39337591**	**35909843**
北京	9549580	9308568	5473229	5144444	1917219	1657186
天津	833322	788700	54808	187568	2736	126283
河北	2760940	2551597	684905	735212	445148	452580
山西	893269	685357	258484	197999	38463	33025
内蒙古	159237	82732	147993	72340	80552	65580
辽宁	1111077	940659	688597	570543	47014	40955
吉林	200887	136884	112448	89620	38781	35994
黑龙江	532434	489691	441554	401547	296253	243070
上海	21551990	20142268	16339861	14759833	3196245	3053952
江苏	9588918	9144933	9345583	8860116	8516017	8068672
浙江	4584429	4168196	3501267	3245790	2655848	2547193
安徽	5770676	4889501	2839606	2298887	1316963	844633
福建	3184716	2761688	2417718	1791391	1342637	918043
江西	1095691	1037895	574394	435164	414071	343412
山东	8670451	7820554	4184120	3679980	2651377	2304307
河南	1773724	1304623	732484	520827	386176	340818
湖北	7503028	6065284	4872999	3956000	4504037	3629542
湖南	2212016	4875139	1801990	4448827	1238274	1066425
广东	8957814	9607412	7361179	7905056	6309720	6937768
广西	423267	482695	393661	454364	215354	292366
海南	12545	6157	12545	6157		
重庆	4454210	3919612	3358793	3078425	1835028	1487854
四川	2135715	1906907	1545085	1436025	665745	721793
贵州	52974	29075	50991	29075	7934	
云南	781007	725291	774258	722382	500677	279194
西藏	14964	15197	14964	15197		
陕西	706803	708961	150726	162304	76544	106520
甘肃	31005	12842	12402	5137	12402	5137
青海	118038	100377	10248	7902		
宁夏	557488	231135	557488	231135	549924	221510
新疆	281011	261623	248701	240667	76456	86032

单位：万元

非自有配送中心配送商品购进额		商品销售总额		零售额	
2012年	2011年	2012年	2011年	2012年	2011年
8365934	**8714339**	**114467576**	**105561023**	**94648704**	**87970645**
704160	1534944	11719875	10779332	10283154	9629872
		880230	846306	806221	808967
146511	177755	2903690	2736282	2559964	2400260
15685	13419	1370834	1002065	1370834	1002065
2916	2559	156081	136926	156081	130416
76280	65618	1162319	1109725	1082966	1056383
		190664	156346	174248	135004
7552	1900	568745	502061	519861	465462
3163027	3137725	25153570	23841977	15813769	15802920
396376	467814	11451764	10775027	9268657	8653915
278820	251662	5091602	4647871	4669586	4250499
116934	103645	5730283	5162886	3887199	3486107
406285	311400	2924179	2705381	2908310	2690140
74482	31743	1308954	1142485	1240136	1023282
868560	837490	9720656	9146833	8065505	7728679
46779	51611	2112464	1765537	1973840	1655679
92630	53564	8575945	6803496	7861867	6213559
53079	43605	2375088	2646551	2257835	2037766
669703	649610	10857427	10634383	9969774	10187888
		600290	529377	597448	526932
12545	6157	11191	7077	11191	7077
686349	570479	4605082	3949937	4543424	3894102
307533	214345	2382473	2186111	2050824	1870658
3967		59377	32498	57880	30903
40986	7776	880752	837643	857781	822390
		14185	12588	14185	12588
13085	14527	867182	818208	865017	808359
		30391	23881	30391	23881
9446	7285	155980	131870	152375	128761
	3070	272802	197221	272802	197221
172245	154636	333501	293143	325582	288912

2-16 续表 11

食品、饮料及烟草制品专门零售

地区	商品购进总额		统一配送商品购进额		自有配送中心配送商品购进额	
	2012年	2011年	2012年	2011年	2012年	2011年
全国	**2170700**	**1773082**	**2015265**	**1597663**	**1297653**	**1074114**
北京	297738	271715	288791	263371	256668	229385
天津	78227	60530	34409	32787		
河北	2127	3114	2127	3114	1682	1876
山西	15580	16934	15580	16910	12360	7406
内蒙古						
辽宁	35659	19175	35659	6746		
吉林	60041	62612	55755	58183	51719	54459
黑龙江						
上海	42276	44504	11920	7876		
江苏	316174	294160	295699	273834	115010	106787
浙江	144142	137802	129190	123264	109545	94116
安徽	12965	15012	12965	15012	12965	15012
福建	202146	209165	186306	192891	90502	104576
江西	141189	99191	141189	99191	117597	90010
山东	302393	177950	302393	177950	201380	171262
河南	67812	71152	56256	55462		
湖北	231778	124610	231778	124610	213645	114740
湖南	55857	43615	55857	43615	21966	20995
广东	103552	72159	102413	69444	66357	42608
广西						
海南						
重庆	28255	20881	28255	20881	26257	20881
四川						
贵州						
云南	22036	17479	22036	5980		
西藏	6689	6543	6689	6543		
陕西						
甘肃						
青海						
宁夏	2442	2491				
新疆	1624	2288				

单位：万元

非自有配送中心配送商品购进额		商品销售总额		零售额	
2012年	2011年	2012年	2011年	2012年	2011年
257303	**112811**	**2556248**	**2172082**	**2303470**	**1954486**
15669	14191	460673	400467	455771	393194
6468	6677	114036	90317	86447	79745
445	1238	3746	3900	3214	3110
3220	9504	23190	16228	22704	8358
		43194	29007	39468	29007
4036	3724	60045	57052	60045	57052
		53804	56431	13194	14801
154858	27355	361915	329740	327604	298177
556	633	188669	160505	148488	145050
		17894	19377	13447	14588
15929	9199	229944	222762	218693	207412
23592	9182	147159	114678	147159	114678
1013	1865	246291	204285	188674	143213
		64040	73832	62149	73832
3026	3026	283620	196871	279960	195116
		63517	51050	63517	51050
26495	26217	136812	92612	118595	76097
1997		28378	22295	25020	19333
		19420	19817	19420	19817
		5601	5917	5601	5917
		2311	2399	2311	2399
		1991	2540	1991	2540

2-16 续表 12

纺织、服装及日用品专门零售

地 区	商品购进总额		统一配送商品购进额		自有配送中心配送商品购进额	
	2012年	2011年	2012年	2011年	2012年	2011年
全 国	**3031939**	**3014331**	**2053230**	**1958193**	**1035326**	**1010394**
北 京	468169	492350	247461	261349	79710	66576
天 津	16930	24181	16930	24181	5619	4761
河 北	49692	44491	49692	44491	49692	44491
山 西	8340	8044	8340	8044	1313	1311
内蒙古						
辽 宁	76786	93408	42908	34983	2012	1951
吉 林	6176	4403				
黑龙江	5333	1752	5333	1752	5333	1752
上 海	841151	776766	240350	212669	145525	128383
江 苏	33432	3180	32670	2542	31787	1921
浙 江	225117	234541	220737	111485	105003	97533
安 徽	1180	1002	1180	1002		
福 建	41777	39928	27121	27472	24393	23979
江 西	8543	14638	8543	10021	8543	10021
山 东	34480	24227	34480	24227	3236	3885
河 南	31369	23853	13166	8997	1597	
湖 北	156883	147772	137475	147772	65216	76988
湖 南	11086	13019	11086	13019	11086	13019
广 东	819967	874986	798522	855723	367422	425307
广 西						
海 南						
重 庆	67619	71826	33211	50631	32108	38078
四 川	62248	51421	62248	51421	62248	51421
贵 州						
云 南	9919	19534	9919	19534	9919	
西 藏						
陕 西	23525	18968	23525	18968	23525	18968
甘 肃						
青 海	32178	29993	28293	27861		
宁 夏						
新 疆	40	50	40	50	40	50

单位：万元

非自有配送中心配送商品购进额		商品销售总额		零售额	
2012年	2011年	2012年	2011年	2012年	2011年
454323	**478783**	**3694827**	**3670227**	**3154173**	**3111687**
9777	35281	660803	669696	437305	424211
2675	2367	24867	27985	24837	27665
		79148	70728	15183	13981
		8436	8147	8436	8147
		86338	99531	84512	98461
		6968	6352	6968	6352
		7567	2533	7567	2533
3923	2535	1118895	1113409	1051556	1052258
503	302	27375	6041	26624	5395
		143792	136151	133022	118739
		1048	1018	1048	1018
	2561	52710	50522	50614	48950
		17782	18365	17656	18061
		33063	24390	32669	24206
		34776	33488	34756	33488
7178	5800	191219	181360	156465	153160
		21651	22283	21651	22283
428868	428064	915548	949341	799520	818512
		101960	93928	97070	91841
		68263	69550	54097	69550
		19843	18848	19843	18848
		31988	29047	31988	16514
1400	1874	40723	37455	40723	37455
		63	60	63	60

2-16 续表 13

文化、体育用品及器材专门零售

地 区	商品购进总额		统一配送商品购进额		自有配送中心配送商品购进额	
	2012年	2011年	2012年	2011年	2012年	2011年
全 国	**2424590**	**2599274**	**2402847**	**2582338**	**1700513**	**1954232**
北 京	78238	57723	77726	57141	768	860
天 津						
河 北	4233	3421	4233	3421	4233	3421
山 西						
内蒙古						
辽 宁	35641	26521	16881	15517	16881	15517
吉 林						
黑龙江	113573	55346	113573	55346	11118	10521
上 海	321130	347896	319198	345688	197683	207396
江 苏	8016	7655	8016	7655	8011	7655
浙 江	111513	120610	111513	120610		
安 徽	41080	41897	41080	41897		
福 建	40177	39023	40177	39023	36499	37533
江 西	436387	458302	436387	458302	434487	456545
山 东	69227	59392	69227	59392	14366	12303
河 南	10573	8470	10573	8470	4993	3339
湖 北	87151	87374	87151	87374	49816	58892
湖 南	27039	34998	27039	34998	22114	28184
广 东	99720	132716	99720	132716	51710	81037
广 西	19490	18874	19490	18874	19490	18874
海 南						
重 庆	329521	370679	329521	370679	329521	370679
四 川	371644	528166	371644	528166	365022	518737
贵 州						
云 南	64799	61755	64260	58613	5552	7618
西 藏						
陕 西						
甘 肃						
青 海						
宁 夏	9798	9819	9798	9819	9798	9819
新 疆	145641	128638	145641	128638	118452	105302

单位：万元

非自有配送中心配送商品购进额		商品销售总额		零售额	
2012年	2011年	2012年	2011年	2012年	2011年
102916	**96532**	**2668755**	**2652508**	**2137508**	**2092217**
3602	4141	93261	84347	90492	80730
		4046	3730	4046	3730
		36725	37062	27827	31962
		140507	142522	140507	142522
		338908	348700	328827	339073
5		10408	9837	10408	9350
		123293	108035	80526	79929
41080	41897	50798	41139	50798	41139
		49087	41592	44057	38536
		451347	464117	282722	280561
		72206	63541	42068	26801
		9721	8238	9305	7905
		106743	94069	104930	86001
		43954	49659	43954	49659
		98915	120799	82053	108927
		17113	15841	17113	15841
		358626	370372	189895	184511
		449373	451900	383876	378940
35220	30547	64790	62476	55239	52604
		9365	9278	9365	9278
23010	19947	139569	125255	139502	124220

2-16 续表 14

医药及医疗器材专门零售

地区	商品购进总额		统一配送商品购进额		自有配送中心配送商品购进额	
	2012年	2011年	2012年	2011年	2012年	2011年
全国	**5596135**	**4638657**	**5010352**	**4174916**	**3100033**	**2595588**
北京	227333	201797	217295	194437	61211	55146
天津	64450	67093	45268	37735	23139	13150
河北	120012	106670	108944	99559	98725	89938
山西	103536	82510	99837	79364	72642	63978
内蒙古	29013	35089	22700	16168	20077	12360
辽宁	503783	396305	486752	378815	125722	105931
吉林	34372	18133	30248	14696	16222	3299
黑龙江	185422	179304	180847	175975	142485	145993
上海	302633	246257	245913	197745	121443	95798
江苏	323328	294226	313024	281381	246587	223700
浙江	479276	410087	403751	367454	293968	277042
安徽	94151	74549	94151	74549	51875	46212
福建	104051	69574	72187	52366	33149	21588
江西	67346	58045	57729	51456	31338	40635
山东	206804	147581	176294	124741	131589	95275
河南	210272	187761	181409	162836	37458	37294
湖北	193724	169533	187904	167016	168444	127000
湖南	223761	219892	218552	215523	115214	97614
广东	646845	503209	506213	410810	302697	257491
广西	128179	116788	128179	116788	88798	80585
海南	34847	31888	34847	31888	5250	4682
重庆	239762	186761	197134	147223	130262	96880
四川	167323	131376	128187	96170	92427	74088
贵州	90754	85333	90754	85333	45076	50172
云南	491110	352702	491110	350323	381492	271407
西藏						
陕西	49761	40793	20503	22531	9573	9051
甘肃	75770	59357	75770	59357	71383	49649
青海	18680	17796	18680	17796	6988	6912
宁夏	53538	33221	53538	33221	53538	33221
新疆	126300	115028	122633	111661	121262	109499

单位：万元

非自有配送中心配送商品购进额		商品销售总额		零售额	
2012年	2011年	2012年	2011年	2012年	2011年
670553	**511405**	**6383857**	**5310389**	**6092589**	**5048571**
145556	126604	272934	256137	228145	222744
6842	4739	67179	54267	64578	53725
4641	4852	148266	127060	140361	122221
		122750	105056	122480	105056
1195	2662	31324	31569	31324	20180
		566985	453518	565772	452371
		39188	19771	33808	15122
14647	12838	217503	197386	215077	195327
74045	61489	311527	299229	311255	299072
65882	57488	391107	349916	383114	342814
47549	21008	528702	475968	516571	463585
		108597	89267	98790	80510
11534	8482	133850	90512	131260	90445
22483	7027	87191	71029	87191	71029
2886	3729	250288	165240	226459	150367
7009	6043	240501	193033	224211	186914
7257	5906	243458	216806	226604	196816
13366	23521	288652	270407	288652	270407
65151	21143	689288	507238	659970	479863
28420	26461	158658	144053	158658	144053
		34561	29838	32529	27218
54719	41605	306863	248737	275683	227737
3657	3139	210875	184686	190771	163556
475	447	112960	89487	110257	87969
83446	60280	445153	351425	405992	302403
6679	10486	57992	45960	57992	45960
2470	23	100467	71211	100467	62649
		20011	19418	20011	19418
		63128	41092	50766	37966
645	1434	133900	111075	133843	111075

2-16 续表 15

汽车、摩托车、燃料及零配件专门零售

地　区	商品购进总额		统一配送商品购进额		自有配送中心配送商品购进额	
	2012年	2011年	2012年	2011年	2012年	2011年
全　国	**51791593**	**47695104**	**37314420**	**34223134**	**16028582**	**15000437**
北　京	5753628	5571198				
天　津	5486748	5279194	5220421	5018741	3385025	3372378
河　北	3604479	3417805	3604479	3417805	2138685	2001796
山　西	1196927	727678	760341	327474		
内蒙古						
辽　宁	4554525	4618944	2868293	2929017	1062605	1255673
吉　林	941561	901858	941561	901858	941561	901858
黑龙江	987081	997124	987081	997124	987081	997124
上　海						
江　苏	1303685	1095206	1303685	1095206	4247	6029
浙　江	33107	29753	4872	3749	786	1097
安　徽						
福　建	3919765	3481750	1999620	1891014	177701	181206
江　西	699964	538908	591668	460557	218090	132451
山　东	1325855	1215493	238844	234526	8190	6278
河　南	1558418	1455839	1391673	1308739	816962	716468
湖　北	2725847	2137519	2338354	1791270	1767157	1302164
湖　南	5792792	4705139	3609980	3217959	1574106	1357832
广　东	7619911	7682302	7189988	6822155	2451605	2308402
广　西	99264	102770	99264	102770	3306	2348
海　南	1647970	1331022	1647970	1331022		
重　庆	7823	7240	2436	1605	2436	1605
四　川						
贵　州						
云　南	753924	782564	753924	782564		
西　藏						
陕　西	4046	7260	4046	7260		
甘　肃	1033878	910984	1033878	910984		
青　海						
宁　夏						
新　疆	740393	697554	722041	669738	489038	455731

单位：万元

非自有配送中心配送商品购进额		商品销售总额		零售额	
2012年	2011年	2012年	2011年	2012年	2011年
9586844	**8571600**	**62312348**	**58521732**	**44954077**	**40164791**
		5989189	5893927	2754861	2712993
1835396	1646364	5476046	5104043	3329684	2556644
		3642865	3492204	1562300	1509226
		1624725	1566970	1343072	1121015
1313515	1065171	5184532	4941761	2666812	2466843
		1009029	949326	876858	831741
		809144	1081199	650060	725510
1299438	1089177	1301917	1141664	1301752	1141501
		31422	31264	21482	21939
		7214200	6317736	5776696	5062540
373577	328106	2464131	2201485	1997652	1685308
140789	125223	1772027	1548031	1121498	1080036
		1693362	1547557	1554700	1369578
141105	103859	3303423	3041106	2648243	2104720
		5638949	5066564	4884155	4324898
4193488	3957567	10419485	10472973	8477735	8018679
		86536	85678	48720	48115
289537	256134	1751663	1489258	1549700	1190599
		7843	7874	7843	7874
		796238	837599	675181	743873
		3607	3456	3607	3456
		1233082	911120	885792	727153
		858934	788937	815672	710550

2-16 续表 16

家用电器及电子产品专门零售

地　　区	商品购进总额		统一配送商品购进额		自有配送中心配送商品购进额	
	2012年	2011年	2012年	2011年	2012年	2011年
全　　国	**31351235**	**35190041**	**22764073**	**24481820**	**14787388**	**16143315**
北　　京	1921867	2654945	1301963	1875996	859034	993077
天　　津	674535	700088	305987	261080	305987	261080
河　　北	244651	259209	213184	228002	158603	167159
山　　西	160407	171346	143533	154689	128096	139648
内 蒙 古	82584	124426	63003	119224	41131	41570
辽　　宁	821708	733674	820842	729333	259376	274964
吉　　林	179594	215076	179594	215076	140389	49224
黑 龙 江	379254	408360	329929	359851	160624	143541
上　　海	1683110	1823828	1683110	1823828		
江　　苏	14842495	18042962	8184062	9622440	7857865	9316812
浙　　江	155627	167492	155627	167492	123907	127887
安　　徽	395388	362171	197401	176824	77254	63179
福　　建	1140753	1210954	929890	991470	394357	349719
江　　西	265880	220056	263257	217781	255297	196428
山　　东	648108	548606	599450	454867	83945	69351
河　　南	853985	759377	823383	731355	666060	583156
湖　　北	1010344	995526	803060	762966	371763	331037
湖　　南	275442	225342	275442	225342	235240	222932
广　　东	3241879	3110670	3164670	3012984	1559145	1642239
广　　西	167270	211915	167270	211915	122175	149941
海　　南						
重　　庆	552912	638096	552912	638096	300692	323147
四　　川	966229	883226	930556	860122	72276	73962
贵　　州						
云　　南	253386	367586	242121	285977	180989	274238
西　　藏						
陕　　西	1027	6418	1027	6418	1027	6418
甘　　肃	3475	1415	3475	1415	3475	1415
青　　海						
宁　　夏	136614	122753	136614	122753	136614	122753
新　　疆	292713	224526	292713	224526	292070	218440

单位：万元

非自有配送中心配送商品购进额		商品销售总额		零售额	
2012年	2011年	2012年	2011年	2012年	2011年
2068732	**2518177**	**34077073**	**39598077**	**27643661**	**30537528**
337438	793801	2398595	2738159	2282745	2657642
		684124	687289	684124	687289
		252225	268454	230620	255344
		312189	292801	309068	292801
		102394	151226	102394	150767
		803720	688014	800642	688014
		170586	206405	168686	206405
169304	216310	406909	414477	382521	414477
		1646662	2185061	1646662	2185061
273930	244374	16574029	21123898	11360970	13069235
		133998	147924	116443	131689
		424951	395990	418569	383642
240209	234896	1202006	1263046	1176606	1234992
7959	21353	279699	237816	242918	202492
160000	113265	614797	616565	604422	610124
		770223	777840	751623	763684
384818	393314	1079009	1120724	939301	996462
		258496	265442	257383	258061
445126	494778	3277947	3323375	2576686	2781593
		189018	192576	189018	190591
		641086	686392	629635	683677
3848		1058115	1025492	1024112	994289
45456		372665	378788	343536	309202
		11159	7966	11159	7966
		17120	1540	17120	1540
		136159	127714	136159	127714
643	6086	259194	273103	240541	252773

2-16 续表 17

五金、家具及室内装饰材料专门零售

地区	商品购进总额		统一配送商品购进额		自有配送中心配送商品购进额	
	2012年	2011年	2012年	2011年	2012年	2011年
全国	**388097**	**399742**	**276504**	**294596**	**120321**	**143808**
北京	107310	100072				
天津	23983	21511	23983	21511		
河北						
山西						
内蒙古						
辽宁						
吉林						
黑龙江						
上海	127022	143246	127022	143246	54463	72903
江苏	10329	10218	10329	10218		
浙江	4662	5629	4662	5629	4662	5629
安徽						
福建						
江西						
山东	4282	5074				
河南						
湖北						
湖南						
广东	33673	30485	33673	30485	8115	3329
广西						
海南						
重庆						
四川	23755	21562	23755	21562		
贵州						
云南						
西藏						
陕西						
甘肃						
青海						
宁夏						
新疆	53081	61946	53081	61946	53081	61946

单位：万元

非自有配送中心配送商品购进额		商品销售总额		零售额	
2012年	2011年	2012年	2011年	2012年	2011年
32573	**33397**	**639793**	**646096**	**590123**	**586758**
		180272	147098	180272	147098
		26040	25857	26040	25857
		159861	207133	119115	151343
10329	10218	12804	12978	12541	12737
		8192	10931	8192	10931
		5018	5427	5018	5427
22244	23179	51894	40191	43232	36884
		25405	23734	25405	23734
		170308	172748	170308	172748

2-16 续表 18

货摊、无店铺及其他零售业

地区	商品购进总额		统一配送商品购进额		自有配送中心配送商品购进额	
	2012年	2011年	2012年	2011年	2012年	2011年
全国	**124614**	**95015**	**124614**	**95015**	**30995**	**29160**
北京						
天津						
河北						
山西						
内蒙古						
辽宁						
吉林	5217	4055	5217	4055		
黑龙江						
上海	24761	25309	24761	25309	24761	25309
江苏	6234	3851	6234	3851	6234	3851
浙江						
安徽						
福建						
江西						
山东						
河南						
湖北						
湖南						
广东	88402	61799	88402	61799		
广西						
海南						
重庆						
四川						
贵州						
云南						
西藏						
陕西						
甘肃						
青海						
宁夏						
新疆						

单位：万元

非自有配送中心配送商品购进额		商品销售总额		零售额	
2012年	2011年	2012年	2011年	2012年	2011年
5498	**6406**	**127602**	**106469**	**46712**	**44116**
		5800	2447	5800	2447
		24761	25309	24761	25309
		7532	7441	7532	7441
5498	6406	89509	71272	8620	8919

2-17 按行业分各地区连锁

批发业

地区	商品购进总额		统一配送商品购进额		自有配送中心配送商品购进额	
	2012年	2011年	2012年	2011年	2012年	2011年
全国	**107416898**	**99621042**	**95654955**	**86827832**	**59350427**	**54617726**
北京	2341106	1876540	2341106	1876540	41200	51776
天津	32661	53065	2030	1889		
河北	3502836	3446900	2746720	2716382	1649841	1709720
山西	244847	213532				
内蒙古						
辽宁	1624061	1741283	615606	697630	308315	342109
吉林	52948	35482	45567	28298	45567	28298
黑龙江	132136	123239	132136	123239	132136	123239
上海	6214279	6110666	5991641	5597250	4333464	4193540
江苏	16844511	14718368	16830180	14703816	16798029	14666838
浙江	15005951	14116804	14030197	13170385	13709770	12893448
安徽	7598997	7275817	7598997	7275817	3748710	3517469
福建	138664	143609	110207	123394	97870	114396
江西	2772255	2146988	2764805	2140856	1647120	1089900
山东	10370214	10305019	9757621	9698081	7968076	8127621
河南	2935655	2847418	1695892	1646643	982328	967101
湖北	1716377	886059	1711777	881709	783430	503955
湖南	356116	266294	313797	245038	304206	236341
广东	20964116	20708980	18442557	17056028	534696	417482
广西	2935353	2394931	2700553	2225271	1016527	885812
海南						
重庆	3153562	3062278	798440	722431	789182	716870
四川	598032	587299	568806	557804	4419	3601
贵州						
云南	253785	231001	248625	226508	8578	7740
西藏						
陕西	1385680	1133430	1099816	899169	993883	818847
甘肃	601871	387650	247860	211124	247860	211124
青海	30353	14751	9106	4425		
宁夏	724338	816712	724338	816712	696656	790260
新疆	4886194	3976931	4126573	3181396	2508564	2200242

零售企业直营门店经营情况

单位：万元

非自有配送中心配送商品购进额		商品销售总额		零售额	
2012年	2011年	2012年	2011年	2012年	2011年
13353749	**11769298**	**122105529**	**113030467**	**63556097**	**55153598**
		2430422	2312738	984601	924249
		40454	36196	1343	1266
641	622	3971101	3803606	2001821	1712656
		333128	287404		
		1976668	1915900	712910	639542
		80091	69049	80091	69049
		125526	124158	44706	37609
73769	10660	6650499	6480296	2243264	2031040
28410	32053	17634507	16614751	7634853	6800252
200969	175467	15897254	14761676	10451865	9511942
	40871	8267191	7588882	6147018	4690394
6722		158206	168703	19536	18129
		5351140	4623398	2246480	1814995
8283	7191	11812760	11999590	9635382	7619862
		3136371	2930514	1657800	1454238
1810	1	1770399	696345	518068	408739
		384157	308305	8826	11168
11573035	10534597	20181933	19842223	12141808	11483330
		7351601	6225672	2967190	2552659
6983	3825	3632599	3211189	1453166	1313414
	21	705094	620180	315999	394258
		1833252	1583744	529524	189106
		1823739	1563694	2733	1581
		649304	377229	522150	307852
9106	4425	30497	21968	30497	21968
11862	14010	702689	626024	196975	149920
1432160	945555	5174948	4237036	1007490	994381

2-17 续表 1

农、林、牧产品批发

地区	商品购进总额		统一配送商品购进额		自有配送中心配送商品购进额	
	2012年	2011年	2012年	2011年	2012年	2011年
全国	**1322896**	**1390164**	**1314934**	**1382202**	**1314934**	**1341331**
北京						
天津						
河北						
山西						
内蒙古						
辽宁						
吉林						
黑龙江						
上海						
江苏						
浙江						
安徽	1288890	1362375	1288890	1362375	1288890	1321504
福建						
江西						
山东						
河南						
湖北	25866	19650	25866	19650	25866	19650
湖南						
广东	7962	7962				
广西						
海南						
重庆						
四川	178	177	178	177	178	177
贵州						
云南						
西藏						
陕西						
甘肃						
青海						
宁夏						
新疆						

单位：万元

非自有配送中心配送商品购进额		商品销售总额		零售额	
2012年	2011年	2012年	2011年	2012年	2011年
	40871	**1544008**	**1337394**	**25887**	**20261**
	40871	1509652	1310341		
		25667	20013	25667	20013
		8503	6850	221	248
		186	191		

2-17 续表 2

食品、饮料及烟草制品批发

地区	商品购进总额		统一配送商品购进额		自有配送中心配送商品购进额	
	2012年	2011年	2012年	2011年	2012年	2011年
全国	**5589636**	**4695247**	**4819369**	**4018842**	**3120550**	**2682361**
北京	1350	3076	1350	3076		
天津	2030	1889	2030	1889		
河北	641	622	641	622		
山西	244847	213532				
内蒙古						
辽宁						
吉林						
黑龙江						
上海	143955	166014	76763	88430	2994	77770
江苏	316168	204737	316168	204737	316168	204737
浙江	154065	143334	154065	143245	128969	113871
安徽						
福建	125132	133250	98285	114728	92671	105731
江西	1804253	1598383	1796803	1592252	1198127	1038841
山东	710308	528857	685273	500595	1068	152
河南	8310	9696	8310	9696	6316	7746
湖北	157018	115306	152418	110956	343	1480
湖南	1020	941				
广东	32262	34025	31612	33244	24550	27321
广西						
海南						
重庆	62370	61320	22441	23136	15458	19311
四川	13168	11275	8464	10674		
贵州						
云南						
西藏						
陕西	1379801	1131799	1099816	898141	993883	818847
甘肃						
青海	30353	14751	9106	4425		
宁夏	61476	49593	61476	49593	45655	37152
新疆	341110	272848	294349	229403	294349	229403

单位：万元

非自有配送中心配送商品购进额		商品销售总额		零售额	
2012年	2011年	2012年	2011年	2012年	2011年
117405	**48906**	**7315046**	**6188093**	**408130**	**251329**
		2769	2976	1299	1002
		2774	2674	1343	1266
641	622	621	578	202	140
		333128	287404		
73769	10660	179819	182926	38004	42533
		446548	245969	167678	7893
25096	29374	197301	196727	28511	33303
		143322	153690	15953	14628
		2619417	2276252	9639	10390
		828811	663692	12685	9455
		7910	9602	586	3754
1809		154729	139153	59142	40003
		1008	872		
		41694	42428	15340	13453
6983	3825	60831	57711	15716	36423
		8464	10674	8464	10674
		1818850	1562114		
9106	4425	30497	21968	30497	21968
		88655	76270	968	1352
		347898	254415	2107	3093

2-17 续表 3

纺织、服装及家庭用品批发

地区	商品购进总额		统一配送商品购进额		自有配送中心配送商品购进额	
	2012年	2011年	2012年	2011年	2012年	2011年
全国	**1450796**	**1405304**	**948005**	**914246**	**878379**	**852467**
北京						
天津						
河北						
山西						
内蒙古						
辽宁						
吉林						
黑龙江						
上海	81119	83853	81119	83853	81119	83853
江苏	33468	34794	24547	30179	24446	28207
浙江	128404	91757	128404	91757	98556	73383
安徽						
福建						
江西						
山东	1047358	1037652	565855	561009	530171	524820
河南						
湖北						
湖南	47619	36693	47619	36693	47584	36656
广东	112828	120554	100462	110754	96502	105548
广西						
海南						
重庆						
四川						
贵州						
云南						
西藏						
陕西						
甘肃						
青海						
宁夏						
新疆						

单位：万元

非自有配送中心配送商品购进额		商品销售总额		零售额	
2012年	2011年	2012年	2011年	2012年	2011年
4060	**7179**	**2659787**	**2358245**	**1302132**	**1156099**
		109545	107817	28321	29824
100	1972	40442	35334	32701	35334
		178892	109714	109499	53117
		2114961	1911976	1093258	1000453
		79566	63310	7589	10141
3960	5207	136380	130095	30765	27230

2-17 续表 4

文化、体育用品及器材批发

地　区	商品购进总额		统一配送商品购进额		自有配送中心配送商品购进额	
	2012年	2011年	2012年	2011年	2012年	2011年
全　国	**2782091**	**2372513**	**2773755**	**2363695**	**2690983**	**2282874**
北　京						
天　津						
河　北						
山　西						
内蒙古						
辽　宁						
吉　林	7380	7184				
黑龙江						
上　海						
江　苏	1030526	1128349	1030526	1128349	1030526	1128349
浙　江	1007282	910002	1007282	910002	1007282	910002
安　徽						
福　建						
江　西						
山　东						
河　南						
湖　北	388068	30416	388068	30416	388068	30416
湖　南	256622	199685	256622	199685	256622	199685
广　东	92213	96878	91257	95244	8485	14423
广　西						
海　南						
重　庆						
四　川						
贵　州						
云　南						
西　藏						
陕　西						
甘　肃						
青　海						
宁　夏						
新　疆						

单位：万元

非自有配送中心配送商品购进额		商品销售总额		零售额	
2012年	2011年	2012年	2011年	2012年	2011年
82772	**80821**	**2722534**	**2202667**	**1065905**	**942051**
		15823	26042	15823	26042
		1101384	1005135	524089	486764
		917036	832556	468098	408014
		332737	15493	51771	15493
		256122	214635		
82772	80821	99432	108807	6124	5739

2-17 续表 5

医药及医疗器材批发

地区	商品购进总额		统一配送商品购进额		自有配送中心配送商品购进额	
	2012年	2011年	2012年	2011年	2012年	2011年
全　国	**552549**	**465355**	**394847**	**320547**	**349173**	**287652**
北　京						
天　津						
河　北	16218	12512				
山　西						
内蒙古						
辽　宁						
吉　林	45567	28298	45567	28298	45567	28298
黑龙江						
上　海						
江　苏	137931	122603	137931	122603	137931	122603
浙　江	109886	88218	109886	88218	109886	88218
安　徽						
福　建	2906	2788	2906	2788	2906	2788
江　西						
山　东	103666	98740	11518	9941	828	667
河　南						
湖　北	1723	1831	1723	1831	1723	1829
湖　南	14757					
广　东	7486	4157	7486	4157		
广　西						
海　南						
重　庆	17625	26511	10139	8674	10139	8674
四　川	21180	33836	5127	13272	4180	3143
贵　州						
云　南	40290	20539	35129	16046	8578	7740
西　藏						
陕　西	5879	1631		1028		
甘　肃						
青　海						
宁　夏						
新　疆	27435	23692	27435	23692	27435	23692

单位：万元

非自有配送中心配送商品购进额		商品销售总额		零售额	
2012年	2011年	2012年	2011年	2012年	2011年
8284	**7192**	**612466**	**492805**	**267171**	**247645**
		16749	12512		
		64268	43007	64268	43007
		154907	128629	64154	64051
		112916	97146	85516	95669
		3740	3618	1733	1428
8283	7191	114643	96422	27698	23376
1	1	2629	2669	961	932
		14356			
		8242	5543	750	460
		19238	29114	6603	5789
		27698	30109	5249	4920
		38861	16710	5587	4809
		4889	1581	2733	1581
		29331	25746	1919	1623

2-17 续表 6

矿产品、建材及化工产品批发

地区	商品购进总额		统一配送商品购进额		自有配送中心配送商品购进额	
	2012年	2011年	2012年	2011年	2012年	2011年
全国	**92411488**	**86374222**	**82178524**	**75002343**	**48408441**	**44911250**
北京	2301216	1837220	2301216	1837220	2660	15532
天津						
河北	3485976	3433766	2746079	2715760	1649841	1709720
山西						
内蒙古						
辽宁	1620641	1738060	612185	694407	308315	342109
吉林						
黑龙江	132136	123239	132136	123239	132136	123239
上海	5989205	5860799	5833759	5424967	4249351	4031917
江苏	15297654	13195518	15292244	13186556	15285547	13182943
浙江	13427833	12733661	12452079	11787332	12362468	11704235
安徽	4051737	3857223	4051737	3857223	201450	139747
福建	3903	4128	2293	2434	2293	2434
江西	968002	548605	968002	548605	448993	51059
山东	8447909	8588166	8436024	8577248	7428282	7596214
河南	2901056	2809013	1661293	1608238	976012	959356
湖北	1143703	718857	1143703	718857	367431	450580
湖南						
广东	20243740	20108203	17744116	16475427	136195	125168
广西	2867343	2347430	2632344	2177791	1016327	885812
海南						
重庆	3054746	2961919	765860	690621	763586	688884
四川	559601	537040	555037	533681	62	280
贵州						
云南	177089	181153	177089	181153		
西藏						
陕西						
甘肃	601871	387650	247860	211124	247860	211124
青海						
宁夏	654514	757761	654514	757761	642652	743750
新疆	4481614	3644793	3768755	2892702	2186780	1947147

单位：万元

非自有配送中心配送商品购进额		商品销售总额		零售额	
2012年	2011年	2012年	2011年	2012年	2011年
12929478	**11392344**	**103871736**	**97400397**	**58171576**	**50276679**
		2385649	2273609	968142	906953
		3953731	3790516	2001619	1712516
		1973278	1912636	712910	639542
		125526	124158	44706	37609
		6361135	6189553	2176940	1958683
2957	1613	15862007	15166193	6819994	6175945
		14297089	13363649	9660577	8837343
		4449026	4096020	4308449	2875269
		4499	5108	1195	1220
		2731723	2347146	2236842	1804605
		8694176	9276091	8449087	6541642
		3101563	2891543	1652958	1446159
		1254638	519016	380528	332298
11482500	10431145	19436566	19229742	11856856	11218180
		7282526	6180623	2948679	2535286
		3533218	3110936	1426560	1267802
	21	664385	573890	302287	377949
		1745022	1515193	501625	161596
		649304	377229	522150	307852
11862	14010	604993	540556	196008	148567
1432160	945555	4761684	3916989	1003464	989666

2-17 续表 7

机械设备、五金产品及电子产品批发

地　区	商品购进总额		统一配送商品购进额		自有配送中心配送商品购进额	
	2012年	2011年	2012年	2011年	2012年	2011年
全　国	**674409**	**542239**	**639873**	**485117**	**284005**	**185496**
北　京	38540	36244	38540	36244	38540	36244
天　津	30631	51175				
河　北						
山　西						
内蒙古						
辽　宁						
吉　林						
黑龙江						
上　海						
江　苏	28764	32368	28764	31393	3411	
浙　江	178481	149832	178481	149832	2608	3739
安　徽						
福　建	6722	3443	6722	3443		3443
江　西						
山　东	58952	49289	58952	49289	7727	5768
河　南	26289	28709	26289	28709		
湖　北						
湖　南						
广　东	231719	136303	231719	136303	231719	136303
广　西	68010	47480	68010	47480		
海　南						
重　庆						
四　川	3905	4971				
贵　州						
云　南	2397	2425	2397	2425		
西　藏						
陕　西						
甘　肃						
青　海						
宁　夏						
新　疆						

单位：万元

非自有配送中心配送商品购进额		商品销售总额		零售额	
2012年	2011年	2012年	2011年	2012年	2011年
207948	**174561**	**695752**	**521243**	**238755**	**219676**
		42004	36152	15159	16295
		37680	33522		
25353	28468	29219	33493	26237	30266
175873	146093	194019	161884	99664	84495
6722		6644	6287	655	853
		57569	48409	50339	42141
		26898	29369	4256	4326
		224201	118656	22668	22338
		69075	45049	18511	17373
		4361	5316		716
		4082	3106	1265	873

2-17 续表 8

其他批发业

地　区	商品购进总额		统一配送商品购进额		自有配送中心配送商品购进额	
	2012年	2011年	2012年	2011年	2012年	2011年
全　国	**2633033**	**2375998**	**2585649**	**2340840**	**2303964**	**2074295**
北　京						
天　津						
河　北						
山　西						
内蒙古						
辽　宁	3421	3223	3421	3223		
吉　林						
黑龙江						
上　海						
江　苏						
浙　江						
安　徽	2258370	2056219	2258370	2056219	2258370	2056219
福　建						
江　西						
山　东	2021	2316				
河　南						
湖　北						
湖　南	36098	28974	9556	8659		
广　东	235907	200898	235907	200898	37245	8718
广　西						
海　南						
重　庆	18821	12527				
四　川						
贵　州						
云　南	34011	26884	34011	26884		
西　藏						
陕　西						
甘　肃						
青　海						
宁　夏	8349	9358	8349	9358	8349	9358
新　疆	36035	35598	36035	35598		

单位：万元

非自有配送中心配送商品购进额		商品销售总额		零售额	
2012年	2011年	2012年	2011年	2012年	2011年
3804	**17425**	**2684199**	**2529622**	**2076541**	**2039859**
		3391	3264		
		2308512	2182520	1838569	1815124
		2600	3000	2315	2795
		33105	29488	1237	1027
3804	17425	226914	200102	209085	195683
		19312	13428	4288	3400
		45287	48736	21046	21830
		9042	9198		
		36035	39886		

2-17 续表 9

零售业

地区	商品购进总额		统一配送商品购进额		自有配送中心配送商品购进额	
	2012年	2011年	2012年	2011年	2012年	2011年
全国	**186683321**	**181056208**	**131329359**	**126465754**	**73507052**	**70010353**
北京	18122923	18398501	7383936	7604057	2995227	2841705
天津	7174290	6936658	5697985	5579027	3719329	3773713
河北	6760988	6363244	4642418	4508541	2871622	2738197
山西	2248630	1590887	1279898	778646	252873	245368
内蒙古	269224	240558	232085	206053	140898	118539
辽宁	7046078	6758762	4866831	4595030	1513559	1694946
吉林	1427849	1343020	1324823	1283488	1188672	1044834
黑龙江	2203098	2131575	2058317	1991594	1602894	1542000
上海	19772363	19178233	13924323	13208663	2961985	2843031
江苏	25249242	27551698	18322840	18824965	15614802	16408818
浙江	5227195	4812952	4069754	3727616	2906847	2799264
安徽	5575012	4750228	2737867	2207684	1233403	771441
福建	8393149	7585270	5435492	4763850	2060281	1589875
江西	2379804	2161476	1978546	1647668	1387923	1186711
山东	11008170	9775111	5393899	4574532	2902841	2490609
河南	4165851	3508410	2890391	2508274	1907468	1676471
湖北	11867644	9684969	8619912	6997844	7106212	5605035
湖南	8515553	10046632	5922504	8132920	3183635	2776302
广东	20747661	21348327	18512180	18602404	10540460	11243719
广西	810633	906540	792541	889916	436317	531752
海南	1695362	1369067	1695362	1369067	5250	4682
重庆	5557548	5081945	4417330	4197885	2590662	2245693
四川	3655479	3452102	2994256	2928292	1210786	1389642
贵州	130301	101743	128318	101743	53010	50172
云南	2364472	2318178	2345919	2216639	1074399	830894
西藏	21653	21741	21653	21741		
陕西	662964	693549	180012	198769	97131	128898
甘肃	1135942	975399	1117339	967693	87260	56200
青海	168424	147906	56749	53299	6516	6652
宁夏	758060	396385	757437	395889	749873	386642
新疆	1567735	1425143	1528441	1381965	1104917	988549

单位：万元

非自有配送中心配送商品购进额		商品销售总额		零售额	
2012年	2011年	2012年	2011年	2012年	2011年
20242113	**19850043**	**216086372**	**207755080**	**171128037**	**161452573**
1177824	2480167	21382597	20636972	16319742	15936322
1850736	1659510	7269046	6830069	5018474	4234114
151597	183845	7001904	6673440	4483606	4278956
18905	22923	3325972	2885586	3040443	2431761
3364	4513	288256	318060	288256	299703
1356552	1100846	7735079	7241218	5119265	4705641
4036	3724	1482279	1397699	1326412	1254123
191503	231048	2150374	2340178	1915593	1945831
2658691	2645492	23935339	23121855	14550346	15027638
2197974	1893426	28667454	32131153	21228019	21915177
263539	217578	5682980	5228758	5163743	4761938
68014	65542	6035250	5489934	4171530	3787260
478061	391906	11565525	10467074	10066404	9149204
498974	395398	4446418	4012719	3737287	3179115
1170381	1079019	12423814	11515291	10006718	9519833
53788	57654	4525128	4034965	4275002	3791693
631565	561668	13728887	11585811	12162839	9878232
55071	59395	8595308	8293387	7722147	6935556
5610401	5380508	25614700	25360950	21912764	21808393
28420	26461	1012834	934212	972176	892866
302082	262291	1797414	1526173	1593421	1224894
728590	600179	5895421	5229755	5617799	4968786
314525	217027	4098101	3851987	3646847	3411691
4442	447	157608	109604	153408	106491
204387	97298	2586700	2495269	2369304	2261460
		19786	18505	19786	18505
19765	25014	791848	778127	789683	768278
2470	23	1364309	994168	1033769	815223
10846	9159	216311	188483	212706	185374
	2692	481978	374758	469616	371631
185614	175293	1807749	1688920	1740934	1586885

2-17 续表 10

综合零售

地区	商品购进总额		统一配送商品购进额		自有配送中心配送商品购进额	
	2012年	2011年	2012年	2011年	2012年	2011年
全国	**91776770**	**87364885**	**61259314**	**58708548**	**36337874**	**32848362**
北京	9455051	9207481	5436674	5110102	1881009	1623234
天津	833322	788700	54808	187568	2736	126283
河北	2735794	2528535	659759	712149	420001	429517
山西	770057	590209	258484	197999	38463	33025
内蒙古	158291	81814	147047	71432	80353	65380
辽宁	1019507	873497	597026	503380	47014	40955
吉林	200887	136884	112448	89620	38781	35994
黑龙江	532434	489691	441554	401547	296253	243070
上海	16540216	15873796	11376254	10550240	2467806	2361345
江苏	8474987	7836230	8237743	7563309	7412298	6775219
浙江	4136127	3775103	3097604	2892168	2318326	2249600
安徽	5032108	4257776	2392949	1900579	1093170	649217
福建	3182053	2760127	2415054	1789830	1340121	916594
江西	824285	827493	543563	405519	383240	313767
山东	8464197	7626155	4020237	3528077	2490362	2154956
河南	1760943	1299317	729260	519841	386176	340818
湖北	7486378	6045524	4858051	3937972	4489090	3611514
湖南	2199207	4867162	1790591	4442063	1238220	1066399
广东	8687281	9344400	7122149	7670688	6096783	6729852
广西	404691	463891	386577	447267	210433	287338
海南	12545	6157	12545	6157		
重庆	4406581	3871194	3313909	3033622	1798460	1451095
四川	2084821	1860644	1494191	1391025	630344	690991
贵州	52974	29075	50991	29075	7934	
云南	774261	719701	767512	716793	496446	277631
西藏	14964	15197	14964	15197		
陕西	613521	645691	150726	162304	76544	106520
甘肃	31005	12842	12402	5137	12402	5137
青海	118038	100377	10248	7902		
宁夏	557488	230097	557488	230097	549924	220850
新疆	212757	200122	196507	189889	35190	42064

单位：万元

非自有配送中心配送商品购进额		商品销售总额		零售额	
2012年	2011年	2012年	2011年	2012年	2011年
7576899	**7975195**	**106001600**	**97195396**	**86308447**	**79713754**
704160	1534944	11564308	10650590	10127587	9501158
		880230	846306	806221	808967
146511	177755	2871608	2707365	2527882	2371343
15685	13419	1240899	902216	1240899	902216
2169	1851	154824	135858	154824	129349
43037	35675	1031977	1007677	952624	954336
		190664	156346	174248	135004
7552	1900	568745	502061	519861	465462
2616352	2612904	20454208	19051889	11164596	11068129
394246	466707	10044957	9189202	7861849	7068090
219093	198663	4606208	4242516	4217859	3873460
26934	23645	5433906	4945727	3590821	3268947
406138	311289	2921326	2703874	2905457	2688632
74482	31743	1064399	972876	1027278	874633
865693	834937	9469532	8920267	7820443	7502933
46779	51611	2098545	1757918	1960094	1648181
92630	53564	8553581	6782086	7839502	6192149
42580	37841	2362073	2637064	2244820	2028279
643610	623158	10636578	10357639	9749711	9911745
		577664	505597	574822	503798
12545	6157	11191	7077	11191	7077
681604	564743	4557465	3907016	4495807	3851181
307020	213888	2327125	2135461	1995475	1820008
3967		59377	32498	57880	30903
40266	6471	873822	830716	850851	815464
		14185	12588	14185	12588
13085	14527	723002	722596	720837	712747
		30391	23881	30391	23881
9446	7285	155980	131870	152375	128761
	2692	272802	196224	272802	196224
161317	147825	250031	220393	245255	218109

2-17 续表 11

食品、饮料及烟草制品专门零售

地　区	商品购进总额		统一配送商品购进额		自有配送中心配送商品购进额	
	2012年	2011年	2012年	2011年	2012年	2011年
全　国	**1837214**	**1490507**	**1685299**	**1317663**	**991420**	**802919**
北　京	161512	157484	152565	149140	120441	115154
天　津	78143	60468	34409	32787		
河　北	2127	3114	2127	3114	1682	1876
山　西	15580	16934	15580	16910	12360	7406
内蒙古						
辽　宁	35659	19175	35659	6746		
吉　林	60041	62612	55755	58183	51719	54459
黑龙江						
上　海	42276	44504	11920	7876		
江　苏	312317	290987	291843	270661	111154	103614
浙　江	129880	121126	114928	106588	95282	77440
安　徽	12393	15012	12393	15012	12393	15012
福　建	163033	166917	147193	150642	54062	62638
江　西	77399	44033	77399	44033	56927	36864
山　东	257186	151537	257186	151537	171173	149672
河　南	64704	68977	54765	53803		
湖　北	228526	124156	228526	124156	210845	114286
湖　南	34840	24612	34840	24612	948	1993
广　东	103350	71174	102211	68458	66177	41623
广　西						
海　南						
重　庆	27277	20881	27277	20881	26257	20881
四　川						
贵　州						
云　南	22036	17479	22036	5980		
西　藏	6689	6543	6689	6543		
陕　西						
甘　肃						
青　海						
宁　夏	623	496				
新　疆	1624	2288				

单位：万元

非自有配送中心配送商品购进额		商品销售总额		零售额	
2012年	2011年	2012年	2011年	2012年	2011年
253206	**110487**	**2187076**	**1826258**	**1943333**	**1619752**
15669	14191	284119	253351	279218	246078
6468	6677	113906	90217	86317	79645
445	1238	3746	3900	3214	3110
3220	9504	23190	16228	22704	8358
		43194	29007	39468	29007
4036	3724	60045	57052	60045	57052
		53804	56431	13194	14801
154858	27355	357474	325567	323162	294004
556	633	170530	140550	132804	126249
		17380	19215	12934	14426
15929	8888	186352	176319	175720	161636
20472	7169	81870	47031	81870	47031
1013	1865	224741	173922	171998	122011
		60967	71527	59075	71527
3026	3026	280553	196653	276892	194899
		36193	26347	36193	26347
26495	26217	134104	91925	116973	75517
1020		27374	22295	24016	19333
		19420	19817	19420	19817
		5601	5917	5601	5917
		524	450	524	450
		1991	2540	1991	2540

2-17 续表 12

纺织、服装及日用品专门零售

地 区	商品购进总额		统一配送商品购进额		自有配送中心配送商品购进额	
	2012年	2011年	2012年	2011年	2012年	2011年
全 国	**2766382**	**2736584**	**1807609**	**1689665**	**803200**	**753132**
北 京	463031	488800	242324	257799	79710	66576
天 津	16930	24181	16930	24181	5619	4761
河 北	49692	44491	49692	44491	49692	44491
山 西	2123	2211	2123	2211	1313	1311
内蒙古						
辽 宁	76736	93363	42858	34938	1962	1906
吉 林	6176	4403				
黑龙江	5333	1752	5333	1752	5333	1752
上 海	794200	731465	193400	167369	98574	83083
江 苏	8124	2167	7363	1528	6703	1042
浙 江	213585	216757	209206	93701	93471	79749
安 徽	1180	1002	1180	1002		
福 建	39067	37417	27121	27472	24393	23979
江 西	8543	14638	8543	10021	8543	10021
山 东	34480	24227	34480	24227	3236	3885
河 南	31211	23750	13008	8894	1597	
湖 北	156287	147260	136879	147260	64619	76476
湖 南	11086	13019	11086	13019	11086	13019
广 东	685499	705199	664055	685936	234714	257165
广 西						
海 南						
重 庆	50394	65117	33211	50631	32108	38078
四 川	60580	38880	60580	38880	60580	38880
贵 州						
云 南	9919	19534	9919	19534	9919	
西 藏						
陕 西	9987	6910	9987	6910	9987	6910
甘 肃						
青 海	32178	29993	28293	27861		
宁 夏						
新 疆	40	50	40	50	40	50

单位：万元

非自有配送中心配送商品购进额		商品销售总额		零售额	
2012年	2011年	2012年	2011年	2012年	2011年
451627	**476423**	**3242830**	**3176701**	**2876859**	**2813992**
9064	34701	652725	662337	429227	416852
2675	2367	24867	27985	24837	27665
		79148	70728	15183	13981
		2219	2314	2219	2314
		86269	99468	84442	98398
		6968	6352	6968	6352
		7567	2533	7567	2533
3923	2535	1024359	1023370	1020685	1020117
279	168	9335	4687	8584	4041
		126167	112729	115397	95316
		1048	1018	1048	1018
	2561	49910	47097	47814	45526
		17782	18365	17656	18061
		33063	24390	32669	24206
		34618	33385	34598	33385
7178	5800	190659	180878	155905	152678
		21651	22283	21651	22283
427108	426419	667761	631050	648566	625620
		79342	86322	74469	84235
		54097	52523	54097	52523
		19843	18848	19843	18848
		12648	10527	12648	10527
1400	1874	40723	37455	40723	37455
		63	60	63	60

2-17 续表 13

文化、体育用品及器材专门零售

地区	商品购进总额		统一配送商品购进额		自有配送中心配送商品购进额	
	2012年	2011年	2012年	2011年	2012年	2011年
全国	**2421232**	**2566639**	**2399489**	**2549704**	**1697691**	**1922343**
北京	77702	56977	77190	56396	768	860
天津						
河北	4233	3421	4233	3421	4233	3421
山西						
内蒙古						
辽宁	35641	26521	16881	15517	16881	15517
吉林						
黑龙江	113573	55346	113573	55346	11118	10521
上海	321130	347896	319198	345688	197683	207396
江苏	8016	7655	8016	7655	8011	7655
浙江	111513	120610	111513	120610		
安徽	41080	41897	41080	41897		
福建	40177	39023	40177	39023	36499	37533
江西	436387	458302	436387	458302	434487	456545
山东	69227	59392	69227	59392	14366	12303
河南	10573	8470	10573	8470	4993	3339
湖北	87151	87374	87151	87374	49816	58892
湖南	27039	34998	27039	34998	22114	28184
广东	99622	132436	99622	132436	51612	80757
广西	19490	18874	19490	18874	19490	18874
海南						
重庆	329312	341256	329312	341256	329312	341256
四川	369129	525981	369129	525981	362506	516552
贵州						
云南	64799	61755	64260	58613	5552	7618
西藏						
陕西						
甘肃						
青海						
宁夏	9798	9819	9798	9819	9798	9819
新疆	145641	128638	145641	128638	118452	105302

单位：万元

非自有配送中心配送商品购进额		商品销售总额		零售额	
2012年	2011年	2012年	2011年	2012年	2011年
102380	**95786**	**2665844**	**2620611**	**2134597**	**2065655**
3065	3396	93167	84280	90399	80663
		4046	3730	4046	3730
		36725	37062	27827	31962
		140507	142522	140507	142522
		338908	348700	328827	339073
5		10408	9837	10408	9350
		123293	108035	80526	79929
41080	41897	50798	41139	50798	41139
		49087	41592	44057	38536
		451347	464117	282722	280561
		72206	63541	42068	26801
		9721	8238	9305	7905
		106743	94069	104930	86001
		43954	49659	43954	49659
		98821	120576	81959	108704
		17113	15841	17113	15841
		358417	340949	189687	160424
		446857	449715	381361	376755
35220	30547	64790	62476	55239	52604
		9365	9278	9365	9278
23010	19947	139569	125255	139502	124220

2-17 续表 14

医药及医疗器材专门零售

地区	商品购进总额		统一配送商品购进额		自有配送中心配送商品购进额	
	2012年	2011年	2012年	2011年	2012年	2011年
全国	**5173949**	**4282490**	**4645801**	**3867299**	**2946670**	**2462082**
北京	182821	161544	173221	154625	54265	42804
天津	60629	62516	41448	33158	19963	9210
河北	120012	106670	108944	99559	98725	89938
山西	103536	82510	99837	79364	72642	63978
内蒙古	28349	34318	22036	15397	19413	11588
辽宁	502303	393589	485272	376099	125722	105931
吉林	34372	18133	30248	14696	16222	3299
黑龙江	185422	179304	180847	175975	142485	145993
上海	239649	188189	188659	145108	118698	92996
江苏	316715	288287	307225	275961	241950	220460
浙江	445856	382591	374505	343787	270413	257863
安徽	94151	74549	94151	74549	51875	46212
福建	99499	63200	67635	48517	33149	18206
江西	67346	58045	57729	51456	31338	40635
山东	204835	144625	174475	121906	131569	94165
河南	191971	170912	173681	155403	31957	32993
湖北	185191	162285	179972	159768	165003	123587
湖南	175148	176361	173526	174929	101921	85945
广东	577872	458733	437241	366335	261709	233752
广西	120326	109626	120326	109626	81299	73789
海南	34847	31888	34847	31888	5250	4682
重庆	183248	139517	158273	111795	101397	69632
四川	150965	121810	116044	90724	85080	69257
贵州	77327	72668	77327	72668	45076	50172
云南	486148	349559	486148	347180	381492	271407
西藏						
陕西	36410	30930	16252	19537	9573	9051
甘肃	75770	59357	75770	59357	71383	49649
青海	18208	17536	18208	17536	6516	6652
宁夏	53538	33221	53538	33221	53538	33221
新疆	121487	110019	118418	107178	117047	105016

单位：万元

非自有配送中心配送商品购进额		商品销售总额		零售额	
2012年	2011年	2012年	2011年	2012年	2011年
555982	**432161**	**5794414**	**4894296**	**5517938**	**4646298**
108428	99134	220222	207230	175433	173838
6197	4103	63833	48372	61253	48046
4641	4852	148266	127060	140361	122221
		122750	105056	122480	105056
1195	2662	31038	30976	31038	19587
		548662	438229	547449	437082
		39188	19771	33808	15122
14647	12838	217503	197386	215077	195327
38416	30052	232777	223963	232505	223806
64888	55428	383950	342833	376171	335730
43890	18282	486610	441450	474480	429067
		108597	89267	98790	80510
6982	8392	124281	82822	121691	82756
22483	7027	87191	71029	87191	71029
2886	3729	232432	163149	208602	148296
7009	6043	221409	176442	211575	175651
2808	2104	231086	207158	214232	187168
12491	21554	233992	226028	233992	226028
47262	18255	578327	488207	549009	460832
28420	26461	145087	135270	145087	135270
		34561	29838	32529	27218
45966	35436	223895	180501	196343	163657
3657	3139	186502	165063	166398	144383
475	447	98231	77107	95527	75588
83446	60280	439923	347025	405235	301652
6679	10486	43240	35720	43240	35720
2470	23	100467	71211	100467	62649
		19608	19158	19608	19158
		63128	41092	50766	37966
645	1434	127659	105885	127602	105885

2-17 续表 15

汽车、摩托车、燃料及零配件专门零售

地区	商品购进总额		统一配送商品购进额		自有配送中心配送商品购进额	
	2012年	2011年	2012年	2011年	2012年	2011年
全国	**51086413**	**47153611**	**36609240**	**33682998**	**15838837**	**14946560**
北京	5753628	5571198				
天津	5486748	5279194	5220421	5018741	3385025	3372378
河北	3604479	3417805	3604479	3417805	2138685	2001796
山西	1196927	727678	760341	327474		
内蒙古						
辽宁	4554525	4618944	2868293	2929017	1062605	1255673
吉林	941561	901858	941561	901858	941561	901858
黑龙江	987081	997124	987081	997124	987081	997124
上海						
江苏	1303340	1094729	1303340	1094729	3902	5552
浙江	33107	29753	4872	3749	786	1097
安徽						
福建	3919765	3481750	1999620	1891014	177701	181206
江西	699964	538908	591668	460557	218090	132451
山东	1325855	1215493	238844	234526	8190	6278
河南	1252742	1177910	1085996	1030810	816962	716468
湖北	2725847	2137519	2338354	1791270	1767157	1302164
湖南	5792792	4705139	3609980	3217959	1574106	1357832
广东	7230965	7433431	6801041	6573284	2262205	2255002
广西	99264	102770	99264	102770	3306	2348
海南	1647970	1331022	1647970	1331022		
重庆	7823	5884	2436	1605	2436	1605
四川						
贵州						
云南	753924	782564	753924	782564		
西藏						
陕西	2020	3600	2020	3600		
甘肃	1025692	901785	1025692	901785		
青海						
宁夏						
新疆	740393	697554	722041	669738	489038	455731

单位：万元

非自有配送中心配送商品购进额		商品销售总额		零售额	
2012年	2011年	2012年	2011年	2012年	2011年
9387298	**8376129**	**61590865**	**57929726**	**44307091**	**39662249**
		5989189	5893927	2754861	2712993
1835396	1646364	5476046	5104043	3329684	2556644
		3642865	3492204	1562300	1509226
		1624725	1566970	1343072	1121015
1313515	1065171	5184532	4941761	2666812	2466843
		1009029	949326	876858	831741
		809144	1081199	650060	725510
1299438	1089177	1301310	1140883	1301146	1140720
		31422	31264	21482	21939
		7214200	6317736	5776696	5062540
373577	328106	2464131	2201485	1997652	1685308
140789	125223	1772027	1548031	1121498	1080036
		1329938	1209905	1249024	1091649
141105	103859	3303423	3041106	2648243	2104720
		5638949	5066564	4884155	4324898
3993941	3762096	10080590	10236716	8138840	7798580
		86536	85678	48720	48115
289537	256134	1751663	1489258	1549700	1190599
		7843	6279	7843	6279
		796238	837599	675181	743873
		1800	1319	1800	1319
		1216332	897536	885792	727153
		858934	788937	815672	710550

2-17 续表 16

家用电器及电子产品专门零售

地区	商品购进总额		统一配送商品购进额		自有配送中心配送商品购进额	
	2012年	2011年	2012年	2011年	2012年	2011年
全国	**31109600**	**34966802**	**22522438**	**24260334**	**14740112**	**16102055**
北京	1921867	2654945	1301963	1875996	859034	993077
天津	674535	700088	305987	261080	305987	261080
河北	244651	259209	213184	228002	158603	167159
山西	160407	171346	143533	154689	128096	139648
内蒙古	82584	124426	63003	119224	41131	41570
辽宁	821708	733674	820842	729333	259376	274964
吉林	179594	215076	179594	215076	140389	49224
黑龙江	379254	408360	329929	359851	160624	143541
上海	1683110	1823828	1683110	1823828		
江苏	14809248	18017642	8150815	9597119	7824618	9291492
浙江	152465	161384	152465	161384	123907	127887
安徽	394100	359991	196113	174644	75966	61000
福建	949556	1036836	738692	817352	394357	349719
江西	265880	220056	263257	217781	255297	196428
山东	648108	548606	599450	454867	83945	69351
河南	853709	759075	823107	731053	665784	582854
湖北	998264	980852	790980	750046	359683	318117
湖南	275442	225342	275442	225342	235240	222932
广东	3241879	3110670	3164670	3012984	1559145	1642239
广西	166884	211379	166884	211379	121789	149404
海南						
重庆	552912	638096	552912	638096	300692	323147
四川	966229	883226	930556	860122	72276	73962
贵州						
云南	253386	367586	242121	285977	180989	274238
西藏						
陕西	1027	6418	1027	6418	1027	6418
甘肃	3475	1415	3475	1415	3475	1415
青海						
宁夏	136614	122753	136614	122753	136614	122753
新疆	292713	224526	292713	224526	292070	218440

单位：万元

非自有配送中心配送商品购进额		商品销售总额		零售额	
2012年	2011年	2012年	2011年	2012年	2011年
1877534	**2344059**	**33837247**	**39359596**	**27403835**	**30300067**
337438	793801	2398595	2738159	2282745	2657642
		684124	687289	684124	687289
		252225	268454	230620	255344
		312189	292801	309068	292801
		102394	151226	102394	150767
		803720	688014	800642	688014
		170586	206405	168686	206405
169304	216310	406909	414477	382521	414477
		1646662	2185061	1646662	2185061
273930	244374	16539754	21097794	11326695	13043132
		130557	141283	113003	125048
		423520	393568	417138	381220
49012	60778	1020369	1097634	994969	1069580
7959	21353	279699	237816	242918	202492
160000	113265	614797	616565	604422	610124
		769931	777551	751331	763396
384818	393314	1062844	1083861	923135	960618
		258496	265442	257383	258061
445126	494778	3277947	3323375	2576686	2781593
		186434	191827	186434	189842
		641086	686392	629635	683677
3848		1058115	1025492	1024112	994289
45456		372665	378788	343536	309202
		11159	7966	11159	7966
		17120	1540	17120	1540
		136159	127714	136159	127714
643	6086	259194	273103	240541	252773

2-17 续表 17

五金、家具及室内装饰材料专门零售

地 区	商品购进总额		统一配送商品购进额		自有配送中心配送商品购进额	
	2012年	2011年	2012年	2011年	2012年	2011年
全 国	**388097**	**399742**	**276504**	**294596**	**120321**	**143808**
北 京	107310	100072				
天 津	23983	21511	23983	21511		
河 北						
山 西						
内蒙古						
辽 宁						
吉 林						
黑龙江						
上 海	127022	143246	127022	143246	54463	72903
江 苏	10329	10218	10329	10218		
浙 江	4662	5629	4662	5629	4662	5629
安 徽						
福 建						
江 西						
山 东	4282	5074				
河 南						
湖 北						
湖 南						
广 东	33673	30485	33673	30485	8115	3329
广 西						
海 南						
重 庆						
四 川	23755	21562	23755	21562		
贵 州						
云 南						
西 藏						
陕 西						
甘 肃						
青 海						
宁 夏						
新 疆	53081	61946	53081	61946	53081	61946

单位：万元

非自有配送中心配送商品购进额		商品销售总额		零售额	
2012年	2011年	2012年	2011年	2012年	2011年
32573	**33397**	**639793**	**646096**	**590123**	**586758**
		180272	147098	180272	147098
		26040	25857	26040	25857
		159861	207133	119115	151343
10329	10218	12804	12978	12541	12737
		8192	10931	8192	10931
		5018	5427	5018	5427
22244	23179	51894	40191	43232	36884
		25405	23734	25405	23734
		170308	172748	170308	172748

2-17 续表 18

货摊、无店铺及其他零售业

地 区	商品购进总额		统一配送商品购进额		自有配送中心配送商品购进额	
	2012年	2011年	2012年	2011年	2012年	2011年
全 国	**123663**	**94947**	**123663**	**94947**	**30927**	**29093**
北 京						
天 津						
河 北						
山 西						
内蒙古						
辽 宁						
吉 林	5217	4055	5217	4055		
黑龙江						
上 海	24761	25309	24761	25309	24761	25309
江 苏	6166	3784	6166	3784	6166	3784
浙 江						
安 徽						
福 建						
江 西						
山 东						
河 南						
湖 北						
湖 南						
广 东	87519	61799	87519	61799		
广 西						
海 南						
重 庆						
四 川						
贵 州						
云 南						
西 藏						
陕 西						
甘 肃						
青 海						
宁 夏						
新 疆						

单位：万元

非自有配送中心配送商品购进额		商品销售总额		零售额	
2012年	2011年	2012年	2011年	2012年	2011年
4615	**6406**	**126703**	**106401**	**45813**	**44049**
		5800	2447	5800	2447
		24761	25309	24761	25309
		7464	7374	7464	7374
4615	6406	88678	71272	7788	8919

2-18 按行业分各地区连锁

批发业

地 区	商品购进总额		统一配送商品购进额		自有配送中心配送商品购进额	
	2012年	2011年	2012年	2011年	2012年	2011年
全 国	**3456397**	**3526112**	**3179045**	**3186081**	**2539934**	**2509353**
北 京	3671	42794	3671	39294	3671	5620
天 津						
河 北						
山 西						
内蒙古						
辽 宁	3054	4065	3054	4065		
吉 林						
黑龙江						
上 海	597092	690623	597092	690623	597092	690623
江 苏	741291	649956	737046	642567	642771	557678
浙 江	640231	601004	589072	553081	547727	521071
安 徽	532345	460560	532345	460560	345959	318772
福 建						
江 西						
山 东	206114	233146	37511	39350	37110	39009
河 南	213		213			
湖 北						
湖 南	22831	24194	1731	7991		
广 东	258204	269427	256716	267197	253429	262978
广 西	7143	7334	4584	4789	4584	4789
海 南						
重 庆	58224	51422	32330	25378	25456	20821
四 川	4817	5640	4817	5640	4397	4750
贵 州						
云 南	267066	363206	265633	362305		
西 藏						
陕 西						
甘 肃						
青 海						
宁 夏	47650	122346	47650	82846	12157	82846
新 疆	66452	396	65582	396	65582	396

零售企业加盟门店经营情况

单位：万元

非自有配送中心配送商品购进额		商品销售总额		零售额	
2012年	2011年	2012年	2011年	2012年	2011年
329998	**271424**	**5587159**	**5740183**	**926144**	**1137299**
	33674	3864	32914		
		2338	3886	2338	3886
		597092	690623	298546	345312
94275	84888	741866	651311	31363	37262
11315	9525	877163	742224	221231	201920
186387	141788	414069	433504		
		70023	243564	70023	243564
		273		11	
		24697	24154		
734	698	2367430	2310411	280639	291860
		7297	7486	4801	4955
1795	851	72267	53551	15200	6755
		7292	7088	1928	1739
		288211	338759	66	46
35492		46827	122691		
		66452	78016		

2-18 续表 1

农、林、牧产品批发

地区	商品购进总额		统一配送商品购进额		自有配送中心配送商品购进额	
	2012年	2011年	2012年	2011年	2012年	2011年
全　国	**232483**	**246451**	**232483**	**246451**	**229429**	**235173**
北　京						
天　津						
河　北						
山　西						
内蒙古						
辽　宁	3054	4065	3054	4065		
吉　林						
黑龙江						
上　海						
江　苏						
浙　江						
安　徽	227451	240419	227451	240419	227451	233207
福　建						
江　西						
山　东						
河　南						
湖　北						
湖　南						
广　东						
广　西						
海　南						
重　庆						
四　川	1978	1967	1978	1967	1978	1967
贵　州						
云　南						
西　藏						
陕　西						
甘　肃						
青　海						
宁　夏						
新　疆						

单位：万元

非自有配送中心配送商品购进额		商品销售总额		零售额	
2012年	2011年	2012年	2011年	2012年	2011年
	7213	**116276**	**219029**	**2338**	**3886**
		2338	3886	2338	3886
	7213	112096	213311		
		1842	1831		

2-18 续表 2

食品、饮料及烟草制品批发

地 区	商品购进总额		统一配送商品购进额		自有配送中心配送商品购进额	
	2012年	2011年	2012年	2011年	2012年	2011年
全 国	**57268**	**45980**	**55487**	**43922**	**43410**	**34773**
北 京						
天 津						
河 北						
山 西						
内蒙古						
辽 宁						
吉 林						
黑龙江						
上 海						
江 苏		1312		1312		1312
浙 江	46449	36960	46381	36755	36312	28458
安 徽						
福 建						
江 西						
山 东	4763	1829	4763	1829	4763	1829
河 南	213		213			
湖 北						
湖 南	1120	1001				
广 东	1836	2854	1836	2854	1836	2854
广 西						
海 南						
重 庆	2887	2024	2293	1173	498	322
四 川						
贵 州						
云 南						
西 藏						
陕 西						
甘 肃						
青 海						
宁 夏						
新 疆						

单位：万元

非自有配送中心配送商品购进额		商品销售总额		零售额	
2012年	2011年	2012年	2011年	2012年	2011年
11864	**9149**	**60637**	**49785**	**59368**	**48815**
			1650		1650
10069	8297	43379	37224	43379	37224
		9515	3631	9515	3631
		273		11	
		1007	970		
		3019	4117	3019	4117
1795	851	3444	2193	3444	2193

2-18 续表 3

纺织、服装及家庭用品批发

地区	商品购进总额		统一配送商品购进额		自有配送中心配送商品购进额	
	2012年	2011年	2012年	2011年	2012年	2011年
全国	**641977**	**668700**	**468764**	**468602**	**444081**	**445784**
北京						
天津						
河北						
山西						
内蒙古						
辽宁						
吉林						
黑龙江						
上海						
江苏	21844	26845	18048	21205	12464	18795
浙江	417452	402286	416638	401625	399271	389209
安徽						
福建						
江西						
山东	200950	230977	32347	37180	32347	37180
河南						
湖北						
湖南	1731	7991	1731	7991		
广东		600		600		600
广西						
海南						
重庆						
四川						
贵州						
云南						
西藏						
陕西						
甘肃						
青海						
宁夏						
新疆						

单位：万元

非自有配送中心配送商品购进额		商品销售总额		零售额	
2012年	2011年	2012年	2011年	2012年	2011年
5585	**2410**	**733026**	**806707**	**111225**	**291433**
5585	2410	22553	27504	22553	27504
		649119	533419	28672	24529
		60000	239400	60000	239400
		1355	6163		
			221		

2-18 续表 4

文化、体育用品及器材批发

地 区	商品购进总额		统一配送商品购进额		自有配送中心配送商品购进额	
	2012年	2011年	2012年	2011年	2012年	2011年
全 国	**1873**	**1532**	**1119**		**1119**	
北 京						
天 津						
河 北						
山 西						
内蒙古						
辽 宁						
吉 林						
黑龙江						
上 海						
江 苏						
浙 江						
安 徽						
福 建						
江 西						
山 东						
河 南						
湖 北						
湖 南						
广 东	1873	1532	1119		1119	
广 西						
海 南						
重 庆						
四 川						
贵 州						
云 南						
西 藏						
陕 西						
甘 肃						
青 海						
宁 夏						
新 疆						

单位：万元

非自有配送中心配送商品购进额		商品销售总额		零售额	
2012年	2011年	2012年	2011年	2012年	2011年
		1738	**169**	**1117**	
		1738	169	1117	

2-18 续表 5

医药及医疗器材批发

地区	商品购进总额		统一配送商品购进额		自有配送中心配送商品购进额	
	2012年	2011年	2012年	2011年	2012年	2011年
全国	**32865**	**33765**	**11245**	**12776**	**6893**	**7327**
北京						
天津						
河北						
山西						
内蒙古						
辽宁						
吉林						
黑龙江						
上海						
江苏						
浙江	3211	3046	3211	3046	3211	3046
安徽						
福建						
江西						
山东	401	341	401	341		
河南						
湖北						
湖南						
广东	4659	5708	3924	5010	638	792
广西						
海南						
重庆	20323	20096	870	706	626	706
四川	2839	3673	2839	3673	2419	2784
贵州						
云南	1433	901				
西藏						
陕西						
甘肃						
青海						
宁夏						
新疆						

单位：万元

非自有配送中心配送商品购进额		商品销售总额		零售额	
2012年	2011年	2012年	2011年	2012年	2011年
734	**698**	**42764**	**35472**	**14245**	**9074**
		2881	2586	1607	1395
		508	533	508	533
734	698	4475	4968	3804	4146
		27101	20497	6334	1214
		5450	5257	1928	1739
		2350	1632	66	46

2-18 续表 6

矿产品、建材及化工产品批发

地区	商品购进总额		统一配送商品购进额		自有配送中心配送商品购进额	
	2012年	2011年	2012年	2011年	2012年	2011年
全国	**2363986**	**2415499**	**2309830**	**2321148**	**1803790**	**1775772**
北京	3671	42794	3671	39294	3671	5620
天津						
河北						
山西						
内蒙古						
辽宁						
吉林						
黑龙江						
上海	597092	690623	597092	690623	597092	690623
江苏	630757	539322	630307	537572	630307	537572
浙江	173119	158711	122842	111655	108933	100358
安徽	304894	220140	304894	220140	118508	85565
福建						
江西						
山东						
河南						
湖北						
湖南						
广东	246589	255155	246589	255155	246589	255155
广西	7143	7334	4584	4789	4584	4789
海南						
重庆	28951	23319	28951	23319	24333	19793
四川						
贵州						
云南	265633	362305	265633	362305		
西藏						
陕西						
甘肃						
青海						
宁夏	39685	115400	39685	75900	4193	75900
新疆	66452	396	65582	396	65582	396

单位：万元

非自有配送中心配送商品购进额		商品销售总额		零售额	
2012年	2011年	2012年	2011年	2012年	2011年
223124	**169477**	**4503459**	**4512439**	**724099**	**772558**
	33674	3864	32914		
		597092	690623	298546	345312
		631213	541076		
1246	1228	181785	168995	147573	138772
186387	134575	301973	220193		
		2354382	2297511	268883	280172
		7297	7486	4801	4955
		33856	22698	4296	3347
		285861	337127		
35492		39685	115800		
		66452	78016		

2-18 续表 7

机械设备、五金产品及电子产品批发

地区	商品购进总额		统一配送商品购进额		自有配送中心配送商品购进额	
	2012年	2011年	2012年	2011年	2012年	2011年
全国	**91938**	**86056**	**91938**	**86056**	**3247**	**3578**
北京						
天津						
河北						
山西						
内蒙古						
辽宁						
吉林						
黑龙江						
上海						
江苏	88690	82478	88690	82478		
浙江						
安徽						
福建						
江西						
山东						
河南						
湖北						
湖南						
广东	3247	3578	3247	3578	3247	3578
广西						
海南						
重庆						
四川						
贵州						
云南						
西藏						
陕西						
甘肃						
青海						
宁夏						
新疆						

单位：万元

非自有配送中心配送商品购进额		商品销售总额		零售额	
2012年	2011年	2012年	2011年	2012年	2011年
88690	**82478**	**91916**	**84506**	**12626**	**11533**
88690	82478	88101	81081	8810	8108
		3816	3425	3816	3425

2-18 续表 8

其他批发业

地区	商品购进总额		统一配送商品购进额		自有配送中心配送商品购进额	
	2012年	2011年	2012年	2011年	2012年	2011年
全国	**34007**	**28131**	**8181**	**7126**	**7965**	**6946**
北京						
天津						
河北						
山西						
内蒙古						
辽宁						
吉林						
黑龙江						
上海						
江苏						
浙江						
安徽						
福建						
江西						
山东						
河南						
湖北						
湖南	19979	15202				
广东						
广西						
海南						
重庆	6063	5983	216	180		
四川						
贵州						
云南						
西藏						
陕西						
甘肃						
青海						
宁夏	7965	6946	7965	6946	7965	6946
新疆						

单位：万元

非自有配送中心配送商品购进额		商品销售总额		零售额	
2012年	2011年	2012年	2011年	2012年	2011年
		37343	**32075**	**1127**	
		22335	17021		
		7867	8164	1127	
		7142	6891		

2-18 续表 9

零售业

地 区	商品购进总额		统一配送商品购进额		自有配送中心配送商品购进额	
	2012年	2011年	2012年	2011年	2012年	2011年
全 国	**10698808**	**9550592**	**9595027**	**8631837**	**3931349**	**3850536**
北 京	280940	259867	222529	192681	179384	160525
天 津	3905	4639	3821	4577	3176	3940
河 北	25147	23062	25147	23062	25147	23062
山 西	129428	100982	6217	5833		
内蒙古	1610	1689	1610	1679	862	971
辽 宁	93101	69923	93101	69923	50	45
吉 林						
黑龙江						
上 海	5121709	4371841	5067811	4307530	778135	740710
江 苏	1183368	1344694	1176463	1332277	1170957	1326611
浙 江	510677	461157	461865	417858	386871	351232
安 徽	740429	633905	448517	400488	225653	197595
福 建	240235	226812	237525	221776	38957	46769
江 西	335196	265560	94621	84804	91501	82791
山 东	253431	223768	210909	181152	191242	172051
河 南	340301	302665	318552	288413	5776	4603
湖 北	41111	42648	38809	39163	33865	35328
湖 南	82440	70510	77443	66361	34365	30697
广 东	864102	727412	832599	698769	576311	454463
广 西	26815	26503	13323	14796	12806	12361
海 南						
重 庆	122554	133150	84932	109655	65643	93431
四 川	71435	70556	67218	65173	46931	50359
贵 州	13427	12665	13427	12665		
云 南	11708	8733	11708	8733	4231	1563
西 藏						
陕 西	122197	88850	19815	18712	13538	12058
甘 肃	8186	9199	8186	9199		
青 海	472	260	472	260	472	260
宁 夏	1819	3034		1039		661
新 疆	73067	66511	56409	55262	45481	48452

单位：万元

非自有配送中心配送商品购进额		商品销售总额		零售额	
2012年	2011年	2012年	2011年	2012年	2011年
1302562	**1193408**	**10841706**	**10483522**	**10442980**	**10058225**
38377	28796	393004	332190	393004	332162
645	637	3476	5996	3455	5779
		32082	28917	32082	28917
		136151	105682	136151	105682
748	708	1543	1660	1543	1660
33242	29943	148734	117399	148734	117399
582305	556257	4872649	4955393	4758793	4842198
3347	3300	1471398	1625388	1471183	1625388
63386	55726	566690	489893	530567	460422
90000	80000	298322	219743	298322	219743
195896	174631	240452	224477	239833	223810
3120	2013	309844	237257	278147	216297
2868	2553	290530	259021	279595	249020
		399959	364560	335582	299388
4448	3801	54530	68621	54530	67601
11374	7731	94998	78568	94998	78568
246171	226457	922126	851233	823422	708968
		38781	33313	38781	32666
14476	11905	154416	149781	150771	140289
512	457	96403	89486	82237	89036
		14729	12381	14729	12381
720	1305	12161	11326	7687	7678
		180079	126510	180079	113977
		16750	13583		
		404	260	404	260
	378	1787	2946	1787	2946
10928	6810	89712	77940	86568	75992

2-18 续表 10

综合零售

地区	商品购进总额		统一配送商品购进额		自有配送中心配送商品购进额	
	2012年	2011年	2012年	2011年	2012年	2011年
全国	**8726456**	**7836670**	**7703765**	**6981367**	**2999716**	**3061481**
北京	94529	101086	36555	34342	36210	33952
天津						
河北	25147	23062	25147	23062	25147	23062
山西	123212	95148				
内蒙古	946	918	946	908	198	200
辽宁	91571	67162	91571	67162		
吉林						
黑龙江						
上海	5011775	4268472	4963607	4209593	728439	692608
江苏	1113931	1308703	1107841	1296806	1103720	1293453
浙江	448302	393093	403664	353622	337522	297593
安徽	738569	631725	446657	398308	223793	195415
福建	2663	1561	2663	1561	2516	1449
江西	271406	210402	30831	29645	30831	29645
山东	206255	194398	163883	151904	161015	149351
河南	12781	5306	3224	986		
湖北	16650	19761	14948	18029	14948	18029
湖南	12809	7977	11399	6764	55	26
广东	270533	263011	239030	234368	212937	207917
广西	18576	18804	7084	7097	4921	5028
海南						
重庆	47629	48417	44885	44803	36568	36759
四川	50893	46263	50893	45000	35401	30802
贵州						
云南	6746	5590	6746	5590	4231	1563
西藏						
陕西	93282	63270				
甘肃						
青海						
宁夏		1039		1039		661
新疆	68254	61501	52194	50778	41266	43968

单位：万元

非自有配送中心配送商品购进额		商品销售总额		零售额	
2012年	2011年	2012年	2011年	2012年	2011年
789035	**739144**	**8465976**	**8365627**	**8340256**	**8256891**
		155567	128742	155567	128714
		32082	28917	32082	28917
		129935	99848	129935	99848
748	708	1257	1067	1257	1067
33242	29943	130341	102048	130341	102048
546675	524820	4699363	4790088	4649173	4734791
2130	1107	1406808	1585825	1406808	1585825
59727	52999	485395	405355	451727	377038
90000	80000	296377	217159	296377	217159
147	112	2853	1508	2853	1508
		244554	169609	212858	148649
2868	2553	251124	226566	245062	225746
		13919	7619	13746	7499
		22365	21410	22365	21410
10499	5764	13015	9486	13015	9486
26093	26452	220849	276743	220064	276143
		22626	23780	22626	23134
4745	5736	47617	42921	47617	42921
512	457	55348	50650	55348	50650
720	1305	6930	6927	6930	6927
		144180	95612	144180	95612
	378		996		996
10928	6810	83471	72750	80327	70802

2-18 续表 11

食品、饮料及烟草制品专门零售

地 区	商品购进总额		统一配送商品购进额		自有配送中心配送商品购进额	
	2012年	2011年	2012年	2011年	2012年	2011年
全 国	**333487**	**282575**	**329966**	**280001**	**306233**	**271195**
北 京	136226	114231	136226	114231	136226	114231
天 津	84	62				
河 北						
山 西						
内蒙古						
辽 宁						
吉 林						
黑龙江						
上 海						
江 苏	3856	3173	3856	3173	3856	3173
浙 江	14263	16676	14263	16676	14263	16676
安 徽	572		572		572	
福 建	39113	42249	39113	42249	36440	41938
江 西	63790	55159	63790	55159	60670	53146
山 东	45207	26413	45207	26413	30207	21590
河 南	3108	2175	1490	1658		
湖 北	3252	454	3252	454	2800	454
湖 南	21018	19002	21018	19002	21018	19002
广 东	202	986	202	986	181	986
广 西						
海 南						
重 庆	977		977			
四 川						
贵 州						
云 南						
西 藏						
陕 西						
甘 肃						
青 海						
宁 夏	1819	1996				
新 疆						

单位：万元

非自有配送中心配送商品购进额		商品销售总额		零售额	
2012年	2011年	2012年	2011年	2012年	2011年
4097	**2324**	**369172**	**345824**	**360137**	**334734**
		176554	147116	176554	147116
		130	100	130	100
		4442	4173	4442	4173
		18139	19956	15683	18801
		513	162	513	162
	311	43593	46443	42974	45776
3120	2013	65289	67648	65289	67648
		21550	30363	16676	21202
		3073	2305	3073	2305
		3067	217	3067	217
		27323	24703	27323	24703
		2709	687	1622	580
977		1004		1004	
		1787	1950	1787	1950

2-18 续表 12

纺织、服装及日用品专门零售

地 区	商品购进总额		统一配送商品购进额		自有配送中心配送商品购进额	
	2012年	2011年	2012年	2011年	2012年	2011年
全 国	**265557**	**277748**	**245621**	**268528**	**232126**	**257262**
北 京	5137	3550	5137	3550		
天 津						
河 北						
山 西	6217	5833	6217	5833		
内蒙古						
辽 宁	50	45	50	45	50	45
吉 林						
黑龙江						
上 海	46951	45300	46951	45300	46951	45300
江 苏	25307	1014	25307	1014	25084	880
浙 江	11531	17784	11531	17784	11531	17784
安 徽						
福 建	2710	2511				
江 西						
山 东						
河 南	158	103	158	103		
湖 北	597	512	597	512	597	512
湖 南						
广 东	134468	169787	134468	169787	132708	168142
广 西						
海 南						
重 庆	17226	6709				
四 川	1667	12541	1667	12541	1667	12541
贵 州						
云 南						
西 藏						
陕 西	13538	12058	13538	12058	13538	12058
甘 肃						
青 海						
宁 夏						
新 疆						

单位：万元

非自有配送中心配送商品购进额		商品销售总额		零售额	
2012年	2011年	2012年	2011年	2012年	2011年
2696	**2360**	**451996**	**493526**	**277314**	**297695**
713	580	8078	7359	8078	7359
		6217	5833	6217	5833
		69	63	69	63
		94537	90039	30871	32141
223	134	18040	1354	18040	1354
		17625	23423	17625	23423
		2800	3424	2800	3424
		158	103	158	103
		560	482	560	482
1760	1646	247787	318292	150955	192892
		22619	7606	22601	7606
		14166	17027		17027
		19340	18520	19340	5987

2-18 续表 13

文化、体育用品及器材专门零售

地区	商品购进总额		统一配送商品购进额		自有配送中心配送商品购进额	
	2012年	2011年	2012年	2011年	2012年	2011年
全国	**3358**	**32635**	**3358**	**32635**	**2822**	**31889**
北京	536	745	536	745		
天津						
河北						
山西						
内蒙古						
辽宁						
吉林						
黑龙江						
上海						
江苏						
浙江						
安徽						
福建						
江西						
山东						
河南						
湖北						
湖南						
广东	98	280	98	280	98	280
广西						
海南						
重庆	208	29423	208	29423	208	29423
四川	2516	2185	2516	2185	2516	2185
贵州						
云南						
西藏						
陕西						
甘肃						
青海						
宁夏						
新疆						

单位：万元

非自有配送中心配送商品购进额		商品销售总额		零售额	
2012年	2011年	2012年	2011年	2012年	2011年
536	**745**	**2911**	**31898**	**2911**	**26562**
536	745	93	66	93	66
		94	223	94	223
		208	29423	208	24088
		2516	2185	2516	2185

2-18 续表 14

医药及医疗器材专门零售

地　区	商品购进总额		统一配送商品购进额		自有配送中心配送商品购进额	
	2012年	2011年	2012年	2011年	2012年	2011年
全　国	**422185**	**356167**	**364551**	**307617**	**153364**	**133506**
北　京	44512	40254	44074	39812	6947	12342
天　津	3821	4577	3821	4577	3176	3940
河　北						
山　西						
内蒙古	664	771	664	771	664	771
辽　宁	1480	2716	1480	2716		
吉　林						
黑龙江						
上　海	62984	58068	57254	52637	2745	2802
江　苏	6613	5939	5799	5420	4636	3240
浙　江	33420	27495	29246	23667	23555	19179
安　徽						
福　建	4552	6373	4552	3849		3382
江　西						
山　东	1969	2957	1819	2836	20	1110
河　南	18301	16850	7727	7433	5500	4301
湖　北	8533	7248	7933	7248	3441	3413
湖　南	48613	43531	45026	40594	13293	11669
广　东	68973	44476	68973	44476	40988	23739
广　西	7853	7162	7853	7162	7499	6796
海　南						
重　庆	56514	47244	38861	35428	28866	27248
四　川	16359	9567	12142	5446	7347	4831
贵　州	13427	12665	13427	12665		
云　南	4962	3143	4962	3143		
西　藏						
陕　西	13351	9862	4251	2994		
甘　肃						
青　海	472	260	472	260	472	260
宁　夏						
新　疆	4813	5010	4215	4484	4215	4484

单位：万元

非自有配送中心配送商品购进额		商品销售总额		零售额	
2012年	2011年	2012年	2011年	2012年	2011年
114571	**79245**	**589442**	**416093**	**574651**	**402273**
37128	27470	52712	48906	52712	48906
645	637	3346	5895	3326	5678
		286	593	286	593
		18323	15288	18323	15288
35630	31437	78750	75266	78750	75266
994	2060	7158	7084	6943	7084
3659	2726	42092	34518	42092	34518
4552	90	9569	7690	9569	7690
		17857	2091	17857	2072
		19092	16592	12636	11263
4448	3801	12372	9648	12372	9648
875	1967	54660	44379	54660	44379
17889	2888	110961	19031	110961	19031
		13571	8783	13571	8783
8753	6169	82967	68235	79341	64080
		24373	19623	24373	19173
		14729	12381	14729	12381
		5231	4399	757	751
		14751	10240	14751	10240
		404	260	404	260
		6241	5190	6241	5190

2-18 续表 15

汽车、摩托车、燃料及零配件专门零售

地区	商品购进总额		统一配送商品购进额		自有配送中心配送商品购进额	
	2012年	2011年	2012年	2011年	2012年	2011年
全国	**705180**	**541492**	**705180**	**540136**	**189745**	**53877**
北京						
天津						
河北						
山西						
内蒙古						
辽宁						
吉林						
黑龙江						
上海						
江苏	345	477	345	477	345	477
浙江						
安徽						
福建						
江西						
山东						
河南	305677	277929	305677	277929		
湖北						
湖南						
广东	388946	248871	388946	248871	189400	53400
广西						
海南						
重庆		1356				
四川						
贵州						
云南						
西藏						
陕西	2026	3660	2026	3660		
甘肃	8186	9199	8186	9199		
青海						
宁夏						
新疆						

单位：万元

非自有配送中心配送商品购进额		商品销售总额		零售额	
2012年	2011年	2012年	2011年	2012年	2011年
199546	**195471**	**721484**	**592006**	**646986**	**502542**
		607	781	607	781
		363425	337652	305677	277929
199546	195471	338895	236257	338895	220099
			1595		1595
		1807	2138	1807	2138
		16750	13583		

2-18 续表 16

家用电器及电子产品专门零售

地区	商品购进总额		统一配送商品购进额		自有配送中心配送商品购进额	
	2012年	2011年	2012年	2011年	2012年	2011年
全国	**241635**	**223239**	**241635**	**221486**	**47276**	**41260**
北京						
天津						
河北						
山西						
内蒙古						
辽宁						
吉林						
黑龙江						
上海						
江苏	33247	25321	33247	25321	33247	25321
浙江	3161	6108	3161	6108		
安徽	1288	2180	1288	2180	1288	2180
福建	191197	174118	191197	174118		
江西						
山东						
河南	276	303	276	303	276	303
湖北	12080	14673	12080	12920	12080	12920
湖南						
广东						
广西	386	537	386	537	386	537
海南						
重庆						
四川						
贵州						
云南						
西藏						
陕西						
甘肃						
青海						
宁夏						
新疆						

单位：万元

非自有配送中心配送商品购进额		商品销售总额		零售额	
2012年	2011年	2012年	2011年	2012年	2011年
191197	**174118**	**239826**	**238481**	**239826**	**237461**
		34276	26104	34276	26104
		3441	6641	3441	6641
		1431	2422	1431	2422
191197	174118	181637	165412	181637	165412
		292	289	292	289
		16166	36864	16166	35844
		2584	750	2584	750

2-18 续表 17

货摊、无店铺及其他零售业

地区	商品购进总额		统一配送商品购进额		自有配送中心配送商品购进额	
	2012年	2011年	2012年	2011年	2012年	2011年
全　国	**951**	**67**	**951**	**67**	**68**	**67**
北　京						
天　津						
河　北						
山　西						
内蒙古						
辽　宁						
吉　林						
黑龙江						
上　海						
江　苏	68	67	68	67	68	67
浙　江						
安　徽						
福　建						
江　西						
山　东						
河　南						
湖　北						
湖　南						
广　东	883		883			
广　西						
海　南						
重　庆						
四　川						
贵　州						
云　南						
西　藏						
陕　西						
甘　肃						
青　海						
宁　夏						
新　疆						

单位：万元

非自有配送中心配送商品购进额		商品销售总额		零售额	
2012年	2011年	2012年	2011年	2012年	2011年
883		**899**	**67**	**899**	**67**
		68	67	68	67
883		831		831	

2-19 按业态分各地区连锁零售企业基本情况

便利店

地　区	连锁总店数（个）	门店数（个）		年末从业人员（人）		年末零售营业面积（平方米）	
	2012年	2012年	2011年	2012年	2011年	2012年	2011年
全　国	**84**	**13277**	**13382**	**69518**	**70379**	**1111722**	**1112337**
北　京	6	920	873	3948	3356	94481	85199
天　津	2	249	168	2624	2325	57812	65139
河　北	4	360	372	1354	1465	28728	30124
山　西	2	1204	1045	5651	4885	56467	46708
内蒙古							
辽　宁	3	339	353	1774	1883	21137	19348
吉　林							
黑龙江	1	249	262	1239	1067	57300	59270
上　海	9	5979	6464	32771	35425	371198	407886
江　苏	12	395	471	2693	3195	44896	48304
浙　江	9	1098	1144	3069	3182	68551	72672
安　徽	2	69	50	620	533	25096	12272
福　建	7	177	165	916	802	14869	14550
江　西	1	115	83	247	220	10500	8000
山　东	3	65	45	725	576	38295	36255
河　南	2	70	68	515	426	12646	5200
湖　北	1	30	32	270	280	2000	1920
湖　南	1	2	2	33	30	486	486
广　东	8	1237	1159	6156	6625	100273	99980
广　西	2	114	97	972	862	10546	9516
海　南							
重　庆	1	48	79	100	187	790	790
四　川	2	181	126	2129	1448	29271	25488
贵　州	2	80	86	438	458	8067	8851
云　南	1	128	115	420	342	12314	12023
西　藏							
陕　西	2	47	43	394	433	15999	15997
甘　肃							
青　海							
宁　夏							
新　疆	1	121	80	460	374	30000	26359

2-19 续表 1

折扣店

地区	连锁总店数(个)	门店数(个)		年末从业人员(人)		年末零售营业面积(平方米)	
	2012年	2012年	2011年	2012年	2011年	2012年	2011年
全国	**3**	**432**	**412**	**4403**	**4084**	**185354**	**162192**
北京	2	116	119	1688	1459	78873	76778
天津							
河北							
山西							
内蒙古							
辽宁							
吉林							
黑龙江							
上海	1	316	293	2715	2625	106481	85414
江苏							
浙江							
安徽							
福建							
江西							
山东							
河南							
湖北							
湖南							
广东							
广西							
海南							
重庆							
四川							
贵州							
云南							
西藏							
陕西							
甘肃							
青海							
宁夏							
新疆							

2-19 续表 2

超市

地区	连锁总店数(个)	门店数(个)		年末从业人员(人)		年末零售营业面积(平方米)	
	2012年	2012年	2011年	2012年	2011年	2012年	2011年
全国	**388**	**31016**	**30216**	**486530**	**470880**	**17712543**	**16466423**
北京	20	1483	1556	50763	43525	1822760	1703339
天津	6	498	564	4290	4654	78650	79267
河北	15	270	259	7724	7325	438633	391523
山西	9	82	84	3852	3825	172827	161471
内蒙古	5	83	83	1311	1357	61665	76695
辽宁	11	644	590	4265	4353	142928	136571
吉林	4	74	52	2135	1757	93216	68040
黑龙江	4	62	60	6939	6829	141722	141452
上海	10	6097	6616	104039	113646	3412547	3473796
江苏	17	655	579	8402	8017	199707	200308
浙江	44	3643	3312	34174	34752	1390344	1365321
安徽	30	1292	1216	25435	23890	1169030	972535
福建	19	205	188	6520	5705	223532	174196
江西	6	101	84	3814	3274	149389	123532
山东	25	1910	1805	39031	34921	2706171	2372244
河南	24	825	747	6798	6154	200046	192038
湖北	16	1779	1623	70223	67273	1871512	1679360
湖南	16	778	739	7135	6687	170446	151033
广东	32	526	502	18344	18482	752557	700234
广西	5	286	268	5411	5289	190461	173724
海南	1	13	12	317	214	22140	18140
重庆	19	3488	3396	32141	28609	958900	895780
四川	29	5444	5206	30656	28947	829633	750704
贵州	3	126	54	1875	623	32220	17124
云南	4	413	399	3909	4248	172773	160371
西藏							
陕西	5	64	63	2357	2426	110109	108397
甘肃	1	22	20	512	495	22240	16990
青海	1	29	29	1078	1049	23739	25883
宁夏	3	75	69	1143	1156	43742	41184
新疆	4	49	41	1937	1398	108904	95171

2-19 续表 3

大型超市

地区	连锁总店数(个)	门店数(个)		年末从业人员(人)		年末零售营业面积(平方米)	
	2012年	2012年	2011年	2012年	2011年	2012年	2011年
全国	**180**	**11947**	**11395**	**531595**	**509911**	**27448581**	**24500514**
北京	11	104	94	26297	24643	980762	940187
天津	4	37	36	9102	9783	589870	474480
河北	4	55	47	5036	5593	383015	277895
山西	3	65	39	9343	5300	460746	293995
内蒙古							
辽宁	11	1069	1063	18319	16550	771950	659527
吉林	2	6	7	444	663	42579	39500
黑龙江	1	10	8	2272	1596	94661	75729
上海	10	283	265	83901	86807	3540801	3208110
江苏	25	3754	3564	129757	131247	4986618	4722323
浙江	20	4667	4576	26887	26562	1400357	1420677
安徽	3	26	22	6645	5298	336507	273299
福建	8	263	223	33389	32352	3266950	2405960
江西	5	29	21	4411	3767	295717	244390
山东	7	83	73	21773	18537	1107091	1152809
河南	21	516	490	38458	31098	1942997	1642250
湖北	6	71	69	11815	12891	946377	940069
湖南	6	174	162	17861	17382	1697502	1591016
广东	17	523	438	55954	54196	3152615	2866339
广西	1	33	28	5630	4776	334301	332778
海南							
重庆	1	7	7	2000	2000	70000	70000
四川	2	25	23	5628	5477	415133	240515
贵州							
云南	2	17	15	5121	4878	179106	237579
西藏	1	2	2	635	548	20600	20600
陕西	1	7	15	2327	1376	48935	85479
甘肃							
青海	2	5	4	852	755	46164	41498
宁夏	2	96	70	4411	2535	195014	114597
新疆	4	20	34	3327	3301	142213	128913

2-19 续表 4

仓储会员店

地区	连锁总店数（个）	门店数（个）		年末从业人员（人）		年末零售营业面积（平方米）	
	2012年	2012年	2011年	2012年	2011年	2012年	2011年
全国	**5**	**351**	**270**	**13981**	**12076**	**904401**	**837114**
北京	1	7	7	2683	2744	130869	130869
天津							
河北							
山西							
内蒙古							
辽宁							
吉林							
黑龙江							
上海	1	64	52	10258	8558	722752	664300
江苏							
浙江	2	274	205	572	407	23680	15945
安徽							
福建							
江西							
山东							
河南							
湖北	1	6	6	468	367	27100	26000
湖南							
广东							
广西							
海南							
重庆							
四川							
贵州							
云南							
西藏							
陕西							
甘肃							
青海							
宁夏							
新疆							

2-19 续表 5

百货店

地区	连锁总店数(个)	门店数(个)		年末从业人员(人)		年末零售营业面积(平方米)	
	2012年	2012年	2011年	2012年	2011年	2012年	2011年
全　国	**101**	**4377**	**3972**	**255129**	**250204**	**16967286**	**17414663**
北　京	6	59	57	15359	15139	1754065	1644865
天　津							
河　北	4	71	72	8809	5695	545460	538260
山　西	2	10	10	9726	7431	122802	137797
内蒙古	1	5	5	1840	1724	31000	31000
辽　宁							
吉　林	1	60	60	481	545	134556	134556
黑龙江	1	11	10	443	427	16000	14000
上　海	3	136	114	3335	3316	213213	188070
江　苏	7	1242	1195	23353	23380	832498	724178
浙　江	7	409	371	7462	7020	581469	547518
安　徽	5	302	291	32938	32381	1353860	1303002
福　建	3	30	26	2184	1579	89107	87710
江　西	4	42	40	8667	8762	567134	491863
山　东	7	691	609	54267	62869	4110842	4095044
河　南	3	13	13	1350	1401	57680	57680
湖　北	3	204	169	17659	16087	1693754	1531423
湖　南	3	12	12	786	766	55031	56531
广　东	18	589	440	28864	25614	2484183	3638994
广　西	3	37	36	1736	1764	86022	70818
海　南							
重　庆	6	311	297	21840	20098	1359996	1224019
四　川	6	29	31	6280	6575	381077	383601
贵　州	1	6	6	185	63	1862	3800
云　南	2	7	8	363	524	26729	50263
西　藏							
陕　西	3	16	15	4846	4698	410971	401696
甘　肃							
青　海	1	3	3	2260	2250	54800	54800
宁　夏							
新　疆	1	82	82	96	96	3175	3175

2-19 续表 6

专业店(含加油站)

地区	连锁总店数(个)	门店数(个)		年末从业人员(人)		年末零售营业面积(平方米)	
	2012年	2012年	2011年	2012年	2011年	2012年	2011年
全　国	**1383**	**89227**	**87984**	**937905**	**931911**	**64803842**	**64082794**
北　京	60	2575	2755	35661	41105	1565209	1682362
天　津	15	625	609	13287	12576	1143746	1085646
河　北	58	3504	3464	28430	28488	4494390	4457424
山　西	24	967	912	11394	11085	764478	733802
内蒙古	7	104	116	1046	1100	33665	35710
辽　宁	58	3511	3233	42229	37386	3164871	3157454
吉　林	16	679	707	7650	8263	220630	342488
黑龙江	28	1396	1255	11947	11280	347267	341611
上　海	33	3239	3217	37190	38140	1490585	1457346
江　苏	92	8496	8590	211587	246947	12482055	12647069
浙　江	122	10549	10245	64789	64205	6780222	6676674
安　徽	24	5656	5204	30584	30312	2298464	2116999
福　建	74	2304	2177	24524	24614	2250746	2204228
江　西	49	2035	1894	31413	27637	1726361	1612179
山　东	72	3246	2846	23509	22870	1514403	1366301
河　南	86	3478	3515	23950	26398	4278161	4221928
湖　北	66	2529	2490	36966	32149	1238985	1202411
湖　南	52	3577	3508	28849	28756	2967557	2949714
广　东	131	8972	8888	89366	93845	6240301	6061011
广　西	51	2995	2897	25476	25111	2687544	2540771
海　南	5	493	549	5400	5191	297490	280371
重　庆	41	6303	6146	29198	28486	1234042	890438
四　川	55	3021	3532	54404	18143	609244	686024
贵　州	16	714	623	3977	3492	68555	62702
云　南	30	2772	2775	25279	24267	1463358	1477484
西　藏							
陕　西	13	500	518	7419	7857	100705	99082
甘　肃	8	294	277	2795	2980	384032	411049
青　海	6	55	51	1756	1857	57271	51547
宁　夏	14	1313	1701	6236	6375	379904	410335
新　疆	77	3325	3290	21594	20996	2519601	2820634

2-19 续表 7

加油站

地区	连锁总店数(个)	门店数(个)		年末从业人员(人)		年末零售营业面积(平方米)	
	2012年	2012年	2011年	2012年	2011年	2012年	2011年
全　国	**230**	**25300**	**24885**	**259782**	**264566**	**36662551**	**36235594**
北　京	2	672	682	8852	9334	337550	320644
天　津	2	233	235	6116	5444	710101	711200
河　北	23	2665	2695	20381	20612	4235957	4185775
山　西	4	447	448	3731	3765	417230	420325
内蒙古							
辽　宁	10	1022	999	14789	14883	1769270	1987224
吉　林	1	254	270	3222	3050	17000	150000
黑龙江	1	34	33	420	444	1003	960
上　海	2	735	717	10862	10637	288249	281819
江　苏	3	3137	3200	30198	34998	5108000	5189000
浙　江	2	2485	2449	29703	29481	5585652	5500843
安　徽	3	1919	1588	11768	12175	1027509	887606
福　建	25	1297	1224	14752	14134	1809387	1766124
江　西	21	1259	1219	11645	11393	1389967	1340241
山　东	9	481	475	3301	3703	392036	357420
河　南	13	1184	1227	6439	6371	2622642	2539448
湖　北	11	842	871	10187	10845	337548	353431
湖　南	22	1374	1372	10901	10254	1800745	1734062
广　东	20	1411	1385	16695	17738	2621740	2511781
广　西	27	1453	1422	14721	14940	2430167	2302380
海　南	2	336	327	3944	3975	271973	262173
重　庆	2	722	698	9196	9391	657544	351636
四　川	2	123	147	1465	1487	50032	50078
贵　州							
云　南	2	251	266	3455	3337	786616	781939
西　藏							
陕　西							
甘　肃	2	97	99	651	663	136665	136600
青　海							
宁　夏							
新　疆	19	867	837	12388	11512	1857968	2112885

2-19 续表 8

专卖店

地 区	连锁总店数（个）	门店数（个）		年末从业人员（人）		年末零售营业面积（平方米）	
	2012年	2012年	2011年	2012年	2011年	2012年	2011年
全 国	**305**	**28939**	**36603**	**174316**	**186046**	**4712117**	**4989077**
北 京	26	1544	1360	12467	13590	201521	175890
天 津	9	477	484	7168	6928	744099	762876
河 北	3	39	48	224	272	6956	8803
山 西	3	52	54	516	520	5280	4666
内蒙古	4	44	42	825	1034	87299	77126
辽 宁	9	273	274	2034	2323	347900	346615
吉 林	5	79	78	876	720	10236	11030
黑龙江	1	33	33	126	125	400	400
上 海	16	3177	2989	17936	17014	317767	308151
江 苏	18	1164	848	5433	4208	97148	74231
浙 江	19	7159	6744	36568	30665	498032	405589
安 徽	4	213	172	1214	972	27350	25700
福 建	27	921	899	8798	9784	308151	315449
江 西	9	1067	910	3303	2292	45632	41936
山 东	14	3144	3113	6735	6328	259476	645356
河 南	14	468	557	2292	2206	74324	68408
湖 北	23	707	658	7985	7694	134876	133544
湖 南	9	716	1133	3636	3749	55515	68847
广 东	44	5902	14532	29732	49170	704959	864253
广 西							
海 南							
重 庆	13	260	275	3364	4400	206469	199350
四 川	8	557	520	12018	10380	182867	166038
贵 州	2	25	28	178	198	2443	2467
云 南	4	315	339	930	1013	20554	23113
西 藏	1	13	13	65	75	3754	4130
陕 西	2	25	25	1950	1972	2620	2620
甘 肃	9	355	301	3961	3807	250196	80344
青 海							
宁 夏	2	124	100	451	460	650	214
新 疆	7	86	74	3531	4147	115643	171931

2-19 续表 9

家居建材商店

地区	连锁总店数(个)	门店数(个)		年末从业人员(人)		年末零售营业面积(平方米)	
	2012年	2012年	2011年	2012年	2011年	2012年	2011年
全国	**13**	**49**	**55**	**3853**	**4391**	**324119**	**354594**
北京	2	2	3	791	749	52000	57304
天津	1	7	9	232	268	4029	4000
河北							
山西							
内蒙古							
辽宁							
吉林							
黑龙江							
上海	4	19	22	1735	2341	101747	126947
江苏	2	3	3	303	335	85438	85438
浙江							
安徽							
福建							
江西							
山东	1	2	2	61	70	6700	6700
河南							
湖北							
湖南							
广东	2	14	14	585	471	47205	47205
广西							
海南							
重庆							
四川	1	2	2	146	157	27000	27000
贵州							
云南							
西藏							
陕西							
甘肃							
青海							
宁夏							
新疆							

2-19 续表 10

厂家直销中心

地　区	连锁总店数（个）	门店数（个）		年末从业人员（人）		年末零售营业面积（平方米）	
	2012年	2012年	2011年	2012年	2011年	2012年	2011年
全　国	**3**	**14**	**14**	**349**	**344**	**5776**	**5776**
北　京							
天　津							
河　北							
山　西							
内蒙古							
辽　宁							
吉　林							
黑龙江							
上　海							
江　苏							
浙　江	1	4	4	71	66	196	196
安　徽							
福　建							
江　西							
山　东							
河　南							
湖　北	1	4	4	250	250	5000	5000
湖　南							
广　东							
广　西							
海　南							
重　庆	1	6	6	28	28	580	580
四　川							
贵　州							
云　南							
西　藏							
陕　西							
甘　肃							
青　海							
宁　夏							
新　疆							

2-19 续表 11

其他

地 区	连锁总店数（个）	门店数（个）		年末从业人员（人）		年末零售营业面积（平方米）	
	2012年	2012年	2011年	2012年	2011年	2012年	2011年
全 国	**59**	**13241**	**12945**	**85905**	**83543**	**13482807**	**12885943**
北 京							
天 津	1	22	22	852	942	8820	8820
河 北							
山 西	1	8	6	229	223	2153	2743
内蒙古							
辽 宁							
吉 林							
黑龙江							
上 海							
江 苏	4	2591	2432	6651	5632	2471	2321
浙 江	4	1693	1475	3492	3293	85850	76438
安 徽	1	1975	1970	307	303	121600	121000
福 建	2	22	22	772	975	24013	24078
江 西							
山 东	10	1186	1267	20559	18138	2354290	1970100
河 南							
湖 北							
湖 南	3	67	61	3879	3902	187340	220126
广 东	21	4453	4437	46021	46880	10583955	10343146
广 西							
海 南							
重 庆	9	1094	1123	2265	2363	51670	53930
四 川	1	96	96	220	260	2809	4377
贵 州							
云 南							
西 藏							
陕 西							
甘 肃							
青 海	1	6	6	620	593	57700	57700
宁 夏							
新 疆	1	28	28	38	39	136	1164

2-20　按业态分各地区连锁零售企业直营门店基本情况

便利店

地　区	门店数(个)		年末从业人员(人)		年末零售营业面积(平方米)	
	2012年	2011年	2012年	2011年	2012年	2011年
全　国	**8327**	**8761**	**51646**	**53485**	**809302**	**834975**
北　京	540	482	3179	2609	65778	56001
天　津	249	168	2624	2325	57812	65139
河　北	89	96	1083	1244	9758	11324
山　西	101	102	670	592	5096	4872
内蒙古						
辽　宁	327	341	1738	1847	19637	17848
吉　林						
黑龙江	249	262	1239	1067	57300	59270
上　海	3770	4307	23411	25835	247366	293696
江　苏	364	430	2600	3064	44006	46594
浙　江	516	608	1683	1952	29197	35706
安　徽	68	49	610	523	24896	12072
福　建	119	117	645	720	12336	12230
江　西	1	1	22	18	600	600
山　东	65	45	725	576	38295	36255
河　南	70	68	515	426	12646	5200
湖　北	30	32	270	280	2000	1920
湖　南	2	2	33	30	486	486
广　东	1148	1082	6036	6509	95290	95416
广　西	114	97	972	862	10546	9516
海　南						
重　庆	48	79	100	187	790	790
四　川	179	126	2099	1448	29087	25488
贵　州	80	86	438	458	8067	8851
云　南	128	115	420	342	12314	12023
西　藏						
陕　西	47	43	394	433	15999	15997
甘　肃						
青　海						
宁　夏						
新　疆	23	23	140	138	10000	7681

2-20 续表 1

折扣店

地区	门店数(个)		年末从业人员(人)		年末零售营业面积(平方米)	
	2012年	2011年	2012年	2011年	2012年	2011年
全国	**262**	**284**	**3693**	**3201**	**152012**	**139524**
北京	85	85	1591	1132	72218	69648
天津						
河北						
山西						
内蒙古						
辽宁						
吉林						
黑龙江						
上海	177	199	2102	2069	79794	69876
江苏						
浙江						
安徽						
福建						
江西						
山东						
河南						
湖北						
湖南						
广东						
广西						
海南						
重庆						
四川						
贵州						
云南						
西藏						
陕西						
甘肃						
青海						
宁夏						
新疆						

2-20 续表 2

超市

地区	门店数(个)		年末从业人员(人)		年末零售营业面积(平方米)	
	2012年	2011年	2012年	2011年	2012年	2011年
全 国	**15228**	**14368**	**429771**	**407531**	**16218115**	**14581715**
北 京	860	796	44902	37739	1695147	1558587
天 津	498	564	4290	4654	78650	79267
河 北	166	164	7400	7040	430053	383523
山 西	82	84	3852	3825	172827	161471
内蒙古	61	61	1241	1272	59496	74446
辽 宁	199	174	2717	2825	104340	100874
吉 林	74	52	2135	1757	93216	68040
黑龙江	62	60	6939	6829	141722	141452
上 海	3193	3234	86182	88735	3046996	2698923
江 苏	244	258	6519	6491	133967	134982
浙 江	1083	1031	29500	30413	1227829	1224645
安 徽	707	646	19864	18336	999517	807707
福 建	205	188	6520	5705	223532	174196
江 西	101	84	3814	3274	149389	123532
山 东	1372	1276	37108	33015	2632071	2298044
河 南	194	190	5746	5295	163290	158788
湖 北	1696	1531	67733	64559	1835239	1639053
湖 南	149	144	7016	6591	136436	126025
广 东	504	461	16825	16643	740657	682398
广 西	107	104	3650	3749	117951	109981
海 南	13	12	317	214	22140	18140
重 庆	507	421	28510	24738	821525	748937
四 川	2746	2523	24986	23323	730918	655049
贵 州	126	54	1875	623	32220	17124
云 南	68	63	3292	3549	155420	143331
西 藏						
陕 西	64	63	2357	2426	110109	108397
甘 肃	10	8	512	495	22240	16990
青 海	29	29	1078	1049	23739	25883
宁 夏	75	66	1143	1144	43742	39926
新 疆	33	27	1748	1223	73737	62004

2-20 续表 3

大型超市

地区	门店数(个)		年末从业人员(人)		年末零售营业面积(平方米)	
	2012年	2011年	2012年	2011年	2012年	2011年
全国	**5367**	**4960**	**447377**	**421154**	**24318206**	**21495109**
北京	104	94	26297	24643	980762	940187
天津	37	36	9102	9783	589870	474480
河北	55	47	5036	5593	383015	277895
山西	65	39	9343	5300	460746	293995
内蒙古						
辽宁	57	51	13974	12205	657480	545057
吉林	6	7	444	663	42579	39500
黑龙江	10	8	2272	1596	94661	75729
上海	181	173	38978	40645	1540401	1425810
江苏	2251	2065	106903	104426	4420797	4049648
浙江	726	781	19588	19757	1122149	1155076
安徽	26	22	6645	5298	336507	273299
福建	263	223	33389	32352	3266950	2405960
江西	29	21	4411	3767	295717	244390
山东	83	73	21773	18537	1107091	1152809
河南	516	490	38458	31098	1942997	1642250
湖北	71	69	11815	12891	946377	940069
湖南	174	162	17861	17382	1697502	1591016
广东	510	426	52267	50707	3015139	2729680
广西	33	28	5630	4776	334301	332778
海南						
重庆	7	7	2000	2000	70000	70000
四川	25	23	5628	5477	415133	240515
贵州						
云南	17	15	5121	4878	179106	237579
西藏	2	2	635	548	20600	20600
陕西	7	15	2327	1376	48935	85479
甘肃						
青海	5	4	852	755	46164	41498
宁夏	96	70	4411	2535	195014	114597
新疆	11	9	2217	2166	108213	95213

2-20 续表 4

仓储会员店

地区	门店数(个)		年末从业人员(人)		年末零售营业面积(平方米)	
	2012年	2011年	2012年	2011年	2012年	2011年
全　国	**79**	**69**	**13431**	**11728**	**886721**	**829249**
北　京	7	7	2683	2744	130869	130869
天　津						
河　北						
山　西						
内蒙古						
辽　宁						
吉　林						
黑龙江						
上　海	64	52	10258	8558	722752	664300
江　苏						
浙　江	2	4	22	59	6000	8080
安　徽						
福　建						
江　西						
山　东						
河　南						
湖　北	6	6	468	367	27100	26000
湖　南						
广　东						
广　西						
海　南						
重　庆						
四　川						
贵　州						
云　南						
西　藏						
陕　西						
甘　肃						
青　海						
宁　夏						
新　疆						

2-20 续表 5

百货店

地　区	门店数(个)		年末从业人员(人)		年末零售营业面积(平方米)	
	2012年	2011年	2012年	2011年	2012年	2011年
全　国	**2565**	**2283**	**236049**	**232136**	**16293083**	**16729789**
北　京	59	57	15359	15139	1754065	1644865
天　津						
河　北	71	72	8809	5695	545460	538260
山　西	10	10	9726	7431	122802	137797
内蒙古	5	5	1840	1724	31000	31000
辽　宁						
吉　林	60	60	481	545	134556	134556
黑龙江	11	10	443	427	16000	14000
上　海	136	114	3335	3316	213213	188070
江　苏	127	102	18219	18358	655128	551628
浙　江	203	185	6737	6310	551099	517208
安　徽	261	254	24758	25001	1251253	1180495
福　建	30	26	2184	1579	89107	87710
江　西	31	29	5852	5909	407134	331863
山　东	326	321	52634	61361	4072154	4060705
河　南	13	13	1350	1401	57680	57680
湖　北	204	169	17659	16087	1693754	1531423
湖　南	12	12	786	766	55031	56531
广　东	585	436	28860	25610	2469183	3623994
广　西	37	36	1736	1764	86022	70818
海　南						
重　庆	311	297	21840	20098	1359996	1224019
四　川	29	31	6280	6575	381077	383601
贵　州	6	6	185	63	1862	3800
云　南	7	8	363	524	26729	50263
西　藏						
陕　西	12	11	4336	4186	262971	253696
甘　肃						
青　海	3	3	2260	2250	54800	54800
宁　夏						
新　疆	16	16	17	17	1007	1007

2-20 续表 6

专业店(含加油站)

地区	门店数(个)		年末从业人员(人)		年末零售营业面积(平方米)	
	2012年	2011年	2012年	2011年	2012年	2011年
全　国	**67450**	**66025**	**838883**	**872048**	**63325493**	**62554845**
北　京	2299	2347	34255	39417	1524006	1628454
天　津	583	560	13151	12451	1139111	1081011
河　北	3504	3464	28430	28488	4494390	4457424
山　西	967	912	11394	11085	764478	733802
内蒙古	70	70	1013	1061	31995	33882
辽　宁	3342	3062	41311	36436	3140376	3133126
吉　林	679	707	7650	8263	220630	342488
黑龙江	1396	1255	11947	11280	347267	341611
上　海	1926	1958	30342	31561	1367164	1342552
江　苏	8117	8173	210663	245985	12458835	12622079
浙　江	6767	6738	57450	57152	6471836	6373435
安　徽	2791	2421	23414	23347	2298464	2115199
福　建	2209	2076	24296	24312	2248066	2200830
江　西	2035	1894	31413	27637	1726361	1612179
山　东	2481	2294	21706	21397	1459450	1322881
河　南	3086	3115	22238	24819	4200746	4138631
湖　北	2192	2166	35561	31222	1208572	1176849
湖　南	2721	2683	26010	26020	2856945	2839731
广　东	7153	6974	82235	85890	5974828	5792882
广　西	2263	2177	22835	22523	2634288	2489979
海　南	493	549	5400	5191	297490	280371
重　庆	2120	2114	20677	20551	1096107	776651
四　川	1170	1327	12013	14043	520083	583396
贵　州	491	423	3345	2850	55619	51343
云　南	2699	2726	25117	24142	1455213	1425313
西　藏						
陕　西	358	386	5904	6164	77885	76812
甘　肃	293	275	2776	2953	382932	410049
青　海	33	28	1734	1834	57271	51547
宁　夏	346	312	3468	3465	311354	316775
新　疆	2866	2839	21135	20509	2503731	2803563

2-20 续表 7

加油站

地区	门店数(个)		年末从业人员(人)		年末零售营业面积(平方米)	
	2012年	2011年	2012年	2011年	2012年	2011年
全　国	**25197**	**24793**	**258564**	**263469**	**36620801**	**36197474**
北　京	672	682	8852	9334	337550	320644
天　津	233	235	6116	5444	710101	711200
河　北	2665	2695	20381	20612	4235957	4185775
山　西	447	448	3731	3765	417230	420325
内蒙古						
辽　宁	1022	999	14789	14883	1769270	1987224
吉　林	254	270	3222	3050	17000	150000
黑龙江	34	33	420	444	1003	960
上　海	644	637	9785	9681	257579	254779
江　苏	3137	3200	30198	34998	5108000	5189000
浙　江	2485	2449	29703	29481	5585652	5500843
安　徽	1919	1588	11768	12175	1027509	887606
福　建	1297	1224	14752	14134	1809387	1766124
江　西	1259	1219	11645	11393	1389967	1340241
山　东	481	475	3301	3703	392036	357420
河　南	1184	1227	6439	6371	2622642	2539448
湖　北	842	871	10187	10845	337548	353431
湖　南	1374	1372	10901	10254	1800745	1734062
广　东	1400	1374	16565	17608	2610740	2500781
广　西	1452	1421	14710	14929	2430087	2302300
海　南	336	327	3944	3975	271973	262173
重　庆	722	698	9196	9391	657544	351636
四　川	123	147	1465	1487	50032	50078
贵　州						
云　南	251	266	3455	3337	786616	781939
西　藏						
陕　西						
甘　肃	97	99	651	663	136665	136600
青　海						
宁　夏						
新　疆	867	837	12388	11512	1857968	2112885

2-20 续表 8

专卖店

地区	门店数(个)		年末从业人员(人)		年末零售营业面积(平方米)	
	2012年	2011年	2012年	2011年	2012年	2011年
全国	**13255**	**12599**	**115947**	**114441**	**3890458**	**4057653**
北京	978	878	8556	10119	144220	130274
天津	476	483	7163	6924	744029	762806
河北	39	48	224	272	6956	8803
山西	44	46	422	426	3640	3710
内蒙古	44	42	825	1034	87299	77126
辽宁	182	183	1792	2106	339350	338065
吉林	79	78	876	720	10236	11030
黑龙江	33	33	126	125	400	400
上海	1682	1559	13707	12639	251424	246404
江苏	519	459	3259	3023	56410	51324
浙江	1190	1127	8840	7867	135150	105402
安徽	176	144	1007	833	25410	24740
福建	518	534	6188	7337	261086	269030
江西	94	55	2029	1132	23896	23957
山东	3093	3057	6627	6187	256576	641956
河南	308	402	1903	1875	50551	58488
湖北	701	646	7897	7598	133156	131324
湖南	164	143	3062	2883	35540	31222
广东	1504	1325	16154	15973	551084	501446
广西						
海南						
重庆	158	167	3105	4147	203969	196830
四川	485	457	11300	9727	174916	159197
贵州	25	28	178	198	2443	2467
云南	200	230	819	895	19854	22413
西藏	13	13	65	75	3754	4130
陕西	25	25	1950	1972	2620	2620
甘肃	355	301	3961	3807	250196	80344
青海						
宁夏	84	62	381	400	650	214
新疆	86	74	3531	4147	115643	171931

2-20 续表 9

家居建材商店

地区	门店数(个)		年末从业人员(人)		年末零售营业面积(平方米)	
	2012年	2011年	2012年	2011年	2012年	2011年
全国	**49**	**55**	**3853**	**4391**	**324119**	**354594**
北京	2	3	791	749	52000	57304
天津	7	9	232	268	4029	4000
河北						
山西						
内蒙古						
辽宁						
吉林						
黑龙江						
上海	19	22	1735	2341	101747	126947
江苏	3	3	303	335	85438	85438
浙江						
安徽						
福建						
江西						
山东	2	2	61	70	6700	6700
河南						
湖北						
湖南						
广东	14	14	585	471	47205	47205
广西						
海南						
重庆						
四川	2	2	146	157	27000	27000
贵州						
云南						
西藏						
陕西						
甘肃						
青海						
宁夏						
新疆						

2-20 续表 10

厂家直销中心

地区	门店数(个)		年末从业人员(人)		年末零售营业面积(平方米)	
	2012年	2011年	2012年	2011年	2012年	2011年
全国	**14**	**8**	**349**	**316**	**5776**	**5196**
北京						
天津						
河北						
山西						
内蒙古						
辽宁						
吉林						
黑龙江						
上海						
江苏						
浙江	4	4	71	66	196	196
安徽						
福建						
江西						
山东						
河南						
湖北	4	4	250	250	5000	5000
湖南						
广东						
广西						
海南						
重庆	6		28		580	
四川						
贵州						
云南						
西藏						
陕西						
甘肃						
青海						
宁夏						
新疆						

2-20 续表 11

其他

地区	门店数(个)		年末从业人员(人)		年末零售营业面积(平方米)	
	2012年	2011年	2012年	2011年	2012年	2011年
全国	**4542**	**4339**	**62172**	**59585**	**12396592**	**11792028**
北京						
天津	22	22	852	942	8820	8820
河北						
山西	8	6	229	223	2153	2743
内蒙古						
辽宁						
吉林						
黑龙江						
上海						
江苏	665	509	2621	1682	2111	2111
浙江	61	68	169	202	3110	3150
安徽						
福建	22	22	772	975	24013	24078
江西						
山东	400	396	15447	12271	2230638	1827971
河南						
湖北						
湖南	57	51	3835	3858	181040	213826
广东	3110	3035	36925	38045	9870153	9628629
广西						
海南						
重庆	162	193	646	698	15949	19519
四川	1	3	18	57	769	2317
贵州						
云南						
西藏						
陕西						
甘肃						
青海	6	6	620	593	57700	57700
宁夏						
新疆	28	28	38	39	136	1164

2-21 按业态分各地区连锁零售企业加盟门店基本情况

便利店

地区	门店数(个)		年末从业人员(人)		年末零售营业面积(平方米)	
	2012年	2011年	2012年	2011年	2012年	2011年
全国	**4950**	**4621**	**17872**	**16894**	**302420**	**277362**
北京	380	391	769	747	28703	29198
天津						
河北	271	276	271	221	18970	18800
山西	1103	943	4981	4293	51371	41836
内蒙古						
辽宁	12	12	36	36	1500	1500
吉林						
黑龙江						
上海	2209	2157	9360	9590	123832	114190
江苏	31	41	93	131	890	1710
浙江	582	536	1386	1230	39354	36966
安徽	1	1	10	10	200	200
福建	58	48	271	82	2533	2320
江西	114	82	225	202	9900	7400
山东						
河南						
湖北						
湖南						
广东	89	77	120	116	4983	4564
广西						
海南						
重庆						
四川	2		30		184	
贵州						
云南						
西藏						
陕西						
甘肃						
青海						
宁夏						
新疆	98	57	320	236	20000	18678

2-21 续表 1

折扣店

地区	门店数(个)		年末从业人员(人)		年末零售营业面积(平方米)	
	2012年	2011年	2012年	2011年	2012年	2011年
全国	**170**	**128**	**710**	**883**	**33342**	**22668**
北京	31	34	97	327	6655	7130
天津						
河北						
山西						
内蒙古						
辽宁						
吉林						
黑龙江						
上海	139	94	613	556	26687	15538
江苏						
浙江						
安徽						
福建						
江西						
山东						
河南						
湖北						
湖南						
广东						
广西						
海南						
重庆						
四川						
贵州						
云南						
西藏						
陕西						
甘肃						
青海						
宁夏						
新疆						

2-21 续表 2

超市

地 区	门店数(个)		年末从业人员(人)		年末零售营业面积(平方米)	
	2012年	2011年	2012年	2011年	2012年	2011年
全 国	**15788**	**15848**	**56759**	**63349**	**1494428**	**1884708**
北 京	623	760	5861	5786	127613	144752
天 津						
河 北	104	95	324	285	8580	8000
山 西						
内蒙古	22	22	70	85	2169	2249
辽 宁	445	416	1548	1528	38588	35697
吉 林						
黑龙江						
上 海	2904	3382	17857	24911	365551	774873
江 苏	411	321	1883	1526	65740	65326
浙 江	2560	2281	4674	4339	162515	140676
安 徽	585	570	5571	5554	169513	164828
福 建						
江 西						
山 东	538	529	1923	1906	74100	74200
河 南	631	557	1052	859	36756	33250
湖 北	83	92	2490	2714	36273	40307
湖 南	629	595	119	96	34010	25008
广 东	22	41	1519	1839	11900	17836
广 西	179	164	1761	1540	72510	63743
海 南						
重 庆	2981	2975	3631	3871	137375	146843
四 川	2698	2683	5670	5624	98715	95655
贵 州						
云 南	345	336	617	699	17353	17040
西 藏						
陕 西						
甘 肃	12	12				
青 海						
宁 夏		3		12		1258
新 疆	16	14	189	175	35167	33167

2-21 续表 3

大型超市

地区	门店数(个)		年末从业人员(人)		年末零售营业面积(平方米)	
	2012年	2011年	2012年	2011年	2012年	2011年
全国	**6580**	**6435**	**84218**	**88757**	**3130375**	**3005405**
北京						
天津						
河北						
山西						
内蒙古						
辽宁	1012	1012	4345	4345	114470	114470
吉林						
黑龙江						
上海	102	92	44923	46162	2000400	1782300
江苏	1503	1499	22854	26821	565821	672675
浙江	3941	3795	7299	6805	278208	265601
安徽						
福建						
江西						
山东						
河南						
湖北						
湖南						
广东	13	12	3687	3489	137476	136659
广西						
海南						
重庆						
四川						
贵州						
云南						
西藏						
陕西						
甘肃						
青海						
宁夏						
新疆	9	25	1110	1135	34000	33700

2-21 续表 4

仓储会员店

地区	门店数(个)		年末从业人员(人)		年末零售营业面积(平方米)	
	2012年	2011年	2012年	2011年	2012年	2011年
全国	**272**	**201**	**550**	**348**	**17680**	**7865**
北京						
天津						
河北						
山西						
内蒙古						
辽宁						
吉林						
黑龙江						
上海						
江苏						
浙江	272	201	550	348	17680	7865
安徽						
福建						
江西						
山东						
河南						
湖北						
湖南						
广东						
广西						
海南						
重庆						
四川						
贵州						
云南						
西藏						
陕西						
甘肃						
青海						
宁夏						
新疆						

2-21 续表 5

百货店

地区	门店数(个)		年末从业人员(人)		年末零售营业面积(平方米)	
	2012年	2011年	2012年	2011年	2012年	2011年
全国	**1812**	**1689**	**19080**	**18068**	**674203**	**684874**
北京						
天津						
河北						
山西						
内蒙古						
辽宁						
吉林						
黑龙江						
上海						
江苏	1115	1093	5134	5022	177370	172550
浙江	206	186	725	710	30370	30310
安徽	41	37	8180	7380	102607	122507
福建						
江西	11	11	2815	2853	160000	160000
山东	365	288	1633	1508	38688	34339
河南						
湖北						
湖南						
广东	4	4	4	4	15000	15000
广西						
海南						
重庆						
四川						
贵州						
云南						
西藏						
陕西	4	4	510	512	148000	148000
甘肃						
青海						
宁夏						
新疆	66	66	79	79	2168	2168

2-21 续表 6

专业店(含加油站)

地区	门店数(个)		年末从业人员(人)		年末零售营业面积(平方米)	
	2012年	2011年	2012年	2011年	2012年	2011年
全国	**21777**	**21959**	**99022**	**59863**	**1478349**	**1527949**
北京	276	408	1406	1688	41203	53908
天津	42	49	136	125	4635	4635
河北						
山西						
内蒙古	34	46	33	39	1670	1828
辽宁	169	171	918	950	24495	24328
吉林						
黑龙江						
上海	1313	1259	6848	6579	123421	114794
江苏	379	417	924	962	23220	24990
浙江	3782	3507	7339	7053	308386	303239
安徽	2865	2783	7170	6965		1800
福建	95	101	228	302	2680	3398
江西						
山东	765	552	1803	1473	54953	43420
河南	392	400	1712	1579	77415	83297
湖北	337	324	1405	927	30413	25562
湖南	856	825	2839	2736	110612	109983
广东	1819	1914	7131	7955	265473	268129
广西	732	720	2641	2588	53256	50792
海南						
重庆	4183	4032	8521	7935	137935	113787
四川	1851	2205	42391	4100	89161	102628
贵州	223	200	632	642	12936	11359
云南	73	49	162	125	8145	52171
西藏						
陕西	142	132	1515	1693	22820	22270
甘肃	1	2	19	27	1100	1000
青海	22	23	22	23		
宁夏	967	1389	2768	2910	68550	93560
新疆	459	451	459	487	15870	17071

2-21 续表 7

加油站

地区	门店数(个)		年末从业人员(人)		年末零售营业面积(平方米)	
	2012年	2011年	2012年	2011年	2012年	2011年
全国	**103**	**92**	**1218**	**1097**	**41750**	**38120**
北京						
天津						
河北						
山西						
内蒙古						
辽宁						
吉林						
黑龙江						
上海	91	80	1077	956	30670	27040
江苏						
浙江						
安徽						
福建						
江西						
山东						
河南						
湖北						
湖南						
广东	11	11	130	130	11000	11000
广西	1	1	11	11	80	80
海南						
重庆						
四川						
贵州						
云南						
西藏						
陕西						
甘肃						
青海						
宁夏						
新疆						

2-21 续表 8

专卖店

地 区	门店数(个)		年末从业人员(人)		年末零售营业面积(平方米)	
	2012年	2011年	2012年	2011年	2012年	2011年
全 国	**15684**	**24004**	**58369**	**71605**	**821659**	**931424**
北 京	566	482	3911	3471	57301	45616
天 津	1	1	5	4	70	70
河 北						
山 西	8	8	94	94	1640	956
内蒙古						
辽 宁	91	91	242	217	8550	8550
吉 林						
黑龙江						
上 海	1495	1430	4229	4375	66343	61747
江 苏	645	389	2174	1185	40738	22907
浙 江	5969	5617	27728	22798	362882	300187
安 徽	37	28	207	139	1940	960
福 建	403	365	2610	2447	47065	46419
江 西	973	855	1274	1160	21736	17979
山 东	51	56	108	141	2900	3400
河 南	160	155	389	331	23773	9920
湖 北	6	12	88	96	1720	2220
湖 南	552	990	574	866	19975	37625
广 东	4398	13207	13578	33197	153875	362807
广 西						
海 南						
重 庆	102	108	259	253	2500	2520
四 川	72	63	718	653	7951	6841
贵 州						
云 南	115	109	111	118	700	700
西 藏						
陕 西						
甘 肃						
青 海						
宁 夏	40	38	70	60		
新 疆						

2-21 续表 9

厂家直销中心

地　区	门店数(个)		年末从业人员(人)		年末零售营业面积(平方米)	
	2012年	2011年	2012年	2011年	2012年	2011年
全　国		**6**		**28**		**580**
北　京						
天　津						
河　北						
山　西						
内蒙古						
辽　宁						
吉　林						
黑龙江						
上　海						
江　苏						
浙　江						
安　徽						
福　建						
江　西						
山　东						
河　南						
湖　北						
湖　南						
广　东						
广　西						
海　南						
重　庆		6		28		580
四　川						
贵　州						
云　南						
西　藏						
陕　西						
甘　肃						
青　海						
宁　夏						
新　疆						

2-21 续表 10

其他

地 区	门店数(个)		年末从业人员(人)		年末零售营业面积(平方米)	
	2012年	2011年	2012年	2011年	2012年	2011年
全 国	**8699**	**8606**	**23733**	**23958**	**1086215**	**1093915**
北 京						
天 津						
河 北						
山 西						
内蒙古						
辽 宁						
吉 林						
黑龙江						
上 海						
江 苏	1926	1923	4030	3950	360	210
浙 江	1632	1407	3323	3091	82740	73288
安 徽	1975	1970	307	303	121600	121000
福 建						
江 西						
山 东	786	871	5112	5867	123652	142129
河 南						
湖 北						
湖 南	10	10	44	44	6300	6300
广 东	1343	1402	9096	8835	713802	714517
广 西						
海 南						
重 庆	932	930	1619	1665	35721	34411
四 川	95	93	202	203	2040	2060
贵 州						
云 南						
西 藏						
陕 西						
甘 肃						
青 海						
宁 夏						
新 疆						

2-22 按业态分各地区连锁零售企业经营情况

便利店 单位：万元

地区	商品购进总额		统一配送商品购进额	
	2012年	2011年	2012年	2011年
全国	**2158662**	**1990720**	**1458051**	**1297028**
北京	146672	123379	43148	41122
天津	68078	117115		
河北	46428	44246	41369	39681
山西	133113	115749		
内蒙古				
辽宁	76200	63691	74255	61786
吉林				
黑龙江	126604	97295	47234	36703
上海	912612	884651	655354	615859
江苏	85517	83274	85517	83274
浙江	81661	84186	77956	78379
安徽	26961	14038	26961	14038
福建	21769	18966	20461	18639
江西	8956	5646		
山东	31848	24761	31848	24610
河南	5685	3692	1436	
湖北	8313	3632	8313	3632
湖南	849	915		
广东	254784	204306	238893	186271
广西	27583	22941	26930	22509
海南				
重庆	5027	4508	5027	4508
四川	44309	36575	44309	36575
贵州	10237	10450	10237	10450
云南	11984	6471	8178	6471
西藏				
陕西	8448	7911	2760	200
甘肃				
青海				
宁夏				
新疆	15025	12321	7865	12321

2-22 续表 1

便利店

地区	自有配送中心配送商品购进额		非自有配送中心配送商品购进额	
	2012年	2011年	2012年	2011年
全国	**511734**	**445878**	**337729**	**296558**
北京	27854	26885		
天津				
河北	41369	39681		
山西				
内蒙古				
辽宁	7778	7620		
吉林				
黑龙江	47234	36703		
上海	76512	70283	156385	147784
江苏	22794	28828	49622	40702
浙江	44057	35838	14353	12154
安徽	21767	13381	5194	657
福建	12622	14456	1132	971
江西				
山东			23421	20509
河南	1300		136	
湖北				
湖南				
广东	177737	137173	36072	26227
广西	26930	22509		
海南				
重庆			5027	4508
四川			32832	36575
贵州				
云南			8178	6471
西藏				
陕西	1293	200		
甘肃				
青海				
宁夏				
新疆	2488	12321	5377	

单位：万元

商品销售总额		零售额	
2012年	2011年	2012年	2011年
2639231	**2377252**	**2418823**	**2208121**
191403	150812	189570	149482
82922	112958	82922	112958
44958	43439	40780	43439
151009	118020	151009	118020
76230	77126	76230	77126
146430	112026	97547	75427
1202921	1142928	1093517	1036623
95856	85232	95471	84756
94332	83644	84732	68620
28240	14743	25732	12250
22367	20452	21698	19797
8731	5347	8731	5347
28854	26715	26085	25205
6295	4339	6295	4339
6009	6070	5950	4154
1031	1037	1031	1037
304495	247506	267714	245471
26968	22707	26179	22436
4993	4819	3069	4800
58952	48370	58952	48370
13610	13422	13122	12926
16695	13361	16559	13361
10636	10441	10636	10441
15294	11738	15294	11738

2-22 续表 2

折扣店

地 区	商品购进总额		统一配送商品购进额		自有配送中心配送商品购进额	
	2012年	2011年	2012年	2011年	2012年	2011年
全 国	**312314**	**293384**	**183221**	**168682**	**183221**	**168682**
北 京	177280	170684	48187	45982	48187	45982
天 津						
河 北						
山 西						
内蒙古						
辽 宁						
吉 林						
黑龙江						
上 海	135034	122700	135034	122700	135034	122700
江 苏						
浙 江						
安 徽						
福 建						
江 西						
山 东						
河 南						
湖 北						
湖 南						
广 东						
广 西						
海 南						
重 庆						
四 川						
贵 州						
云 南						
西 藏						
陕 西						
甘 肃						
青 海						
宁 夏						
新 疆						

单位：万元

非自有配送中心配送商品购进额		商品销售总额		零售额	
2012年	2011年	2012年	2011年	2012年	2011年
		342574	**325488**	**311299**	**296872**
		198781	195046	191274	183961
		143793	130442	120025	112910

2-22 续表 3

超市

地　区	商品购进总额		统一配送商品购进额		自有配送中心配送商品购进额	
	2012年	2011年	2012年	2011年	2012年	2011年
全　国	**25777733**	**26279093**	**21824106**	**22801404**	**12667755**	**10942743**
北　京	3966527	3708045	3559392	3279356	775090	448349
天　津	174536	155647	10132	10038	2736	3066
河　北	428991	473120	402035	446718	252447	318908
山　西	181706	164439	155895	140651		
内蒙古	80184	18852	68940	8460	1499	1700
辽　宁	170176	137034	154024	126310	37348	31083
吉　林	128867	56108	65395	42185		
黑龙江	258849	232180	247339	225282	236730	194542
上　海	6002499	5776493	5109821	4953013	2971431	2851098
江　苏	338667	266107	290220	230147	90881	84771
浙　江	2007673	1836205	1458956	1407371	1061889	1078371
安　徽	1652375	1115330	1228960	773881	748752	312074
福　建	263872	203068	231100	186704	18436	11593
江　西	109569	79187	106789	79187	29609	25407
山　东	2471911	2378099	2273156	2232940	1831434	1721230
河　南	150723	133092	33882	25313	15318	10704
湖　北	3049612	2636254	2594031	2232963	2495412	2157283
湖　南	234639	3101744	129626	3013243	55507	51623
广　东	992808	973381	924252	716492	814136	594600
广　西	164492	152752	135539	124853	39420	34916
海　南	12545	6157	12545	6157		
重　庆	1520158	1380607	1394029	1373668	551868	347840
四　川	997324	952968	892480	893968	516159	572409
贵　州	39256	16286	37273	16286	7934	
云　南	121455	113709	121455	113709	43450	34952
西　藏						
陕　西	105058	102935	96913	82011	24199	26227
甘　肃	31005	12842	12402	5137	12402	5137
青　海	27558	27409				
宁　夏	29488	26772	29488	26772	21924	17148
新　疆	65211	42270	48036	28590	11747	7711

单位：万元

非自有配送中心配送商品购进额		商品销售总额		零售额	
2012年	2011年	2012年	2011年	2012年	2011年
3168699	**3734543**	**29158859**	**27285370**	**24075422**	**22314686**
271509	1048957	4470414	3842965	3157110	2841232
		171969	170891	171969	169881
146511	122615	438848	494345	435862	491737
15685	13419	223357	182562	223357	182562
2916	2559	80352	62084	80352	62084
15817	8455	177246	134642	177246	134642
		124089	77198	124089	77198
7552	1900	253055	223725	253055	223725
1943283	1863682	8495133	8595401	6262846	6627888
116924	111069	327120	272414	314093	256897
95584	85421	2121309	1959046	1878520	1705672
111740	102988	931914	663010	917953	649747
36722	23335	256090	200717	242972	188457
21437	24647	100299	88935	100299	88935
53671	88058	2800206	2667620	2363508	2225682
3717	4270	163241	147889	91072	80280
		3447724	2965627	3084844	2669657
15288	7202	240751	774781	238423	229600
22087	26084	1052241	1008129	999720	958217
		170873	158147	168821	155973
12545	6157	11191	7077	11191	7077
4745	5736	1469792	1151148	1465246	1144524
184821	148210	1166593	1062469	864944	785050
3967		42277	16930	42277	16930
32807	1305	133673	118577	122323	114954
13085	14527	126348	114267	124183	104418
		30391	23881	30391	23881
		26389	22752	22784	19643
	3070	32506	28066	32506	28066
36289	20878	73468	50078	73468	50078

2-22 续表 4

大型超市

地　区	商品购进总额		统一配送商品购进额		自有配送中心配送商品购进额	
	2012年	2011年	2012年	2011年	2012年	2011年
全　国	**38299196**	**35204496**	**29789471**	**26942895**	**14945715**	**14415858**
北　京	2073635	1982395	502633	340693	88781	97085
天　津	575671	505926	29641	167519		123217
河　北	211153	211804	211153	211804	120983	56982
山　西	385092	264699	34920	30849	34920	30849
内蒙古						
辽　宁	857557	732088	453172	374600	1888	2253
吉　林	33240	32784	8273	11442		
黑龙江	134692	127737	134692	127737		
上　海	9985608	8726476	9104720	7752052		
江　苏	7379011	7060729	7212177	6834009	6680617	6280722
浙　江	1527828	1406215	1369909	1263516	993703	976996
安　徽	286242	143366	136841	127083		
福　建	2813588	2460854	2080669	1507247	1276405	858530
江　西	235441	133892	180505	87049	113590	49078
山　东	1861616	1729803	1115729	886440	81250	73082
河　南	1577859	1128086	688320	487594	362426	323759
湖　北	986276	907361	278502	250902	66665	51354
湖　南	1316729	1141389	1171311	1006758	1156815	990155
广　东	4207932	4978995	3259063	3976595	2866370	3643121
广　西	149005	234940	149005	234940	149005	234940
海　南						
重　庆	130632	75000	130632	75000		
四　川	392508	365875	392508	365875	149586	149384
贵　州						
云　南	359264	344599	359264	344599	171867	152000
西　藏	14964	15197	14964	15197		
陕　西	51053	80093	51053	80093	51053	80093
甘　肃						
青　海	34257	30903	9446	7285		
宁　夏	528000	204363	528000	204363	528000	204363
新　疆	190345	178930	182370	171654	51791	37896

单位：万元

非自有配送中心配送商品购进额		商品销售总额		零售额	
2012年	2011年	2012年	2011年	2012年	2011年
3103130	**2999623**	**42219469**	**38425232**	**34386128**	**31886543**
115582	110804	2216110	2124154	2179912	2059318
		606650	550830	532640	514502
	55140	229567	204379	229567	204379
		465317	244671	465317	244671
60462	57163	901411	890796	822058	837454
		24713	32503	8297	11161
		134825	144083	134825	144083
818326	846917	10447842	9533046	5908122	5750788
202625	287664	8883198	8285303	7256664	6722980
168883	154087	1703137	1597534	1650733	1567734
		322537	257712	322537	257712
364207	283802	2541474	2389639	2541474	2388802
36816	7097	273895	218032	258141	204420
791469	728923	2014695	1685223	1342004	1132186
42926	47341	1896760	1570291	1830305	1528728
92630	53564	1582346	1461482	1493507	1374813
14497	16603	1452495	1223500	1347170	1168761
124051	134476	4640176	4338822	4213773	4140801
		317597	273085	317597	273085
130632	75000	130632	106537	130632	106537
		393243	362446	363243	324412
		447724	437111	447724	437111
		14185	12588	14185	12588
		61463	63155	61463	63155
9446	7285	61156	52116	61156	52116
		240296	169155	240296	169155
130579	133758	216027	197040	212787	195092

2-22 续表 5

仓储会员店

地 区	商品购进总额		统一配送商品购进额		自有配送中心配送商品购进额	
	2012年	2011年	2012年	2011年	2012年	2011年
全 国	**2105119**	**2114754**	**335983**	**394072**	**7901**	**6291**
北 京	317070	375183	317070	375183		
天 津						
河 北						
山 西						
内蒙古						
辽 宁						
吉 林						
黑龙江						
上 海	1769068	1720388				
江 苏						
浙 江	7969	6586	7901	6291	7901	6291
安 徽						
福 建						
江 西						
山 东						
河 南						
湖 北	11013	12597	11013	12597		
湖 南						
广 东						
广 西						
海 南						
重 庆						
四 川						
贵 州						
云 南						
西 藏						
陕 西						
甘 肃						
青 海						
宁 夏						
新 疆						

单位：万元

非自有配送中心配送商品购进额		商品销售总额		零售额	
2012年	2011年	2012年	2011年	2012年	2011年
317070	**375183**	**2162979**	**1994306**	**2162979**	**1994306**
317070	375183	378715	373718	378715	373718
		1760079	1600383	1760079	1600383
		13257	10342	13257	10342
		10928	9863	10928	9863

2-22 续表 6

百货店

地区	商品购进总额		统一配送商品购进额		自有配送中心配送商品购进额	
	2012年	2011年	2012年	2011年	2012年	2011年
全国	**27533025**	**24910102**	**12397186**	**11203014**	**9647134**	**8531908**
北京	2002942	2020152	8250	8677	8250	8677
天津						
河北	2074369	1822427	30348	37008	30348	37008
山西	189815	138295	64126	24323		
内蒙古	79053	63880	79053	63880	79053	63880
辽宁						
吉林	38781	47993	38781	35994	38781	35994
黑龙江	12289	32479	12289	11825	12289	11825
上海	402334	452929	240046	268591		
江苏	1770084	1718620	1742030	1696481	1721726	1674351
浙江	965626	839906	592804	494840	554556	454304
安徽	3801774	3613295	1443518	1380413	543119	515706
福建	85488	78801	85488	78801	35174	33463
江西	741724	819171	287100	268928	270871	268928
山东	4058064	3491437	516374	339538	491680	313541
河南	39457	39753	8847	7921	7132	6355
湖北	3447814	2505440	1981140	1455905	1941960	1420905
湖南	21601	22372	21601	16890	2503	2014
广东	3417152	3387847	2916414	3006204	2428920	2543380
广西	82188	72062	82188	72062		
海南						
重庆	2798393	2459497	1829105	1625249	1283160	1140014
四川	701574	551489	215788	139607		
贵州	3481	2339	3481	2339		
云南	198916	168271	195973	165362	195973	
西藏						
陕西	542243	518022				
甘肃						
青海	56223	42065	802	617		
宁夏						
新疆	1641	1563	1641	1563	1641	1563

单位：万元

非自有配送中心配送商品购进额		商品销售总额		零售额	
2012年	2011年	2012年	2011年	2012年	2011年
1329939	**1202508**	**32517782**	**29933942**	**28494986**	**26314268**
		3114446	3018901	3114446	3018901
		2190317	1994119	1853756	1660705
		239210	195863	239210	195863
		75729	74842	75729	68333
		41863	46646	41863	46646
		34435	22226	34435	22226
157307	196525	398744	409638	398744	409638
11566	12175	2127397	2113855	1584235	1571058
		1171163	1005979	1053939	906805
		4444326	4224062	2619560	2564812
4226	3292	104247	94574	102167	93083
16229		926028	830171	872964	724579
		4503024	4487226	4042845	4065556
		46168	43019	46168	42333
		3528939	2360453	3266639	2155072
17294	12897	49683	43845	48694	42891
487494	462824	4733522	4624566	4367249	4432101
		84852	75438	84852	75438
545944	485235	2999665	2687433	2944476	2638241
89879	29560	763685	712826	763685	712826
		3490	2146	2481	1047
		198297	177450	198297	177450
		668735	630345	668735	630345
		68435	57002	68435	57002
		1385	1319	1385	1319

2-22 续表 7

专业店(含加油站)

地　区	商品购进总额		统一配送商品购进额		自有配送中心配送商品购进额	
	2012年	2011年	2012年	2011年	2012年	2011年
全　国	**166992953**	**158466464**	**133996991**	**124044134**	**83254336**	**78492842**
北　京	11281808	11339071	5121159	5280520	1984267	2157186
天　津	2910610	2748836	2187303	1945558	329778	274610
河　北	7521677	7270279	6723027	6501444	4095109	4007070
山　西	1710573	1198552	1008567	565013	205593	207112
内蒙古	62403	68482	62403	56592	61208	53930
辽　宁	7539200	7500926	4807857	4734512	1758029	1980627
吉　林	1212510	1174272	1201005	1163651	1143740	982679
黑龙江	1799358	1762573	1748900	1713286	1438778	1422170
上　海	10861668	11015164	9401415	9125112	4981154	4828209
江　苏	32573526	33423287	25880367	24960333	24087247	23432095
浙　江	15915370	14993892	14778140	13925199	14210699	13401852
安　徽	8360232	7998057	8162246	7812710	4108455	3863271
福　建	4444909	4140422	2417351	2442145	437702	440982
江　西	4196532	3317130	4071169	3226058	2525429	1807678
山　东	3253005	2729967	2002248	1549422	491758	384212
河　南	5536698	5224794	4073979	3826180	2506827	2306125
湖　北	5766389	4292600	5163032	3709301	3140229	2314300
湖　南	7050193	5798967	4794409	4265150	2194270	1890996
广　东	13319394	13192161	12574339	11700672	4658593	4481662
广　西	3356699	2852612	3119340	2680408	1254880	1142348
海　南	1682817	1362910	1682817	1362910	5250	4682
重　庆	3961129	3883631	1631161	1572536	1561833	1509979
四　川	1730753	1598432	1633259	1516134	172355	154096
贵　州	87108	82876	87108	82876	45076	50172
云　南	1695339	1676229	1676942	1572205	642578	631282
西　藏						
陕　西	916439	764996	881302	746131	760393	645069
甘　肃	1326966	1035133	972956	858607	251437	212878
青　海	50858	47789	46973	45657	6988	6912
宁　夏	942244	1078596	939803	1036605	892449	1022594
新　疆	5926547	4893829	5146414	4067210	3302233	2876064

单位：万元

非自有配送中心配送商品购进额		商品销售总额		零售额	
2012年	2011年	2012年	2011年	2012年	2011年
15335162	**13879861**	**196289641**	**187837280**	**123240095**	**114939129**
491480	987973	12549714	12505532	7605894	7723900
1842238	1651103	2935513	2546822	2058489	1859028
5728	6712	8092706	7757783	3949710	3611007
		2686143	2514593	2067971	1781235
1195	2662	67929	80697	67929	68849
1313515	1065171	8558062	8016781	4762057	4260695
4036	3724	1303516	1248754	1164065	1126520
183951	229148	1702852	1959273	1436135	1514977
72369	63177	11511041	11689403	4642131	5000000
1789002	1410688	35049463	38520949	20673857	21476397
250241	198256	16785968	15655828	11313024	10391896
41080	89981	8966608	8331622	6716300	5196944
34185	52823	7838585	7021538	6348398	5711653
422247	361873	8594367	7485984	4842894	4005022
312972	251273	4213187	3566859	2540943	2343530
7009	6043	5818126	5425420	4202818	3788959
534989	503079	6589274	5217346	4499088	3823178
19367	30424	6907110	6251373	5828170	5250103
5951370	5548172	16323696	16269576	13409682	12929136
28420	26461	7810223	6671307	3385499	2956214
289537	256134	1786223	1519096	1582230	1217817
56716	41605	4674016	4177643	2341507	2117055
7505	3160	1971372	1829542	1520545	1543230
		108434	86665	108434	86665
164121	90827	3362469	3082706	2069399	1663712
6679	10486	1240481	1094947	107478	75476
		1599194	1025510	1187889	819576
1400	1874	60734	56873	60734	56873
47354	14010	916260	886062	394609	325924
1456457	973023	6266374	5340797	2352217	2213557

2-22 续表 8

加油站

地 区	商品购进总额		统一配送商品购进额		自有配送中心配送商品购进额	
	2012年	2011年	2012年	2011年	2012年	2011年
全 国	**101975910**	**91492508**	**82425373**	**73482410**	**48956264**	**44270539**
北 京	7763519	6996118	2298556	1821688		
天 津	2101724	1906817	1835396	1646364		
河 北	7090456	6851570	6350558	6133565	3788526	3711515
山 西	1196927	727678	760341	327474		
内蒙古						
辽 宁	4458955	4578035	3176608	3271125	1370919	1597781
吉 林	941561	901858	941561	901858	941561	901858
黑龙江	132136	123239	132136	123239	132136	123239
上 海	6586297	6551422	6430850	6115590	4846443	4722540
江 苏	15951149	13575957	15951149	13575957	14651711	12486780
浙 江	13044885	12407289	12069198	11461041	12069198	11461041
安 徽	4051737	3857223	4051737	3857223	201450	139747
福 建	3826003	2974805	1995918	1885537	175253	176800
江 西	1563103	955062	1454807	876710	562220	51059
山 东	1241529	1134054	154518	153086	8190	6278
河 南	2951518	2913013	2066085	2028417	1382625	1310778
湖 北	3869550	2856376	3482057	2510126	2134588	1752744
湖 南	5379443	4381484	3196632	2894304	1161925	1037567
广 东	5509014	5448397	5315109	4898181	1330946	1067432
广 西	2967442	2452303	2733085	2283003	1021111	890601
海 南	1647970	1331022	1647970	1331022		
重 庆	3005099	2924522	742270	662236	742270	662236
四 川	539504	518897	539504	518897		
贵 州						
云 南	753924	782564	753924	782564		
西 藏						
陕 西						
甘 肃	449247	269626	95236	93100		
青 海						
宁 夏						
新 疆	4953217	4073179	4250167	3330105	2435190	2170544

单位：万元

非自有配送中心配送商品购进额		商品销售总额		零售额	
2012年	2011年	2012年	2011年	2012年	2011年
10329269	**8914045**	**124135533**	**113725544**	**75421680**	**65844575**
		8061120	7744831	3554123	3397467
1835396	1646364	2091022	1731666	1280205	1088501
		7596595	7282720	3563919	3221742
		1624725	1566970	1343072	1121015
1313515	1065171	5274869	5112233	2761664	2645142
		1009029	949326	876858	831741
		125526	124158	44706	37609
		6958227	6880177	2475485	2303994
1299438	1089177	16520515	15616501	8116836	7311383
		13899143	13025372	9641693	8822476
		4449026	4096020	4308449	2875269
		6686049	5810652	5376230	4683430
373577	328106	5094998	4411321	4158099	3414485
140789	125223	1935560	1670060	1285032	1202066
		3153474	2975065	1937427	1721166
141105	103859	4558060	3560123	3028770	2437017
		5227454	4743690	4474263	4002721
3503753	3354456	8414472	8043959	7567456	6543071
		7369273	6268291	2999737	2586951
289537	256134	1751663	1489258	1549700	1190599
		3482701	3073702	1409895	1250153
		641403	552458	301720	375049
		2350686	2184229	1176807	905469
		513172	274032	388597	201223
1432160	945555	5346771	4538732	1800937	1674836

2-22 续表 9

专卖店

地区	商品购进总额		统一配送商品购进额		自有配送中心配送商品购进额	
	2012年	2011年	2012年	2011年	2012年	2011年
全　国	**20551220**	**20523968**	**18798865**	**18652677**	**15172689**	**15237334**
北　京	676199	759470	351404	341039	287052	275463
天　津	3430036	3419216	3424837	3414758	3389991	3376760
河　北	6353	11330	6353	11330	6353	11330
山　西	19387	14163	19387	14139	12360	7406
内蒙古	49194	91033	23300	78800		
辽　宁	123161	140295	89283	69440	16881	15517
吉　林	67400	67346	56937	58515	51719	54459
黑龙江	3443	2551				
上　海	1509599	1509315	807456	823494	452082	522711
江　苏	306232	287745	302210	285655	101794	80157
浙　江	772169	730587	759464	599005	629088	568082
安　徽	14305	16282	14305	16282	13125	15280
福　建	1107669	1023627	940249	864052	414476	389581
江　西	195032	218999	192409	212106	187044	208312
山　东	7852500	7879086	7844929	7873285	7632073	7768789
河　南	131598	129076	98586	96322	2568	1232
湖　北	329850	236142	308601	233765	253376	180825
湖　南	188972	141611	188972	141611	113112	108552
广　东	1100213	1088960	1037096	1052363	390062	434235
广　西						
海　南						
重　庆	350685	417428	302394	366081	49070	50612
四　川	438377	586297	431834	580884	427269	570158
贵　州	3646	2457	3646	2457		
云　南	510072	611839	510072	611839	33339	21964
西　藏	6689	6543	6689	6543		
陕　西	547600	441872	267614	208215	267614	208215
甘　肃	388027	324272	388027	324272	71281	49309
青　海						
宁　夏	32135	28745	32135	28745	16314	16304
新　疆	390679	337681	390679	337681	354644	302082

单位：万元

非自有配送中心配送商品购进额		商品销售总额		零售额	
2012年	2011年	2012年	2011年	2012年	2011年
1004391	**884502**	**22604022**	**22723480**	**17429905**	**14936837**
20562	19719	911308	957805	701430	696340
9143	9044	3463716	3440615	2125046	1534645
		8692	11898	7835	9261
		26702	15091	26702	15091
		65789	102098	65789	102098
		149869	159058	145654	156551
		68190	61647	68190	61647
		4303	3001	4303	3001
167095	94325	1936166	1939793	1546371	1556614
121762	119591	329369	303573	221117	212541
		995701	782300	327877	243423
		19233	20721	14786	15932
240209	202313	1170524	1102317	1056300	979086
5365	3795	204081	244904	178885	182103
		7791987	8388713	7727261	6018965
		131140	139082	91738	100681
10204	8827	362929	309921	348816	297822
		256286	225924	181317	159117
427108	426419	1574559	1567857	1258518	1219713
		340890	400925	304895	390069
		526513	527252	449110	457001
475	447	4525	2822	1822	1304
		561466	599893	52280	51703
		5601	5917	5601	5917
		688003	555176		
2470	23	400779	335589	337640	279618
		44219	43136	968	1352
		561483	476450	179657	185242

2-22 续表 10

家居建材商店

地区	商品购进总额		统一配送商品购进额		自有配送中心配送商品购进额	
	2012年	2011年	2012年	2011年	2012年	2011年
全国	**341877**	**343645**	**231085**	**239249**	**62578**	**76232**
北京	106509	99322				
天津	23983	21511	23983	21511		
河北						
山西						
内蒙古						
辽宁						
吉林						
黑龙江						
上海	127022	143246	127022	143246	54463	72903
江苏	25968	26422	25968	26422		
浙江						
安徽						
福建						
江西						
山东	4282	5074				
河南						
湖北						
湖南						
广东	30358	26508	30358	26508	8115	3329
广西						
海南						
重庆						
四川	23755	21562	23755	21562		
贵州						
云南						
西藏						
陕西						
甘肃						
青海						
宁夏						
新疆						

单位：万元

	非自有配送中心配送商品购进额		商品销售总额		零售额	
	2012年	2011年	2012年	2011年	2012年	2011年
	48212	**49601**	**472878**	**473987**	**423208**	**414649**
			178996	145882	178996	145882
			26040	25857	26040	25857
			159861	207133	119115	151343
	25968	26422	30998	31202	30735	30960
			5018	5427	5018	5427
	22244	23179	46561	34753	37899	31446
			25405	23734	25405	23734

2-22 续表 11

厂家直销中心

地区	商品购进总额		统一配送商品购进额		自有配送中心配送商品购进额	
	2012年	2011年	2012年	2011年	2012年	2011年
全国	**36890**	**31018**	**35298**	**29662**	**35298**	**29662**
北京						
天津						
河北						
山西						
内蒙古						
辽宁						
吉林						
黑龙江						
上海						
江苏						
浙江	9432	10012	9432	10012	9432	10012
安徽						
福建						
江西						
山东						
河南						
湖北	25866	19650	25866	19650	25866	19650
湖南						
广东						
广西						
海南						
重庆	1593	1356				
四川						
贵州						
云南						
西藏						
陕西						
甘肃						
青海						
宁夏						
新疆						

单位：万元

非自有配送中心配送商品购进额		商品销售总额		零售额	
2012年	2011年	2012年	2011年	2012年	2011年
		38054	**32823**	**29520**	**23475**
		10646	11215	2113	1867
		25667	20013	25667	20013
		1741	1595	1741	1595

2-22 续表 12

其他

地 区	商品购进总额		统一配送商品购进额		自有配送中心配送商品购进额	
	2012年	2011年	2012年	2011年	2012年	2011年
全 国	**24146435**	**23596309**	**20708128**	**19338687**	**2840402**	**2640538**
北 京						
天 津	27941	26110	27941	26110		
河 北						
山 西	3220	9504	3220	9504		
内蒙古						
辽 宁						
吉 林						
黑龙江						
上 海						
江 苏	1539409	1398533	1528039	1387303	1521501	1379021
浙 江	96327	84327	96327	84327	39890	33268
安 徽	304894	220140	304894	220140	118508	85565
福 建	34754	29953	7907	11432	2293	2434
江 西						
山 东	2304703	2298816	1615656	1586881	571073	568435
河 南						
湖 北						
湖 南	163958	200632	9556	8659		
广 东	19511441	19201988	17063637	15959293	560963	541141
广 西						
海 南						
重 庆	124272	106767	40682	38307	25011	28368
四 川	1164	2399	1164	2305	1164	2305
贵 州						
云 南						
西 藏						
陕 西						
甘 肃						
青 海	30353	14751	9106	4425		
宁 夏						
新 疆	3999	2387				

单位：万元

非自有配送中心配送商品购进额		商品销售总额		零售额	
2012年	2011年	2012年	2011年	2012年	2011年
10584091	**9661795**	**26175279**	**25600092**	**13080892**	**12472809**
		26166	24288	26166	24288
3220	9504	3515	7871	3029	
6538	5358	1671825	1410077	189246	22490
10147	8377	128576	116664	43211	39864
186387	134575	301973	220193		
		30896	31017	12764	10264
		3240156	3189684	1944054	1815728
		191805	183954	181166	173782
10359916	9494880	20410940	20273609	10604078	10335667
8778	4676	132973	114175	45369	26423
		1126	2102	1126	2102
9106	4425	30497	21968	30497	21968
		4830	4490	185	232

2-23 按业态分各地区连锁零售

便利店

地　　区	商品购进总额		统一配送商品购进额		自有配送中心配送商品购进额	
	2012年	2011年	2012年	2011年	2012年	2011年
全　　国	**1691703**	**1586461**	**1163780**	**1038660**	**412218**	**351361**
北　　京	140230	118353	37925	36504	22631	22267
天　　津	68078	117115				
河　　北	21281	21184	16223	16619	16223	16619
山　　西	9901	20601				
内 蒙 古						
辽　　宁	66435	57506	64490	55601	7778	7620
吉　　林						
黑 龙 江	126604	97295	47234	36703	47234	36703
上　　海	667052	659077	444793	432943	46091	42170
江　　苏	85130	81908	85130	81908	22407	28282
浙　　江	52401	56904	49878	54176	17455	13569
安　　徽	26890	13975	26890	13975	21696	13318
福　　建	19106	17405	17798	17079	10106	13007
江　　西	1265	1050				
山　　东	31848	24761	31848	24610		
河　　南	5685	3692	1436		1300	
湖　　北	8313	3632	8313	3632		
湖　　南	849	915				
广　　东	246886	197303	230995	179269	169839	130171
广　　西	27583	22941	26930	22309	26930	22509
海　　南						
重　　庆	5027	4508	5027	4508		
四　　川	44149	36575	44149	36575		
贵　　州	10237	10450	10237	10450		
云　　南	11984	6471	8178	6471		
西　　藏						
陕　　西	8448	7911	2760	200	1293	200
甘　　肃						
青　　海						
宁　　夏						
新　　疆	6320	4927	3545	4927	1235	4927

企业直营门店经营情况

单位：万元

非自有配送中心配送商品购进额		商品销售总额		零售额	
2012年	2011年	2012年	2011年	2012年	2011年
243160	**208011**	**2126131**	**1916946**	**1912590**	**1754497**
		183072	145140	181239	143811
		82922	112958	82922	112958
		19812	20377	15633	20377
		21074	18172	21074	18172
		70094	71429	70094	71429
		146430	112026	97547	75427
66152	60737	922929	864950	819607	764726
49622	40174	95119	83930	94735	83454
13231	11294	61481	58408	51880	43383
5194	657	28171	14682	25663	12189
985	859	19514	18944	18845	18290
		1127	980	1127	980
23421	20509	28854	26715	26085	25205
136		6295	4339	6295	4339
		6009	6070	5950	4154
		1031	1037	1031	1037
36072	26227	294138	237161	258143	235726
		26968	22707	26179	22436
5027	4508	4993	4819	3069	4800
32832	36575	58331	48370	58331	48370
		13610	13422	13122	12926
8178	6471	16695	13361	16559	13361
		10636	10441	10636	10441
2310		6826	6508	6826	6508

2-23 续表 1

折扣店

项目	商品购进总额		统一配送商品购进额		自有配送中心配送商品购进额	
	2012年	2011年	2012年	2011年	2012年	2011年
全国	**277634**	**265886**	**148542**	**141184**	**148542**	**141184**
北京	166969	161405	37877	36703	37877	36703
天津						
河北						
山西						
内蒙古						
辽宁						
吉林						
黑龙江						
上海	110665	104481	110665	104481	110665	104481
江苏						
浙江						
安徽						
福建						
江西						
山东						
河南						
湖北						
湖南						
广东						
广西						
海南						
重庆						
四川						
贵州						
云南						
西藏						
陕西						
甘肃						
青海						
宁夏						
新疆						

单位：万元

非自有配送中心配送商品购进额		商品销售总额		零售额	
2012年	2011年	2012年	2011年	2012年	2011年
		311719	**296449**	**280445**	**267832**
		190718	185766	183211	174682
		121001	110683	97234	93151

2-23 续表 2

超市

地区	商品购进总额		统一配送商品购进额		自有配送中心配送商品购进额	
	2012年	2011年	2012年	2011年	2012年	2011年
全国	**23461122**	**24156408**	**19930225**	**21064666**	**11480693**	**9838430**
北京	3888751	3621264	3538370	3258911	754413	428295
天津	174536	155647	10132	10038	2736	3066
河北	428991	473120	402035	446718	252447	318908
山西	181706	164439	155895	140651		
内蒙古	79238	17934	67994	7552	1301	1500
辽宁	121612	105999	105461	95275	37348	31083
吉林	128867	56108	65395	42185		
黑龙江	258849	232180	247339	225282	236730	194542
上海	4881374	4701292	3988696	3877812	2298756	2205977
江苏	323873	246005	281517	221943	86299	79100
浙江	1885599	1747575	1371123	1347053	986067	1021906
安徽	1046148	592885	895685	484854	560355	146480
福建	263872	203068	231100	186704	18436	11593
江西	109569	79187	106789	79187	29609	25407
山东	2356694	2268379	2157939	2123817	1719085	1614661
河南	137942	127786	30658	24326	15318	10704
湖北	3032963	2616494	2579083	2214935	2480465	2139255
湖南	223855	3095986	120252	3008698	55452	51597
广东	957418	945580	910592	706772	800476	585065
广西	145916	133948	128455	117756	34499	29888
海南	12545	6157	12545	6157		
重庆	1472529	1332189	1349144	1328865	515300	311081
四川	946590	906706	841747	848968	480758	541607
贵州	39256	16286	37273	16286	7934	
云南	114709	108119	114709	108119	39219	33389
西藏						
陕西	105058	102935	96913	82011	24199	26227
甘肃	31005	12842	12402	5137	12402	5137
青海	27558	27409				
宁夏	29488	25734	29488	25734	21924	16487
新疆	54610	33153	41494	22920	9168	5476

单位：万元

非自有配送中心配送商品购进额		商品销售总额		零售额	
2012年	2011年	2012年	2011年	2012年	2011年
2600139	**3203686**	**27061546**	**25118445**	**22012195**	**20177692**
271509	1048957	4331242	3729174	3017937	2727469
		171969	170891	171969	169881
146511	122615	431913	488490	428927	485882
15685	13419	223357	182562	223357	182562
2169	1851	79094	61016	79094	61016
15817	8455	121445	104148	121445	104148
		124089	77198	124089	77198
7552	1900	253055	223725	253055	223725
1494833	1433602	7275426	7096200	5043139	5128687
114794	110490	302284	249925	289257	234408
89633	83523	1996003	1872461	1786883	1647403
21740	22988	758705	574407	744744	561144
36722	23335	256090	200717	242972	188457
21437	24647	100299	88935	100299	88935
50803	85505	2666592	2549174	2230139	2108057
3717	4270	149322	140270	77326	72781
		3425360	2944217	3062480	2648247
6814	3657	230960	768686	228633	223506
22087	25900	1022232	976294	969711	926383
		148247	134367	146195	132839
12545	6157	11191	7077	11191	7077
		1422175	1108227	1417629	1101603
184309	147753	1111866	1011819	810217	734400
3967		42277	16930	42277	16930
32087		126743	111650	115393	108027
13085	14527	126348	114267	124183	104418
		30391	23881	30391	23881
		26389	22752	22784	19643
	2692	32506	27070	32506	27070
32327	17444	63977	41917	63977	41917

2-23 续表 3

大型超市

地区	商品购进总额		统一配送商品购进额		自有配送中心配送商品购进额	
	2012年	2011年	2012年	2011年	2012年	2011年
全国	**33356290**	**30771703**	**24881635**	**22547827**	**13726258**	**13028761**
北京	2073635	1982395	502633	340693	88781	97085
天津	575671	505926	29641	167519		123217
河北	211153	211804	211153	211804	120983	56982
山西	385092	264699	34920	30849	34920	30849
内蒙古						
辽宁	824315	702145	419930	344657	1888	2253
吉林	33240	32784	8273	11442		
黑龙江	134692	127737	134692	127737		
上海	6373854	5785846	5506135	4827642		
江苏	6585267	6076754	6418433	5850034	5886873	5296747
浙江	1271027	1171358	1118009	1032815	794457	796535
安徽	286242	143366	136841	127083		
福建	2813588	2460854	2080669	1507247	1276405	858530
江西	235441	133892	180505	87049	113590	49078
山东	1861616	1729803	1115729	886440	81250	73082
河南	1577859	1128086	688320	487594	362426	323759
湖北	986276	907361	278502	250902	66665	51354
湖南	1316729	1141389	1171311	1006758	1156815	990155
广东	4007170	4777544	3067684	3785216	2674991	3451742
广西	149005	234940	149005	234940	149005	234940
海南						
重庆	130632	75000	130632	75000		
四川	392508	365875	392508	365875	149586	149384
贵州						
云南	359264	344599	359264	344599	171867	152000
西藏	14964	15197	14964	15197		
陕西	51053	80093	51053	80093	51053	80093
甘肃						
青海	34257	30903	9446	7285		
宁夏	528000	204363	528000	204363	528000	204363
新疆	143741	136994	143382	136994	16702	6612

单位：万元

非自有配送中心配送商品购进额		商品销售总额		零售额	
2012年	2011年	2012年	2011年	2012年	2011年
3013336	**2916062**	**37556667**	**33782385**	**29726470**	**27245644**
115582	110804	2216110	2124154	2179912	2059318
		606650	550830	532640	514502
	55140	229567	204379	229567	204379
		465317	244671	465317	244671
27220	27220	833007	824939	753653	771597
		24713	32503	8297	11161
		134825	144083	134825	144083
818326	846917	7316375	6590614	2776656	2808355
202625	287664	7889929	7133782	6263395	5571459
116229	103846	1426174	1355060	1373771	1325261
		322537	257712	322537	257712
364207	283802	2541474	2389639	2541474	2388802
36816	7097	273895	218032	258141	204420
791469	728923	2014695	1685223	1342004	1132186
42926	47341	1896760	1570291	1830305	1528728
92630	53564	1582346	1461482	1493507	1374813
14497	16603	1452495	1223500	1347170	1168761
124051	134476	4509359	4153126	4082956	3955104
		317597	273085	317597	273085
130632	75000	130632	106537	130632	106537
		393243	362446	363243	324412
		447724	437111	447724	437111
		14185	12588	14185	12588
		61463	63155	61463	63155
9446	7285	61156	52116	61156	52116
		240296	169155	240296	169155
126680	130381	154143	142173	154047	142173

2-23 续表 4

仓储会员店

地区	商品购进总额		统一配送商品购进额		自有配送中心配送商品购进额	
	2012年	2011年	2012年	2011年	2012年	2011年
全国	**2098793**	**2110996**	**329725**	**390519**	**1642**	**2738**
北京	317070	375183	317070	375183		
天津						
河北						
山西						
内蒙古						
辽宁						
吉林						
黑龙江						
上海	1769068	1720388				
江苏						
浙江	1642	2827	1642	2738	1642	2738
安徽						
福建						
江西						
山东						
河南						
湖北	11013	12597	11013	12597		
湖南						
广东						
广西						
海南						
重庆						
四川						
贵州						
云南						
西藏						
陕西						
甘肃						
青海						
宁夏						
新疆						

单位：万元

非自有配送中心配送商品购进额		商品销售总额		零售额	
2012年	2011年	2012年	2011年	2012年	2011年
317070	**375183**	**2151384**	**1987263**	**2151384**	**1987263**
317070	375183	378715	373718	378715	373718
		1760079	1600383	1760079	1600383
		1662	3298	1662	3298
		10928	9863	10928	9863

2-23 续表 5

百货店

地区	商品购进总额		统一配送商品购进额		自有配送中心配送商品购进额	
	2012年	2011年	2012年	2011年	2012年	2011年
全国	**26629160**	**24117188**	**11885134**	**10695352**	**9239161**	**8129973**
北京	2002942	2020152	8250	8677	8250	8677
天津						
河北	2074369	1822427	30348	37008	30348	37008
山西	189815	138295	64126	24323		
内蒙古	79053	63880	79053	63880	79053	63880
辽宁						
吉林	38781	47993	38781	35994	38781	35994
黑龙江	12289	32479	12289	11825	12289	11825
上海	402334	452929	240046	268591		
江苏	1465077	1415359	1437023	1393220	1416718	1371090
浙江	925458	797583	556952	456441	518704	415905
安徽	3669559	3504171	1330264	1271289	507849	486041
福建	85488	78801	85488	78801	35174	33463
江西	478010	613365	256269	239283	240040	239283
山东	4015692	3449539	516374	339538	491680	313541
河南	39457	39753	8847	7921	7132	6355
湖北	3447814	2505440	1981140	1455905	1941960	1420905
湖南	21601	22372	21601	16890	2503	2014
广东	3391059	3361579	2890321	2979936	2428920	2543380
广西	82188	72062	82188	72062		
海南						
重庆	2798393	2459497	1829105	1625249	1283160	1140014
四川	701574	551489	215788	139607		
贵州	3481	2339	3481	2339		
云南	198916	168271	195973	165362	195973	
西藏						
陕西	448961	454752				
甘肃						
青海	56223	42065	802	617		
宁夏						
新疆	628	598	628	598	628	598

单位：万元

非自有配送中心配送商品购进额		商品销售总额		零售额	
2012年	2011年	2012年	2011年	2012年	2011年
1303846	**1176240**	**31467728**	**28981645**	**27476630**	**25382931**
		3114446	3018901	3114446	3018901
		2190317	1994119	1853756	1660705
		239210	195863	239210	195863
		75729	74842	75729	68333
		41863	46646	41863	46646
		34435	22226	34435	22226
157307	196525	398744	409638	398744	409638
11566	12175	1739430	1703342	1196267	1160545
		1120888	954919	1003664	855745
		4321329	4095681	2496563	2436431
4226	3292	104247	94574	102167	93083
16229		689078	664929	667711	580297
		4445345	4434774	3985166	4013105
		46168	43019	46168	42333
		3528939	2360453	3266639	2155072
17294	12897	49683	43845	48694	42891
461401	436556	4684336	4576309	4318063	4383845
		84852	75438	84852	75438
545944	485235	2999665	2687433	2944476	2638241
89879	29560	763685	712826	763685	712826
		3490	2146	2481	1047
		198297	177450	198297	177450
		524555	534733	524555	534733
		68435	57002	68435	57002
		565	538	565	538

2-23 续表 6

专业店(含加油站)

地区	商品购进总额		统一配送商品购进额		自有配送中心配送商品购进额	
	2012年	2011年	2012年	2011年	2012年	2011年
全国	**164524020**	**156090398**	**131675247**	**121833127**	**81720323**	**77005609**
北京	11231225	11253604	5071013	5198995	1973650	2139224
天津	2906789	2744260	2183482	1940981	326602	270670
河北	7521677	7270279	6723027	6501444	4095109	4007070
山西	1710573	1198552	1008567	565013	205593	207112
内蒙古	61739	67711	61739	55821	60544	53159
辽宁	7539151	7500881	4807807	4734467	1757979	1980582
吉林	1212510	1174272	1201005	1163651	1143740	982679
黑龙江	1799358	1762573	1748900	1713286	1438778	1422170
上海	10200617	10265318	8746094	8380698	4380342	4133629
江苏	32508740	33371532	25816773	24910550	24024975	23384479
浙江	15689428	14782840	14607463	13765692	14062784	13264238
安徽	8131493	7755458	7933506	7570111	3879715	3627885
福建	4435524	4129261	2407965	2433508	432869	432812
江西	4196532	3317130	4071169	3226058	2525429	1807678
山东	3197627	2682438	1947020	1502013	438329	338529
河南	5217912	4935096	3762339	3543515	2501051	2301522
湖北	5742567	4270258	5139811	3688712	3121908	2297513
湖南	6979575	5738016	4747358	4222337	2180978	1879327
广东	12851259	12889167	12106594	11398168	4423595	4400532
广西	3341317	2837579	3106518	2667920	1242411	1130226
海南	1682817	1362910	1682817	1362910	5250	4682
重庆	3881515	3794852	1583663	1499507	1525768	1445310
四川	1710067	1583603	1616790	1505330	161101	144797
贵州	73681	70211	73681	70211	45076	50172
云南	1688944	1672185	1671980	1569062	642578	631282
西藏						
陕西	887524	739415	861487	727419	746855	633011
甘肃	1318781	1025934	964770	849408	251437	212878
青海	50386	47529	46501	45398	6516	6652
宁夏	900741	961200	900118	960705	888256	946694
新疆	5853952	4886334	5075286	4060241	3231105	2869095

单位：万元

非自有配送中心配送商品购进额		商品销售总额		零售额	
2012年	2011年	2012年	2011年	2012年	2011年
14977209	**13557737**	**193696546**	**185239158**	**121371417**	**113337843**
453103	925504	12488208	12417546	7548252	7668827
1841593	1650466	2932167	2540927	2055164	1853350
5728	6712	8092706	7757783	3949710	3611007
		2686143	2514593	2067971	1781235
1195	2662	67643	80104	67643	68256
1313515	1065171	8546693	8005414	4750688	4249328
4036	3724	1303516	1248754	1164065	1126520
183951	229148	1702852	1959273	1436135	1514977
36739	31739	10833902	10922013	4263538	4577922
1787805	1408525	34983562	38464431	20627373	21436731
245337	194302	16538347	15423791	11103345	10192428
41080	82768	8853081	8115888	6714869	5194522
29633	52733	7824252	7009091	6334066	5699206
422247	361873	8594367	7485984	4842894	4005022
312972	251273	4126007	3505508	2459579	2282199
7009	6043	5441841	5075509	3886736	3501100
530541	499278	6557858	5170678	4467671	3777530
16468	26238	6826890	6186582	5770285	5202333
5731292	5348167	15861161	16003714	12947218	12679432
28420	26461	7786771	6654288	3364544	2941727
289537	256134	1786223	1519096	1582230	1217817
46986	35436	4560566	4069487	2254658	2034795
7505	3160	1940177	1802964	1494715	1522450
		93705	74285	93705	74285
164121	90827	3354888	3076675	2068576	1662915
6679	10486	1204582	1064049	71579	57112
		1582444	1011927	1187889	819576
1400	1874	60331	56613	60331	56613
11862	14010	874788	768312	392822	323974
1456457	973023	6190874	5253881	2343168	2204656

2-23 续表 7

加油站

地 区	商品购进总额		统一配送商品购进额		自有配送中心配送商品购进额	
	2012年	2011年	2012年	2011年	2012年	2011年
全 国	**101184834**	**90743695**	**81634297**	**72733597**	**48165189**	**43521726**
北 京	7763519	6996118	2298556	1821688		
天 津	2101724	1906817	1835396	1646364		
河 北	7090456	6851570	6350558	6133565	3788526	3711515
山 西	1196927	727678	760341	327474		
内蒙古						
辽 宁	4458955	4578035	3176608	3271125	1370919	1597781
吉 林	941561	901858	941561	901858	941561	901858
黑龙江	132136	123239	132136	123239	132136	123239
上 海	5989205	5860799	5833759	5424967	4249351	4031917
江 苏	15951149	13575957	15951149	13575957	14651711	12486780
浙 江	13044885	12407289	12069198	11461041	12069198	11461041
安 徽	4051737	3857223	4051737	3857223	201450	139747
福 建	3826003	2974805	1995918	1885537	175253	176800
江 西	1563103	955062	1454807	876710	562220	51059
山 东	1241529	1134054	154518	153086	8190	6278
河 南	2951518	2913013	2066085	2028417	1382625	1310778
湖 北	3869550	2856376	3482057	2510126	2134588	1752744
湖 南	5379443	4381484	3196632	2894304	1161925	1037567
广 东	5319614	5394997	5125709	4844781	1141546	1014032
广 西	2962859	2447514	2728502	2278213	1016527	885812
海 南	1647970	1331022	1647970	1331022		
重 庆	3005099	2924522	742270	662236	742270	662236
四 川	539504	518897	539504	518897		
贵 州						
云 南	753924	782564	753924	782564		
西 藏						
陕 西						
甘 肃	449247	269626	95236	93100		
青 海						
宁 夏						
新 疆	4953217	4073179	4250167	3330105	2435190	2170544

单位：万元

非自有配送中心配送商品购进额		商品销售总额		零售额	
2012年	2011年	2012年	2011年	2012年	2011年
10329269	**8914045**	**123384649**	**112983597**	**74969341**	**65447939**
		8061120	7744831	3554123	3397467
1835396	1646364	2091022	1731666	1280205	1088501
		7596595	7282720	3563919	3221742
		1624725	1566970	1343072	1121015
1313515	1065171	5274869	5112233	2761664	2645142
		1009029	949326	876858	831741
		125526	124158	44706	37609
		6361135	6189553	2176940	1958683
1299438	1089177	16520515	15616501	8116836	7311383
		13899143	13025372	9641693	8822476
		4449026	4096020	4308449	2875269
		6686049	5810652	5376230	4683430
373577	328106	5094998	4411321	4158099	3414485
140789	125223	1935560	1670060	1285032	1202066
		3153474	2975065	1937427	1721166
141105	103859	4558060	3560123	3028770	2437017
		5227454	4743690	4474263	4002721
3503753	3354456	8265263	7997425	7418247	6496537
		7364689	6263502	2995154	2582162
289537	256134	1751663	1489258	1549700	1190599
		3482701	3073702	1409895	1250153
		641403	552458	301720	375049
		2350686	2184229	1176807	905469
		513172	274032	388597	201223
1432160	945555	5346771	4538732	1800937	1674836

2-23 续表 8

专卖店

地区	商品购进总额		统一配送商品购进额		自有配送中心配送商品购进额	
	2012年	2011年	2012年	2011年	2012年	2011年
全国	**18991924**	**18920358**	**17251086**	**17059219**	**14236347**	**14317456**
北京	536700	643362	211904	224931	150825	161232
天津	3429952	3419154	3424837	3414758	3389991	3376760
河北	6353	11330	6353	11330	6353	11330
山西	13170	8330	13170	8306	12360	7406
内蒙古	49194	91033	23300	78800		
辽宁	118627	133514	84749	62659	16881	15517
吉林	67400	67346	56937	58515	51719	54459
黑龙江	3443	2551				
上海	1454656	1456322	752512	770501	405131	477410
江苏	172808	178237	168860	176445	57197	53571
浙江	350143	316385	337437	184802	224428	166296
安徽	13677	16188	13677	16188	12497	15186
福建	879482	809537	714772	652473	382869	352431
江西	131242	163840	128619	156948	126374	155166
山东	7807273	7852637	7799702	7846835	7601846	7747163
河南	122651	121415	94683	91561	2568	1232
湖北	329210	235596	307961	233219	252780	180313
湖南	166222	114617	166222	114617	92094	89550
广东	966717	918434	904354	883368	257320	265240
广西						
海南						
重庆	333562	404802	288122	356304	34799	40835
四川	434194	571570	427651	566157	423086	555431
贵州	3646	2457	3646	2457		
云南	244439	249534	244439	249534	33339	21964
西藏	6689	6543	6689	6543		
陕西	547600	441872	267614	208215	267614	208215
甘肃	388027	324272	388027	324272	71281	49309
青海						
宁夏	24170	21799	24170	21799	8349	9358
新疆	390679	337681	390679	337681	354644	302082

单位：万元

非自有配送中心配送商品购进额		商品销售总额		零售额	
2012年	2011年	2012年	2011年	2012年	2011年
713371	**617859**	**20557241**	**20722623**	**16622572**	**14124247**
20562	19719	731512	809430	521635	547965
9143	9044	3463586	3440515	2124916	1534545
		8692	11898	7835	9261
		20485	9258	20485	9258
		65789	102098	65789	102098
		140509	151188	136294	148681
		68190	61647	68190	61647
		4303	3001	4303	3001
159103	86633	1797521	1800538	1515499	1524474
33051	37083	202041	194561	185079	186502
		337845	232781	290467	202794
		18618	20445	14171	15656
49012	27884	947257	891795	833653	769231
2245	1781	138792	177257	113595	114455
		7770415	8358309	7710563	5997723
		121113	132051	85972	96651
10204	8827	362181	309378	348067	297279
		227608	195058	153994	134415
427108	426419	1328019	1252816	1110447	1030347
		319860	385594	287054	375343
		509831	508039	446595	437788
475	447	4525	2822	1822	1304
		275605	262767	52280	51703
		5601	5917	5601	5917
		688003	555176		
2470	23	400779	335589	337640	279618
		37077	36245	968	1352
		561483	476450	179657	185242

2-23 续表 9

家居建材商店

地区	商品购进总额		统一配送商品购进额		自有配送中心配送商品购进额	
	2012年	2011年	2012年	2011年	2012年	2011年
全国	**341877**	**343645**	**231085**	**239249**	**62578**	**76232**
北京	106509	99322				
天津	23983	21511	23983	21511		
河北						
山西						
内蒙古						
辽宁						
吉林						
黑龙江						
上海	127022	143246	127022	143246	54463	72903
江苏	25968	26422	25968	26422		
浙江						
安徽						
福建						
江西						
山东	4282	5074				
河南						
湖北						
湖南						
广东	30358	26508	30358	26508	8115	3329
广西						
海南						
重庆						
四川	23755	21562	23755	21562		
贵州						
云南						
西藏						
陕西						
甘肃						
青海						
宁夏						
新疆						

单位：万元

非自有配送中心配送商品购进额		商品销售总额		零售额	
2012年	2011年	2012年	2011年	2012年	2011年
48212	**49601**	**472878**	**473987**	**423208**	**414649**
		178996	145882	178996	145882
		26040	25857	26040	25857
		159861	207133	119115	151343
25968	26422	30998	31202	30735	30960
		5018	5427	5018	5427
22244	23179	46561	34753	37899	31446
		25405	23734	25405	23734

2-23　续表 10

厂家直销中心

地　区	商品购进总额		统一配送商品购进额		自有配送中心配送商品购进额	
	2012年	2011年	2012年	2011年	2012年	2011年
全　国	**36890**	**29662**	**35298**	**29662**	**35298**	**29662**
北　京						
天　津						
河　北						
山　西						
内蒙古						
辽　宁						
吉　林						
黑龙江						
上　海						
江　苏						
浙　江	9432	10012	9432	10012	9432	10012
安　徽						
福　建						
江　西						
山　东						
河　南						
湖　北	25866	19650	25866	19650	25866	19650
湖　南						
广　东						
广　西						
海　南						
重　庆	1593					
四　川						
贵　州						
云　南						
西　藏						
陕　西						
甘　肃						
青　海						
宁　夏						
新　疆						

单位：万元

非自有配送中心配送商品购进额		商品销售总额		零售额	
2012年	2011年	2012年	2011年	2012年	2011年
		38054	**31228**	**29520**	**21880**
		10646	11215	2113	1867
		25667	20013	25667	20013
		1741		1741	

2-23 续表 11

其他

地区	商品购进总额		统一配送商品购进额		自有配送中心配送商品购进额	
	2012年	2011年	2012年	2011年	2012年	2011年
全国	**22690806**	**22284546**	**19452558**	**18254124**	**1794420**	**1706673**
北京						
天津	27941	26110	27941	26110		
河北						
山西	3220	9504	3220	9504		
内蒙古						
辽宁						
吉林						
黑龙江						
上海						
江苏	926890	873848	919315	868258	918362	862386
浙江	48016	44273	48016	44273	1647	1512
安徽						
福建	34754	29953	7907	11432	2293	2434
江西						
山东	2103352	2067499	1582908	1549360	538726	531254
河南						
湖北						
湖南	162838	199631	9556	8659		
广东	19260909	18941192	16813839	15699195	311900	281741
广西						
海南						
重庆	87860	73374	30075	30884	20818	25323
四川	674	2023	674	2023	674	2023
贵州						
云南						
西藏						
陕西						
甘肃						
青海	30353	14751	9106	4425		
宁夏						
新疆	3999	2387				

单位：万元

非自有配送中心配送商品购进额		商品销售总额		零售额	
2012年	2011年	2012年	2011年	2012年	2011年
10379522	**9514963**	**22752008**	**22235419**	**12677703**	**11891692**
		26166	24288	26166	24288
3220	9504	3515	7871	3029	
953	2947	1058597	884733	176030	11370
78	79	87189	78500	1823	1700
		30896	31017	12764	10264
		3179648	2949751	1883546	1575795
		190798	182984	181166	173782
10359182	9494183	18050828	17969000	10330135	10049441
6983	3825	88388	78847	31705	20882
		656	1970	656	1970
9106	4425	30497	21968	30497	21968
		4830	4490	185	232

2-24 按业态分各地区连锁

便利店

地 区	商品购进总额		统一配送商品购进额		自有配送中心配送商品购进额	
	2012年	2011年	2012年	2011年	2012年	2011年
全 国	**466959**	**404259**	**294271**	**258369**	**99516**	**94517**
北 京	6442	5026	5223	4618	5223	4618
天 津						
河 北	25147	23062	25147	23062	25147	23062
山 西	123212	95148				
内蒙古						
辽 宁	9765	6184	9765	6184		
吉 林						
黑龙江						
上 海	245560	225574	210561	182915	30420	28113
江 苏	387	1366	387	1366	387	546
浙 江	29259	27282	28078	24203	26602	22269
安 徽	71	63	71	63	71	63
福 建	2663	1561	2663	1561	2516	1449
江 西	7691	4596				
山 东						
河 南						
湖 北						
湖 南						
广 东	7898	7002	7898	7002	7898	7002
广 西						
海 南						
重 庆						
四 川	160		160			
贵 州						
云 南						
西 藏						
陕 西						
甘 肃						
青 海						
宁 夏						
新 疆	8705	7394	4320	7394	1253	7394

零售企业加盟门店经营情况

单位：万元

非自有配送中心配送商品购进额		商品销售总额		零售额	
2012年	2011年	2012年	2011年	2012年	2011年
94569	**88547**	**513100**	**460306**	**506233**	**453624**
		8332	5672	8332	5672
		25147	23062	25147	23062
		129935	99848	129935	99848
		6136	5697	6136	5697
90233	87047	279992	277979	273910	271897
	528	736	1302	736	1302
1122	860	32852	25237	32852	25237
		69	61	69	61
147	112	2853	1508	2853	1508
		7605	4367	7605	4367
		10356	10345	9571	9745
		621		621	
3067		8468	5230	8468	5230

2-24 续表 1

折扣店

地　区	商品购进总额		统一配送商品购进额		自有配送中心配送商品购进额	
	2012年	2011年	2012年	2011年	2012年	2011年
全　国	**34680**	**27499**	**34680**	**27499**	**34680**	**27499**
北　京	10311	9280	10311	9280	10311	9280
天　津						
河　北						
山　西						
内蒙古						
辽　宁						
吉　林						
黑龙江						
上　海	24369	18219	24369	18219	24369	18219
江　苏						
浙　江						
安　徽						
福　建						
江　西						
山　东						
河　南						
湖　北						
湖　南						
广　东						
广　西						
海　南						
重　庆						
四　川						
贵　州						
云　南						
西　藏						
陕　西						
甘　肃						
青　海						
宁　夏						
新　疆						

单位：万元

非自有配送中心配送商品购进额		商品销售总额		零售额	
2012年	2011年	2012年	2011年	2012年	2011年
		30855	**29039**	**30855**	**29039**
		8063	9280	8063	9280
		22792	19760	22792	19760

2-24 续表 2

超市

地区	商品购进总额		统一配送商品购进额		自有配送中心配送商品购进额	
	2012年	2011年	2012年	2011年	2012年	2011年
全国	**2316611**	**2122685**	**1893881**	**1736739**	**1187062**	**1104313**
北京	77776	86781	21022	20445	20677	20055
天津						
河北						
山西						
内蒙古	946	918	946	908	198	200
辽宁	48564	31035	48564	31035		
吉林						
黑龙江						
上海	1121125	1075201	1121125	1075201	672675	645121
江苏	14794	20101	8703	8205	4582	5671
浙江	122074	88630	87834	60319	75822	56465
安徽	606227	522445	333275	289027	188396	165594
福建						
江西						
山东	115217	109719	115217	109122	112349	106570
河南	12781	5306	3224	986		
湖北	16650	19761	14948	18029	14948	18029
湖南	10784	5759	9374	4546	55	26
广东	35390	27801	13660	9720	13660	9536
广西	18576	18804	7084	7097	4921	5028
海南						
重庆	47629	48417	44885	44803	36568	36759
四川	50734	46263	50734	45000	35401	30802
贵州						
云南	6746	5590	6746	5590	4231	1563
西藏						
陕西						
甘肃						
青海						
宁夏		1039		1039		661
新疆	10601	9116	6542	5669	2579	2235

单位：万元

非自有配送中心配送商品购进额		商品销售总额		零售额	
2012年	2011年	2012年	2011年	2012年	2011年
568561	**530858**	**2097313**	**2166925**	**2063227**	**2136994**
		139173	113791	139173	113763
		6935	5854	6935	5854
748	708	1257	1067	1257	1067
		55801	30494	55801	30494
448450	430081	1219707	1499201	1219707	1499201
2130	579	24836	22489	24836	22489
5951	1898	125305	86585	91637	58268
90000	80000	173210	88603	173210	88603
2868	2553	133614	118446	133368	117626
		13919	7619	13746	7499
		22365	21410	22365	21410
8474	3546	9791	6095	9791	6095
	184	30009	31834	30009	31834
		22626	23780	22626	23134
4745	5736	47617	42921	47617	42921
512	457	54727	50650	54727	50650
720	1305	6930	6927	6930	6927
	378		996		996
3962	3434	9491	8162	9491	8162

2-24 续表 3

大型超市

地 区	商品购进总额		统一配送商品购进额		自有配送中心配送商品购进额	
	2012年	2011年	2012年	2011年	2012年	2011年
全 国	**4942906**	**4432793**	**4907837**	**4395069**	**1219457**	**1387098**
北 京						
天 津						
河 北						
山 西						
内蒙古						
辽 宁	33242	29943	33242	29943		
吉 林						
黑龙江						
上 海	3611754	2940630	3598585	2924410		
江 苏	793743	983975	793743	983975	793743	983975
浙 江	256801	234858	251900	230701	199246	180460
安 徽						
福 建						
江 西						
山 东						
河 南						
湖 北						
湖 南						
广 东	200762	201452	191379	191379	191379	191379
广 西						
海 南						
重 庆						
四 川						
贵 州						
云 南						
西 藏						
陕 西						
甘 肃						
青 海						
宁 夏						
新 疆	46604	41936	38988	34660	35089	31284

单位：万元

非自有配送中心配送商品购进额		商品销售总额		零售额	
2012年	2011年	2012年	2011年	2012年	2011年
89795	**83561**	**4662803**	**4642847**	**4659659**	**4640900**
33242	29943	68404	65857	68404	65857
		3131466	2942433	3131466	2942433
		993269	1151521	993269	1151521
52654	50241	276963	242474	276963	242474
		130817	185697	130817	185697
3899	3376	61884	54867	58740	52919

2-24 续表 4

仓储会员店

地　区	商品购进总额		统一配送商品购进额		自有配送中心配送商品购进额	
	2012年	2011年	2012年	2011年	2012年	2011年
全　国	**6326**	**3758**	**6259**	**3553**	**6259**	**3553**
北　京						
天　津						
河　北						
山　西						
内蒙古						
辽　宁						
吉　林						
黑龙江						
上　海						
江　苏						
浙　江	6326	3758	6259	3553	6259	3553
安　徽						
福　建						
江　西						
山　东						
河　南						
湖　北						
湖　南						
广　东						
广　西						
海　南						
重　庆						
四　川						
贵　州						
云　南						
西　藏						
陕　西						
甘　肃						
青　海						
宁　夏						
新　疆						

单位：万元

非自有配送中心配送商品购进额		商品销售总额		零售额	
2012年	2011年	2012年	2011年	2012年	2011年
		11595	**7043**	**11595**	**7043**
		11595	7043	11595	7043

2-24 续表 5

百货店

地区	商品购进总额		统一配送商品购进额		自有配送中心配送商品购进额	
	2012年	2011年	2012年	2011年	2012年	2011年
全国	**903866**	**792914**	**512052**	**507662**	**407973**	**401936**
北京						
天津						
河北						
山西						
内蒙古						
辽宁						
吉林						
黑龙江						
上海						
江苏	305007	303261	305007	303261	305007	303261
浙江	40168	42323	35852	38399	35852	38399
安徽	132215	109124	113255	109124	35270	29665
福建						
江西	263715	205806	30831	29645	30831	29645
山东	42372	41898				
河南						
湖北						
湖南						
广东	26093	26268	26093	26268		
广西						
海南						
重庆						
四川						
贵州						
云南						
西藏						
陕西	93282	63270				
甘肃						
青海						
宁夏						
新疆	1013	965	1013	965	1013	965

单位：万元

非自有配送中心配送商品购进额		商品销售总额		零售额	
2012年	2011年	2012年	2011年	2012年	2011年
26093	**26268**	**1050054**	**952297**	**1018357**	**931337**
		387967	410513	387967	410513
		50275	51060	50275	51060
		122997	128381	122997	128381
		236950	165242	205253	144282
		57679	52452	57679	52452
26093	26268	49186	48256	49186	48256
		144180	95612	144180	95612
		820	781	820	781

2-24 续表 6

专业店(含加油站)

地 区	商品购进总额		统一配送商品购进额		自有配送中心配送商品购进额	
	2012年	2011年	2012年	2011年	2012年	2011年
全 国	**2468933**	**2376066**	**2321745**	**2211007**	**1534013**	**1487233**
北 京	50583	85467	50146	81525	10618	17962
天 津	3821	4577	3821	4577	3176	3940
河 北						
山 西						
内蒙古	664	771	664	771	664	771
辽 宁	50	45	50	45	50	45
吉 林						
黑龙江						
上 海	661051	749846	655321	744415	600812	694580
江 苏	64785	51755	63594	49784	62272	47616
浙 江	225942	211052	170677	159507	147915	137614
安 徽	228739	242599	228739	242599	228739	235386
福 建	9385	11161	9385	8636	4833	8170
江 西						
山 东	55378	47530	55228	47409	53429	45683
河 南	318786	289698	311639	282665	5776	4603
湖 北	23821	22342	23221	20589	18321	16787
湖 南	70618	60951	47051	42813	13293	11669
广 东	468135	302994	467745	302505	234998	81130
广 西	15382	15032	12822	12488	12469	12122
海 南						
重 庆	79614	88779	47498	73029	36065	64669
四 川	20686	14830	16469	10804	11254	9299
贵 州	13427	12665	13427	12665		
云 南	6395	4044	4962	3143		
西 藏						
陕 西	28915	25580	19815	18712	13538	12058
甘 肃	8186	9199	8186	9199		
青 海	472	260	472	260	472	260
宁 夏	41504	117396	39685	75900	4193	75900
新 疆	72596	7495	71128	6969	71128	6969

单位：万元

非自有配送中心配送商品购进额		商品销售总额		零售额	
2012年	2011年	2012年	2011年	2012年	2011年
357953	**322124**	**2593095**	**2598122**	**1868677**	**1601286**
38377	62470	61506	87986	57642	55073
645	637	3346	5895	3326	5678
		286	593	286	593
		11369	11367	11369	11367
35630	31437	677139	767390	378593	422078
1197	2164	65900	56518	46484	39666
4905	3954	247621	232036	209679	199468
	7213	113527	215733	1431	2422
4552	90	14333	12447	14333	12447
		87180	61351	81364	61331
		376286	349911	316082	287859
4448	3801	31417	46668	31417	45648
2900	4186	80219	64791	57884	47770
220078	200005	462535	265862	462464	249704
		23451	17019	20955	14488
9730	6169	113450	108156	86849	82261
		31195	26579	25830	20780
		14729	12381	14729	12381
		7581	6031	823	797
		35899	30898	35899	18365
		16750	13583		
		404	260	404	260
35492		41472	117750	1787	1950
		75501	86917	9049	8901

2-24 续表 7

加油站

地 区	商品购进总额		统一配送商品购进额		自有配送中心配送商品购进额	
	2012年	2011年	2012年	2011年	2012年	2011年
全 国	**791075**	**748813**	**791075**	**748813**	**791075**	**748813**
北 京						
天 津						
河 北						
山 西						
内蒙古						
辽 宁						
吉 林						
黑龙江						
上 海	597092	690623	597092	690623	597092	690623
江 苏						
浙 江						
安 徽						
福 建						
江 西						
山 东						
河 南						
湖 北						
湖 南						
广 东	189400	53400	189400	53400	189400	53400
广 西	4584	4789	4584	4789	4584	4789
海 南						
重 庆						
四 川						
贵 州						
云 南						
西 藏						
陕 西						
甘 肃						
青 海						
宁 夏						
新 疆						

单位：万元

非自有配送中心配送商品购进额		商品销售总额		零售额	
2012年	2011年	2012年	2011年	2012年	2011年
		750885	**741947**	**452339**	**396635**
		597092	690623	298546	345312
		149210	46534	149210	46534
		4584	4789	4584	4789

2-24 续表 8

专卖店

地区	商品购进总额		统一配送商品购进额		自有配送中心配送商品购进额	
	2012年	2011年	2012年	2011年	2012年	2011年
全国	**1559295**	**1603610**	**1547779**	**1593458**	**936342**	**919877**
北京	139499	116108	139499	116108	136226	114231
天津	84	62				
河北						
山西	6217	5833	6217	5833		
内蒙古						
辽宁	4534	6781	4534	6781		
吉林						
黑龙江						
上海	54943	52993	54943	52993	46951	45300
江苏	133424	109508	133351	109210	44597	26585
浙江	422027	414203	422027	414203	404660	401787
安徽	628	94	628	94	628	94
福建	228187	214090	225477	211579	31607	37150
江西	63790	55159	63790	55159	60670	53146
山东	45227	26449	45227	26449	30227	21626
河南	8947	7661	3902	4761		
湖北	640	546	640	546	597	512
湖南	22749	26994	22749	26994	21018	19002
广东	133496	170526	132742	168994	132742	168994
广西						
海南						
重庆	17123	12626	14272	9777	14272	9777
四川	4183	14727	4183	14727	4183	14727
贵州						
云南	265633	362305	265633	362305		
西藏						
陕西						
甘肃						
青海						
宁夏	7965	6946	7965	6946	7965	6946
新疆						

单位：万元

非自有配送中心配送商品购进额		商品销售总额		零售额	
2012年	2011年	2012年	2011年	2012年	2011年
291020	**266643**	**2046781**	**2000857**	**807334**	**812590**
		179795	148375	179795	148375
		130	100	130	100
		6217	5833	6217	5833
		9360	7870	9360	7870
7992	7693	138645	139255	30871	32141
88710	82508	127328	109012	36037	26039
		657856	549519	37409	40629
		615	276	615	276
191197	174429	223266	210522	222647	209855
3120	2013	65289	67648	65289	67648
		21572	30403	16698	21242
		10027	7030	5766	4030
		749	543	749	543
		28678	30866	27323	24703
		246540	315041	148071	189366
		21030	15332	17841	14727
		16682	19213	2516	19213
		285861	337127		
		7142	6891		

2-24 续表 9

厂家直销中心

地 区	商品购进总额		统一配送商品购进额		自有配送中心配送商品购进额	
	2012年	2011年	2012年	2011年	2012年	2011年
全 国		**1356**				
北 京						
天 津						
河 北						
山 西						
内蒙古						
辽 宁						
吉 林						
黑龙江						
上 海						
江 苏						
浙 江						
安 徽						
福 建						
江 西						
山 东						
河 南						
湖 北						
湖 南						
广 东						
广 西						
海 南						
重 庆		1356				
四 川						
贵 州						
云 南						
西 藏						
陕 西						
甘 肃						
青 海						
宁 夏						
新 疆						

单位：万元

非自有配送中心配送商品购进额		商品销售总额		零售额	
2012年	2011年	2012年	2011年	2012年	2011年
			1595		**1595**
			1595		1595

2-24 续表 10

其他

地区	商品购进总额		统一配送商品购进额		自有配送中心配送商品购进额	
	2012年	2011年	2012年	2011年	2012年	2011年
全国	**1455629**	**1311764**	**1255571**	**1084563**	**1045982**	**933864**
北京						
天津						
河北						
山西						
内蒙古						
辽宁						
吉林						
黑龙江						
上海						
江苏	612519	524685	608724	519045	603139	516634
浙江	48311	40054	48311	40054	38242	31757
安徽	304894	220140	304894	220140	118508	85565
福建						
江西						
山东	201351	231318	32748	37521	32347	37180
河南						
湖北						
湖南	1120	1001				
广东	250532	260796	249798	260098	249063	259400
广西						
海南						
重庆	36412	33393	10607	7423	4194	3046
四川	490	376	490	282	490	282
贵州						
云南						
西藏						
陕西						
甘肃						
青海						
宁夏						
新疆						

单位：万元

非自有配送中心配送商品购进额		商品销售总额		零售额	
2012年	2011年	2012年	2011年	2012年	2011年
204570	**146832**	**3423271**	**3364673**	**403188**	**581116**
5585	2410	613228	525344	13216	11120
10069	8297	41388	38163	41388	38163
186387	134575	301973	220193		
		60508	239933	60508	239933
		1007	970		
734	698	2360112	2304609	273943	286227
1795	851	44586	35328	13664	5541
		470	133	470	133

2-25 36城市连锁零售企业基本情况

地 区	连锁总店数(个)	门店数(个)		年末从业人员(人)		年末零售营业面积(平方米)	
	2012年	2012年	2011年	2012年	2011年	2012年	2011年
合 计	**1351**	**125403**	**132936**	**1844900**	**1867645**	**103355162**	**100319613**
北 京	134	6810	6824	149657	146310	6680540	6496793
天 津	38	1915	1892	37555	37476	2627026	2480228
石家庄	17	977	994	15842	13255	886497	901289
太 原	23	1871	1632	24449	19245	926311	749142
呼和浩特	2	12	10	579	499	7647	5532
沈 阳	48	1995	1840	37488	31347	2441681	2229216
大 连	17	2103	2089	17460	17665	1061140	1005549
长 春	17	654	680	8507	9174	248197	379377
哈尔滨	21	1453	1347	13897	12496	442818	417366
上 海	87	19310	20032	293880	307872	10277091	9920020
南 京	41	11129	10887	282047	314354	15005656	14857810
杭 州	69	8478	8489	66048	65959	7067156	6992724
宁 波	28	1570	1609	23772	25679	885944	946395
合 肥	31	8176	7658	74268	70834	3965634	3586481
福 州	21	1070	1017	38410	37348	3343729	2565182
厦 门	37	1142	1094	10502	10914	661085	654488
南 昌	38	1842	1582	27472	23196	1033671	871990
济 南	10	3086	3044	63900	70534	3101178	3579481
青 岛	71	3012	2948	42904	40252	4531946	3903994
郑 州	23	768	691	16925	16931	1354527	1157694
武 汉	83	3840	3592	105702	95254	4780449	4560191
长 沙	38	2088	2500	25225	25568	1341212	1450705
广 州	115	13464	22612	139630	161248	15222575	14806147
深 圳	59	3503	2956	75888	73217	3610371	4755169
南 宁	19	1286	1208	17675	16533	1286690	1245154
海 口	6	506	561	5717	5405	319630	298511
重 庆	91	11517	11329	90936	86171	3882447	3334887
成 都	42	3948	3686	51689	49716	1836175	1641778
贵 阳	11	493	436	2919	2697	63491	59553
昆 明	38	3112	3150	32819	31880	1729028	1773720
拉 萨	2	15	15	700	623	24354	24730
西 安	14	492	512	14254	13671	590021	614756
兰 州	10	396	322	4752	4537	147043	179544
西 宁	11	98	93	6566	6504	239674	231428
银 川	11	1201	1578	9746	8030	573320	525374
乌鲁木齐	28	2071	2027	15120	15251	1159208	1117215

2-26　36城市连锁零售企业直营门店基本情况

地　区	门店数(个)		年末从业人员(人)		年末零售营业面积(平方米)	
	2012年	2011年	2012年	2011年	2012年	2011年
合　计	**79299**	**77067**	**1617528**	**1609669**	**96758911**	**93192664**
北　京	4934	4749	137613	134291	6419065	6216189
天　津	1872	1842	37414	37347	2622321	2475523
石家庄	706	718	15571	13034	867527	882489
太　原	760	681	19374	14858	873300	706350
呼和浩特	12	10	579	499	7647	5532
沈　阳	1827	1670	36573	30400	2417286	2204988
大　连	1078	1064	13076	13281	945070	889479
长　春	654	680	8507	9174	248197	379377
哈尔滨	1453	1347	13897	12496	442818	417366
上　海	11148	11618	210050	215699	7570857	7056578
南　京	8074	7805	258995	287402	14649306	14420813
杭　州	5814	5944	60436	60551	6782313	6703813
宁　波	1017	1090	23010	24837	831459	882805
合　肥	3222	2804	58004	55647	3734287	3335014
福　州	877	805	36611	35488	3303431	2524059
厦　门	823	792	9313	9943	649635	643474
南　昌	858	716	23383	19183	851935	694011
济　南	3086	3042	63900	70501	3101178	3579073
青　岛	1816	1679	36769	33383	4365954	3723808
郑　州	704	624	16615	16718	1348622	1152387
武　汉	3467	3218	103945	93875	4735781	4517634
长　沙	970	986	22477	22641	1276491	1369885
广　州	6808	6610	110419	110239	14023670	13370134
深　圳	2692	2401	72119	71093	3538239	4699477
南　宁	769	705	15142	14111	1220443	1180522
海　口	506	561	5717	5405	319630	298511
重　庆	3319	3278	76906	72419	3568916	3036746
成　都	3796	3535	50697	48809	1821204	1627796
贵　阳	355	312	2436	2188	53413	50687
昆　明	2997	3041	32708	31762	1728328	1773020
拉　萨	15	15	700	623	24354	24730
西　安	371	401	12390	11627	422101	447386
兰　州	396	322	4752	4537	147043	179544
西　宁	76	70	6544	6481	239674	231428
银　川	395	335	7428	5540	513070	439014
乌鲁木齐	1632	1597	13458	13587	1094346	1053022

2-27 36城市连锁零售企业加盟门店基本情况

地区	门店数(个)		年末从业人员(人)		年末零售营业面积(平方米)	
	2012年	2011年	2012年	2011年	2012年	2011年
合　计	**46104**	**55869**	**227372**	**257976**	**6596251**	**7126949**
北　京	1876	2075	12044	12019	261475	280604
天　津	43	50	141	129	4705	4705
石家庄	271	276	271	221	18970	18800
太　原	1111	951	5075	4387	53011	42792
呼和浩特						
沈　阳	168	170	915	947	24395	24228
大　连	1025	1025	4384	4384	116070	116070
长　春						
哈尔滨						
上　海	8162	8414	83830	92173	2706234	2863442
南　京	3055	3082	23052	26952	356350	436997
杭　州	2664	2545	5612	5408	284843	288911
宁　波	553	519	762	842	54485	63590
合　肥	4954	4854	16264	15187	231347	251467
福　州	193	212	1799	1860	40298	41123
厦　门	319	302	1189	971	11450	11014
南　昌	984	866	4089	4013	181736	177979
济　南		2		33		408
青　岛	1196	1269	6135	6869	165992	180186
郑　州	64	67	310	213	5905	5307
武　汉	373	374	1757	1379	44668	42557
长　沙	1118	1514	2748	2927	64721	80820
广　州	6656	16002	29211	51009	1198905	1436013
深　圳	811	555	3769	2124	72132	55692
南　宁	517	503	2533	2422	66247	64632
海　口						
重　庆	8198	8051	14030	13752	313531	298141
成　都	152	151	992	907	14971	13982
贵　阳	138	124	483	509	10078	8866
昆　明	115	109	111	118	700	700
拉　萨						
西　安	121	111	1864	2044	167920	167370
兰　州						
西　宁	22	23	22	23		
银　川	806	1243	2318	2490	60250	86360
乌鲁木齐	439	430	1662	1664	64862	64193

2-28 36城市连锁零售企业经营情况

地区	商品购进总额		统一配送商品购进额		自有配送中心配送商品购进额	
	2012年	2011年	2012年	2011年	2012年	2011年
合计	**239849310**	**229223416**	**185124321**	**173913468**	**109709653**	**104242423**
北京	20748640	20577701	9951243	9712571	3219481	3059626
天津	7210856	6994362	5703836	5585493	3722505	3777653
石家庄	3528005	3162974	1534041	1436424	159342	137663
太原	1532981	977668	906058	496369	202092	198161
呼和浩特	17551	16407	11237	9376	11237	9376
沈阳	4425618	3862144	2759907	2196799	66580	57358
大连	1800262	1711038	1565890	1478379	1404271	1334145
长春	1253042	1213499	1231896	1193234	1125943	984615
哈尔滨	1842807	1815263	1763437	1734016	1319950	1316329
上海	31705443	30351363	25580866	23804066	8670676	8467904
南京	36468803	37316044	29776076	28827894	29292962	28346000
杭州	16265503	15336958	15022215	14150499	14484323	13651105
宁波	1575548	1468834	1083672	1021517	845954	842231
合肥	12422990	11603822	9732683	9202777	4658650	4386285
福州	4097719	3480380	2200117	1607338	1438234	989273
厦门	750580	878533	737332	875495	651488	684998
南昌	2551643	2465534	2080657	1896558	1600000	1523794
济南	11245197	11142394	8664839	8557982	7954787	7950158
青岛	4590909	4327892	2981494	2801265	995210	928755
郑州	1534599	1307907	891588	793225	696204	622527
武汉	11045240	8651448	7826466	5998238	6787030	5057575
长沙	3341313	2510720	2421069	2075801	1810129	1544105
广州	30313844	29904042	27488090	26155297	5402119	5455045
深圳	6942466	7236456	5695325	6117822	3649873	4195568
南宁	721907	740314	455595	540211	382211	488033
海口	1695362	1369067	1695362	1369067	5250	4682
重庆	8891889	8328794	5333031	5055349	3470942	3076813
成都	3222525	3120749	2674414	2677155	1129956	1341179
贵阳	80157	83000	80157	83000	37017	44186
昆明	2772869	2831342	2754316	2729803	1047323	807066
拉萨	21653	21741	21653	21741		
西安	1412021	1287208	830069	734883	816283	723380
兰州	571362	474490	571362	474490	74756	50723
西宁	199249	162917	66327	57984	6988	6912
银川	1253563	1056461	1253563	1016961	1218071	1016961
乌鲁木齐	1795196	1433952	1778436	1424388	1351816	1162239

2-28 续表 1

单位：万元

地　区	非自有配送中心配送商品购进额		商品销售总额		零售额	
	2012年	2011年	2012年	2011年	2012年	2011年
合　计	**31086579**	**29490453**	**268643389**	**259563623**	**188901987**	**177105495**
北　京	1216201	2542637	24209887	23314814	17697346	17192734
天　津	1851381	1660147	7312975	6872261	5023272	4241158
石家庄			3594136	3312172	2568496	2160210
太　原	14013	20244	2120637	1835442	2037022	1596416
呼和浩特			20971	12956	20971	12956
沈　阳	1329746	1077732	4550909	4186233	2744165	2481696
大　连	60049	53057	1848699	1737519	1848699	1737519
长　春			1341725	1303699	1207653	1186114
哈尔滨	183951	229148	1794597	2030006	1559816	1635659
上　海	3314765	3212409	36055579	35248167	21850949	22246187
南　京	421387	261229	39166208	42438109	22463733	23191894
杭　州	264058	207694	17316592	16137416	11885306	10897593
宁　波	111320	101878	1714259	1645037	1489904	1412095
合　肥	229216	229746	13600590	12579007	9362822	7736211
福　州	595269	466595	4946983	4337089	4747975	4117608
厦　门	48801	73756	1364970	1353039	973030	992338
南　昌	480657	372764	3606253	3286828	2731557	2282327
济　南	693711	593312	11704321	12447172	11031630	9591242
青　岛	286962	322578	5872818	5440276	4217094	3712744
郑　州			1820946	1714955	1807400	1714955
武　汉	637823	565470	12658602	10615288	10875164	9113285
长　沙	27884	28875	3223041	2979370	2626312	2550853
广　州	15484863	14412381	32172235	31901241	20317622	20069572
深　圳	1781673	1590261	8188510	7693477	7817978	7663908
南　宁			2718777	2163070	1286801	1144291
海　口	302082	262291	1797414	1526173	1593421	1224894
重　庆	751843	616760	9754702	8644276	7236936	6429244
成　都	310004	216437	3587097	3452739	3139183	3028877
贵　阳			100341	84922	99853	84427
昆　明	204387	97298	4593639	4335786	2822854	2384003
拉　萨			19786	18505	19786	18505
西　安			1834810	1655391	862122	796578
兰　州	2470	23	815254	499261	675354	499261
西　宁	19952	13584	247211	210711	243606	207602
银　川	35492		919151	838403	589830	462690
乌鲁木齐	426620	262150	2048764	1712815	1426327	1287848

2-29 36城市连锁零售企业直营门店经营情况

单位：万元

地区	商品购进总额		统一配送商品购进额		自有配送中心配送商品购进额	
	2012年	2011年	2012年	2011年	2012年	2011年
合　计	**228436069**	**218573292**	**174641818**	**164125966**	**104828260**	**99321660**
北　京	20464029	20275040	9725043	9480597	3036427	2893481
天　津	7206951	6989723	5700015	5580916	3719329	3773713
石家庄	3502858	3139911	1508895	1413362	134195	114600
太　原	1403552	876687	899841	490536	202092	198161
呼和浩特	17551	16407	11237	9376	11237	9376
沈　阳	4425618	3862144	2759907	2196799	66580	57358
大　连	1757205	1674866	1522833	1442206	1404221	1334100
长　春	1253042	1213499	1231896	1193234	1125943	984615
哈尔滨	1842807	1815263	1763437	1734016	1319950	1316329
上　海	25986642	25288899	19915963	18805913	7295449	7036571
南　京	35004611	35740375	28311886	27252224	27918145	26852984
杭　州	16048620	15133158	14838087	13978515	14319818	13497963
宁　波	1502819	1396418	1042412	977138	808326	802038
合　肥	11748777	11025069	9077431	8624024	4267769	4028778
福　州	3899260	3297378	2004367	1429371	1438234	985891
厦　门	711024	834724	697776	831686	612532	641612
南　昌	2224138	2204569	1986036	1811754	1508500	1441003
济　南	11245197	11141580	8664839	8557167	7954787	7949344
青　岛	4340824	4053711	2900012	2720880	914177	848757
郑　州	1531307	1305862	891588	793225	696204	622527
武　汉	11012911	8619935	7795840	5970210	6761304	5033348
长　沙	3277158	2444676	2356914	2009756	1776332	1513758
广　州	29294369	29006344	26478731	25268444	4610221	4766577
深　圳	6870843	7163267	5624092	6045122	3619851	4173008
南　宁	696528	714800	444267	528948	371004	476875
海　口	1695362	1369067	1695362	1369067	5250	4682
重　庆	8711111	8144223	5215769	4920316	3379844	2962562
成　都	3214502	3102475	2666691	2658881	1122393	1322905
贵　阳	67122	70435	67122	70435	37017	44186
昆　明	2507236	2469037	2488683	2367498	1047323	807066
拉　萨	21653	21741	21653	21741		
西　安	1296102	1205011	816531	722825	802746	711322
兰　州	571362	474490	571362	474490	74756	50723
西　宁	198777	162657	65855	57725	6516	6652
银　川	1213878	941061	1213878	941061	1213878	941061
乌鲁木齐	1670324	1378796	1665566	1376508	1245912	1117735

2-29 续表

单位：万元

地区	非自有配送中心配送商品购进额		商品销售总额		零售额	
	2012年	2011年	2012年	2011年	2012年	2011年
合计	**29638251**	**28182430**	**255159184**	**245826997**	**179667036**	**167712463**
北京	1177824	2480167	23813019	22949710	17304342	16860572
天津	1850736	1659510	7309500	6866266	5019817	4235380
石家庄			3568990	3289110	2543350	2137148
太原	14013	20244	1984485	1729760	1900870	1490734
呼和浩特			20971	12956	20971	12956
沈阳	1329746	1077732	4539609	4174929	2732865	2470392
大连	26806	23114	1774090	1665903	1774090	1665903
长春			1341725	1303699	1207653	1186114
哈尔滨	183951	229148	1794597	2030006	1559816	1635659
上海	2732460	2656152	30585838	29602151	16793610	17058678
南京	332014	178579	37669343	40822202	21646171	22163185
杭州	260259	205030	17073466	15912668	11656173	10684458
宁波	108233	98169	1630992	1565533	1438105	1358545
合肥	42830	87958	13054217	12008068	9230519	7598775
福州	399520	292387	4752977	4160563	4553968	3941082
厦门	48654	73333	1321620	1305088	930299	945055
南昌	477537	370751	3304014	3053938	2461015	2070397
济南	693711	593312	11704321	12446867	11031630	9590937
青岛	286962	322578	5736209	5144585	4086301	3417073
郑州			1817937	1712348	1804391	1712348
武汉	633375	561669	12617851	10558088	10834413	9057104
长沙	24986	24701	3145892	2907518	2550518	2485164
广州	15267403	14213997	29044154	28828263	19372543	19156534
深圳	1753111	1561491	8056173	7625244	7685641	7595675
南宁			2683666	2130893	1254186	1115292
海口	302082	262291	1797414	1526173	1593421	1224894
重庆	735573	604004	9528020	8440944	7070965	6282200
成都	310004	216437	3566409	3429812	3132661	3005950
贵阳			86147	72647	85659	72152
昆明	204387	97298	4307778	3998659	2822854	2384003
拉萨			19786	18505	19786	18505
西安			1660469	1533883	687780	687602
兰州	2470	23	815254	499261	675354	499261
西宁	19952	13584	246808	210451	243203	207342
银川			879467	722603	589830	462690
乌鲁木齐	419655	258773	1905977	1567708	1352266	1222706

2-30 36城市连锁零售企业加盟门店经营情况

单位：万元

地　　区	商品购进总额		统一配送商品购进额		自有配送中心配送商品购进额	
	2012年	2011年	2012年	2011年	2012年	2011年
合　计	**11413242**	**10650123**	**10482503**	**9787502**	**4881394**	**4920764**
北　京	284611	302661	226200	231975	183054	166145
天　津	3905	4639	3821	4577	3176	3940
石家庄	25147	23062	25147	23062	25147	23062
太　原	129428	100982	6217	5833		
呼和浩特						
沈　阳						
大　连	43057	36172	43057	36172	50	45
长　春						
哈尔滨						
上　海	5718801	5062464	5664902	4998154	1375227	1431333
南　京	1464192	1575670	1464190	1575670	1374818	1493016
杭　州	216882	203800	184128	171984	164505	153143
宁　波	72729	72416	41260	44379	37628	40194
合　肥	674213	578753	655253	578753	390881	357506
福　州	198459	183002	195749	177967		3382
厦　门	39556	43809	39556	43809	38957	43387
南　昌	327505	260965	94621	84804	91501	82791
济　南		815		815		815
青　岛	250085	274181	81482	80384	81032	79998
郑　州	3293	2046				
武　汉	32328	31514	30626	28029	25726	24227
长　沙	64155	66044	64155	66044	33797	30347
广　州	1019476	897698	1009358	886853	791898	688468
深　圳	71624	73189	71233	72700	30023	22560
南　宁	25380	25513	11329	11263	11206	11158
海　口						
重　庆	180778	184572	117261	135033	91099	114251
成　都	8023	18275	7723	18275	7563	18275
贵　阳	13035	12566	13035	12566		
昆　明	265633	362305	265633	362305		
拉　萨						
西　安	115919	82196	13538	12058	13538	12058
兰　州						
西　宁	472	260	472	260	472	260
银　川	39685	115400	39685	75900	4193	75900
乌鲁木齐	124871	55156	112870	47880	105904	44504

2-30 续表

单位：万元

地区	非自有配送中心配送商品购进额		商品销售总额		零售额	
	2012年	2011年	2012年	2011年	2012年	2011年
合　计	**1448327**	**1308023**	**13484205**	**13736627**	**9234951**	**9393032**
北　京	38377	62470	396868	365104	393004	332162
天　津	645	637	3476	5996	3455	5779
石家庄			25147	23062	25147	23062
太　原			136151	105682	136151	105682
呼和浩特						
沈　阳			11300	11304	11300	11304
大　连	33242	29943	74610	71617	74610	71617
长　春						
哈尔滨						
上　海	582305	556257	5469741	5646016	5057339	5187509
南　京	89373	82650	1496865	1615907	817562	1028710
杭　州	3799	2664	243126	224748	229132	213135
宁　波	3087	3709	83267	79505	51798	53550
合　肥	186387	141788	546372	570940	132303	137436
福　州	195749	174208	194006	176526	194006	176526
厦　门	147	423	43350	47951	42731	47283
南　昌	3120	2013	302239	232890	270542	211930
济　南				305		305
青　岛			136609	295691	130792	295672
郑　州			3008	2607	3008	2607
武　汉	4448	3801	40751	57200	40751	56180
长　沙	2898	4174	77149	71852	75794	65689
广　州	217460	198384	3128081	3072978	945079	913038
深　圳	28562	28770	132337	68233	132337	68233
南　宁			35112	32177	32616	29000
海　口						
重　庆	16270	12756	226682	203332	165971	147044
成　都			20688	22927	6522	22927
贵　阳			14194	12275	14194	12275
昆　明			285861	337127		
拉　萨						
西　安			174341	121508	174341	108976
兰　州						
西　宁			404	260	404	260
银　川	35492		39685	115800		
乌鲁木齐	6966	3376	142787	145106	74061	65143

第三部分

餐饮企业综合篇

3-1 连锁餐饮企业总体情况

项　　目	单位	总计		直营店		加盟店	
		2012年	2011年	2012年	2011年	2012年	2011年
连锁总店数	个	456					
门店总数	个	18153	16108	14024	12156	4129	3952
年末年末从业人员	人	805536	747455	650420	594680	155116	152775
年末餐饮营业面积	平方米	8692256	7913183	6573104	5919200	2119152	1993983
年末餐位数	位	2864565	2655558	2043346	1853001	821219	802557
连锁门店商品购进总额	万元	5613570	5184585	4852779	4475057	760791	709528
其中：统一配送商品购进额	万元	3884763	3522881	3689367	3352020	195396	170861
其中：自有配送中心	万元	2022948	1773475	1950560	1703009	72387	70466
非自有配送中心	万元	859798	810138	768963	732091	90835	78047
营业额	万元	12832647	11286979	11150960	9734003	1681687	1552976
其中：餐费收入及商品销售额	万元	12803121	11265728	11126795	9716724	1676326	1549005

3-2 连锁餐饮企业基本情况

项　　目	连锁总店数(个)	门店数(个)		年末从业人员(人)		年末餐饮营业面积(平方米)		年末餐位数(位)	
	2012年	2012年	2011年	2012年	2011年	2012年	2011年	2012年	2011年
总　　计	**456**	**18153**	**16108**	**805536**	**747455**	**8692256**	**7913183**	**2864565**	**2655558**
一、按登记注册类型分									
内资企业	310	7248	6718	290318	280981	4746405	4244150	1434522	1323907
国有企业	7	47	43	2290	2153	19999	19477	6450	6030
集体企业	2	13	13	760	754	18669	18669	4055	4055
股份合作企业	4	11	12	332	438	6756	7956	2304	2844
联营企业									
国有联营企业									
集体联营企业									
国有与集体联营企业									
其他联营企业									
有限责任公司	91	2529	2176	86453	77268	1875148	1463651	526779	438658
国有独资公司	1	30	34	2645	2632	24732	26192	11129	11177
其他有限责任公司	90	2499	2142	83808	74636	1850416	1437459	515650	427481
股份有限公司	13	841	812	50816	55052	870259	855790	191567	169354
私营企业	191	3797	3652	149409	145044	1951674	1874707	702247	701846
私营独资企业	20	113	112	5357	4938	84101	87230	31157	31709
私营合伙企业	1	2		68		1000		900	
私营有限责任公司	162	3464	3354	132765	129710	1495090	1472575	611214	607933
私营股份有限公司	8	218	186	11219	10396	371483	314902	58976	62204
其他企业	2	10	10	258	272	3900	3900	1120	1120
港、澳、台商投资企业	59	2356	2107	82180	79607	745194	783715	251246	254882
合资经营企业	12	619	595	32064	33676	254376	243416	75836	75461
合作经营企业	2	9	9	852	770	17260	10300	2480	2260
独资经营企业	44	1726	1442	49184	41175	470738	418793	172408	160676
投资股份有限公司	1	2	61	80	3986	2820	111206	522	16485
其他港澳台商投资企业									
外商投资企业	87	8549	7283	433038	386867	3200657	2885318	1178797	1076769
中外合资经营企业	11	1754	1564	112485	112264	695039	645820	248435	230161
中外合作经营企业	2	54	52	1530	2270	22440	21758	8553	8066
外资企业	74	6741	5667	319023	272333	2483178	2217740	921809	838542
外商投资股份有限公司									
其他外商投资企业									
二、按行业分									
正餐服务	271	6275	5965	321820	311181	5229988	4815764	1641199	1526521
快餐服务	155	10412	8885	459727	416241	3246346	2906306	1172688	1085002
饮料及冷饮服务	15	976	821	15662	11134	146393	131047	38023	32693
其他餐饮业	15	490	437	8327	8899	69529	60066	12655	11342

3-2 续表 1

项目	连锁总店数(个)	门店数(个)		年末从业人员(人)		年末餐饮营业面积(平方米)		年末餐位数(位)	
	2012年	2012年	2011年	2012年	2011年	2012年	2011年	2012年	2011年
直营门店合计		**14024**	**12156**	**650420**	**594680**	**6573104**	**5919200**	**2043346**	**1853001**
一、按登记注册类型分									
内资企业		4295	3896	169967	162584	3180229	2789034	871785	772201
国有企业		47	43	2290	2153	19999	19477	6450	6030
集体企业		9	9	715	708	18345	18345	3915	3915
股份合作企业		11	12	332	438	6756	7956	2304	2844
联营企业									
国有联营企业									
集体联营企业									
国有与集体联营企业									
其他联营企业									
有限责任公司		1536	1290	56588	50822	1241059	936401	312535	239465
国有独资公司		30	34	2645	2632	24732	26192	11129	11177
其他有限责任公司		1506	1256	53943	48190	1216327	910209	301406	228288
股份有限公司		517	496	26092	29558	576420	559762	120374	107222
私营企业		2165	2036	83692	78633	1313750	1243193	425087	411605
私营独资企业		102	96	4989	4449	80292	79620	29685	29287
私营合伙企业		2		68		1000		900	
私营有限责任公司		1855	1765	68464	65034	898852	898934	339674	325466
私营股份有限公司		206	175	10171	9150	333606	264639	54828	56852
其他企业		10	10	258	272	3900	3900	1120	1120
港、澳、台商投资企业		2288	2043	79908	77014	731934	760313	248597	245916
合资经营企业		610	586	31786	33398	250776	239816	75116	74741
合作经营企业		9	9	852	770	17260	10300	2480	2260
独资经营企业		1667	1391	47190	39455	461078	410291	170479	153856
投资股份有限公司		2	57	80	3391	2820	99906	522	15059
其他港澳台商投资企业									
外商投资企业		7441	6217	400545	355082	2660941	2369853	922964	834884
中外合资经营企业		1538	1333	106437	105796	565439	507220	213875	193201
中外合作经营企业		54	52	1530	2270	22440	21758	8553	8066
外资企业		5849	4832	292578	247016	2073062	1840875	700536	633617
外商投资股份有限公司									
其他外商投资企业									
二、按行业分									
正餐服务		3212	2977	180682	171716	3275267	2977106	891519	790532
快餐服务		9616	8150	446797	404265	3089149	2757985	1103267	1020559
饮料及冷饮服务		973	817	15630	11106	145793	130077	37890	32521
其他餐饮业		223	212	7311	7593	62895	54032	10670	9389

3-2 续表 2

项目	连锁总店数(个)	门店数(个)		年末从业人员(人)		年末餐饮营业面积(平方米)		年末餐位数(位)	
	2012年	2012年	2011年	2012年	2011年	2012年	2011年	2012年	2011年
加盟门店合计		**4129**	**3952**	**155116**	**152775**	**2119152**	**1993983**	**821219**	**802557**
一、按登记注册类型分									
内资企业		2953	2822	120351	118397	1566176	1455116	562737	551706
国有企业									
集体企业		4	4	45	46	324	324	140	140
股份合作企业									
联营企业									
国有联营企业									
集体联营企业									
国有与集体联营企业									
其他联营企业									
有限责任公司		993	886	29865	26446	634089	527250	214244	199193
国有独资公司									
其他有限责任公司		993	886	29865	26446	634089	527250	214244	199193
股份有限公司		324	316	24724	25494	293839	296028	71193	62132
私营企业		1632	1616	65717	66411	637924	631514	277160	290241
私营独资企业		11	16	368	489	3809	7610	1472	2422
私营合伙企业									
私营有限责任公司		1609	1589	64301	64676	596238	573641	271540	282467
私营股份有限公司		12	11	1048	1246	37877	50263	4148	5352
其他企业									
港、澳、台商投资企业		68	64	2272	2593	13260	23402	2649	8966
合资经营企业		9	9	278	278	3600	3600	720	720
合作经营企业									
独资经营企业		59	51	1994	1720	9660	8502	1929	6820
投资股份有限公司			4		595		11300		1426
其他港澳台商投资企业									
外商投资企业		1108	1066	32493	31785	539716	515465	255833	241885
中外合资经营企业		216	231	6048	6468	129600	138600	34560	36960
中外合作经营企业									
外资企业		892	835	26445	25317	410116	376865	221273	204925
外商投资股份有限公司									
其他外商投资企业									
二、按行业分									
正餐服务		3063	2988	141138	139465	1954721	1838658	749680	735989
快餐服务		796	735	12930	11976	157197	148321	69421	64443
饮料及冷饮服务		3	4	32	28	600	970	133	172
其他餐饮业		267	225	1016	1306	6634	6034	1985	1953

3-3 连锁餐饮企业经营情况

项目	商品购进总额		统一配送商品购进额	
	2012年	2011年	2012年	2011年
总　计	**5613570**	**5184585**	**3884763**	**3522881**
一、按登记注册类型分				
内资企业	1821875	1729721	980856	927850
国有企业	19346	18599	8800	9890
集体企业	12249	12038	12249	12038
股份合作企业	1546	1774	534	583
联营企业				
国有联营企业				
集体联营企业				
国有与集体联营企业				
其他联营企业				
有限责任公司	504406	428353	315326	274821
国有独资公司	14442	13717		
其他有限责任公司	489964	414635	315326	274821
股份有限公司	476324	468565	193385	160933
私营企业	807324	799443	449881	468636
私营独资企业	56881	50195	13573	8257
私营合伙企业	156			
私营有限责任公司	669829	654045	376685	389055
私营股份有限公司	80458	95203	59623	71324
其他企业	681	950	681	950
港、澳、台商投资企业	566853	536532	498132	432214
合资经营企业	172016	176975	141431	140733
合作经营企业	10201	9440	10201	9440
独资经营企业	380125	321266	346501	282041
投资股份有限公司	4510	28851		
其他港澳台商投资企业				
外商投资企业	3224842	2918332	2405775	2162817
中外合资经营企业	611791	559957	515776	475239
中外合作经营企业	34761	34384	4843	4383
外资企业	2578290	2323992	1885156	1683195
外商投资股份有限公司				
其他外商投资企业				
二、按行业分				
正餐服务	2076921	1997623	951201	864818
快餐服务	3355344	3044953	2759203	2522402
饮料及冷饮服务	126689	92935	126265	92484
其他餐饮业	54616	49074	48094	43177

3-3 续表 1

项　目	自有配送中心配送商品购进额		非自有配送中心配送商品购进额	
	2012年	2011年	2012年	2011年
总　计	**2022948**	**1773475**	**859798**	**810138**
一、按登记注册类型分				
内资企业	511334	430631	261503	247438
国有企业			125	190
集体企业				
股份合作企业				
联营企业				
国有联营企业				
集体联营企业				
国有与集体联营企业				
其他联营企业				
有限责任公司	182613	120174	51380	59548
国有独资公司				
其他有限责任公司	182613	120174	51380	59548
股份有限公司	72183	50736	91125	75736
私营企业	256539	259721	118193	111014
私营独资企业	10353	5314	168	7
私营合伙企业				
私营有限责任公司	191436	188451	117411	110578
私营股份有限公司	54749	65956	614	430
其他企业			681	950
港、澳、台商投资企业	107042	95475	233324	224222
合资经营企业	28195	26360	113166	113898
合作经营企业				
独资经营企业	78847	69116	120157	110325
投资股份有限公司				
其他港澳台商投资企业				
外商投资企业	1404571	1247369	364971	338478
中外合资经营企业	268078	233355	147133	153464
中外合作经营企业			4843	4383
外资企业	1136493	1014014	212995	180631
外商投资股份有限公司				
其他外商投资企业				
二、按行业分				
正餐服务	558021	455946	205947	191723
快餐服务	1435155	1290171	559148	525906
饮料及冷饮服务	8438	7608	93920	71521
其他餐饮业	21333	19751	783	20989

单位：万元

营业额		餐费收入及商品销售额	
2012年	2011年	2012年	2011年
12832647	**11286979**	**12803121**	**11265728**
4083212	3614238	4058629	3594708
43993	38370	43993	38305
19784	19096	19156	18403
5608	6118	5608	6118
1304046	1035301	1297694	1029159
36179	34571	36179	34571
1267867	1000729	1261515	994587
959595	898834	957027	898834
1748638	1614239	1733602	1601609
84768	68416	84185	67844
521		521	
1467190	1365439	1458489	1358038
196160	180384	190407	175727
1550	2281	1550	2281
1536264	1470348	1531455	1469750
474479	466669	474270	466669
29384	27616	29384	27616
1027891	865371	1024158	864773
4510	110692	3642	110692
7213170	6202394	7213038	6201271
1684785	1508554	1684785	1508535
42821	41240	42821	41240
5485565	4652601	5485433	4651496
4520909	4153811	4501041	4136472
7789581	6733728	7779956	6729835
385356	275217	385323	275198
136801	124222	136801	124222

3-3 续表 2

项　目	商品购进总额		统一配送商品购进额	
	2012年	2011年	2012年	2011年
直营门店合计	**4852779**	**4475057**	**3689367**	**3352020**
一、按登记注册类型分				
内资企业	1370999	1317157	829134	787076
国有企业	19346	18599	8800	9890
集体企业	12063	11855	12063	11855
股份合作企业	1546	1774	534	583
联营企业				
国有联营企业				
集体联营企业				
国有与集体联营企业				
其他联营企业				
有限责任公司	382349	320167	275917	235567
国有独资公司	14442	13717		
其他有限责任公司	367907	306449	275917	235567
股份有限公司	344798	347682	171571	141683
私营企业	610216	616132	359568	386548
私营独资企业	52483	46101	13573	7895
私营合伙企业	156			
私营有限责任公司	481531	480943	287657	309315
私营股份有限公司	76047	89088	58338	69338
其他企业	681	950	681	950
港、澳、台商投资企业	555372	523824	487316	423109
合资经营企业	171149	176150	140661	140001
合作经营企业	10201	9440	10201	9440
独资经营企业	369511	312448	336454	273669
投资股份有限公司	4510	25786		
其他港澳台商投资企业				
外商投资企业	2926409	2634075	2372917	2141835
中外合资经营企业	609643	557659	513627	472941
中外合作经营企业	34761	34384	4843	4383
外资企业	2282005	2042033	1854447	1664511
外商投资股份有限公司				
其他外商投资企业				
二、按行业分				
正餐服务	1382242	1339672	815780	740088
快餐服务	3297169	2999396	2704948	2480510
饮料及冷饮服务	124744	91949	124319	91498
其他餐饮业	48624	44039	44320	39924

单位：万元

自有配送中心配送商品购进额		非自有配送中心配送商品购进额		营业额		餐费收入及商品销售额	
2012年	2011年	2012年	2011年	2012年	2011年	2012年	2011年
1950560	**1703009**	**768963**	**732091**	**11150960**	**9734003**	**11126795**	**9716724**
452477	374223	183064	179224	2894219	2544603	2873660	2529044
		125	190	43993	38370	43993	38305
				19338	18648	18710	17955
				5608	6118	5608	6118
154246	93169	43640	51345	929277	715505	922926	709363
				36179	34571	36179	34571
154246	93169	43640	51345	893099	680933	886747	674791
72183	50736	71463	59842	651490	611580	648922	611580
226049	230319	67156	66897	1242964	1152102	1231953	1143443
10353	4952	168	7	81136	64109	80553	63537
				521		521	
160946	159410	66374	66460	978695	923207	971506	917302
54749	65956	614	430	182614	164787	179373	162604
		681	950	1550	2281	1550	2281
106604	95058	222946	215727	1525067	1441561	1521594	1440963
27756	25942	112835	113775	472638	464917	472429	464917
				29384	27616	29384	27616
78847	69116	110111	101953	1018534	846704	1016139	846106
				4510	102324	3642	102324
1391480	1233729	362953	337140	6731673	5747840	6731541	5746717
265930	231057	147133	153464	1638632	1459195	1638632	1459177
		4843	4383	42821	41240	42821	41240
1125550	1002671	210977	179293	5050221	4247405	5050089	4246300
500953	402033	141337	134460	3045150	2770050	3028777	2756341
1423314	1276677	533023	505122	7598259	6577658	7590501	6574106
8438	7607	93920	71520	383337	274110	383304	274091
17854	16692	683	20989	124214	112185	124214	112185

3-3 续表 3

项　目	商品购进总额		统一配送商品购进额	
	2012年	2011年	2012年	2011年
加盟门店合计	**760791**	**709528**	**195396**	**170861**
一、按登记注册类型分				
内资企业	450877	412564	151722	140774
国有企业				
集体企业	186	184	186	184
股份合作企业				
联营企业				
国有联营企业				
集体联营企业				
国有与集体联营企业				
其他联营企业				
有限责任公司	122057	108186	39409	39253
国有独资公司				
其他有限责任公司	122057	108186	39409	39253
股份有限公司	131526	120883	21814	19249
私营企业	197107	183311	90313	82088
私营独资企业	4397	4094		362
私营合伙企业				
私营有限责任公司	188298	173102	89028	79740
私营股份有限公司	4412	6115	1285	1986
其他企业				
港、澳、台商投资企业	11481	12708	10816	9105
合资经营企业	867	825	770	733
合作经营企业				
独资经营企业	10614	8818	10046	8372
投资股份有限公司		3065		
其他港澳台商投资企业				
外商投资企业	298433	284257	32858	20982
中外合资经营企业	2149	2298	2149	2298
中外合作经营企业				
外资企业	296285	281959	30709	18684
外商投资股份有限公司				
其他外商投资企业				
二、按行业分				
正餐服务	694679	657951	135422	124730
快餐服务	58175	45557	54255	41892
饮料及冷饮服务	1945	986	1945	986
其他餐饮业	5992	5035	3774	3253

单位：万元

自有配送中心配送商品购进额		非自有配送中心配送商品购进额		营业额		餐费收入及商品销售额	
2012年	2011年	2012年	2011年	2012年	2011年	2012年	2011年
72387	**70466**	**90835**	**78047**	**1681687**	**1552976**	**1676326**	**1549005**
58857	56408	78440	68215	1188993	1069635	1184969	1065664
				446	448	446	448
28367	27006	7740	8203	374768	319796	374768	319796
28367	27006	7740	8203	374768	319796	374768	319796
		19662	15894	308105	287254	308105	287254
30490	29402	51037	44118	505674	462137	501649	458166
	362			3632	4308	3632	4308
30490	29040	51037	44118	488495	442232	486983	440736
				13546	15597	11034	13123
439	418	10377	8495	11197	28787	9860	28787
439	418	331	123	1841	1752	1841	1752
		10046	8372	9357	18667	8020	18667
					8368		8368
13091	13641	2018	1338	481497	454554	481497	454554
2149	2298			46153	49358	46153	49358
10943	11343	2018	1338	435344	405196	435344	405196
57068	53913	64610	57263	1475759	1383761	1472264	1380131
11841	13493	26125	20784	191322	156070	189456	155729
	1		1	2019	1107	2019	1107
3479	3059	100		12587	12038	12587	12038

3-4　按登记注册类型与行业分连锁餐饮企业基本情况

正餐服务

项　　目	连锁总店数(个)	门店数(个)		年末从业人员(人)		年末餐饮营业面积(平方米)		年末餐位数(位)	
	2012年	2012年	2011年	2012年	2011年	2012年	2011年	2012年	2011年
总　　计	**271**	**6275**	**5965**	**321820**	**311181**	**5229988**	**4815764**	**1641199**	**1526521**
内资企业	233	4364	4111	238326	231417	4204504	3747699	1225206	1129173
国有企业	4	25	20	1435	1320	15111	14489	4961	4541
集体企业	1	4	4	680	680	18000	18000	3800	3800
股份合作企业	4	11	12	332	438	6756	7956	2304	2844
联营企业									
有限责任公司	61	1316	1160	70102	59180	1648679	1284919	463675	378108
股份有限公司	10	505	490	46900	51316	819419	815427	163276	145717
私营企业	151	2493	2415	118619	118211	1692639	1603008	586070	593043
其他企业	2	10	10	258	272	3900	3900	1120	1120
港、澳、台商投资企业	18	321	389	9655	14876	196635	296656	60036	75538
外商投资企业	20	1590	1465	73839	64888	828849	771409	355957	321810
直营门店合计		**3212**	**2977**	**180682**	**171716**	**3275267**	**2977106**	**891519**	**790532**
内资企业		2067	1908	124091	119269	2699090	2357919	685921	597402
国有企业		25	20	1435	1320	15111	14489	4961	4541
集体企业		4	4	680	680	18000	18000	3800	3800
股份合作企业		11	12	332	438	6756	7956	2304	2844
联营企业									
有限责任公司		552	462	40694	33466	1017410	759509	250131	179809
股份有限公司		380	365	23150	26708	537590	530995	100923	87947
私营企业		1085	1035	57542	56385	1100323	1023070	322682	317341
其他企业		10	10	258	272	3900	3900	1120	1120
港、澳、台商投资企业		321	385	9655	14281	196635	285356	60036	74112
外商投资企业		824	684	46936	38166	379542	333831	145562	119018
加盟门店合计		**3063**	**2988**	**141138**	**139465**	**1954721**	**1838658**	**749680**	**735989**
内资企业		2297	2203	114235	112148	1505414	1389780	539285	531771
国有企业									
集体企业									
股份合作企业									
联营企业									
有限责任公司		764	698	29408	25714	631269	525410	213544	198299
股份有限公司		125	125	23750	24608	281829	284432	62353	57770
私营企业		1408	1380	61077	61826	592316	579938	263388	275702
其他企业									
港、澳、台商投资企业			4		595		11300		1426
外商投资企业		766	781	26903	26722	449307	437578	210395	202792

3-4 续表 1

快餐服务

项目	连锁总店数(个)	门店数(个)		年末从业人员(人)		年末餐饮营业面积(平方米)		年末餐位数(位)	
	2012年	2012年	2011年	2012年	2011年	2012年	2011年	2012年	2011年
总　计	**155**	**10412**	**8885**	**459727**	**416241**	**3246346**	**2906306**	**1172688**	**1085002**
内资企业	61	2313	2071	47786	45089	495687	450834	196506	182171
国有企业	2	16	17	716	705	2955	3055	673	673
集体企业									
股份合作企业									
联营企业									
有限责任公司	25	939	785	14756	16227	212107	166086	59069	57043
股份有限公司	3	336	322	3916	3736	50840	40363	28291	23637
私营企业	31	1022	947	28398	24421	229785	241330	108473	100818
其他企业									
港、澳、台商投资企业	32	1582	1361	62358	55980	456460	414708	170927	162461
外商投资企业	62	6517	5453	349583	315172	2294199	2040764	805255	740370
直营门店合计		**9616**	**8150**	**446797**	**404265**	**3089149**	**2757985**	**1103267**	**1020559**
内资企业		1927	1681	42718	40174	442159	392502	175172	164361
国有企业		16	17	716	705	2955	3055	673	673
集体企业									
股份合作企业									
联营企业									
有限责任公司		936	782	14702	16167	211327	165356	58919	56719
股份有限公司		137	131	2942	2850	38830	28767	19451	19275
私营企业		838	751	24358	20452	189047	195324	96129	87694
其他企业									
港、澳、台商投资企业		1514	1301	60086	53982	443200	402606	168278	154921
外商投资企业		6175	5168	343993	310109	2203790	1962877	759817	701277
加盟门店合计		**796**	**735**	**12930**	**11976**	**157197**	**148321**	**69421**	**64443**
内资企业		386	390	5068	4915	53528	58332	21334	17810
国有企业									
集体企业									
股份合作企业									
联营企业									
有限责任公司		3	3	54	60	780	730	150	324
股份有限公司		199	191	974	886	12010	11596	8840	4362
私营企业		184	196	4040	3969	40738	46006	12344	13124
其他企业									
港、澳、台商投资企业		68	60	2272	1998	13260	12102	2649	7540
外商投资企业		342	285	5590	5063	90409	77887	45438	39093

3-4 续表 2

饮料及冷饮服务

项　目	连锁总店数(个)	门店数(个)		年末从业人员(人)		年末餐饮营业面积(平方米)		年末餐位数(位)	
	2012年	2012年	2011年	2012年	2011年	2012年	2011年	2012年	2011年
总　计	**15**	**976**	**821**	**15662**	**11134**	**146393**	**131047**	**38023**	**32693**
内资企业	5	222	225	781	709	10675	11474	2175	3029
国有企业	1	6	6	139	128	1933	1933	816	816
集体企业									
股份合作企业									
联营企业									
有限责任公司									
股份有限公司									
私营企业	4	216	219	642	581	8742	9541	1359	2213
其他企业									
港、澳、台商投资企业	7	347	263	6106	4102	62278	49733	18684	15428
外商投资企业	3	407	333	8775	6323	73440	69840	17164	14236
直营门店合计		**973**	**817**	**15630**	**11106**	**145793**	**130077**	**37890**	**32521**
内资企业		219	221	749	681	10075	10504	2042	2857
国有企业		6	6	139	128	1933	1933	816	816
集体企业									
股份合作企业									
联营企业									
有限责任公司									
股份有限公司									
私营企业		213	215	610	553	8142	8571	1226	2041
其他企业									
港、澳、台商投资企业		347	263	6106	4102	62278	49733	18684	15428
外商投资企业		407	333	8775	6323	73440	69840	17164	14236
加盟门店合计		**3**	**4**	**32**	**28**	**600**	**970**	**133**	**172**
内资企业		3	4	32	28	600	970	133	172
国有企业									
集体企业									
股份合作企业									
联营企业									
有限责任公司									
股份有限公司									
私营企业		3	4	32	28	600	970	133	172
其他企业									
港、澳、台商投资企业									
外商投资企业									

3-4 续表 3

其他餐饮业

项目	连锁总店数(个)	门店数(个)		年末从业人员(人)		年末餐饮营业面积(平方米)		年末餐位数(位)	
	2012年	2012年	2011年	2012年	2011年	2012年	2011年	2012年	2011年
总　计	**15**	**490**	**437**	**8327**	**8899**	**69529**	**60066**	**12655**	**11342**
内资企业	11	349	311	3425	3766	35539	34143	10635	9534
国有企业									
集体企业	1	9	9	80	74	669	669	255	255
股份合作企业									
联营企业									
有限责任公司	5	274	231	1595	1861	14362	12646	4035	3507
股份有限公司									
私营企业	5	66	71	1750	1831	20508	20828	6345	5772
其他企业									
港、澳、台商投资企业	2	106	94	4061	4649	29821	22618	1599	1455
外商投资企业	2	35	32	841	484	4169	3305	421	353
直营门店合计		**223**	**212**	**7311**	**7593**	**62895**	**54032**	**10670**	**9389**
内资企业		82	86	2409	2460	28905	28109	8650	7581
国有企业									
集体企业		5	5	35	28	345	345	115	115
股份合作企业									
联营企业									
有限责任公司		48	46	1192	1189	12322	11536	3485	2937
股份有限公司									
私营企业		29	35	1182	1243	16238	16228	5050	4529
其他企业									
港、澳、台商投资企业		106	94	4061	4649	29821	22618	1599	1455
外商投资企业		35	32	841	484	4169	3305	421	353
加盟门店合计		**267**	**225**	**1016**	**1306**	**6634**	**6034**	**1985**	**1953**
内资企业		267	225	1016	1306	6634	6034	1985	1953
国有企业									
集体企业		4	4	45	46	324	324	140	140
股份合作企业									
联营企业									
有限责任公司		226	185	403	672	2040	1110	550	570
股份有限公司									
私营企业		37	36	568	588	4270	4600	1295	1243
其他企业									
港、澳、台商投资企业									
外商投资企业									

3-5 按登记注册类型与

正餐服务

项目	商品购进总额		统一配送商品购进额	
	2012年	2011年	2012年	2011年
总　计	**2076921**	**1997623**	**951201**	**864818**
内资企业	1481237	1417066	702721	659678
国有企业	13634	13373	3088	4664
集体企业	11898	11704	11898	11704
股份合作企业	1546	1774	534	583
联营企业				
有限责任公司	363077	310287	198054	176395
股份有限公司	439749	438232	157495	130599
私营企业	650653	640746	330972	334783
其他企业	681	950	681	950
港、澳、台商投资企业	99692	124819	39982	35656
外商投资企业	495992	455738	208498	169485
直营门店合计	**1382242**	**1339672**	**815780**	**740088**
内资企业	1058344	1029119	573598	538694
国有企业	13634	13373	3088	4664
集体企业	11898	11704	11898	11704
股份合作企业	1546	1774	534	583
联营企业				
有限责任公司	245660	205794	161082	139140
股份有限公司	321601	328920	148859	122921
私营企业	463324	466605	247457	258733
其他企业	681	950	681	950
港、澳、台商投资企业	99692	121754	39982	35656
外商投资企业	224207	188800	202200	165739
加盟门店合计	**694679**	**657951**	**135422**	**124730**
内资企业	422894	387947	129123	120984
国有企业				
集体企业				
股份合作企业				
联营企业				
有限责任公司	117417	104494	36973	37256
股份有限公司	118148	109312	8636	7678
私营企业	187328	174141	83515	76050
其他企业				
港、澳、台商投资企业		3065		
外商投资企业	271785	266939	6299	3746

行业分连锁餐饮企业经营情况

单位：万元

自有配送中心配送商品购进额		非自有配送中心配送商品购进额		营业额		餐费收入及商品销售额	
2012年	2011年	2012年	2011年	2012年	2011年	2012年	2011年
558021	**455946**	**205947**	**191723**	**4520909**	**4153811**	**4501041**	**4136472**
352012	285916	178047	167339	3333637	2951078	3314846	2933739
				27995	24000	27995	23935
				18940	18260	18312	17567
				5608	6118	5608	6118
110681	64880	20814	21617	1013874	783783	1008011	777924
72183	50736	55235	49787	882472	839376	881557	839376
169148	170301	101317	94985	1383198	1277260	1371815	1266538
		681	950	1550	2281	1550	2281
24869	21190	4798	4256	262735	368265	261658	368265
181141	148840	23102	20128	924536	834468	924536	834468
500953	**402033**	**141337**	**134460**	**3045150**	**2770050**	**3028777**	**2756341**
299574	235750	113438	110076	2208661	1937814	2193366	1924106
				27995	24000	27995	23935
				18940	18260	18312	17567
				5608	6118	5608	6118
84750	39872	13074	13415	645953	470173	640089	464314
72183	50736	48752	44261	595895	566822	594980	566822
142641	145142	50931	51451	912721	850161	904833	843070
		681	950	1550	2281	1550	2281
24869	21190	4798	4256	262735	359897	261658	359897
176511	145094	23102	20128	573753	472339	573753	472339
57068	**53913**	**64610**	**57263**	**1475759**	**1383761**	**1472264**	**1380131**
52438	50166	64610	57263	1124976	1013264	1121481	1009634
25931	25008	7740	8203	367922	313610	367922	313610
		6484	5526	286577	272555	286577	272555
26507	25158	50386	43535	470477	427099	466982	423469
					8368		8368
4630	3746			350783	362129	350783	362129

3-5 续表 1

快餐服务

项　目	商品购进总额		统一配送商品购进额	
	2012年	2011年	2012年	2011年
总　计	**3355344**	**3044953**	**2759203**	**2522402**
内资企业	311790	285967	255808	247381
国有企业	5588	5036	5588	5036
集体企业				
股份合作企业				
联营企业				
有限责任公司	124518	102233	106363	87640
股份有限公司	36575	30333	35890	30333
私营企业	145110	148365	107967	124373
其他企业				
港、澳、台商投资企业	388204	349228	379618	334524
外商投资企业	2655350	2409758	2123776	1940496
直营门店合计	**3297169**	**2999396**	**2704948**	**2480510**
内资企业	291745	267371	238929	231830
国有企业	5588	5036	5588	5036
集体企业				
股份合作企业				
联营企业				
有限责任公司	124291	102021	106143	87440
股份有限公司	23197	18762	22712	18762
私营企业	138669	141552	104486	120592
其他企业				
港、澳、台商投资企业	376723	339585	368802	325420
外商投资企业	2628701	2392440	2097217	1923261
加盟门店合计	**58175**	**45557**	**54255**	**41892**
内资企业	20046	18596	16879	15552
国有企业				
集体企业				
股份合作企业				
联营企业				
有限责任公司	227	212	220	200
股份有限公司	13378	11571	13178	11571
私营企业	6441	6813	3481	3781
其他企业				
港、澳、台商投资企业	11481	9643	10816	9105
外商投资企业	26649	17318	26560	17236

单位：万元

自有配送中心配送商品购进额		非自有配送中心配送商品购进额		营业额		餐费收入及商品销售额	
2012年	2011年	2012年	2011年	2012年	2011年	2012年	2011年
1435155	**1290171**	**559148**	**525906**	**7789581**	**6733728**	**7779956**	**6729835**
142406	128316	82543	79902	686593	603295	680800	601104
				12884	11314	12884	11314
61554	45591	30566	37931	264026	226195	263538	225912
		35890	25949	77123	59458	75470	59458
80852	82725	16087	16023	332560	306328	328908	304421
81749	73885	194694	169653	1031369	914104	1027636	913506
1211000	1087970	281911	276351	6071620	5216330	6071521	5215226
1423314	**1276677**	**533023**	**505122**	**7598259**	**6577658**	**7590501**	**6574106**
139466	125134	68813	68951	637181	560069	631917	558219
				12884	11314	12884	11314
61334	45391	30566	37931	263231	225484	262743	225201
		22712	15580	55595	44758	53942	44758
78132	79743	15535	15440	305471	278512	302348	276945
81310	73467	184317	161158	1020172	893685	1017776	893087
1202539	1078076	279893	275013	5940906	5123905	5940807	5122801
11841	**13493**	**26125**	**20784**	**191322**	**156070**	**189456**	**155729**
2940	3182	13730	10951	49411	43226	48882	42885
220	200			795	711	795	711
		13178	10369	21528	14699	21528	14699
2720	2982	552	583	27089	27816	26560	27475
439	418	10377	8495	11197	20419	9860	20419
8462	9894	2018	1338	130713	92425	130713	92425

3-5 续表 2

饮料及冷饮服务

项目	商品购进总额		统一配送商品购进额	
	2012年	2011年	2012年	2011年
总计	**126689**	**92935**	**126265**	**92484**
内资企业	3874	3023	3874	3023
国有企业	125	190	125	190
集体企业				
股份合作企业				
联营企业				
有限责任公司				
股份有限公司				
私营企业	3750	2833	3750	2833
其他企业				
港、澳、台商投资企业	55580	41343	55155	40892
外商投资企业	67235	48568	67235	48568
直营门店合计	**124744**	**91949**	**124319**	**91498**
内资企业	1929	2038	1929	2038
国有企业	125	190	125	190
集体企业				
股份合作企业				
联营企业				
有限责任公司				
股份有限公司				
私营企业	1805	1847	1805	1847
其他企业				
港、澳、台商投资企业	55580	41343	55155	40892
外商投资企业	67235	48568	67235	48568
加盟门店合计	**1945**	**986**	**1945**	**986**
内资企业	1945	986	1945	986
国有企业				
集体企业				
股份合作企业				
联营企业				
有限责任公司				
股份有限公司				
私营企业	1945	986	1945	986
其他企业				
港、澳、台商投资企业				
外商投资企业				

单位：万元

自有配送中心配送商品购进额		非自有配送中心配送商品购进额		营业额		餐费收入及商品销售额	
2012年	2011年	2012年	2011年	2012年	2011年	2012年	2011年
8438	**7608**	**93920**	**71521**	**385356**	**275217**	**385323**	**275198**
737	639	130	197	8162	7046	8162	7046
		125	190	3114	3056	3114	3056
737	639	6	7	5048	3990	5048	3990
425	400	33832	29325	176428	128020	176428	128020
7277	6569	59958	41999	200766	140151	200733	140132
8438	**7607**	**93920**	**71520**	**383337**	**274110**	**383304**	**274091**
737	638	130	196	6143	5939	6143	5939
		125	190	3114	3056	3114	3056
737	638	6	6	3029	2883	3029	2883
425	400	33832	29325	176428	128020	176428	128020
7277	6569	59958	41999	200766	140151	200733	140132
	1		**1**	**2019**	**1107**	**2019**	**1107**
	1		1	2019	1107	2019	1107
	1		1	2019	1107	2019	1107

3-5 续表 3

其他餐饮业

项　目	商品购进总额		统一配送商品购进额	
	2012年	2011年	2012年	2011年
总　计	**54616**	**49074**	**48094**	**43177**
内资企业	24974	23665	18452	17768
国有企业				
集体企业	351	334	351	334
股份合作企业				
联营企业				
有限责任公司	16811	15832	10908	10786
股份有限公司				
私营企业	7812	7499	7193	6647
其他企业				
港、澳、台商投资企业	23377	21142	23377	21142
外商投资企业	6266	4268	6266	4268
直营门店合计	**48624**	**44039**	**44320**	**39924**
内资企业	18981	18630	14678	14515
国有企业				
集体企业	165	151	165	151
股份合作企业				
联营企业				
有限责任公司	12398	12352	8692	8988
股份有限公司				
私营企业	6418	6128	5821	5376
其他企业				
港、澳、台商投资企业	23377	21142	23377	21142
外商投资企业	6266	4268	6266	4268
加盟门店合计	**5992**	**5035**	**3774**	**3253**
内资企业	5992	5035	3774	3253
国有企业				
集体企业	186	184	186	184
股份合作企业				
联营企业				
有限责任公司	4413	3480	2216	1798
股份有限公司				
私营企业	1393	1371	1372	1271
其他企业				
港、澳、台商投资企业				
外商投资企业				

单位：万元

自有配送中心配送商品购进额		非自有配送中心配送商品购进额		营业额		餐费收入及商品销售额	
2012年	2011年	2012年	2011年	2012年	2011年	2012年	2011年
21333	**19751**	**783**	**20989**	**136801**	**124222**	**136801**	**124222**
16179	15761	783		54821	52818	54821	52818
				844	836	844	836
10378	9704			26145	25323	26145	25323
5801	6057	783		27831	26660	27831	26660
			20989	65732	59959	65732	59959
5153	3990			16248	11445	16248	11445
17854	**16692**	**683**	**20989**	**124214**	**112185**	**124214**	**112185**
12701	12702	683		42234	40781	42234	40781
				398	388	398	388
8162	7906			20093	19847	20093	19847
4539	4796	683		21743	20545	21743	20545
			20989	65732	59959	65732	59959
5153	3990			16248	11445	16248	11445
3479	**3059**	**100**		**12587**	**12038**	**12587**	**12038**
3479	3059	100		12587	12038	12587	12038
				446	448	446	448
2216	1798			6052	5475	6052	5475
1262	1261	100		6089	6115	6089	6115

3-6 连锁餐饮企业门店分布情况

单位：个

地　区	门店数		直营门店		加盟门店	
	2012年	2011年	2012年	2011年	2012年	2011年
全　国	**18153**	**16108**	**14024**	**12156**	**4129**	**3952**
北　京	2548	2324	2405	2156	143	168
天　津	424	347	384	304	40	43
河　北	404	252	282	133	122	119
山　西	278	240	130	119	148	121
内蒙古	215	199	98	89	117	110
辽　宁	393	360	341	305	52	55
吉　林	114	112	90	87	24	25
黑龙江	212	218	185	181	27	37
上　海	1465	1361	1403	1286	62	75
江　苏	1389	1317	1162	1071	227	246
浙　江	1306	1179	1037	953	269	226
安　徽	622	485	525	376	97	109
福　建	612	552	316	264	296	288
江　西	216	180	130	121	86	59
山　东	671	598	492	433	179	165
河　南	429	373	259	224	170	149
湖　北	612	458	478	338	134	120
湖　南	363	305	265	222	98	83
广　东	2772	2383	2650	2290	122	93
广　西	169	126	98	79	71	47
海　南	67	49	52	35	15	14
重　庆	876	896	346	306	530	590
四　川	1014	854	351	296	663	558
贵　州	80	74	51	48	29	26
云　南	250	252	132	132	118	120
西　藏	33	32	4	4	29	28
陕　西	278	218	199	147	79	71
甘　肃	95	116	39	36	56	80
青　海	17	21	7	7	10	14
宁　夏	40	44	17	20	23	24
新　疆	181	175	88	86	93	89
港澳台及国外	8	8	8	8		

3-7 连锁餐饮企业配送中心分布情况

单位：个

地区	配送中心数		自有配送中心数	
	2012年	2011年	2012年	2011年
全国	**322**	**310**	**225**	**232**
北京	36	39	28	31
天津	5	4	3	3
河北	3	3	1	2
山西	3	4	2	3
内蒙古	3	4	3	3
辽宁	6	6	4	4
吉林	2		1	
黑龙江	3	3	2	3
上海	18	19	11	11
江苏	32	32	14	14
浙江	21	22	19	20
安徽	7	7	5	5
福建	14	13	10	8
江西	7	6	3	3
山东	8	7	6	6
河南	3	3	2	2
湖北	31	26	26	26
湖南	19	12	8	8
广东	33	34	26	27
广西	4	4	2	2
海南				
重庆	13	13	11	12
四川	26	27	21	19
贵州				
云南	7	8	6	8
西藏		1		1
陕西	7	5	4	4
甘肃	3	2	2	2
青海				
宁夏	2	1	1	1
新疆	6	5	4	4

3-8 连锁餐饮企业门店在36城市分布情况

单位：个

地 区	门店数		直营门店		加盟门店(个)	
	2012年	2011年	2012年	2011年	2012年	2011年
合 计	**11614**	**10643**	**10020**	**8885**	**1594**	**1758**
北 京	2548	2324	2405	2156	143	168
天 津	424	347	384	304	40	43
石家庄	62	44	35	19	27	25
太 原	94	99	69	68	25	31
呼和浩特	29	36	16	20	13	16
沈 阳	213	185	202	174	11	11
大 连	100	91	83	77	17	14
长 春	80	78	76	73	4	5
哈尔滨	145	147	139	138	6	9
上 海	1465	1361	1403	1286	62	75
南 京	284	258	262	231	22	27
杭 州	465	418	426	376	39	42
宁 波	229	204	204	184	25	20
合 肥	322	265	306	243	16	22
福 州	93	79	72	58	21	21
厦 门	317	316	151	138	166	178
南 昌	70	64	63	58	7	6
济 南	191	174	162	142	29	32
青 岛	284	239	270	226	14	13
郑 州	121	113	96	81	25	32
武 汉	347	304	312	261	35	43
长 沙	154	116	131	96	23	20
广 州	767	704	747	675	20	29
深 圳	973	845	955	834	18	11
南 宁	59	43	48	34	11	9
海 口	38	31	30	22	8	9
重 庆	876	896	346	306	530	590
成 都	338	340	227	221	111	119
贵 阳	43	49	38	43	5	6
昆 明	117	150	78	108	39	42
拉 萨	22	19	4	4	18	15
西 安	158	126	152	115	6	11
兰 州	47	54	35	34	12	20
西 宁	10	10	7	7	3	3
银 川	25	29	15	18	10	11
乌鲁木齐	104	85	71	55	33	30

3-9　连锁餐饮企业配送中心在36城市分布情况

单位：个

地　区	配送中心数		自有配送中心数	
	2012年	2011年	2012年	2011年
合　计	**218**	**227**	**167**	**172**
北　京	36	39	28	31
天　津	5	4	3	3
石家庄				
太　原	1	2	1	2
呼和浩特				
沈　阳	2	3	2	2
大　连	2	2	1	1
长　春	1		1	
哈尔滨	2	3	2	3
上　海	18	19	11	11
南　京	13	13	7	6
杭　州	17	17	16	16
宁　波	3	3	3	3
合　肥	3	4	2	2
福　州	3	3	2	2
厦　门	6	7	4	2
南　昌	4	4	1	1
济　南				
青　岛	4	4	3	3
郑　州		1		
武　汉	19	18	17	18
长　沙	5	3	2	2
广　州	9	10	5	5
深　圳	14	14	12	13
南　宁	2	2	2	2
海　口				
重　庆	13	13	11	12
成　都	19	21	16	16
贵　阳				
昆　明	5	5	5	5
拉　萨		1		1
西　安	5	5	4	4
兰　州	2	2	2	2
西　宁				
银　川	1	1	1	1
乌鲁木齐	4	4	3	3

第四部分

餐饮企业地区篇

4-1 各地区连锁餐饮企业基本情况

地区	连锁总店数（个）	门店数（个）		年末从业人员（人）		年末餐饮营业面积（平方米）		年末餐位数（位）	
	2012年	2012年	2011年	2012年	2011年	2012年	2011年	2012年	2011年
全国	**456**	**18153**	**16108**	**805536**	**747455**	**8692256**	**7913183**	**2864565**	**2655558**
北京	79	3079	2738	134859	127707	1650968	1587656	448671	415533
天津	11	458	321	32948	28848	176721	155641	53679	47284
河北	1	7	7	1063	1117	14980	14980	4674	4674
山西	6	106	96	10018	8296	67670	62326	20825	19459
内蒙古	7	314	282	6023	5244	160282	97361	22390	21270
辽宁	12	459	440	12741	13682	177153	142306	71781	66727
吉林	1	19	14	671	603	11678	7740	3588	2461
黑龙江	8	74	76	2641	2870	41115	41114	15190	14216
上海	18	1787	1557	58639	54452	547540	483505	151566	137142
江苏	21	1333	1261	63000	64119	455717	428954	146531	139719
浙江	30	1457	1372	69802	67520	890363	852782	229169	222576
安徽	9	365	264	10203	9631	408590	396583	59725	60500
福建	15	952	809	32407	28175	250779	190331	92082	76148
江西	9	79	76	7845	7250	74787	72229	22250	17849
山东	11	390	352	6847	5256	146684	136501	64914	54872
河南	20	206	176	8154	7929	86716	82827	29754	29287
湖北	30	498	357	33150	25679	456076	311224	154226	105716
湖南	12	350	310	23397	20842	237252	227962	94692	82364
广东	90	2792	2365	127172	111045	920726	800274	333599	315115
广西	2	72	63	6937	4860	26407	24065	9173	8703
海南	1	4	4	280	272	1480	1480	489	489
重庆	22	2179	2156	106713	111002	1431893	1391226	643950	641825
四川	13	590	462	22625	15873	225315	186885	101082	85899
贵州	2	20	19	1431	1353	26001	25001	3525	3195
云南	8	214	219	10069	8506	80235	85581	45939	43315
西藏	1	3	3	85	84	450	480	156	150
陕西	5	162	127	11002	10458	66877	58985	24562	20983
甘肃	3	33	31	1247	1260	9686	10300	3762	3563
青海									
宁夏	1	3	6	108	137	1321	2144	308	560
新疆	8	148	145	3459	3385	46794	34740	12313	13964

4-2 各地区连锁餐饮企业直营门店基本情况

地 区	门店数（个）		年末从业人员（人）		年末餐饮营业面积（平方米）		年末餐位数（位）	
	2012年	2011年	2012年	2011年	2012年	2011年	2012年	2011年
全 国	**14024**	**12156**	**650420**	**594680**	**6573104**	**5919200**	**2043346**	**1853001**
北 京	2820	2464	121339	114661	1342950	1302252	385779	355671
天 津	438	301	32738	28628	175386	154306	53399	47004
河 北	7	7	1063	1117	14980	14980	4674	4674
山 西	86	80	8233	7058	39280	41916	11983	12117
内蒙古	72	75	2189	2186	53113	58886	9335	11270
辽 宁	459	440	12741	13682	177153	142306	71781	66727
吉 林	19	14	671	603	11678	7740	3588	2461
黑龙江	74	76	2641	2870	41115	41114	15190	14216
上 海	1784	1554	58446	54261	547127	483093	151364	136920
江 苏	1198	1122	59585	60872	419727	393029	137455	131612
浙 江	983	917	61210	58924	725620	680803	183285	176067
安 徽	351	248	8768	8008	370306	345913	55131	54702
福 建	325	284	17463	15480	136173	115581	39060	37708
江 西	79	75	7845	7147	74787	71879	22250	17726
山 东	390	352	6847	5256	146684	136501	64914	54872
河 南	201	173	8101	7820	85607	81557	29302	28835
湖 北	495	351	32956	25281	454201	300474	152292	104076
湖 南	271	237	15914	14096	147352	145062	69936	60184
广 东	2708	2283	122902	107648	870476	746865	322838	305777
广 西	72	63	6937	4860	26407	24065	9173	8703
海 南	4	4	280	272	1480	1480	489	489
重 庆	440	379	20721	20176	373146	320531	131267	110312
四 川	319	261	17741	12314	143136	124217	51824	47143
贵 州	20	19	1431	1353	26001	25001	3525	3195
云 南	120	122	6504	5487	50991	59163	25551	24260
西 藏	3	3	85	84	450	480	156	150
陕 西	162	127	11002	10458	66877	58985	24562	20983
甘 肃	33	31	1247	1260	9686	10300	3762	3563
青 海								
宁 夏	3	5	108	109	1321	1881	308	460
新 疆	88	89	2712	2709	39894	28840	9173	11124

4-3 各地区连锁餐饮企业加盟门店基本情况

地区	门店数(个)		年末从业人员(人)		年末餐饮营业面积(平方米)		年末餐位数(位)	
	2012年	2011年	2012年	2011年	2012年	2011年	2012年	2011年
全　国	**4129**	**3952**	**155116**	**152775**	**2119152**	**1993983**	**821219**	**802557**
北　京	259	274	13520	13046	308018	285404	62892	59862
天　津	20	20	210	220	1335	1335	280	280
河　北								
山　西	20	16	1785	1238	28390	20410	8842	7342
内蒙古	242	207	3834	3058	107169	38475	13055	10000
辽　宁								
吉　林								
黑龙江								
上　海	3	3	193	191	413	412	202	222
江　苏	135	139	3415	3247	35990	35925	9076	8107
浙　江	474	455	8592	8596	164743	171979	45884	46509
安　徽	14	16	1435	1623	38284	50670	4594	5798
福　建	627	525	14944	12695	114606	74750	53022	38440
江　西		1		103		350		123
山　东								
河　南	5	3	53	109	1109	1270	452	452
湖　北	3	6	194	398	1875	10750	1934	1640
湖　南	79	73	7483	6746	89900	82900	24756	22180
广　东	84	82	4270	3397	50250	53409	10761	9338
广　西								
海　南								
重　庆	1739	1777	85992	90826	1058747	1070695	512683	531513
四　川	271	201	4884	3559	82179	62668	49258	38756
贵　州								
云　南	94	97	3565	3019	29244	26418	20388	19055
西　藏								
陕　西								
甘　肃								
青　海								
宁　夏		1		28		263		100
新　疆	60	56	747	676	6900	5900	3140	2840

4-4 各地区连锁餐饮

地区	商品购进总额		统一配送商品购进额		自有配送中心配送商品购进额	
	2012年	2011年	2012年	2011年	2012年	2011年
全国	**5613570**	**5184585**	**3884763**	**3522881**	**2022948**	**1773475**
北京	885999	791734	549263	432567	335499	256768
天津	380097	335717	37539	36687	3480	3492
河北	11831	12580				
山西	46824	42414	36340	37109	35252	34413
内蒙古	70494	69843	9028	8787	2812	3371
辽宁	303940	308972	237125	252752	16068	14495
吉林	3904	4500	3904		3904	
黑龙江	14633	14472	13538	12822	5037	5080
上海	412490	366524	364099	322136	163276	144920
江苏	451344	426297	432899	406045	218929	186666
浙江	379460	359741	343308	316985	276758	253618
安徽	46021	43940	30669	31005	18339	17970
福建	196097	150819	153699	120219	95360	74017
江西	42591	39718	36716	33867	5178	3514
山东	145260	118933	139368	114881	1208	1247
河南	60831	50272	43189	35564		
湖北	269307	245065	249540	228717	200646	175098
湖南	39305	41614	6451	19209	3338	3069
广东	737653	658368	685722	618099	260469	218214
广西	26345	23399	26345	23399	26345	23399
海南	2228	1909	2228	1909		
重庆	732024	731869	149260	135037	94581	83591
四川	144102	109629	132233	106790	86726	71617
贵州	2063	1917	2063	1917		
云南	87097	127246	86412	126899	65648	105887
西藏	269	237	269	237		
陕西	86311	75190	80808	69968	78722	68249
甘肃	15970	14351	14610	12803	13510	11580
青海						
宁夏	538	634	538	634	538	634
新疆	18543	16681	17603	15835	11326	12570

企业经营情况

单位：万元

非自有配送中心配送商品购进额		营业额		餐费收入及商品销售额	
2012年	2011年	2012年	2011年	2012年	2011年
859798	**810138**	**12832647**	**11286979**	**12803121**	**11265728**
203716	169978	2446422	2145263	2440427	2142186
		443844	394437	443808	394333
		17907	17465	17907	17465
	1088	104519	90956	104455	90902
4429	3987	150932	139399	150932	139399
		609692	539122	609639	539122
		8890	6363	8890	6363
7886	6594	36246	34198	36246	34198
168862	173207	1268234	1084296	1268201	1084258
213475	218981	917737	821489	917737	821489
50092	40877	955620	907765	954810	907765
2794	2686	119010	104076	113282	99428
26529	20153	491733	389848	491733	389848
29909	26070	87131	81896	87131	81896
		286473	249185	286471	249185
417	295	114006	97255	113664	96853
14491	11657	492566	413473	488904	409321
		207639	193246	202710	188735
47960	53757	2011367	1727588	2009500	1726537
		66846	58009	66846	58009
2228	1909	6110	5526	6110	5526
51736	48273	1255047	1191919	1254467	1191301
8868	11197	378110	287324	378070	286636
		23560	19287	23560	19287
20131	16163	111086	99564	108304	99564
		446	398	446	398
		126651	107471	126651	107471
		35551	30635	35551	30635
		538	634	538	634
6277	3265	58734	48895	56132	46987

4-5 各地区连锁餐饮企业

地区	商品购进总额		统一配送商品购进额		自有配送中心配送商品购进额	
	2012年	2011年	2012年	2011年	2012年	2011年
全国	**4852779**	**4475057**	**3689367**	**3352020**	**1950560**	**1703009**
北京	818724	732065	534359	419193	331919	252375
天津	380087	335707	37529	36677	3480	3492
河北	11831	12580				
山西	41705	38641	36340	37109	35252	34413
内蒙古	63099	63296	3719	3994	876	1240
辽宁	303940	308972	237125	252752	16068	14495
吉林	3904	4500	3904		3904	
黑龙江	14633	14472	13538	12822	5037	5080
上海	411896	366053	363594	321747	162771	144532
江苏	443951	420289	426850	401495	215781	183578
浙江	354566	336586	318414	293830	268490	243922
安徽	40519	36664	28294	27858	17039	16593
福建	125627	100860	116383	91884	81424	63363
江西	42591	39047	36716	33196	5178	3514
山东	145260	118933	139368	114881	1208	1247
河南	57766	47897	43189	35564		
湖北	268616	241882	248853	225599	199988	173204
湖南	27437	30369	4131	17099	1290	1159
广东	728886	651176	678282	611353	260469	218214
广西	26345	23399	26345	23399	26345	23399
海南	2228	1909	2228	1909		
重庆	227509	231095	90180	80193	61280	52929
四川	115081	95220	111717	93878	84451	68967
贵州	2063	1917	2063	1917		
云南	74339	115711	73854	115455	65648	105525
西藏	269	237	269	237		
陕西	86311	75190	80808	69968	78722	68249
甘肃	15970	14351	14610	12803	13510	11580
青海						
宁夏	538	613	538	613	538	613
新疆	17091	15425	16170	14595	9893	11330

直营门店经营情况

单位：万元

非自有配送中心配送商品购进额		营业额		餐费收入及商品销售额	
2012年	2011年	2012年	2011年	2012年	2011年
768963	**732091**	**11150960**	**9734003**	**11126795**	**9716724**
194062	160997	2266581	1986601	2260586	1983524
		440289	390722	440253	390618
		17907	17465	17907	17465
	1088	93928	83858	93864	83805
1291	1604	70890	59718	70890	59718
		609692	539122	609639	539122
		8890	6363	8890	6363
7886	6594	36246	34198	36246	34198
168862	173207	1259549	1075890	1259516	1075853
210575	217711	889716	797001	889716	797001
36913	30509	869591	826256	868781	826256
2794	2686	104186	87185	100970	85011
3149	2471	286562	227917	286562	227917
29909	25398	87131	81133	87131	81133
		286473	249185	286471	249185
417	295	113093	96393	112751	95991
14461	11604	491467	409069	487805	404917
		177620	165469	173674	161981
47960	53757	1988551	1708112	1986684	1707061
		66846	58009	66846	58009
2228	1909	6110	5526	6110	5526
27901	25774	394497	343432	393917	342946
6708	6938	252987	206168	252948	205480
		23560	19287	23560	19287
7572	6283	92098	76434	90652	76434
		446	398	446	398
		126651	107471	126651	107471
		35551	30635	35551	30635
		538	613	538	613
6277	3265	53313	44374	51240	42807

4-6 各地区连锁餐饮企业

地　区	商品购进总额		统一配送商品购进额		自有配送中心配送商品购进额	
	2012年	2011年	2012年	2011年	2012年	2011年
全　国	**760791**	**709528**	**195396**	**170861**	**72387**	**70466**
北　京	67275	59670	14904	13374	3580	4393
天　津	10	10	10	10		
河　北						
山　西	5119	3773				
内蒙古	7395	6548	5309	4794	1936	2131
辽　宁						
吉　林						
黑龙江						
上　海	594	472	505	389	505	389
江　苏	7393	6008	6049	4550	3148	3088
浙　江	24894	23155	24894	23155	8268	9696
安　徽	5503	7276	2376	3147	1300	1377
福　建	70470	49959	37316	28336	13936	10654
江　西		672		672		
山　东						
河　南	3065	2375				
湖　北	692	3183	687	3119	657	1894
湖　南	11868	11244	2320	2110	2048	1910
广　东	8767	7192	7440	6746		
广　西						
海　南						
重　庆	504515	500774	59080	54844	33301	30662
四　川	29021	14408	20515	12912	2275	2650
贵　州						
云　南	12758	11535	12558	11444		362
西　藏						
陕　西						
甘　肃						
青　海						
宁　夏		21		21		21
新　疆	1452	1257	1433	1240	1433	1240

加盟门店经营情况

单位：万元

非自有配送中心配送商品购进额		营业额		餐费收入及商品销售额	
2012年	2011年	2012年	2011年	2012年	2011年
90835	**78047**	**1681687**	**1552976**	**1676326**	**1549005**
9655	8981	179841	158662	179841	158662
		3555	3715	3555	3715
		10590	7097	10590	7097
3137	2383	80043	79682	80043	79682
		8684	8405	8684	8405
2901	1270	28021	24488	28021	24488
13178	10369	86029	81509	86029	81509
		14824	16891	12312	14417
23380	17681	205171	161931	205171	161931
	672		763		763
		913	862	913	862
30	53	1099	4404	1099	4404
		30019	27777	29036	26754
		22816	19476	22816	19476
23835	22500	860550	848487	860550	848354
2161	4259	125122	81156	125122	81156
12558	9880	18988	23130	17651	23130
			21		21
		5421	4521	4892	4180

4-7 按登记注册类型分各地区连锁餐饮企业基本情况

内资企业

地 区	连锁总店数(个)	门店数(个)		年末从业人员(人)		年末餐饮营业面积(平方米)		年末餐位数(位)	
	2012年	2012年	2011年	2012年	2011年	2012年	2011年	2012年	2011年
全 国	**310**	**7248**	**6718**	**290318**	**280981**	**4746405**	**4244150**	**1434522**	**1323907**
北 京	56	1128	1016	51506	48407	962835	869005	220286	199719
天 津	7	53	54	933	1010	14685	14846	3533	3627
河 北	1	7	7	1063	1117	14980	14980	4674	4674
山 西	5	37	33	3203	2724	43520	35540	13235	12529
内蒙古	7	314	282	6023	5244	160282	97361	22390	21270
辽 宁	2	7	4	1027	590	45824	12563	5564	1348
吉 林	1	19	14	671	603	11678	7740	3588	2461
黑龙江	3	39	35	1543	1435	18175	15930	7366	6387
上 海	5	85	80	2852	2652	28021	28068	9473	8400
江 苏	12	421	436	10628	10620	115897	114732	43240	43961
浙 江	23	615	594	17772	17842	505717	481437	108273	107274
安 徽	8	340	241	9574	9079	397769	386489	55830	56741
福 建	10	690	595	18329	15609	137918	97197	64270	48565
江 西	7	21	20	2025	1757	39985	38485	14427	11497
山 东	7	68	65	1094	1005	27218	24861	9353	7629
河 南	17	82	74	1877	1931	45110	42335	13122	13525
湖 北	24	125	107	12773	13152	314618	187324	115091	69174
湖 南	11	227	204	16463	16163	190720	183030	79736	67866
广 东	58	1093	990	37512	32849	418255	368093	129821	120288
广 西									
海 南									
重 庆	18	1461	1469	77965	83370	1012154	1009185	409734	429259
四 川	7	113	83	4314	3275	86741	71343	39080	32094
贵 州	2	20	19	1431	1353	26001	25001	3525	3195
云 南	6	93	117	3388	2996	57083	56795	37759	29966
西 藏	1	3	3	85	84	450	480	156	150
陕 西	3	56	44	3043	2843	30080	30029	10932	10149
甘 肃	1	5	3	528	550	2936	3560	1073	874
青 海									
宁 夏	1	3	6	108	137	1321	2144	308	560
新 疆	7	123	123	2588	2584	36432	25597	8683	10725

4-7 续表 1

国有企业

地区	连锁总店数（个）	门店数（个）		年末从业人员（人）		年末餐饮营业面积（平方米）		年末餐位数（位）	
	2012年	2012年	2011年	2012年	2011年	2012年	2011年	2012年	2011年
全国	**7**	**47**	**43**	**2290**	**2153**	**19999**	**19477**	**6450**	**6030**
北京									
天津	1	3	3	162	162	4800	4800	600	600
河北									
山西									
内蒙古									
辽宁									
吉林									
黑龙江									
上海	1	17	12	1048	944	9611	8989	3931	3511
江苏									
浙江	1	6	6	139	128	1933	1933	816	816
安徽									
福建	1	3	3	73	75	955	955	418	418
江西									
山东									
河南									
湖北									
湖南									
广东	3	18	19	868	844	2700	2800	685	685
广西									
海南									
重庆									
四川									
贵州									
云南									
西藏									
陕西									
甘肃									
青海									
宁夏									
新疆									

4-7 续表 2

集体企业

地区	连锁总店数(个)	门店数(个)		年末从业人员(人)		年末餐饮营业面积(平方米)		年末餐位数(位)	
	2012年	2012年	2011年	2012年	2011年	2012年	2011年	2012年	2011年
全国	**2**	**13**	**13**	**760**	**754**	**18669**	**18669**	**4055**	**4055**
北京									
天津									
河北									
山西									
内蒙古									
辽宁									
吉林									
黑龙江									
上海									
江苏									
浙江									
安徽									
福建									
江西									
山东									
河南									
湖北									
湖南									
广东	2	13	13	760	754	18669	18669	4055	4055
广西									
海南									
重庆									
四川									
贵州									
云南									
西藏									
陕西									
甘肃									
青海									
宁夏									
新疆									

4-7 续表 3

股份合作企业

地区	连锁总店数（个）	门店数（个）		年末从业人员（人）		年末餐饮营业面积（平方米）		年末餐位数（位）	
	2012年	2012年	2011年	2012年	2011年	2012年	2011年	2012年	2011年
全　国	**4**	**11**	**12**	**332**	**438**	**6756**	**7956**	**2304**	**2844**
北　京	2	7	8	198	306	5410	6610	1754	2254
天　津									
河　北									
山　西									
内蒙古									
辽　宁									
吉　林									
黑龙江									
上　海									
江　苏									
浙　江									
安　徽									
福　建									
江　西									
山　东									
河　南									
湖　北									
湖　南									
广　东	2	4	4	134	132	1346	1346	550	590
广　西									
海　南									
重　庆									
四　川									
贵　州									
云　南									
西　藏									
陕　西									
甘　肃									
青　海									
宁　夏									
新　疆									

4-7 续表 4

有限责任公司

地区	连锁总店数（个）	门店数（个）		年末从业人员（人）		年末餐饮营业面积（平方米）		年末餐位数（位）	
	2012年	2012年	2011年	2012年	2011年	2012年	2011年	2012年	2011年
全　国	**91**	**2529**	**2176**	**86453**	**77268**	**1875148**	**1463651**	**526779**	**438658**
北　京	20	428	375	19333	12272	277385	174477	71811	50501
天　津	3	11	10	201	187	2414	2414	1063	993
河　北									
山　西									
内蒙古	3	259	227	4611	3735	125072	62151	16824	15704
辽　宁	2	7	4	1027	590	45824	12563	5564	1348
吉　林									
黑龙江									
上　海	2	36	35	978	979	9988	10347	1882	2076
江　苏	1	9	9	224	330	2250	2250	420	854
浙　江	4	28	28	3000	2879	111591	116675	18909	19209
安　徽	2	294	198	5080	4249	253483	241865	34796	35558
福　建	2	131	140	703	716	1323	1535	475	623
江　西	3	7	6	462	354	11100	9600	5600	3067
山　东	5	55	51	837	750	12418	10237	6699	5249
河　南	6	20	20	241	240	8479	8779	1727	1845
湖　北	11	61	47	9275	9727	250084	121587	93683	47689
湖　南	3	71	63	6068	5240	118970	105270	28506	24982
广　东	9	422	371	10363	12333	141677	107075	33385	35170
广　西									
海　南									
重　庆	3	499	448	15404	15573	385478	380504	148336	147777
四　川	3	78	46	2766	1717	42079	25481	28981	22295
贵　州	2	20	19	1431	1353	26001	25001	3525	3195
云　南	2	33	33	1540	1281	22094	17486	14952	12201
西　藏	1	3	3	85	84	450	480	156	150
陕　西	2	49	37	2131	1948	20228	20490	7324	6890
甘　肃	1	5	3	528	550	2936	3560	1073	874
青　海									
宁　夏									
新　疆	1	3	3	165	181	3824	3824	1088	408

4-7 续表 5

股份有限公司

地区	连锁总店数(个)	门店数(个)		年末从业人员(人)		年末餐饮营业面积(平方米)		年末餐位数(位)	
	2012年	2012年	2011年	2012年	2011年	2012年	2011年	2012年	2011年
全　国	**13**	**841**	**812**	**50816**	**55052**	**870259**	**855790**	**191567**	**169354**
北　京	3	183	175	17815	20256	441502	437977	63048	59155
天　津									
河　北									
山　西									
内蒙古	1	38	38	932	1002	29210	29210	3506	3506
辽　宁									
吉　林									
黑龙江									
上　海									
江　苏									
浙　江	2	319	319	3188	3688	51223	48834	22691	12995
安　徽	1	4	4	367	410	9900	9900	1000	1400
福　建									
江　西	1	2	2	471	450	6885	6885	1983	1986
山　东									
河　南									
湖　北									
湖　南									
广　东	1	12	12	2005	2005	35200	35200	7600	7600
广　西									
海　南									
重　庆	2	217	189	23802	25216	261722	264255	72139	68070
四　川									
贵　州									
云　南	1	30	34	1051	682	15181	12144	17600	9638
西　藏									
陕　西									
甘　肃									
青　海									
宁　夏									
新　疆	1	36	39	1185	1343	19436	11385	2000	5004

4-7 续表 6

私营企业

地　区	连锁总店数(个)	门店数(个)		年末从业人员(人)		年末餐饮营业面积(平方米)		年末餐位数(位)	
	2012年	2012年	2011年	2012年	2011年	2012年	2011年	2012年	2011年
全　国	**191**	**3797**	**3652**	**149409**	**145044**	**1951674**	**1874707**	**702247**	**701846**
北　京	31	510	458	14160	15573	238538	249941	83673	87809
天　津	3	39	41	570	661	7471	7632	1870	2034
河　北	1	7	7	1063	1117	14980	14980	4674	4674
山　西	5	37	33	3203	2724	43520	35540	13235	12529
内蒙古	2	9	9	260	271	3600	3600	1240	1240
辽　宁									
吉　林	1	19	14	671	603	11678	7740	3588	2461
黑龙江	3	39	35	1543	1435	18175	15930	7366	6387
上　海	2	32	33	826	729	8422	8732	3660	2813
江　苏	10	410	425	10366	10254	112147	110982	42520	42807
浙　江	16	262	241	11445	11147	340970	313995	65857	74254
安　徽	5	42	39	4127	4420	134386	134724	20034	19783
福　建	7	556	452	17553	14818	135640	94707	63377	47524
江　西	3	12	12	1092	953	22000	22000	6844	6444
山　东	2	13	14	257	255	14800	14624	2654	2380
河　南	11	62	54	1636	1691	36631	33556	11395	11680
湖　北	13	64	60	3498	3425	64534	65737	21408	21485
湖　南	8	156	141	10395	10923	71750	77760	51230	42884
广　东	41	624	571	23382	16781	218663	203003	83546	72188
广　西									
海　南									
重　庆	13	745	832	38759	42581	364954	364426	189259	213412
四　川	4	35	37	1548	1558	44662	45862	10099	9799
贵　州									
云　南	3	30	50	797	1033	19808	27165	5207	8127
西　藏									
陕　西	1	7	7	912	895	9852	9539	3608	3259
甘　肃									
青　海									
宁　夏	1	3	6	108	137	1321	2144	308	560
新　疆	5	84	81	1238	1060	13172	10388	5595	5313

4-7 续表 7

其他企业

地区	连锁总店数(个)	门店数(个)		年末从业人员(人)		年末餐饮营业面积(平方米)		年末餐位数(位)	
	2012年	2012年	2011年	2012年	2011年	2012年	2011年	2012年	2011年
全　国	**2**	**10**	**10**	**258**	**272**	**3900**	**3900**	**1120**	**1120**
北　京									
天　津									
河　北									
山　西									
内蒙古	1	8	8	220	236	2400	2400	820	820
辽　宁									
吉　林									
黑龙江									
上　海									
江　苏	1	2	2	38	36	1500	1500	300	300
浙　江									
安　徽									
福　建									
江　西									
山　东									
河　南									
湖　北									
湖　南									
广　东									
广　西									
海　南									
重　庆									
四　川									
贵　州									
云　南									
西　藏									
陕　西									
甘　肃									
青　海									
宁　夏									
新　疆									

4-7 续表 8

港、澳、台商投资企业

地 区	连锁总店数(个)	门店数(个)		年末从业人员(人)		年末餐饮营业面积(平方米)		年末餐位数(位)	
	2012年	2012年	2011年	2012年	2011年	2012年	2011年	2012年	2011年
全 国	**59**	**2356**	**2107**	**82180**	**79607**	**745194**	**783715**	**251246**	**254882**
北 京	8	721	641	17377	17508	231347	310089	72591	79883
天 津	2	10	10	147	154	2935	2935	1161	1161
河 北									
山 西									
内蒙古									
辽 宁	5	71	65	1242	1092	24147	23017	8493	8062
吉 林									
黑龙江	2	7	13	187	203	6800	7080	2672	3022
上 海	4	599	569	31332	33803	193578	180073	64615	61434
江 苏	2	157	160	3779	4259	33690	32820	10366	9566
浙 江	1	44	46	686	855	10038	10621	4995	5701
安 徽	1	25	23	629	552	10821	10094	3895	3759
福 建	3	95	78	4016	3516	37923	32184	16562	14583
江 西	1	4	4	452	413	11748	11748	1900	1900
山 东	1	14	13	148	167	949	1400	560	562
河 南									
湖 北	3	16	16	1443	1035	10551	10440	3473	3391
湖 南									
广 东	20	448	348	16494	12407	139494	124781	49190	46713
广 西									
海 南	1	4	4	280	272	1480	1480	489	489
重 庆	1	31	27	857	789	5887	5087	3035	2643
四 川	1	4	5	130	175	1480	2820	700	903
贵 州									
云 南	1	74	60	2195	1748	12039	9600	1993	7750
西 藏									
陕 西	1	25	18	627	500	8797	5956	4030	2834
甘 肃	1	7	7	159	159	1490	1490	526	526
青 海									
宁 夏									
新 疆									

4-7 续表 9

外商投资企业

地区	连锁总店数(个)	门店数(个)		年末从业人员(人)		年末餐饮营业面积(平方米)		年末餐位数(位)	
	2012年	2012年	2011年	2012年	2011年	2012年	2011年	2012年	2011年
全　国	**87**	**8549**	**7283**	**433038**	**386867**	**3200657**	**2885318**	**1178797**	**1076769**
北　京	15	1230	1081	65976	61792	456786	408562	155794	135931
天　津	2	395	257	31868	27684	159101	137860	48985	42496
河　北									
山　西	1	69	63	6815	5572	24150	26786	7590	6930
内蒙古									
辽　宁	5	381	371	10472	12000	107182	106726	57724	57317
吉　林									
黑龙江	3	28	28	911	1232	16140	18104	5152	4807
上　海	9	1103	908	24455	17997	325941	275364	77478	67308
江　苏	7	755	665	48593	49240	306130	281402	92925	86192
浙　江	6	798	732	51344	48823	374608	360724	115901	109601
安　徽									
福　建	2	167	136	10062	9050	74938	60950	11250	13000
江　西	1	54	52	5368	5080	23054	21996	5923	4452
山　东	3	308	274	5605	4084	118517	110240	55001	46681
河　南	3	124	102	6277	5998	41606	40492	16632	15762
湖　北	3	357	234	18934	11492	130907	113460	35662	33151
湖　南	1	123	106	6934	4679	46532	44932	14956	14498
广　东	12	1251	1027	73166	65789	362977	307400	154588	148114
广　西	2	72	63	6937	4860	26407	24065	9173	8703
海　南									
重　庆	3	687	660	27891	26843	413852	376954	231181	209923
四　川	5	473	374	18181	12423	137094	112722	61302	52902
贵　州									
云　南	1	47	42	4486	3762	11113	19186	6187	5599
西　藏									
陕　西	1	81	65	7332	7115	28000	23000	9600	8000
甘　肃	1	21	21	560	551	5260	5250	2163	2163
青　海									
宁　夏									
新　疆	1	25	22	871	801	10362	9143	3630	3239

4-8 按登记注册类型分各地区连锁餐饮企业直营门店基本情况

内资企业

地 区	门店数（个）		年末从业人员（人）		年末餐饮营业面积（平方米）		年末餐位数（位）	
	2012年	2011年	2012年	2011年	2012年	2011年	2012年	2011年
全 国	**4295**	**3896**	**169967**	**162584**	**3180229**	**2789034**	**871785**	**772201**
北 京	960	843	39576	37805	695796	637346	171158	155887
天 津	33	34	723	790	13350	13511	3253	3347
河 北	7	7	1063	1117	14980	14980	4674	4674
山 西	17	17	1418	1486	15130	15130	4393	5187
内蒙古	72	75	2189	2186	53113	58886	9335	11270
辽 宁	7	4	1027	590	45824	12563	5564	1348
吉 林	19	14	671	603	11678	7740	3588	2461
黑龙江	39	35	1543	1435	18175	15930	7366	6387
上 海	84	79	2796	2598	27911	27958	9423	8330
江 苏	302	308	7581	7697	86417	83207	36205	36874
浙 江	420	412	16803	16764	486324	458558	104509	102765
安 徽	326	225	8139	7456	359485	335819	51236	50943
福 建	63	70	3385	2914	23312	22447	11248	10125
江 西	21	20	2025	1757	39985	38485	14427	11497
山 东	68	65	1094	1005	27218	24861	9353	7629
河 南	77	71	1824	1822	44001	41065	12670	13073
湖 北	122	103	12579	12857	312743	177324	113157	67773
湖 南	148	131	8980	9417	100820	100130	54980	45686
广 东	1013	912	33311	29512	369709	316388	119494	111384
广 西								
海 南								
重 庆	259	231	12510	12523	267981	232608	71248	62134
四 川	34	32	1946	1766	40162	36275	14101	13417
贵 州	20	19	1431	1353	26001	25001	3525	3195
云 南	54	67	1748	1637	35795	37175	18866	17297
西 藏	3	3	85	84	450	480	156	150
陕 西	56	44	3043	2843	30080	30029	10932	10149
甘 肃	5	3	528	550	2936	3560	1073	874
青 海								
宁 夏	3	5	108	109	1321	1881	308	460
新 疆	63	67	1841	1908	29532	19697	5543	7885

4-8 续表 1

国有企业

地区	门店数(个)		年末从业人员(人)		年末餐饮营业面积(平方米)		年末餐位数(位)	
	2012年	2011年	2012年	2011年	2012年	2011年	2012年	2011年
全　国	**47**	**43**	**2290**	**2153**	**19999**	**19477**	**6450**	**6030**
北　京								
天　津	3	3	162	162	4800	4800	600	600
河　北								
山　西								
内蒙古								
辽　宁								
吉　林								
黑龙江								
上　海	17	12	1048	944	9611	8989	3931	3511
江　苏								
浙　江	6	6	139	128	1933	1933	816	816
安　徽								
福　建	3	3	73	75	955	955	418	418
江　西								
山　东								
河　南								
湖　北								
湖　南								
广　东	18	19	868	844	2700	2800	685	685
广　西								
海　南								
重　庆								
四　川								
贵　州								
云　南								
西　藏								
陕　西								
甘　肃								
青　海								
宁　夏								
新　疆								

4-8 续表 2

集体企业

地 区	门店数（个）		年末从业人员（人）		年末餐饮营业面积（平方米）		年末餐位数（位）	
	2012年	2011年	2012年	2011年	2012年	2011年	2012年	2011年
全 国	**9**	**9**	**715**	**708**	**18345**	**18345**	**3915**	**3915**
北 京								
天 津								
河 北								
山 西								
内蒙古								
辽 宁								
吉 林								
黑龙江								
上 海								
江 苏								
浙 江								
安 徽								
福 建								
江 西								
山 东								
河 南								
湖 北								
湖 南								
广 东	9	9	715	708	18345	18345	3915	3915
广 西								
海 南								
重 庆								
四 川								
贵 州								
云 南								
西 藏								
陕 西								
甘 肃								
青 海								
宁 夏								
新 疆								

4-8 续表 3

股份合作企业

地区	门店数(个)		年末从业人员(人)		年末餐饮营业面积(平方米)		年末餐位数(位)	
	2012年	2011年	2012年	2011年	2012年	2011年	2012年	2011年
全国	**11**	**12**	**332**	**438**	**6756**	**7956**	**2304**	**2844**
北京	7	8	198	306	5410	6610	1754	2254
天津								
河北								
山西								
内蒙古								
辽宁								
吉林								
黑龙江								
上海								
江苏								
浙江								
安徽								
福建								
江西								
山东								
河南								
湖北								
湖南								
广东	4	4	134	132	1346	1346	550	590
广西								
海南								
重庆								
四川								
贵州								
云南								
西藏								
陕西								
甘肃								
青海								
宁夏								
新疆								

4-8 续表 4

有限责任公司

地　区	门店数(个)		年末从业人员(人)		年末餐饮营业面积(平方米)		年末餐位数(位)	
	2012年	2011年	2012年	2011年	2012年	2011年	2012年	2011年
全　国	**1536**	**1290**	**56588**	**50822**	**1241059**	**936401**	**312535**	**239465**
北　京	407	354	16213	10487	232258	150609	65829	45589
天　津	11	10	201	187	2414	2414	1063	993
河　北								
山　西								
内蒙古	19	22	797	697	18103	23876	3829	5764
辽　宁	7	4	1027	590	45824	12563	5564	1348
吉　林								
黑龙江								
上　海	35	34	922	925	9878	10237	1832	2006
江　苏	7	7	175	275	1550	1600	320	580
浙　江	26	26	2748	2624	99591	104675	17309	17609
安　徽	286	190	4660	3829	252283	240665	33986	34748
福　建	8	8	500	506	1323	1535	475	623
江　西	7	6	462	354	11100	9600	5600	3067
山　东	55	51	837	750	12418	10237	6699	5249
河　南	20	20	241	240	8479	8779	1727	1845
湖　北	58	43	9081	9432	248209	111587	91749	46288
湖　南	21	17	1868	1560	44970	37270	10030	8082
广　东	422	371	10363	12333	141677	107075	33385	35170
广　西								
海　南								
重　庆	39	40	985	922	33715	30383	9686	9185
四　川	22	16	978	817	17612	13725	7187	6703
贵　州	20	19	1431	1353	26001	25001	3525	3195
云　南	6	6	190	178	6216	6216	3099	3099
西　藏	3	3	85	84	450	480	156	150
陕　西	49	37	2131	1948	20228	20490	7324	6890
甘　肃	5	3	528	550	2936	3560	1073	874
青　海								
宁　夏								
新　疆	3	3	165	181	3824	3824	1088	408

4-8 续表 5

股份有限公司

地　区	门店数（个）		年末从业人员（人）		年末餐饮营业面积（平方米）		年末餐位数（位）	
	2012年	2011年	2012年	2011年	2012年	2011年	2012年	2011年
全　国	**517**	**496**	**26092**	**29558**	**576420**	**559762**	**120374**	**107222**
北　京	120	114	10345	13114	255298	267426	32386	34359
天　津								
河　北								
山　西								
内蒙古	38	38	932	1002	29210	29210	3506	3506
辽　宁								
吉　林								
黑龙江								
上　海								
江　苏								
浙　江	132	144	2504	2978	44623	41948	20891	11250
安　徽	4	4	367	410	9900	9900	1000	1400
福　建								
江　西	2	2	471	450	6885	6885	1983	1986
山　东								
河　南								
湖　北								
湖　南								
广　东	10	10	1755	1755	32100	32100	6800	6800
广　西								
海　南								
重　庆	157	127	7772	8000	169197	153474	41248	35896
四　川								
贵　州								
云　南	18	18	761	506	9771	7434	10560	7021
西　藏								
陕　西								
甘　肃								
青　海								
宁　夏								
新　疆	36	39	1185	1343	19436	11385	2000	5004

4-8 续表 6

私营企业

地　区	门店数(个)		年末从业人员(人)		年末餐饮营业面积(平方米)		年末餐位数(位)	
	2012年	2011年	2012年	2011年	2012年	2011年	2012年	2011年
全　国	**2165**	**2036**	**83692**	**78633**	**1313750**	**1243193**	**425087**	**411605**
北　京	426	367	12820	13898	202830	212701	71189	73685
天　津	19	21	360	441	6136	6297	1590	1754
河　北	7	7	1063	1117	14980	14980	4674	4674
山　西	17	17	1418	1486	15130	15130	4393	5187
内蒙古	7	7	240	251	3400	3400	1180	1180
辽　宁								
吉　林	19	14	671	603	11678	7740	3588	2461
黑龙江	39	35	1543	1435	18175	15930	7366	6387
上　海	32	33	826	729	8422	8732	3660	2813
江　苏	293	299	7368	7386	83367	80107	35585	35994
浙　江	256	236	11412	11034	340177	310002	65493	73090
安　徽	36	31	3112	3217	97302	85254	16250	14795
福　建	52	59	2812	2333	21034	19957	10355	9084
江　西	12	12	1092	953	22000	22000	6844	6444
山　东	13	14	257	255	14800	14624	2654	2380
河　南	57	51	1583	1582	35522	32286	10943	11228
湖　北	64	60	3498	3425	64534	65737	21408	21485
湖　南	127	114	7112	7857	55850	62860	44950	37604
广　东	550	499	19476	13740	173541	154722	74159	64224
广　西								
海　南								
重　庆	63	64	3753	3601	65069	48751	20314	17053
四　川	12	16	968	949	22550	22550	6914	6714
贵　州								
云　南	30	43	797	953	19808	23525	5207	7177
西　藏								
陕　西	7	7	912	895	9852	9539	3608	3259
甘　肃								
青　海								
宁　夏	3	5	108	109	1321	1881	308	460
新　疆	24	25	491	384	6272	4488	2455	2473

4-8 续表 7

其他企业

地区	门店数(个)		年末从业人员(人)		年末餐饮营业面积(平方米)		年末餐位数(位)	
	2012年	2011年	2012年	2011年	2012年	2011年	2012年	2011年
全　国	**10**	**10**	**258**	**272**	**3900**	**3900**	**1120**	**1120**
北　京								
天　津								
河　北								
山　西								
内蒙古	8	8	220	236	2400	2400	820	820
辽　宁								
吉　林								
黑龙江								
上　海								
江　苏	2	2	38	36	1500	1500	300	300
浙　江								
安　徽								
福　建								
江　西								
山　东								
河　南								
湖　北								
湖　南								
广　东								
广　西								
海　南								
重　庆								
四　川								
贵　州								
云　南								
西　藏								
陕　西								
甘　肃								
青　海								
宁　夏								
新　疆								

4-8 续表 8

港、澳、台商投资企业

地区	门店数(个)		年末从业人员(人)		年末餐饮营业面积(平方米)		年末餐位数(位)	
	2012年	2011年	2012年	2011年	2012年	2011年	2012年	2011年
全国	**2288**	**2043**	**79908**	**77014**	**731934**	**760313**	**248597**	**245916**
北京	721	637	17377	16913	231347	298789	72591	78457
天津	10	10	147	154	2935	2935	1161	1161
河北								
山西								
内蒙古								
辽宁	71	65	1242	1092	24147	23017	8493	8062
吉林								
黑龙江	7	13	187	203	6800	7080	2672	3022
上海	599	569	31332	33803	193578	180073	64615	61434
江苏	148	151	3501	3981	30090	29220	9646	8846
浙江	44	46	686	855	10038	10621	4995	5701
安徽	25	23	629	552	10821	10094	3895	3759
福建	95	78	4016	3516	37923	32184	16562	14583
江西	4	4	452	413	11748	11748	1900	1900
山东	14	13	148	167	949	1400	560	562
河南								
湖北	16	16	1443	1035	10551	10440	3473	3391
湖南								
广东	444	344	16425	12347	137790	123077	48756	46279
广西								
海南	4	4	280	272	1480	1480	489	489
重庆	31	27	857	789	5887	5087	3035	2643
四川	4	5	130	175	1480	2820	700	903
贵州								
云南	19	13	270	88	4083	2802	498	1364
西藏								
陕西	25	18	627	500	8797	5956	4030	2834
甘肃	7	7	159	159	1490	1490	526	526
青海								
宁夏								
新疆								

4-8 续表 9

外商投资企业

地 区	门店数(个)		年末从业人员(人)		年末餐饮营业面积(平方米)		年末餐位数(位)	
	2012年	2011年	2012年	2011年	2012年	2011年	2012年	2011年
全 国	**7441**	**6217**	**400545**	**355082**	**2660941**	**2369853**	**922964**	**834884**
北 京	1139	984	64386	59943	415807	366117	142030	121327
天 津	395	257	31868	27684	159101	137860	48985	42496
河 北								
山 西	69	63	6815	5572	24150	26786	7590	6930
内蒙古								
辽 宁	381	371	10472	12000	107182	106726	57724	57317
吉 林								
黑龙江	28	28	911	1232	16140	18104	5152	4807
上 海	1101	906	24318	17860	325638	275062	77326	67156
江 苏	748	663	48503	49194	303220	280602	91604	85892
浙 江	519	459	43721	41305	229258	211624	73781	67601
安 徽								
福 建	167	136	10062	9050	74938	60950	11250	13000
江 西	54	51	5368	4977	23054	21646	5923	4329
山 东	308	274	5605	4084	118517	110240	55001	46681
河 南	124	102	6277	5998	41606	40492	16632	15762
湖 北	357	232	18934	11389	130907	112710	35662	32912
湖 南	123	106	6934	4679	46532	44932	14956	14498
广 东	1251	1027	73166	65789	362977	307400	154588	148114
广 西	72	63	6937	4860	26407	24065	9173	8703
海 南								
重 庆	150	121	7354	6864	99278	82836	56984	45535
四 川	281	224	15665	10373	101494	85122	37023	32823
贵 州								
云 南	47	42	4486	3762	11113	19186	6187	5599
西 藏								
陕 西	81	65	7332	7115	28000	23000	9600	8000
甘 肃	21	21	560	551	5260	5250	2163	2163
青 海								
宁 夏								
新 疆	25	22	871	801	10362	9143	3630	3239

4-9 按登记注册类型分各地区连锁餐饮企业加盟门店基本情况

内资企业

地区	门店数(个)		年末从业人员(人)		年末餐饮营业面积(平方米)		年末餐位数(位)	
	2012年	2011年	2012年	2011年	2012年	2011年	2012年	2011年
全国	**2953**	**2822**	**120351**	**118397**	**1566176**	**1455116**	**562737**	**551706**
北京	168	173	11930	10602	267039	231659	49128	43832
天津	20	20	210	220	1335	1335	280	280
河北								
山西	20	16	1785	1238	28390	20410	8842	7342
内蒙古	242	207	3834	3058	107169	38475	13055	10000
辽宁								
吉林								
黑龙江								
上海	1	1	56	54	110	110	50	70
江苏	119	128	3047	2923	29480	31525	7035	7087
浙江	195	182	969	1078	19393	22879	3764	4509
安徽	14	16	1435	1623	38284	50670	4594	5798
福建	627	525	14944	12695	114606	74750	53022	38440
江西								
山东								
河南	5	3	53	109	1109	1270	452	452
湖北	3	4	194	295	1875	10000	1934	1401
湖南	79	73	7483	6746	89900	82900	24756	22180
广东	80	78	4201	3337	48546	51705	10327	8904
广西								
海南								
重庆	1202	1238	65455	70847	744173	776577	338486	367125
四川	79	51	2368	1509	46579	35068	24979	18677
贵州								
云南	39	50	1640	1359	21288	19620	18893	12669
西藏								
陕西								
甘肃								
青海								
宁夏		1		28		263		100
新疆	60	56	747	676	6900	5900	3140	2840

4-9 续表 1

集体企业

地区	门店数(个)		年末从业人员(人)		年末餐饮营业面积(平方米)		年末餐位数(位)	
	2012年	2011年	2012年	2011年	2012年	2011年	2012年	2011年
全国	**4**	**4**	**45**	**46**	**324**	**324**	**140**	**140**
北京								
天津								
河北								
山西								
内蒙古								
辽宁								
吉林								
黑龙江								
上海								
江苏								
浙江								
安徽								
福建								
江西								
山东								
河南								
湖北								
湖南								
广东	4	4	45	46	324	324	140	140
广西								
海南								
重庆								
四川								
贵州								
云南								
西藏								
陕西								
甘肃								
青海								
宁夏								
新疆								

4-9 续表 2

有限责任公司

地区	门店数（个）		年末从业人员（人）		年末餐饮营业面积（平方米）		年末餐位数（位）	
	2012年	2011年	2012年	2011年	2012年	2011年	2012年	2011年
全　国	**993**	**886**	**29865**	**26446**	**634089**	**527250**	**214244**	**199193**
北　京	21	21	3120	1785	45127	23868	5982	4912
天　津								
河　北								
山　西								
内蒙古	240	205	3814	3038	106969	38275	12995	9940
辽　宁								
吉　林								
黑龙江								
上　海	1	1	56	54	110	110	50	70
江　苏	2	2	49	55	700	650	100	274
浙　江	2	2	252	255	12000	12000	1600	1600
安　徽	8	8	420	420	1200	1200	810	810
福　建	123	132	203	210				
江　西								
山　东								
河　南								
湖　北	3	4	194	295	1875	10000	1934	1401
湖　南	50	46	4200	3680	74000	68000	18476	16900
广　东								
广　西								
海　南								
重　庆	460	408	14419	14651	351763	350121	138650	138592
四　川	56	30	1788	900	24467	11756	21794	15592
贵　州								
云　南	27	27	1350	1103	15878	11270	11853	9102
西　藏								
陕　西								
甘　肃								
青　海								
宁　夏								
新　疆								

4-9 续表 3

股份有限公司

地区	门店数(个)		年末从业人员(人)		年末餐饮营业面积(平方米)		年末餐位数(位)	
	2012年	2011年	2012年	2011年	2012年	2011年	2012年	2011年
全国	**324**	**316**	**24724**	**25494**	**293839**	**296028**	**71193**	**62132**
北京	63	61	7470	7142	186204	170551	30662	24796
天津								
河北								
山西								
内蒙古								
辽宁								
吉林								
黑龙江								
上海								
江苏								
浙江	187	175	684	710	6600	6886	1800	1745
安徽								
福建								
江西								
山东								
河南								
湖北								
湖南								
广东	2	2	250	250	3100	3100	800	800
广西								
海南								
重庆	60	62	16030	17216	92525	110781	30891	32174
四川								
贵州								
云南	12	16	290	176	5410	4710	7040	2617
西藏								
陕西								
甘肃								
青海								
宁夏								
新疆								

4-9 续表 4

私营企业

地区	门店数（个）		年末从业人员（人）		年末餐饮营业面积（平方米）		年末餐位数（位）	
	2012年	2011年	2012年	2011年	2012年	2011年	2012年	2011年
全　国	**1632**	**1616**	**65717**	**66411**	**637924**	**631514**	**277160**	**290241**
北　京	84	91	1340	1675	35708	37240	12484	14124
天　津	20	20	210	220	1335	1335	280	280
河　北								
山　西	20	16	1785	1238	28390	20410	8842	7342
内蒙古	2	2	20	20	200	200	60	60
辽　宁								
吉　林								
黑龙江								
上　海								
江　苏	117	126	2998	2868	28780	30875	6935	6813
浙　江	6	5	33	113	793	3993	364	1164
安　徽	6	8	1015	1203	37084	49470	3784	4988
福　建	504	393	14741	12485	114606	74750	53022	38440
江　西								
山　东								
河　南	5	3	53	109	1109	1270	452	452
湖　北								
湖　南	29	27	3283	3066	15900	14900	6280	5280
广　东	74	72	3906	3041	45122	48281	9387	7964
广　西								
海　南								
重　庆	682	768	35006	38980	299885	315675	168945	196359
四　川	23	21	580	609	22112	23312	3185	3085
贵　州								
云　南		7		80		3640		950
西　藏								
陕　西								
甘　肃								
青　海								
宁　夏		1		28		263		100
新　疆	60	56	747	676	6900	5900	3140	2840

4-9 续表 5

港、澳、台商投资企业

地区	门店数（个）		年末从业人员（人）		年末餐饮营业面积（平方米）		年末餐位数（位）	
	2012年	2011年	2012年	2011年	2012年	2011年	2012年	2011年
全国	**68**	**64**	**2272**	**2593**	**13260**	**23402**	**2649**	**8966**
北京		4		595		11300		1426
天津								
河北								
山西								
内蒙古								
辽宁								
吉林								
黑龙江								
上海								
江苏	9	9	278	278	3600	3600	720	720
浙江								
安徽								
福建								
江西								
山东								
河南								
湖北								
湖南								
广东	4	4	69	60	1704	1704	434	434
广西								
海南								
重庆								
四川								
贵州								
云南	55	47	1925	1660	7956	6798	1495	6386
西藏								
陕西								
甘肃								
青海								
宁夏								
新疆								

4-9 续表 6

外商投资企业

地区	门店数(个)		年末从业人员(人)		年末餐饮营业面积(平方米)		年末餐位数(位)	
	2012年	2011年	2012年	2011年	2012年	2011年	2012年	2011年
全国	**1108**	**1066**	**32493**	**31785**	**539716**	**515465**	**255833**	**241885**
北京	91	97	1590	1849	40979	42445	13764	14604
天津								
河北								
山西								
内蒙古								
辽宁								
吉林								
黑龙江								
上海	2	2	137	137	303	302	152	152
江苏	7	2	90	46	2910	800	1321	300
浙江	279	273	7623	7518	145350	149100	42120	42000
安徽								
福建								
江西		1		103		350		123
山东								
河南								
湖北		2		103		750		239
湖南								
广东								
广西								
海南								
重庆	537	539	20537	19979	314574	294118	174197	164388
四川	192	150	2516	2050	35600	27600	24279	20079
贵州								
云南								
西藏								
陕西								
甘肃								
青海								
宁夏								
新疆								

4-10 按登记注册类型分各地区连锁餐饮企业经营情况

内资企业　　单位：万元

地　区	商品购进总额		统一配送商品购进额	
	2012年	2011年	2012年	2011年
全　国	**1821875**	**1729721**	**980856**	**927850**
北　京	387682	329096	186579	130609
天　津	6003	7476	4307	5708
河　北	11831	12580		
山　西	11572	8592	1088	3287
内蒙古	70494	69843	9028	8787
辽　宁	27552	37261	19795	37261
吉　林	3904	4500	3904	
黑龙江	5530	5637	5530	5637
上　海	21596	19445	6825	6218
江　苏	76612	79485	59895	61670
浙　江	177653	197216	141501	154460
安　徽	39099	37035	23747	24100
福　建	93585	66216	51306	35719
江　西	10554	10781	7183	7798
山　东	7771	5998	1878	1946
河　南	13256	11524	4360	4874
湖　北	80851	78602	61084	62254
湖　南	37810	40164	6451	19209
广　东	242476	212388	208485	187215
广　西				
海　南				
重　庆	419031	424984	120807	110678
四　川	23130	16713	11260	13875
贵　州	2063	1917	2063	1917
云　南	12770	15461	12085	15115
西　藏	269	237	269	237
陕　西	25417	24838	19913	19617
甘　肃	2015	2447	1100	1224
青　海				
宁　夏	538	634	538	634
新　疆	10814	8650	9874	7804

4-10 续表 1

内资企业

地 区	自有配送中心配送商品购进额		非自有配送中心配送商品购进额	
	2012年	2011年	2012年	2011年
全 国	**511334**	**430631**	**261503**	**247438**
北 京	92872	41846	87560	83273
天 津	1823	1735		
河 北				
山 西		591		1088
内蒙古	2812	3371	4429	3987
辽 宁				
吉 林	3904			
黑龙江	5037	5080	493	557
上 海	6825	6218		
江 苏	40171	41227	19229	20440
浙 江	92514	106708	32529	25262
安 徽	18339	17970	2794	2686
福 建	21388	12107	26529	20153
江 西	5178	3514	376	
山 东	1208	1247		
河 南			417	295
湖 北	22352	16993	4328	3300
湖 南	3338	3069		
广 东	86393	67275	19100	28381
广 西				
海 南				
重 庆	71463	63879	46400	43626
四 川	7319	8048	3941	5827
贵 州				
云 南	4350	4967	7102	5299
西 藏				
陕 西	19913	19617		
甘 肃				
青 海				
宁 夏	538	634		
新 疆	3597	4539	6277	3265

单位：万元

营业额		餐费收入及商品销售额	
2012年	2011年	2012年	2011年
4083212	**3614238**	**4058629**	**3594708**
977299	788521	974337	787128
15202	14811	15166	14707
17907	17465	17907	17465
23765	16957	23701	16904
150932	139399	150932	139399
38707	37491	38707	37491
8890	6363	8890	6363
15044	14101	15044	14101
41198	35387	41198	35387
142811	146068	142811	146068
354272	366855	353461	366855
99975	85333	94247	80684
259470	200166	259470	200166
19685	18576	19685	18576
19952	19135	19951	19135
16142	15022	15800	14621
196509	171218	192847	167066
81799	90881	76869	86370
543078	464410	541210	463359
853708	804312	853128	803694
68175	47587	68175	46900
23560	19287	23560	19287
45348	32118	44348	32118
446	398	446	398
34837	32629	34837	32629
4562	5300	4562	5300
538	634	538	634
29403	23814	26802	21906

4-10 续表 2

国有企业

地　区	商品购进总额		统一配送商品购进额		自有配送中心配送商品购进额	
	2012年	2011年	2012年	2011年	2012年	2011年
全　国	**19346**	**18599**	**8800**	**9890**		
北　京						
天　津	1461	2944	1461	2944		
河　北						
山　西						
内蒙古						
辽　宁						
吉　林						
黑龙江						
上　海	10546	8709				
江　苏						
浙　江	125	190	125	190		
安　徽						
福　建	429	502	429	502		
江　西						
山　东						
河　南						
湖　北						
湖　南						
广　东	6786	6253	6786	6253		
广　西						
海　南						
重　庆						
四　川						
贵　州						
云　南						
西　藏						
陕　西						
甘　肃						
青　海						
宁　夏						
新　疆						

单位：万元

非自有配送中心配送商品购进额		营业额		餐费收入及商品销售额	
2012年	2011年	2012年	2011年	2012年	2011年
125	**190**	**43993**	**38370**	**43993**	**38305**
		2536	2164	2536	2099
		21870	17781	21870	17781
125	190	3114	3056	3114	3056
		1074	1153	1074	1153
		15399	14215	15399	14215

4-10 续表 3

集体企业

地区	商品购进总额		统一配送商品购进额		自有配送中心配送商品购进额	
	2012年	2011年	2012年	2011年	2012年	2011年
全国	**12249**	**12038**	**12249**	**12038**		
北京						
天津						
河北						
山西						
内蒙古						
辽宁						
吉林						
黑龙江						
上海						
江苏						
浙江						
安徽						
福建						
江西						
山东						
河南						
湖北						
湖南						
广东	12249	12038	12249	12038		
广西						
海南						
重庆						
四川						
贵州						
云南						
西藏						
陕西						
甘肃						
青海						
宁夏						
新疆						

单位：万元

非自有配送中心配送商品购进额		营业额		餐费收入及商品销售额	
2012年	2011年	2012年	2011年	2012年	2011年
		19784	**19096**	**19156**	**18403**
		19784	19096	19156	18403

4-10 续表 4

股份合作企业

地　区	商品购进总额		统一配送商品购进额		自有配送中心配送商品购进额	
	2012年	2011年	2012年	2011年	2012年	2011年
全　国	**1546**	**1774**	**534**	**583**		
北　京	892	1031				
天　津						
河　北						
山　西						
内蒙古						
辽　宁						
吉　林						
黑龙江						
上　海						
江　苏						
浙　江						
安　徽						
福　建						
江　西						
山　东						
河　南						
湖　北						
湖　南						
广　东	654	743	534	583		
广　西						
海　南						
重　庆						
四　川						
贵　州						
云　南						
西　藏						
陕　西						
甘　肃						
青　海						
宁　夏						
新　疆						

单位：万元

非自有配送中心配送商品购进额		营业额		餐费收入及商品销售额	
2012年	2011年	2012年	2011年	2012年	2011年
		5608	**6118**	**5608**	**6118**
		4312	4624	4312	4624
		1295	1494	1295	1494

4-10 续表 5

有限责任公司

地　区	商品购进总额		统一配送商品购进额		自有配送中心配送商品购进额	
	2012年	2011年	2012年	2011年	2012年	2011年
全　国	**504406**	**428353**	**315326**	**274821**	**182613**	**120174**
北　京	121512	66440	67915	29193	48895	11834
天　津	940	1061	415	439		
河　北						
山　西						
内蒙古	10030	9834	6991	6829	2812	3371
辽　宁	27552	37261	19795	37261		
吉　林						
黑龙江						
上　海	6825	6218	6825	6218	6825	6218
江　苏	1220	1000	1220	1000	1220	1000
浙　江	19425	21608	9367	7661	862	724
安　徽	20085	17404	15270	14806	12476	12120
福　建	6174	5320	272	274		
江　西	5127	4304	3016	1946	3016	1946
山　东	6029	4399	1867	1930	1208	1247
河　南	1423	2038	1140	1829		
湖　北	48757	47608	39084	40171	9081	3506
湖　南	16463	15200	2818	2469	2818	2469
广　东	91997	78128	83609	68814	51239	36256
广　西						
海　南						
重　庆	79551	76606	27827	24673	27827	24673
四　川	17301	11264	5492	8530	2340	2709
贵　州	2063	1917	2063	1917		
云　南	6979	5299	6979	5299		
西　藏	269	237	269	237		
陕　西	11993	12102	11993	12102	11993	12102
甘　肃	2015	2447	1100	1224		
青　海						
宁　夏						
新　疆	676	658				

单位：万元

非自有配送中心配送商品购进额		营业额		餐费收入及商品销售额	
2012年	2011年	2012年	2011年	2012年	2011年
51380	**59548**	**1304046**	**1035301**	**1297694**	**1029159**
14887	13817	333326	165371	332254	164882
		3038	2797	3002	2758
4108	3458	89213	86792	89213	86792
		38707	37491	38707	37491
		15514	14482	15514	14482
		3469	3095	3469	3095
		41668	49152	41668	49152
2794	2686	41161	33250	41161	33250
272	274	7032	7016	7032	7016
		9924	8312	9924	8312
		16766	16153	16765	16153
		3764	4102	3422	3700
1251	819	150403	129702	147412	126219
		39685	36419	39685	36419
17937	27375	186268	168598	185961	168354
		219909	194908	219329	194422
3152	5820	40385	21712	40385	21712
		23560	19287	23560	19287
6979	5299	11632	9011	11632	9011
		446	398	446	398
		20708	19343	20708	19343
		4562	5300	4562	5300
		2906	2611	1883	1612

4-10 续表 6

股份有限公司

地区	商品购进总额		统一配送商品购进额		自有配送中心配送商品购进额	
	2012年	2011年	2012年	2011年	2012年	2011年
全国	**476324**	**468565**	**193385**	**160933**	**72183**	**50736**
北京	170245	161940	76261	54520	26137	9088
天津						
河北						
山西						
内蒙古	57555	57555				
辽宁						
吉林						
黑龙江						
上海						
江苏						
浙江	44534	38090	44534	38090	14921	15407
安徽	1888	1704				
福建						
江西	2163	1568	2163	1568	2163	1568
山东						
河南						
湖北						
湖南						
广东	30077	30077	30077	30077		
广西						
海南						
重庆	162901	169982	34073	29028	28962	24674
四川						
贵州						
云南	686	4384		4384		
西藏						
陕西						
甘肃						
青海						
宁夏						
新疆	6277	3265	6277	3265		

单位：万元

	非自有配送中心配送商品购进额		营业额		餐费收入及商品销售额	
	2012年	2011年	2012年	2011年	2012年	2011年
	91125	**75736**	**959595**	**898834**	**957027**	**898834**
	50124	45433	395005	379636	394090	379636
			56669	47821	56669	47821
	29613	22684	71029	68037	71029	68037
			4624	3519	4624	3519
			3729	3431	3729	3431
			60943	60943	60943	60943
	5111	4354	332603	314462	332603	314462
			19836	10158	18836	10158
	6277	3265	15157	10827	14504	10827

4-10 续表 7

私营企业

地 区	商品购进总额		统一配送商品购进额		自有配送中心配送商品购进额	
	2012年	2011年	2012年	2011年	2012年	2011年
全 国	**807324**	**799443**	**449881**	**468636**	**256539**	**259721**
北 京	95033	99686	42404	46896	17839	20924
天 津	3602	3471	2432	2325	1823	1735
河 北	11831	12580				
山 西	11572	8592	1088	3287		591
内蒙古	2587	1926	1715	1430		
辽 宁						
吉 林	3904	4500	3904		3904	
黑龙江	5530	5637	5530	5637	5037	5080
上 海	4225	4518				
江 苏	75032	78064	58315	60249	38951	40227
浙 江	113570	137328	87475	108519	76731	90578
安 徽	17126	17926	8477	9294	5863	5850
福 建	86982	60394	50605	34943	21388	12107
江 西	3264	4909	2005	4284		
山 东	1741	1599	11	16		
河 南	11833	9486	3221	3045		
湖 北	32094	30994	22000	22084	13271	13487
湖 南	21347	24964	3633	16740	520	600
广 东	100714	85149	75231	69450	35154	31019
广 西						
海 南						
重 庆	176580	178397	58907	56977	14674	14532
四 川	5829	5449	5769	5345	4980	5339
贵 州						
云 南	5106	5778	5106	5431	4350	4967
西 藏						
陕 西	13424	12736	7920	7514	7920	7514
甘 肃						
青 海						
宁 夏	538	634	538	634	538	634
新 疆	3861	4727	3597	4539	3597	4539

单位：万元

非自有配送中心配送商品购进额		营业额		餐费收入及商品销售额	
2012年	2011年	2012年	2011年	2012年	2011年
118193	**111014**	**1748638**	**1614239**	**1733602**	**1601609**
22548	24023	244655	238890	243681	237985
		9627	9850	9627	9850
		17907	17465	17907	17465
	1088	23765	16957	23701	16904
		4060	3153	4060	3153
		8890	6363	8890	6363
493	557	15044	14101	15044	14101
		3814	3124	3814	3124
18869	20019	138782	142325	138782	142325
2792	2388	238461	246610	237650	246610
		54190	48564	48462	43916
26258	19879	251364	191997	251364	191997
376		6033	6833	6033	6833
		3186	2982	3186	2982
417	295	12378	10921	12378	10921
3078	2481	46106	41516	45435	40847
		42114	54462	37184	49952
1163	1006	259389	200064	258456	199950
41289	39272	301197	294942	301197	294810
789	7	27790	25876	27790	25188
122		13880	12950	13880	12950
		14129	13286	14129	13286
		538	634	538	634
		11340	10376	10415	9467

4-10 续表 8

其他企业

地区	商品购进总额		统一配送商品购进额		自有配送中心配送商品购进额	
	2012年	2011年	2012年	2011年	2012年	2011年
全国	**681**	**950**	**681**	**950**		
北京						
天津						
河北						
山西						
内蒙古	321	529	321	529		
辽宁						
吉林						
黑龙江						
上海						
江苏	360	421	360	421		
浙江						
安徽						
福建						
江西						
山东						
河南						
湖北						
湖南						
广东						
广西						
海南						
重庆						
四川						
贵州						
云南						
西藏						
陕西						
甘肃						
青海						
宁夏						
新疆						

单位：万元

非自有配送中心配送商品购进额		营业额		餐费收入及商品销售额	
2012年	2011年	2012年	2011年	2012年	2011年
681	**950**	**1550**	**2281**	**1550**	**2281**
321	529	990	1633	990	1633
360	421	560	648	560	648

4-10 续表 9

港、澳、台商投资企业

地区	商品购进总额		统一配送商品购进额		自有配送中心配送商品购进额	
	2012年	2011年	2012年	2011年	2012年	2011年
全国	**566853**	**536532**	**498132**	**432214**	**107042**	**95475**
北京	175785	176979	139602	105780	51771	44208
天津	1727	1838	1727	1838	1657	1757
河北						
山西						
内蒙古						
辽宁	17113	15626	16090	14508	16068	14495
吉林						
黑龙江	2600	2285	2550	2285		
上海	146490	145582	127917	127913	5770	5503
江苏	27506	27502	25778	25066	17094	16268
浙江	4806	4351	4806	4351	4406	3844
安徽	6922	6905	6922	6905		
福建	28539	22693	28421	22591		
江西	2504	2867				
山东	5375	3541	5375	3541		
河南						
湖北	10988	9333	10988	9333	4000	3000
湖南						
广东	112829	96887	104733	88285	6276	6401
广西						
海南	2228	1909	2228	1909		
重庆	5336	4647	5336	4647		
四川	547	677	547	677		
贵州						
云南	13029	10865	13029	10865		
西藏						
陕西	2086	1719	2086	1719		
甘肃	445	324				
青海						
宁夏						
新疆						

单位：万元

非自有配送中心配送商品购进额		营业额		餐费收入及商品销售额	
2012年	2011年	2012年	2011年	2012年	2011年
233324	**224222**	**1536264**	**1470348**	**1531455**	**1469750**
87831	61572	442160	471109	439186	470511
		4377	4377	4377	4377
		42656	38122	42603	38122
2550	1654	5467	6070	5467	6070
98966	122410	443732	428702	443732	428702
8683	8402	54374	54437	54374	54437
400	508	14761	14799	14761	14799
		19035	18743	19035	18743
		78034	60941	78034	60941
		9144	10253	9144	10253
		5375	3541	5375	3541
6988	6333	29671	20320	29671	20320
6767	5245	341228	293682	341228	293682
2228	1909	6110	5526	6110	5526
5336	4647	19260	8492	19260	8492
547	677	1710	1931	1710	1931
13029	10865	10505	23375	8723	23375
		7623	5219	7623	5219
		1042	711	1042	711

4-10 续表 10

外商投资企业

地区	商品购进总额		统一配送商品购进额		自有配送中心配送商品购进额	
	2012年	2011年	2012年	2011年	2012年	2011年
全国	**3224842**	**2918332**	**2405775**	**2162817**	**1404571**	**1247369**
北京	322533	285659	223081	196179	190856	170714
天津	372367	326403	31505	29141		
河北						
山西	35252	33822	35252	33822	35252	33822
内蒙古						
辽宁	259274	256085	201240	200983		
吉林						
黑龙江	6503	6550	5458	4900		
上海	244405	201498	229357	188005	150681	133200
江苏	347226	319310	347226	319310	161663	129171
浙江	197002	158173	197002	158173	179839	143066
安徽						
福建	73973	61910	73973	61910	73973	61910
江西	29533	26070	29533	26070		
山东	132115	109394	132115	109394		
河南	47575	38748	38829	30690		
湖北	177468	157130	177468	157130	174294	155105
湖南	1496	1450				
广东	382348	349093	372504	342598	167800	144539
广西	26345	23399	26345	23399	26345	23399
海南						
重庆	307658	302238	23118	19712	23118	19712
四川	120425	92238	120425	92238	79406	63569
贵州						
云南	61298	100920	61298	100920	61298	100920
西藏						
陕西	58809	48633	58809	48633	58809	48633
甘肃	13510	11580	13510	11580	13510	11580
青海						
宁夏						
新疆	7729	8031	7729	8031	7729	8031

单位：万元

非自有配送中心配送商品购进额		营业额		餐费收入及商品销售额	
2012年	2011年	2012年	2011年	2012年	2011年
364971	**338478**	**7213170**	**6202394**	**7213038**	**6201271**
28325	25133	1026963	885633	1026904	884547
		424265	375249	424265	375249
		80754	73999	80754	73999
		528329	463509	528329	463509
4843	4383	15735	14028	15735	14028
69896	50798	783304	620207	783271	620170
185563	190139	720552	620984	720552	620984
17162	15107	586587	526111	586587	526111
		154229	128741	154229	128741
29533	26070	58302	53067	58302	53067
		261146	226509	261146	226509
		97864	82233	97864	82233
3175	2025	266386	221935	266386	221935
		125841	102365	125841	102365
22093	20131	1127061	969496	1127061	969496
		66846	58009	66846	58009
		382079	379115	382079	379115
4380	4692	308225	237805	308185	237805
		55233	44071	55233	44071
		84192	69623	84192	69623
		29948	24624	29948	24624
		29331	25081	29331	25081

4-11 按登记注册类型分各地区

内资企业

地　区	商品购进总额		统一配送商品购进额		自有配送中心配送商品购进额	
	2012年	2011年	2012年	2011年	2012年	2011年
全　国	**1370999**	**1317157**	**829134**	**787076**	**452477**	**374223**
北　京	324418	275777	175686	120520	91633	40636
天　津	5993	7466	4297	5698	1823	1735
河　北	11831	12580				
山　西	6453	4819	1088	3287		591
内蒙古	63099	63296	3719	3994	876	1240
辽　宁	27552	37261	19795	37261		
吉　林	3904	4500	3904		3904	
黑龙江	5530	5637	5530	5637	5037	5080
上　海	21091	19056	6320	5829	6320	5829
江　苏	72104	74867	56634	58417	37462	38556
浙　江	161027	181945	124875	139190	92514	104897
安　徽	33596	29759	21371	20953	17039	16593
福　建	23115	16257	13989	7383	7452	1453
江　西	10554	10781	7183	7798	5178	3514
山　东	7771	5998	1878	1946	1208	1247
河　南	10191	9149	4360	4874		
湖　北	80160	77043	60397	60760	21695	16723
湖　南	25941	28920	4131	17099	1290	1159
广　东	234276	205642	201045	180469	86393	67275
广　西						
海　南						
重　庆	182484	188351	64208	56783	40644	34166
四　川	10188	8308	6825	6966	5045	5398
贵　州	2063	1917	2063	1917		
云　南	10058	12298	9573	12042	4350	4605
西　藏	269	237	269	237		
陕　西	25417	24838	19913	19617	19913	19617
甘　肃	2015	2447	1100	1224		
青　海						
宁　夏	538	613	538	613	538	613
新　疆	9363	7394	8441	6564	2164	3299

连锁餐饮企业直营门店经营情况

单位：万元

非自有配送中心配送商品购进额		营业额		餐费收入及商品销售额	
2012年	2011年	2012年	2011年	2012年	2011年
183064	**179224**	**2894219**	**2544603**	**2873660**	**2529044**
77906	74394	821113	660731	818151	659337
		11647	11097	11611	10993
		17907	17465	17907	17465
	1088	13174	9860	13110	9806
1291	1604	70890	59718	70890	59718
		38707	37491	38707	37491
		8890	6363	8890	6363
493	557	15044	14101	15044	14101
		40139	34516	40139	34516
18678	19857	122235	124744	122235	124744
19351	14893	334264	345488	333453	345488
2794	2686	85151	68442	81936	66268
3149	2471	54299	38236	54299	38236
376		19685	18576	19685	18576
		19952	19135	19951	19135
417	295	15229	14160	14887	13759
4298	3246	195410	168660	191748	164507
		51780	63104	47833	59616
19100	28381	521739	446108	519872	445057
22566	21127	291107	263763	290527	263278
1780	1568	23693	18847	23693	18159
		23560	19287	23560	19287
4590	3791	34239	26482	33239	26482
		446	398	446	398
		34837	32629	34837	32629
		4562	5300	4562	5300
		538	613	538	613
6277	3265	23982	19293	21910	17726

4-11 续表 1

国有企业

地区	商品购进总额		统一配送商品购进额		自有配送中心配送商品购进额	
	2012年	2011年	2012年	2011年	2012年	2011年
全国	**19346**	**18599**	**8800**	**9890**		
北京						
天津	1461	2944	1461	2944		
河北						
山西						
内蒙古						
辽宁						
吉林						
黑龙江						
上海	10546	8709				
江苏						
浙江	125	190	125	190		
安徽						
福建	429	502	429	502		
江西						
山东						
河南						
湖北						
湖南						
广东	6786	6253	6786	6253		
广西						
海南						
重庆						
四川						
贵州						
云南						
西藏						
陕西						
甘肃						
青海						
宁夏						
新疆						

单位：万元

非自有配送中心配送商品购进额		营业额		餐费收入及商品销售额	
2012年	2011年	2012年	2011年	2012年	2011年
125	**190**	**43993**	**38370**	**43993**	**38305**
		2536	2164	2536	2099
		21870	17781	21870	17781
125	190	3114	3056	3114	3056
		1074	1153	1074	1153
		15399	14215	15399	14215

4-11 续表 2

集体企业

地区	商品购进总额		统一配送商品购进额		自有配送中心配送商品购进额	
	2012年	2011年	2012年	2011年	2012年	2011年
全国	**12063**	**11855**	**12063**	**11855**		
北京						
天津						
河北						
山西						
内蒙古						
辽宁						
吉林						
黑龙江						
上海						
江苏						
浙江						
安徽						
福建						
江西						
山东						
河南						
湖北						
湖南						
广东	12063	11855	12063	11855		
广西						
海南						
重庆						
四川						
贵州						
云南						
西藏						
陕西						
甘肃						
青海						
宁夏						
新疆						

单位：万元

非自有配送中心配送商品购进额		营业额		餐费收入及商品销售额	
2012年	2011年	2012年	2011年	2012年	2011年
		19338	**18648**	**18710**	**17955**
		19338	18648	18710	17955

4-11 续表 3

股份合作企业

地区	商品购进总额		统一配送商品购进额		自有配送中心配送商品购进额	
	2012年	2011年	2012年	2011年	2012年	2011年
全国	**1546**	**1774**	**534**	**583**		
北京	892	1031				
天津						
河北						
山西						
内蒙古						
辽宁						
吉林						
黑龙江						
上海						
江苏						
浙江						
安徽						
福建						
江西						
山东						
河南						
湖北						
湖南						
广东	654	743	534	583		
广西						
海南						
重庆						
四川						
贵州						
云南						
西藏						
陕西						
甘肃						
青海						
宁夏						
新疆						

单位：万元

非自有配送中心配送商品购进额		营业额		餐费收入及商品销售额	
2012年	2011年	2012年	2011年	2012年	2011年
		5608	**6118**	**5608**	**6118**
		4312	4624	4312	4624
		1295	1494	1295	1494

4-11 续表 4

有限责任公司

地区	商品购进总额		统一配送商品购进额		自有配送中心配送商品购进额	
	2012年	2011年	2012年	2011年	2012年	2011年
全国	**382349**	**320167**	**275917**	**235567**	**154246**	**93169**
北京	111062	61648	67915	29193	48895	11834
天津	940	1061	415	439		
河北						
山西						
内蒙古	2808	3566	1855	2315	876	1240
辽宁	27552	37261	19795	37261		
吉林						
黑龙江						
上海	6320	5829	6320	5829	6320	5829
江苏	1000	800	1000	800	1000	800
浙江	16186	18734	6129	4788	862	724
安徽	18785	16027	13970	13429	11176	10743
福建	3977	3638	272	274		
江西	5127	4304	3016	1946	3016	1946
山东	6029	4399	1867	1930	1208	1247
河南	1423	2038	1140	1829		
湖北	48066	46049	38397	38676	8424	3236
湖南	6863	6150	898	659	898	659
广东	91997	78128	83609	68814	51239	36256
广西						
海南						
重庆	6783	5001	6783	5001	6783	5001
四川	5950	4382	2646	3115	1555	1552
贵州	2063	1917	2063	1917		
云南	4467	3791	4467	3791		
西藏	269	237	269	237		
陕西	11993	12102	11993	12102	11993	12102
甘肃	2015	2447	1100	1224		
青海						
宁夏						
新疆	676	658				

单位：万元

非自有配送中心配送商品购进额		营业额		餐费收入及商品销售额	
2012年	2011年	2012年	2011年	2012年	2011年
43640	**51345**	**929277**	**715505**	**922926**	**709363**
14887	13817	307810	153677	306738	153189
		3038	2797	3002	2758
970	1075	9489	8096	9489	8096
		38707	37491	38707	37491
		14456	13611	14456	13611
		2698	2407	2698	2407
		36588	43805	36588	43805
2794	2686	39561	31630	39561	31630
272	274	5102	5126	5102	5126
		9924	8312	9924	8312
		16766	16153	16765	16153
		3764	4102	3422	3700
1221	765	149304	127144	146313	123660
		15685	14339	15685	14339
17937	27375	186268	168598	185961	168354
		18542	16702	17962	16217
1092	1562	11949	8258	11949	8258
		23560	19287	23560	19287
4467	3791	7445	6318	7445	6318
		446	398	446	398
		20708	19343	20708	19343
		4562	5300	4562	5300
		2906	2611	1883	1612

4-11 续表 5

股份有限公司

地区	商品购进总额		统一配送商品购进额		自有配送中心配送商品购进额	
	2012年	2011年	2012年	2011年	2012年	2011年
全国	**344798**	**347682**	**171571**	**141683**	**72183**	**50736**
北京	121840	118231	69778	48995	26137	9088
天津						
河北						
山西						
内蒙古	57555	57555				
辽宁						
吉林						
黑龙江						
上海						
江苏						
浙江	31355	27721	31355	27721	14921	15407
安徽	1888	1704				
福建						
江西	2163	1568	2163	1568	2163	1568
山东						
河南						
湖北						
湖南						
广东	27924	27924	27924	27924		
广西						
海南						
重庆	95310	106530	34073	29028	28962	24674
四川						
贵州						
云南	486	3182		3182		
西藏						
陕西						
甘肃						
青海						
宁夏						
新疆	6277	3265	6277	3265		

单位：万元

非自有配送中心配送商品购进额		营业额		餐费收入及商品销售额	
2012年	2011年	2012年	2011年	2012年	2011年
71463	**59842**	**651490**	**611580**	**648922**	**611580**
43641	39907	276387	276530	275472	276530
		56669	47821	56669	47821
16434	12315	56424	55476	56424	55476
		4624	3519	4624	3519
		3729	3431	3729	3431
		56910	56910	56910	56910
5111	4354	168677	149046	168677	149046
		12914	8020	11914	8020
6277	3265	15157	10827	14504	10827

4-11 续表 6

私营企业

地　区	商品购进总额		统一配送商品购进额		自有配送中心配送商品购进额	
	2012年	2011年	2012年	2011年	2012年	2011年
全　国	**610216**	**616132**	**359568**	**386548**	**226049**	**230319**
北　京	90624	94867	37994	42332	16601	19715
天　津	3592	3461	2422	2315	1823	1735
河　北	11831	12580				
山　西	6453	4819	1088	3287		591
内蒙古	2415	1646	1543	1150		
辽　宁						
吉　林	3904	4500	3904		3904	
黑龙江	5530	5637	5530	5637	5037	5080
上　海	4225	4518				
江　苏	70744	73646	55274	57196	36462	37756
浙　江	113361	135299	87266	106490	76731	88766
安　徽	12924	12028	7401	7524	5863	5850
福　建	18709	12117	13289	6607	7452	1453
江　西	3264	4909	2005	4284		
山　东	1741	1599	11	16		
河　南	8768	7111	3221	3045		
湖　北	32094	30994	22000	22084	13271	13487
湖　南	19078	22770	3233	16440	392	500
广　东	94852	80739	70129	65040	35154	31019
广　西						
海　南						
重　庆	80391	76820	23352	22755	4899	4492
四　川	4239	3927	4179	3852	3490	3846
贵　州						
云　南	5106	5326	5106	5070	4350	4605
西　藏						
陕　西	13424	12736	7920	7514	7920	7514
甘　肃						
青　海						
宁　夏	538	613	538	613	538	613
新　疆	2410	3470	2164	3299	2164	3299

单位：万元

非自有配送中心配送商品购进额		营业额		餐费收入及商品销售额	
2012年	2011年	2012年	2011年	2012年	2011年
67156	**66897**	**1242964**	**1152102**	**1231953**	**1143443**
19378	20669	232604	225899	231630	224994
		6072	6136	6072	6136
		17907	17465	17907	17465
	1088	13174	9860	13110	9806
		3741	2167	3741	2167
		8890	6363	8890	6363
493	557	15044	14101	15044	14101
		3814	3124	3814	3124
18318	19436	118978	121689	118978	121689
2792	2388	238139	243151	237328	243151
		40966	33293	37750	31119
2877	2198	48124	31957	48124	31957
376		6033	6833	6033	6833
		3186	2982	3186	2982
417	295	11465	10059	11465	10059
3078	2481	46106	41516	45435	40847
		36094	48765	32148	45278
1163	1006	242530	186243	241598	186129
17455	16772	103888	98014	103888	98014
689	6	11744	10589	11744	9901
122		13880	12144	13880	12144
		14129	13286	14129	13286
		538	613	538	613
		5919	5855	5523	5287

4-11 续表 7

其他企业

地 区	商品购进总额		统一配送商品购进额		自有配送中心配送商品购进额	
	2012年	2011年	2012年	2011年	2012年	2011年
全 国	**681**	**950**	**681**	**950**		
北 京						
天 津						
河 北						
山 西						
内蒙古	321	529	321	529		
辽 宁						
吉 林						
黑龙江						
上 海						
江 苏	360	421	360	421		
浙 江						
安 徽						
福 建						
江 西						
山 东						
河 南						
湖 北						
湖 南						
广 东						
广 西						
海 南						
重 庆						
四 川						
贵 州						
云 南						
西 藏						
陕 西						
甘 肃						
青 海						
宁 夏						
新 疆						

单位：万元

非自有配送中心配送商品购进额		营业额		餐费收入及商品销售额	
2012年	2011年	2012年	2011年	2012年	2011年
681	**950**	**1550**	**2281**	**1550**	**2281**
321	529	990	1633	990	1633
360	421	560	648	560	648

4-11 续表 8

港、澳、台商投资企业

地区	商品购进总额		统一配送商品购进额		自有配送中心配送商品购进额	
	2012年	2011年	2012年	2011年	2012年	2011年
全　国	**555372**	**523824**	**487316**	**423109**	**106604**	**95058**
北　京	175785	173914	139602	105780	51771	44208
天　津	1727	1838	1727	1838	1657	1757
河　北						
山　西						
内蒙古						
辽　宁	17113	15626	16090	14508	16068	14495
吉　林						
黑龙江	2600	2285	2550	2285		
上　海	146490	145582	127917	127913	5770	5503
江　苏	26639	26677	25008	24333	16656	15851
浙　江	4806	4351	4806	4351	4406	3844
安　徽	6922	6905	6922	6905		
福　建	28539	22693	28421	22591		
江　西	2504	2867				
山　东	5375	3541	5375	3541		
河　南						
湖　北	10988	9333	10988	9333	4000	3000
湖　南						
广　东	112262	96441	104733	88285	6276	6401
广　西						
海　南	2228	1909	2228	1909		
重　庆	5336	4647	5336	4647		
四　川	547	677	547	677		
贵　州						
云　南	2983	2493	2983	2493		
西　藏						
陕　西	2086	1719	2086	1719		
甘　肃	445	324				
青　海						
宁　夏						
新　疆						

单位：万元

非自有配送中心配送商品购进额		营业额		餐费收入及商品销售额	
2012年	2011年	2012年	2011年	2012年	2011年
222946	**215727**	**1525067**	**1441561**	**1521594**	**1440963**
87831	61572	442160	462741	439186	462143
		4377	4377	4377	4377
		42656	38122	42603	38122
2550	1654	5467	6070	5467	6070
98966	122410	443732	428702	443732	428702
8352	8279	52534	52685	52534	52685
400	508	14761	14799	14761	14799
		19035	18743	19035	18743
		78034	60941	78034	60941
		9144	10253	9144	10253
		5375	3541	5375	3541
6988	6333	29671	20320	29671	20320
6767	5245	339751	292508	339751	292508
2228	1909	6110	5526	6110	5526
5336	4647	19260	8492	19260	8492
547	677	1710	1931	1710	1931
2983	2493	2626	5881	2181	5881
		7623	5219	7623	5219
		1042	711	1042	711

4-11 续表 9

外商投资企业

地区	商品购进总额		统一配送商品购进额		自有配送中心配送商品购进额	
	2012年	2011年	2012年	2011年	2012年	2011年
全国	**2926409**	**2634075**	**2372917**	**2141835**	**1391480**	**1233729**
北京	318522	282374	219071	192893	188514	167531
天津	372367	326403	31505	29141		
河北						
山西	35252	33822	35252	33822	35252	33822
内蒙古						
辽宁	259274	256085	201240	200983		
吉林						
黑龙江	6503	6550	5458	4900		
上海	244316	201415	229357	188005	150681	133200
江苏	345208	318745	345208	318745	161663	129171
浙江	188733	150289	188733	150289	171571	135182
安徽						
福建	73973	61910	73973	61910	73973	61910
江西	29533	25398	29533	25398		
山东	132115	109394	132115	109394		
河南	47575	38748	38829	30690		
湖北	177468	155506	177468	155506	174294	153481
湖南	1496	1450				
广东	382348	349093	372504	342598	167800	144539
广西	26345	23399	26345	23399	26345	23399
海南						
重庆	39690	38097	20636	18763	20636	18763
四川	104345	86235	104345	86235	79406	63569
贵州						
云南	61298	100920	61298	100920	61298	100920
西藏						
陕西	58809	48633	58809	48633	58809	48633
甘肃	13510	11580	13510	11580	13510	11580
青海						
宁夏						
新疆	7729	8031	7729	8031	7729	8031

单位：万元

非自有配送中心配送商品购进额		营业额		餐费收入及商品销售额	
2012年	2011年	2012年	2011年	2012年	2011年
362953	**337140**	**6731673**	**5747840**	**6731541**	**5746717**
28325	25032	1003308	863130	1003249	862044
		424265	375249	424265	375249
		80754	73999	80754	73999
		528329	463509	528329	463509
4843	4383	15735	14028	15735	14028
69896	50798	775678	612673	775646	612635
183545	189574	714947	619572	714947	619572
17162	15107	520566	465970	520566	465970
		154229	128741	154229	128741
29533	25398	58302	52304	58302	52304
		261146	226509	261146	226509
		97864	82233	97864	82233
3175	2025	266386	220089	266386	220089
		125841	102365	125841	102365
22093	20131	1127061	969496	1127061	969496
		66846	58009	66846	58009
		84130	71177	84130	71177
4380	4692	227585	185390	227545	185390
		55233	44071	55233	44071
		84192	69623	84192	69623
		29948	24624	29948	24624
		29331	25081	29331	25081

4-12 按登记注册类型分各地区

内资企业

地　区	商品购进总额		统一配送商品购进额		自有配送中心配送商品购进额	
	2012年	2011年	2012年	2011年	2012年	2011年
全　国	**450877**	**412564**	**151722**	**140774**	**58857**	**56408**
北　京	63264	53319	10893	10089	1238	1209
天　津	10	10	10	10		
河　北						
山　西	5119	3773				
内蒙古	7395	6548	5309	4794	1936	2131
辽　宁						
吉　林						
黑龙江						
上　海	505	389	505	389	505	389
江　苏	4508	4618	3261	3253	2710	2670
浙　江	16626	15271	16626	15271		1812
安　徽	5503	7276	2376	3147	1300	1377
福　建	70470	49959	37316	28336	13936	10654
江　西						
山　东						
河　南	3065	2375				
湖　北	692	1559	687	1494	657	270
湖　南	11868	11244	2320	2110	2048	1910
广　东	8200	6746	7440	6746		
广　西						
海　南						
重　庆	236548	236633	56599	53895	30819	29713
四　川	12941	8405	4435	6909	2275	2650
贵　州						
云　南	2712	3163	2512	3072		362
西　藏						
陕　西						
甘　肃						
青　海						
宁　夏		21		21		21
新　疆	1452	1257	1433	1240	1433	1240

连锁餐饮企业加盟门店经营情况

单位：万元

非自有配送中心配送商品购进额		营业额		餐费收入及商品销售额	
2012年	2011年	2012年	2011年	2012年	2011年
78440	**68215**	**1188993**	**1069635**	**1184969**	**1065664**
9655	8879	156186	127790	156186	127790
		3555	3715	3555	3715
		10590	7097	10590	7097
3137	2383	80043	79682	80043	79682
		1059	871	1059	871
552	583	20575	21324	20575	21324
13178	10369	20008	21367	20008	21367
		14824	16891	12312	14417
23380	17681	205171	161931	205171	161931
		913	862	913	862
30	53	1099	2558	1099	2558
		30019	27777	29036	26754
		21338	18302	21338	18302
23835	22500	562601	540549	562601	540416
2161	4259	44482	28740	44482	28740
2512	1508	11109	5637	11109	5637
			21		21
		5421	4521	4892	4180

4-12 续表 1

集体企业

地区	商品购进总额		统一配送商品购进额		自有配送中心配送商品购进额	
	2012年	2011年	2012年	2011年	2012年	2011年
全国	**186**	**184**	**186**	**184**		
北京						
天津						
河北						
山西						
内蒙古						
辽宁						
吉林						
黑龙江						
上海						
江苏						
浙江						
安徽						
福建						
江西						
山东						
河南						
湖北						
湖南						
广东	186	184	186	184		
广西						
海南						
重庆						
四川						
贵州						
云南						
西藏						
陕西						
甘肃						
青海						
宁夏						
新疆						

单位：万元

非自有配送中心配送商品购进额		营业额		餐费收入及商品销售额	
2012年	2011年	2012年	2011年	2012年	2011年
		446	**448**	**446**	**448**
		446	448	446	448

4-12 续表 2

有限责任公司

地 区	商品购进总额		统一配送商品购进额		自有配送中心配送商品购进额	
	2012年	2011年	2012年	2011年	2012年	2011年
全 国	**122057**	**108186**	**39409**	**39253**	**28367**	**27006**
北 京	10450	4792				
天 津						
河 北						
山 西						
内 蒙 古	7223	6268	5136	4514	1936	2131
辽 宁						
吉 林						
黑 龙 江						
上 海	505	389	505	389	505	389
江 苏	220	200	220	200	220	200
浙 江	3239	2874	3239	2874		
安 徽	1300	1377	1300	1377	1300	1377
福 建	2197	1682				
江 西						
山 东						
河 南						
湖 北	692	1559	687	1494	657	270
湖 南	9600	9050	1920	1810	1920	1810
广 东						
广 西						
海 南						
重 庆	72769	71605	21044	19673	21044	19673
四 川	11351	6882	2846	5415	785	1157
贵 州						
云 南	2512	1508	2512	1508		
西 藏						
陕 西						
甘 肃						
青 海						
宁 夏						
新 疆						

单位：万元

非自有配送中心配送商品购进额		营业额		餐费收入及商品销售额	
2012年	2011年	2012年	2011年	2012年	2011年
7740	**8203**	**374768**	**319796**	**374768**	**319796**
		25517	11694	25517	11694
3137	2383	79724	78696	79724	78696
		1059	871	1059	871
		771	688	771	688
		5080	5347	5080	5347
		1600	1620	1600	1620
		1930	1890	1930	1890
30	53	1099	2558	1099	2558
		24000	22080	24000	22080
		201366	178205	201366	178205
2061	4258	28436	13454	28436	13454
2512	1508	4187	2693	4187	2693

4-12 续表 3

股份有限公司

地区	商品购进总额		统一配送商品购进额		自有配送中心配送商品购进额	
	2012年	2011年	2012年	2011年	2012年	2011年
全国	**131526**	**120883**	**21814**	**19249**		
北京	48405	43708	6484	5526		
天津						
河北						
山西						
内蒙古						
辽宁						
吉林						
黑龙江						
上海						
江苏						
浙江	13178	10369	13178	10369		
安徽						
福建						
江西						
山东						
河南						
湖北						
湖南						
广东	2153	2153	2153	2153		
广西						
海南						
重庆	67591	63451				
四川						
贵州						
云南	200	1203		1203		
西藏						
陕西						
甘肃						
青海						
宁夏						
新疆						

单位：万元

非自有配送中心配送商品购进额		营业额		餐费收入及商品销售额	
2012年	2011年	2012年	2011年	2012年	2011年
19662	**15894**	**308105**	**287254**	**308105**	**287254**
6484	5526	118618	103106	118618	103106
13178	10369	14606	12561	14606	12561
		4034	4034	4034	4034
		163925	165415	163925	165415
		6922	2138	6922	2138

4-12 续表 4

私营企业

地区	商品购进总额		统一配送商品购进额		自有配送中心配送商品购进额	
	2012年	2011年	2012年	2011年	2012年	2011年
全　国	**197107**	**183311**	**90313**	**82088**	**30490**	**29402**
北　京	4409	4819	4409	4563	1238	1209
天　津	10	10	10	10		
河　北						
山　西	5119	3773				
内蒙古	172	280	172	280		
辽　宁						
吉　林						
黑龙江						
上　海						
江　苏	4288	4418	3041	3053	2490	2470
浙　江	209	2028	209	2028		1812
安　徽	4203	5899	1076	1770		
福　建	68273	48277	37316	28336	13936	10654
江　西						
山　东						
河　南	3065	2375				
湖　北						
湖　南	2268	2194	400	300	128	100
广　东	5861	4410	5101	4410		
广　西						
海　南						
重　庆	96188	101576	35555	34223	9775	10041
四　川	1590	1523	1590	1494	1490	1493
贵　州						
云　南		452		362		362
西　藏						
陕　西						
甘　肃						
青　海						
宁　夏		21		21		21
新　疆	1452	1257	1433	1240	1433	1240

单位：万元

非自有配送中心配送商品购进额		营业额		餐费收入及商品销售额	
2012年	2011年	2012年	2011年	2012年	2011年
51037	**44118**	**505674**	**462137**	**501649**	**458166**
3171	3354	12051	12991	12051	12991
		3555	3715	3555	3715
		10590	7097	10590	7097
		319	986	319	986
552	583	19804	20637	19804	20637
		322	3459	322	3459
		13224	15271	10712	12797
23380	17681	203240	160040	203240	160040
		913	862	913	862
		6019	5697	5036	4674
		16858	13821	16858	13821
23835	22500	197309	196928	197309	196795
100	1	16047	15287	16047	15287
			806		806
			21		21
		5421	4521	4892	4180

4-12 续表 5

港、澳、台商投资企业

地　区	商品购进总额		统一配送商品购进额		自有配送中心配送商品购进额	
	2012年	2011年	2012年	2011年	2012年	2011年
全　国	**11481**	**12708**	**10816**	**9105**	**439**	**418**
北　京		3065				
天　津						
河　北						
山　西						
内蒙古						
辽　宁						
吉　林						
黑龙江						
上　海						
江　苏	867	825	770	733	439	418
浙　江						
安　徽						
福　建						
江　西						
山　东						
河　南						
湖　北						
湖　南						
广　东	568	446				
广　西						
海　南						
重　庆						
四　川						
贵　州						
云　南	10046	8372	10046	8372		
西　藏						
陕　西						
甘　肃						
青　海						
宁　夏						
新　疆						

单位：万元

非自有配送中心配送商品购进额		营业额		餐费收入及商品销售额	
2012年	2011年	2012年	2011年	2012年	2011年
10377	**8495**	**11197**	**28787**	**9860**	**28787**
			8368		8368
331	123	1841	1752	1841	1752
		1478	1174	1478	1174
10046	8372	7879	17494	6542	17494

4-12 续表 6

外商投资企业

地区	商品购进总额		统一配送商品购进额		自有配送中心配送商品购进额	
	2012年	2011年	2012年	2011年	2012年	2011年
全国	**298433**	**284257**	**32858**	**20982**	**13091**	**13641**
北京	4011	3285	4011	3285	2342	3184
天津						
河北						
山西						
内蒙古						
辽宁						
吉林						
黑龙江						
上海	89	83				
江苏	2018	565	2018	565		
浙江	8268	7884	8268	7884	8268	7884
安徽						
福建						
江西		672		672		
山东						
河南						
湖北		1624		1624		1624
湖南						
广东						
广西						
海南						
重庆	267968	264141	2481	949	2481	949
四川	16080	6004	16080	6004		
贵州						
云南						
西藏						
陕西						
甘肃						
青海						
宁夏						
新疆						

单位：万元

非自有配送中心配送商品购进额		营业额		餐费收入及商品销售额	
2012年	2011年	2012年	2011年	2012年	2011年
2018	**1338**	**481497**	**454554**	**481497**	**454554**
	102	23655	22504	23655	22504
		7625	7535	7625	7535
2018	565	5605	1412	5605	1412
		66021	60142	66021	60142
	672		763		763
			1846		1846
		297950	307938	297950	307938
		80640	52416	80640	52416

4-13 按行业分各地区连锁餐饮企业基本情况

正餐服务

地　区	连锁总店数(个)	门店数(个)		年末从业人员(人)		年末餐饮营业面积(平方米)		年末餐位数(位)	
	2012年	2012年	2011年	2012年	2011年	2012年	2011年	2012年	2011年
全　国	**271**	**6275**	**5965**	**321820**	**311181**	**5229988**	**4815764**	**1641199**	**1526521**
北　京	49	1037	999	76470	72096	1103797	1098591	252453	239715
天　津	2	5	5	257	257	6900	6900	1200	1200
河　北	1	7	7	1063	1117	14980	14980	4674	4674
山　西	4	32	28	3098	2622	41020	33040	11735	11029
内蒙古	7	314	282	6023	5244	160282	97361	22390	21270
辽　宁	5	49	46	1571	1050	64004	30743	11997	7781
吉　林	1	19	14	671	603	11678	7740	3588	2461
黑龙江	7	57	61	1961	2100	34275	34956	12087	11600
上　海	8	384	369	11636	8750	116443	114553	53260	48198
江　苏	6	53	53	1179	1137	33136	29219	7639	7083
浙　江	22	600	620	22495	23347	659031	643229	140496	142849
安　徽	6	137	129	8074	8102	366683	364677	45596	50458
福　建	9	566	462	17766	15023	137743	96862	64297	48492
江　西	8	25	24	2477	2170	51733	50233	16327	13397
山　东	3	13	11	326	331	15220	15020	3030	2730
河　南	16	76	68	1813	1861	41310	38535	12422	12825
湖　北	26	131	113	13238	13732	323408	196114	117864	71945
湖　南	8	169	147	14528	13259	181170	162770	67618	59602
广　东	48	298	251	16805	15268	262647	243999	77989	69513
广　西									
海　南									
重　庆	18	2001	2035	102629	107410	1409864	1372033	635517	634198
四　川	5	99	65	3893	2775	78541	61943	38059	30893
贵　州	2	20	19	1431	1353	26001	25001	3525	3195
云　南	3	36	40	1661	1326	26094	19454	15512	12761
西　藏									
陕　西	3	127	99	9682	9292	53220	48039	18642	16259
甘　肃	1	5	3	528	550	2936	3560	1073	874
青　海									
宁　夏									
新　疆	3	15	15	545	406	7872	6212	2209	1519

4-13 续表 1

快餐服务

地区	连锁总店数(个)	门店数(个)		年末从业人员(人)		年末餐饮营业面积(平方米)		年末餐位数(位)	
	2012年	2012年	2011年	2012年	2011年	2012年	2011年	2012年	2011年
全　国	**155**	**10412**	**8885**	**459727**	**416241**	**3246346**	**2906306**	**1172688**	**1085002**
北　京	27	1854	1586	56024	53660	515969	462612	186853	167865
天　津	8	427	288	32337	28224	166966	145876	51976	45581
河　北									
山　西	2	74	68	6920	5674	26650	29286	9090	8430
内蒙古									
辽　宁	6	397	386	11022	12495	110459	109803	58966	58443
吉　林									
黑龙江	1	17	15	680	770	6840	6158	3103	2616
上　海	7	962	844	37417	36829	360210	315468	83097	77069
江　苏	11	1183	1100	57568	59928	382003	352847	131168	125113
浙　江	6	839	734	46685	43552	226124	204345	86655	77709
安　徽	3	228	135	2129	1529	41907	31906	14129	10042
福　建	5	260	213	14018	12522	112636	93069	27710	27581
江　西	1	54	52	5368	5080	23054	21996	5923	4452
山　东	7	363	328	6373	4758	130515	120081	61324	51580
河　南	3	124	102	6277	5998	41606	40492	16632	15762
湖　北	3	357	234	18934	11492	130907	113460	35662	33151
湖　南	4	181	163	8869	7583	56082	65192	27074	22762
广　东	35	2097	1765	106536	93135	615108	521105	244663	236017
广　西	2	72	63	6937	4860	26407	24065	9173	8703
海　南	1	4	4	280	272	1480	1480	489	489
重　庆	2	64	56	3842	3086	18879	16958	7530	6750
四　川	5	475	375	17957	12538	137303	115142	61867	53765
贵　州									
云　南	5	178	179	8408	7180	54141	66127	30427	30554
西　藏	1	3	3	85	84	450	480	156	150
陕　西	2	35	28	1320	1166	13657	10946	5920	4724
甘　肃	2	28	28	719	710	6750	6740	2689	2689
青　海									
宁　夏	1	3	6	108	137	1321	2144	308	560
新　疆	5	133	130	2914	2979	38922	28528	10104	12445

4-13 续表 2

饮料及冷饮服务

地区	连锁总店数（个）	门店数（个）		年末从业人员（人）		年末餐饮营业面积（平方米）		年末餐位数（位）	
	2012年	2012年	2011年	2012年	2011年	2012年	2011年	2012年	2011年
全　国	**15**	**976**	**821**	**15662**	**11134**	**146393**	**131047**	**38023**	**32693**
北　京	2	155	125	1878	1527	28304	23548	9079	7640
天　津									
河　北									
山　西									
内蒙古									
辽　宁	1	13	8	148	137	2690	1760	818	503
吉　林									
黑龙江									
上　海	1	327	242	5055	3780	39240	29040	13080	9680
江　苏	2	80	91	3720	2543	34200	40800	4084	4556
浙　江	1	6	6	139	128	1933	1933	816	816
安　徽									
福　建									
江　西									
山　东	1	14	13	148	167	949	1400	560	562
河　南									
湖　北	1	10	10	978	455	1761	1650	700	620
湖　南									
广　东	4	364	317	3505	2307	36116	29116	8642	8017
广　西									
海　南									
重　庆	1	4	5	50	50	1000	1000	223	198
四　川	1	3	4	41	40	200	800	21	101
贵　州									
云　南									
西　藏									
陕　西									
甘　肃									
青　海									
宁　夏									
新　疆									

4-13 续表 3

其他餐饮业

地区	连锁总店数(个)	门店数(个)		年末从业人员(人)		年末餐饮营业面积(平方米)		年末餐位数(位)	
	2012年	2012年	2011年	2012年	2011年	2012年	2011年	2012年	2011年
全　国	**15**	**490**	**437**	**8327**	**8899**	**69529**	**60066**	**12655**	**11342**
北　京	1	33	28	487	424	2898	2905	286	313
天　津	1	26	28	354	367	2855	2865	503	503
河　北									
山　西									
内蒙古									
辽　宁									
吉　林									
黑龙江									
上　海	2	114	102	4531	5093	31647	24444	2129	2195
江　苏	2	17	17	533	511	6378	6088	3640	2967
浙　江	1	12	12	483	493	3275	3275	1202	1202
安　徽									
福　建	1	126	134	623	630	400	400	75	75
江　西									
山　东									
河　南	1	6	6	64	70	3800	3800	700	700
湖　北									
湖　南									
广　东	3	33	32	326	335	6855	6054	2305	1568
广　西									
海　南									
重　庆	1	110	60	192	456	2150	1235	680	679
四　川	2	13	18	734	520	9271	9000	1135	1140
贵　州									
云　南									
西　藏									
陕　西									
甘　肃									
青　海									
宁　夏									
新　疆									

4-14 按行业分各地区连锁餐饮企业直营门店基本情况

正餐服务

地　区	门店数（个）		年末从业人员（人）		年末餐饮营业面积（平方米）		年末餐位数（位）	
	2012年	2011年	2012年	2011年	2012年	2011年	2012年	2011年
全　国	**3212**	**2977**	**180682**	**171716**	**3275267**	**2977106**	**891519**	**790532**
北　京	857	812	64227	60629	831705	850852	201737	193063
天　津	5	5	257	257	6900	6900	1200	1200
河　北	7	7	1063	1117	14980	14980	4674	4674
山　西	17	17	1418	1486	15130	15130	4393	5187
内蒙古	72	75	2189	2186	53113	58886	9335	11270
辽　宁	49	46	1571	1050	64004	30743	11997	7781
吉　林	19	14	671	603	11678	7740	3588	2461
黑龙江	57	61	1961	2100	34275	34956	12087	11600
上　海	384	369	11636	8750	116443	114553	53260	48198
江　苏	53	53	1179	1137	33136	29219	7639	7083
浙　江	382	385	16195	16554	517431	489429	104336	103489
安　徽	123	113	6639	6479	328399	314007	41002	44660
福　建	62	69	3025	2538	23137	22112	11275	10052
江　西	25	24	2477	2170	51733	50233	16327	13397
山　东	13	11	326	331	15220	15020	3030	2730
河　南	71	65	1760	1752	40201	37265	11970	12373
湖　北	128	109	13044	13437	321533	186114	115930	70544
湖　南	96	80	7360	6813	93970	82570	43882	38442
广　东	222	177	12649	11977	214425	192618	67802	60749
广　西								
海　南								
重　庆	367	313	16813	17015	353647	302708	123467	103277
四　川	27	23	1725	1511	33962	30075	13480	12796
贵　州	20	19	1431	1353	26001	25001	3525	3195
云　南	9	13	311	223	10216	8184	3659	3659
西　藏								
陕　西	127	99	9682	9292	53220	48039	18642	16259
甘　肃	5	3	528	550	2936	3560	1073	874
青　海								
宁　夏								
新　疆	15	15	545	406	7872	6212	2209	1519

4-14 续表 1

快餐服务

地区	门店数(个)		年末从业人员(人)		年末餐饮营业面积(平方米)		年末餐位数(位)	
	2012年	2011年	2012年	2011年	2012年	2011年	2012年	2011年
全　国	**9616**	**8150**	**446797**	**404265**	**3089149**	**2757985**	**1103267**	**1020559**
北　京	1775	1499	54747	52081	480043	424947	174677	154655
天　津	427	288	32337	28224	166966	145876	51976	45581
河　北								
山　西	69	63	6815	5572	24150	26786	7590	6930
内蒙古								
辽　宁	397	386	11022	12495	110459	109803	58966	58443
吉　林								
黑龙江	17	15	680	770	6840	6158	3103	2616
上　海	960	842	37280	36692	359907	315166	82945	76917
江　苏	1058	969	54311	56809	346948	317587	122707	117469
浙　江	583	514	44393	41749	202981	186166	76931	70560
安　徽	228	135	2129	1529	41907	31906	14129	10042
福　建	260	213	14018	12522	112636	93069	27710	27581
江　西	54	51	5368	4977	23054	21646	5923	4329
山　东	363	328	6373	4758	130515	120081	61324	51580
河　南	124	102	6277	5998	41606	40492	16632	15762
湖　北	357	232	18934	11389	130907	112710	35662	32912
湖　南	175	157	8554	7283	53382	62492	26054	21742
广　东	2093	1761	106467	93075	613404	519401	244229	235583
广　西	72	63	6937	4860	26407	24065	9173	8703
海　南	4	4	280	272	1480	1480	489	489
重　庆	64	56	3842	3086	18879	16958	7530	6750
四　川	283	225	15441	10488	101703	87542	37588	33686
贵　州								
云　南	111	109	6193	5264	40775	50979	21892	20601
西　藏	3	3	85	84	450	480	156	150
陕　西	35	28	1320	1166	13657	10946	5920	4724
甘　肃	28	28	719	710	6750	6740	2689	2689
青　海								
宁　夏	3	5	108	109	1321	1881	308	460
新　疆	73	74	2167	2303	32022	22628	6964	9605

4-14 续表 2

饮料及冷饮服务

地区	门店数（个）		年末从业人员（人）		年末餐饮营业面积（平方米）		年末餐位数（位）	
	2012年	2011年	2012年	2011年	2012年	2011年	2012年	2011年
全国	**973**	**817**	**15630**	**11106**	**145793**	**130077**	**37890**	**32521**
北京	155	125	1878	1527	28304	23548	9079	7640
天津								
河北								
山西								
内蒙古								
辽宁	13	8	148	137	2690	1760	818	503
吉林								
黑龙江								
上海	327	242	5055	3780	39240	29040	13080	9680
江苏	80	91	3720	2543	34200	40800	4084	4556
浙江	6	6	139	128	1933	1933	816	816
安徽								
福建								
江西								
山东	14	13	148	167	949	1400	560	562
河南								
湖北	10	10	978	455	1761	1650	700	620
湖南								
广东	364	317	3505	2307	36116	29116	8642	8017
广西								
海南								
重庆	1	2	18	27	400	630	90	106
四川	3	3	41	35	200	200	21	21
贵州								
云南								
西藏								
陕西								
甘肃								
青海								
宁夏								
新疆								

4-14 续表 3

其他餐饮业

地区	门店数（个）		年末从业人员（人）		年末餐饮营业面积（平方米）		年末餐位数（位）	
	2012年	2011年	2012年	2011年	2012年	2011年	2012年	2011年
全　国	**223**	**212**	**7311**	**7593**	**62895**	**54032**	**10670**	**9389**
北　京	33	28	487	424	2898	2905	286	313
天　津	6	8	144	147	1520	1530	223	223
河　北								
山　西								
内蒙古								
辽　宁								
吉　林								
黑龙江								
上　海	113	101	4475	5039	31537	24334	2079	2125
江　苏	7	9	375	383	5443	5423	3025	2504
浙　江	12	12	483	493	3275	3275	1202	1202
安　徽								
福　建	3	2	420	420	400	400	75	75
江　西								
山　东								
河　南	6	6	64	70	3800	3800	700	700
湖　北								
湖　南								
广　东	29	28	281	289	6531	5730	2165	1428
广　西								
海　南								
重　庆	8	8	48	48	220	235	180	179
四　川	6	10	534	280	7271	6400	735	640
贵　州								
云　南								
西　藏								
陕　西								
甘　肃								
青　海								
宁　夏								
新　疆								

4-15 按行业分各地区连锁餐饮企业加盟门店基本情况

正餐服务

地区	门店数(个)		年末从业人员(人)		年末餐饮营业面积(平方米)		年末餐位数(位)	
	2012年	2011年	2012年	2011年	2012年	2011年	2012年	2011年
全　国	**3063**	**2988**	**141138**	**139465**	**1954721**	**1838658**	**749680**	**735989**
北　京	180	187	12243	11467	272092	247739	50716	46652
天　津								
河　北								
山　西	15	11	1680	1136	25890	17910	7342	5842
内蒙古	242	207	3834	3058	107169	38475	13055	10000
辽　宁								
吉　林								
黑龙江								
上　海								
江　苏								
浙　江	218	235	6300	6793	141600	153800	36160	39360
安　徽	14	16	1435	1623	38284	50670	4594	5798
福　建	504	393	14741	12485	114606	74750	53022	38440
江　西								
山　东								
河　南	5	3	53	109	1109	1270	452	452
湖　北	3	4	194	295	1875	10000	1934	1401
湖　南	73	67	7168	6446	87200	80200	23736	21160
广　东	76	74	4156	3291	48222	51381	10187	8764
广　西								
海　南								
重　庆	1634	1722	85816	90395	1056217	1069325	512050	530921
四　川	72	42	2168	1264	44579	31868	24579	18097
贵　州								
云　南	27	27	1350	1103	15878	11270	11853	9102
西　藏								
陕　西								
甘　肃								
青　海								
宁　夏								
新　疆								

4-15 续表 1

快餐服务

地区	门店数(个)		年末从业人员(人)		年末餐饮营业面积(平方米)		年末餐位数(位)	
	2012年	2011年	2012年	2011年	2012年	2011年	2012年	2011年
全国	**796**	**735**	**12930**	**11976**	**157197**	**148321**	**69421**	**64443**
北京	79	87	1277	1579	35926	37665	12176	13210
天津								
河北								
山西	5	5	105	102	2500	2500	1500	1500
内蒙古								
辽宁								
吉林								
黑龙江								
上海	2	2	137	137	303	302	152	152
江苏	125	131	3257	3119	35055	35260	8461	7644
浙江	256	220	2292	1803	23143	18179	9724	7149
安徽								
福建								
江西		1		103		350		123
山东								
河南								
湖北		2		103		750		239
湖南	6	6	315	300	2700	2700	1020	1020
广东	4	4	69	60	1704	1704	434	434
广西								
海南								
重庆								
四川	192	150	2516	2050	35600	27600	24279	20079
贵州								
云南	67	70	2215	1916	13366	15148	8535	9953
西藏								
陕西								
甘肃								
青海								
宁夏		1		28		263		100
新疆	60	56	747	676	6900	5900	3140	2840

4-15 续表 2

饮料及冷饮服务

地　区	门店数（个）		年末从业人员（人）		年末餐饮营业面积（平方米）		年末餐位数（位）	
	2012年	2011年	2012年	2011年	2012年	2011年	2012年	2011年
全　国	**3**	**4**	**32**	**28**	**600**	**970**	**133**	**172**
北　京								
天　津								
河　北								
山　西								
内蒙古								
辽　宁								
吉　林								
黑龙江								
上　海								
江　苏								
浙　江								
安　徽								
福　建								
江　西								
山　东								
河　南								
湖　北								
湖　南								
广　东								
广　西								
海　南								
重　庆	3	3	32	23	600	370	133	92
四　川		1		5		600		80
贵　州								
云　南								
西　藏								
陕　西								
甘　肃								
青　海								
宁　夏								
新　疆								

4-15 续表 3

其他餐饮业

地区	门店数(个)		年末从业人员(人)		年末餐饮营业面积(平方米)		年末餐位数(位)	
	2012年	2011年	2012年	2011年	2012年	2011年	2012年	2011年
全　国	**267**	**225**	**1016**	**1306**	**6634**	**6034**	**1985**	**1953**
北　京								
天　津	20	20	210	220	1335	1335	280	280
河　北								
山　西								
内蒙古								
辽　宁								
吉　林								
黑龙江								
上　海	1	1	56	54	110	110	50	70
江　苏	10	8	158	128	935	665	615	463
浙　江								
安　徽								
福　建	123	132	203	210				
江　西								
山　东								
河　南								
湖　北								
湖　南								
广　东	4	4	45	46	324	324	140	140
广　西								
海　南								
重　庆	102	52	144	408	1930	1000	500	500
四　川	7	8	200	240	2000	2600	400	500
贵　州								
云　南								
西　藏								
陕　西								
甘　肃								
青　海								
宁　夏								
新　疆								

4-16 按行业分各地区

正餐服务

地　区	商品购进总额		统一配送商品购进额		自有配送中心配送商品购进额	
	2012年	2011年	2012年	2011年	2012年	2011年
全　国	**2076921**	**1997623**	**951201**	**864818**	**558021**	**455946**
北　京	468266	420734	239287	163418	148209	78564
天　津	2133	3606	1461	2944		
河　北	11831	12580				
山　西	11189	8229	1088	3287		591
内蒙古	70494	69843	9028	8787	2812	3371
辽　宁	37467	46011	28122	44328	8327	7067
吉　林	3904	4500	3904		3904	
黑龙江	9790	10089	8695	8439	5037	5080
上　海	67986	63311	34127	31505	24190	22706
江　苏	16055	16060	16053	16060	7634	7554
浙　江	166727	190440	130574	147684	116062	127119
安　徽	34171	34345	23634	24008	18226	17878
福　建	87487	60909	50992	35355	21388	12107
江　西	13058	13649	7183	7798	5178	3514
山　东	2939	2829	1208	1247	1208	1247
河　南	12726	10443	3830	3792		
湖　北	86699	83696	66932	67348	26352	19993
湖　南	26258	23590	5801	4669	3338	3069
广　东	123422	113835	96915	92094	4118	3479
广　西						
海　南						
重　庆	707217	709252	124453	112420	78052	67697
四　川	22208	16158	10339	13381	7187	7561
贵　州	2063	1917	2063	1917		
云　南	7613	5764	7613	5764		
西　藏						
陕　西	80660	69637	75157	64415	75157	64415
甘　肃	2015	2447	1100	1224		
青　海						
宁　夏						
新　疆	2545	3752	1644	2935	1644	2935

连锁餐饮企业经营情况

单位：万元

非自有配送中心配送商品购进额		营业额		餐费收入及商品销售额	
2012年	2011年	2012年	2011年	2012年	2011年
205947	**191723**	**4520909**	**4153811**	**4501041**	**4136472**
82613	80285	1259904	1133887	1256374	1132781
		3775	3364	3775	3299
		17907	17465	17907	17465
	1088	22719	16017	22655	15963
4429	3987	150932	139399	150932	139399
		62038	58487	61984	58487
		8890	6363	8890	6363
3043	2211	23344	22959	23344	22959
9938	8799	192679	181242	192680	181242
7924	8503	26289	24479	26289	24479
3205	2921	371155	393454	370962	393454
2794	2686	82592	75463	76865	70815
26529	20153	253167	193791	253167	193791
376		28829	28829	28829	28829
		5103	4696	5101	4696
417	295	15103	13942	14761	13541
6176	5393	208269	183000	204607	178847
		61616	55700	57866	52089
1972	657	303212	268370	302458	267563
46400	43626	1196123	1149175	1195543	1148557
3152	5820	65709	46209	65709	45521
		23560	19287	23560	19287
6979	5299	13072	10068	13072	10068
		113233	95996	113233	95996
		4562	5300	4562	5300
		7128	6869	5916	5681

4-16 续表 1

快餐服务

地 区	商品购进总额		统一配送商品购进额		自有配送中心配送商品购进额	
	2012年	2011年	2012年	2011年	2012年	2011年
全 国	**3355344**	**3044953**	**2759203**	**2522402**	**1435155**	**1290171**
北 京	383825	341813	276067	239962	182137	174214
天 津	376857	331037	35469	33152	3480	3492
河 北						
山 西	35634	34185	35252	33822	35252	33822
内 蒙 古						
辽 宁	266450	262948	208982	208411	7741	7428
吉 林						
黑 龙 江	4843	4383	4843	4383		
上 海	256991	236371	242458	223788	134711	118359
江 苏	423239	398857	404916	378910	199365	168036
浙 江	211582	168036	211582	168036	159670	125424
安 徽	11850	9595	7035	6997	113	92
福 建	102707	84864	102707	84864	73973	61910
江 西	29533	26070	29533	26070		
山 东	136947	112562	132785	110093		
河 南	47575	38748	38829	30690		
湖 北	177468	157130	177468	157130	174294	155105
湖 南	13048	18024	650	14540		
广 东	593990	532050	568990	513972	252584	210802
广 西	26345	23399	26345	23399	26345	23399
海 南	2228	1909	2228	1909		
重 庆	18478	17597	18478	17597	13142	12950
四 川	119860	92638	119860	92638	79406	63569
贵 州						
云 南	79485	121482	78799	121136	65648	105887
西 藏	269	237	269	237		
陕 西	5651	5553	5651	5553	3565	3834
甘 肃	13955	11904	13510	11580	13510	11580
青 海						
宁 夏	538	634	538	634	538	634
新 疆	15998	12930	15959	12901	9682	9635

单位：万元

非自有配送中心配送商品购进额		营业额		餐费收入及商品销售额	
2012年	2011年	2012年	2011年	2012年	2011年
559148	**525906**	**7789581**	**6733728**	**7779956**	**6729835**
92412	64608	1099218	941623	1096754	939652
		434519	385423	434483	385384
		81800	74939	81800	74939
		543339	477836	543339	477836
4843	4383	12902	11239	12902	11239
98966	101421	829747	721588	829747	721570
205551	210478	853366	762181	853366	762181
46762	37766	570663	500413	570046	500413
		36417	28613	36417	28613
		232532	190041	232532	190041
29533	26070	58302	53067	58302	53067
		275996	240948	275996	240948
		97864	82233	97864	82233
3175	2025	266386	221935	266386	221935
		146024	137546	144844	136647
45988	53100	1625122	1396862	1624007	1396618
		66846	58009	66846	58009
2228	1909	6110	5526	6110	5526
5336	4647	50623	35291	50623	35291
4927	5370	306794	239054	306754	239054
13151	10865	98015	89496	95232	89496
		446	398	446	398
		13418	11475	13418	11475
		30989	25335	30989	25335
		538	634	538	634
6277	3265	51606	42026	50216	41306

4-16 续表 2

饮料及冷饮服务

地区	商品购进总额		统一配送商品购进额		自有配送中心配送商品购进额	
	2012年	2011年	2012年	2011年	2012年	2011年
全国	**126689**	**92935**	**126265**	**92484**	**8438**	**7608**
北京	28756	25198	28756	25198		
天津						
河北						
山西						
内蒙古						
辽宁	22	13	22	13		
吉林						
黑龙江						
上海	59958	41999	59958	41999		
江苏	7277	6569	7277	6569	7277	6569
浙江	125	190	125	190		
安徽						
福建						
江西						
山东	5375	3541	5375	3541		
河南						
湖北	5140	4239	5140	4239		
湖南						
广东	17077	9091	16652	8641	1150	1028
广西						
海南						
重庆	2944	2076	2944	2076		
四川	17	18	17	18	12	11
贵州						
云南						
西藏						
陕西						
甘肃						
青海						
宁夏						
新疆						

单位：万元

非自有配送中心配送商品购进额		营业额		餐费收入及商品销售额	
2012年	2011年	2012年	2011年	2012年	2011年
93920	**71521**	**385356**	**275217**	**385323**	**275198**
28692	25086	74192	58991	74192	58991
		4315	2799	4315	2799
59958	41999	172052	114321	172019	114302
		28713	25830	28713	25830
125	190	3114	3056	3114	3056
		5375	3541	5375	3541
5140	4239	17911	8539	17911	8539
		76420	55719	76420	55719
		3022	2213	3022	2213
6	7	242	208	242	208

4-16 续表 3

其他餐饮业

地区	商品购进总额		统一配送商品购进额		自有配送中心配送商品购进额	
	2012年	2011年	2012年	2011年	2012年	2011年
全国	**54616**	**49074**	**48094**	**43177**	**21333**	**19751**
北京	5153	3990	5153	3990	5153	3990
天津	1107	1075	609	591		
河北						
山西						
内蒙古						
辽宁						
吉林						
黑龙江						
上海	27556	24844	27556	24844	4375	3855
江苏	4773	4811	4653	4506	4653	4506
浙江	1027	1075	1027	1075	1027	1075
安徽						
福建	5903	5046				
江西						
山东						
河南	530	1082	530	1082		
湖北						
湖南						
广东	3164	3392	3164	3392	2617	2905
广西						
海南						
重庆	3386	2945	3386	2945	3386	2945
四川	2017	816	2017	754	121	476
贵州						
云南						
西藏						
陕西						
甘肃						
青海						
宁夏						
新疆						

单位：万元

非自有配送中心配送商品购进额		营业额		餐费收入及商品销售额	
2012年	2011年	2012年	2011年	2012年	2011年
783	**20989**	**136801**	**124222**	**136801**	**124222**
		13107	10762	13107	10762
		5550	5650	5550	5650
	20989	73755	67145	73755	67145
		9369	8998	9369	8998
		10688	10842	10688	10842
		6033	6016	6033	6016
		1039	1080	1039	1080
		6614	6637	6614	6637
		5280	5240	5280	5240
783		5365	1853	5365	1853

4-17 按行业分各地区连锁

正餐服务

地区	商品购进总额		统一配送商品购进额		自有配送中心配送商品购进额	
	2012年	2011年	2012年	2011年	2012年	2011年
全国	**1382242**	**1339672**	**815780**	**740088**	**500953**	**402033**
北京	403339	363862	226725	152829	146970	76855
天津	2133	3606	1461	2944		
河北	11831	12580				
山西	6453	4819	1088	3287		591
内蒙古	63099	63296	3719	3994	876	1240
辽宁	37467	46011	28122	44328	8327	7067
吉林	3904	4500	3904		3904	
黑龙江	9790	10089	8695	8439	5037	5080
上海	67986	63311	34127	31505	24190	22706
江苏	16055	16060	16053	16060	7634	7554
浙江	161340	183456	125187	140701	113913	123010
安徽	28669	27069	21259	20861	16926	16501
福建	19214	12632	13675	7020	7452	1453
江西	13058	13649	7183	7798	5178	3514
山东	2939	2829	1208	1247	1208	1247
河南	9661	8068	3830	3792		
湖北	86007	82137	66245	65854	25695	19723
湖南	15722	13613	3481	2559	1290	1159
广东	115408	107272	89661	85532	4118	3479
广西						
海南						
重庆	206358	210871	69029	59969	46463	38443
四川	9427	7933	6063	6624	4972	5062
贵州	2063	1917	2063	1917		
云南	5101	4256	5101	4256		
西藏						
陕西	80660	69637	75157	64415	75157	64415
甘肃	2015	2447	1100	1224		
青海						
宁夏						
新疆	2545	3752	1644	2935	1644	2935

餐饮企业直营门店经营情况

单位：万元

非自有配送中心配送商品购进额		营业额		餐费收入及商品销售额	
2012年	2011年	2012年	2011年	2012年	2011年
141337	**134460**	**3045150**	**2770050**	**3028777**	**2756341**
72958	71406	1097062	992918	1093531	991812
		3775	3364	3775	3299
		17907	17465	17907	17465
	1088	13174	9860	13110	9806
1291	1604	70890	59718	70890	59718
		62038	58487	61984	58487
		8890	6363	8890	6363
3043	2211	23344	22959	23344	22959
9938	8799	192679	181242	192680	181242
7924	8503	26289	24479	26289	24479
3205	2921	319923	335616	319729	335616
2794	2686	67769	58572	64553	56398
3149	2471	49927	33751	49927	33751
376		28829	28829	28829	28829
		5103	4696	5101	4696
417	295	14190	13080	13848	12679
6146	5340	207169	180442	203507	176289
		34316	30563	31549	27975
1972	657	282320	250516	281566	249709
22566	21127	340654	304507	340074	304022
1092	1562	21536	17797	21536	17109
		23560	19287	23560	19287
4467	3791	8885	7375	8885	7375
		113233	95996	113233	95996
		4562	5300	4562	5300
		7128	6869	5916	5681

4-17 续表 1

快餐服务

地区	商品购进总额		统一配送商品购进额		自有配送中心配送商品购进额	
	2012年	2011年	2012年	2011年	2012年	2011年
全国	**3297169**	**2999396**	**2704948**	**2480510**	**1423314**	**1276677**
北京	381476	339016	273725	237176	179796	171530
天津	376857	331037	35469	33152	3480	3492
河北						
山西	35252	33822	35252	33822	35252	33822
内蒙古						
辽宁	266450	262948	208982	208411	7741	7428
吉林						
黑龙江	4843	4383	4843	4383		
上海	256902	236288	242458	223788	134711	118359
江苏	417069	394031	400069	375471	197419	166060
浙江	192075	151864	192075	151864	153550	119838
安徽	11850	9595	7035	6997	113	92
福建	102707	84864	102707	84864	73973	61910
江西	29533	25398	29533	25398		
山东	136947	112562	132785	110093		
河南	47575	38748	38829	30690		
湖北	177468	155506	177468	155506	174294	153481
湖南	11715	16757	650	14540		
广东	593422	531604	568990	513972	252584	210802
广西	26345	23399	26345	23399	26345	23399
海南	2228	1909	2228	1909		
重庆	18478	17597	18478	17597	13142	12950
四川	103780	86634	103780	86634	79406	63569
贵州						
云南	69239	111456	68753	111200	65648	105525
西藏	269	237	269	237		
陕西	5651	5553	5651	5553	3565	3834
甘肃	13955	11904	13510	11580	13510	11580
青海						
宁夏	538	613	538	613	538	613
新疆	14547	11673	14526	11661	8249	8395

单位：万元

非自有配送中心配送商品购进额		营业额		餐费收入及商品销售额	
2012年	2011年	2012年	2011年	2012年	2011年
533023	**505122**	**7598259**	**6577658**	**7590501**	**6574106**
92412	64506	1082220	923930	1079755	921958
		434519	385423	434483	385384
		80754	73999	80754	73999
		543339	477836	543339	477836
4843	4383	12902	11239	12902	11239
98966	101421	822122	714054	822122	714035
202650	209208	827569	739768	827569	739768
33583	27397	535867	476742	535250	476742
		36417	28613	36417	28613
		232532	190041	232532	190041
29533	25398	58302	52304	58302	52304
		275996	240948	275996	240948
		97864	82233	97864	82233
3175	2025	266386	220089	266386	220089
		143305	134906	142125	134007
45988	53100	1623644	1395688	1622530	1395444
		66846	58009	66846	58009
2228	1909	6110	5526	6110	5526
5336	4647	50623	35291	50623	35291
4927	5370	226154	186638	226114	186638
3105	2493	83213	69059	81768	69059
		446	398	446	398
		13418	11475	13418	11475
		30989	25335	30989	25335
		538	613	538	613
6277	3265	46185	37505	45324	37126

4-17 续表 2

饮料及冷饮服务

地　区	商品购进总额		统一配送商品购进额		自有配送中心配送商品购进额	
	2012年	2011年	2012年	2011年	2012年	2011年
全　国	**124744**	**91949**	**124319**	**91498**	**8438**	**7607**
北　京	28756	25198	28756	25198		
天　津						
河　北						
山　西						
内蒙古						
辽　宁	22	13	22	13		
吉　林						
黑龙江						
上　海	59958	41999	59958	41999		
江　苏	7277	6569	7277	6569	7277	6569
浙　江	125	190	125	190		
安　徽						
福　建						
江　西						
山　东	5375	3541	5375	3541		
河　南						
湖　北	5140	4239	5140	4239		
湖　南						
广　东	17077	9091	16652	8641	1150	1028
广　西						
海　南						
重　庆	998	1092	998	1092		
四　川	17	16	17	16	12	10
贵　州						
云　南						
西　藏						
陕　西						
甘　肃						
青　海						
宁　夏						
新　疆						

单位：万元

非自有配送中心配送商品购进额		营业额		餐费收入及商品销售额	
2012年	2011年	2012年	2011年	2012年	2011年
93920	**71520**	**383337**	**274110**	**383304**	**274091**
28692	25086	74192	58991	74192	58991
		4315	2799	4315	2799
59958	41999	172052	114321	172019	114302
		28713	25830	28713	25830
125	190	3114	3056	3114	3056
		5375	3541	5375	3541
5140	4239	17911	8539	17911	8539
		76420	55719	76420	55719
		1003	1108	1003	1108
6	6	242	206	242	206

4-17 续表 3

其他餐饮业

地　区	商品购进总额		统一配送商品购进额		自有配送中心配送商品购进额	
	2012年	2011年	2012年	2011年	2012年	2011年
全　国	**48624**	**44039**	**44320**	**39924**	**17854**	**16692**
北　京	5153	3990	5153	3990	5153	3990
天　津	1097	1065	599	581		
河　北						
山　西						
内蒙古						
辽　宁						
吉　林						
黑龙江						
上　海	27051	24455	27051	24455	3870	3466
江　苏	3550	3629	3451	3395	3451	3395
浙　江	1027	1075	1027	1075	1027	1075
安　徽						
福　建	3706	3364				
江　西						
山　东						
河　南	530	1082	530	1082		
湖　北						
湖　南						
广　东	2979	3208	2979	3208	2617	2905
广　西						
海　南						
重　庆	1675	1536	1675	1536	1675	1536
四　川	1857	637	1857	604	61	326
贵　州						
云　南						
西　藏						
陕　西						
甘　肃						
青　海						
宁　夏						
新　疆						

单位：万元

非自有配送中心配送商品购进额		营业额		餐费收入及商品销售额	
2012年	2011年	2012年	2011年	2012年	2011年
683	**20989**	**124214**	**112185**	**124214**	**112185**
		13107	10762	13107	10762
		1995	1936	1995	1936
	20989	72696	66274	72696	66274
		7145	6924	7145	6924
		10688	10842	10688	10842
		4103	4126	4103	4126
		1039	1080	1039	1080
		6168	6189	6168	6189
		2218	2525	2218	2525
683		5055	1527	5055	1527

4-18 按行业分各地区连锁

正餐服务

地 区	商品购进总额		统一配送商品购进额		自有配送中心配送商品购进额	
	2012年	2011年	2012年	2011年	2012年	2011年
全 国	**694679**	**657951**	**135422**	**124730**	**57068**	**53913**
北 京	64927	56872	12562	10589	1238	1709
天 津						
河 北						
山 西	4736	3410				
内蒙古	7395	6548	5309	4794	1936	2131
辽 宁						
吉 林						
黑龙江						
上 海						
江 苏						
浙 江	5387	6983	5387	6983	2149	4110
安 徽	5503	7276	2376	3147	1300	1377
福 建	68273	48277	37316	28336	13936	10654
江 西						
山 东						
河 南	3065	2375				
湖 北	692	1559	687	1494	657	270
湖 南	10536	9977	2320	2110	2048	1910
广 东	8014	6562	7254	6562		
广 西						
海 南						
重 庆	500859	498381	55424	52451	31589	29253
四 川	12781	8224	4275	6757	2215	2499
贵 州						
云 南	2512	1508	2512	1508		
西 藏						
陕 西						
甘 肃						
青 海						
宁 夏						
新 疆						

餐饮企业加盟门店经营情况

单位：万元

非自有配送中心配送商品购进额		营业额		餐费收入及商品销售额	
2012年	2011年	2012年	2011年	2012年	2011年
64610	**57263**	**1475759**	**1383761**	**1472264**	**1380131**
9655	8879	162843	140968	162843	140969
		9545	6157	9545	6157
3137	2383	80043	79682	80043	79682
		51233	57838	51233	57838
		14824	16891	12312	14417
23380	17681	203240	160040	203240	160040
		913	862	913	862
30	53	1099	2558	1099	2558
		27300	25137	26317	24114
		20892	17854	20892	17854
23835	22500	855469	844667	855469	844535
2061	4258	44172	28412	44172	28412
2512	1508	4187	2693	4187	2693

4-18 续表 1

快餐服务

地 区	商品购进总额		统一配送商品购进额		自有配送中心配送商品购进额	
	2012年	2011年	2012年	2011年	2012年	2011年
全 国	**58175**	**45557**	**54255**	**41892**	**11841**	**13493**
北 京	2348	2798	2342	2785	2342	2684
天 津						
河 北						
山 西	382	363				
内蒙古						
辽 宁						
吉 林						
黑龙江						
上 海	89	83				
江 苏	6170	4826	4847	3439	1946	1977
浙 江	19507	16171	19507	16171	6120	5586
安 徽						
福 建						
江 西		672		672		
山 东						
河 南						
湖 北		1624		1624		1624
湖 南	1332	1267				
广 东	568	446				
广 西						
海 南						
重 庆						
四 川	16080	6004	16080	6004		
贵 州						
云 南	10246	10026	10046	9936		362
西 藏						
陕 西						
甘 肃						
青 海						
宁 夏		21		21		21
新 疆	1452	1257	1433	1240	1433	1240

单位：万元

非自有配送中心配送商品购进额		营业额		餐费收入及商品销售额	
2012年	2011年	2012年	2011年	2012年	2011年
26125	**20784**	**191322**	**156070**	**189456**	**155729**
	102	16998	17693	16998	17693
		1046	940	1046	940
		7625	7535	7625	7535
2901	1270	25797	22414	25797	22414
13178	10369	34796	23671	34796	23671
	672		763		763
			1846		1846
		2719	2640	2719	2640
		1478	1174	1478	1174
		80640	52416	80640	52416
10046	8372	14801	20437	13464	20437
			21		21
		5421	4521	4892	4180

4-18 续表 2

饮料及冷饮服务

地区	商品购进总额		统一配送商品购进额		自有配送中心配送商品购进额	
	2012年	2011年	2012年	2011年	2012年	2011年
全国	**1945**	**986**	**1945**	**986**		**1**
北京						
天津						
河北						
山西						
内蒙古						
辽宁						
吉林						
黑龙江						
上海						
江苏						
浙江						
安徽						
福建						
江西						
山东						
河南						
湖北						
湖南						
广东						
广西						
海南						
重庆	1945	984	1945	984		
四川		2		2		1
贵州						
云南						
西藏						
陕西						
甘肃						
青海						
宁夏						
新疆						

单位：万元

非自有配送中心配送商品购进额		营业额		餐费收入及商品销售额	
2012年	2011年	2012年	2011年	2012年	2011年
	1	**2019**	**1107**	**2019**	**1107**
		2019	1105	2019	1105
	1		2		2

4-18 续表 3

其他餐饮业

地区	商品购进总额		统一配送商品购进额		自有配送中心配送商品购进额	
	2012年	2011年	2012年	2011年	2012年	2011年
全国	**5992**	**5035**	**3774**	**3253**	**3479**	**3059**
北京						
天津	10	10	10	10		
河北						
山西						
内蒙古						
辽宁						
吉林						
黑龙江						
上海	505	389	505	389	505	389
江苏	1223	1182	1202	1111	1202	1111
浙江						
安徽						
福建	2197	1682				
江西						
山东						
河南						
湖北						
湖南						
广东	186	184	186	184		
广西						
海南						
重庆	1711	1409	1711	1409	1711	1409
四川	160	179	160	150	60	150
贵州						
云南						
西藏						
陕西						
甘肃						
青海						
宁夏						
新疆						

单位：万元

非自有配送中心配送商品购进额		营业额		餐费收入及商品销售额	
2012年	2011年	2012年	2011年	2012年	2011年
100		**12587**	**12038**	**12587**	**12038**
		3555	3715	3555	3715
		1059	871	1059	871
		2224	2074	2224	2074
		1930	1890	1930	1890
		446	448	446	448
		3062	2715	3062	2715
100		310	326	310	326

4-19 36城市连锁餐饮企业基本情况

地　　区	连锁总店数（个）	门店数（个）		年末从业人员（人）		年末餐饮营业面积（平方米）		年末餐位数（位）	
	2012年	2012年	2011年	2012年	2011年	2012年	2011年	2012年	2011年
合　　计	**373**	**15799**	**13891**	**729708**	**675898**	**7871175**	**7189689**	**2582455**	**2377357**
北　　京	79	3079	2738	134859	127707	1650968	1587656	448671	415533
天　　津	11	458	321	32948	28848	176721	155641	53679	47284
石 家 庄									
太　　原	3	90	80	9568	7654	58140	52796	17423	15263
呼和浩特	1	8	8	220	236	2400	2400	820	820
沈　　阳	8	372	355	9903	11184	137676	103485	55763	51232
大　　连	3	82	80	2683	2348	31621	30965	14658	14135
长　　春	1	19	14	671	603	11678	7740	3588	2461
哈 尔 滨	8	74	76	2641	2870	41115	41114	15190	14216
上　　海	18	1787	1557	58639	54452	547540	483505	151566	137142
南　　京	10	465	403	25366	26640	183165	160825	57680	53036
杭　　州	23	1115	1056	63911	61791	746195	702491	194480	188127
宁　　波	4	62	57	3781	3588	120745	126257	24598	24054
合　　肥	5	349	248	8606	7813	373190	361183	50325	50700
福　　州	5	580	401	21839	18248	170958	115287	69232	50410
厦　　门	8	368	406	10008	9907	76147	74370	21200	25588
南　　昌	7	71	68	6860	6263	59902	57344	16847	12443
济　　南	1	45	46	2316	918	17774	17340	5993	6006
青　　岛	10	345	306	4531	4338	128910	119161	58921	48866
郑　　州	3	124	102	6277	5998	41606	40492	16632	15762
武　　汉	24	470	330	31493	24187	426232	281755	141899	93811
长　　沙	6	242	216	14986	12914	182502	178212	56062	48228
广　　州	29	1214	1004	67549	60686	459308	403816	152356	151663
深　　圳	48	1090	896	49698	42145	368674	308760	145389	117155
南　　宁	2	72	63	6937	4860	26407	24065	9173	8703
海　　口	1	4	4	280	272	1480	1480	489	489
重　　庆	22	2179	2156	106713	111002	1431893	1391226	643950	641825
成　　都	9	507	405	19779	13849	177636	152204	69005	59684
贵　　阳	2	20	19	1431	1353	26001	25001	3525	3195
昆　　明	8	214	219	10069	8506	80235	85581	45939	43315
拉　　萨	1	3	3	85	84	450	480	156	150
西　　安	5	162	127	11002	10458	66877	58985	24562	20983
兰　　州	3	33	31	1247	1260	9686	10300	3762	3563
西　　宁									
银　　川	1	3	6	108	137	1321	2144	308	560
乌鲁木齐	4	93	90	2704	2779	36022	25628	8614	10955

4-20　36城市连锁餐饮企业直营门店基本情况

地　区	门店数（个）		年末从业人员（人）		年末餐饮营业面积（平方米）		年末餐位数（位）	
	2012年	2011年	2012年	2011年	2012年	2011年	2012年	2011年
合　计	**12372**	**10568**	**587923**	**534560**	**5944937**	**5308972**	**1815291**	**1618016**
北　京	2820	2464	121339	114661	1342950	1302252	385779	355671
天　津	438	301	32738	28628	175386	154306	53399	47004
石家庄								
太　原	75	69	7888	6518	32250	34886	10081	9421
呼和浩特	8	8	220	236	2400	2400	820	820
沈　阳	372	355	9903	11184	137676	103485	55763	51232
大　连	82	80	2683	2348	31621	30965	14658	14135
长　春	19	14	671	603	11678	7740	3588	2461
哈尔滨	74	76	2641	2870	41115	41114	15190	14216
上　海	1784	1554	58446	54261	547127	483093	151364	136920
南　京	463	401	25317	26585	182465	160175	57580	52762
杭　州	836	781	56288	54203	600845	550191	152360	145327
宁　波	54	52	3496	3290	107952	113464	22634	22090
合　肥	335	232	7171	6190	334906	310513	45731	44902
福　州	160	137	8694	7708	64332	54917	20074	18210
厦　门	161	145	8209	7752	68167	59990	17336	19348
南　昌	71	67	6860	6160	59902	56994	16847	12320
济　南	45	46	2316	918	17774	17340	5993	6006
青　岛	345	306	4531	4338	128910	119161	58921	48866
郑　州	124	102	6277	5998	41606	40492	16632	15762
武　汉	468	324	31329	23789	424732	271005	140087	92171
长　沙	191	169	10718	9168	107302	109012	37326	31068
广　州	1143	927	63811	57433	415103	352641	143628	143023
深　圳	1081	895	49235	42061	364333	308230	143790	116891
南　宁	72	63	6937	4860	26407	24065	9173	8703
海　口	4	4	280	272	1480	1480	489	489
重　庆	440	379	20721	20176	373146	320531	131267	110312
成　都	295	238	16673	11310	117024	101092	40303	36020
贵　阳	20	19	1431	1353	26001	25001	3525	3195
昆　明	120	122	6504	5487	50991	59163	25551	24260
拉　萨	3	3	85	84	450	480	156	150
西　安	162	127	11002	10458	66877	58985	24562	20983
兰　州	33	31	1247	1260	9686	10300	3762	3563
西　宁								
银　川	3	5	108	109	1321	1881	308	460
乌鲁木齐	71	72	2154	2289	31022	21628	6614	9255

4-21 36城市连锁餐饮

地区	门店数（个）		年末从业人员（人）	
	2012年	2011年	2012年	2011年
合计	**3427**	**3323**	**141785**	**141338**
北京	259	274	13520	13046
天津	20	20	210	220
石家庄				
太原	15	11	1680	1136
呼和浩特				
沈阳				
大连				
长春				
哈尔滨				
上海	3	3	193	191
南京	2	2	49	55
杭州	279	275	7623	7588
宁波	8	5	285	298
合肥	14	16	1435	1623
福州	420	264	13145	10540
厦门	207	261	1799	2155
南昌		1		103
济南				
青岛				
郑州				
武汉	2	6	164	398
长沙	51	47	4268	3746
广州	71	77	3738	3253
深圳	9	1	463	84
南宁				
海口				
重庆	1739	1777	85992	90826
成都	212	167	3106	2539
贵阳				
昆明	94	97	3565	3019
拉萨				
西安				
兰州				
西宁				
银川		1		28
乌鲁木齐	22	18	550	490

企业加盟门店基本情况

年末餐饮营业面积（平方米）		年末餐位数（位）	
2012年	2011年	2012年	2011年
1926238	**1880717**	**767164**	**759341**
308018	285404	62892	59862
1335	1335	280	280
25890	17910	7342	5842
413	412	202	222
700	650	100	274
145350	152300	42120	42800
12793	12793	1964	1964
38284	50670	4594	5798
106626	60370	49158	32200
7980	14380	3864	6240
	350		123
1500	10750	1812	1640
75200	69200	18736	17160
44205	51175	8728	8640
4341	530	1599	264
1058747	1070695	512683	531513
60612	51112	28702	23664
29244	26418	20388	19055
	263		100
5000	4000	2000	1700

4-22 36城市连锁餐饮

地区	商品购进总额		统一配送商品购进额		自有配送中心配送商品购进额	
	2012年	2011年	2012年	2011年	2012年	2011年
合计	**5090448**	**4669182**	**3489389**	**3125624**	**1920377**	**1677922**
北京	885999	791734	549263	432567	335499	256768
天津	380097	335717	37539	36687	3480	3492
石家庄						
太原	45353	40443	35252	35501	35252	34413
呼和浩特	321	529	321	529		
沈阳	259563	268389	221322	237823	10839	9882
大连	43353	39466	15803	14930	5229	4613
长春	3904	4500	3904		3904	
哈尔滨	14633	14472	13538	12822	5037	5080
上海	412490	366524	364099	322136	163276	144920
南京	204055	170811	204032	170009	161154	127758
杭州	323438	308914	297343	280105	276758	253618
宁波	23404	25373	13347	11427		
合肥	37576	35881	24919	25247	12589	12212
福州	123439	92775	89563	70668	49987	39684
厦门	66230	57617	57708	49125	39822	34333
南昌	38799	36473	32925	30622	3016	1946
济南	14487	9265	14487	9265		
青岛	130773	109668	124881	105617	1208	1247
郑州	47575	38748	38829	30690		
武汉	252871	229202	244103	222792	200646	175098
长沙	32805	36221	2818	16464	2818	2469
广州	385541	345319	385032	344668	179013	156713
深圳	264891	221616	214037	182444	57562	42272
南宁	26345	23399	26345	23399	26345	23399
海口	2228	1909	2228	1909		
重庆	732024	731869	149260	135037	94581	83591
成都	130047	99871	125836	97785	84265	68432
贵阳	2063	1917	2063	1917		
拉萨	87097	127246	86412	126899	65648	105887
昆明	269	237	269	237		
西安	86311	75190	80808	69968	78722	68249
兰州	15970	14351	14610	12803	13510	11580
西宁						
银川	538	634	538	634	538	634
乌鲁木齐	15959	12901	15959	12901	9682	9635

企业经营情况

单位：万元

非自有配送中心配送商品购进额		营业额		餐费收入及商品销售额	
2012年	2011年	2012年	2011年	2012年	2011年
608863	**550908**	**11786119**	**10349543**	**11764513**	**10335738**
203716	169978	2446422	2145263	2440427	2142186
		443844	394437	443808	394333
	1088	101017	86970	101017	86970
321	529	990	1633	990	1633
		503936	440742	503936	440742
		104478	96654	104478	96654
		8890	6363	8890	6363
7886	6594	36246	34198	36246	34198
168862	173207	1268234	1084296	1268201	1084258
42384	42250	404379	353021	404379	353021
17929	15806	856203	806455	856009	806455
		51573	57513	50956	57513
2794	2686	101903	88538	96175	83890
23235	17763	331864	257499	331864	257499
3295	2390	146344	131073	146344	131073
29909	26070	80541	75575	80541	75575
		27871	24897	27871	24897
		258601	224289	258600	224289
		97864	82233	97864	82233
14491	11657	475610	396839	472530	393259
		192755	180599	192755	180599
1800	2125	1078673	920409	1077627	919716
6939	3777	748028	637423	747207	637065
		66846	58009	66846	58009
2228	1909	6110	5526	6110	5526
51736	48273	1255047	1191919	1254467	1191301
4933	5376	343853	268570	343813	267882
		23560	19287	23560	19287
20131	16163	111086	99564	108304	99564
		446	398	446	398
		126651	107471	126651	107471
		35551	30635	35551	30635
		538	634	538	634
6277	3265	50166	40616	49513	40616

4-23　36城市连锁餐饮企业

地　区	商品购进总额		统一配送商品购进额		自有配送中心配送商品购进额	
	2012年	2011年	2012年	2011年	2012年	2011年
合　计	**4372096**	**3993270**	**3321714**	**2980140**	**1853827**	**1613882**
北　京	818724	732065	534359	419193	331919	252375
天　津	380087	335707	37529	36677	3480	3492
石家庄						
太　原	40617	37033	35252	35501	35252	34413
呼和浩特	321	529	321	529		
沈　阳	259563	268389	221322	237823	10839	9882
大　连	43353	39466	15803	14930	5229	4613
长　春	3904	4500	3904		3904	
哈尔滨	14633	14472	13538	12822	5037	5080
上　海	411896	366053	363594	321747	162771	144532
南　京	203835	170611	203812	169809	160934	127558
杭　州	315170	299218	289075	270409	268490	243922
宁　波	19956	22283	9899	8336		
合　肥	32074	28606	22543	22100	11289	10835
福　州	58668	47048	55181	44383	36051	29030
厦　门	60532	53385	54774	47075	39822	34333
南　昌	38799	35801	32925	29950	3016	1946
济　南	14487	9265	14487	9265		
青　岛	130773	109668	124881	105617	1208	1247
郑　州	47575	38748	38829	30690		
武　汉	252180	226019	243416	219673	199988	173204
长　沙	22689	26644	898	14654	898	659
广　州	379310	338604	378801	337953	179013	156713
深　圳	262923	221585	212829	182414	57562	42272
南　宁	26345	23399	26345	23399	26345	23399
海　口	2228	1909	2228	1909		
重　庆	227509	231095	90180	80193	61280	52929
成　都	109932	91488	108326	90438	82835	67089
贵　阳	2063	1917	2063	1917		
拉　萨	74339	115711	73854	115455	65648	105525
昆　明	269	237	269	237		
西　安	86311	75190	80808	69968	78722	68249
兰　州	15970	14351	14610	12803	13510	11580
西　宁						
银　川	538	613	538	613	538	613
乌鲁木齐	14526	11661	14526	11661	8249	8395

直营门店经营情况

单位：万元

非自有配送中心配送商品购进额		营业额		餐费收入及商品销售额	
2012年	2011年	2012年	2011年	2012年	2011年
539405	**491140**	**10258982**	**8932604**	**10241226**	**8921406**
194062	160997	2266581	1986601	2260586	1983524
		440289	390722	440253	390618
	1088	91472	80813	91472	80813
321	529	990	1633	990	1633
		503936	440742	503936	440742
		104478	96654	104478	96654
		8890	6363	8890	6363
7886	6594	36246	34198	36246	34198
168862	173207	1259549	1075890	1259516	1075853
42384	42250	403608	352333	403608	352333
17929	15806	790181	743180	789988	743180
		46171	51840	45554	51840
2794	2686	87079	71647	83864	69473
2788	2132	142608	113839	142608	113839
361	340	130428	112803	130428	112803
29909	25398	80541	74812	80541	74812
		27871	24897	27871	24897
		258601	224289	258600	224289
		97864	82233	97864	82233
14461	11604	474511	392435	471431	388854
		167405	157312	167405	157312
1800	2125	1062407	903250	1061360	902557
6939	3777	742956	636280	742135	635922
		66846	58009	66846	58009
2228	1909	6110	5526	6110	5526
27901	25774	394497	343432	393917	342946
4933	5376	242265	199121	242225	198433
		23560	19287	23560	19287
7572	6283	92098	76434	90652	76434
		446	398	446	398
		126651	107471	126651	107471
		35551	30635	35551	30635
		538	613	538	613
6277	3265	45756	36916	45103	36916

4-24 36城市连锁餐饮企业

地区	商品购进总额		统一配送商品购进额		自有配送中心配送商品购进额	
	2012年	2011年	2012年	2011年	2012年	2011年
合计	**718352**	**675912**	**167675**	**145483**	**66550**	**64040**
北京	67275	59670	14904	13374	3580	4393
天津	10	10	10	10		
石家庄						
太原	4736	3410				
呼和浩特						
沈阳						
大连						
长春						
哈尔滨						
上海	594	472	505	389	505	389
南京	220	200	220	200	220	200
杭州	8268	9696	8268	9696	8268	9696
宁波	3448	3090	3448	3090		
合肥	5503	7276	2376	3147	1300	1377
福州	64771	45727	34382	26286	13936	10654
厦门	5698	4232	2934	2050		
南昌		672		672		
济南						
青岛						
郑州						
武汉	691	3183	687	3119	657	1894
长沙	10116	9577	1920	1810	1920	1810
广州	6231	6715	6231	6715		
深圳	1968	31	1208	31		
南宁						
海口						
重庆	504515	500774	59080	54844	33301	30662
成都	20115	8384	17510	7347	1430	1343
贵阳						
拉萨	12758	11535	12558	11444		362
昆明						
西安						
兰州						
西宁						
银川		21		21		21
乌鲁木齐	1433	1240	1433	1240	1433	1240

加盟门店经营情况

单位：万元

非自有配送中心配送商品购进额		营业额		餐费收入及商品销售额	
2012年	2011年	2012年	2011年	2012年	2011年
69458	**59767**	**1527137**	**1416940**	**1523288**	**1414332**
9655	8981	179841	158662	179841	158662
		3555	3715	3555	3715
		9545	6157	9545	6157
		8684	8405	8684	8405
		771	688	771	688
		66021	63274	66021	63274
		5402	5673	5402	5673
		14824	16891	12312	14417
20446	15631	189255	143660	189255	143660
2934	2050	15915	18270	15915	18270
	672		763		763
30	53	1099	4404	1099	4404
		25350	23287	25350	23287
		16266	17159	16266	17159
		5072	1143	5072	1143
23835	22500	860550	848487	860550	848354
	1	101588	69449	101588	69449
12558	9880	18988	23130	17651	23130
			21		21
		4410	3700	4410	3700

第五部分

连锁企业情况

5-1 销售额10亿元以上连锁零售企业

企业名称	业态	连锁商号	所在地
苏宁电器股份有限公司	专业店	苏宁电器	江苏省南京市
中国石油化工股份有限公司广东石油分公司	其他	中国石化	广东省广州市
中国石油化工股份有限公司江苏石油分公司	加油站	中国石化	江苏省南京市
中国石油化工股份有限公司浙江石油分公司	加油站	中国石化	浙江省杭州市
中国石油化工股份有限公司山东石油分公司	专卖店	中国石化	山东省济南市
上海大润发有限公司	大型超市	大拇指	上海市
联华超市股份有限公司	超市	联华、华联、快客、世纪联华	上海市
中国石油天然气股份有限公司华南销售分公司	其他	中国石油	广东省广州市
中国石油化工股份有限公司北京石油分公司	加油站	中国石化	北京市
中国石油化工股份有限公司上海石油分公司	加油站	中国石化	上海市
苏果超市有限公司	大型超市	苏果超市	江苏省南京市
中国石油化工股份有限公司安徽石油分公司	加油站	中国石化	安徽省合肥市
中国石油天然气股份有限公司江苏销售分公司	加油站	中国石油	江苏省南京市
中国石油天然气股份有限公司浙江销售分公司	加油站	中国石油	浙江省杭州市
中石化天津石油分公司	专卖店	中国石化	天津市
合肥百货大楼集团股份有限公司	百货店	合肥百大	安徽省市
武汉武商集团股份有限公司	百货店	武商	湖北省武汉市
中国石油天然气股份有限公司重庆销售分公司	加油站	中国石油	重庆市
中百控股集团股份有限公司	超市	中百	湖北省武汉市
物美控股集团有限公司	超市	物美品牌	北京市
山东银座商城股份有限公司	百货店	银座商城	山东省济南市
中国石油北京销售分公司	加油站	中国石油	北京市
中国石油天然气股份有限公司安徽销售分公司	专业店	中国石油	安徽省合肥市
中国石油化工股份有限公司广东广州石油分公司	加油站	中国石化	广东省广州市
利群集团股份有限公司	其他	利群	山东省青岛市
北京王府井百货(集团)股份有限公司	百货店	王府井百货	北京市
永辉超市股份有限公司福建福州鼓楼分公司	大型超市	永辉、轩辉	福建省福州市
北国商城股份有限公司	百货店	北国商城	河北省石家庄市
文峰大世界连锁发展股份有限公司南通文峰大世界	百货店	文峰大世界	江苏省南通市
广东物资集团汽车贸易公司	专业店	广物汽贸	广东省广州市
中国石油天然气股份有限公司上海销售分公司	加油站	中国石油	上海市
中国石油天然气股份有限公司天津销售分公司	加油站	中国石油	天津市
上海世纪联华超市发展有限公司	大型超市	世纪联华	上海市
锦江麦德龙现购自运有限公司	仓储会员店	METRO 麦德龙	上海市
重庆商社新世纪百货有限公司	百货店	新世纪百货	重庆市
安徽辉隆农资集团股份有限公司	专业店	辉隆农资	安徽省合肥市
昆山润华商业有限公司	大型超市	大润发	江苏省苏州市
中国石油化工股份有限公司云南昆明石油分公司	加油站	中国石化	云南省昆明市
华润万家有限公司	大型超市	华润万家	广东省深圳市
上海老庙黄金连锁经营有限公司	专业店	老庙黄金	上海市
中国石油化工股份有限公司辽宁石油分公司	专业店	中国石化	辽宁省沈阳市
中国石油化工股份有限公司海南石油分公司	加油站	中国石化	海南省海口市
江苏乐天玛特商业有限公司	大型超市	乐天玛特	江苏省南通市
中国石油化工股份有限公司广西南宁石油分公司	加油站	中国石化	广西壮族自治区南宁市
山东潍坊百货集团股份有限公司	百货店	中百	山东省潍坊市
中石化壳牌(江苏)石油销售有限公司	加油站	中石化壳牌	江苏省苏州市
中国石油化工股份有限公司深圳石油分公司	加油站	中国石化	广东省深圳市
中国石油天然气股份有限公司辽宁沈阳销售分公司	加油站	中国石油	辽宁省沈阳市
北京菜市口百货股份有限公司	专业店	菜百首饰	北京市
农工商超市(集团)有限公司	超市	农工商超市	上海市
武汉中商集团股份有限公司	大型超市	中商	湖北省武汉市

5-1 续表 1

企业名称	业态	连锁商号	所在地
重庆百货大楼股份有限公司	百货店	重庆百货	重庆市
江苏苏农农资连锁集团股份有限公司	其他	苏农连锁	江苏省南京市
山东家家悦集团有限公司	超市	家家悦	山东省威海市
中国石油化工股份有限公司湖北武汉分公司	加油站	中国石化	湖北省武汉市
天虹商场股份有限公司	百货店	天虹	广东省深圳市
步步高商业连锁股份有限公司	大型超市	步步高商业	湖南省湘潭市
江苏凤凰出版传媒股份有限公司	专业店	新华书店	江苏省南京市
中国石油天然气股份有限公司大连销售分公司	加油站	中国石油	辽宁省大连市
中国石油化工股份有限公司福建石油分公司	加油站	中国石化	福建省福州市
中国石油化工股份有限公司河北唐山石油分公司	加油站	中国石化	河北省唐山市
安徽商之都股份有限公司	百货店	商之都	安徽省合肥市
上海亚一金店有限公司	专业店	亚一	上海市
中国石油化工股份有限公司石家庄分公司	加油站	中国石化	河北省石家庄市
中国石油天然气股份有限公司	加油站	中国石油	吉林省长春市
中国石油化工股份有限公司山东青岛石油分公司	其他	中国石化	山东省青岛市
重庆永辉超市有限公司	超市	永辉超市	重庆市
陕西省烟草公司西安分公司	专业店	西安烟草	陕西省西安市
郑州丹尼斯百货有限公司	大型超市	丹尼斯	河南省郑州市
浙江省新华书店集团有限公司	专业店	新华书店	浙江省杭州市
中国石油化工有限公司广东东莞石油分公司	加油站	中国石化	广东省东莞市
中国石油天然气股份有限公司湖北武汉销售分公司	加油站	中国石油	湖北省武汉市
江苏五星电器有限公司	专业店	五星电器	江苏省南京市
中国石油化工股份有限公司江西赣州石油分公司	加油站	中国石油	江西省赣州市
中国石油化工股份有限公司重庆石油分公司	加油站	中国石化	重庆市
中国石油天然气股份有限公司黑龙江哈尔滨销售分公司	专业店	中国石油	黑龙江省哈尔滨市
北京苏宁电器有限公司	专业店	苏宁电器	北京市
山东鲁花集团商贸有限公司	专业店	鲁花	山东省烟台市
中国石油天然气股份有限公司云南昆明销售分公司	加油站	中国石油	云南省昆明市
中国石油化工股份有限公司湖南长沙石油分公司	加油站	中国石化	湖南省长沙市
路易威登(中国)商业销售有限公司	专卖店	路易威登	上海市
济南人民大润发商业有限公司	大型超市	大润发	山东省济南市
广州市广百股份有限公司	百货店	广百	广东省广州市
中石化森美(福建)石油有限公司莆田分公司	加油站	中国石化	福建省莆田市
北京市大中家用电器连锁销售有限公司	专业店	大中电器	北京市
中油碧辟石油有限公司广州分公司	加油站	中油碧辟	广东省广州市
中国石油天然气股份有限公司甘肃兰州分公司	专业店	中国石油	甘肃省兰州市
上海联家超市有限公司	大型超市	家乐福	上海市
北京京客隆商业集团股份有限公司	超市	京客隆超市	北京市
中国石油化工股份有限公司江西南昌石油分公司	加油站	中国石化	江西省南昌市
北京家乐福商业有限公司	大型超市	家乐福	北京市
中国石油化工股份有限公司广东惠州石油分公司	加油站	中国石化	广东省惠州市
沃尔玛深国投百货有限公司	大型超市	沃尔玛	广东省深圳市
中域电讯连锁集团股份有限公司	专业店	中域电讯	广东省东莞市
山东新星集团有限公司	超市	山东新星集团有限公司	山东省淄博市
国美电器有限公司	专业店	国美电器	北京市
济南华联商厦集团股份有限公司	大型超市	华联	山东省济南市
武汉屈臣氏个人用品商店有限公司	百货店	屈臣氏	湖北省武汉市
中国石油化工股份有限公司湖南株洲石油公司	加油站	中国石化	湖南省株洲市
中石化森美(福建)石油有限公司泉州分公司	加油站	中国石化	福建省泉州市
武汉工贸有限公司	专业店	工贸家电	湖北省武汉市
中国石油天然气股份有限公司新疆乌鲁木齐销售公司	加油站	中国石油	新疆维吾尔自治区乌鲁木齐市

5-1 续表 2

企业名称	业态	连锁商号	所在地
中国石油化工股份有限公司山西太原石油分公司	加油站	中国石化	山西省太原市
成都红旗连锁股份有限公司	超市	红旗连锁	四川省成都市
中国石油化工股份有限公司河南南阳石油分公司	加油站	中国石化	河南省南阳市
中国石油天然气股份有限公司辽宁营口销售分公司	加油站	中国石油	辽宁省营口市
中国石油化工股份有限公司山东东营石油分公司	加油站	中国石化	山东省东营市
上海苏宁电器有限公司	专业店	苏宁电器	上海市
永乐(中国)电器销售有限公司	专业店	永乐电器	上海市
广州市国美电器有限公司	专业店	国美电器	广东省广州市
中国石油化工股份有限公司河南洛阳石油分公司	加油站	中国石化	河南省洛阳市
中国石油化工股份有限公司广西桂林石油分公司	加油站	中国石化	广西壮族自治区桂林市
三江购物俱乐部股份有限公司	超市	三江购物	浙江省宁波市
中国石油化工股份有限公司河北邯郸石油分公司	加油站	中国石化	河北省邯郸市
中国石油化工股份有限公司山西晋中石油分公司	加油站	中国石化	山西省晋中市
中石化森美(福建)石油有限公司厦门分公司	加油站	中石化森美	福建省厦门市
中国石油化工股份有限公司广东江门石油分公司	专业店	中国石化	广东省江门市
广州友谊集团股份有限公司	百货店	广州友谊	广东省广州市
中国石油天然气股份有限公司新疆阿克苏销售分公司	加油站	中国石油	新疆维吾尔自治区阿克苏地区
中国石油化工股份公司江西吉安分公司	加油站	中国石化	江西省吉安市
北京翠微大厦股份有限公司	百货店	翠微百货	北京市
中国石油化工股份有限公司河北邢台石油分公司	加油站	中国石化	河北省邢台市
中国石油化工股份有限公司江西宜春石油分公司	加油站	中国石化	江西省宜春市
成都伊藤洋华堂有限公司	百货店	成都伊藤洋华堂	四川省成都市
中国石油化工股份有限公司广西柳州石油分公司	加油站	中国石化	广西壮族自治区柳州市
江西省烟草公司赣州市公司	专业店	江西烟草	江西省赣州市
湖北高路油站经营有限责任公司	加油站	中国石化	湖北省武汉市
中石化森美(福建)石油有限公司漳州分公司	加油站	中国石化	福建省漳州市
中国石油化工股份有限公司广东中山石油分公司	加油站	中国石化	广东省中山市
天盟农资连锁有限责任公司	专卖店	金沙江	云南省昆明市
中国石油天然气股份有限新疆库尔勒销售分公司	加油站	中国石油	新疆维吾尔自治区巴州区
江西省烟草公司南昌市公司	专业店	江西烟草	江西省南昌市
四川苏宁电器有限公司	专业店	苏宁电器	四川省成都市
中国石油天然气股份有限公司山东青岛分公司	加油站	中国石油	山东省青岛市
十堰天海贸易有限公司	加油站	天海石油	湖北省十堰市
中国石油化工股份有限公司湖南岳阳石油分公司	加油站	中国石化	湖南省岳阳市
中国石油化工股份有限公司河北保定石油分公司	加油站	中国石化	河北省保定市
江西省烟草公司上饶分公司	专业店	江西烟草	江西省上饶市
中国石油天然气股份有限公司新疆哈密销售分公司	加油站	中国石油	新疆维吾尔自治区哈密地区
中国石油天然气股份有限公司新疆喀什销售分公司	加油站	中国石油	新疆维吾尔自治区喀什地区
新华文轩出版传媒股份有限公司	专卖店	新华文轩	四川省成都市
中国石油化工股份有限公司河北沧州石油分公司	加油站	中国石化	河北省沧州市
中石化森美(福建)石油有限公司福州分公司	加油站	中石化森美	福建省福州市
江苏省苏盐连锁有限公司	其他	苏盐连锁	江苏省南京市
青岛维客集团股份有限公司	百货店	维客	山东省青岛市
浙江惠多利农资连锁有限公司	专业店	惠多利	浙江省杭州市
中石化森美(福建)石油有限公司龙岩分公司	专业店	中石化森美	福建省龙岩市
华润万家生活超市(广州)有限公司	大型超市	润之家，简约组合	广东省广州市
中国石油化工股份有限公司襄樊石油分公司	加油站	中国石化	湖北省襄阳市
天津国美电器有限公司	专业店	国美电器	天津市
中国石油天然气股份有限公司宁夏银川销售分公司	专业店	中国石油	宁夏回族自治区银川市
西安开元商城有限公司	百货店	西安开元商城	陕西省西安市
中国石油天然气股份有限公司广东广州销售分公司	加油站	中国石油	广东省广州市

5-1 续表 3

企业名称	业态	连锁商号	所在地
中国石油化工股份有限公司广东茂名石油分公司	加油站	中国石化	广东省茂名市
江西新华发行集团有限公司	专业店	新华	江西省南昌市
中国石油化工股份有限公司河北承德石油分公司	加油站	中国石化	河北省承德市
中国石油化工股份有限公司山东滨州石油分公司	加油站	中国石化	山东省滨州市
中国石油天然气股份有限公司广西南宁销售分公司	加油站	中国石油	广西壮族自治区南宁市
中国石油化工股份有限公司广西百色石油分公司	加油站	中国石化	广西壮族自治区百色市
中国石油化工股份有限公司河北廊坊石油分公司	加油站	中国石化	河北省廊坊市
中国石油天然气股份有限公司湖南长沙销售分公司	加油站	中国石油	湖南省长沙市
长沙通程实业(集团)有限公司	专业店	通程电器、通程万惠、通程商业广场	湖南省长沙市
浙江红蜻蜓鞋业股份有限公司销售部	专卖店	红蜻蜓	浙江省温州市
江西洪客隆百货投资有限公司	百货店	洪客隆	江西省南昌市
中国石油天然气股份有限公司辽宁抚顺销售分公司	专业店	中国石油	辽宁省抚顺市
重庆渝宁苏宁电器有限公司	专业店	苏宁电器	重庆市
中国石油化工股份有限公司湖南怀化石油分公司	加油站	中国石化	湖南省怀化市
中国石油天然气股份有限公司酒泉销售公司	加油站	中国石油	甘肃省酒泉市
中国石油化工股份有限公司九江石油分公司	加油站	中国石化	江西省九江市
山西美特好连锁超市有限公司	大型超市	美特好	山西省太原市
中国石油化工股份有限公司河南三门峡石油分公司	加油站	中国石化	河南省三门峡市
江西省烟草公司宜春市公司	专业店	江西烟草	江西省宜春市
天津华润万家生活超市有限公司	大型超市	华润万家	天津市
江西省烟草公司九江分公司	专业店	江西烟草	江西省九江市
成都国美电器有限公司	专业店	国美电器	四川省成都市
北京沃尔玛百货有限公司	仓储会员店	沃尔玛	北京市
深圳茂业商厦有限公司	百货店	茂业百货	广东省深圳市
青岛利客来商厦集团股份有限公司	专业店	利客来	山东省青岛市
中国石油化工股份有限公司广西玉林石油分公司	加油站	中国石化	广西壮族自治区玉林市
广州屈臣氏个人用品商店有限公司	百货店	屈臣氏	广东省广州市
陕西省烟草公司榆林市公司	专卖店	榆林烟草	陕西省榆林市
中国石油天然气股份有限公司新疆昌吉销售分公司	加油站	中国石油	新疆维吾尔自治区昌吉回族自治州
中国石油天然气股份有限公司辽宁盘锦销售分公司	加油站	中国石油	辽宁省盘锦市
一丁集团股份有限公司	专卖店	一丁	福建省福州市
广东吉之岛天贸百货有限公司	百货店	吉之岛	广东省广州市
中国石油化工股份有限公司河南信阳石油分公司	专业店	中国石化	河南省信阳市
中国石油天然气股份有限公司辽宁葫芦岛分公司	加油站	中国石油	辽宁省葫芦岛市
中国石油化工股份有限公司山西长治石油分公司	加油站	中国石化	山西省长治市
江西中石化股份有限公司抚州分公司	加油站	中国石化	江西省抚州市
重庆新华书店集团公司	专业店	新华书店	重庆市
中国石油化工股份有限公司河南平顶山石油分公司	专业店	中国石化	河南省平顶山市
中国石油天然气股份有限公司辽宁丹东销售分公司	加油站	中国石油	辽宁省丹东市
华联集团吉买盛购物中心有限公司	大型超市	吉买盛	上海市
沈阳国美电器有限公司	专业店	国美电器	辽宁省沈阳市
中国石油化工有限公司湖北十堰石油分公司	加油站	中国石化	湖北省十堰市
深圳市苏宁电器有限公司	专业店	苏宁电器	广东省深圳市
深圳市人人乐商业有限公司	大型超市	人人乐	广东省深圳市
中石化森美(福建)石油有限公司三明分公司	加油站	中石化森美	福建省三明市
广东苏宁电器有限公司	专业店	苏宁电器	广东省广州市
中国石油天然气股份有限公司河北保定销售分公司	加油站	中国石油	河北省保定市
中石化森美(福建)石油有限公司南平分公司	加油站	中石化森美	福建省南平市
中国石油化工股份有限公司广东阳江分公司	加油站	中国石化	广东省阳江市
广州百佳超级市场有限公司	超市	百佳	广东省广州市
中国石油化工股份有限公司上饶分公司	加油站	中国石化	江西省上饶市

5-1 续表 4

企业名称	业态	连锁商号	所在地
中国石油化工股份有限公司珠海石油分公司	专业店	中国石化	广东省珠海市
浙江银泰百货有限公司	百货店	银泰	浙江省杭州市
中国石油天然气股份有限公司辽宁辽阳销售分公司	加油站	中国石油	辽宁省辽阳市
广州易初莲花连锁超市有限公司	大型超市	易初莲花	广东省广州市
上海国美电器有限公司	专业店	国美电器	上海市
山西省烟草公司晋中市公司	专业店	晋中烟草	山西省晋中市
湖北省新华书店(集团)有限公司	专业店	新华书店	湖北省武汉市
中石化安徽安庆石油分公司	加油站	中国石化	安徽省安庆市
江苏新合作常客隆连锁超市有限公司	大型超市	新合作常客隆	江苏省苏州市
奥康鞋业销售有限公司	专卖店	奥康、康龙、红火鸟、美丽佳人	浙江省温州市
中国石油天然气股份有限公司四川德阳销售分公司	加油站	中国石油	四川省德阳市
雄风集团有限公司	百货店	雄风百货	浙江省绍兴市
江西省烟草公司抚州分公司	专业店	抚州烟草	江西省抚州市
中国石油天然气股份有限公司新疆伊犁销售分公司	加油站	中国石油	新疆维吾尔自治区伊犁哈萨克自治州
中国石油天然气股份有限公司新疆克拉玛依销售分公司	加油站	中国石油	新疆维吾尔自治区克拉玛依市
广州天河城百货有限公司	百货店	天河城百货	广东省广州市
中国石油化工股份公司广东梅州石油分公司	专卖店	中国石化	广东省梅州市
中国石油化工股份有限公司湖南永州石油分公司	加油站	中国石化	湖南省永州市
广西南城百货股份有限公司	大型超市	南城百货	广西壮族自治区南宁市
陕西省烟草公司安康市公司	专卖店	安康烟草	陕西省安康市
中国石油天然气股份有限公司四川宜宾销售分公司	加油站	中国石油	四川省宜宾市
中国石油天然气股份有限公司辽宁阜新销售分公司	加油站	中国石油	辽宁省阜新市
中国石油化工股份有限公司驻马店分公司	加油站	中国石化	河南省驻马店市
中山市壹加壹连锁商业有限公司	大型超市	壹加壹	广东省中山市
中国石油辽宁本溪销售分公司	加油站	中国石油	辽宁省本溪市
中国石油化工股份有限公司广西钦州石油分公司	加油站	中国石化	广西壮族自治区钦州市
中国石油天然气股份有限公司海南销售分公司	加油站	中国石油	海南省海口市
中国石油化工股份有限公司广西河池石油分公司	加油站	中国石化	广西壮族自治区河池市
北京超市发连锁股份有限公司	超市	超市发	北京市
中国石油化工股份有限公司湖北荆门石油分公司	加油站	中国石化	湖北省荆门市
中国石油天然气股份有限公司甘肃天水销售分公司	专卖店	中国石油	甘肃省天水市
安徽徽商农家福有限公司	其他	农家福	安徽省合肥市
中国石油天然气股份有限公司河北石家庄销售分公司	加油站	中国石油	河北省石家庄市
华润万家生活超市(浙江)有限公司	大型超市	华润万家	浙江省杭州市
上海联华快客便利有限公司	便利店	快客	上海市
中国石油化工股份有限公司湖南邵阳石油分公司	加油站	中国石化	湖南省邵阳市
壳牌华北石油集团有限公司	加油站	壳牌	天津市
中国石油天然气股份有限公司山西太原销售分公司	专业店	中国石油	山西省太原市
苏州欧尚超市有限公司	大型超市	欧尚	江苏省苏州市
中国石油化工股份有限公司湖南常德石油分公司	专业店	中国石化	湖南省常德市
中国石油化工股份有限公司河北衡水石油分公司	加油站	中国石化	河北省衡水市
浙江供销超市有限公司	大型超市	供销超市、供销便利、家连便利	浙江省绍兴市
北京永辉超市有限公司	大型超市	永辉超市	北京市
中国石油天然气股份有限公司辽宁朝阳销售分公司	加油站	中国石油	辽宁省朝阳市
中国石油天然气股份有限公司广西桂林销售分公司	加油站	中国石油	广西壮族自治区桂林市
中国石油化工股份有限公司广西贵港石油分公司	加油站	中国石化	广西壮族自治区贵港市
中国石油化工股份有限公司河南商丘分公司	专业店	中国石化	河南省商丘市
北京美廉美连锁商业有限公司	大型超市	美廉美	北京市
广州壳牌石油化工有限公司	其他	壳牌	广东省广州市
广西辉煌交通石化有限公司	加油站	中国石化	广西贵港南宁市
秦皇岛中油华奥销售有限公司	加油站	中国石油	河北省秦皇岛市

5-1　续表 5

企业名称	业态	连锁商号	所在地
南昌百货大楼股份有限公司	百货店	南昌百货大楼	江西省南昌市
中国石油化工股份有限公司河南许昌石油分公司	加油站	中国石化	河南省许昌市
云南沃尔玛百货有限公司	大型超市	沃尔玛	云南省昆明市
中国石油化工股份有限公司新疆石油分公司	加油站	中国石化	新疆维吾尔自治区乌鲁木齐市
新疆兵团农业生产资料供应公司	专业店	兵团农资	新疆维吾尔自治区乌鲁木齐市
烟台市家家悦超市有限公司	超市	家家悦	山东省烟台市
中国石油天然气股份有限公司福建福州销售分公司	加油站	中国石油	福建省福州市
北京北星行汽车销售有限公司	专卖店	北星行	北京市
中国石油天然气股份有限公司甘肃张掖销售分公司	专业店	中国石油	甘肃省张掖市
浙江人本超市有限公司	超市	人本超市	浙江省温州市
深圳市顺电连锁股份有限公司	专业店	顺电	广东省深圳市
云南鸿翔一心堂药业(集团)股份有限公司	专业店	一心堂	云南省昆明市
湖南省新华书店有限责任公司	专业店	新华书店	湖南省长沙市
中国石油化工股份有限公司福建福州分公司	加油站	中国石化	福建省福州市
浙江华联商厦有限公司	百货店	家家福	浙江省宁波市
华糖洋华堂商业有限公司	大型超市	华堂商场	北京市
上海易初莲花连锁超市有限公司	大型超市	卜蜂莲花	上海市
青岛永旺东泰商业有限公司	大型超市	佳世客	山东省青岛市
浙江华润慈客隆超市有限公司	超市	华润万家	浙江省宁波市
沈阳家乐福商业有限公司	大型超市	家乐福	辽宁省沈阳市
天津天宁苏宁电器有限公司	专业店	苏宁电器	天津市
中国石油化工股份有限公司山东济宁石油分公司	加油站	中国石化	山东省济宁市
山东银宝食品有限公司	专卖店	银宝	山东省泰安市
中石油新疆吐鲁番销售分公司	加油站	中国石油	新疆维吾尔自治区吐鲁番地区
泉州新华都购物广场有限公司	大型超市	新华都	福建省泉州市
成都家乐福超市有限公司	大型超市	家乐福	四川省成都市
深圳市亨吉利世界名表中心有限公司	专卖店	亨吉利名表	广东省深圳市
北京国泰平安百货有限公司	百货店	国泰平安百货	北京市
荆门市东方百货大厦	百货店	东方百货	湖北省荆门市
山东九州商业集团有限公司	大型超市	九州集团	山东省临沂市
中国石油天然气股份有限公司泉州销售分公司	加油站	中国石油	福建省泉州市
中石化湖南益阳石油分公司	加油站	中国石化	湖南省益阳市
中国石油天然气股份有限公司江西南昌销售分公司	加油站	中国石油	江西省南昌市
中国石化销售有限公司西北新疆阿克苏分公司	加油站	中国石化	新疆维吾尔自治区阿克苏地区
广州友谊班尼路服饰有限公司	专卖店	友谊班尼路	广东省广州市
乐天超市有限公司	大型超市	乐天玛特、乐之选	北京市
中国石油化工股份有限公司福建泉州石油分公司	加油站	中国石化	福建省泉州市
中国石油化工股份有限公司广西梧州石油分公司	加油站	中国石化	广西壮族自治区梧州市
中国石油化工股份有限公司湖南石油销售分公司	加油站	中国石化	湖南省长沙市
中国石油化工股份有限公司湖南娄底石油分公司	加油站	中国石化	湖南省娄底市
重庆市国美电器有限公司	专卖店	国美电器	重庆市
中国石油天然气股份有限公司河南洛阳销售分公司	加油站	中国石油	河南省洛阳市
中石化森美(福建)石油有限公司宁德分公司	加油站	中石化森美	福建省宁德市
上海永乐通讯设备有限公司	专业店	永乐	上海市
中国石油天然气股份有限公司新疆阿勒泰销售分公司	加油站	中国石油	新疆维吾尔自治区阿勒泰地区
中国石油天然气股份有限公司广西玉林销售分公司	加油站	中国石油	广西壮族自治区玉林市
东莞市大地通讯连锁服务有限公司	专业店	大地通讯	广东省东莞市
上海老凤祥银楼有限公司	专卖店	老凤祥	上海市
银川新华百货连锁超市有限公司	大型超市	新华百货	宁夏回族自治区银川市
中国石油天然气股份有限公司河北邢台销售分公司	加油站	中国石油	河北省邢台市
湖北省十堰市寿康永乐有限公司	超市	寿康永乐	湖北省十堰市

5-1 续表 6

企业名称	业态	连锁商号	所在地
中国石油化工股份有限公司广西来宾石油分公司	加油站	中国石化	广西壮族自治区来宾市
中海石油炼化惠州销售有限责任公司	专业店	中海油	广东省惠州市
青岛国美电器有限公司	专业店	青岛国美	山东省青岛市
中国石油化工股份有限公司安徽马鞍山石油分公司	加油站	中国石化	安徽省马鞍山市
中国石油化工股份有限公司河北秦皇岛石油分公司	加油站	中国石化	河北省秦皇岛市
中国石油化工股份有限公司江西萍乡石油分公司	加油站	中国石化	江西省萍乡市
北京稻香村食品有限责任公司	专卖店	三禾品牌	北京市
武汉国美电器有限公司	专业店	国美电器	湖北省武汉市
北京欧尚超市有限公司	大型超市	欧尚超市	北京市
中国石油化工股份有限公司河南新乡石油分公司	专业店	中国石化	河南省新乡市
中国石油化工股份有限公司江西景德镇石油分公司	加油站	中国石化	江西省景德镇市
昆明云顺和商业发展有限公司	百货店	云顺和商业发展	云南省昆明市
西安民生集团股份有限公司	百货店	西安民生	陕西省西安市
廊坊市明珠商业企业集团有限公司	百货店	廊坊明珠	河北省廊坊市
中国石油化工股份有限公司江西新余石油分公司	加油站	中国石化	江西省新余市
河南永乐生活电器有限公司	专业店	永乐生活电器	河南省郑州市
中国石油化工股份有限公司河南开封石油分公司	专业店	中国石化	河南省开封市
大庆市庆客隆连锁商贸有限公司	超市	庆客隆	黑龙江省大庆市
中国石油化工股份有限公司广西贺州石油分公司	加油站	中国石化	广西壮族自治区贺州市
话机世界数码连锁集团股份有限公司	专业店	话机世界、众泰数码、T-WORLD、沃达科技	浙江省杭州市
中国石油天然气股份有限公司广西钦州销售分公司	加油站	中国石油	广西壮族自治区钦州市
河南大张实业有限公司	大型超市	大张	河南省洛阳市
阜阳华联集团股份有限公司	超市	阜阳华联	安徽省阜阳市
上海可的便利店有限公司	便利店	可的	上海市
中国石油化工股份有限公司广西北海石油分公司	加油站	中国石化	广西壮族自治区北海市
北京华冠商业经营股份有限公司	超市	北京华冠	北京市
中国石油化工股份有限公司广东云浮石油分公司	加油站	中国石化	广东省云浮市
北京首商集团股份有限公司	百货店	西单商场	北京市
中国石油化工股份有限公司广东粤东石油公司	专业店	中国石化	广东省汕头市
烟台振华量贩超市有限公司	超市	振华量贩	山东省烟台市
上海好德便利有限公司	便利店	好德 alldays	上海市市辖区
中国石油化工股份有限公司广西崇左石油分公司	加油站	中国石化	广西壮族自治区崇左市
黑龙江黑天鹅家电有限公司	专业店	黑天鹅	黑龙江省哈尔滨市
中国石油天然气股份有限公司河南周口销售分公司	加油站	中国石油	河南省周口市
中国石油天然气股份有限公司河北秦皇岛销售分公司	加油站	中国石油	河北省秦皇岛市
河南省国美电器有限公司	专业店	国美电器	河南省郑州市
上海福满家便利有限公司	便利店	全家	上海市
中国石油天然气股份有限公司福建厦门销售分	加油站	中国石油	福建省厦门市
中国石油化工股份有限公司湖南湘西分公司	加油站	中国石化	湖南省湘西土家族苗族自治州
湖南家润多超市有限公司	其他	海航家润多	湖南省长沙市
北京屈臣氏个人用品连锁商店有限公司	超市	屈臣氏	北京市
中国石油化工股份有限公司周口分公司	加油站	中国石化	河南省周口市
深圳市百佳华百货有限公司	百货店	百佳华百货	广东省深圳市
昆明家乐福超市有限公司	大型超市	家乐福	云南省昆明市
新一佳超市有限公司	大型超市	新一佳	广东省深圳市
中国石油天然气股份有限公司河南许昌销售分公司	加油站	中国石油	河南省许昌市
武汉苏宁电器有限公司	专业店	苏宁电器	湖北省武汉市
中国石油天然气股份有限公司山东济宁销售分公司	加油站	中国石油	山东省济宁市
广州市好又多百货商业广场有限公司	超市	好又多	广东省广州市
中国天然气股分有限公司宁夏固原销售分公司	专业店	中国石油	宁夏回族自治区固原市
中国石油天然气股份有限公司河北廊坊销售分公司	加油站	中国石油	河北省廊坊市

5-1 续表 7

企业名称	业态	连锁商号	所在地
中国石油天然气股份有限公司福建省漳州销售分公司	加油站	中国石油	福建省漳州市
美克美家家具连锁有限公司	专卖店	美克	新疆维吾尔自治区乌鲁木齐市
北京宜家家居有限公司	家居建材商店	IKEA	北京市
上海欧尚超市有限公司	大型超市	欧尚	上海市
重庆重客隆超市连锁有限责任公司	超市	重客隆	重庆市
中国石油天然气股份有限公司广西百色销售分公司	加油站	中国石油	广西壮族自治区百色市
广东龙粤通信设备集团有限公司	专业店	龙粤通信	广东省广州市
中国石油天然气股份有限公司山西晋中销售分公司	加油站	中国石油	山西省晋中市
湖南新一佳商业投资有限公司	大型超市	新一佳超市	湖南省长沙市
中国石油天然气股份有限公司河北张家口销售分公司	加油站	中国石油	河北省张家口市
沈阳苏宁电器有限公司	专业店	苏宁电器	辽宁省沈阳市
中国石油天然气股份有限公司广西梧州销售分公司	加油站	中国石油	广西壮族自治区梧州市
十堰市新合作超市有限公司	超市	新合作超市	湖北省十堰市
武汉汉福超市有限公司	大型超市	家乐福	湖北省武汉市
江西高速实业开发有限公司	加油站	中国石化	江西省南昌市
辽宁成大方圆医药连锁有限公司	专业店	成大方圆	辽宁省沈阳市
上海太平洋百货有限公司	百货店	太平洋百货	上海市
北京市上品商业发展有限责任公司	折扣店	上品折扣	北京市
中国石油天然气股份有限公司河南平顶山销售分公司	专业店	中国石油	河南省平顶山市
中国石油天然气股份有限公司新疆和田销售分公司	加油站	中国石油	新疆维吾尔自治区和田地区
陕西省烟草公司商洛市公司	专业店	商洛烟草	陕西省商洛市
浙江上百贸易有限公司	百货店	上百贸易	浙江省绍兴市
湖北富迪实业有限公司	超市	富迪超市	湖北省仙桃市
山西华宇商业发展股份有限公司	百货店	华宇	山西省太原市
上海屈臣氏日用品有限公司	百货店	屈臣氏	上海市
山西国美电器有限公司	专业店	国美电器	山西省太原市
中国石油天然气股份有限公司河北邯郸销售分公司	加油站	中国石油	河北省邯郸市
中国石油化工股份有限公司新疆巴州石油分公司	加油站	中国石化	新疆维吾尔自治区巴中市
中国石油天然气股份有限公司湖南销售常德分公司	加油站	中国石油	湖南省常德市
大连国美电器有限公司	专业店	国美电器	辽宁省大连市
中国石油河北唐山销售分公司	加油站	中国石油	河北省唐山市
深圳市易天移动数码连锁有限公司	专业店	易天	广东省深圳市
江苏苏盛商贸有限公司	专业店	苏盛	江苏省南京市
福州国美电器有限公司	专卖店	国美电器	福建省福州市
三联商社股份有限公司	专业店	三联商社	山东省济南市
成都市人人乐商业有限公司	大型超市	成都人人乐	四川省成都市
合肥悦家商业有限公司	大型超市	家乐福	安徽省合肥市
新疆维吾尔自治区阿克苏地区烟草公司	专卖店	阿克苏烟草	新疆维吾尔自治区阿克苏地区
上海伍缘现代杂货有限公司	超市	伍缘	上海市
东莞市嘉荣超市有限公司	大型超市	嘉荣	广东省东莞市
沃尔玛(江苏)商业零售有限公司	大型超市	沃尔玛	江苏省南京市
中国石油天然气股份有限公司广东肇庆分公司	专业店	中国石油	广东省肇庆市
武汉市南浦食品有限责任公司	专业店	南浦	湖北省武汉市
南昌洪城大厦股份有限公司	百货店	洪城大厦	江西省南昌市
哈尔滨中央红集团股份有限公司	便利店	小月亮	黑龙江省哈尔滨市
广州家广超市有限公司	大型超市	家乐福	广东省广州市
安徽永辉超市有限公司	大型超市	永辉超市	安徽省合肥市
中石化江西鹰潭石油分公司	加油站	中国石化	江西省鹰潭市
中国石油天然气股份有限公司广西柳州销售分公司	加油站	中国石油	广西壮族自治区柳州市
上海迪亚零售有限公司	折扣店	迪亚	上海市

5-1 续表 8

企业名称	业态	连锁商号	所在地
安徽五星电器有限公司	专业店	五星电器	安徽省合肥市
永旺华南商业有限公司	大型超市	AEON	广东省深圳市
宁波欧尚超市有限公司	大型超市	欧尚	浙江省宁波市
东莞市时尚电器有限公司	专业店	时尚电器	广东省东莞市
北京同仁堂连锁药店有限责任公司	专业店	同仁堂	北京市
上海古今内衣有限公司	专卖店	古今、尚十六、古今男士	上海市
中国石油天然气股份有限公司广西河池销售分公司	加油站	中国石油	广西壮族自治区河池市
中油碧辟石油有限公司江门分公司	加油站	中油碧辟	广东省江门市
深圳岁宝百货有限公司	百货店	岁宝百货	广东省深圳市
中国石油化工股份有限公司湖北高速公路油站管理分公司	加油站	中国石化	湖北省武汉市
中国石油天然气股份有限公司广东惠州销售分公司	加油站	中国石油	广东省惠州市
山东全福元商业集团有限责任公司总店	超市	全福元	山东省潍坊市
联盛商业连锁股份有限公司	大型超市	联盛	江西省九江市
泸州汇通百货股份有限公司	百货店	汇通百货	四川省泸州市
上海家得利超市有限公司	超市	家得利	上海市
宁波市北仑加贝购物俱乐部(普通合伙)	大型超市	加贝	浙江省宁波市
银川新华百货东桥电器有限公司	专业店	新华百货东桥电器	宁夏回族自治区银川市
广州市振戎燃气连锁经营有限公司	其他	振戎燃气	广东省广州市
上海捷强烟草糖酒(集团)连锁有限公司	专卖店	捷强连锁	上海市
哈尔滨家乐福超市有限公司	大型超市	家乐福	黑龙江省哈尔滨市
中国石油化工股份有限公司新疆喀什石油分公司	加油站	中国石化	新疆维吾尔自治区喀什地区
深圳家乐福商业有限公司	大型超市	家乐福	广东省深圳市
浙江诸暨第一百货有限公司	超市	诸暨一百	浙江省绍兴市
许昌市胖东来商贸集团有限公司	大型超市	胖东来	河南省许昌市
中国石油化工股份有限公司新疆哈密石油分公司	加油站	中国石化	新疆维吾尔自治区哈密地区
中国石油湖北十堰销售分公司	加油站	中国石油	湖北省十堰市
昆明国美电器有限公司	专业店	国美电器	云南省昆明市
天津津工超市有限责任公司	超市	津工	天津市
浙江三江购物有限公司	超市	三江	浙江省杭州市
中国石油天然气股份有限公司广东江门销售分公司	专业店	中国石油	广东省江门市
重庆家乐福商业有限公司	大型超市	家乐福	重庆市
哈尔滨申格体育连锁有限公司	专业店	中格	黑龙江省哈尔滨市
新疆烟草公司伊犁州分公司	专卖店	伊犁烟草	新疆维吾尔自治区伊犁哈萨克自治州
上海新华传媒连锁有限公司	专卖店	新华书店 上海书城	上海市
深圳市恒波商业连锁股份有限公司	专业店	恒波	广东省深圳市
北京迪信通电子通信技术有限公司	专业店	北京迪信通	北京市
深圳岁宝连锁商业发展有限公司	百货店	岁宝连锁	广东省深圳市
苏州宏图三胞科技发展有限公司	专业店	宏图三胞	江苏省苏州市
天津市人人乐商业有限公司	大型超市	人人乐	天津市
中国石油天然气股份有限公司黑龙江鹤岗销售分公司	加油站	中国石油	黑龙江省鹤岗市
苏州悦家超市有限公司	大型超市	家乐福	江苏省苏州市
中国石油天然气股份有限公司湖南益阳销售分公司	加油站	中国石油	湖南省益阳市
上海易买得超市有限公司	大型超市	易买得	上海市
大连沃尔玛百货有限公司	大型超市	沃尔玛	辽宁省大连市
中国石油化工股份有限公司河南鹤壁石油分公司	加油站	中国石化	河南省鹤壁市
中国石油天然气股份有限公司河北衡水销售分公司	加油站	中国石油	河北省衡水市
山东奥德隆集团有限公司	百货店	淄博奥德隆	山东省淄博市
中国石油天然气股份有限公司甘肃临夏销售分公司	加油站	中国石油	甘肃省临夏回族自治州
北京崇德商贸有限公司	专业店	涛搏运动	北京市
东莞市天虹商场有限公司	百货店	天虹	广东省东莞市

5-1 续表 9

企业名称	业态	连锁商号	所在地
中油碧辟石油有限公司惠州分公司	加油站	中油碧辟	广东省惠州市
中国石油化工股份有限公司湖南张家界石油分公司	加油站	中国石化	湖南省张家界市
西亚和美商业股份有限公司	大型超市	西亚和美	河南省信阳市
中国石油天然气股份有限公司湖南永州销售分公司	专业店	中国石油	湖南省永州市
上海华联罗森有限公司	便利店	华联罗森	上海市
特易购商业(江苏)有限公司	大型超市	特易购	江苏省南京市
广东赛壹便利店有限公司	便利店	7-ELEVEN	广东省广州市
中国石油天然气股份有限公司河南南阳销售分公司	加油站	中国石油	河南省南阳市
中国石油天然气股份有限公司湖南怀化销售分公司	加油站	中国石油	湖南省怀化市
青岛鲁宁苏宁电器有限公司	专业店	苏宁电器	山东省青岛市
安徽金华联投资股份有限公司	超市	金华联	安徽省安庆市
中国天然气股份有限公司江西鹰潭销售分公司	加油站	中国石油	江西省鹰潭市
武汉武商集团十堰市人民商场有限公司	超市	人民商场	湖北省十堰市
上海新欧尚超市有限公司	大型超市	欧尚	上海市
湖南邵阳中油销售有限公司	加油站	中国石油	湖南省邵阳市
南昌市天虹商场有限公司	百货店	天虹	江西省南昌市
浙江汇德隆实业集团有限公司	大型超市	汇德隆	浙江省杭州市
安徽省安德利百货股份有限公司	百货店	安德利	安徽省合肥市
北京中复电讯设备有限责任公司	专业店	中复电讯	北京市
南京新华海科技产业集团有限公司	专卖店	联想	江苏省南京市
广东大参林连锁药店有限公司	专业店	大参林	广东省广州市
新疆国美电器有限公司	专业店	国美电器	新疆维吾尔自治区乌鲁木齐市
中油碧辟石油有限公司深圳分公司	加油站	中油碧辟	广东省深圳市
哈药集团医药有限公司	专业店	人民同泰	黑龙江省哈尔滨市
绍兴县华通医药有限公司	专业店	华通医药	浙江省绍兴市
山东统一银座商业有限公司	超市	统一银座	山东省济南市
上海三枪(集团)有限公司	专卖店	三枪	上海市
杭州五丰联合肉类有限公司	专业店	联合康康	浙江省杭州市
广州摩登百货股份有限公司	百货店	摩登百货	广东省广州市
中石化长江燃料有限公司武汉分公司	加油站	中石化长燃	湖北省武汉市
中国石油天然气股份有限公司新疆塔城销售公司	加油站	中国石油	新疆维吾尔自治区塔城地区
中国石油天然气股份有限公司甘肃金昌销售分公司	专业店	中国石油	甘肃省金昌市
中国石油天然气股份有限公司广东中山销售分公司	加油站	中国石油	广东省中山市
上海良友金伴便利连锁有限公司	便利店	上海良友金伴	上海市
新疆中石化基钰化工销售有限公司	加油站	中国石化	新疆维吾尔自治区乌鲁木齐市
广州市新大新有限公司	百货店	新大新	广东省广州市
大连沈大苏宁电器有限公司	专业店	苏宁电器	辽宁省大连市
柒一拾壹(北京)有限公司	便利店	7-ELEVEN	北京市
江西省烟草公司鹰潭市公司	专业店	鹰潭烟草	江西省鹰潭市
福建天福茗茶销售有限公司	专卖店	天福	福建省厦门市
浙江东兴商厦股份有限公司	超市	东兴商厦	浙江省嘉兴市
福建苏宁电器有限公司	专卖店	苏宁电器	福建省福州市
洛阳丹尼斯量贩有限公司	大型超市	丹尼斯	河南省洛阳市
中国石油天然气股份有限公司新疆博州销售分公司	加油站	中国石油	新疆博尔塔拉蒙古自治州
安徽国生电器有限责任公司	专业店	国生电器	安徽省合肥市
中国石油天然气股份有限公司广西贵港销售分公司	加油站	中国石油	广西壮族自治区贵港市
浙江曼卡龙珠宝股份有限公司	专业店	MCLON曼卡龙珠宝	浙江省杭州市
中国石油天然气股份有限公司湖南岳阳销售分公司	加油站	中国石油	湖南省岳阳市
成都舞东风连锁超市有限责任公司	超市	舞东风超市	四川省成都市
中国石油天然气股份有限公司河北沧州销售分公司	加油站	中国石油	河北省沧州市

5-2 100门店以上连锁零售企业

企业名称	业态	连锁商号	所在地
联华超市股份有限公司	超市	联华、华联、快客、世纪联华	上海市
奥康鞋业销售有限公司	专卖店	奥康、康龙、红火鸟、美丽佳人	浙江省温州市
雅芳(中国)有限公司	专卖店	AVON雅芳	广东省广州市
安徽辉隆农资集团股份有限公司	专业店	辉隆农资	安徽省合肥市
重庆桐君阁大药房连锁有限责任公司	专业店	桐君阁大药房	重庆市
中国石油化工股份有限公司山东石油分公司	专卖店	中国石化	山东省济南市
浙江红蜻蜓鞋业股份有限公司销售部	专卖店	红蜻蜓	浙江省温州市
浙江供销超市有限公司	大型超市	供销超市、供销便利、家连便利	浙江省绍兴市
中国石油化工股份有限公司广东石油分公司	其他	中国石化	广东省广州市
中国石油化工股份有限公司江苏石油分公司	加油站	中国石化	江苏省南京市
苏果超市有限公司	大型超市	苏果超市	江苏省南京市
中国石油化工股份有限公司浙江石油分公司	加油站	中国石化	浙江省杭州市
上海联华快客便利有限公司	便利店	快客	上海市
江苏苏农农资连锁集团股份有限公司	其他	苏农连锁	江苏省南京市
安徽徽商农家福有限公司	其他	农家福	安徽省合肥市
浙江惠多利农资连锁有限公司	专业店	惠多利	浙江省杭州市
中国石油化工股份有限公司安徽石油分公司	加油站	中国石化	安徽省合肥市
云阳县腾龙商贸有限公司	超市	腾龙超市	重庆市
苏宁电器股份有限公司	专业店	苏宁电器	江苏省南京市
上海古今内衣有限公司	专卖店	古今、尚十六、古今男士	上海市
宜宾绿源食品有限公司	超市	宜宾绿源食品	四川省宜宾市
江山市左邻右舍便利商店有限公司	其他	左邻右舍、生活驿站	浙江省衢州市
中域电讯连锁集团股份有限公司	专业店	中域电讯	广东省东莞市
云南鸿翔一心堂药业(集团)股份有限公司	专业店	一心堂	云南省昆明市
新疆兵团农业生产资料供应公司	专业店	兵团农资	新疆维吾尔自治区乌鲁木齐市
大连金玛超市连锁有限公司	大型超市	金玛超市	辽宁省大连市
江苏新合作常客隆连锁超市有限公司	大型超市	新合作常客隆	江苏省苏州市
文峰大世界连锁发展股份有限公司南通文峰大世界	百货店	文峰大世界	江苏省南通市
成都红旗连锁股份有限公司	超市	红旗连锁	四川省成都市
中国石油天然气股份有限公司华南销售分公司	其他	中国石油	广东省广州市
四川天诚大药房连锁有限责任公司	专业店	天诚大药房	四川省绵阳市
江西煌上煌集团食品有限公司	专卖店	煌上煌	江西省南昌市
中百控股集团股份有限公司	超市	中百	湖北省武汉市
上海可的便利店有限公司	便利店	可的	上海市
上海好德便利有限公司	便利店	好德 alldays	上海市
金华市华洲连锁超市有限公司	专业店	华洲	浙江省金华市
广东国药医药连锁企业有限公司	专业店	国药医药	广东省广州市
宁夏中农金合农业生产资料有限责任公司	专业店	中农金合	宁夏回族自治区银川市
中国石油天然气股份有限公司江苏销售分公司	加油站	中国石油	江苏省南京市
深圳虎威制衣有限公司广州分公司	专卖店	佐丹奴	广东省广州市
上海福满家便利有限公司	便利店	全家	上海市
利群集团股份有限公司	其他	利群	山东省青岛市
辽宁成大方圆医药连锁有限公司	专业店	成大方圆	辽宁省沈阳市
湖州老大房超市有限公司	大型超市	老大房	浙江省湖州市
山西省太原唐久超市有限公司	便利店	唐久便利	山西省太原市
湘乡市振兴连锁超市有限责任公司	超市	振兴连锁超市	湖南省湘潭市
广州市宝生园有限公司	其他	宝生园	广东省广州市
山东家家悦集团有限公司	超市	家家悦	山东省威海市
深圳市南北医药有限公司	专业店	南北医药	广东省深圳市
江苏省苏盐连锁有限公司	其他	苏盐连锁	江苏省南京市
山西金虎便利连锁股份有限公司	便利店	金虎便利	山西省太原市
中国石油化工股份有限公司上海石油分公司	加油站	中国石化	上海市
绍兴大通超市有限公司	超市	大通超市	浙江省绍兴市
阜阳华联集团股份有限公司	超市	阜阳华联	安徽省阜阳市

5-2 续表 1

企业名称	业态	连锁商号	所在地
广州友谊班尼路服饰有限公司	专卖店	友谊班尼路	广东省广州市
成都舞东风连锁超市有限责任公司	超市	舞东风超市	四川省成都市
中国石油化工股份有限公司北京石油分公司	加油站	中国石化	北京市
浙江红黄蓝服饰股份有限公司销售部	专卖店	红黄蓝	浙江省温州市
四川省互惠商业责任有限公司	超市	互惠商业	四川省成都市
上海良友金伴便利连锁有限公司	便利店	上海良友金伴	上海市
山东潍坊百货集团股份有限公司	百货店	中百	山东省潍坊市
江苏苏盛商贸有限公司	专业店	苏盛	江苏省南京市
农工商超市(集团)有限公司	超市	农工商超市	上海市
北京福兰德连锁超市	超市	福兰德	北京市
上海复美益星大药房连锁有限公司	专业店	上海复美益星	上海市
上海捷强烟草糖酒(集团)连锁有限公司	专卖店	捷强连锁	上海市
杭州华辰连锁超市有限公司	大型超市	华辰	浙江省杭州市
舟山市民生商厦有限责任公司	大型超市	台客隆	浙江省舟山市
山东新星集团有限公司	超市	山东新星集团有限公司	山东省淄博市
中国石油天然气股份有限公司重庆销售分公司	加油站	中国石油	重庆市
中国石油天然气股份有限公司安徽销售分公司	专业店	中国石油	安徽省合肥市
上海伍缘现代杂货有限公司	超市	伍缘	上海市
广东赛壹便利店有限公司	便利店	7-ELEVEN	广东省广州市
辽宁亿家商业集团有限公司	超市	亿家	辽宁省鞍山市
重庆市万州区福意百货有限公司	超市	福意百货	重庆市
中国石油天然气股份有限公司浙江销售分公司	加油站	中国石油	浙江省杭州市
瑞安市五洲超市连锁有限公司	超市	五洲超市	浙江省温州市
四川省汇星实业(集团)有限公司	超市	汇星超市	四川省绵阳市
湖南绝味食品股份有限公司	专卖店	绝味食品	湖南省长沙市
山东德州扒鸡集团有限公司	专业店	德州牌 华一牌 凤宝牌	山东省德州市
祁东县兴农农资连锁有限公司	专业店	兴农农资	湖南省衡阳市
青岛利客来商厦集团股份有限公司	专业店	利客来	山东省青岛市
四川永正药业有限公司	专业店	永正药业	四川省泸州市
重庆津科农业有限责任公司	专业店	津科农业	重庆市市辖区
浙江雄城商贸股份有限公司	超市	雄城	浙江省绍兴市
云南健之佳连锁健康药房有限公司	专业店	健之佳	云南省昆明市
江苏阿仕顿服饰有限公司	专卖店	阿仕顿男装	江苏省苏州市
杭州萧山农业生产资料有限公司	专业店	萧农	浙江省杭州市
天津津工超市有限责任公司	超市	津工	天津市
开县孙氏商贸有限责任公司	其他	心连心超市	重庆市
上海梅林正广和便利连锁有限公司	便利店	光明，正广和	上海市
湖北富迪实业有限公司	超市	富迪超市	湖北省仙桃市
上海好药师大药房连锁有限公司	专业店	好药师大药房	上海市
中石化天津石油分公司	专卖店	中国石化	天津市
重庆市万州区江南医药有限公司	专业店	江南医药	重庆市
博马努瓦服饰商贸(上海)有限公司	专卖店	Cache-cache	上海市
哈药集团医药有限公司	专业店	人民同泰	黑龙江省哈尔滨市
广西一心医药有限责任公司	专业店	广西一心医药	广西省南宁市
新华文轩出版传媒股份有限公司	专卖店	新华文轩	四川省成都市
深圳市海王星辰医药有限公司	专业店	海王星辰	广东省深圳市
浙江当家人便利店连锁有限公司	便利店	当家人	浙江省温州市
郏县万客来商贸有限公司	超市	万客来超市	河南省平顶山市
江苏通联农资连锁有限公司	专业店	通联农资	江苏省南通市
浙江省新华书店集团有限公司	专业店	新华书店	浙江省杭州市
重庆市新大兴实业(集团)有限公司	超市	爱家超市	重庆市
上海迪亚零售有限公司	折扣店	迪亚	上海市
中国石油天然气股份有限公司大连销售分公司	加油站	中国石油	辽宁省大连市
四川省富江商贸有限公司	超市	富江商贸	四川省德阳市

5-2 续表 2

企业名称	业态	连锁商号	所在地
江苏海王星辰健康药房连锁有限公司	专业店	海王星辰	江苏省苏州市
山东银宝食品有限公司	专卖店	银宝	山东省泰安市
中国石油化工股份有限公司广东广州石油分公司	加油站	中国石化	广东省广州市
上海华联罗森有限公司	便利店	华联罗森	上海市
北京吴裕泰茶业股份有限公司	专卖店	吴裕泰茶业	北京市
上海雷允上药品连锁经营有限公司	专业店	雷允上	上海市
物美控股集团有限公司	超市	物美品牌	北京市
河北国大连锁商业有限公司	便利店	国大36524	河北省石家庄市
北京隆华顺平副食品批发中心	便利店	隆华顺平	北京市
杭州余杭禹倡商厦有限公司	超市	禹倡	浙江省杭州市
北京科曼维斯凯服饰有限公司	专卖店	viscap	北京市
浙江来伊份食品有限公司	专业店	来伊份	浙江省杭州市
玉溪家佳购物超市有限公司	超市	玉溪家佳购物超市有限公司	云南省玉溪市
中国石油化工股份有限公司河南洛阳石油分公司	加油站	中国石化	河南省洛阳市
湖南千金金沙大药房零售连锁有限公司	专业店	千金大药房	湖南省长沙市
宁波开开便利超市连锁有限公司	便利店	开开便利	浙江省宁波市
松阳县永兴商贸有限公司	仓储会员店	永兴	浙江省丽水市
重庆新华书店集团公司	专业店	新华书店	重庆市
漯河双汇商业连锁有限公司	专卖店	双汇	河南省漯河市
北京京客隆商业集团股份有限公司	超市	京客隆超市	北京市
浙江东兴商厦股份有限公司	超市	东兴商厦	浙江省嘉兴市
中国石油化工股份有限公司重庆石油分公司	加油站	中国石化	重庆市
中国石油天然气股份有限公司	加油站	中国石油	吉林省长春市
湖南益丰大药房医药连锁有限公司(总部)	专业店	益丰大药房	湖南省常德市
中国石油化工股份有限公司福建石油分公司	加油站	中国石化	福建省福州市
哈尔滨中央红集团股份有限公司	便利店	小月亮	黑龙江省哈尔滨市
天津华润超级市场有限公司	便利店	华润	天津市
青岛同方约业连锁有限公司	专业店	同力药业	山东省青岛市
中国石油化工股份有限公司海南石油分公司	加油站	中国石化	海南省海口市
中国石油化工股份有限公司山东青岛石油分公司	其他	中国石化	山东省青岛市
江山市新红塔商贸有限公司	大型超市	红塔超市	浙江省衢州市
泸州市合江县家家乐商贸有限公司	超市	家家乐超市	四川省泸州市
中国石油化工股份有限公司石家庄分公司	加油站	中国石化	河北省石家庄市
江西黄庆仁栈华氏大药房有限公司	专业店	黄庆仁	江西省南昌市
中国石油化工股份有限公司河北保定石油分公司	加油站	中国石化	河北省保定市
金华市太和堂医药连锁有限公司	专业店	太和堂	浙江省金华市
大足唯一食品有限公司	其他	唯一	重庆市
北京味多美食品有限责任公司	专卖店	味多美	北京市
话机世界数码连锁集团股份有限公司	专业店	话机世界、众泰数码、T-WORLD 沃达科技	浙江省杭州市
大连联华快客中山便利商业有限公司	便利店	联华快客	辽宁省大连市
新疆兵团农五师农业生产资料公司	专业店	五师农资	新疆维吾尔自治区博尔塔拉蒙古自治州
中国石油化工股份有限公司江西赣州石油分公司	加油站	中国石油	江西省赣州市
浙江刘氏贸易有限公司	其他	刘氏贸易有限公司	浙江省衢州市
上海华氏大药房有限公司	专业店	华氏大药房	上海市
中国石油化工股份有限公司湖北武汉分公司	加油站	中国石化	湖北省武汉市
中国石油化工股份有限公司河北唐山石油分公司	加油站	中国石化	河北省唐山市
江苏真维斯服饰有限公司	专卖店	真维斯	江苏省南京市
广州屈臣氏个人用品商店有限公司	百货店	屈臣氏	广东省广州市
深圳市八马茶业连锁有限公司	专卖店	八马茶业	广东省深圳市
柳州百草堂医药连锁有限责任公司	专业店	百草堂	广西壮族自治区柳州市
重庆和平药房连锁有限责任公司	专业店	和平药房	重庆市
宁波市北仑加贝购物俱乐部(普通合伙)	大型超市	加贝	浙江省宁波市
深圳市恒波商业连锁股份有限公司	专业店	恒波	广东省深圳市
江苏超越超市连锁发展有限公司	超市	江苏超越	江苏省南通市

5-2 续表 3

企业名称	业态	连锁商号	所在地
旺苍县粮贸超市连锁有限责任公司	超市	粮贸超市	四川省广元市
华润万家有限公司	大型超市	华润万家	广东省深圳市
虎彩文化用品有限公司	专卖店	虎彩	广东省东莞市
浙江江南大厦股份有限公司	超市	江南大厦	浙江省嘉兴市
永辉超市股份有限公司福建福州鼓楼分公司	大型超市	永辉、轩辉	福建省福州市
杭州蜂之语健康食品有限公司	专卖店	蜂之语	浙江省杭州市
北京金凤成祥食品有限责任公司	专业店	金凤成祥	北京市
西安怡康医药连锁有限责任公司	专业店	西安怡康医药	陕西省西安市
溧阳市扬子广场有限公司	超市	扬子广场	江苏省常州市
柒一拾壹(北京)有限公司	便利店	7-ELEVEN	北京市
中山市中智大药房连锁有限公司	专业店	中智	广东省中山市
荣昌县老百姓副食超市	超市	老百姓	重庆市
舞钢市万客来量贩	超市	万客来	河南省平顶山市
台州人本十足便利店有限公司	便利店	十足	浙江台州市
哈尔滨乾坤医药连锁有限公司	专业店	乾坤	黑龙江省哈尔滨市
大连海王星辰医药有限公司	专业店	海王星辰	辽宁省大连市
广西联华超市股份有限公司	超市	联华超市	广西壮族自治区柳州市
深圳市一致医药连锁有限公司	专业店	一致药店	广东省深圳市
重庆丰谷农资荣昌连锁超市有限公司	其他	丰谷农资	重庆市
中国石油化工股份有限公司周口分公司	加油站	中国石化	河南省周口市
北京港佳好邻居连锁便利店有限责任公司	便利店	好邻居连锁	北京市
云南东骏药业有限公司	专业店	东骏药业	云南省昆明市
龙泉市兴泰隆连锁超市有限公司	超市	兴泰隆	浙江省丽水市
合肥百货大楼集团股份有限公司	百货店	合肥百大	安徽省合肥市
南京市江宁区土产棉麻有限公司	百货店	岗山超市	江苏省南京市
广州市海王星辰医药连锁有限公司	专业店	海王医药	广东省广州市
中国石油化工股份有限公司河北邯郸石油分公司	加油站	中国石化	河北省邯郸市
广东万宁连锁商业有限公司	百货店	万宁	广东省广州市
湖北良品铺子食品有限公司	专业店	良品铺子	湖北省武汉市
中石化壳牌(江苏)石油销售有限公司	加油站	中石化壳牌	江苏省苏州市
厦门向阳坊食品有限公司	专业店	厦门向阳坊食品有限公司	福建省厦门市
广州喜市多便利连锁有限公司	便利店	C-STORE	广东省广州市
中国石油化工股份有限公司广东江门石油分公司	专业店	中国石化	广东省江门市
无锡市天信农资有限公司	专卖店	阳羡天信	江苏省无锡市
中国石油化工股份有限公司云南昆明石油分公司	加油站	中国石化	云南省昆明市
山东统一银座商业有限公司	超市	统一银座	山东省济南市
中国石油化工股份有限公司山西长治石油分公司	加油站	中国石化	山西省长治市
中国石油化工股份有限公司河北衡水石油分公司	加油站	中国石化	河北省衡水市
嘉兴市万寿堂医药连锁有限公司	专业店	万寿堂	浙江省嘉兴市
广西鸿翔一心堂药业有限责任公司	专业店	一心堂	广西壮族自治区南宁市
中国石油天然气股份有限公司天津销售分公司	加油站	中国石油	天津市
四川天寿药业有限公司	专业店	天寿药房	四川省泸州市
吉林大药房药业股份有限公司	专业店	吉林大药房	吉林省长春市
中国石油化工股份有限公司襄樊石油分公司	加油站	中国石化	湖北省襄阳市
广东大参林连锁药店有限公司	专业店	大参林	广东省广州市
真维斯服饰(广东)有限公司	专卖店	真维斯 菲尔	广东省惠州市
好药师大药房连锁有限公司	专业店	好药师大药房	湖北省武汉市
中国石油化工股份有限公司广西南宁石油分公司	加油站	中国石化	广西壮族自治区南宁市
合肥采蝶轩企业管理服务有限公司	专卖店	采蝶轩	安徽省合肥市
天盟农资连锁有限责任公司	专卖店	金沙江	云南省昆明市
浙江上百贸易有限公司	百货店	上百贸易	浙江省绍兴市
北京金象大药房医药连锁有限责任公司	专业店	金象大药房	北京市
宁海县小小食品超市有限公司	超市	小小	浙江省宁波市
上海喜士多便利连锁有限公司	便利店	上海喜士多便利连锁	上海市

5-2 续表 4

企业名称	业态	连锁商号	所在地
重庆医药合川医药有限责任公司	专业店	合川医药	重庆市
中国石油天然气股份有限公司上海销售分公司	加油站	中国石油	上海市
深圳市万泽医药连锁有限公司	专业店	万泽医药	广东省深圳市
中国石油化工股份有限公司山东济宁石油分公司	加油站	中国石化	山东省济宁市
重庆市合川区金利医药贸易有限公司	其他	金利	重庆市
嘉兴禾丰农业生产资料有限公司	专业店	禾丰农资	浙江省嘉兴市
河南思达连锁商业有限公司	大型超市	河南正道思达连锁商业有限公司	河南省郑州市
中国石油化工股份有限公司广东惠州石油分公司	加油站	中国石化	广东省惠州市
重庆市合川区国泰生化药品有限责任公司	专业店	国泰	重庆市
上海真维斯服饰有限公司	专卖店	真维斯	上海市
老百姓大药房连锁有限公司	专业店	老百姓大药房	湖南省长沙市
苏州来伊份食品有限公司	专卖店	来伊份	江苏省苏州市
北京张一元茶叶有限责任公司	专卖店	张一元	北京市
中国石油化工股份有限公司河南新乡石油分公司	专业店	中国石化	河南省新乡市
一丁集团股份有限公司	专卖店	一丁	福建省福州市
中国石油天然气股份有限公司河北保定销售分公司	加油站	中国石油	河北省保定市
中国石油化工股份有限公司驻马店分公司	加油站	中国石化	河南省驻马店市
江苏先声连锁店有限公司	专业店	先声再康	江苏省南京市
中国石油化工股份有限公司河北承德石油分公司	加油站	中国石化	河北省承德市
中国石油化工股份有限公司河北沧州石油分公司	加油站	中国石化	河北省沧州市
重庆市江津区新联佳商贸有限责任公司	超市	新联佳	重庆市
中山市及时便利连锁有限公司	便利店	及时便利	广东省中山市
浙江迈盛悦合体育用品有限公司	专卖店	浙江迈盛悦合体育用品有限公司	浙江省杭州市
中国石油化工股份公司江西吉安分公司	加油站	中国石化	江西省吉安市
沈阳东北大药房连锁店	专业店	东北大药房	辽宁省沈阳市
中国石油天然气股份有限公司黑龙江哈尔滨销售分公司	专业店	中国石油	黑龙江省哈尔滨市
中国石油化工股份有限公司河南南阳石油分公司	加油站	中国石化	河南省南阳市
北京屈臣氏个人用品连锁商店有限公司	超市	屈臣氏	北京市
东莞市大地通讯连锁服务有限公司	专业店	大地通讯	广东省东莞市
浙江万客隆商贸有限公司	超市	永客隆、万客缘	浙江省丽水市
广东济和堂药业连锁有限公司	其他	济和堂	广东省广州市
中国石油北京销售分公司	加油站	中国石油	北京市
湖北世纪愿景商贸有限公司	专卖店	周黑鸭	湖北省武汉市
中国石油天然气股份有限公司辽宁沈阳销售分公司	加油站	中国石油	辽宁省沈阳市
宁波海王星辰健康药房有限公司	专业店	海王星辰	浙江省宁波市
广东赛壹便利店有限公司深圳分公司	便利店	7-ELEVEN	广东省深圳市
中国石油化工股份有限公司河南商丘分公司	专业店	中国石化	河南省商丘市
辽宁天士力大药房连锁有限公司	专业店	天士力	辽宁省沈阳市
云南白药大药房有限公司	专业店	云南白药	云南省昆明市
湖南双舟大药房连锁有限公司	专业店	双舟大药房	湖南省长沙市
烟台市家家悦超市有限公司	超市	家家悦	山东省烟台市
中国石油化工有限公司广东东莞石油分公司	加油站	中石化	广东省东莞市
湖南养天和大药房企业集团有限公司	专业店	养天和大药房	湖南省长沙市
重庆百货大楼股份有限公司	百货店	重庆百货	重庆市
中国石油化工股份有限公司湖南邵阳石油分公司	加油站	中国石化	湖南省邵阳市
北京稻香村食品有限责任公司	专卖店	三禾品牌	北京市
中国石油化工股份有限公司湖南株洲石油公司	加油站	中国石化	湖南省株洲市
宁夏润沁万家菜业有限公司	专业店	润沁万家	宁夏回族自治区吴忠市
重庆勿忘我商贸有限公司	超市	勿忘我	重庆市
湖北来伊份食品有限公司	专业店	来伊份	湖北省武汉市
北京迪信通电子通信技术有限公司	专业店	北京迪信通	北京市
步步高商业连锁股份有限公司	大型超市	步步高商业	湖南省湘潭市
中国石油天然气股份有限公司新疆阿克苏销售分公司	加油站	中国石油	新疆维吾尔自治区阿克苏地区
郑州丹尼斯百货有限公司	大型超市	丹尼斯	河南省郑州市

5-2 续表 5

企业名称	业态	连锁商号	所在地
中国石油化工股份有限公司山西晋中石油分公司	加油站	中国石化	山西省晋中市
浙江天天好大药房连锁有限公司	专业店	延福堂	浙江省杭州市
中石化森美(福建)石油有限公司泉州分公司	加油站	中国石化	福建省泉州市
重庆市万和药房连锁有限公司	专业店	万和	重庆市
四川省老邻居商贸连锁有限责任公司	超市	老邻居连锁	四川省成都市
长沙市欧林雅家纺有限责任公司	专卖店	欧林雅家纺	湖南省长沙市
常山县青草地超市	便利店	青草地超市	浙江省衢州市
苏州可的便利店有限公司	便利店	可的	江苏省苏州市
上海天喔一佳超市有限公司	超市	天喔	上海市
湖南芝林大药房零售连锁有限公司	专业店	特格尔芝林大药房	湖南省长沙市
中国石油化工股份有限公司河北邢台石油分公司	加油站	中国石化	河北省邢台市
中国石油化工股份有限公司广西桂林石油分公司	加油站	中国石化	广西壮族自治区桂林市
中国石油化工股份有限公司湖南常德石油分公司	专业店	中国石化	湖南省常德市
山西益源大药房连锁有限公司	专业店	益源	山西省太原市
上海家得利超市有限公司	超市	家得利	上海市
云南之佳便利店有限公司	便利店	之佳便利	云南省昆明市
四川德仁堂连锁有限公司	专业店	四川德仁堂	四川省成都市
中国石油化工股份有限公司深圳石油分公司	加油站	中国石化	广东省深圳市
北京联华快客便利超市有限公司	便利店	快客便利	北京市
成都市青羊区红旗连锁有限公司	超市	红旗连锁	四川省成都市
博士眼镜连锁股份有限公司	专卖店	博士眼镜	广东省深圳市
中国石油天然气股份有限公司河北邢台销售分公司	加油站	中国石油	河北省邢台市
上海新华传媒连锁有限公司	专卖店	新华书店 上海书城	上海市
深圳市中联大药房有限公司	专业店	深圳市中联大药房	广东省深圳市
湖北真维斯服饰有限公司	专卖店	真維斯	湖北省武汉市
北京嘉事堂连锁药店有限责任公司	专业店	嘉事堂连锁药店	北京市
中国石油河北唐山销售分公司	加油站	中国石油	河北省唐山市
中国石油化工股份有限公司河南信阳石油分公司	专业店	中国石化	河南省信阳市
湖北中联大药房连锁有限公司	专业店	中联大药房	湖北省武汉市
江苏大众医药连锁有限公司	专业店	大众医药	江苏省无锡市
江苏五星电器有限公司	专业店	五星电器	江苏省南京市
重庆重客隆超市连锁有限责任公司	超市	重客隆	重庆市
乌鲁木齐市好幸福超市有限公司	便利店	每日每夜	新疆维吾尔自治区乌鲁木齐市
重庆鑫斛药房连锁有限公司	专业店	鑫斛药庄	重庆市
深圳市好家庭体育用品连锁经营有限公司	专业店	好家庭	广东省深圳市
重庆聚富再生资源有限公司	专业店	聚富再生资源	重庆市
甘肃众友医药连锁有限公司	专卖店	众友药业	甘肃省兰州市
中国石油化工股份有限公司湖北荆门石油分公司	加油站	中国石化	湖北省荆门市
重庆商社新世纪百货有限公司	百货店	新世纪百货	重庆市
贵州吉大夫药房连锁有限公司	专业店	吉大夫	贵州省黔东南苗族侗族自治州
中国石油化工股份有限公司河北廊坊石油分公司	加油站	中国石化	河北省廊坊市
中国石油化工股份有限公司湖南长沙石油分公司	加油站	中国石化	湖南省长沙市
杭州五丰联合肉类有限公司	专业店	联合康康	浙江省杭州市
中国石油天然气股份有限公司辽宁营口销售分公司	加油站	中国石油	辽宁省营口市
中国石油化工股份有限公司江西宜春石油分公司	加油站	中国石化	江西省宜春市
中国石油化工股份有限公司广东茂名石油分公司	加油站	石油零售	广东省茂名市
成都市成华区红旗连锁有限公司	超市	红旗连锁	四川省成都市
邯郸市阳光超市有限公司	超市	阳光超市	河北省邯郸市
厦门夏商黄金香食品有限公司	专卖店	黄金香	福建省厦门市
国药控股国大药房河南连锁有限公司	专业店	国大药房	河南省平顶山市
玉山县家润佳超市连锁有限公司	便利店	家润佳	江西省上饶市
中国石油天然气股份有限公司河北石家庄销售分公司	加油站	中国石油	河北省石家庄市
成都红艳超市有限公司	超市	红艳超市	四川省成都市
中石化森美(福建)石油有限公司漳州分公司	加油站	中石化森美	福建省漳州市

5-2 续表 6

企业名称	业态	连锁商号	所在地
上海屈臣氏日用品有限公司	百货店	屈臣氏	上海市
江西新华发行集团有限公司	专业店	新华	江西省南昌市
中国石油化工股份有限公司上饶分公司	加油站	中国石化	江西省上饶市
宜昌市北山商业连锁有限责任公司	超市	北山	湖北省宜昌市
金华市老百姓医药连锁有限公司	专业店	老百姓	浙江省金华市
云南玉溪百信商贸集团有限公司	超市	云南玉溪百信商贸集团有限公司	云南省玉溪市
十堰市新合作超市有限公司	超市	新合作超市	湖北省十堰市
新疆百草堂医药连锁经销有限公司	专业店	百草堂	新疆维吾尔自治区乌鲁木齐市
四川真维斯服饰有限公司	专卖店	真維斯	四川省成都市
桂林市华荣自选商店有限责任公司	便利店	华荣	广西壮族自治区桂林市
宁夏国大药房连锁有限公司	专业店	国大药房	宁夏回族自治区银川市
汝州市同心医药连锁有限公司	专业店	汝州同心	河南省平顶山市
中国石油化工股份有限公司河南三门峡石油分公司	加油站	中国石化	河南省三门峡市
贵州福安康连锁有限公司	专业店	福安康	贵州省贵阳市
盘锦天益堂大药房医药连锁有限公司	专业店	天益堂	辽宁省盘锦市
北京迪亚商业有限公司	折扣店	迪亚天天	北京市
重庆市涪陵医药总公司	专业店	桐君阁大药房	重庆市
江西中石化股份有限公司抚州分公司	加油站	中国石化	江西省抚州市
金华市九德堂医药连锁有限公司	专业店	九德堂	浙江省金华市
重庆市万州区中兴医药有限责任公司	专业店	中兴医药	重庆市
广东本草药业连锁有限公司	其他	本草	广东省广州市
石家庄新兴药房连锁有限公司	专业店	新兴	河北省石家庄市
泸州宝光药房连锁有限公司	专业店	宝光连锁	四川省泸州市
柳州桂中大药房连锁有限责任公司	专业店	桂中大药房	广西壮族自治区柳州市
北京同仁堂连锁药店有限责任公司	专业店	同仁堂	北京市
中油碧辟石油有限公司广州分公司	加油站	中油碧辟	广东省广州市
美心食品(广州)有限公司	专卖店	香港美心	广东省广州市
太极集团四川德阳荣升药业有限公司	专业店	太极大药房	四川省德阳市
四川海王星辰健康药房有限公司	专业店	海王星辰	四川省成都市
广州市8字连锁店有限公司	便利店	8字连锁	广东省广州市
雄风集团有限公司	百货店	雄风百货	浙江省绍兴市
青岛屈臣氏个人用品商店有限公司	超市	屈臣氏	山东省青岛市
海宁大厦	专业店	海宁大厦	浙江省嘉兴市
山东银座商城股份有限公司	百货店	银座商城	山东省济南市
中石化安徽安庆石油分公司	加油站	中国石化	安徽省安庆市
广西康全药业连锁有限公司	专业店	康全药业	广西壮族自治区南宁市
河南家天下商贸有限公司	超市	家天下	河南省鹤壁市
上海世纪联华超市发展有限公司	大型超市	世纪联华	上海市
中国石油化工股份有限公司河南平顶山石油分公司	专业店	中国石化	河南省平顶山市
三江购物俱乐部股份有限公司	超市	三江购物	浙江省宁波市
上海大润发有限公司	大型超市	大拇指	上海市
北京京西鑫维康商贸有限责任公司	便利店	鑫维康品牌	北京市
张家港市新百信超市连锁经营有限公司	大型超市	新百信	江苏省苏州市
青岛国风大药房连锁有限公司	专业店	国风	山东省青岛市
福建真维斯服饰有限公司	专卖店	真维斯	福建省福州市
山西荣华大药房连锁有限公司	专业店	荣华	山西省太原市
中国石油化工股份有限公司山西太原石油分公司	加油站	中国石化	山西省太原市
茂名市大参林连锁药店有限公司	专卖店	药品零售	广东省茂名市
北京超市发连锁股份有限公司	超市	北京超市发连锁	北京市
浙江元祖食品有限公司	专卖店	GANSO	浙江省杭州市
青岛胶南医药有限公司	其他	青岛海岸大药房	山东省青岛市
武汉马应龙大药房连锁有限公司	专业店	马应龙	湖北省武汉市
绍兴县华通医药有限公司	专业店	华通医药	浙江省绍兴市

5-3 营业额亿元以上连锁餐饮企业

企业名称	所属行业	连锁商号	所在地
百胜餐饮(广东)有限公司	快餐服务	肯德基、必胜客	广东省广州市
杭州肯德基有限公司	快餐服务	肯德基	浙江省杭州市
百胜餐饮(沈阳)有限公司	快餐服务	肯德基、必胜客	辽宁省沈阳市
天津肯德基有限公司	快餐服务	肯德基	天津市
北京市肯德基有限公司	快餐服务	肯德基	北京市
上海必胜客有限公司	快餐服务	必胜客	上海市
南京肯德基有限公司	快餐服务	肯德基	江苏省南京市
上海肯德基有限公司	快餐服务	肯德基	上海市
重庆秦妈餐饮管理有限公司	正餐服务	秦妈餐饮	重庆市
北京必胜客比萨饼有限公司	正餐服务	必胜客	北京市
中国全聚德集团股份有限公司	正餐服务	全聚德、丰泽园、仿膳饭庄	北京市
广东三元麦当劳食品有限公司	快餐服务	麦当劳	广东省广州市
北京麦当劳食品有限公司	快餐服务	麦当劳	北京市
重庆陶然居饮食文化(集团)股份有限公司	正餐服务	陶然居	重庆市
百胜餐饮(深圳)有限公司	快餐服务	肯德基	广东省深圳市
青岛肯德基有限公司	快餐服务	肯德基	山东省青岛市
重庆德庄酒店管理有限公司	正餐服务	德庄火锅	重庆市
福州曼伯罗食品有限公司	正餐服务	曼德夫	福建省福州市
百胜餐饮(武汉)有限公司	快餐服务	肯德基、必胜客	湖北省武汉市
苏州肯德基有限公司	快餐服务	肯德基	江苏省苏州市
重庆骑龙饮食文化有限责任公司	正餐服务	骑龙	重庆市
上海统一星巴克咖啡有限公司	饮料及冷饮服务	星巴克	上海市
呷哺呷哺餐饮管理有限公司	快餐服务	呷哺呷哺	北京市
浙江凯旋门澳门豆捞控股集团有限公司	正餐服务	澳门豆捞	浙江省杭州市
麦当劳餐厅(深圳)有限公司	快餐服务	麦当劳	广东省深圳市
上海麦当劳食品有限公司	快餐服务	麦当劳	上海市
百胜餐饮成都有限公司	快餐服务	肯德基	四川省成都市
北京吉野家快餐有限公司	快餐服务	吉野家、DQ	北京市
长沙肯德基有限公司	快餐服务	肯德基	湖南省长沙市
无锡肯德基有限公司	快餐服务	肯德基	江苏省无锡市
海鸿达(北京)餐饮管理有限公司	正餐服务	四川海底捞	北京市
大娘水饺餐饮集团股份有限公司	快餐服务	大娘水饺	江苏省常州市
北京湘鄂情股份有限公司	正餐服务	北京湘鄂情	北京市
广州真功夫快餐连锁管理有限公司	快餐服务	真功夫	广东省广州市
四川德克士食品开发有限公司	快餐服务	德克士炸鸡	四川省成都市
百胜餐饮(西安)有限公司	正餐服务	肯德基、必胜客	陕西省西安市
天津麦当劳食品有限公司	快餐服务	麦当劳	天津市
厦门肯德基有限公司	快餐服务	肯德基	福建省厦门市
太原肯德基有限公司	快餐服务	肯德基	山西省太原市
重庆兴红得聪餐饮管理有限公司	正餐服务	乡村基	重庆市
内蒙古草原牧歌餐饮连锁股份有限公司	正餐服务	草原牧歌	内蒙古自治区包头市
重庆和之吉饮食文化有限公司	正餐服务	和之吉	重庆市
北京星巴克咖啡有限公司	饮料及冷饮服务	星巴克	北京市
郑州肯德基有限公司	快餐服务	肯德基	河南省郑州市
百胜餐饮(福州)有限公司	快餐服务	肯德基、必胜客	福建省福州市

5-3 续表 1

企业名称	所属行业	连锁商号	所在地
浙江两岸食品连锁有限公司	正餐服务	两岸咖啡、铁板烧	浙江省杭州市
津味(上海)餐饮管理有限公司	其他餐饮业	85°C	上海市
大连肯德基有限公司	快餐服务	肯德基、必胜客	辽宁省大连市
顺峰饮食酒店管理股份有限公司	正餐服务	顺峰	北京市
上海领先餐饮管理有限公司	正餐服务	味千拉面	上海市
广州酒家集团股份有限公司	正餐服务	广州酒家	广东省广州市
重庆佳永小天鹅餐饮有限公司	正餐服务	佳永小天鹅	重庆市
上海一茶一坐餐饮有限公司	正餐服务	一茶一坐	上海市
南昌肯德基有限公司	快餐服务	肯德基	江西省南昌市
武汉艳阳天商贸发展有限公司	正餐服务	艳阳天	湖北省武汉市
深圳真功夫餐饮管理有限公司	快餐服务	真功夫	广东省深圳市
内蒙古小尾羊餐饮连锁股份有限公司	正餐服务	小尾羊	内蒙古自治区包头市
昆明肯德基有限公司	快餐服务	肯德基	云南省昆明市
武汉麦当劳餐饮食品有限公司	快餐服务	麦当劳	湖北省武汉市
南京麦当劳餐饮食品有限公司	快餐服务	麦当劳	江苏省南京市
深圳面点王饮食连锁有限公司	快餐服务	面点王	广东省深圳市
东莞肯德基有限公司	快餐服务	肯德基	广东省东莞市
南宁肯德基有限公司	快餐服务	肯德基	广西省南宁市
四川麦当劳餐厅食品有限公司	快餐服务	麦当劳	四川省成都市
上海永和大王餐饮有限公司	快餐服务	永和大王	上海市
浙江麦当劳餐厅食品有限公司	快餐服务	麦当劳	浙江省杭州市
广东星巴克咖啡有限公司	饮料及冷饮服务	星巴克	广东省广州市
北京便宜坊烤鸭集团有限公司	正餐服务	便宜坊 御膳 功德林 正阳楼 老正兴	北京市
浙江五芳斋实业股份有限公司五芳斋粽子总店	快餐服务	五芳斋粽子	浙江省嘉兴市
福州麦当劳食品有限公司	快餐服务	麦当劳	福建省福州市
安徽金满楼餐饮股份有限公司	正餐服务	金满楼	安徽省合肥市
厦门麦当劳食品发展有限公司	快餐服务	麦当劳	福建省厦门市
北京俏江南餐饮管理有限公司	正餐服务	俏江南餐饮	北京市
北京首都机场餐饮发展有限公司	正餐服务	星阳舫、好食汇、麦麦面、花漾咖啡有食候	北京市
广州市绿茵阁饮食连锁有限公司	正餐服务	绿茵阁	广东省广州市
北京好伦哥餐饮有限公司	快餐服务	好伦哥餐饮	北京市
北京真功夫快餐连锁管理有限公司	快餐服务	真功夫餐饮	北京市
北京大董烤鸭店有限责任公司	正餐服务	大董、大懂	北京市
四川乡村基餐饮有限公司	快餐服务	乡村基餐饮	四川省成都市
北京永和大王餐饮有限公司	快餐服务	永和大王	北京市
武汉市亢龙太子酒轩有限责任公司	正餐服务	亢龙太子	湖北省武汉市
重庆肯德基有限公司	快餐服务	肯德基	重庆市
杭州德克士食品有限公司	快餐服务	德克士	浙江省杭州市
北京郭林家常菜食品有限责任公司	正餐服务	郭林家常菜	北京市
常州丽华快餐集团有限公司	快餐服务	丽华快餐	江苏省常州市
湖南餐谋天下餐饮管理有限公司	正餐服务	餐谋天下	湖南省长沙市
北京嘉和一品企业管理股份有限公司	正餐服务	嘉和一品	北京市
四川请你来餐饮管理有限公司	正餐服务	芭夯兔	四川省自贡市
兰州肯德基有限公司	快餐服务	肯德基	甘肃省兰州市

5-3　续表 2

企业名称	所属行业	连锁商号	所在地
沈阳麦当劳(餐厅食品)有限公司	快餐服务	麦当劳	辽宁省沈阳市
北京和合谷餐饮管理有限公司	快餐服务	和合谷、嘉和面	北京市
新疆肯德基有限公司	快餐服务	肯德基	新疆维吾尔自治区乌鲁木齐市
杭州花中城大酒店有限公司	正餐服务	花中城	浙江省杭州市
杭州饮食服务集团有限公司	正餐服务	知味观	浙江省杭州市
真功夫餐饮管理有限公司	快餐服务	真功夫	广东省东莞市
山东麦当劳(餐厅)有限公司	快餐服务	麦当劳	山东省济南市
北京金鼎轩酒楼有限责任公司	正餐服务	北京金鼎轩	北京市
大连麦当劳餐厅食品有限公司	快餐服务	麦当劳	辽宁省大连市
深圳永和大王餐饮有限公司	快餐服务	永和大王	广东省深圳市
安徽蜀王饮食服务有限责任公司	正餐服务	蜀王	安徽省合肥市
上海萨莉亚餐饮有限公司	正餐服务	萨莉亚	上海市
北京市新宏状元餐饮管理有限公司	正餐服务	新宏状元	北京市
迪欧餐饮管理有限公司	饮料及冷饮服务	迪欧餐饮	江苏省苏州市
无锡麦当劳餐厅食品有限公司	快餐服务	麦当劳	江苏省无锡市
美心星巴克咖啡餐饮(深圳)有限公司	饮料及冷饮服务	星巴克	广东省深圳市
成都市皇城老妈酒店管理有限公司	正餐服务	皇城老妈	四川省成都市
浙江向阳渔港集团股份有限公司	正餐服务	向阳渔港 玺悦宴会酒店 豪食汇 文鼎一号 文鼎阁 豪食送	浙江省宁波市
东莞麦华食品有限公司	快餐服务	麦当劳	广东省东莞市
南京味千餐饮管理有限公司	快餐服务	味千拉面	江苏省南京市
浙江外婆家餐饮有限公司	正餐服务	外婆家	浙江省杭州市
贵州雅园饮食娱乐有限责任公司	正餐服务	雅园	贵州省贵阳市
河南麦当劳(餐厅食品)有限公司	快餐服务	麦当劳	河南省郑州市
上海沃歌斯餐饮有限公司	快餐服务	Wagas	上海市
上海大富贵酒楼有限公司	正餐服务	大富贵	上海市
南海渔村有限公司	正餐服务	南海渔村	广东省广州市
辽宁合兴快餐有限公司	正餐服务	吉野家	辽宁省沈阳市
昆明饮食服务有限公司	快餐服务	建新园、福华园	云南省昆明市
沈阳顺峰饮食有限公司	正餐服务	沈阳顺峰	辽宁省沈阳市
北京东来顺集团有限责任公司	正餐服务	百年东来顺	北京市东城区
重庆德克士食品开发有限公司	快餐服务	德克士	重庆市
安徽麦当劳(餐厅食品)有限公司	快餐服务	麦当劳	安徽省合肥市
广州黄埔华苑大酒店	正餐服务	黄埔华苑	广东省广州市
辽宁净雅餐饮管理有限公司	正餐服务	净雅餐饮	辽宁省沈阳市
中山麦当奴食品有限公司	快餐服务	麦当劳	广东省中山市
湖北星巴克咖啡有限公司	饮料及冷饮服务	星巴克	湖北省武汉市
唐山凤凰园美食城	正餐服务	凤凰园	河北省唐山市
北京德克士食品有限公司	快餐服务	康师傅私房牛肉面	北京市
东莞麦长食品有限公司	快餐服务	麦当劳	广东省东莞市
上海新亚大家乐餐饮有限公司	正餐服务	新亚大包	上海市
湖北湘鄂情餐饮投资有限公司	正餐服务	湘鄂情	湖北省武汉市
江门麦当劳(餐厅食品)有限公司	快餐服务	麦当劳	广东省江门市
深圳大快活快餐有限公司	快餐服务	大快活	广东省深圳市
新疆百富餐饮管理有限公司	快餐服务	百富餐饮	新疆维吾尔自治区乌鲁木齐市

5-3 续表 3

企业名称	所属行业	连锁商号	所在地
深圳领鲜稻香饮食有限公司	正餐服务	稻香	广东省深圳市
广西禾唛餐饮有限公司	快餐服务	麦当劳	广西省南宁市
西安小六汤包餐饮有限责任公司	正餐服务	小六汤包	陕西省西安市
深圳威耀饮食有限公司	快餐服务	大家乐	广东省深圳市
杭州味千餐饮管理有限公司	正餐服务	味千拉面	浙江省杭州市
武汉市小蓝鲸健康美食酒店管理有限公司	正餐服务	小蓝鲸	湖北省武汉市
厦门沃头中餐有限公司	正餐服务	厦门沃头蚝干粥	福建省厦门市
安徽老乡鸡餐饮有限公司	快餐服务	老乡鸡	安徽省合肥市
西安百姓厨房大馄饨餐饮有限责任公司	正餐服务	西安百姓厨房大馄饨	陕西省西安市
大连合兴快餐有限公司	快餐服务	吉野家快餐，DQ	辽宁省大连市
惠州麦当劳(餐厅食品)有限公司	快餐服务	麦当劳	广东省惠州市
湖南麦当劳(餐厅食品)有限公司	快餐服务	麦当劳	湖南省长沙市
宁波市海曙汉通中央花园酒店有限	正餐服务	汉通	浙江省宁波市
深圳市粤菜王府餐饮管理有限公司	正餐服务	粤菜王府	广东省深圳市
深圳市嘉旺餐饮连锁有限公司	快餐服务	嘉旺	广东省深圳市
长沙金牛角王中西餐厅有限公司	正餐服务	金牛角王	湖南省长沙市
广州蕉叶饮食服务有限公司	正餐服务	广州蕉叶	广东省广州市
北京万龙洲饮食有限责任公司	正餐服务	万龙洲海鲜	北京市
北京星物语餐饮管理有限公司	其他餐饮业	面包新语、土司工坊	北京市
北京米斯特比萨餐饮管理有限公司	正餐服务	米斯特比萨	北京市
黑龙江麦当劳餐厅食品有限公司	快餐服务	麦当劳	黑龙江省哈尔滨市
深圳市禾绿餐饮管理有限公司	快餐服务	禾绿寿司	广东省深圳市
北京无名居美食有限公司	正餐服务	北京无名居	北京市
广州泛亚饮食有限公司	快餐服务	大家乐	广东省广州市
福建鑫富肥牛世界餐饮(连锁)管理服务有限公司	正餐服务	鑫富肥牛世界	福建省南平市
内蒙古乡土居餐饮连锁有限公司	正餐服务	乡土居	内蒙古自治区包头市
山西芙蓉餐饮有限公司	正餐服务	山西芙蓉餐饮有限公司	山西省太原市
重庆苏大姐餐饮文化有限公司	正餐服务	苏大姐餐饮	重庆市
深圳新语餐饮管理有限公司	快餐服务	新语	广东省深圳市
山东味千餐饮管理有限公司	快餐服务	味千拉面	山东省青岛市
哈尔滨东方众合餐饮有限责任公司	正餐服务	东方饺子王	黑龙江哈尔滨市
湖北巴山夜雨酒店管理有限公司	正餐服务	巴山夜雨	湖北省武汉市
云南滇美餐饮有限公司	快餐服务	麦当劳	云南省昆明市
北京金白领餐饮有限公司	正餐服务	金白领餐饮	北京市
南京百年同庆餐饮有限公司	正餐服务	百年同庆餐饮	江苏省南京市
北京禾绿回转寿司饮食有限公司	快餐服务	禾绿寿司	北京市
北京上岛餐饮有限公司	正餐服务	上岛咖啡	北京市
美诺(北京)餐饮有限公司	快餐服务	品奇、时时乐	北京市
杭州新丰小吃有限公司	其他餐饮业	新丰小吃	浙江省杭州市
佳客来(福建)餐饮连锁管理有限公司	正餐服务	佳客来	福建省福州市
昆明德克士食品开发有限公司	快餐服务	德克士	云南省昆明市
宁波市来必堡餐饮管理有限公司	快餐服务	来必堡	浙江省宁波市
武汉永昌餐饮有限公司	快餐服务	永和大王	湖北省武汉市
广州市顺峰饮食有限公司	正餐服务	顺峰	广东省广州市

5-4 50门店以上连锁餐饮企业

企业名称	所属行业	连锁商号	所在地
百胜餐饮(广东)有限公司	快餐服务	百胜餐饮	广东省广州市
重庆秦妈餐饮管理有限公司	正餐服务	秦妈餐饮	重庆市
重庆德庄酒店管理有限公司	正餐服务	德庄火锅	重庆市
杭州肯德基有限公司	快餐服务	肯德基	浙江省杭州市
上海必胜客有限公司	快餐服务	必胜客	上海市
重庆骑龙饮食文化有限责任公司	正餐服务	骑龙	重庆市
大娘水饺餐饮集团股份有限公司	快餐服务	大娘水饺	江苏省常州市
上海统一星巴克咖啡有限公司	饮料及冷饮服务	星巴克	上海市
上海肯德基有限公司	快餐服务	肯德基	上海市
北京市肯德基有限公司	快餐服务	肯德基	北京市
天津肯德基有限公司	快餐服务	肯德基	天津市
福州曼伯罗食品有限公司	正餐服务	曼德夫	福建省福州市
南京肯德基有限公司	快餐服务	肯德基	江苏省南京市
北京必胜客比萨饼有限公司	正餐服务	必胜客	北京市
百胜餐饮(沈阳)有限公司	快餐服务	肯德基、必胜客	沈阳市和平区
浙江五芳斋实业股份有限公司五芳斋粽子总店	快餐服务	五芳斋粽子	浙江省嘉兴市
呷哺呷哺餐饮管理有限公司	快餐服务	呷哺呷哺	北京市
浙江两岸食品连锁有限公司	正餐服务	两岸咖啡、铁板烧	浙江省杭州市
百胜餐饮(武汉)有限公司	快餐服务	肯德基、必胜客	湖北省武汉市
北京吉野家快餐有限公司	快餐服务	吉野家、DQ	北京市
青岛肯德基有限公司	快餐服务	肯德基	山东省青岛市
广东三元麦当劳食品有限公司	快餐服务	麦当劳	广东省广州市
北京麦当劳食品有限公司	快餐服务	麦当劳	北京市
百胜餐饮(深圳)有限公司	快餐服务	肯德基	广东省深圳市
四川德克士食品开发有限公司	快餐服务	德克士炸鸡	四川省成都市
内蒙古草原牧歌餐饮连锁股份有限公司	正餐服务	草原牧歌	内蒙古自治区包头市
东莞市杏林春凉茶有限公司	其他餐饮业	杏林春	广东省东莞市
安徽老乡鸡餐饮有限公司	快餐服务	老乡鸡	安徽省合肥市
苏州肯德基有限公司	快餐服务	肯德基	江苏省苏州市
重庆佳永小天鹅餐饮有限公司	正餐服务	佳永小天鹅	重庆市
重庆君之微餐饮文化有限公司	正餐服务	君之薇	重庆市
佳客来(福建)餐饮连锁管理有限公司	正餐服务	佳客来	福建省福州市
浙江凯旋门澳门豆捞控股集团有限公司	正餐服务	澳门豆捞	浙江省杭州市
麦当劳餐厅(深圳)有限公司	快餐服务	麦当劳	广东省深圳市
北京星巴克咖啡有限公司	饮料及冷饮服务	星巴克	北京市朝
广州真功夫快餐连锁管理有限公司	快餐服务	真功夫	广东省广州市
上海麦当劳食品有限公司	快餐服务	麦当劳	上海市
上海领先餐饮管理有限公司	正餐服务	味千拉面	上海市
厦门市黄则和食品有限公司	小吃服务	黄则和	福建省厦门市
重庆兴红得聪餐饮管理有限公司	正餐服务	乡村基	重庆市
长沙肯德基有限公司	快餐服务	肯德基	湖南省长沙市
百胜餐饮成都有限公司	快餐服务	肯德基	四川省成都市
无锡肯德基有限公司	快餐服务	肯德基	江苏省无锡市
重庆市明海食品有限公司	其他餐饮业	明海食品	重庆市市辖区
深圳面点王饮食连锁有限公司	快餐服务	面点王	广东省深圳市
深圳真功夫餐饮管理有限公司	快餐服务	真功夫	广东省深圳市

5-4 续表

企业名称	所属行业	连锁商号	所在地
北京龙盛众望早餐有限公司	快餐服务	龙盛众望	北京市
广东星巴克咖啡有限公司	饮料及冷饮服务	星巴克咖啡	广东省广州市
津味(上海)餐饮管理有限公司	其他餐饮业	85°C	上海市
安徽蜀王饮食服务有限责任公司	正餐服务	蜀王	安徽省合肥市
重庆和之吉饮食文化有限公司	正餐服务	和之吉	重庆市
北京好伦哥餐饮有限公司	快餐服务	好伦哥餐饮	北京市
天津麦当劳食品有限公司	快餐服务	麦当劳	天津市
上海永和大王餐饮有限公司	快餐服务	永和大王	上海市
重庆陶然居饮食文化(集团)股份有限公司	正餐服务	陶然居	重庆市
上海一茶一坐餐饮有限公司	正餐服务	一茶一坐	上海市
杭州德克士食品有限公司	快餐服务	德克士	浙江省杭州市
广州市绿茵阁饮食连锁有限公司	正餐服务	绿茵阁	广东省广州市
中国全聚德集团股份有限公司	正餐服务	全聚德、丰泽园、仿膳饭庄	北京市
郑州肯德基有限公司	快餐服务	肯德基	河南省郑州市
重庆苏大姐餐饮文化有限公司	正餐服务	苏大姐餐饮	重庆市
百胜餐饮(福州)有限公司	快餐服务	肯德基、必胜客	福建省福州市
深圳市嘉旺餐饮连锁有限公司	快餐服务	嘉旺	广东省深圳市
厦门沃头中餐有限公司	正餐服务	厦门沃头蚝干粥	福建省厦门市
湖南韶山毛家饭店发展有限公司	正餐服务	毛家饭店	湖南省湘潭市
百胜餐饮(西安)有限公司	正餐服务	百胜餐饮	陕西省西安市
厦门肯德基有限公司	快餐服务	肯德基	福建省厦门市
北京上岛餐饮有限公司	正餐服务	上岛咖啡	北京市
四川乡村基餐饮有限公司	快餐服务	乡村基餐饮	四川省成都市
南京味千餐饮管理有限公司	快餐服务	味千拉面	江苏省南京市
常州丽华快餐集团有限公司	快餐服务	丽华快餐	江苏省常州市
北京和合谷餐饮管理有限公司	快餐服务	和合谷、嘉和面	北京市
北京真功夫快餐连锁管理有限公司	快餐服务	真功夫餐饮	北京市
北京嘉和一品企业管理股份有限公司	正餐服务	嘉和一品	北京市
昆明德克士食品开发有限公司	快餐服务	德克士	云南省昆明市
真功夫餐饮管理有限公司	快餐服务	真功夫	广东省东莞市
迪欧餐饮管理有限公司	饮料及冷饮服务	迪欧餐饮	江苏省苏州市
太原肯德基有限公司	快餐服务	肯德基	山西省太原市
深圳永和大王餐饮有限公司	快餐服务	永和大王	广东省深圳市
北京永和大王餐饮有限公司	快餐服务	永和大王	北京市
四川请你来餐饮管理有限公司	正餐服务	芭夯兔	四川省自贡市
武汉麦当劳餐饮食品有限公司	快餐服务	麦当劳	湖北省武汉市
四川麦当劳餐厅食品有限公司	快餐服务	麦当劳	四川省成都市
湖南餐谋天下餐饮管理有限公司	正餐服务	餐谋天下	湖南省长沙市
浙江麦当劳餐厅食品有限公司	快餐服务	麦当劳	浙江省杭州市
东莞肯德基有限公司	快餐服务	肯德基	广东省东莞市
南京麦当劳餐饮食品有限公司	快餐服务	麦当劳	江苏省南京市
上海新亚大家乐餐饮有限公司	正餐服务	新亚大包	上海市
南昌肯德基有限公司	快餐服务	肯德基	江西省南昌市
内蒙古乡土居餐饮连锁有限公司	正餐服务	乡土居	内蒙古自治区包头市
美心星巴克咖啡餐饮(深圳)有限公司	饮料及冷饮服务	星巴克	广东省深圳市
上海萨莉亚餐饮有限公司	正餐服务	萨莉亚	上海市

附录

统计指标解释

附录　统计指标解释

连锁经营：指经营同类商品或服务，使用统一商号的若干店铺，在同一总店（总部）的管理下，采取统一采购或特许经营等方式,实现规模效益的组织形式,包括直营连锁、特许连锁和自愿连锁三种形式。

连锁总店（总部）：负责连锁企业资源（商号、商誉、经营模式、服务标准、管理模式等等）的开发、配置、控制或使用等功能的企业核心管理机构。

连锁门店：在连锁企业经营管理的基础上，按照总店（总部）的指示和服务规范要求，承担日常销售业务的店铺，包括直营店和加盟店。

直营店是指由连锁企业总部投资开设，按连锁经营管理模式，由总部统一管理的店铺。

加盟店是指在特许连锁中，被特许人获得特许人授权后，使用其商标、商号、经营模式、专利和专有技术等经营资源建立的店铺，也包括自愿连锁的成员店。

连锁品牌（商标或商号名称）：指连锁经营使用的统一的商号或商标名称。

批发零售连锁业态

—便利店：满足顾客便利性需求为主要目的的零售业态。位于商业中心区、交通要道以及车站、医院、学校、娱乐场所、办公楼、加油站等公共活动区；商圈范围小，顾客步行5分钟内到达，目标顾客主要为单身者、年轻人，顾客多为有目的的购买；营业面积一般在100平方米左右，利用率高；以即时食品、日用小百货为主，有即时消费性、小容量、应急性等特点，商品品种在3000种左右，售价一般高于市场平均水平；商品销售方式以开架自选为主，结算在收银处统一进行；营业时间一般在16小时以上，提供即时性食品的辅助设施，开设多项服务项目；信息管理系统程度较高。

—折扣店：店铺装修简单，提供有限服务，商品价格低廉的一种小型超市业态。拥有不到2000个品种，经营一定数量的自有品牌商品。位于居民区、交通要道等租金相对便宜的地区；辐射半径2公里左右，目标顾客主要为商圈内的居民；自有品牌占有较大的比例，商品平均价格低于市场平均水平；以开架自选方式进行商品销售，并统一结算；用工精简，为顾客提供有限的服务；信息管理系统程度一般。

—超市：开架售货，集中收款，满足社区消费者日常生活需要的零售业态。根据商品结构的不同，可以分为食品超市和综合超市。位于市、区商业中心、居住区；辐射半径2公里左右，目标顾客以居民为主；营业面积在6000平方米以下；经营包装食品、生鲜食品和日用品。食品超市与综合超市商品结构有所不同；采用自选销售，出入口分设，在收银台统一结算；营业时间一般在12小时以上；信息管理系统程度较高。

—大型超市：实际营业面积6000M^2以上，品种齐全，满足顾客一次性购齐的零售业态。根据商品结构，可以分为以经营食品为主的大型超市和以经营日用品为主的大型超市。位于市、区商业中心、城郊结合部、交通要道及大型居住区；辐射半径2公里以上，目标顾客以居民、流动顾客为主；实际营业面积在6000平方米以上；以大众化衣、食、日用品为主，品种齐全，注重自有品牌开发；采用自选销售方式，出入口分设，在收银台统一结算；一般设不低于营业面积40%的停车场；信息管理系统程度较高。

—仓储会员店：以会员制为基础，实行储销一体、批零兼营，以提供有限服务和低价格商品为主要特征的零售业态。位于城乡结合部的交通要道；辐射半径5公里以上，目标顾客以中小零售店、餐饮店、集团购买和流动顾客为主；营业面积一般在6000平方米以上；以大众化衣、食、日用品为主，自有品牌占相当部分，商品在4000种左右，实行低价、批量销售；采用自选销售，出入口分设，在收银台统一结算；设相当于营业面积的停车场；信息管理系统程度较高并对顾客实行会员制管理。

—百货店：在一个建筑物内，经营若干大类商品，实行统一管理，分区销售，满足顾客对时尚商品多样化选择需求的零售业态。位于市、区级商业中心、历史形成的商业集聚地；目标顾客以追求时尚和品味的流动顾客为主；营业面积一般在6000平方米以上；综合性商品结构，门类齐全，以服饰、鞋类、箱包、化妆品、家庭用品、家用电器为主；采取柜台销售和开架面售相结合方式进行商品销售；注重服务，设餐饮、娱乐等服务项目和设施；信息管理系统程度较高。

—专业店：以专门经营某一大类商品为主的零售业态。例如办公用品专业店（office supply）、玩具专业店（toy stores）、家电专业店（home appliance）、药品专业店（drug store）、服饰店（apparel shop）。位于市、区级商业中心以及百货店、购物中心内；目标顾客以有目的选购某类商品的流动顾客为主；营业面积根据商品特点而定；以销售某类商品为主，体现专业性、深度性、品种丰富，选择余地大；采取柜台销售或开架面售方式进行商品销售；从业人员具有丰富的专业知识；信息管理系统程度较高。

—加油站：指经营石油、石化商品的零售门店。

—专卖店：以专门经营或被授权经营某一主要品牌商品为主的零售业态。一般位于市、区级商业中心、专业街以及百货店、购物中心内；目标顾客以中高档消费者和追求时尚的年轻人为主；以销售某一品牌系列商品为主，具有销售量少、质优、高毛利等特点；采取柜台销售或开架面售方式进行商品销售，商店陈列、照明、包装、广告讲究；注重品牌声誉，从业人员具备丰富的专业知识，提供专业性服务；信息管理系统程度一般。

—家居建材商店：以专门销售建材、装饰、家居用品为主的零售业态。位于城乡结合部、交通要道或消费者自有房产比较高的地区；目标顾客以拥有自有房产的顾客为主；营业面积一般在6000平方米以上；经营商品以改善、建设家庭居住环境有关的装饰、装修等用品、日用杂品、技术及服务为主；采取开架自选方式销售商品；提供一站式购足和一条龙服务，停车位一般在300个以上；信息管理系统程度较高。

—厂家直销中心：由生产商直接设立或委托独立经营者设立,专门经营本企业品牌商品,并且多个企业品牌的营业场所集中在一个区域的零售业态。一般远离市区；目标顾客多为重视品牌的有目的的购买；单个建筑面积在100-200平方米左右；品牌商品生产商直接设立，商品均为本企业的品牌；采用自选式售货方式进行商品销售；各个租赁店使用各自的信息管理系统。

—其他：其他未列明的零售业态。

门店总数：指该连锁企业所拥有的全部连锁门店数量，包括总店（如果总公司有门店的话）和全部直营分店、加盟分店数。

连锁门店年末从业人员数：指在该连锁总店（总部）或门店工作并取得劳动报酬的年末实有人员数。包括在岗职工、再就业的离退休人员、在该企业工作的兼职人员、借用的外单位人员和第二职业者。不包括离开本单位但仍保留劳动关系的职工。从业人数包括总店和全部门店以及自有配送中心的年末从业人员数。

连锁门店商品购进额：指连锁门店由连锁总店（总部）统一配送与自主采购，用于门店销售的商品金额之和（含增值税）。

统一配送商品购进额：是指由连锁总店（总部）统一购进后，配送到门店的商品金额（按购进价计算）。

配送中心：是指从事配送业务且具有完善信息网络的场所或组织。配送是指在经济合理区域范围内，根据客户要求，对物品进行拣选、加工、包装、分割、组配等作业，并按时送达指定地点的物流活动。配送中心应基本符合下列要求：（1）主要为特定客户或末端客户提供服务；（2）配送功能健全；（3）辐射范围小；（4）提供高频率、小批量、多批次配送服务。

自有配送中心配送商品购进额：指连锁总店（总部）通过自有配送中心配送到门店的商品金额。

非自有配送中心配送商品购进额：指连锁总店（总部）通过第三方物流配送中心配送到门店的商品金额。

连锁门店年末零售营业面积：指批发和零售业连锁门店用于零售连锁经营的营业面积，不包括其办公用房、仓库和加工场地。该指标按年末实有建筑面积统计。

连锁门店商品销售额：批发和零售业连锁门店对本门店以外单位和个人出售的商品金额（含增值税）。

连锁门店零售额：指批发和零售业连锁门店售给城乡居民用于生活消费和社会集团用于公共消费的商品金额。

零售商品包括：（1）售给城乡居民的各种生活消费品，售给入境旅游的外国人、华侨、港澳台同胞的各类商品；（2）售给行政事业单位、社会团体、军队和武警等机构的商品，以及以零售方式售给各类企业的商品。具体包括：用于非生产和社会交往的办公用品，如通讯设备、计算器具和设备、电讯网络设备、文印设备、音像视听器材和设备、纸张、本册、文具及装订文印材料、家具、日用电器、针纺织品、清洁卫生用品、文体用品、奖品、纪念品、礼品等；供内部人员乘坐的交通工具和燃料；用于办公设施修缮的各类配件、材料、工具等；用于取暖和防暑降温的设备、燃料、材料及食品等；专用于教学的用品和设备；非营利医疗机构的中、西药品、中药材和医疗设备器材；非专用的劳动保护用品；不对外营业的内部食堂用的餐具、炊具、设备、清洁卫生工具和食品、燃料等；军队、武警用于其人员生活的衣着品和个人用品；其它各类非生产性设备和用品。

零售商品不包括：（1）售给城乡居民已确知是用于生产、经营的商品；（2）售给各类农业生产者的生产资料类商品，如农机、农药化肥、农膜、种子饲料等商品；（3）售给企业单位生产用具及生产上专用的劳动保护用品。

连锁门店年末餐饮营业面积：住宿和餐饮业连锁门店对外提供就餐服务的门店建筑面积和从事食品加工、烹饪、调制的厨房面积，不包括办公用房和仓库等面积。该指标按年末实有建筑面积统计。

连锁门店客房数：指住宿和餐饮业连锁门店提供住宿服务的房间数，该指标按报告期内正常情况下的实有数统计。

连锁门店床位数：指住宿和餐饮业连锁门店供应旅客使用的床位数，不包括临时加床和门店内部工作人员使用的床位。该指标按报告期内正常情况下的实有数统计。

连锁门店餐位数：指住宿和餐饮业连锁门店为顾客提供就餐服务时，正常可同时容纳就餐人员的餐位数量，不包括临时加的餐位数量。该指标按报告期内正常情况下的实有数统计。

连锁门店营业额：指住宿和餐饮业连锁门店在经营活动中因提供服务或销售商品所取得的全部收入。包括：客房收入、餐费收入、商品销售额（含增值税）和其它收入。

连锁门店餐费收入：指住宿和餐饮业连锁门店因提供就餐服务（包括经烹饪、调制加工后出售的各种食品，如主食、炒菜、凉拌菜等的收入）所取得的收入合计。

连锁门店商品销售额：指住宿和餐饮业连锁门店因出售商品（含增值税）所取得的收入合计。

登记注册类型

—国有企业：指企业全部资产归国家所有，并按《中华人民共和国企业法人登记管理条例》规定登记注册的非公司制的经济组织。不包括有限责任公司中的国有独资公司。

—集体企业：指企业资产归集体所有，并按《中华人民共和国企业法人登记管理条例》规定登记注册的经济组织。

—股份合作企业：指以合作制为基础，由企业职工共同出资入股，吸收一定比例的社会资产投资组建，实行自主经营，自负盈亏，共同劳动，民主管理，按劳分配与按股分红相结合的一种集体经济组织。

—联营企业：指两个及两个以上相同或不同所有制性质的企业法人或事业单位法人，按自愿、平等、互利的原则，共同投资组成的经济组织。联营企业包括国有联营企业、集体联营企业、国有与集体联营企业和其他联营企业。

国有联营企业：指所有联营单位均为国有。

集体联营企业：指所有联营单位均为集体。

国有与集体联营企业：指联营单位既有国有也有集体。

其他联营企业：指上述三种联营企业之外的其他联营形式的企业。

—有限责任公司：指根据《中华人民共和国公司登记管理条例》规定登记注册，由两个以上，五十个以下的股东共同出资，每个股东以其所认缴的出资额对公司承担有限责任，公司以其全部资产对其债务承担责任的经济组织。有限责任公司分为国有独资公司以及其他有限责任公司。

国有独资公司：指国家授权的投资机构或者国家授权的部门单独投资设立的有限责任公司。

其他有限责任公司：指国有独资公司以外的其他有限责任公司。

—股份有限公司：指根据《中华人民共和国公司登记管理条例》规定登记注册，其全部注册资本由等额股份构成并通过发行股票筹集资本，股东以其认购的股份对公司承担有限责任，公司以其全部资产对其债务承担责任的经济组织。

—私营企业：指由自然人投资设立或由自然人控股，以雇佣劳动为基础的营利性经济组织。包括按照《公司法》、《合伙企业法》、《私营企业暂行条例》以及《个人独资企业法》规定登记注册的私营独资企业、私营合伙企业、私营有限责任公司、私营股份有限公司和个人独资企业。

私营独资企业：指按《私营企业暂行条例》的规定，由一名自然人投资经营，以雇佣劳动为基础，投资者对企业债务承担无限责任的企业。

私营合伙企业：指按《合伙企业法》或《私营企业暂行条例》的规定，由两个以上自然人按照协议共同投资、共同经营、共负盈亏，以雇佣劳动为基础，对债务承担无限责任的企业。

私营有限责任公司：指按《公司法》、《私营企业暂行条例》的规定，由两个以上自然人投资或由单个自然人控股的有限责任公司。

私营股份有限公司：指按《公司法》的规定，由五个以上自然人投资，或由单个自然人控股的股份有限公司。

个人独资企业：指按《个人独资企业法》、《个人独资企业登记管理办法》的规定，由一个自然人投资，财产为投资人个人所有，投资人以其个人财产对企业债务承担无限责任的经营实体。个人独资企业填表时归入私营独资企业。

—其他内资企业：指上述之外的其他内资经济组织。

—与港澳台商合资经营企业：指港澳台地区投资者与内地的企业依照《中华人民共和国中外合资经营企业法》及有关法律的规定，按合同规定的比例投资设立，分享利润和分担风险的企业。

—与港澳台商合作经营企业：指港澳台地区投资者与内地企业依照《中华人民共和国中外合作经营企业法》及有关法律的规定，依照合作合同的约定进行投资或提供条件设立，分配利润、分担风险和亏损的企业。

—港澳台商独资经营企业：指依照《中华人民共和国外资企业法》及有关法律的规定，在内地由港澳台地区投资者全额投资设立的企业。

—港澳台商投资股份有限公司：指根据国家有关规定，经商务部(原外经贸部)批准设立，并且其中港、澳、台商的股本占公司注册资本的比例达 25%以上的股份有限公司。凡其中港、澳、台商的股本占公司注册资本的比例小于 25%的，属于内资中的股份有限公司。

—其他港、澳、台商投资企业：指在中国境内参照《外国企业或个人在中国境内设立合伙企业管理办法》和《外商投资合伙企业登记管理规定》，依法设立的港、澳、台商投资合伙企业。

—中外合资经营企业：指外国企业或外国人与中国内地企业依照《中华人民共和国中外合资经营企业法》及有关法律的规定，按合同规定的比例投资设立，分享利润和分担风险的企业。

—中外合作经营企业：指外国企业或外国人与中国内地企业依照《中华人民共和国中外合作经营企业法》及有关法律的规定，依照合作合同的约定进行投资或提供条件设立，分配利润、分担风险和亏损的企业。

—外资企业：指依照《中华人民共和国外资企业法》及有关法律的规定，在中国内地设立的由外国投资者全额投资设立的企业。

—外商投资股份有限公司：指根据国家有关规定，经商务部(原外经贸部)批准设立，并且其中外资的股本占公司注册资本的比例达25%以上的股份有限公司。凡其中外资股本占公司注册资本的比例小于25%的，属于内资中的股份有限公司。

—其他外商投资企业：指在中国境内依照《外国企业或个人在中国境内设立合伙企业管理办法》和《外商投资合伙企业登记管理规定》，依法设立的外商投资合伙企业。